Rudolf Schmitt

Metaphern des Helfens

Fortschritte
der psychologischen
Forschung

26

Herausgegeben von W. Bungard, D. Frey,
E.-D. Lantermann, R.K. Silbereisen,
B. Weidenmann, H.-U. Wittchen

Rudolf Schmitt

Metaphern
des
Helfens

BELTZ

PsychologieVerlagsUnion

Anschrift des Autors:

Dr. Rudolf Schmitt
Perleberger Str. 58
10559 Berlin

Herausgeber der Reihe „Fortschritte der psychologischen Forschung“:

Prof. Dr. Walter Bungard, Lehrstuhl Psychologie I, Wirtschafts- und Organisationspsychologie,
  Universität Mannheim, Schloß, Ehrenhof Ost, 68131 Mannheim
Prof. Dr. Dieter Frey, Institut für Psychologie der Universität München,
  Leopoldstraße 13, 80802 München
Prof. Dr. Ernst-D. Lantermann, Universität Kassel, GH, FB 3, Holländische Straße 56,
  34127 Kassel
Prof. Dr. Rainer K. Silbereisen, Friedrich-Schiller-Universität Jena, Institut für Psychologie,
  Humboldstr. 11, 07743 Jena
Prof. Dr. Bernd Weidenmann, Universität der Bundeswehr München,
  Fakultät für Sozialwissenschaften, Werner-Heisenberg-Weg, 85579 Neubiberg
Prof. Dr. Hans-Ulrich Wittchen, Max-Planck-Institut für Psychiatrie, Kraepelinstraße 10,
  80804 München

Die Deutsche Bibliothek – CIP-Einheitsaufnahme

Schmitt, Rudolf:
Metaphern des Helfens / Rudolf Schmitt. - Weinheim : Beltz,
PsychologieVerlagsUnion, 1995
  (Fortschritte der psychologischen Forschung ; 26)
  Zugl.: Berlin, Freie Univ., Diss., 1993
  ISBN 3-621-27294-1
NE: GT

Druck und Bindung: Druckpartner Rübelmann, Hemsbach
Printed in Germany
Gedruckt auf säurefreiem Papier

ISBN 3-621-27294-1

Inhaltsverzeichnis

Vorwort

Die vorliegende Arbeit entstand am Schnittpunkt mehrerer Interessen. Eine frühe wissenschaftliche Neugier galt dem Zusammenhang von Sprache und Biographie und fand ihren Ausdruck in einer soziolinguistisch orientierten empirischen Zulassungsarbeit zum Vordiplom in Psychologie. Die dabei erlebte Spannung zwischen Engagement und wissenschaftlicher Distanzierung weckte ein methodologisches Interesse, das mich zur Hermeneutik führte. Sowohl die Diplomarbeit in Psychologie, in der ich eine hermeneutische Rekonstruktion des therapeutischen Handelns in drei verschiedenen Therapieformen versuchte, wie auch die Magisterarbeit in Germanistik, in der ich eine psychoanalytisch orientierte Hermeneutik an einem literarischen Beispiel entwickelte, galten dem Ziel, jenseits quantitativen Zählens und Messens einen eigenen Standpunkt der Hermeneutik in der Psychologie zu finden. Der Beginn des Berufslebens förderte ein weiteres Interesse: Als Praktiker in der psychosozialen Versorgung, zunächst als Einzelfall- und Familienhelfer, später als Psychologe in einer psychiatrischen Klinik, war ich damit konfrontiert, die tägliche Arbeit (das ‚Dunkel des gelebten Augenblicks‘, Bloch) in diffusen und widersprüchlichen Settings zu verstehen und zu reflektieren.

Ein Aufsatz über eine Metaphernanalyse von Therapiegesprächen von C. v. Kleist (1987) war die entscheidende Anregung, meine Interessen zu verbinden: die Metaphorik eines Menschen als Kondensat seiner Erfahrungen; ihre Erforschung als Möglichkeit einer psychologischen Hermeneutik; und als Gegenstand die täglich erlebte und erlittene Arbeit in der Einzelfallhilfe, die durch das Fehlen einer Beschreibung aus der Subjektsicht den idealen Gegenstand für eine solche Methode bot.

Nach Abschluß der vorliegenden Arbeit bleibt mir zu danken. Zunächst dem Anleiter, Herrn Prof. Dr. Jarg Bergold, der die Geduld besaß, mich meinen eigenen Weg gehen zu lassen und der doch durch seine Elaboration qualitativer Methoden in der Psychologie den ideellen Rahmen der vorliegenden Arbeit bot. Seinem Colloquium danke ich für die Gelegenheit zum produktiven Mißverstehen und für die Herausforderung, meinen Standpunkt verständlicher zu entwickeln. Den hier ungenannt bleibenden EinzelfallhelferInnen, die sich zu den Interviews zur Verfügung stellten, bleibe ich ebenfalls für ihre Mühe dankbar verbunden; ich hoffe, ich konnte sie mit einigen Anregungen dafür entschädigen. Diese Arbeit, neben der Berufstätigkeit geschrieben, verdankt auch viel der Nachsicht, dem Zuhören und Diskutieren im privaten Kreis; ich danke Bettina Bergtholdt, Michael Bienert, Michael Dahm, Britta Kruse, Andrea Rödig, Matthias Rosemann und Markus Stukenborg.

Berlin-Moabit, Februar 1995   Rudolf Schmitt

GALILEI *nimmt einen Apfel vom Tisch*: Also das ist die Erde.
ANDREA: Nehmen Sie nicht lauter solche Beispiele, Herr Galilei.
Damit schaffen Sie's immer.

(Bertold Brecht: Leben des Galilei)

1. Was ist ‚Einzelfallhilfe‘?

Beschreibung des Gegenstands und offene Fragen

Die Beschäftigung mit dem Thema Einzelfallhilfe ist aus der Auseinandersetzung mit
Theorie und Praxis der ‚psychosozialen Versorgung‘ entstanden. Als Praktiker überraschte es mich immer wieder, welche Hoffnungen auf Veränderungen formuliert wurden. So
ist zum Beispiel im Lehrbuch der Deutschen Gesellschaft für Verhaltenstherapie
(DGVT) in einem eigenen Kapitel zur Verhaltenstherapie in der psychosozialen Versorgung (Heyden et al. 1986) eine beeindruckende Liste zu finden, welche umfassenden
Veränderungen z.B. eine verhaltenstherapeutisch orientierte Gemeindepsychologie erfüllen zu können glaubt: Die Interventionen verfolgen einen *„präventiven Ansatz“*, *„setzen... in dem ökologischen Kontext an, wo die Probleme entstehen“*, *„enthalten ... besondere Elemente, mit denen die Generalisierung und Beibehaltung der Veränderungen unterstützt“* werden, sind *„so angelegt, daß sie neben einer Beeinflussung von Individuen
auch Institutionen verändern“* und dabei *„auch wichtige sozialpolitische Entscheidungen
beeinflussen“*; es ist selbstverständlich, daß bei den Interventionen *„soziologische, juristi-
sche, politische, ökonomische und organisatorische Variablen eine aktive Rolle“* spielen
(ebd./234). Über praktische Möglichkeiten, diese globalen Ziele zu erreichen, berichten
die Autoren wenig, sieht man von dem kurz referierten und aus den sechziger Jahre stam-
menden Modell von Tharp und Wetzel 1975 ab, das nur teilweise die genannten Ansprüche einlöst. Das reale Funktionieren psychosozialer Versorgung hat mich als Praktiker
und dann als Untersuchender immer mehr interessiert.
In der Praxis der Sozialfürsorge haben sich in der Bundesrepublik und insbesondere in
Berlin zwei psychosoziale Arbeitsbereiche entwickelt, die vielleicht einen kleinen Teil
dieser großen Ziele einlösen könnten: Familienhilfe und Einzelfallhilfe. Besonders letztere erscheint mir als Prototyp jener Mischung aus den beschriebenen Hoffnungen und
praktischen Enttäuschungen, heterogenen Theoriefragmenten und Alltagsvorstellungen,
welche die Praxis der psychosozialen Versorgung ausmachen; ich wählte sie als Gegenstand des vorliegenden Versuchs einer Beschreibung.

1.1. Darstellung der Einzelfallhilfe

Die Darstellung der Einzelfallhilfe muß sich zunächst auf die institutionellen Bedingungen beschränken; wie Einzelfallhelfer selbst ihre Tätigkeit wahrnehmen, ist Gegenstand
der späteren Untersuchung. Bergold und Breuer haben für die Beschreibung von sozialen, ökonomischen und institutionellen Bedingungen eines Phänomens den Begriff des
‚materiellen Möglichkeitenraums‘ (Bergold, Breuer 1987/21f.) gewählt, den sie von einer
‚Gemeinwelt‘, d.h. dem subjektiven Möglichkeitsraum, der mit anderen geteilt und repräsentiert wird, und der ‚Eigenwelt‘, den subjektiven und realen Beziehungen des Ein-

zelnen zur Umwelt, unterscheiden (die Differenzierungen vertiefe ich im Kap. 2.1.3). In diesem ersten Kapitel beschreibe ich den materiellen Möglichkeitenraum.

In der Berliner Praxis sind beide Hilfsformen, Einzelfall- und Familienhilfe, sehr ähnlich; da letztere inzwischen besser untersucht ist, beziehe ich sie in der Darstellung der Einzelfallhilfe zunächst mit ein. Sie hat sich als neuer Ansatz psychosozialer Arbeit seit den frühen siebziger Jahren zunehmend etabliert (Kreft, Müller 1986), auch wenn Organisationsformen, Einsatzgebiete und Anstellungsverhältnisse der in ihr Beschäftigten noch stark differieren. In Berlin hat sich als ähnliches Instrument des Jugendamtes die Einzelfallhilfe ausgebildet (Haller 1986). Die inhaltliche Unterscheidung der beiden Hilfsformen wird immer wieder diskutiert und kritisiert (Schmitt 1988, ötv 1989), Einzelfall- wie FamilienhelferInnen arbeiten notwendigerweise sowohl mit Einzelnen wie mit Familien. Ein einheitliches inhaltliches Konzept der Hilfen gibt es nicht, je nach (meist universitärer) Vorbildung existieren auf der Seite der HelferInnen sozialpädagogische, familientherapeutische und andere Ansätze aller möglichen Therapieformen und Eklektizismen[1].

1.1.1. Familienhilfe

Die Familienhilfe hat sich in Berlin vor der Einzelfallhilfe entwickelt und diese beeinflußt (Schmitt 1988). Es existieren mehrere Studien zu Dauer, Umfang, Arbeitsinhalten und Grenzen dieses Angebots, anhand deren Daten die sehr ähnliche Einzelfallhilfe vorläufig beschrieben werden kann. Die Familienhilfe ist konzipiert als *„Hilfe zur Erziehung in der Familie"*, als vorbeugende Form der Jugendhilfe. Eltern sollen bei der *„Wahrnehmung ihrer Erziehungsaufgaben und bei der Bewältigung ihrer gesamten Lebenssituation"* unterstützt werden (Familienhelfervorschriften nach Kreft, Müller 1986/107). Sie übersteigt das Beratungsangebot der bezirklichen Sozialarbeit dadurch, daß FamilienhelferInnen einen größeren Zeitraum für die Familie präsent sind (zum Teil über 15 Stunden pro Woche in Berlin) und diese Zeit zumeist auch im Lebensraum der Familie verbringen. FamilienhelferInnen haben wiederum keine Möglichkeiten, die materielle Ausstattung der Familie zu verändern, keinerlei Befugnisse und Einspracherechte bei Sozial- und anderen Ämtern. Die Familien- bzw. Behindertenfürsorge behält die Kontrolle über den ‚Fall'; sie stellt der Familie HelferInnen vor, die sich direkt beim Jugendamt beworben haben oder von einem freien Träger kommen. In Berlin ist es z.Zt. üblich, daß der jeweilige Amtsleiter auch der sog. ‚Helferwerber' ist, der den SozialarbeiterInnen für die Familiensituation passende FamilienhelferInnen vorschlägt. Diese sind in Berlin alle sechs Monate berichtspflichtig, damit ist auch die Weiterbeantragung der Hilfe verbunden. Die HelferInnen sind formal nicht weisungsgebunden und nicht aktenführungspflichtig wie SozialarbeiterInnen[2], vertraglich sind sie bei der Familie angestellt, das Sozialamt entlohnt die Hilfe als ‚Sachleistung an die Familie'.

Familienhilfe begann in Berlin 1969[3] aus der Kritik der Heimunterbringung und Anstaltserziehung heraus und ist der Versuch, ambulant, vor Ort und stadtteilorientiert in den Fa-

---

[1] Die Darstellung von Einzelfall- und Familienhilfe, ihrer Aufgaben und Ziele bezieht sich auf die Situation in Berlin; aufgrund verschiedener Institutionen und Systeme der psychosozialen Versorgung ist eine Übertragung auf das Bundesgebiet nicht immer möglich.

[2] Damit unterliegt der Familienhelfer nicht dem ‚juristischen Handlungsmodell' des Sozialarbeiters (Speckmann 1976). Je nach seiner Anstellungsform ist daher seine Informations- und Verschwiegenheitspflicht völlig verschieden und ungeklärt (Martin-Ballof 1985).

[3] Wenn nicht anders vermerkt, bezieht sich die Erläuterung auf die Familien- bzw. Einzelfallhilfe in Berlin/West und dort auf die Arbeiten von Nielsen et al.

milien zu arbeiten. Inzwischen liegen Projektberichte über Familienhilfe aus Kassel (Pressel 1981), Troisdorf, Heilbronn (Blätter der Wohlfahrtspflege 1986), dem Land Nordrhein-Westfalen (Ministerium für Arbeit NRW 1985), Bremen (Fabian, Wetzels 1988) vor. In ihrer Bestandsaufnahme der sozialpädagogischen Familienhilfe in der Bundesrepublik und Berlin (West) schätzen Christmann, Elger 1986, daß 1985 52% der Jugendämter in der Bundesrepublik Familienhilfe einsetzten. In der Diskussion von Indikation und möglichen Wirkungen betonen neuere Publikationen, daß die Ziele zunächst zu hoch gesteckt wurden und das Ziel der Vermeidung der Fremdunterbringung die Möglichkeiten der Familienhilfe übersteigt.[4] Man scheint es aufzugeben, als letzte Alternative vor der Heimunterbringung einen Familienhelfer der Familie aufzuzwingen, denn als günstig für einen Erfolg haben sich allenfalls

„Symptome mittlerer Ausprägung in den Bereichen materieller, hauswirtschaftlicher und erzieherischer Desorganisation ... und schulische Leistungsschwächen"

gezeigt (Kreft, Müller 1986/110). Nielsen et al. (1986/59) werteten Familienfürsorgeakten zu den Haupteinsatzgründen für Familienhilfe aus, dort schieben sich Schwierigkeiten der Kinder in den Vordergrund:
- Schulprobleme und Schulverweigerung (22%) sowie
- *„Verhaltensauffälligkeit"* (insgesamt 16%)

werden häufiger genannt als die Probleme der Eltern, wie
- *„nicht geleistete Kinderbetreuung"* (14%) und
- *„Überlastung der Erwachsenen allgemein"* (12%).

Mit letzterem ist gemeint: Schulden, Arbeitslosigkeit, Süchte, Sozialisationsdefizite, beengter Wohnraum. Entsprechend diesen Problemen dauert Familienhilfe lange: 37% bis zu einem Jahr, 27% bis zu zwei Jahren, 35% über 2 Jahre (ebd./60). Diese Dauer sagt nichts über das Gelingen aus: Gerade ein Drittel werden als *„erfolgreich abgeschlossen"* gewertet. Ursachen für das Scheitern sind Konflikte der Familie mit den Helfenden, Auseinanderfallen der Familie (Heimunterbringung etc.) und *„private oder persönliche Gründe des Familienhelfers"* (ebd./62f., vgl. Ministerium für Arbeit ... NRW, 1985/113). Zu diesen *„privaten"* Gründen des Abbruchs trägt die soziale Situation der HelferInnen bei: Beschäftigung als Honorarkraft mit maximal 19 Stunden ohne soziale Absicherung; mangelnder emotionaler Rückhalt ohne Supervision, welche die Belastung durch die notwendige Teilintegration der HelferInnen in den *„Bauch der Familie"*[5] auffangen könnte. Es überwiegen Frauen als HelferInnen (56%, Nielsen et al. 1986/65). 54% der HelferInnen haben eine abgeschlossene Ausbildung, 54% von ihnen sind (Sozial-)PädagogInnen, 29% PsychologInnen (ebd./68). Auch trifft es nicht mehr zu, daß vor allem Berufseinsteiger das Gros der HelferInnen stellen: 34% von ihnen waren älter als 30 Jahre (ebd./67). Die Konsequenz: Wer eine feste Anstellung bekommen kann, bricht die Arbeit ab.

1.1.2. Einzelfallhilfe

Ähnlich der Familienhilfe (Faltermeier, Kaufmann 1986; Müller 1985) hat die soziale Einzelfallhilfe weit zurückreichende Anfänge in der Sozialarbeit, besonders im ‚casework‘, der ‚sozialen Fallarbeit‘ in den USA zu Beginn des Jahrhunderts (Neidhart 1980). In der Folge war dieser Ansatz lange Zeit ein Betätigungsfeld des Sozialarbeiters und, der

---

4 So Eckhardt et al. 1986, Caritas 1987. Nielsen et al. 1986/137 diskutieren Fälle, bei denen eine befristete Heimunterbringung mit fortlaufender Hilfe die Familien stabilisieren konnten.
5 Piwowar 1986 beschreibt einen für Einzelfallhilfe repräsentativeren Fall materieller Not.

Zeit entsprechend, von einem offensiven sozialfürsorgerischen Impetus getragen.[6] Im Laufe der siebziger Jahre wurde versucht, psychologische Beratungskonzepte zu integrieren; lernpsychologische, klientenzentrierte und psychoanalytische Orientierungen ergänzten sozialpädagogische Ausbildungen. Die Arbeitsbeschreibung verschwimmt zwischen ‚Sozialarbeit‘, ‚Prävention‘ und ‚sozialer Therapie‘ (Mees-Jacobi 1977).

Die Familien- und Behindertenfürsorge in Berlin nutzt Einzelfallhilfe seit 1973 als Interventionsmaßnahme; 1986 erhielten etwa 1400 Kinder diese Form der Hilfe (Ötv 1989/1), sie wurde häufiger als andere Formen pädagogischer oder therapeutischer Arbeit befürwortet. So repräsentierten diese Kinder 41% aller Fälle, in denen die Behindertenfürsorge Hilfen finanzierte; es folgten Verhaltenstherapie (16%), schulische Hilfen durch Zusatzlehrer (13%) und Spieltherapie (7%). Seit 1983 wird Einzelfallhilfe auch für die Betreuung chronisch-psychotischer Patienten eingesetzt (ebd./6). Im Jahre 1988 war die Zahl der Einzelfallhilfen auf 1500 angestiegen, die Zahl der Betreuten belief sich auf etwa 5000 Kinder und psychisch Kranke (ebd./8); für das Jahr 1992 nennen Fritzsche, Imbruck (1992/2) die Zahl von 6000 Helfereinsätzen.

Die gesetzlichen Grundlagen der Einzelfallhilfe sind andere als die der Familienhilfe, hier ist §39 BSHG zuständig. Dieser gilt für *„Personen, die nicht nur vorübergehend körperlich, geistig oder seelisch wesentlich behindert sind"* (Abs. 1) bzw. für *„die von einer Behinderung Bedrohten"*, und gilt als einklagbares Recht auf ‚Eingliederungshilfe‘. Der Kostenträger ist nicht mehr wie bei der Familienhilfe die Familienfürsorge, sondern die Behindertenfürsorge. In der Praxis heißt das nur, daß diese zwischen examinierten und nicht-examinierten Helfern in der Entlohnung unterscheidet. Die in den Untersuchungen zur Familienhilfe genannten Haupteinsatzgründe kehren als Aufgabenstellung im Abs. 3 des §39 BSHG wieder: Ziel des Helfereinsatzes ist es, eine

„drohende Behinderung und deren Folgen zu verhüten, oder eine vorhandene Behinderung und deren Folgen zu beseitigen oder zu mildern und den Behinderten in die Gesellschaft einzugliedern" (§39, Abs. 3, BSHG).

Dementsprechend vielfältig ist die Arbeit; Versuche zur Definition sind entsprechend global: *„Unterstützung des Klienten in seiner persönlichen Entwicklung"*, *„Unterstützung des Klienten in der Familie"*, *„... im weiteren sozialen Bereich"* (Interessengemeinschaft Berliner Einzelfall- und Familienhelfer 1988/4f.) Die formale Position der EinzelfallhelferInnen entspricht dem der FamilienhelferInnen.[7]

Seit dem Inkrafttreten des neuen Kinder- und Jugendhilfegesetzes (KJHG) 1991 wird die Einzelfallhilfe für Kinder nicht mehr wie im Untersuchungszeitraum nach BSHG § 39f., sondern nach §27 des KJHG gewährleistet; anders als im BSHG sind *„kindliche Fehlentwicklung aufgrund problematischer elterlicher Erziehungsmethoden"* Anlaß zur Hilfe. Derzeit ist die Entwicklung der Einzelfallhilfe für Kinder unter den neuen Bedingungen nicht abzusehen (vgl. Fritzsche, Imbruck 1992; Nutt 1992).

Für die ambulante Arbeit mit chronisch-psychisch kranken Menschen hat Eichenbrenner 1992 Chancen und Grenzen der Einzelfallhilfe beschrieben. Sie konzipiert diese Hilfe als

---

[6] Vgl. Bang 1967: ‚Autorität, Gewissensbildung, Toleranz. Drei Grundprobleme der Einzelfallhilfe‘, insbes. S.7, *„Das Glaubensbekenntnis des Sozialarbeiters: ... Ich glaube an die Fähigkeit des Durchschnittsmenschen, sich auf höhere Ziele hin weiterzuentwickeln. ..."*

[7] In verschiedenen Bezirken Westberlins existieren unterschiedliche Regelungen über Urlaubsentgelt und Krankenkassenzuschüsse an die Helferinnen: Meist fehlt beides. Um Abhilfe bemühen sich selbstorganisierte wie gewerkschaftlich orientierte Gruppen. Über den Einfluß dieser Bedingungen auf die Arbeit s.o.

Unterstützung der jeweiligen SozialarbeiterInnen, als Interventionsmöglichkeiten bei Menschen, die nicht freiwillig kommen, wobei sie „aufsuchende" psychosoziale Arbeit auch als „sich aufdrängende" rechtfertigt (ebd./3); sie sei der Versuch, „in absoluter Armut psychotherapeutisch zu arbeiten" (ebd.). Sie kann für einige Patienten der Beginn einer stabileren Beziehungsfähigkeit werden.

1.1.3. Berufliche Realitäten von Einzelfall- und Familienhilfe

In der Ötv organisierte HelferInnen beschrieben als Spezifikum ihrer Tätigkeit, daß sie „dort eingesetzt werden, wo Menschen Unterstützung benötigen, die durch die herkömmlichen Formen der Sozialarbeit und der psychosozialen Versorgung bislang nicht erreicht wurden." (Ötv 1989/40f.)
Sie analysieren, daß diese Hilfen
- zur Vermeidung von Heimeinweisungen eingesetzt werden,
- die Fortsetzung der Tätigkeit von Familien- und Behindertenfürsorge, Jugend- und Sozialpsychiatrischen Diensten darstellen,
- im Vorfeld von institutionalisierter Psychotherapie mit denen arbeiten, die mit einem herkömmlichen Setting nicht erreicht werden,
- eine relative Ferne zu den Ämtern mit Aktenführungspflicht bieten (ebd.).

Die Besonderheit besteht darin, daß es sich um ‚aufsuchende' Hilfen handelt, die ein niedrigschwelliges Angebot ermöglicht. ‚Komm-Strukturen' von Beratungsstellen setzen Informiertheit, Motivation, Freiwilligkeit, Pünktlichkeit und Absprachefähigkeit voraus und schließen damit besonders Unterschicht-Familien aus (vgl. Wondra 1992).
In der Einzelfall- wie in der Familienhilfe beginnt eine Hilfe oft damit, daß die Familie den mehr oder minder dringend nahegelegten Vorschlag der Behindertenfürsorge akzeptiert, eine/n HelferIn einzusetzen. Theoretisch kann die Familie oder der/die KlientIn die vorgeschlagenen HelferInnen ablehnen. Daß dies jedoch selten passiert, resultiert auch aus der verschleierten Formulierung des Auftrags: So wurden Helferinnen den Eltern als ‚Hausaufgabenhilfe' vorgestellt, sollten jedoch psychische und soziale Probleme wie Bettnässen, Konzentrationsunfähigkeit, psychosomatisches Erbrechen, Schulverweigerung und soziale Isolation ausländischer Familien verändern (Schmitt 1988). Es ist schwierig, in diesen Konflikten zwischen inoffiziellem und offiziellem Auftrag der Familienfürsorge oder sozialpsychiatrischem Dienst, den Erwartungen und den Widerständen der Familie, sich auf quasi-therapeutische Veränderung einzulassen, und den Ansprüchen von Behörden und Schulen einen eigenen Begriff von der Arbeit in den Familien zu finden. Die Beeinflussung und Behinderungen durch die Vorgaben der verschiedenen Institutionen und des familiären Milieus hat Männich 1992 beschrieben. Er fordert für Einzelfallhilfe die Orientierung an einer dem Setting gerecht werdenden diagnostischen Kompetenz und gestaltet die Hilfe als eine vermittelnde Instanz zwischen den Beteiligten vor Ort (ebd./7). Noch stärker auf einer psychologischen Komponente der Arbeit besteht Ulmann 1992/11. Hier ist der Punkt erreicht, an dem eine Identität der Familien- bzw. der EinzelfallhelferInnen in Frage steht. Ist diese Tätigkeit nun Sozialarbeit, -pädagogik, gesundheitspolitisch zu fordernde Präventionsmaßnahme, Therapie oder eine andere Form psychologischer Arbeit?
In Zeiten knapper Arbeitsplätze bestimmte und bestimmt berufspolitisches Interesse ebenfalls die inhaltliche Definition der Einzelfallhilfe. Während in Berlin Anstrengungen scheiterten, die Honorarverträge für die Helfenden in feste Stellen umzuwandeln (Ötv 1989), dagegen ein Innensenator diese Tätigkeit als „karitative Arbeit" von „sozial

schwachen Personen" bezeichnen konnte (ötv 1989/8), begann ein Verteilungskampf zwischen den einzelnen Disziplinen um die Honorar‚stellen'. Diese Auseinandersetzungen fanden auch auf theoretischer Ebene statt; es wurde von verschiedenen wissenschaftlichen Positionen versucht, die Inhalte dieser Arbeit, ihre Reichweite und Grenzen zu fassen. Das Auffälligste ist, daß kaum eine dieser Theorien aus dem Bereich der Einzelfall- bzw. der Familienhilfe selbst kommt. Besonders sozialpädagogische und psychologische Richtungen haben immer wieder versucht, aus ihrer angrenzenden akademischen oder praktischen Domäne heraus diese Tätigkeiten als Vorgarten der eigenen Profession zu begreifen. Es sieht so aus, als setze sich der ökonomisch ungesicherte und abhängige Status auf theoretischer Ebene fort, als seien Einzelfall- und Familienhilfe ein Terrain, auf dem sich die unter ständigen Legitimationsdruck stehenden sozialwissenschaftlichen Disziplinen Geländegefechte liefern. Dies zog Ausgrenzungen nach sich; so stilisierte z.B. Haller 1987 den Psychologen zum „Wolf":

„Psychotherapeuten und Psychologen versuchen, die SPFH (gemeint: sozialpädagogische Familienhilfe, R.S.) *zu therapeutisieren, um so sozusagen als ‚Wolf im Schafspelz' in die Familien zu gelangen und ihre ‚dysfunktionalen' oder ‚pathologischen' Strukturen zu ‚knacken'. Vae victis - wehe den Besiegten!"*,

um dann seine berufspolitischen Absichten preiszugeben:

„...muß der Inflation des Begriffes ‚sozialpädagogisch' entgegengewirkt werden, damit durch vermehrte, bestenfalls ausschließliche Beschäftigung von Sozial- und Diplompädagogen (mit Schwerpunkt Sozialpädagogik/-arbeit) das Adjektiv ‚sozialpädagogisch' zur notwendigen und verdienten Bedeutung gelangt bzw. seine alten Inhalte zurückerhält." (Haller 1987/228f.)

Umgekehrt grenzen psychologische Beschreibungen der Arbeit andere Ansätze aus (vgl. Ulmann 1992, Hildebrand-Nilshon 1990, ötv 1989/39f.) Dagegen wurde argumentiert, daß durch diese Bestimmung eine Arbeitsteilung geschaffen würde, die diesen Formen ambulanter Hilfe nicht angemessen sei: Sozialarbeit, Pädagogik, Prävention und auch Therapie seien ‚vor Ort' nicht zu trennen (Nutt 1992, Schmitt 1988). In der vorliegenden Studie habe ich versucht, diese Tätigkeit vom Standpunkt der HelferInnen aus zu begreifen und ihre inneren Zusammenhänge darzustellen; zuvor sollen jedoch die verschiedenen Ansätze kurz beschrieben werden.

1.2.   Fachgebundene Beschreibungen von Einzelfall- und Familienhilfe

1.2.1. Sozialpädagogische Zugänge

Die sozialpädagogische Literatur zum Thema bietet kaum konkretisierbare Handlungsanleitungen. Es fällt schwer, herauszufinden, was denn eigentlich die *„notwendigen und verdienten Bedeutungen"* des Adjektivs *„sozialpädagogisch"* sind, von denen Haller (s.o.) sprach; es werden nur sehr vage inhaltliche Angaben gemacht. In einer inzwischen zum empirischen Standardwerk zur Familienhilfe gewordenen Untersuchung (Nielsen et al. 1986) werden *„Entlasten, Kräftigen, Befähigen"* als zentrale Aufgaben genannt (ebd./ 188ff.). Die AutorInnen führen den interessanten Ansatz zu einem Tätigkeitsprofil der Familienhilfe nicht aus, ihre Beschreibung bleibt bei einer minimalen Differenzierung von ‚Entlasten', ‚Kräftigen' und ‚Befähigen' der KlientInnen stehen und macht den einzelnen Familienhelfer mit einer erdrückenden Liste allgemeiner Ansprüche guten Willens nicht gerade handlungsfähiger. Im Gegenteil: Sie fordern,
- daß HelferInnen Distanz bewahren, aber auch auf Distanz verzichten können sollen;

- daß sie Durchsetzungsvermögen haben, aber nicht autoritär sein sollen;
- sie sollen gleichzeitig praktische Hilfe leisten <u>und</u> Informationsdefizite der Eltern ausgleichen <u>und</u> die Familien an die Nutzung sozialer Netzwerke heranführen, aber gleichzeitig Überangebote vermeiden: Wie? - frage ich mich;
- sie sollten sich am Auftrag des Amtes orientieren, mit dem sie in die Familie gekommen sind, aber gleichzeitig akzeptieren und unterstützen, daß diese Problemlösungen hat, die den anerkannten Normen widersprechen (ebd./188 - 199).

Die AutorInnen nennen als letzten Punkt *„Eingrenzung möglicher Problembearbeitung durch Supervision".* Diese Aufforderung hätte auch dem Aufgabenkatalog zugute kommen können: Die *„Eingrenzung möglicher Problembearbeitung"* fängt nicht erst in der Familie an, sondern in den Vorstellungen, die man sich von dieser Form der Hilfe macht. Ich habe an anderer Stelle beschrieben (Schmitt 1990), daß der genannte Aufgabenkatalog zu deuten ist als eine völlige Überforderung der HelferInnen mit gutgemeinten, aber auch widersprüchlichen Allgemeinplätzen, mit Ratschlägen, die nützlich, aber zu wenig konkret sind. (Zu den Grenzen der Hilfe vgl. auch Schmitt 1988, 1989).

1.2.2. Verhaltenstherapeutische Sicht der Einzelfall- und Familienhilfe

In der Literatur finden sich einige verhaltenstherapeutische Reflexionen des Settings der Familien- bzw. Einzelfallhilfe bzw. nach diesen Kriterien aufbereitete Falldarstellungen[8]. Hoffmann 1981 als Vertreter der Verhaltenstherapie in der Sozialarbeit[9] bemühte sich um eine Einschätzung und kritisierte den überhöhten Anspruch der Familienhilfe; durch *„... diese Aufgabenzuweisung wird eine Zielsetzung abgesteckt, die weit über den üblichen Rahmen sowohl klassisch-therapeutischer als auch sozialpädagogischer Tätigkeiten hinausgeht. Der Aufgabenkatalog umfaßt damit eine Addition der Aufgaben, die üblicherweise der Familienfürsorge, der Gemeinwesen- oder Stadtteilarbeit, der Erziehungsberatung und anderen Institutionen zugeteilt werden."* (ebd./426)

Zur Einschätzung der Interventionsmöglichkeiten verweist er darauf, daß Familienhilfe unter besonderen Bedingungen stattfinde:
- Von anderen sozialpädagogisch-sozialtherapeutischen Interventionen sei Familienhilfe durch relativ lange Dauer und hohe Interaktionsdichte verschieden.
- Sie finde im Milieu der Klienten statt, sei von *„Unmittelbarkeit"* gekennzeichnet, die es erschwere, die Helfer-Klient-Beziehung und die Ziele konkret zu formulieren.
- Es fehle eine genaue Indikation sowie Spezifikation in bezug auf die Zielsetzungen.
- Es handle sich um eine Tätigkeit, die *„den gezielten Einsatz spezifischer Kenntnisse und Interventionsstrategien zur unabdingbaren Voraussetzung hat."* (ebd./428).

Die letzte Forderung löst er allerdings nicht praktisch für die Familienhilfe ein: Welche Kenntnisse und Interventionsstrategien? In einem Beispiel aus der Arbeit des sozialpsychiatrischen Diensts überträgt er Verhaltenstherapie auf ein psychosoziales Arbeitsfeld (Hoffmann 1976). Das Fallbeispiel folgt auch problemlos den theoretischen Vorgaben:
- konkrete Analyse der Umweltbedingungen, Analysieren und Strukturieren von komplexen Situationen mit Hilfe lerntheoretischer Begrifflichkeit,
- Aufstellen von Therapiezielen auf der konkreten Verhaltensebene,
- Nutzung des verstärkenden therapeutischen Potentials der Umwelt.

---

[8] vgl. Schmitt 1989, Sander 1980. Obschon letztere sich gegen Therapie abgrenzt, betreibt sie die Analyse der (unvollständig dargestellten) Fälle nach lerntheoretischem Modell mit Orientierung am beobachtbaren Symptom, Grundrate und Verlaufsdiagrammen.
[9] vgl. auch Hoffmann, Linden 1976, Hoffmann 1976.

Soweit kann man zustimmen: Aber das führt in der Familien- bzw. Einzelfallhilfe noch nicht zu „*einer ökonomischen und wirksamen Arbeitsweise*" (ebd./141) nach verhaltenstherapeutischem Vorbild. Ich teile seine Einschätzung, aber nicht seine Folgerungen: „*Sozialarbeit erfordert oft Kriseninterventionen: akute Probleme müssen rasch und wirksam angegangen werden. Dafür bietet die Verhaltenstherapie eine Reihe nützlicher therapeutischer Verfahren, die in der Regel auf Aktion ausgerichtet sind. Sie stellen geringere Anforderungen an den Patienten und erfordern keine so intensive persönliche Beziehung zwischen Klient und Therapeut wie andere Ansätze.*" (ebd./142)

Gerade die Aktion erweist sich in der Praxis als anstrengend und benötigt die intensive persönliche Beziehung. Das Arbeitsbündnis, das Hoffmann hier stillschweigend voraussetzte, ist meist nicht da und oft erst Resultat der Arbeit.

Ein Modell für Verhaltenstherapie in der Einzelfallhilfe könnte das Mediatoren-Modell von Tharp, Wetzel 1985 sein: Der ‚*mittelbare*' Therapeut (hier: EinzelfallhelferIn) berät, betreut und verstärkt den ‚*unmittelbaren*' Therapeuten (hier: Elternteil, Verwandte) in seinem Verhalten gegenüber der ‚*Zielperson*' (auffälliges Kind). Der mittelbare Therapeut weist den unmittelbaren, im Milieu des Kindes lebenden Therapeuten in Beobachtung und Dokumentation des ausgewählten Verhaltens ein, berät die Auswahl des eingesetzten Verstärkers und achtet darauf, daß alle Schritte zur Verhaltensänderung so realistisch geplant und so langsam und vorsichtig durchgeführt werden, daß die Verhaltensänderung wiederum das Verhalten des unmittelbaren Therapeuten (d.h. Elternteil) belohnt, also eine andere Struktur des familiären Kommunikationszirkels aufbaut. In der praktischen Durchführung in den USA in einer Stadt mit fehlender öffentlicher Sozialfürsorge (Tucson, Arizona, 1965) ergaben sich in 147 dokumentierten Fällen Ergebnisse, die den oben dargestellten der Familienhilfe entsprechen (ebd./156-193). Das Modell besticht dadurch, daß oft das problematische Verhalten der Erziehungspersonen selbst in den Blick gerät und verändert werden kann. An seinen Grenzen ist dieser Versuch, wo seine Beschränkung auf Kontingenzmanagement, d.h. Verstärkung gewünschten Verhaltens auf persönliche und institutionelle Widerstände trifft.[10] Viele dieser Widerstände sind für die Klientel der Familien- bzw. Einzelfallhilfe typisch: Vorliebe für aversive Kontrolle, d.h. Strafe als alleiniges Erziehungsmittel, psychische Probleme der Erziehungspersonen, negative Einstellungen den Kindern und Hilfen von außen gegenüber, äußere materielle Zwänge, Probleme in ‚zusammengesetzten' Familien. - Im Rahmen meiner Ausbildung versuchte ich die Schwierigkeiten eines verhaltenstherapeutischen Ansatzes in der Einzelfallhilfe zu schildern (Schmitt 1989). Dabei konnte deutlich gemacht werden, daß gerade die Entwicklungen im nahen Umgang mit den KlientInnen und spontane, zufällige Aktionen oder Ereignisse in diesen Schemata nicht zu fassen sind. Einzelne isolierte Symptome lassen sich mit dieser strikten Methodik allerdings handhaben.

1.2.3. Familientherapeutische Beiträge zur Einzelfall- und Familienhilfe

Die Familientherapie müßte dem Setting dieser Hilfen eigentlich am nächsten stehen. Aber das Ziel der klassischen Familientherapien, die „*familiäre Neustrukturierung*" (Linke 1987/162) trifft nicht die Problematik dieser Interventionsformen. Nicht immer ist eine Neustrukturierung der Familie notwendig; nicht jedes Kind ist nur ein identifizierter und vorgeschobener Patient des kranken Systems Familie. Es geht zu oft auch darum, kognitive Defizite in der Schule zu bearbeiten, emotionale Störungen aufzufangen und soziale Entwicklungsprozesse im Umfeld des Kindes in Schule, Kita und Nachbarschaft zu

---

[10] In erfreulicher Offenheit wird ein ganzes Kapitel (S.136 ff.) solchen Fehlschlägen gewidmet.

initiieren und im weiteren Netz um die Familie zu arbeiten, d.h. den Kontakt zu Behörden und Nachbarn aufzubauen oder zu verändern. Man muß Informationen beschaffen, aufklären und Verhaltensmöglichkeiten trainieren. Ebensowenig lassen sich Familien gleich zu Anfang auf diagnostische Verfahren wie Genogramm oder Familienskulpturen ein: Viele Berichte (vgl. Nielsen et al. 1984, 1986) legen statt dessen nahe, bei der Kontaktaufnahme auf die Werte, Normen und Tabus der Familien vorsichtig und vertrauenschaffend einzugehen. Als wichtiger Hinweis der Familientherapie läßt sich allerdings festhalten, daß sich HelferInnen in einer Familie oft nach dem Muster der eigenen Herkunftsfamilie verhalten und ähnliche Rollen einnehmen. Diagnostische Hinweise, wie *„Vermischung der Generationengrenzen"* (Amman 1980/205), treffen oft zu. Im weiteren halte ich die Warnung von Linke vor fatalen Rollenpositionen für wichtig; er nennt als problematische Rollen: Ersatzpartner eines alleinerziehenden Elternteils zu werden, Schiedsrichter- und Botenfunktion zwischen zerstrittenen Familienfraktionen zu übernehmen, sich in eine Parteinahme mit einem Elternteil gegen den Anderen oder mit den Kindern gegen die Eltern verstricken zu lassen oder zum alle versorgenden Onkel zu werden, von dem die Familie profitiert, ohne sich zu verändern (Linke ebd./159). Das sind wichtige Hinweise der Familientherapie für unser Thema, aber alleine diese Gefahren machen schon deutlich, daß ein Familienhelfer dichter in das Netz einer Familie involviert ist als ein Familientherapeut, und daß gerade distanzierende Symptomverschreibungen oder paradoxe Interventionen sich mit dieser Dichte kaum vertragen.

Conen 1990b (vgl. 1990a, 1991, 1992) versucht daher die Einzelfallhilfe nicht mit familientherapeutischen bzw. systemischen Maßstäben zu messen, sondern einzelne Interventionsmaßnahmen auf diese spezielle Situation zu übertragen. Dabei spielen positive Konnotierungen des Sozialarbeiters und der Familie, hypothesengenerierende, lösungsinduzierende und beziehungsklärende Fragetechniken im Vordergrund.

1.3. Eigene Fragestellung

Sozialpädagogik, Verhaltens- und Familientherapie wurden hier in ihren Versuchen vorgeführt, Einzelfall- und Familienhilfe als Verlängerung des eigenen Arbeitsfeldes zu okkupieren. Nach welchen Gesichtspunkten könnten sich die EinzelfallhelferInnen selbst beschreiben, welche Denkmuster sind ihnen wichtig? In den Probe-Interviews, in denen die HelferInnen gebeten wurden, ihre Arbeit zu schildern, entwickelten sich Themenkomplexe, die mit den folgenden Fragen vollständig beschrieben werden konnten[11]:
1. Wie nehmen HelferInnen die Familien und ihre Schwierigkeiten wahr?
2. Wie erfahren HelferInnen die Kinder/KlientInnen und ihre Schwierigkeiten?
3. Welche Tätigkeitsstrukturen bilden sich in der helfenden Arbeit auf dem Hintergrund dieser Wahrnehmungen?
4. Wie erleben sich die HelferInnen selbst, welche Selbstbilder entwerfen sie, welches Bewältigungsverhalten entwickeln sie?
Die Gegenüberstellung dieser Fragen, der gefundenen Antworten und der Thesen der oben genannten Theorien regte einen weiteren Untersuchungskomplex an:
5. Welche Folgerungen ergeben sich daraus für
   a) eine Tätigkeitsbeschreibung und ein berufliches Selbstverständnis?
   b) Ausbildung, Qualifikation und Supervision?
   c) die materielle Ausgestaltung der Einzelfallhilfe?

---

[11] Das genauere methodische Vorgehen siehe Kap. 2.3.5. und 2.4.7.

Eine Selbstdarstellung der Einzelfallhilfe kann auch von anderen Positionen entwickelt werden; meine Fragestellung wurde davon geleitet, die Wahrnehmungen fragend aufzugreifen, die von den HelferInnen auf die Nachfrage nach ihrem praktischen Tun kamen. Die Ergebnisse zeigen, welche Theorie sich entwickeln läßt: Es ist eine ‚Landkarte' mit verschiedenen Gemeinsamkeiten, die als Typen oder (Sprach-) Muster[12] kollektive Erfahrungen repräsentieren. Individuelle Besonderheiten werden so herausgearbeitet, indem ich jedes Interview einzeln interpretiere und darstelle. Zwischen zwei Polen, der theoretisch wenig begriffenen Praxis und ihrer Supervision auf der einen, und einer noch nicht abzusehenden gegenstandsspezifischen Theorie auf der anderen Seite, scheint es mir am ertragreichsten zu sein, die Schwierigkeiten und Möglichkeiten der Einzelfallhilfe als konkrete Muster zu beschreiben. Ich setze dabei an den sprachlichen Modellen der HelferInnen an. So lassen sich praktische Erfahrungen weitergeben; es geht mir auch darum, eine Landkarte des Gelingens wie des Scheiterns zu zeichnen, damit leichter gangbare Wege gefunden werden können.

Eine Konsequenz dieses veränderten Herangehens besteht darin, nicht Handlungsanweisungen aus bestehenden Theorien, die in diesem Fall sehr divergierende Beschreibungen liefern, abzuleiten, sondern sich auf die Sicht der Subjekte einzulassen. Was ich bei den bisherigen Bemühungen vermisse, ist der Versuch, die Untersuchten als Experten ihrer Welt zu nehmen (Bergold, Breuer 1987/43ff.) Diesen methodischen Überlegungen ist das zweite Kapitel gewidmet.

---

[12] Die Erläuterung dessen, was ich mit ‚Muster' meine, findet sich im Methodenteil (Kap.2).

2. Von der Schwierigkeit, Bedeutung zu verstehen

Qualitative Forschungsansätze und Metaphernanalyse

Nachdem das erste Kapitel Einzelfallhilfe und Forschungsfragen darstellte, entwickle ich im zweiten Kapitel die Methoden zur Erforschung der sprachlichen Handlungs- und Selbstregulation sowie ihre methodologische Einbettung. Wie Gegenstand und Methoden in diesem Fall aufeinander verweisen, zeige ich in der Methodendiskussion, und nehme in Kauf, daß sich die Erläuterungen zum jeweiligen konkreten Vorgehen daher nicht gebündelt, sondern an den Orten ihrer Begründung zu finden sind.

Zum qualitativen Paradigma in der sozialwissenschaftlichen und psychologischen Forschung existieren inzwischen mehrere Sammelbände und Einführungen, und ich verweise zur grundsätzlichen Kritik der quantitativen Forschung sowie zur Selbstdarstellung qualitativer Ansätze pauschal darauf[1]. Ich orientiere mich im ersten Abschnitt 2.1 an den Ausführungen von Bergold, Flick 1987 und Bergold, Breuer 1987, um die methodologischen Voraussetzungen dieser Arbeit zu kennzeichnen, und skizziere zunächst in allgemeiner Form das Unbehagen in der quantitativen Sozialforschung und die Hinwendung zu einer subjektorientierten Forschungsweise. Letztere kennt mindestens zwei verschiedene Formen des Verstehens: Ein ‚monologisches‘, theoriegeleitetes Verstehen, welches sich auf systematische und explizite Reflexion seiner Vorgehensweise stützen kann; diesem steht ein alltagsnahes, dialogisches Verstehen zwischen Subjekt und Forschenden gegenüber, das allerdings nicht systematisch universalisierbar ist. Dieser Zwiespalt stellt sich als prinzipielles Problem des Verstehens in den Sozialwissenschaften dar und wird, da er die Wahl der Methoden bestimmt, exemplarisch vertieft.

Im anschließenden Abschnitt 2.2 versuche ich, diese Dimensionen des Verstehens herauszuarbeiten. So offenbaren auch Gadamers philosophische Reflexionen eine ähnliche Dichotomie: Er begreift das Verstehen von Bildern und Kontexten als Erweiterung der Forschenden, als ‚Zuwachs an Sein‘, während er das Verstehen eines logischen Inhalts einer Selektion durch einen unscharf gefaßten Begriff von ‚Wahrheit‘ unterzieht und dabei den psychologischen Kontext ausgrenzt. Hörmann weist aber in seiner Sprachpsychologie darauf hin, daß das logische Verstehen einer Aussage von einem Kontext, d.h. von der sozialen und psychischen Situation von Sprecher und Hörer, abhängig ist. Nach Hinweisen von Schwemmer kann ich dann zeigen, daß eine Analyse der in den Interviews vorhandenen Metaphern kollektive und individuelle Bedeutungskontexte rekonstruieren kann und ein vertieftes Verstehen zuläßt. Er verdeutlicht, daß eine kulturwissenschaftliche Forschung ein logisches Nachvollziehen mit einem bildgeleiteten Verstehen sinnhafter Kontexte verknüpfen sollte, um ihren Gegenständen gerecht zu werden.

Der Abschnitt 2.3 stellt daher den logischen Nachvollzug von Subjektaussagen in der Gestalt der Inhaltsanalyse von Mayring dar; sie repräsentiert den überprüften und erprobten Teil der Methoden dieser Arbeit.

Der Abschnitt 2.4. widmet sich der Metaphernanalyse, der ich zutraue, über den logischen Nachvollzug subjektiv gemeinten Sinns hinaus weitere Informationen über Handlungsmuster und Denkformen der EinzelfallhelferInnen zu gewinnen. Da die Analyse von Metaphern noch nicht systematisch als Methode der Sozialwissenschaften entwickelt

---

[1] Nur die für mich relevanten Autoren: Bergold, Flick 1987; Flick 1991; Jüttemann 1989; Flick, v. Kardorff, Keupp, Rosenstiel, Wolff 1991; Spöhring 1989.

wurde, referiere ich Metapherntheorien aus philosophischen und linguistischen Diskussionen zum Begriff der Metapher, ergänze dies um psychologische Untersuchungen ihrer Leistungen, bevor ich den Ansatz von Lakoff und Johnson, der diese Arbeit prägt, und praktische Vorschläge zur Metaphernanalyse erörtere.

Die aus Problemen des Verstehens gewonnene Einsicht in die Notwendigkeit, zwei gegensätzliche Methoden einzusetzen, überschneidet sich mit der Forderung Flicks, zur Absicherung der mit qualitativen Methoden gewonnenen Ergebnisse unterschiedliche Auswertungsverfahren einzusetzen. In der Auseinandersetzung mit seinen Ansatz der Triangulation (Kap. 2.5) kann ich dann endgültig mein Vorgehen zeigen.

2.1. Qualitative Forschung. Präsuppositionen

2.1.1. Das Unbehagen in der quantitativen Sozialforschung

Qualitative Forschungsansätze stellen sich, vergleicht man verschiedene Einführungen, oft durch Abgrenzung zu quantitativen Herangehensweisen dar. Sie unterscheiden sich von letzteren besonders in der veränderten Auffassung von Prozeß und Resultat der Forschung: Gegenüber dem naturwissenschaftlichem ‚Erklären‘, das von einer Ursache und einem regelmäßigem zeitlichen Zusammenhang zu einer Wirkung ausgeht, betonen sie ‚Verstehen‘ als grundsätzlichen Modus des Forschens und fassen es als Denken in Verweisungszusammenhängen, als Einordnen in ein Netzwerk von Beziehungen auf (Bergold, Raeithel 1985; Bergold, Flick 1987). Auf diesem Hintergrund argumentieren qualitative Ansätze gegen eine experimentelle, die Wirklichkeit auf simulierbare Variablenzusammenhänge reduzierende und damit wirklichkeitsferne Herangehensweise. Ich kann den qualitativen Forschungsansatz in den Sozialwissenschaften und insbesondere in der Psychologie weder in der Breite und Vielfalt seiner Möglichkeiten noch in der Tiefe und Reflektiertheit einzelner Theorien beschreiben - Kardorff (1991/3) spricht von einer *„kaum mehr zu überblickenden Vielfalt einzelner qualitativer Forschungsansätze"* in den Sozialwissenschaften, und auch Mayring (1991/34) kommt trotz seines Befundes, daß die Psychologie in dieser Entwicklung nachhinkt, immer noch auf ein *„beeindruckendes Bild der Vielfalt qualitativer Forschung in der Psychologie"*. Im folgenden werde ich in stark verkürzter Weise Grundmuster der Abstoßbewegung gegenüber dem quantitativ orientierten Forschungsparadigma in der Psychologie nachzuzeichnen.

Aschenbach et al. kritisieren den *„empiristisch verengten Blick"*, weil nomothetisch orientierte Forschung an hermeneutisch zu erforschenden Gegenständen wie Wertsystemen, Motiven oder Plänen von Menschen scheitern. Auch sie wenden sich gegen die Suche nach Kausalgesetzen in sozialwissenschaftlicher Forschung, es geht ihnen um *„Typen von Handlungen, die sinnhaft in sich zusammenhängen"* (Aschenbach et al. 1989/28). Sie kritisieren, daß quantitative Forschung Bedeutungsfragen als gelöst voraussetzt; für sie jedoch sind die interaktive Entstehung, Aufrechterhaltung und Veränderung von Bedeutungen ein zentrales und ungelöstes Problem. Ihre Auffassung der Bedeutung einer Handlung oder eines Satzes unterscheidet sich von der nomothetischen dadurch, daß sie von der Kontextabhängigkeit jeder menschlichen Äußerung ausgehen und nicht von invarianten und durch ein Lexikon zu erfassenden Bedeutungen. Auch Hoff 1989 wirft der quantitativ forschenden Psychologie vor, daß hinter der strikten Standardisierung des Forschungsvorgehens eine statische Konzeption ‚wahrer‘ Eigenschaften stehe. Mit den Verfahren zur Sicherung der Wahrheit einer Forschung werde das Gegenteil erreicht:

„Mit den bekannten Maßnahmen zur Sicherung von Objektivität und Reliabilität soll zugleich Validität gesichert werden. In den hier gemeinten Fällen handelt es sich aber um das grundsätzliche Dilemma, daß ökologische Validität gerade um so weniger gesichert erscheint, je stärker man auf der Basis der anderen Gütekriterien operiert." (ebd./162).

Damit ist eine der wichtigsten Kritikpunkte angesprochen: Die genannten Autoren bestreiten der quantitativen Psychologie eine ökologische Validität[2], d.h. die Gültigkeit von Forschungsergebnissen in der Lebenswelt der untersuchten Menschen. Hoff geht darüber hinaus und versucht darzulegen, daß diese auch Geltungsbegründungen, die nicht auf ökologische Validität abzielen, nicht einhalten kann. Am Beispiel des gängigsten Forschungsinstruments, dem Fragebogen, wirft er quantifizierenden Verfahren vor, daß das gleiche Fragebogensetting auf verschiedene persönlich Vorstellungsmuster und Interaktionsstile treffe und unterschiedliches in die gleichen Fragen hineininterpretiert werde, somit auch Objektivität und Reliabilität in Mitleidenschaft gezogen würden.[3]

Auch Jüttemann (1989c) kritisiert die quantitativ vorgehende Psychologie, sie konstruiere einen ‚peripheren' Menschen, der nur aus statistisch verifizierbaren und damit äußerliche Daten bestehe; die allgemeine Psychologie sei von bestürzend geringer Relevanz für praktische Fragen. Ähnlich wendet sich z.B. Breuer 1989 gegen das nomothetische Ideal der Objektivität:

„Das Ideal wissenschaftlicher Objektivität ist eine Fiktion - eine Irreführung, eine Selbst- und Fremdtäuschung, eine Form epistemologischer Blindheit" (ebd./69).

Ähnlich kritisch greift Wiedemann 1989 auf Vorannahmen des Konstruktivismus zurück und betont, daß die Realität nicht an sich bestimmt ist, sondern daß der Sinngehalt unserer erlebten Erfahrungen die Wahrnehmung der Wirklichkeit strukturiert; dieser Sinngehalt ist aber ein sozialisationsabhängiges Deutungsmuster. Im Rückgriff auf Schütz betont er, daß alle Ereignisse der sozialen Welt immer auch Deutungen sind, daß derlei Deutungen handlungs- und wahrnehmungsleitend werden und unsere Ziele bestimmen. Konsequenz dieses Denken ist das Thomas-Theorem: Das, was für wirklich gehalten wird, hat auch wirkliche Folgen. Unter die Erforschung der Vorstellungen, *„die für wirklich gehalten werden"* und die er *„Deutungsmusteranalyse"* nennt, subsumiert er sowohl qualitative wie psychoanalytische und kognitiv-psychologische Ansätze. Zwei aus der Ethnomethodologie stammende Begriffe benutzt er zur Kennzeichnung seiner Forschungshaltung: Indexikalität der Ereignisse und Reflexivität der Beschreibung. Indexikalität heißt,

„daß Ereignisse für sich genommen vage und unbestimmt sind, sie können je nach dem Kontext, in den sie gestellt werden, verschiedenes bedeuten" (ebd./215).

Mit Reflexivität betont er, daß

„Beschreibungen ... Ereignisse nicht nach oder ab[bilden, R.S.]*, sondern erst in der Weise, wie die Ereignisse beschrieben oder geschildert werden, gewinnen sie als solche Gestalt. Diese Rückbezüglichkeit von Darstellungen, die erst die Ordnungen und Zusammenhänge schaffen, die sie nur zu bezeichnen vorgeben, meint Garfinkel, wenn er von Reflexivität spricht."* (ebd.)

Sozialwissenschaftliche Forschung, die ‚harte' psychosoziale ‚Fakten' feststellen will, fällt hinter dieses Problembewußtsein zurück; für Wiedemann ist es das Ziel der For-

---

[2] vgl. die polemische Auseinandersetzung Jüttemann 1991 mit Herrmann 1991.

[3] Ähnlich argumentiert Kleiber und demonstriert am Beispiel der Verhaltenstherapie die Abkehr vom Wissenschaftlichkeitsanspruch als Aufgabe akademischer Irrelevanz zugunsten praktischer Relevanz; auch er stellt fest, daß „... *mithin der Bestätigungsgrad einer Theorie und ihre Alltagsrelevanz (innere, äußere, technologische und ökologische Relevanz) sich gegenläufig entwickeln."* Kleiber 1989/195.

schung, die alltäglichen und wissenschaftlichen Deutungsmuster zu analysieren. Diese Auffassung hat allerdings auch ihre Grenzen, wie Wiedemann kritisch bemerkt:

„Sie akzentuiert die unterschiedliche Ausdeutungsmöglichkeit von Lebensereignissen und blendet dabei die Frage nach den vorgegebenen Lebensbedingungen und deren Einfluß auf die Deutungsmuster und Deutungsspielräume aus. ... Objektive Lebensumstände liegen außerhalb der Reichweite der Deutungsmusteranalyse." (Wiedemann 1989/215) Es seien allenfalls kritisch reflektierte Rückschlüsse auf die ‚objektiven Lebensumstände‘ möglich. Mit dieser Formulierung bricht er allerdings mit dem vorgetragenen Konstruktivismus, für den ‚objektive Lebensumstände‘ selbst eine Interpretation sind. Wiedemann sieht unbegrenzte methodische Möglichkeiten, mehr oder minder regelgeleitet in der Forschung vorzugehen, allerdings sei die Datenauswertung einer so betriebenen Deutungsmusteranalyse problematisch durch nicht kodifizierbare Auswertungsverfahren und damit möglicher Willkür der Interpretation. Da alle Deutungsmusteranalysen hermeneutische Verfahren seien, erwartet er von der Forschung allerdings keine Lösung dieses Problems; Hermeneutik faßt er im Sinne Gadamers als eine Kunstlehre des Verstehens, die nicht zur reproduzierbaren Methodik tauge.

Kleiber 1988, 1989 verweist auf systemtheoretische Überlegungen, die eine nomothetische Theoriebildung bei der Praxisforschung fraglich erscheinen lassen, da
- Komplexität und Intransparenz der sozialen Verhältnisse und die Vernetztheit der relevanten Wirkvariablen ein Ursache-Wirkungs-Denken unmöglich machen,
- das System, in dem man forschend arbeitet, sich selbst in dieser Zeit verändert, und eine Änderungen weniger Systemelemente durch Forschung ferne und nicht beabsichtigte Änderungen nach sich zieht, somit die zu beforschende Praxis immer einen noch nicht begriffenen Vorsprung hat,
- in der Praxis zumeist mehrere sich auch widersprechende Ziele zu verfolgen sind; dies geschieht oft unter Zeitdruck, sie sind häufig unklar definiert und ändern sich im Prozeß ständig. Er folgert daraus:

„Wir brauchen Modelle des Handelns, die eine Komplexitätsreduktion ermöglichen, gleichzeitig aber Abbildcharakter haben und nicht, - wie Dörner sie nennt, Zentralreduktionen vornehmen, die zwar Handlungsentscheidungen leichter machen, aber leider gehäuft zu negativen Effekten führen, weil die Systemstruktur nicht erkannt worden ist." (Kleiber 1989/200)
Freilich ist bisher noch keine qualitative Forschungsmethodologie bekannt, die diese aus systemtheoretischer Sicht benannten Stolpersteine sozialwissenschaftlicher Forschung wie Komplexität, Vernetztheit, ständige System-Veränderung und Polytelie adäquat aufgreifen könnte. Eine Möglichkeit, zumindest der Komplexität der Forschungsgegenstände gerecht zu werden, besteht darin, sich nicht auf das qualitative Paradigma zu versteifen, sondern gegenstandsgerecht auch quantitative Methoden zuzulassen. Kleining hat wiederholt (zuletzt 1991) darauf hingewiesen, daß quantitative wie qualitative Methoden ‚nur‘ unterschiedlich stark abstrahierte Alltagsmethoden sind; Zählen, Vergleichen, Interpretieren sind lebensweltlich vertraute Schemata der Auseinandersetzung mit natürlicher und sozialer Umwelt. Eine Forschung, die sich um einen ‚ganzheitlichen‘ Anspruch bemüht, kann nicht auf die aus diesen Wurzeln entspringenden Methoden verzichten.

2.1.2. Grundriß qualitativer Forschungsgrundsätze

Weniger zahlreich als die vielfältige Kritik des quantitativen Forschungszugangs in der Psychologie sind grundlegende Einführungen in die qualitative Forschung, die über die Einleitung in eine bestimmte Methode und Epistemologie hinausgehen. Bei dem folgenden Versuch, die wichtigsten inhaltlichen Bestimmungen eines qualitativen Herangehens zusammenzufassen, stütze ich mich auf Bergold, Flick 1987 und Bergold, Breuer 1987.

2.1.3. Das Subjekt in der Forschung

Qualitative Forschung geht von aktiv handelnden, sozial eingebundenen, reflektierenden und leidenden Subjekten aus. Sie berücksichtigt Wahlmöglichkeiten der Subjekte zwischen Alternativen und unterstellt ihnen Gedächtnis, Wahrnehmung, Bewußtsein und eine Gegenstandstheorie einer verstehbaren Welt (Bergold, Flick 1987/1ff., Bergold, Raeithel 1985). Ihre Grundposition ist dem Wissenschaftsverständnis von Elkana 1986 nahe: *„Warum hat dieser Mensch so gehandelt, wie er gehandelt hat, obwohl er anders hätte handeln können?"* (zit. nach Bergold, Breuer 1987/20). Hauptsatz und erster Nebensatz des Zitates zielen auf die Sicht des Subjektes ab, auf seine Gründe und Motive; der konzessive Nebensatz *„obwohl ..."* bezieht die divergierende Sicht Außenstehender mit ein. Bergold, Breuer 1987 wollen über die Beschränkung auf idiosynkratische Welt des Subjekts hinaus eine sinnstiftende Beschreibung des lebensweltlichen Ensembles integrieren, welche die Handlungen des Untersuchten verständlich macht. Zu diesem lebensweltlichen Ensemble gehört:
- der ‚materielle Möglichkeitenraum‘, d.h. die natürlichen und sozialen Bedingungen des Lebensvollzugs,
- die ‚Gemeinwelt‘, d.h. der subjektive Möglichkeitenraum, der mit anderen geteilt und repräsentiert wird; und
- die ‚Eigenwelt‘: die subjektiven und realen Beziehungen zur Umwelt (ebd./21f.).

Konsequenzen für die vorliegende Untersuchung:
Im ersten Kapitel findet sich bereits eine Darstellung des ‚materiellen Möglichkeitenraums‘ der Einzelfallhilfe: Die ökonomischen und administrativen Kontexte der Helfer wie der Familien wurden aus der Sicht des Praktikers dargelegt. Die Beschreibung folgte keiner vorher festgelegten theoretischen Absicht; das erste Kapitel ist die Fortschreibung eines Aufsatzes, der Einzelfall- und Familienhilfe vor einem interessierten Fachpublikum vorstellte und die vorhandene Literatur zu diesem Thema sammelte (Schmitt 1988); die Beschreibung gründet ferner auf Vorträgen und Aufsätzen engagierter PraktikerInnen. Die dort erarbeiteten Fragen sind praktischer Natur und zunächst unabhängig von einer Methode entstanden. Die Orientierung an der Differenzierung ‚Gemeinwelt‘ und ‚Eigenwelt‘ bedingt eine Aufteilung der Ergebnisse: Im dritten Kapitel rekonstruiere ich in den Fallinterpretationen die Eigenwelten der beteiligten HelferInnen; die Gemeinwelt der Einzelfallhilfe zeichne ich fallübergreifend im vierten Kapitel nach.

Da qualitative Forschung in dem hier beschriebenen Sinn davon ausgeht, daß die beforschten Subjekte lernfähig sind, ergibt sich, daß sie Untersuchungen, Interviews etc. dazu nutzen, sich zu verändern. Bergold, Breuer 1987 plädieren für eine Nutzung dieser ‚Störung‘ und schlagen vor, die Untersuchten thematisch einbeziehen, als Experten ihrer Welt zu nehmen und die Ergebnisse mit ihnen zu diskutieren (Validierungsdialog). Darüber hinaus schlagen sie vor, daß die Datenerhebungssituation Interventionen beinhalten sollte, welche die Entwicklung der Subjektsicht in besonderer Weise erlauben (Bergold, Breuer 1987/43ff.).

Konsequenzen für die vorliegende Untersuchung:
Die befragten HelferInnen wurden in einem zweiten Interview zu den ersten Resultaten der Auswertung und zu weiteren Details der Arbeit befragt, die im ersten Interview nicht zur Sprache kamen. Korrekturen und Ergänzungen arbeitete ich ein[4]. Die Art der Fokussierung der Analyse auf Grundmuster des Nachdenkens über die Arbeit verblüffte die HelferInnen zumeist; eine systematische dritte Rückfrage über mögliche Veränderungen und Lerneffekte erfolgte aus arbeitsökonomischen Gründen nicht.

2.1.4.   Das Gespräch als Grundlage aller Forschung

In Klinik und Therapie ist das Gespräch der direkteste Zugang zur Sicht des Subjekts; der Praktiker weiß aber auch, daß diese von Verzerrungen, Auslassungen und Projektionen gekennzeichnet ist. Soll das Gespräch als Grundlage einer wissenschaftlichen Erforschung der Subjektsicht dienen, so kann das damit gewonnene Wissen nur mit methodologischer Reflexion verallgemeinert werden. Das Gespräch als ,via regia' zur Subjektsicht soll in seinen Ergebnissen so rekonstruierbar sein,
- daß es für beide Gesprächspartner plausibel und handlungsrelevant,
- daß der Prozeß der Herstellung des Wissens für Dritte durchsichtig und nachvollziehbar gemacht werden kann,
- und daß die Erkenntnisse für andere, ähnliche Situationen einen Orientierungswert besitzen (Bergold, Flick 1987/2f.).

Qualitative Verfahren bieten sich dazu an. Sie beschränken sich meistens und auch in dieser Arbeit auf Verfahren des schriftlichen und geschriebenen Wortes[5].

Konsequenzen für die vorliegende Untersuchung:
Auch diese Studie stützt sich auf Gespräche in Interviewform; ich versuchte im Dialog mit jedem Teilnehmer, die bisherige Auswertung darzustellen und plausibel zu machen - ,Aha-Effekte' gab es einige[6]. Die Plausibilität für Dritte und einen Orientierungswert in ähnlichen Situationen vermag insbesondere das Kapitel 3. erreichen: Die Darstellung und Rekonstruktion einzelner Fälle bietet praktisch relevante Erfahrungsmöglichkeiten an.

2.1.5.   Interaktion Forscher - Subjekt

Die größere Nähe von Forscher und beforschtem Subjekt hat ihre eigenen Gefahren; Bergold und Breuer 1987 fordern, daß methodische Vorkehrungen getroffen werden müssen, um die Bewußtseinslenkung zu reflektieren, die durch die Struktur der Begegnung Forscher-Subjekt geschieht. Es sei von einem *„sozial-interaktiven Charakter von Datenerhebungssituationen"* (ebd./37f.) auf zwei Ebenen auszugehen:

---

[4]   zur Theorie der ,Dialog-Validierung' vgl. Kap. 2.5, zur Praxis vgl. Kap. 3.1

[5]   Forschungsarbeiten mit z.B. Videogeräten, die Mimik und Gestik einer Kommunikation dem Tonbandprotokoll hinzufügen, sind seltener und arbeitsaufwendiger, vgl. Thommen, Ammann, Cranach, 1988. Vgl. zur grundsätzlichen Einschränkung, daß verstehende Wissenschaften auf Sprache basieren und ihnen kein anderes Symbolsystem zur Verfügung stehen kann, wenn sie Sinn verstehen wollen, die Diskussion über Habermas Kap. 2.2.

[6]   siehe in den Fallbeispielen des dritten Kapitels, insbes. Kap. 3.9.

- Auf der gesellschaftlich-soziokulturelle Ebene lassen sich standardisierte Muster finden, in denen Menschen miteinander umgehen (beim Arzt, vor Gericht).
- Auf einer interaktionsgruppenspezifisch-historischen Ebene existieren Regeln, die sich konkrete Gruppen und Beziehungen gegeben haben.

Qualitative Forschung sollte sich in reflektierter Weise an die Interaktionsregeln der untersuchten Lebenswelt ankoppeln, statt durch Vorgabe strukturierter Testabläufe wenig ökologisch relevante Interaktionsregeln zu stiften (ebd./36f.). Diese ‚Ankoppelung' kann als Interaktion nie neutral auf die untersuchten Subjekte wirken. Wenn es in der qualitativen Forschung darum geht, die Gemein- und Eigenwelt der Beforschten verstehbar zu machen, so müssen daher Forscher ihre Eigen- und Gemeinwelt ebenfalls dokumentieren, nicht nur ihre Theorie. Nur so wird die spezifische Repräsentation der Welt der Untersuchten auch als Koproduktion durch die Forscher und deren Welt deutlich (ebd./24).

Konsequenzen für die vorliegende Untersuchung:
Die Ankoppelung an die Interaktionsregeln der untersuchten sozialen Sphäre bestand in der Annäherung des Interviews an eine kollegiale Supervision, wie sie in diesem Feld vielfach gehandhabt wird. Die Gesprächsführung stützt sich auf Witzel 1989, und beinhaltet eine therapeutische Zurückhaltung des Interviewers, der erzählungsgenerierende Fragen stellt, Konkretisierungen erfragt und bei Widersprüchen auch konfrontiert (vgl. Kap. 2.3.5.2). Diese Interaktionsweise ist im Feld üblich, ich war einigen HelferInnen aus Supervisionsgruppen als Helfer bekannt; die Situation provozierte daher die professionelle Selbstdarstellung des Umgangs der einzelnen HelferInnen mit ihrem ‚Fall'.

2.1.6. Offenheit und Strukturierung des Vorgehens

Die Frage, wie Methoden ihren Gegenstand (de-)formieren, hat in der qualitativen Forschung eine Position erzeugt, die eine für das beforschte Thema offene ‚Gegenstandsorientierung' gegen ‚Instrumentorientierung' setzt (Witzel 1989/232f.). Gegen die vom Forschungsgegenstand unabhängigen, aber ausgefeilten standardisierten Methoden argumentierend, will man durch ‚Gegenstandsorientierung' qualitative und quantitative Methoden wieder vereinen können. Dies relativierend, stellen Bergold, Breuer 1987 fest, daß empirische Forschung sich immer in einem Spannungszustand zwischen Offenheit und Strukturiertheit durch Forschungsfragen, Methoden und Epistemologien befindet. Sie schreiben dem qualitativen Forschungsprozeß relativ mehr Offenheit zu. Die völlig ‚offene' Herangehensweise, die den Gegenstand in seiner ‚wahren' Struktur schaut, ohne ihn durch Fragen erst konstituiert zu haben, ist ihrer Auffassung nach eine Illusion (ebd./26). Auch Hoff (1989/163) gibt zu bedenken,
„daß nämlich der Forscher/Untersucher (bzw. sein Instrumentarium) immer in irgendeiner Weise strukturiert und an der kommunikativen Erzeugung der Daten beteiligt ist",
eine theoriefreie ‚reine' Aufnahme von Daten und Geschichte gebe es nicht. Bergold, Breuer (1987/26f.) formulieren, daß erst relevante Fragen einen Gegenstand oder ein Problem konstituieren[7]; und eine ‚Offenheit', die diese Fragen vergißt, produziert Forschungsartefakte:
„Die Brauchbarkeit der Untersuchung hängt davon ab, ob diejenigen Aspekte im Untersuchungsdesign enthalten sind, die eine angemessene Antwort auf die in einem bestimm-

---

[7] Beerlage 1989/190 trennt zwischen Praxisdienlichkeit (mit direktem Gewinn für die Praktiker) und Forschung im Praxiszusammenhang (eher theoretischer Gewinn).

ten Handlungskontext relevant gewordene Frage erlauben." (ebd.)
Bergold und Breuer betrachten ein widerspruchsvoll-spannendes *„Verhältnis von Offenheit und Strukturiertheit"* als konstitutiv für qualitative Forschung. Sie stellen fest:
„Das Schwergewicht der Forschertätigkeit liegt im Bereich des Entdeckens und weniger im Bereich der Verifikation oder Falsifikation bereits bestehender Theorien und Modelle." (ebd./26)
Aber auch diese verlockende Offenheit des Entdeckens setzt eine Strukturierung der wissenschaftlichen Neugier voraus. Zu Beginn der Untersuchung sind Festlegungen notwendig, wie Einengung des Gegenstands, Auswahl des Forschungsfeldes und Entwicklung der Fragestellung. In der Interviewsituation ist auch eine ‚offene' Methodik wie z.B. das narrative Interview den Gesetzen des Erzählens unterworfen. In der Interpretation schließlich sind die sinngebenden Kategorien immer schon durch Vorherwissen und Studium bestimmt. Völlige Offenheit gebe es nur als Idealvorstellung. Es gehe in der Praxis vielmehr darum, das Vorurteil und das Vorverständnis vor dem Gegenstand zu überwinden[8] (Bergold, Breuer 1987/25f.).

Konsequenzen für die vorliegende Untersuchung:
Diese Studie versucht nicht, für einen Unbeteiligten das ‚Wesen der Einzelfallhilfe' in interesselosem Wohlgefallen zu erkunden. Die Auseinandersetzung darum, was Einzelfallhilfe ist, betrieb ich engagiert mit (Schmitt 1988, 1989, 1990a, 1990b, 1991, 1992). Freilich war es in diesen Publikationen nicht darum gegangen, eine feste Identität der Einzelfallhilfe festzustellen. Dieses Vorverständnis ermöglichte Offenheit - und verhinderte nicht ein Untersuchen, das zu einem eindeutigen Ergebnis über Inhalte und ‚Wesen' der Einzelfallhilfe führte (vgl. Kapitel 4.3).

2.1.7.   Verstehen als Grundlage der Forschung

‚Verstehen' ist die grundlegende Operation qualitativen Forschens. Dieser Begriff, mit dessen Opposition zu einem naturwissenschaftlichen ‚Erklären' Dilthey (1894) eine Eigenständigkeit der Kulturwissenschaften zu stiften versuchte, ist in Soziologie und Psychologie verschieden differenziert definiert worden[9]; ich schließe mich der Systematisierung von Verstehensformen nach Bergold, Flick 1987/4f an, die sich ihrerseits auf Groeben 1986 stützen:
- Es gibt ein Alltagsverstehen, in dem wir von universellen, allen gleichermaßen unterstellten und geteilten Bedeutungen ausgehen.
- Wo Bedeutungen nicht mehr situationsübergreifend geteilt werden, ist ein explizites, systematisches, dialogisches Verstehen sinnvoll. Es ist nicht universalisierbar wie ein theoriegeleitetes Verstehen, aber zwischen Erkenntnissubjekt und -objekt intersubjektivierbar und der Sicht des Subjekts am ähnlichsten (ebd./4f.).
- Ein systematisches, explizites und ‚monologisches' Verstehen interpretiert, wenn Alltagsverstehen zur Sicherung der Intersubjektivität nicht mehr ausreicht; ein theoriegeleitetes Verstehen komplexer soziologischer und psychologischer Phänomene stellt ebenfalls ein ‚monologisches' Verstehen dar.

---

[8]   Zur Rehabilitation des Vorurteils als Bedingung des Verstehens (Gadamer) vgl. Kap. 2.2.2.
[9]   Allein für die gegenwärtige Soziologie nennen Bergold, Flick 1987/11 fünf verschiedene Verstehensbegriffe, die mit einer spezifischen Methodologie bzw. Epistemologie verbunden sind; zur Historie des Verstehensbegriffs in der Psychologie vgl. Krambeck, Lorenzer 1974.

28

Bergold, Flick (1987/5) ziehen die Konsequenz, daß sowohl monologisches wie dialogisches Verstehen für qualitative Forschung zugelassen sein muß; die Wahl der Verstehensform ist abhängig von Verweisungszusammenhang der Forschungsfrage und der von ihr ausgehenden Notwendigkeiten.

Konsequenzen für die vorliegende Untersuchung:
Auf das Alltagsverstehen muß sich jede Analyse eines Interview zunächst beziehen, wenn sie an Inhalten interessiert ist. Ein dialogisches Verstehen kam schon im Interview hinzu, wenn Argumentationen oder Erzählungen unklar blieben, systematischer wurde dies in Validierungsdialog (vgl. Kap. 3.1) betrieben. Das explizite, wissenschaftlich reflektierbare Verstehen erörtere ich in den folgenden Methoden-Kapiteln 2.2 bis 2.5.

2.1.8. Qualitative Datenerhebung

Qualitative Datenerhebung steht vor zwei Aufgaben:
- Wie ist der Prozeß der Annäherung an den Gegenstand zu konzeptualisieren?
- Wie ist die Nachvollziehbarkeit des Prozesses und der Resultate zu gewährleisten?

Qualitative psychologische Forschung sucht die vermittelnden Instanzen zwischen objektiven Bedingungen bzw. dem materiellem Möglichkeitenraum und beobachtbarem Verhalten; damit umspannt sie die Forschungsthemen Wissen, Emotionen, Motive, Repräsentationsstrukturen und Beziehungsmuster (Bergold, Breuer 1987/34f.).
Da die Beschreibung des materiellen Möglichkeitenraums sehr umfassend sein und nicht jede Studie eine globale Analyse der vorgegebenen natürlichen und sozialen Strukturen leisten kann, muß eine gegenstandsangemessene Beschreibung des materiellen Möglichkeitenraums durch die Fragestellung bestimmt werden (ebd./23). Dann ist es möglich, Gemeinwelt wie Eigenwelt des Sprechers mit spezifisch qualitativen Methoden zu rekonstruieren und zu untersuchen, welche Voraussetzungen er macht und welche Konstrukte ihn lenken. Mit dem Impetus, die Komplexität und Ganzheit eines Subjekts zu verstehen, nähert sie sich freilich einer ‚unendlichen Analyse‘, und braucht daher Kriterien, die für eine konkrete Untersuchung die Zahl der Methoden beschränkt und die Grenze der Datenaufnahme praktisch begründet[10]. Für verschiedene qualitative Techniken und Methodologien gibt es im einzelnen solche Kriterien; zusammenfassend zitiere ich Bergold, Breuer 1987:
„Eine Einschränkung kann immer nur auf im Hinblick auf die Fragestellung erfolgen und muß begründet werden." (ebd./24).

---

[10] Man vergleiche Ansätze wie Jüttemann 1989 oder die objektive Hermeneutik (Schneider 1989), die solche rational begründete Beendigungen einer Forschung thematisieren, mit der Unendlichkeit der ‚progressiv-regressiven Methode‘ (Zurhorst 1989), die mit Mitteln der Sartreschen Flaubert-Analyse der klinischen Psychologie zur Seite stehen will, und deren Anwendung die Forderungen beinhaltet, es müßten zunächst *„alle objektiven Bedingungs- und Bedeutungsebenen (Kindheit, Familie, ökonomisch-soziale Lage, vorherrschende Ideologien etc.) aufgedeckt und in ihren allgemeinen Zusammenhängen mit Hilfe vorfindbarer Wissenschaften analysiert werden. Sodann muß jedoch in Form progressiver, synthetisierender Rekonstruktion der totalisierende Entwurf nacherschaffen werden, der die einzigartige synthetisierende Praxis eines Individuums ... ist."* (ebd./134f.) In meiner klinisch-psychologischen Arbeit habe ich allerdings noch keinen Patienten gefunden, der bereit wäre, auf die Beendigung von Anamnese und Interventionsfindung so lange zu warten, wie der tote Flaubert auf Sartres sicher tiefschürfende Analyse warten konnte.

In dieser Arbeit greife ich auf das von Glaser und Strauß vertretene Prinzip der Sättigung zurück, das die genannten Autoren so reformulieren:

„Abbruchkriterium ist die theoretische Sättigung durch die Daten, d.h. die Feststellung, daß neu hinzugekommene Fälle zu keinen neuen Kategorien, Eigenschaften von Kategorien, Beziehungen usw. führen." (ebd./30, vgl. Flick 1989/70)

Bei der Auswahl des Zugangs zum Forschungsfeld plädieren Bergold und Breuer 1987/32ff für bestimmte Merkmale der Datengewinnung:

- (Non-) Reaktivität: Reaktive Daten sind bewußt hergestellt, indem sie eine Antwort auf einen von ForscherInnen gegebenen Input (Fragebogen, Testmethodik) darstellen. Sie plädieren für das Prinzip der reflektierten Ankoppelung von Erhebungsprozeduren an alltagsweltlich vertraute Handlungsschemata. Solche Schemata wären z.B. bei psychosozial tätigen Menschen Gesprächsformen, die einer Supervision nahekommen, die somit nicht-reaktive, dafür alltagsrelevante Daten liefern.
- Perspektivität: Sowohl Eigenperspektive wie Fremdperspektive sollte erhoben werden; erst auf diesem Hintergrund läßt sich die Subjekt-Sichtweise modellieren.
- Handlungsbezug: Sie fordern, daß qualitative Forschung die Dimension des Handlungsbezugs der Daten reflektiert und möglichst unterschiedliche Nähe der Daten zu konkreten Handlungen umfaßt; dies kann von der Registrierung ‚natürlicher' Handlungen im Feld per Video bis zur handlungsferneren Sichtung von Lebensdokumenten wie Tagebüchern, Aufzeichnungen und Flugschriften reichen.

Konsequenzen für die vorliegende Untersuchung:
In dieser Studie nutzte ich das Begrenzungskriterium der theoretischen Sättigung. Dieses Kriterium war auf zwei Ebenen präsent: Es betraf die Fallanalyse (Kap. 3.1) und die Analyse kollektiver Strukturen der Einzelfallhilfe (Kap. 2.3.5.1 und 4.1.10.1). So unternahm ich z.B. keine Gespräche mehr, nachdem fünf Interviews aus verschiedenen Bereichen die typischen Metaphern des Helfens erbracht und weitere fünf dem nichts hinzuzufügen hatten. Dem Grundgedanken der maximalen Variation der Perspektiven folgend, nahm ich die beiden letzten Fälle aus dem Bereich der psychiatrischen Versorgung - auch hier ergab sich weder für die Metaphern- noch für die Inhaltsanalyse etwas neues.

Die Non-Reaktivität der Interviewdurchführung versuchte ich, wie oben beschrieben, als Ankoppelung an die im Feld vorfindlichen Muster der kollegialen Supervision zu gewährleisten (vgl. Kap. 2.3.5.2). Die Rekonstruktion von Selbst- und Fremdperspektive provozierte ich durch entsprechende Fragen im Interview, die darauf abzielten, die abweichenden Vorstellungen der KlientInnen und ihrer Familien darzustellen.

Die Nähe zum Handlungsbezug ist freilich, durch die Supervisionsähnlichkeit der Untersuchungssituation bedingt, eine wenig variable Größe; Gespräche mit den Familien oder gar Videoaufnahmen der Arbeit hätten eine größere Nähe und verbesserten Handlungsbezug zur Folge gehabt. Aufgrund fehlender personeller und materieller Ressourcen war solches nicht möglich.

2.1.9. Probleme qualitativen Herangehens

Ich will nur auf die in der eigenen Studie auftauchenden Probleme des qualitativen Forschens eingehen. Immerhin treffen zwei von außen herangetragene Einwände gegen die Validität qualitativer Verfahren nicht zu:

- Der Vorwurf zu niedriger Fallzahlen verkennt, daß die in qualitativer Forschung zur Oberfläche gebrachten ‚Muster' oder Zusammenhänge mit großen Fallzahlen nichts ge-

winnen: Das Prinzip, in der Konfrontation einzelner Fälle und Perspektiven diese Muster zu entdecken, hat mit dem Kriterium der theoretischen Sättigung ein anderes Kriterium zu Beendigung einer Forschung.
- Der Vorwurf, daß Kontrollgruppen fehlen, übersieht, daß in der konkreten Studie versucht wird, ein Maximum einander widersprechender Perspektiven zu berücksichtigen (Friczewski 1989/295). In qualitativer Forschung werden nicht Gruppen nach quantitativen Differenzen verglichen, sondern als Muster sinnhaft in Beziehung gesetzt.

Flick kritisiert (1987/125-134), daß besonders der Ansatz von Groeben/Scheele bei der Erforschung subjektiver Theorien eine mehrfache Verkürzung von Gegenstand und Methode betreibe; diese Kritik trifft für die in dieser Arbeit vorgestellte Herangehensweise von Mayring ebenfalls zu und wird daher breiter ausgeführt:
- Die Erforschung subjektiver Theorien läuft Gefahr, eine kognitivistische Verkürzung unter Auslassung der emotionalen Anteile subjektiver Theorien zu betreiben,
- es ist eine rationalistische Verkürzung durch Ausblenden der (individuellen wie sozialen) unbewußten und irrationalen Anteile subjektiver Theorien zu befürchten,
- es geschieht eine strukturelle Verkürzung durch die verwendeten Methoden (z.B. Struktur-Lege-Test), mit denen die Anteile subjektiver Theorien, die inhaltlich nicht in diesen Methoden aufgehen, ausgeschlossen werden,
- nicht von der Hand zu weisen ist eine individualistische Verkürzung unter Auslassung der institutionellen Bedingungen subjektiver Theorien,
- letztendlich erfolgt eine wissenschaftstheoretische Verkürzung des interpretierenden Vorgehens zum bloßen heuristischen Testen im Vorfeld quantitativer Methoden und durch die Orientierung der Gütekriterien an denen experimenteller Forschung.

Ein Kritikpunkt der Inhaltsanalyse nach Mayring und des Vorgehens nach Groeben/ Scheele ist zwischen Methode und Darstellung anzusiedeln: Sie sitzen der Metaphorik der ‚Datenkompression‘ auf, glaubend, einen rationalen Gehalt ‚destillieren‘ zu können: Wie Flick (s.o.) beklagt, gehen Sinn-Bilder und Subjektivität dabei verloren.

Allen qualitativen Vorgehensweisen gemeinsam ist das Problem der Darstellung (Bergold, Breuer 1987/30). Wiedemann (1986, Kap.7) wendet sich gegen *„die journalistische Zusammenfassung der Interviews"*, die nur die zu den Ergebnissen passenden Zitate dokumentiert; auf der anderen Seite steht die Gefahr, mit einer Überfülle von Interviewdetails die Ergebnisse einer Forschung nicht rezipierbar zu machen. Damit die Interviews aufgrund ihrer Fülle und Komplexität keine ‚Datenfriedhöfe‘ bleiben, muß gebündelt, strukturiert und transformiert werden.

Konsequenzen für die vorliegende Untersuchung:
Das Problem der mehrfachen kognitivistischen, rationalistischen und individualisierenden Verkürzung der Inhalte, wie es Flick (s.o.) kritisiert, bedingt die Hinzunahme einer Methode, die den kollektiven und den subjektiven Hintergrund jeder Selbstvergewisserung über das eigene Handeln in den Vordergrund rückt: die Metaphernanalyse (Kap. 2.4). Die Begründung und Darstellung dieser Methode und ihre Verknüpfung mit einer ‚klassischen‘ Analyse von Interviews ist das Anliegen der folgenden Kapitel 2.2 - 2.5.
Das Schwierigkeiten der Darstellung ließ sich in dieser Untersuchung durch die Trennung in einzelne Fallgeschichten und eine Gesamtanalyse lösen: Die Zitate aus den Interviews bleiben in dem Kontext, in dem sie einen Sinn ergeben; die Gesamtanalyse konzentriert sich auf verallgemeinerbare Strukturen.

2.2. Über Versuche, das Verstehen zu verstehen

Die Unterscheidung von Bergold und Flick (s.o.) in monologisch-theoriegeleitetes, dialogisch-rekonstruierendes und unproblematisches Alltagsverstehen läßt sich auf zwei Grundformen zurückführen:
- ein Verstehen, das offenbar keiner expliziten Regeln bedarf und in der dialogischen Alltagssprache[11] sein Modell findet,
- ein Verstehen, das sich dialogischen oder wissenschaftlichen Regeln unterwirft.

Anzunehmen ist, daß je nach Verstehensform auch ein anderer Sinn dabei zu Tage gefördert wird. Diese Situation provoziert Fragen: Welchen Anspruch auf ‚Wahrheit' kann dann ein Verstehen stellen? Und: Welche Rolle spielen Methoden beim Verstehen? Fördern sie das Finden einer Wahrheit[12] oder behindern sie vielleicht? Schließlich hat Gadamer der Hermeneutik, der Lehre vom Verstehen, die Aufgabe vorbehalten, Wahrheit jenseits wissenschaftlicher Methodik zu suchen und auf die ihr eigene Legitimation zu befragen (Gadamer 1986/2).

Habermas hat daraufhin Gadamer vorgeworfen, dieser habe konkrete methodische und hermeneutische Reflexion wegen des Verdachts, Sinnzusammenhänge durch Methodik zu verdinglichen, eliminiert und damit ‚Wahrheit und Methode' zu einem *„Wahrheit oder Methode"* zugespitzt (Habermas 1967/173). Aber auch Habermas geht in seiner Definition der Hermeneutik davon aus, daß Verstehen zunächst eine unproblematische und aus der Sozialisation in einer Kultur wachsende Fähigkeit ist:

„Hermeneutik bezieht sich auf ein ‚Vermögen', das wir in dem Maße beherrschen, als wir eine natürliche Sprache ‚beherrschen' lernen: auf die Kunst, sprachlich kommunizierbaren Sinn zu verstehen und, im Falle gestörter Kommunikation, verständlich zu machen." (Habermas 1970/73).

Die Notwendigkeit von Methoden begründet er mit den Vorliegen gestörter Kommunikation, er nennt als Beispiele ideologisch verzerrte und neurotisch desymbolisierte Sprache (ebd./ff.). Die Auseinandersetzung mit Gadamers konservativer Hermeneutik und die Fokussierung auf ihre emanzipative Funktion bringen Habermas dazu, die entdeckenden, adaptierenden bzw. ‚kompensatorischen' (Marquard 1984/1926) Funktionen der Hermeneutik zu übersehen. Ich will an dieser Stelle nur kurz darauf hinweisen, daß neben diesen Formen gestörter Kommunikation auch Muster, Strukturen und Motive existieren, die weder im strengen Sinne ideologisch oder neurotisch verzerrte Kommunikation darstellen, bei deren Entdeckung aber die qualitativ orientierte Psychologie oder Sozialforschung ein methodisch geleitetes Verstehen erfordern: Habermas 1979/81f beschreibt Muster und Schemata der Intelligenz sensu Piaget als sprachunabhängige und damit einer Hermeneutik nicht zugängliche Strukturen, was meines Erachtens eine nicht nachvoll-

---

[11] Zur Rehabilitation der Umgangssprache als letzter metakommunikativer Ebene, in der sich die Geltungsbegründung von Aussagen prüfen läßt, vgl. Habermas 1968/213f.,322f.).

[12] Ich formuliere naiv; im Lichte der Bemühungen Marquards, eine ‚pluralisierende' Hermeneutik zu befürworten, *„die in der einen ... Gestalt möglichst viele Sinnmöglichkeiten"* aufspüren will, ist die Idee einer ‚einzigen Wahrheit' ein Rückfall in vorreformatorische Theologie (Marquard 1984/129ff.). Auch die Skepsis Foucaults legt nahe, daß der Gegensatz zwischen wahr und falsch einen Diskurs installiert, der ausschließt, kontrolliert und beherrscht (Foucault 1977/242f.). Mit dem Bemühungen Flicks, Triangulation nicht als Validierungsstrategie mit dem Ziel einer einzigen Wahrheit, sondern als eine vertiefende und Vielschichtigkeit der Ergebnisse gewinnende Herangehensweise zu etablieren, knüpfen die Sozialwissenschaften an diese Gedanken an (Flick 1991/433, vgl. Kapitel 2.5).

ziehbare Einschränkung ist. Ich verweise auf Lorenzer 1984, der in Musik, Tanz, Architektur und bildende Kunst eine ‚präsentative Symbolik' beschreibt, die jenseits von Ideologie und Neurose sensu Habermas ein Gefüge sozialer Interaktionsformen darstellt, deren Bedeutungsschichten sich ohne methodisch angeleitete Hermeneutik kaum erschließen. Festzuhalten bleibt, daß mit der obigen Definition der Hermeneutik als Vermögen, sprachlich kommunizierbaren Sinn zu verstehen und bei gestörter Kommunikation verständlich zu machen, die Aufgabe der Sozialwissenschaft beschrieben ist:
„Sinnverstehen richtet sich auf die semantischen Gehalte der Rede, aber auch auf die schriftlich fixierten oder in nichtsprachlichen Symbolsystemen enthaltenen Bedeutungen, soweit sie prinzipiell in Rede eingeholt werden können." (Habermas 1970/73)
Er präzisiert diese Aufgabe als ein ‚Einholen von Bedeutungen in Sprache'; gleichzeitig ist diese Überführbarkeit von Bedeutungen in Sprache die Grenze einer wissenschaftlichen Hermeneutik.

Um die empirische Herangehensweise dieser Arbeit zu begründen, will ich in diesem Kapitel 2.2 den Kontext des Methodenproblems in der Hermeneutik beschreiben. Dazu gehören die Geschichte der Hermeneutik und des psychologischen Verstehens (Kap. 2.2.1) wie die notwendige Auseinandersetzung mit einem Markstein hermeneutischer Selbstreflexion, die von qualitativen ForscherInnen nie explizit gewagt wurde: Ich versuche, Gadamers ‚Wahrheit und Methode' in seiner widerspruchsvollen Bedeutung als Ausgangspunkt für eine Hermeneutik in den Sozialwissenschaften zu würdigen (Kap. 2.2.2). Den aktuelle Stand der Diskussion um Sprache und Verstehen, den Hörmann und Hildebrand-Nilshon repräsentieren, dokumentiert das Kapitel 2.2.3. Verschiedene Zugänge zum Verstehen in den Sozialwissenschaften hat Schwemmer in jüngster Zeit aufgenommen; seine Auffassungen bündeln die vielfältigen Überlegungen zu zwei Methodensträngen zusammen (2.2.4); die praktischen Konsequenzen nennt Kap. 2.2.5. Psychoanalytisches Verstehen diskutiere ich später (2.4.3) in anderem Kontext.

2.2.1.   Hermeneutik und psychologisches Verstehen

Die Reflexion von Forschungsproblemen in qualitativen Ansätzen, wie
- der Zusammenhang von Methode und Gegenstand,
- die Beteiligung des Forschers an der Sinnproduktion,
- das Aufeinanderverweisen von einzelnem Faktum und Gesamtzusammenhang,
- die Schwierigkeit der Darstellung gefundener Zusammenhänge,
wirkt oft so, als sei man zum ersten Mal auf diese Probleme gestoßen (vgl. Spöhring 1989/9f.). Weil dem nicht so ist, notiere ich in einer kurzen Problemskizze die Geschichte der Hermeneutik[13] dort, wo sie exemplarisch solche Probleme streift.
In welchem Verhältnis stehen Methoden und Verstehen? In der oben genannten Definition des Verstehens hatte Habermas die Hermeneutik auf ein alltagspraktisches Vermögen zurückgeführt, das wir erwerben, indem wir in unsere Kultur und ihre Sprache hineinwachsen und den darin ausgedrückten Sinn verstehen lernen. Hermeneutik entwickelte sich jedoch schon in der Antike zum reflektierten Problem, als nicht mehr verstehbare oder verschieden auslegbare Texte vorlagen. Rusterholz (1976/89f.) beschreibt zwei unterschiedliche Entwicklungen der Hermeneutik, entweder mit grammatisch-rhetorischen

---

[13] Ich stütze mich im folgenden auf Rusterholz 1976, Sommer 1981, Beyer 1975, Lorenzer, Krambeck 1975, Gadamer 1986, Marquard 1984; vgl. die Thesen bei Mayring 1983/25f zur Dialog-, Zirkel-, Horizont- und Vermittlungsstruktur des hermeneutischen Verstehens.

Methoden alte Texte unter Wahrung der Intention des Autors buchstäblich-getreu zu übersetzen, oder den Text als Allegorie zu deuten und den Wortsinn überschreitend einen übertragenen Schriftsinn zu finden. Absicht und Vorwissen sind für beide Richtungen nicht vom Verstehen und seiner Methodik zu trennen. In der Institutionalisierungsphase des Christentums und zum Zwecke der Vereinheitlichung von Glaubensvorstellungen wurden Synthesen zwischen beiden hermeneutischen Methoden entwickelt; die wirkungsmächtigste Interpretationsanweisung formulierte Augustinus, der ‚vier Sinne der Schrift' sah:

- einen wörtlich-buchstäblichen Sinn, der sich auf die Wahrheit der geschichtlichen Tatsache richtete,
- einen heilsgeschichtlichen Sinn, der auf die Kirche verwies und was zu glauben sei,
- einen moralischen Sinn, der sich auf ethisch richtiges Handeln bezog,
- und einen anagogischen Sinn, der auf die letzte eschatologische Wirklichkeit am Ende aller Tage verwies.

Diese Bündelung verschiedener Auslegungsformen und -normen zum seligmachenden Kanon überdauerte das Mittelalter. Ein großer Einschnitt in der Geschichte der Hermeneutik bildet Luthers Kritik besonders an den wuchernden allegorischen Formen der Interpretation (heilsgeschichtlicher, moralischer und anagogischer Sinn), die er zugunsten des Gesamtsinns der Bibel reduzieren wollte. Luthers Wort ‚scriptura sui ipsius interpres', die Schrift interpretiert sich selbst, betont die Rolle des Ganzen der heiligen Schrift, an der sich die Einzelinterpretationen zur rechtfertigen haben, wie umgekehrt die Einzelinterpretationen den Gesamtsinn bilden. So formuliert er den ‚hermeneutischen Zirkel'. Luther bezieht auch erstmalig den forschenden Leser in seine Theorie der Hermeneutik ein, indem er von den *"inneren Bedingungen des durch den heiligen Geist inspirierten Lesers"* spricht (Rusterholz 1976/94).

Schleiermacher entfaltet den Rückgriff auf den Leser, der den Sinn (die Sinne) rekonstruiert, nach zwei Seiten: Ein ‚komparatives' Verstehen stützt sich auf sachliche, grammatische und historische Kenntnis des Textes; ein ‚divinatorisches' Verstehen kommt aus der ‚kongenialen Einfühlung' in die Absicht des Textproduzenten. Beide Verstehensweisen sind für ihn aufeinander angewiesen und ergänzen sich zu einem Zirkel. Die Formulierung von ‚Einfühlung' als Bedingung eines zutreffenden Verständnisses kennzeichnet eine Traditionslinie psychologischer Hermeneutik, die sich aus der philosophischen Diskussion ablöst.

Dilthey rekonstruiert zwei Formen der Psychologie, eine ‚beschreibende' und eine ‚zergliedernde'. Die zergliedernde Psychologie, die auf die beginnende Experimentalpsychologie bei Wundt, Fechner etc. verweist, will nach Dilthey (1894, 5/138)

„die Konstitution der seelischen Welt nach ihren Bestandteilen, Kräften und Gesetzen erklären, wie die Physik und die Chemie die der Körperwelt erklärt."

Gegen das Erklären durch ‚Bestandteile, Kräfte und Gesetze' setzt er ein Verstehen, das aus dem Vorverständnis der eigenen gelebten Erfahrung kommt:

„Wir erklären durch rein intellektuelle Prozesse, aber wir verstehen durch das Zusammenwirken aller Gemütskräfte in der Auffassung. Und wir gehen im Verstehen vom Zusammenhang des Ganzen, der uns lebendig gegeben ist, aus, um aus diesem das einzelne faßbar zu machen. Eben daß wir im Bewußtsein von dem Zusammenhang des Ganzen leben, macht uns möglich, einen einzelnen Satz, eine einzelne Gebärde oder eine einzelne Handlung zu verstehen." (ebd./172).

Das ‚Seelenleben' und seine vielfältigen Manifestationen in Handlungen und Symbolen ist für ihn der Hintergrund nicht nur einer beschreibenden Psychologie, sondern der Geisteswissenschaften überhaupt; es gehört für ihn nicht zu dem Bereich der Naturgesetze, für welche die Naturwissenschaften zuständig sind:

„Für die Geisteswissenschaften folgt dagegen, daß in ihnen der Zusammenhang des Seelenlebens als ein ursprünglich gegebener überall zugrunde liegt. Die Natur erklären wir, das Seelenleben verstehen wir." (ebd./134).

Der Rückgriff auf eigene Erfahrung und einen ursprünglichen kollektiven Zusammenhang allen Seelenlebens schließt den Zugang zu Methoden nicht aus; Dilthey fordert gegenüber der Uniformität naturwissenschaftlicher Methodik ihre sachangemessene Wahl:

„... gleich hier am Beginn unserer Untersuchungen stellen wir den Anspruch der Geisteswissenschaften fest, ihre Methoden ihrem Objekt entsprechend selbständig zu bestimmen" (ebd./173f.)

Eine beschreibende Psychologie, die nicht auf eine *„Konstruktion des ganzen Kausalzusammenhangs der psychischen Vorgänge"* hinaus will, handelt sich Schwierigkeiten der wissenschaftlichen Darstellung ein; sie muß nach Dilthey sogar *„die Unmöglichkeit, Erlebnisse überall zu Begriffen zu erheben, klar machen"* (ebd./175). Das Darstellungsproblem in qualitativen Ansätzen ist daher kein neues Thema.

Dilthey versteht durch die ‚Übertragung eigenen Seelenlebens'. Dabei verliert sich die Distanz zum Fremden und formt eine Hermeneutik des Bekannten. Krambeck und Lorenzer (1975/152) pointieren gegen diese Einfühlungstheorie Schelers Rückgriff auf die ‚soziale Relevanz' der Geschehnisse: Das Gemeinsame könne erst begriffen werden auf dem Hintergrund gemeinsamer kultureller Prägung. Das Fremde und Unverständliche, das mit den Methoden des Einfühlens verschwand, würde über den vermittelnden Kontext begreifbar, ohne sich in bloß Bekanntes aufzulösen.

Heidegger entwickelt Hermeneutik zur allumfassenden ‚Hermeneutik des Daseins' und zu einer Auslegung des menschlichen Selbst- und Weltverständnisses. Er betont die Prägung des Verstehenden durch seine Welt: Der Horizont des Interpreten bestimmt die Interpretation (Rusterholz 1976/97). Dieser subjekt-betonende Ansatz impliziert, daß das Verstehen eines Textes eine Welt eröffnet, die vorher nicht da war, mithin der Leser nicht mehr derselbe ist. Übertrage ich dieses radikale Gedankenspiel aus der Texthermeneutik auf sozialwissenschaftliche Hermeneutik, dann zeigt sich, daß die Einsicht, Subjekte könnten sich durch Forschung ändern, bisher nur zaghaft ausgesprochen wurde.

2.2.2.   Wahrheit und/oder Methode. Ein Rückblick auf H.G. Gadamer

Zu den Grundlagen einer Arbeit, die sich auf hermeneutische Traditionen stützt, gehört eine Bezugnahme auf Gadamers „Wahrheit und Methode" (1960). Auch wenn sein Ansatz sich nicht in eine sozialwissenschaftliche Fragestellung zwingen läßt, entwickelt die Diskussion seines Werks die Probleme, die in dieser Arbeit mit dem Einsatz zweier unterschiedlicher Methoden gelöst werden sollen; die von ihm entwickelte Hermeneutik bildlicher und szenischer Erfahrung und sein darauf aufbauender Metaphernbegriff können ferner für eine sozialwissenschaftliche Hermeneutik genutzt werden. Er begreift Hermeneutik als Ausgangspunkt des menschlichen Selbstverständnisses: Soziale Gegenwart, Erfahrung des Menschseins und kulturelle Vergangenheit sind in ein Kontinuum des Verstehen-Wollens einbezogen:

„Nicht nur daß geschichtliche Überlieferung und natürliche Lebensordnung die Einheit der Welt bilden, in der wir als Menschen leben - wie wir einander, wie wir geschichtliche Überlieferungen, wie wir die natürlichen Gegebenheiten unserer Existenz und unserer Welt erfahren, bildet ein wahrhaft hermeneutisches Universum, in das wir nicht wie in unübersteigbare Schranken eingeschlossen, sondern zu dem wir geöffnet sind." (Gada-

mer 1986/4).

Habermas 1967 betonte den Stellenwert von Gadamer für eine kritische Besinnung der Sozialwissenschaften und ihrer verdinglichenden Methodologien. Er verwies darauf, daß Hermeneutik als praktisches Wissen und Vorverständnis der Welt die Bildung von Standards der Reflexion und ihre Beschreibung sowie eine Erkenntnis überhaupt erst ermöglicht. Daher ist hermeneutisches Verstehen weder der Theorie noch der Erfahrung zuzuordnen, da es beiden zuvorkommt und die Schemata möglicher Weltauffassung erst bildet. Hermeneutik geht auf zweifache Weise in die Sozialwissenschaften ein:

- Sie reflektiert vertraute Traditionen in wissenschaftlicher Verfremdung;
- Sie beeinflußt die Wahl des kategorialen Rahmens, indem sie den historischen Gehalt auch der allgemeinsten Kategorien aufweist (ebd./167-172).

Dieses kritische Potential prädestiniert Gadamer für die Diskussion hermeneutischen Sinnverstehens in den Sozialwissenschaften; sein Selbstverständnis fungiert als der extremste Gegenpol zu einem latent-selbstverständlichen Grundsatz dieser Wissenschaft, ich zitiere ihn in Terharts Formulierung:

„Verstehen - von Handlungen - muß als Methode explizierbar sein." (ders. 1981/769)

Gadamer (1986/2) hat jedoch gegen alle im weitesten Sinn positivistischen Ansätze die Hauptaufgabe der Hermeneutik dahingehend formuliert, die

„Erfahrung von Wahrheit, die den Kontrollbereich wissenschaftlicher Methodik übersteigt, überall aufzusuchen und auf die ihr eigene Legitimation zu befragen."

Er beschreitet mehrere Wege, seinen radikal methodenkritischen Ansatz zu elaborieren; diese Wege führen zu widersprechenden Ergebnissen. In seinem Werk dominiert schließlich eine normativ-geleitete Tendenz des Verstehens über andere unmittelbare Erfahrungen des Verstehens; das normativ-geleitete Verstehen zeigt allerdings im Widerspruch zu Gadamers Absicht den Charakter von Elementen einer Methode. Er beruft sich auf drei Erfahrungsweisen von Wahrheit: die Erfahrungen an der Kunst, der Philosophie und der Geschichte. Da seine Diskussion der Erfahrung an der Geschichte und der theoriegeschichtliche Überblick hermeneutischer Positionen sich zu meiner argumentativen Vereinfachung indifferent verhält, behandle ich sie nicht weiter. Ich will nur zwei seiner Argumentationslinien verfolgen, die auf den Gegensatz ‚unmittelbares vs. methodisch angeleitetes Verstehen' hinauslaufen und sich damit widersprechen:

- Ausgangspunkt der ästhetischen Erfahrung von Wahrheit ist der Begriff des ‚Spiels'. Er untersucht Erfahrungen mit Kunst, im (szenischen) Spiel, vor Bildern, an Bauwerken und mit Literatur und gewinnt aus ihnen ein Verstehen als Rekonstruktion und Integration dieser Erlebnisse, als historische Vermittlung des Vergangenen mit der Gegenwart. Er begreift diese Erfahrungen als ‚Zuwachs an Sein'. In diesem Kontext entwickelt sich ein Begriff der Metapher, der sich gegen logische und begriffliche Unter- und Überordnung sperrt.
- Der zweite Ansatz Gadamers ist daran orientiert, Theorien zu diskutieren, die seiner Ansicht nach diese Erfahrung von Wahrheit ausschließen, so z.B. die kantische Subjektivierung des Wahrheitsanspruchs der Kunst. Dazu beruft er sich auf humanistische Leitbegriffe wie der geistigen und sittlichen Bildung und des moralischen Gemeinsinns. Aus dieser Argumentation entwickelt er einen engen Begriff von ‚Wahrheit', der den Ergebnissen seiner ersten Argumentation widerspricht.

2.2.2.1. Verstehenserfahrung als Entgrenzung des Subjekts

Als Ausgangspunkt der Erfahrung des ästhetischen Verstehens nimmt Gadamer die Teilhabe am Spiel. Sein Ansatz läßt sich darum nicht auf eine Hermeneutik des Textes begrenzen. In phänomenologischer Tradition stehend, sucht er die ‚Seinsweise des Spiels als solcher' jenseits subjektiver Erfahrung, und nennt folgende Kennzeichen (ders. 1986/106-116): Der Unterschied zwischen Glauben und Verstellung entfällt im Spiel. Das Kind, der Schauspieler und der Zuschauer wissen, daß die spielende Person nicht der Räuber ist, und daß er dennoch als Räuber im Spiel ernst zu nehmen ist. Es gibt keinen Unterschied zwischen eigentlichem und metaphorischen Gebrauch der Ausdrucksmittel. So ist alles Spielen ein Gespieltwerden, eine Verwandlung, und für niemand, der da spielt, besteht die alte Identität. Das Spiel ist für Gadamer eine Verwandlung ins wahre Sein: Wer außer sich ist, ist in diesem Sinne ganz bei sich. Diese Erfahrung zieht eine veränderte Wahrnehmung der Zeit mit sich: Das, was gespielt oder gefeiert wird, wiederholt sich nicht einfach. Indem es gespielt wird, ist es ganz in der Gegenwart und doch kein anderes als dieses bestimmte Spiel.

Das Modell des Spiels verweist ihn auf verschiedene ästhetische Erfahrungen von Wahrheit, deren Kennzeichen immer wieder die völlige Teilhabe des Subjekts an künstlerischen Manifestationen ist. Er nennt szenisches Spiel, Bild, Literatur und Architektur als Beispiel dieses entgrenzenden Verstehens:

a) Das szenische Spiel, die Nachahmung des darzustellenden Theaterstücks ist für ihn Mimesis, der Text verwandle sich in ein *„eigentlicheres Da"* (ebd./117). Er betont, daß von den Randumständen einer Theateraufführung nicht abgesehen werden dürfe: Erst in dieser Vermittlung gewinne das Dargestellte seine Präsenz und volle Gegenwärtigkeit, in der es für den Zuschauer Selbstvergessenheit und Vermittlung mit ihm selbst zugleich sei. Trotz des Abstandes zur Bühne müsse man von Teilhabe des Zuschauers sprechen. Für ihn sei Sein und Darstellung nicht zu trennen (ebd./117-139).

b) Das Bild hebt diese Trennung auf: Es bildet nicht nur einfach einen Gegenstand ab, sondern verwandelt ihn durch die Art der Darstellung des Urbildes. Es bekommt eine Eigenständigkeit, die auf das Abgebildete zurückwirkt und seine Wahrnehmung verändert, wie jenes erfährt auch es einen ‚Zuwachs an Sein' (ebd./139-149).

c) Die Architektur wird von Gadamer wieder in dem Sinne als Beleg dafür herangezogen, daß sie eine zweiseitige Vermittlung leistet. Ein Bauwerk ist gebunden durch seinen Zweck und seinen Ort - und auch den Zweck, einen Geschmack zu befriedigen und sich darzustellen. Darstellung aber ist ein ‚Seinsvorgang' (ebd./149-165).

d) Die Literatur wird von ihm ebenso in diesen zweiseitigen Vermittlungsvorgang gestellt: Durch Lesen, Betonung, rhythmische Gliederung ist Subjektivität von ihr nicht abgelöst, auch in ihr bringt sich Geschichte in der Gegenwart zur Darstellung. Schrift ist das am meisten Fremde und das am meisten Verständnisfordernde (ebd./165-149).

Aus diesen Überlegungen zieht Gadamer den Schluß, daß die Seinsweise des Kunstwerks durch einen Begriff der Darstellung charakterisiert sei, der Spiel wie Bild, Kommunion und Repräsentation umfasse (ebd., 126-129). Dieser Teil der Argumentation bildet den Hintergrund folgender Bestimmungen des Verstehens:

a) Verstehen ist Verstehen der Geschichtlichkeit alles Seins
Die allgemeinste Bestimmung bezieht Gadamer von Heidegger: daß Verstehen eine ursprüngliche Vollzugsform des Daseins sei, ein Entwurf, der gleichzeitig dem Sich-Ver-

stehen diene. Verstanden werden könne, was von der gleichen Seinsart der Geschichtlichkeit sei. Das partikulare Dasein erweitert sich in seinem Verstehen in umfassendere Welt des Seins hinein. Die Vorurteile des verstehenden Subjektes sind notwendige Bedingungen, um in den Zirkel des Verstehens hineinzukommen; sie korrigieren sich als Verstehensentwürfe im Fortgang desselben (ebd./270-281) auf dem Weg zu einer „*totalen Vermittlung*" (ebd./116ff.). Diese Erfahrung des Verstehens gerade an der Barriere zwischen Vergangenheit und Gegenwart formuliert er mit der Metapher der ‚Horizontverschmelzung'; so ist „... *Verstehen immer der Vorgang der Verschmelzung solcher vermeintlich für sich seiender Horizonte.*" (ebd./311).

b) Verstehen ist Wirkungsgeschichte und Selbstanwendung

Gadamer stellt den Interpreten in die Wirkungen der Geschichte hinein. Uneinholbar liege vor ihm, was sein Verstehen und Entwerfen erst ermöglicht. Die Geschichte der Wirkungen könne nie vollständig gewußt werden. Mit der Metapher der ‚Horizontverschmelzung' beschreibt er die Vermittlung des Fremden mit der Weltsicht des Interpreten, indem dieser das Neue auf sich selbst anwendet. Am Beispiel der theologischen und juristischen Hermeneutik arbeitet er die Anwendung (Applikation) als ein Moment alles Verstehens heraus. Gegen den Historismus als ein Wissen, welches alle Denk- und Glaubensformen in seine jeweilige Zeit anordnet und sich klassifizierend distanziert, setzt Gadamer das Verstehen als ein Wissen, in der Geschichte der Wirkung dieser Texte zu stehen. Diese Punkte lassen sich im Sinne Lorenzers so deuten, daß Verstehen als Entdeckung und Erschließung neuer und untergegangener Lebenspraxen erfahren wird. Gadamers Metaphorik suggeriert eine Ungeschiedenheit von Innen und Außen, die eine Verschmelzung mit dem Neuen sucht; in seinem Metaphernbegriff taucht dieses entdeckende Potential wieder auf.

c) Gadamers Metaphernbegriff und das Verstehen der Welt

Gadamer unterstreicht die Wichtigkeit von Metaphern, er geht sogar von einer grundsätzlichen Metaphorik der Sprache aus, in der sich die vorgegebene Vernunft der Sprache zeige. Hühn (1992/190f.) weist darauf hin, daß nach Gadamers Auffassung Metaphern innovative, Ordnungsstrukturen verletzende und sie überschreitende Potentiale beinhalten. Anders formuliert: Metaphern können Verweise auf außersprachliche Erfahrungen sein und damit von einer unmittelbaren Wahrnehmung zeugen:
„*Wenn jemand die Übertragung eines Ausdrucks vom Einen auf das Andere vollzieht, blickt er zwar auf etwas Gemeinsames hin, aber das muß keineswegs eine Gattungsallgemeinheit sein. Er folgt vielmehr seiner sich ausbreitenden Erfahrung, die Ähnlichkeiten - sei es solche der Sacherscheinungen, sei es solche ihrer Bedeutsamkeit für uns - gewahrt. Darin besteht die Genialität des sprachlichen Bewußtseins, daß es solchen Ähnlichkeiten Ausdruck zu geben weiß.*" (Gadamer 1986/433)
Er verdeutlicht, daß die metaphorische Redeweise, gerade indem sie neuartige semantische Felder erschließt, sich ursprünglich nicht der klassifikatorischen Hierarchisierung von originärem und übertragenem Sinn einfügt. Erst das
„*logische Ideal der Überordnung und Unterordnung der Begriffe, das jetzt über die lebendige Metaphorik der Sprache ... Herr wird, ... wird die eigentliche Bedeutung des Wortes von seiner übertragenen Bedeutung unterscheiden. Was ursprünglich den Grund des Sprachlebens bildet und seine logische Produktivität ausmacht, das genial-erfinderische Herausfinden von Gemeinsamkeiten, durch die sich die Dinge ordnen, das wird nun als die Metapher an den Rand gedrängt und zu einer rhetorischen Figur instrumentalisiert.*" (ebd.)

Das ‚logische Ideal der Überordnung und Unterordnung' hat seine Entsprechung darin, daß Aristoteles die Metapher in der Rhetorik, nicht in der Metaphysik beschreibt: Indem sie sich klassifikatorischen Vorstellungen nicht fügt, gerät sie unter die bestimmende Tradition des Gegensatzes von ‚eigentlicher' und ‚uneigentlicher' Sprechweise. Die Rehabilitation der Metapher fällt zusammen mit der Relativierung des Anspruches klassifikatorischer Verstehensversuche der sozialen Welt.

These I
In der bisher angedeuteten Argumentation tendiert Gadamer dahin, entgrenzende Verstehenserfahrungen an der Kunst, gerade auch in ihrer unmöglichen völligen Versprachlichung als ‚Wahrheit' und als hermeneutische Erfahrung in ihrer Gänze gelten zu lassen. Seine Schlußfolgerung für die Aufgaben einer Hermeneutik gehen auf dieser Ebene dahin, Rekonstruktionen der historischen Besonderung eines Kunstwerkes ebenso wie Integration seines Sinnes für die Gegenwart zu fordern. Statt der Distanzierung durch historische Einordnung plädiert er für die Erweiterung der Erfahrungsmöglichkeit des in seiner und durch seine Zeit beschränkten Interpreten in ein umfassenderes Sinnganzes. Es geht ihm um die Erfahrung neuer oder anderer Lebenspraxen als die bekannten und auf eine Befreiung zum ‚außer-sich-sein'. Die Auffassung von der Leistung einer Metapher fügt sich dieser Position ein: Sie ermöglicht Erkenntnis jenseits der Klassifikation.

2.2.2.2. Verstehen als Erfahrung einer konventionellen Wahrheit

Der zweite Weg Gadamers, eine „*Erfahrung von Wirklichkeit, die den Kontrollbereich wissenschaftlicher Methodik übersteigt*" (s.o.) aufzusuchen, führt zu einer Argumentation gegen Positionen, die Erkenntnis und ästhetische Erfahrung trennen und Erkenntnis nur den Naturwissenschaften zugestehen. Ich skizziere zunächst diese Positionen, um dann nachzutragen, auf welche Begrifflichkeit sich Gadamer stützt.

a) Wider die kantische Subjektivierung der Ästhetik
Indem Kant als Prinzip einer ästhetischen Urteilskraft die Wahrnehmung des Schönen auf ein Gefühl der Lust im Subjekt baut, auf den individuellen Geschmack, der nicht in Begriffen zu fassen ist, spricht er, so Gadamer, der Kunst jede Erkenntnisbedeutung ab (ebd./49). Indem Kant Wahrheit an die Erkenntnisbegriffe der Wissenschaft binde, versperre er der Kunst ihren Anspruch auf Wahrheit (ebd./103).

b) Wider die ästhetische Unterscheidung
Das Setzen des Kunstwerks als autonomes, die ‚Eigenbedeutsamkeit der Kunst' ist für Gadamer eine Weiterentwicklung der kantischen Grundlagen. Indem Kunst als schöner Schein ein eigener Raum gegenüber der Wirklichkeit existiert, wird vom Lebenszusammenhang des Werks abgesehen. Gadamer argumentiert dagegen mit der Behauptung einer hermeneutischen Kontinuität, die unser Sein ausmache, im Kunstwerk verstünden wir uns und das Neue.

c) Humanistische Leitbegriffe
Gadamer stützt sich in seiner Argumentation auf ‚humanistische Leitbegriffe', die eine Verbindung von praktisch-erfahrener und ästhetischer Wahrheit darstellen:
- Bildung, die er im Hegelschen Sinne einer Erhebung zur Allgemeinheit begreift, die sich nicht der partikularen Vorliebe hingebe, sondern ein allgemeiner Sinn sei, der den

Gebildeten für alles offen mache;
- sensus communis, ein Begriff, in dem ein allgemeiner, moralischer und politischer Sinn enthalten war, der in der Philosophie der Erkenntnis und der Ethik des 18. Jahrhunderts verloren gegangen sei;
- Urteilskraft, die mit sensus communis verbunden, ein sinnliches und moralisches Allgemeines bedeutete;
- Geschmack, ein Begriff, für den Gadamer in einer begriffsgeschichtlichen Skizze zeigt, daß er ursprünglich einen moralischen Sinn hatte und eine ‚geistige Freiheit‘ gegenüber sinnlichem Trieb bedeutet habe.

In seiner weiteren Bestimmung des Verstehens, die sich auf diese Annahmen stützt, dementiert Gadamer die sprachüberbordenden Wahrnehmungen, die er in der Erfahrung der Kunstwerke thematisierte:

a) Verstehen als Rehabilitierung der Autorität
Die Relativierung des Interpreten als Teil der Wirkungsgeschichte führt zu einer Rehabilitation von Tradition und Autorität der Überlieferung: Es gebe legitime und notwendige Vorurteile, wenn man Autorität fasse als Erkenntnis desjenigen, der es *„besser weiß“* (ebd./284). Dem folgt das ‚Beispiel des Klassischen‘ als eine ‚ausgezeichnete Weise des Geschichtlichseins selbst‘, das ein Wahres sei, ebenso ein Leben in der ‚Nachfolge‘ des Textes. Diese Sichtweise relativiert die jetzigen Bedürfnisse, Vorurteile und Fragen des Interpreten, die Gadamer vorher rechtfertigte.

b) Verstehen unter dem Diktum von Sprache, Logos und Idealität des Sinnes
Gadamer betont die *„universalen Funktion der Sprachlichkeit“* (ebd./408) und ihr Primat in Überlieferung (ebd./393ff.) wie in Reflexion des Verstehens (ebd./399f.). Mit dem Rückgriff auf einen Vorrang der Sprache als einer ‚Mitte‘, in der sich die reine Idealität des Sinns entberge, in der die ‚Sache‘ in der Einheit von Logos und Sprache zum Vorschein komme, grenzt Gadamer sich explizit ab von dem (‚psychologischen‘) Verstehen eines Individuums (Schleiermacher), ebenso von den emotionalen ‚Randbedingungen‘, die klassischen Schriften kaum zu finden seien, weswegen ihnen der Vorrang gebühre. Das, was Logos sein darf, bestimmt er nicht näher, deutlicher aber, was nicht Logos ist: Der Ruf der Tiere leite die Artgenossen in ein bestimmtes Verhalten ein, während die sprachliche Verständigung des Menschen das Seiende durch den Logos offenlege (ebd./449): Mit dieser Formulierung entfernt Gadamer den interaktiven Ursprung der Sprache aus seinem Kosmos des Logos; trotz der Betonung des Gesprächs als Medium der Hermeneutik zeigt sich dieses von Beziehungsmomenten gereinigt und dient nur dem Erscheinen der Sache in dem ‚sachlichen Sinn‘[14] (ebd./409-478). Diese Abgrenzung gegen eine psychologisierende und individualisierende Hermeneutik konstruiert eine Dichotomie zwischen einer ‚reinen Idealität des Sinns‘ auf der einen und dem ‚Psychologischen‘ und Individuellen (ebd./396) auf der anderen Seite und schneidet damit Erfahrungen und Reflexionen ab, die von dem zunächst noch notwendig gehaltenen partikularen Subjekt ausgehen[15]. Er meint:

---

[14] Während Wittgenstein auf die Geste als Ursprung des Sprachspiels zurückgreift und sie nicht wie Gadamer in das Tierische projiziert; vgl. Kutschera 1975/136ff.

[15] Als Gegenfigur zur ‚Teilhabe am Spiel‘ figuriert eine Bestimmung der Hermeneutik als Frage und Antwort: *„Wer verstehen will, muß also fragend hinter das Gesagte zurückgehen. Er muß es als Antwort von einer Frage her verstehen, auf die es Antwort ist.“* (ebd./375).

„*In der Schriftlichkeit ist der Sinn des Gesprochenen rein für sich da, völlig abgelöst von allen emotionalen Momenten des Ausdrucks und der Kundgabe.*" (ebd.)

Gadamer wird in seiner Betonung des engen Verhältnisses von Sprache, Sache und Vernunft dem Ausgang seiner Reflexion von der Kunsterfahrung nicht gerecht. Habermas kritisierte Gadamers Bindung an die Tradition; das „*Einrücken in ein Überlieferungsgeschehen, in dem sich Vergangenheit und Gegenwart beständig vermitteln*" vermittle ein falsches ontologisches Selbstverständnis der Hermeneutik:

„*Gadamer sieht die fortlebenden Traditionen und die hermeneutische Forschung zu einem einzigen Punkt verschmolzen. Dem steht die Einsicht entgegen, daß die reflektierte Aneignung der Tradition die naturwüchsige Substanz der Überlieferung bricht und die Stellung der Subjekte in ihr verändert.*" (Habermas 1967/173)

Damit sei der Reflexion vom Boden der Gegenwart mehr Gewicht gegeben:

„*Gadamer verkennt die Kraft der Reflexion, die sich im Verstehen entfaltet. Sie ist nicht länger vom Schein einer Absolutheit, die durch Selbstbegründung eingelöst werden müßte, geblendet, und macht sich vom Boden des Kontingenten, auf dem sie sich befindet, nicht los. Aber indem sie die Genesis der Überlieferung, aus der die Reflexion hervorgeht und auf die sie sich zurückbeugt, durchschaut, wird die Dogmatik der Lebenspraxis erschüttert.*" (ebd./174)

Indem Gadamer Autorität und Erkenntnis zusammen denke, habe er eine Erziehung vor Augen, in der Autorität als Vorurteilsstruktur sich sedimentiere und nicht mehr als Vorurteil reflektiert werden könne:

„*Gadamers Vorurteil für das Recht der durch Tradition ausgewiesenen Vorurteile bestreitet die Kraft der Reflexion, die sich doch darin bewährt, daß sie den Anspruch von Traditionen auch abweisen kann.*" (ebd./175)

Den Rückgriff auf Reflexion, welche die undurchschauten Wirkungen der Tradition relativieren oder abweisen kann, stellt Habermas an Ideologiekritik und Psychoanalyse dar, die er als Beispiele methodisch angeleiteten kritischen Verstehens begreift. Der Hinweis auf ideologiekritisch aufzuklärende Zusammenhänge relativiert Gadamers Auffassung, daß das, was im Gespräch in seiner Wahrheit heraustrete, immer der Logos sei (Gadamer 1986/373). Habermas diskutiert ebenfalls (1970/83ff.) die neurotische Verzerrung des Sprachspiels, welche die durch Hermeneutik verstehbare Struktur umgangssprachlicher Kommunikation hintergeht und eine Grenze des Verstehens bildet. In der Psychoanalyse sieht er eine Theorie, deren explanatorische Annahmen und ‚eigentümliche Versuchsanordnung' einer therapeutischen Beziehung den Bereich einer natürlichen hermeneutischen Kompetenz überschreitet.

Besonders der letzte Einwand gegen die alleinige Orientierung der Hermeneutik an der Sprache legt nahe, daß die Muster und Strukturen, welche als vorsprachliche Qualität in einem Text enthalten sind, bestimmte subjektive und kollektive, personen- wie sachbezogene Interaktionsformen und Beziehungsentwürfe repräsentieren.

Diese Argumentation führt Habermas dazu, Gadamer einen Mangel an konkreter hermeneutischer und methodischer Reflexion vorzuwerfen. Damit übersieht Habermas allerdings, daß Gadamers Rückgriffe auf Logos und Autorität Vorstufen des methodischen Verstehens darstellen, indem sie heuristische Muster des Verstandenen vorgeben. Weil Gadamer in späteren Teilen seines Werkes nichtsprachliche Darstellungsformen der Welt, z.B. mathematische Symbole, abwertet, legt er fest, daß Welt nur als Sprache zur Erkenntnis kommen kann:

„*In der Sprache stellt sich die Welt selber dar ... Die Sprachlichkeit unserer Welterfahrung ist vorgängig gegenüber allem, das als seiend erkannt und angesprochen wird. ... Denn es gibt keinen Standort außerhalb der sprachlichen Welterfahrung, von dem her sie selber zum Gegenstand zu werden vermöchte.* " (Gadamer 1986/453f., 456).

Die Erfahrung von Wahrheit als entgrenzendes ‚Außer-sich-sein‘ kann damit nicht mehr gefaßt werden[16]; aber auch Habermas kann mit Gadamers ursprünglicher Begründung der Hermeneutik als ‚Teilhabe am Spiel‘ nichts anfangen, er thematisiert sie nicht. Einen ‚Standort außerhalb der sprachlichen Welterfahrung‘, den Gadamer zuletzt apodiktisch verneint, ist aber nicht nur in der sinnerfüllten Teilhabe an szenischer Interaktion möglich, sondern auch in Bildern, Diagrammen, Rhythmen und Formeln, die sprachlich kaum darstellbare Erfahrungen abbilden. Kleinings Ausgang von Alltagstechniken des Sprechens, Verstehens und Rechnens scheint mir daher als Ausgangspunkt einer Totalität hermeneutischer Erfahrung angemessener (Kleining 1991/11f.), auch wenn dieser die szenische Teilhabe nicht erwähnt.

These II

Mit dem Rückgriff auf die Begriffe Geschmack, Bildung, sensus communis und Urteilskraft holt Gadamer einen ursprünglichen praktischen Zusammenhang aller Kunst wieder ein. Er übergeht damit eine Emanzipation, welche die kantische Ausgrenzung der Schönheit aus der begrifflichen Erkenntnis bedeutet: Das Schöne kann und muß nicht mehr moralisch durch das ‚Wahre‘, ‚Gute‘ legitimiert werden. Das führt zur Bevorzugung der Sprache als dem Medium, in dem Identität und Ausgrenzung des Niederen (im sozialen und moralischen Sinn) ebenso möglich ist wie die Unterordnung anderer Sinne unter den verbalen Diskurs, in dem der ‚Logos‘ zutage tritt. Gleichzeitig zeichnet er durch die heuristischen Leitbegriffe Verstehensmöglichkeiten im Rahmen einer bestimmten philosophischen Richtung vor - und entwirft damit eine zweite methodische Regulation des Verstehens, welches sich darauf beschränkt, Verstehen in der Nachfolge Heideggerscher Seinsphilosophie zu sein.

In diesem zweifachen Sinn: Unterordnung visueller und gestischer Erfahrung unter die verbale und literale Vermittlung derselben, und in der Bestimmung einer Wahrheit gegen das, was als unwahr zu gelten hat, konserviert Gadamer den Gang der kulturellen Entwicklung als Geltung für die Gegenwart. Dies trifft m. E. den Konservatismus Gadamers in einem anderen, ‚tieferen‘ Sinn als der Vorwurf von Habermas, Gadamer hege ein Vorurteil für die durch Tradition ausgewiesenen Vorurteile[17].

---

[16] Interessant wäre freilich eine Untersuchung, ob Gadamer nicht gerade in dem Kapitel, in dem er fast beschwörend die Einheit von Sprache, Vernunft und der zu verhandelnden Sache bespricht (1986/387-409), ein szenisches Arrangement aufbaut, das in den Gesten der Argumentation seinen Inhalt desavouiert. Gadamer nennt Einwände, daß z.B. soziale Verhältnisse Sprachstrukturen beeinflussen und vorzeichnen, daß Sprachstrukturen wiederum Denkmöglichkeiten vorgeben und einschränken - und kann sich selbst als Antwort nur die argumentationslose Geste des Besserwissens geben, daß am Ende die Vernunft doch Endpunkt des Verstehens sei: *„Es gilt, diesen Gedankengang als scheinhaft zu durchschauen. In Wahrheit bekundet ... Immer bleibt ... Darin demonstriert sich die überlegene Allgemeinheit, mit der sich die Vernunft über die Schranken jeder gegebenen Sprachverfassung erhebt."* (ebd./406). Absichtlich verknappt, um die rhetorische Gestik dieser ‚nicht nur sprachlichen‘ Stelle zu zeigen.

[17] Gegen Gadamer kann man einwenden, die Anwendung von ‚hermeneutischen Regeln‘ habe auch etwas produktives: Sie stellen Repräsentationen her, an denen man sich orientieren kann im Forschungsprozeß, auch wenn ihre wirklichkeitsproduzierende Wirkung reflektiert werden muß. Die Gadamersche Orientierung an einer Idealität des Sinns (vgl. hier 2.2.2.2) stellt m.E. eine Form von Proto-Regeln des Verstehens dar, denn Gadamer akzeptiert mit seiner Rehabilitation der Vorurteile faktisch vorhandene heuristische Regeln.

Diese Restriktionen und inneren Widersprüche erschweren es, Gadamers Hermeneutik als Prototyp einer Hermeneutik in den Sozialwissenschaften zu begreifen. Festzuhalten für die weitere Diskussion des Verstehens bleibt die Differenzierung einer unmittelbaren Verstehenserfahrung von einer sprachlich-rationalen, durch Begriffe angeleiteten Verstehensform; diese Differenzierung zeichnet die Methodenentwicklung dieser Studie vor.

2.2.3. Aktuelle Positionen der psychologischen Verstehensdiskussion

Graumann et al. (1991) halten für qualitative Forschungsansätze den Gegensatz von unmittelbarem und methodisch angeleitetem Verstehen, der auch an Gadamers methodenkritischem Versuch nachzuweisen war, für konstitutiv. Sie rechtfertigen die Differenz zwischen beiden Formen des Verstehens als Unterschied zwischen notwendiger Leistung im Alltag und methodischem Versuch, das Verstehen zu verstehen:

„Sinnverstehen ist sowohl Gegenstand als Methode qualitativer Sozialforschung; einmal das, was wir in unserer alltäglichen Praxis ständig leisten müssen, um uns in unserer sozialen Umwelt orientieren zu können, zum anderen das, was wir als Sozialwissenschaftler tun, um eben jene Orientierungsleistung besser begreifen zu können." (ebd/67)

Bergold, Breuer 1987 explizieren diesen Unterschied im Anschluß an Schütz als

- Verstehen erster Ordnung, das zwischen Menschen in einer bestimmten Lebenswelt stattfindet und durch *„das pragmatische Motiv des Miteinander-Handeln-Müssens gesteuert"* wird (ebd./23), sowie als
- Verstehen zweiter Ordnung, das als wissenschaftliches Verstehen sich auf die Alltagsleistung des Verstehens richtet und sich spezifischer Methoden bedienen kann. Es findet nicht unter den Bedingungen des Miteinander-Handeln-Müssens statt und erlaubt den ForscherInnen Distanz zu den Motiven der Protagonisten.

Im folgenden akzentuiere ich den Unterschied zwischen alltäglichem und methodisch-angeleitetem Verstehen jedoch von anderen Standpunkten her: In zwei vorzustellenden Ansätzen der Sprachpsychologie war die Differenz zwischen methodisch-angeleitetem und unmittelbarem Verstehen eine Reaktion auf Forschungsartefakte: Linguistische Theorien attestierten natürlichen Sprechern formalisierte Regeln und Mechanismen des Sprechens und Verstehens. Beide Ansätze versuchen aus der Enge bisheriger Vorstellungen zu einem reicheren Verständnis alltäglichen Verstehens und Sprachgebrauchs zu kommen. Beider Verdienst ist es, daß sie auf wesentliche Komponenten desselben, wie Kontext, Intention und Sinn hinweisen.

Ich zeige in Kap. 2.2.3.1, daß Hörmann in der Abarbeitung an linguistischen Modellen des Verstehens die Konzeption eines situationsbezogenen Verstehens entwickelt, in welchem Hörer, Sprecher und Rede eine Einheit bilden, die sich um Intention und Sinn der gemeinten Handlungen bildet. Er kritisiert die Ausrichtung bisheriger (psycho-)linguistischer Theoriebildung an der Kompetenz eines idealen Sprechers, welche die Performanz realer SprecherInnen in ihren jeweiligen Kontexten nicht zu beschreiben vermochte (Hörmann 1978/497). Auch Hildebrand-Nilshon (2.2.3.2) wendet sich gegen die kognitivistische und rationalistische Einseitigkeit bisheriger Auffassungen von Sprache und entwickelt eine phylogenetische Konzeption und stellt Sprechen und Verstehen in den Zusammenhang von Tätigkeit in ihrer jeweiligen gesellschaftlichen Ausdifferenzierung.

2.2.3.1. Hörmann

Bergold, Breuer 1989 beziehen sich explizit auf die sprachpsychologischen Vorstellungen Hörmanns, indem sie seinen Ansatz, das Verstehen im Alltag zu begreifen, als Grundlage eines wissenschaftlichen Verstehens darstellen. Sie betonen, daß Hörmanns Verstehensbegriff sich nicht nur auf das Verstehen von Sprache, sondern auch auf das Verstehen von interaktiven Handlungen bezieht (ebd./22f.). Hörmann geht davon aus, daß sprachliche und andere Äußerungen für den Hörer ein Hinweis zur Konstruktion eines Bildes sind. Sprachliche Äußerungen sind ein aktiver Versuch, das Bewußtsein des Hörers und damit seine Reaktionsweisen zu steuern - aber auch das Verstehen ist ein aktiver Prozeß der Konstruktion, in welchem der Hörer aus dem Gesagtem auf dem Hintergrund seiner Erfahrungen und der Situation ein eigenes Bild erschafft.

Bergold und Breuer weisen die anthropologische Voraussetzung dieser Auffassung nach: Hörmann geht davon aus, daß Menschen die Welt zu sich in Beziehung setzen und sie als bedeutungsvoll und sinnvoll erleben; daß sie ferner versuchen, ihre Sinndeutung möglichst sicher und unverändert zu erhalten. Verständigung ist möglich, wenn diese Sinndeutung der Welt, ihrer Dinge und Tatsachen eine allgemein akzeptierte Sinnstruktur zumindest partiell beinhalten. Psychotische Sinngebung der Welt und der eigenen Person überschreitet zumeist diesen *„Horizont des Allgemein-Sinnvollen"* (Hörmann 1978/206). Bergold und Breuer ziehen aus diesen Bedingungen alltäglichen Verstehens den Schluß, daß wissenschaftliches Verstehen sowohl die individuell-idiosynkratische wie die allgemein-gültigen Inhalte der Rede, aufgefächert in den drei Ebenen des materiellen Möglichkeitsraums, der Gemeinwelt und der Eigenwelt, betreffen müsse. Auch sie begreifen wissenschaftliches Verstehen als Konstruktions- wie Rekonstruktionsprozeß, als eine Leistung des Hörers bzw. des Forschers: Somit ist neutrale Objektivität im naturwissenschaftlichen Sinne nicht möglich.

Mit dieser Einschätzung markieren Bergold und Breuer das Ende des Wegs, auf dem Hörmann, von linguistischen Modellen des Verstehens ausgehend, zu dieser Konzeption kam. An den Beispielen ‚semantischer Anomalien' wie Metapher und Witz erarbeitete Hörmann 1972 die Grenzen der generativen Semantik sensu Katz und Fodor. Die generative Semantik konnte in ihrer Beschränkung, Sprache nur im Hinblick auf ihre syntaktische (aber bedeutungsfreie) Tiefenstruktur zu untersuchen und mit einem Lexikon fester Bedeutungen zu verknüpfen, keinen Zugang zur Situation von Sprecher, Hörer und zum real stattfindenden Sprechen gewinnen (ders. 1978/213). So sind Metaphern und Witze Sprachformen, die nur aus innersprachlichen Regeln und einem Lexikon von Bedeutungen ohne Kontextwissen nicht verstanden werden können, sondern einen sozialen, historischen und biographischen Kontext zu ihrem Verständnis benötigen[18]. Der Kontext ist jedoch eine Dimension, die in den ausschließlich syntaktisch-semantischen Sprachmo-

---

[18] Darin folgt ihm Bamberg 1982, der nachweist (ebd./64), daß die ‚ein-Wort-eine-Bedeutung' Theorie von Chomsky, Katz, Fodor etc. einer Metapher folgt: Ein Wort ist ein ‚Baustein' des Satzes, dieser gilt als ‚Baustein' in Äußerungen. Diese hierarchische Konzeption unterschlägt ganzheitliche, bzw. sich gegenseitig kommentierende Beziehungen von Teil und Ganzem; auch er plädiert dafür, Sprache nicht mehr aus ihren Elementen, sondern von ihrer Funktion und der Situation, in der sie gebraucht wird, zu verstehen. - Vgl. zur historischen Entwicklung linguistischer Fragestellungen hin zum Einbezug des Kontextes, wie z.B. die Weiterentwicklung der verschiedenen pragmalinguistischen Ansätze und ihre Überschneidung mit soziolinguistischen Forschungen Heeschen 1974, Schlieben-Lange 1975.

dellen nicht vorhanden war. Zunächst blieb Hörmann diesen Ansätzen noch verbunden, indem er ihre Erweiterung um einen ,semantischen Evaluator' forderte, der ein dynamisches Modell der Erfassung von Zusammenhängen ermögliche. Später geht er davon aus, daß Äußerung und Kontext eine ,Gestalt' im Gedächtnis bilden, die mehr enthalte als die Summe ihrer Informationsanteile (ders. 1978/467ff.); ebenso nimmt er davon Abstand, daß bestimmte analytisch trennbare Ebenen des Verstehens bevorzugt seien (ebd./488ff.) - es sei ein ganzheitlicher Prozeß und immer von dem Ziel geleitet, einen Sinn zu finden (ebd./186ff., 193ff., 499f.). Er bekennt sich dann zur wegweisenden Gestalt des Wittgensteinschen ,Sprachspiels', welches Hörer, Sprecher und Situation als unteilbare Einheit des Sprechens und Verstehens integriert (ebd./501f.). Es entsteht auf dem Hintergrund des Nichtsprachlichen: Hörmann bezieht Metakommentare der Mimik ein, die den Sinn des Gesprochenen erheblich modifizieren können, ebenso sei gestische Interaktion der Ausgangspunkt jeder Sprachentwicklung (ebd./502ff.). Verstehen nach Hörmann heißt, wie Bergold und Breuer reformulieren, die Anweisung zur (Re-)Konstruktion eines Bildes mit eigenen Mitteln und Erfahrungen zu befolgen. Eine wesentliche Struktur dieser Anweisungen findet er darin,

„daß Äußerungen fast immer in ein Bezugssystem verankert sind, in welchem das Ich des Sprechers einen erkennbaren und wichtigen Schwerpunkt bildet." (ebd./505).

Ich beabsichtige, metaphorische Strukturen der Sprache als solche ordnenden Bezugssysteme zu deuten (vgl. Kap. 2.4). Indem Hörmann 1972 in der Tradition älterer Linguistik Metaphern noch als ,Anomalie' und nicht als Regel der Sprache betrachtet, bietet sein Ansatz keine Möglichkeit, diese Strukturen zu erörtern. So diskutiert er nur Untersuchungen mit auffälligen und neuen Metaphern, die, wie es für literarische Metaphern auch gilt, zu ihrer Rezeption meßbar mehr Zeit brauchen als angeblich ,neutraler' Text (ebd./323). Die grundlegende Metaphorik im Sinne ,toter' Metaphern[19], die dennoch Verständnis leiten, benötigt nicht mehr Zeit zum Verstehen (v. Kleist 1984/26). Hörmann geht in späteren Werken weiter - hier nutzt er diese ,semantische Anomalie', die dennoch pragmatischen Sinn ergibt, zur Erläuterung seines Begriffs der Sinnkonstanz (ders. 1978/186f.), daß Kommunikation unter der Prämisse verläuft, sie sei sinnvoll und verstehbar.

Wenn ich soeben vom ,Leiten' des Verständnisses sprach, so nutzte ich eine Geste als Bild, um mentale Prozesse des Verstehens zu veranschaulichen. Hörmann zitiert zustimmend die Untersuchungen von Paivio, daß Sprache zumindest in zwei verschiedenen Prozeduren ,verarbeitet' wird; konkrete Sätze werden meist als ,Vorstellung' gespeichert, in welcher die Bedeutung des ganzen Satzes einheitlich zusammengefaßt wird, abstrakte Sätze eher in der Bedeutung der einzelnen Worte (,Dual coding hypothesis', ebd./462f.). Beide Verstehensvorgänge schließen einander nicht aus und können parallel ablaufen. Dies ist ein weiterer Hinweis darauf, daß eine einzige wissenschaftliche Methode des Verstehens der Komplexität des Alltagsverstehens deutlich unterlegen wäre.

Die Aktualität des Hörmannschen Ansatzes ist ungebrochen; vgl. Perrig 1986/49ff und den Sammelband von Engelkamp 1984 über psychologische Aspekte des Verstehens. Der Begriff der Sinnkonstanz, Zentralpunkt des Ansatzes von Hörmann, dominiert das Gros der Ansätze. Graumann (ebd.) nimmt die oben bei Gadamer zitierte Metapher der Horizontstruktur des Verstehens auf; Laucken (ebd.) fordert, einen Begriff des Verstehens zu verwenden, der sich an der alltagssprachlichen Verwendungsweise orientiert, was Perrig (ebd.) zu Recht als zu eng empfindet.

Herrmann (ebd.) entwirft dagegen ein beängstigend komplexes Verstehensmodell, das,

---

[19] Zur Erklärung verschiedener Formen der Metaphern verweise ich auf Kap. 2.4.

so seine Absicht, sich in experimentelle Formen der Forschung überführen läßt, innerhalb dessen sich allerdings die Qualitäten ganzheitlichen sinngeleiteten Verstehens nicht mehr finden lassen. - Die Orientierung an experimentellen Designs und die Fixierung auf quantitative Auswertungsformen muß bei einem schillernden Phänomen wie dem der Metapher zu Berührungsfurcht führen. So finden sich in den mir zugänglichen Heften der Zeitschrift ‚Sprache und Kognition‘ (1982-1991) Metaphern nicht als Thema eines einzigen Aufsatzes; allenfalls die Parodie von D. Dörner *„Die kleinen grünen Schildkröten und die Methoden der experimentellen Psychologie"* (1989/86f.) deutet an, warum es diesem Stil empirischen Forschens offenbar nicht möglich ist, sich mit einem mit den Händen zu greifenden, aber kaum operationalisierbaren Phänomen der Metapher zu beschäftigen.

2.2.3.2. Hildebrand-Nilshon

Ähnlich kritisiert Hildebrand-Nilshon 1989 bisherige Modelle der Sprachpsychologie und Linguistik mit dem Vorwurf des ‚kognitivistischen Reduktionismus‘ und beklagt, *„daß Sprache vorrangig unter Perspektiven wie z.B. ‚symbolische Repräsentation von Welt‘, ‚Planung des eigenen Handelns‘, ‚Mittel zur Steuerung anderer‘ oder ‚Werkzeug des Denkens‘ analysiert wurde. Zu kurz kam dabei die emotionale, die Persönlichkeit als ganzes betreffende Seite."* (ebd./250f).

Wie Lakoff, Johnson und Hörmann formuliert er für die Phylogenese den Zusammenhang von Lebenswelt und Sprache in einem Sinn, der an die Verklammerung von Geste und Sprache im Wittgensteinschen ‚Sprachspiel‘ erinnert; die menschliche Lebensweise *„enthält den Schlüssel zum Verständnis der Sprachevolution noch vor ihrer Entfaltung zu einem Kommunikationssystem, das wir als Sprache bezeichnen würden."* (ebd./251)

Hildebrand-Nilshon verweist auf eine vor Beginn der Sprachentwicklung entwickelte soziale Interaktion, die als kollektiv organisierter Nahrungserwerb funktioniert, zu dem die Hände frei werden mußten (ebd./254f.). Aus operativen Strukturen der Handhabung von Nahrung und Werkzeugen entwickeln sich Kausalität und kompliziertere Folgen vermittelnde Zeichen; so sind bildliche Symbole schon bei Schimpansen zu beobachten (ebd./269f.). Für Hildebrand-Nilshon ist das Steinwerkzeug eine ‚Vergegenständlichung des Problems der Nahrungsverteilung‘, Zeichen, Bedeutungsstrukturen und letztendlich die Sprache sind als Lösung von Kommunikations- und Koordinationsproblemen aufzufassen. Wie Hörmann geht er davon aus, daß es ein ‚Ich‘ gibt, welches ‚komplexe situative Strukturen‘ repräsentiert. Am Beispiel der Säuglingsentwicklung zeigt er, wie die intersubjektiv zwischen Mutter und Kind entwickelte Gestik in ihrer ‚Auseinanderentwicklung‘, d.h. Individuierung des Säuglings durch kommunikative sprachliche Signale fortgesetzt wird; sie stellen die zerbrochene Einheit der gestischen Interaktionsstruktur auf einer höheren Ebene wieder her (ebd./280). Als Beispiel einer ‚komplexen situativen Struktur‘ und ihrer sprachlichen Kodierung nennt er Zuwendung: Ist sie im Gedächtnis durch Wiederholung sicher ‚gespeichert‘, ist es möglich, sie nicht mehr ständig in der Interaktion gestisch wiederholen zu müssen[20]. Den ‚Mehrwert‘ bestimmter Worte besonders in frühen Entwicklungsstadien belegt die Tatsache, daß die ersten Worte nicht einzelne Dinge benennen, sondern Ereignisse und Szenen meinen; ‚mama‘ meint eben eine

---

[20] Ich gehe nicht auf die Unterscheidung von (allgemeiner, operativer) Bedeutung und (subjektivem, emotional besetztem) Sinn ein, und verkürze den sehr viel differenzierteren phylogenetischen Argumentationsstrang Hildebrand-Nilshons, um nur die vielfältigen Hinweise auf sprachliche Formen der Repräsentation komplexer situativer Strukturen zu sammeln, welche die Notwendigkeit eines metaphernanalytischen Zugangs zur Sprache verdeutlichen.

„*komplexe situative Struktur*" (ebd./290). Die psychoanalytische Reflexion des Verstehens sensu Lorenzer kommt zum gleichen Ergebnis und interpretiert in ihrer ‚szenischen' Hermeneutik Metaphern bzw. Symbole als Abkürzung und Benennung solcher situativen Strukturen (vgl. Kap. 2.4.3). Im Kapitel 2.4.6.1.5. präzisiere ich, inwiefern Metaphern solche ‚komplexen situativen Strukturen' darstellen.

2.2.4. Kulturwissenschaftliche Diskussion des Verstehens: Schwemmer

Die Diskussion des Verstehens zeigte verschiedene, oft wertende Dichotomien:
- historisches, von Erfahrung geleitetes und hermeneutisches Verstehen vs. naturwissenschaftliches und verkürzend-regelgeleitetes Verstehen (Gadamer),
- Verstehen erster Ordnung zwischen Menschen in der alltäglichen Lebenswelt vs. Verstehen zweiter Ordnung, das sich als wissenschaftliches Verstehen auf die Alltagsleistung des Verstehens richtet und sich spezifischer Methoden bedient (Bergold, Breuer),
- linguistisch rekonstruiertes formales Regelwerk des Verstehens vs. Einbezug von Kontext, Sinn, Subjekt, Geschichte, Gesellschaft (Hörmann, Hildebrand-Nilshon),
- eine komplexere Differenzierung bietet Lorenzer mit der Unterscheidung zwischen logisch-inhaltlichem, psychologisch-nachvollziehendem und tiefenhermeneutisch-szenischem Verstehen (vgl. Kap. 2.4.3).

Zwei Dichotomien kehren in diesen verschiedenen Formen immer wieder: Ein regelgeleitetes Vorgehen steht einem ‚ganzheitlicheren' alltagsnahen Verstehen gegenüber, für das bisher nur wenige konkrete Hinweise zu finden waren. Als Abschluß dieses Teils der Argumentation will ich mit Schwemmers Untersuchung zu einer Wissenschaftstheorie der Kulturwissenschaften darauf hinweisen, daß diese Dichotomisierung zu einfach ist. Er behauptet, daß das alltagsnahe Verstehen wie die handlungstheoretischen Ansätze implizit von Idealisierungen und damit Regelungen ausgehen; dem setzt er eine Suche nach Strukturen gegenüber, die gleichzeitig alltäglich gegenwärtig sind, aber einer besonders gearteten ‚Strukturforschung' bedürfen.

2.2.4.1. Tatsachen und Interpretationen

Schwemmers Untersuchung versucht zu klären, wie in den Kulturwissenschaften Wissen über allgemeine Strukturen unseres Handelns und konkrete Handlungswirklichkeit gewonnen werden kann. Nachdem er in längeren Abschnitten seines Buches (1987/87-134) die Rolle von kausalen Erklärungen aus Modellen und naturwissenschaftlichen Gesetzen und ihre begrenzte Reichweite in den Kulturwissenschaften herausgearbeitet hat, verdeutlicht er in einem Rekurs auf die Anfänge der wissenschaftlichen Denkens die spezifisch neuzeitliche Trennung forschender Empirie von alltäglicher Erfahrung. Wissenschaftliche Empirie besteht für ihn darin, unter genau definierten Bedingungen Erfahrungen zu machen und Korrelations-Behauptungen aufzustellen; er kritisiert daran, daß bereits festliegende Kategorien und Prozeduren den Gegenstand präformieren und
„*daß in den durch diese Empirie geschaffenen künstlichen Situationen höchstens das herausgefunden wird, was Menschen tun würden, wenn sie in solchen künstlichen Situationen wären*" (ebd./143).
Die Alltagserfahrungen aber seien in den Kulturwissenschaften nicht eliminierbar, da sie nicht nur den Gegenstand derselben bildeten, sondern auch für ihre eigene Erschließung erforderlich blieben (ebd./141, vgl. 135-152). Er behauptet gegen die zweckrationale und eindeutige Erklärung allen Handelns nach dem Muster der Naturwissenschaften die Mög-

lichkeit eines Verständnisses von ‚innen' her; denn wir handeln meist nicht nach einer einzigen Zwecksetzung, sondern *„in einem vielfältigen Netz von Absichten und Handlungszusammenhängen"* (ders. 1987/ 63). Diese Vielfalt der Motive und äußeren historischen Gegebenheiten lasse sich nicht unter einlinigen Verstehensschemata erfassen; reflektierte historische und kausale Interpretationen unseres Handelns ebenso wie alltäglich-intuitive Deutungen sind neben naturwissenschaftlichen Folgerungen möglich (ebd./ 51). Schwemmer behauptet für empirische Tatsachenfragen und für Interpretationen des Zusammenhangs die Möglichkeit eines friedlichen Nebeneinanders:
„Die Interpretationen setzen die schlichten Tatsachenbehauptungen nicht außer Kraft, und auch die weitergehende Interpretation ist durchaus verträglich mit der alltäglichen Trivialinterpretation. Viele der verschiedenen Interpretationen unseres Handelns schließen einander nicht aus, sondern zeigen unser Handeln nur in verschiedenen Perspektiven, wobei es denn durchaus so ist, daß einige Interpretationen ein differenzierteres Verständnis unseres Handelns vermitteln als andere. " (ebd./156f.).
Wie aber, ist seine Frage, läßt sich die Angemessenheit eines interpretierenden Verstehens begründen (ebd./69)? Seine erste vorläufige Antwort lautet, daß das Verstehen des Fremden gelungen ist, wenn es ein Ergebnis zeigt, welches das Fremde in seiner Fremd und Eigenheit zugleich bestehen läßt wie auch uns verständlich macht. Ein weiterer Hinweis auf die Adäquatheit einer Interpretation sei ihre ‚interne' Stimmigkeit bzw. der von ihr herausgearbeiteten Sinnstrukturen. Diese Angemessenheit kann somit nicht im Voraus, sondern nur vom Ergebnis her beurteilt werden (ebd./71). Basis einer solchen Beurteilung ist die Kenntnis der Lebenswelt und damit unsere Erfahrungen in ihr. Diesen Begriff der Erfahrung versucht er für eine wissenschaftliche Herangehensweise nutzbar zu machen[21]; er greift auf Feyerabend zurück und demonstriert an dessen ethnologischen Forschungsbezügen Merkmale eines anderen, von alltäglichen Erfahrungen geleiteten wissenschaftlichen Verstehens. Dazu gehören für Schwemmer die Partizipation des Forschers an der fremden Welt, eine Internalisierung der Regeln dieser Lebensweise, die Suche nach klärenden ‚Schlüsselideen' (z.B. Geschichten), ein Interesse für Kleinigkeiten, der Verzicht auf logische Vorklärungen, die Aneignung von empirischem Material, bis aus ihm eine ‚Ordnung sozusagen selbständig' entsteht (ebd./160).
Diesen Verstehensversuchen von alltäglichen, symbolischen und tradierten Strukturen, die Schwemmer (ebd./174f.) ‚primäre Ordnungsleistungen' nennt, stellt er die ‚objektive Analyse' einzelner Gegenständen gegenüber, die gerade nicht auf die Totalität omnipräsenter Strukturen, sondern auf die Isolation diskreter Bezüge und die Konstruktion theoretischer Zusammenhänge aus sei. Hier habe man es mit ‚sekundären Ordnungsleistungen' zu tun (ebd./175), zu denen er auch historische und kausale Handlungsforschung rechnet (ebd./270ff.). Schwemmer präsentiert hier zwei Analysemodi der kulturellen Wirklichkeit, die ich genauer beschreiben will.

2.2.4.2.   Primäre und sekundäre Ordnungsleistungen

Ich beginne mit den ‚sekundären Ordnungsleistungen' - hier verbergen sich vertraute alltägliche wie szientistische Leistungen. Schwemmer sieht die alltäglich-spontanen wie wissenschaftlichen Handlungstheorien als eine Möglichkeit, Lebenserfahrungen zu untersuchen. In seiner Kritik an funktionalen Handlungstheorien, die Handeln nur funktio-

---

[21] Auch Gadamer rekurriert auf Erfahrung als Grundlage seiner Hermeneutik; er wirft naturwissenschaftlichem Denken vor, den Begriff der Erfahrung um sein geschichtliches Moment gebracht zu haben (Gadamer 1986/352f.).

nal, als Mittel zum Zweck, begreifen (ebd./53f.), entwickelt er einen ‚historischen‘ Handlungsbegriff: Handeln sei immer auch Ausdruck eines Versuches, sich Mitmenschen verständlich zu machen und somit nie allein für sich zu betrachten, sondern in Vorgeschichten und Wirkungsfolgen eingebunden. Handlungen sind daher immer auch ‚Handlungsgeschichten‘, die sich rückkoppelten und auch aus nicht expliziten Vernetzungen vieler Gedanken entstanden sind (ebd./55f.).

Im Rückgriff auf Wittgensteinsche ‚Familienähnlichkeiten‘ von Handlungen, die er gegen eine Ordnung von Handlungen nach hierarchischen Kategorien setzt (ebd./46f.), nennt er als essentielle Bestandteile ihrer Beschreibung:
- ein Subjekt des Handelns;
- eine Intention;
- ein konkretes Tun
- eine Wirkung (ebd./194f.);

ferner bei der Beschreibung der Handlung selbst:
- ein Handlungsschema mit Improvisationsmöglichkeiten;
- Folgen der Handlung;
- Vorgeschichten;
- Handlungszusammenhänge;
- Kontextregeln (ebd./58f.).

Aber auch unter dem Betrachtungswinkel der historischen Handlungsforschung bietet sich das Handeln des Subjekts als linear und überschaubar dar (ebd./197ff.); die Elemente der Handlung scheinen eindeutig isolier- und identifizierbar zu sein. So betrachtet ist Handeln immer ein Idealisierungsversuch, das typische zu finden; selbst eine Beschreibung ist Resultat eines idealisierenden Prozesses:
„Weil wir nämlich versuchen, unser Handeln unter möglichst wenigen Strukturen sowohl selbst auszuführen als auch zu verstehen- und insofern wir dies tun -, besteht unser Handeln selbst in dem Versuch, die tatsächliche Komplexität des jeweiligen Weltganzen als eine möglichst einfach strukturierte Handlungssituation zu verstehen und auch zu behandeln... Diese ‚Idealisierungs-Tendenz‘ gehört zum Begriff des Handelns selbst. " (ebd./82)
Welche konkrete sozialwissenschaftliche Methode unterstützt eine so geartete Auffassung der sozialen Wirklichkeit? Ich gehe später (Kap. 2.3) ausführlich auf die Inhaltsanalyse sensu Mayring ein, die diese Prämissen in der Art der Datenverarbeitung und Interpretationsgewinnung teilt.

Als *„primäre Wirklichkeits- und Gegenstandsordnung"* (ebd./174) sucht Schwemmer andere Strukturen als die durch Handlungsforschungen gewonnenen Schemata. Anhand einer Interpretation eines Bildes durch G. Bateson auf dessen Anliegen, es komme bei der Erfahrung konkreter Dinge und Geschehnisse darauf an, *„Beziehungen entdecken [zu] können, die gleichzeitig für mehrere Gegenstandsbereiche erfüllt sind"* (ebd./169). Es gehe um ‚Strukturen‘, die erst durch ihr Erscheinen in mehreren Kontexten eine Identität gewinnen würden, unter denen und durch die wir erst die Gegenstände erkennen (ebd./170).
Die Wahrnehmung eines Baumes sei eben nicht nur die Wahrnehmung des konkreten Gegenstands, sondern die Mitvergegenwärtigung der Gestalt ‚Baum‘:
„Daß die Äste eines Baums aus einem dicken Stamm wachsen und von ihm ‚getragen‘ werden, daß der Stamm mit ‚kräftigen‘ Wurzeln in der Erde gehalten wird, dies sind Wahrnehmungen, die schon mit ihrer sprachlichen Formulierungen auch andere Wahrnehmungen vergegenwärtigen und diese in jenen als Wahrnehmungen desselben ineinan-

der aufgehen lassen: Als Wahrnehmungen des zuverlässigen Tragens, des sicheren Standes oder eben der kräftigen Verwurzelung." (ebd./172ff.)

Diese Mitvergegenwärtigung grundlegender Bedeutungsebenen nennt er ‚metaphorische Synthesen'. Und er behauptet, es

„.. prägen die metaphorischen Synthesen - insbesondere natürlich, soweit sie sprachlich fixiert sind - die grundlegenden Wahrnehmungs- und Erfahrungsweisen, in denen wir die Wirklichkeit erfassen und die Gegenstände in ihr identifizieren." (ebd./174)

Damit bringt Schwemmer zu erforschende Strukturen der Wirklichkeit und Strukturen der Wahrnehmung im Sinne der ‚metaphorischen Synthesen' in eins; er fordert, diese Strukturen, in denen er die tragende Grundlage für alle weiteren analysierenden und formalisierenden Leistungen sieht, durch eine besondere Strukturforschung zugänglich zu machen. Sie seien primäre Ordnungsleistungen, die wirkten, ohne bemerkt zu werden. Nach ihnen richteten wir auch unser Verständnis der internen Logik von Interpretationen fremden Geschehens (ebd./176). Damit folgt Schwemmer der Inspiration Batesons, der die Leistung der Metapher so definierte: Sie stehe für die Beziehungen, nicht für die Dinge, zwischen denen sie bestehe. Eine Metapher lasse die Beziehung, die sie ‚veranschauliche', unverändert, wobei sie die Objekte der Beziehung durch andere ersetze (Bateson 1990/196f.). Metaphern bilden Beziehungsnetze, durch die wir die Welt wahrnehmen.

Wie soll aber diese Beziehungs- und Strukturforschung aussehen? Mit ‚Strukturanalyse als empirische Aufgabe' endet die letzte Kapitelüberschrift des betreffenden Abschnitts; Schwemmer beeilt sich noch zu sagen, daß vielleicht nur eine interdisziplinäre Kommunikation solche Wege eröffnen würde, und erst nach langen Umwegen über Husserl, Habermas und Luhmann kommt er am Ende des Buches zu wenigen, unpräzisen Bestimmungen: Lebenswelt und Sprache seien die grundlegenden Sinnordnungen, die als nähere und weitere Umgebung zu untersuchender Phänomene dienten (ebd./277). Die Strukturforschung sei damit Umgebungsforschung, welche die Hintergründe unseres Handelns wie Interpretierens als vagabundierende Strukturen darstelle, in denen sich konkrete Geschichten und Szenen zeigten (ebd./283). Die Systemtheorie biete die Möglichkeit, solche Strukturen, die sich gegenüber konkreten Systemen als Umwelt durch hohe Transparenz und Anschlußfähigkeit auszeichneten, als Modelle darzustellen (ebd.).

Schwemmer formuliert für das Verhältnis beider Formen von Wissenschaft in den Kulturwissenschaften keine klaren Bestimmungen; als Hinweis kann gelten, daß er die mit den Verfahren der ‚objektiven Analyse' gewonnen statistischen Korrelationen für eine Herausforderung von Interpretationen hält. Korrelationen sind für ihn immer aus einem bestimmten Hintergrundsverständnis gewonnen; und Interpretieren ist ein Rückübersetzen in diese hintergründigen Sinnstrukturen (ebd./121ff., 154ff.). Für das Verhältnis zwischen historischer Handlungsforschung und Strukturanalyse ist außer den Metaphern von der ‚Einbettung' der Handlungsschemata in ‚vagabundierende Strukturen' nichts zu erfahren (ebd./174).

Ein anderes Defizit besteht darin, daß das Konzept von Schwemmer gesellschaftliche Strukturen nur in ihrer sprachlichen bzw. symbolischen Kondensation fassen kann und für die Analyse eines ‚materiellen Möglichkeitenraums' (vgl. Kap. 2.1.3) wenig geeignet ist. Ausschließlich von Schwemmer abgeleitete Konzepte werden sich daher mit der Kritik Wiedemanns 1989 auseinandersetzen müssen, daß die Frage nach den vorgegebenen Lebensbedingungen und ihrem Einfluß auf die kulturellen wie individuellen Deutungsmuster so nicht beantwortet werden kann (ebd./215). Das erste Kapitel zeigt daher den materiellen Möglichkeitenraum der Einzelfallhilfe auch auf anderen (z.B. sozialhistorischen) Ebenen.

Die Unterscheidung zwischen grundlegenden, meist sprachlich und unmerklich funktionierenden Strukturen im Sinne ‚metaphorischer Synthesen‘ und der objektivierenden
Analyse konkreter Gegenstände und diskreter Bezüge bildet für meine Untersuchung das
Ergebnis des Schwemmerschen Denkens. Mit beidem Analyseebenen bin ich in meiner
Analyse der Sicht von Einzelfallhelfern konfrontiert: In den Interviews mischen sich untrennbar bewußte und unbewußte Rückgriffe auf ‚selbstverständliche‘ Gemeinsamkeiten
der Erfahrung mit differenzierten Aussagen und aufgabenspezifischen Reflexionen zum
Setting dieser Hilfe:
- Der Rückgriff in den Interviews auf das Kontinuum der Alltagssprache, in dem die Einzelfallhilfe stattfindet, erfordert, die sprachlich kodierten Sinnordnungen der HelferInnen zu analysieren.
- Die kontextspezifischen Besonderungen der Hilfe verlangen allerdings nach einer Forschung, welche die Aussagen der HelferInnen als Wissen und Erfahrung von aktiv handelnden und reflektierenden Subjekten (Bergold/Flick 1987/1) ernst nimmt.

Eine Analyse der Sicht dieser Subjekte, die sich nur auf eine der beiden Zugangsweisen
zuspitzte, verlöre viel. Meine These lautet, daß Schwemmer in seiner Dichotomie zwischen kausaler und historischer Handlungsforschung auf der einen Seite und Strukturforschung auf der anderen genau den Spannungsbogen aufbaut, zwischen dessen Enden sich
die Frage nach der Sicht des Subjekts bewegt, um die Figur der subjektiven Rede auf dem
Hintergrund prägender Strukturen zu suchen.
Natürlich zieht diese Überlegung methodologische und methodische Probleme nach sich;
nicht nur die Möglichkeit, sich auf eine einzige Methode zu beschränken, ist damit verge-
ben, es sind auch zwei verschiedene ‚Gegenstände‘ vorhanden, die, von einer Handlungswirklichkeit zusammengehalten, sich dennoch deutlich trennen lassen. Schwemmer gibt
allerdings nur die genannten metaphorischen Hinweise, wie sich dieses Verhältnis der
beiden ‚Gegenstände‘ begreifen läßt: als ‚tragende‘ Struktur, in welche die konkreten Zusammenhänge ‚eingebunden‘ sind (ebd./174f.).

2.3. Inhaltsanalyse nach Mayring und sekundäre Ordnungsleistungen

2.3.1. Mayrings Theorie des Verstehens

Spöhring betont in seiner Beschreibung der qualitativen Inhaltsanalyse Mayrings,
- daß sie systematisch vorgeht, indem sie die Erarbeitung und Verwendung eines Kategoriensystems unterstützt;
- daß sie regelgeleitet durchgeführt und damit intersubjektiv nachvollziehbar wird; und
- daß sie theoriegeleitet verfährt, indem sie von bestimmten Annahmen über den Verstehensprozeß ausgeht (Spöhring 1989/201).

Seine Vorgehensweise erscheint damit als eine ‚sekundäre Ordnungsleistung' im Sinne Schwemmers, weil sie ihren Gegenstand und dessen Bezüge isoliert, präzisiert und rekonstruiert; sie nähert sich einer
„objektiven Analyse, mit der wir uns der Identität der Gegenstände vergewissern wollen, und ... einer formalisierenden Synthese, mit der wir uns um die präzisierende Darstellung unserer allgemeinen Hypothesen bemühen." (Schwemmer 1989/177)
Ganz im Sinne dieses Herangehens beruft sich Mayring bei der Überprüfung der Gültigkeit seiner durch Inhaltsanalyse gewonnenen Interpretation auf Wahrheitskriterien, die traditionellen Gütekriterien angelehnt sind (Diskussion s.u. Kap. 2.3.4).

Zunächst zu seinem Begriff des Textverstehens: Nach einer begrifflichen tour de force durch unterschiedlichste Praxislandschaften wissenschaftlichen Verstehens, von der klassischen (nachrichtentechnischen) Kommunikationswissenschaft über Hermeneutik, symbolischer Interaktionismus, Ethnomethodologie, Feldforschung, Literaturwissenschaft bis zur Psychologie der Textverarbeitung, destilliert er 15 ‚Grundsätze' des Verstehens in der qualitativen Inhaltsanalyse; sie lauten:
1. Notwendigkeit systematischen Verstehens
2. Notwendigkeit eines Kommunikationsmodells
3. Kategorien im Zentrum der Analyse
4. Überprüfung anhand von Gütekriterien
5. Entstehungsbedingungen des Materials
6. Explikation der Vorverständnisses
7. Beachtung latenter Sinngehalte
8. Orientierung an alltäglichen Prozessen des Verstehens und Interpretierens
9. Übernahme der Perspektive des anderen
10. Möglichkeit der Reinterpretation
11. Semiotische Grundbegriffe
12. Pragmatische Bedeutungstheorie
13. Interpretationsregeln der strukturalen Textanalyse
14. Psychologie der Textverarbeitung
15. Makrooperatoren für Zusammenfassungen. (ders. 1983/40).

Ich will nicht das heterogene Abstraktionsniveau der ‚Grundsätze' kritisieren; das ist, von einem hermeneutischen Standpunkt aus gesehen, bei der Analyse unterschiedlicher Verstehensvorgänge unvermeidbar. Das Problematische bei dieser willkürlichen Sammlung von heterogenen Theoremen ist deren gegenseitiger Ausschluß: Die *„Notwendigkeit systematischen Verstehens"* kollidiert mit der *„Beachtung latenter Sinngehalte"*. Die Behauptung der *„Notwendigkeit eines Kommunikationsmodells"*, wie es die Kommunikationswissenschaft ableiteten, wird von der Aufzählung der *„pragmatischen Bedeutungs-*

theorie" zum historischen Rest degradiert, weil sich zeigen läßt, daß die pragmatische Linguistik sich weitgehend von dem Sender-Empfänger-Modell der Kommunikationswissenschaften emanzipiert hat (Schlieben-Lange 1975). Mayring (1983/46) selbst stellt ein Kommunikationsmodell in der Form eines komplexen Flußdiagramms vor, das den sozialen Hintergrund und alle emotionalen, kognitiven und interaktiven Zustände, Sigmatik, Semantik, Syntax und Pragmatik, den Inhaltsanalytiker und die Zielperson, den Gegenstand und den nonverbalen Kontext durch Pfeile miteinander verbindet. Allerdings macht eine solche Behauptung von Zusammenhang durch graphische Suggestion eine sinnhafte Verknüpfung seiner Theoriefragmente auch nicht deutlicher. Die Beharrung auf *„Kategorien im Zentrum der Analyse"* macht fraglich, auf welche Weise er seine *„Orientierung an alltäglichen Prozessen des Verstehens und Interpretierens"* verstanden haben will; die von ihm geforderte systematische Entwicklung und Anwendung von Kategorien (ebd./25) läßt sich in alltäglichen Prozessen nicht finden. Die unklare Einbeziehung *„semiotischer Grundbegriffe"* auf dem Hintergrund der stark operationalisierenden Interpretationsregeln Titzmanns (ebd./35f.) läßt nicht erahnen, wie eine *„Übernahme der Perspektive des anderen"* auch nur formuliert werden könnte.

2.3.2.   Mayrings Praxis des Verstehens

Auf dieser Ebene Mayring zu kritisieren, fällt daher nicht schwer - es trifft allerdings seinen Verstehensbegriff, den er dann tatsächlich in den konkreten Untersuchungen vorführt, nicht ganz. Es läßt sich zeigen, daß er, nicht ganz in Übereinstimmung mit dem Bombast der genannten Grundsätze, sich dann im wesentlichen auf einige Ergebnisse sprachpsychologischer Untersuchungen zum Textverständnis stützt. Er nennt im Anschluß an van Dijk und Schnotz (ebd./38f.) sechs ‚reduktive Prozesse' des Textverstehens: ‚Auslassen', ‚Generalisation', ‚Konstruktion', ‚Integration', ‚Selektion' und ‚Bündelung'. Ferner nutzt er die Einbeziehung des Kontextes und das Herantragen von interessierenden Fragen bzw. Kategorien an den Text. Nach dem Zusammenbau dieser Techniken des Verstehens nennt er drei mögliche Grundformen des qualitativen Interpretierens. Er betrachtet sie als kognitive Schemata, die ein Textverstehen immer steuern (Mayring 1983/53ff.; 1989/193):
- die Zusammenfassung größerer Zusammenhänge, die sich auf die sechs genannten Prozesse erstreckt, für die er jeweils genaue Regeln angibt;
- die Explikation einzelner Stellen in dem Gesamt des Textes und
- die Strukturierung desselben unter inhaltlichen oder formalen Kriterien.

Schwemmer wie Mayring sehen in alltäglichen Leistungen des Verstehens Strukturen, die für eine wissenschaftliche Analyse nur der weiteren Abstraktion bedürfen. Mayring will diese intuitiven Techniken des Verstehens im Sinne einer replizierbaren Prozedur systematisieren, er isoliert sie allerdings voneinander und stellt sie beispielhaft gegeneinander (ders. 1983/53ff., 1989/200ff.). Die folgende Beschreibung seines Vorgehens reduziert das Verfahren auf die wichtigsten Schritte; deren Modifikation für meine Studie beschreibe ich im Abschnitt 2.3.5.

a) Vorbereitende Schritte jeder qualitativen Inhaltsanalyse
Mayring nennt folgende Arbeitsschritte, die vor einer Interpretation in den oben genannten Grundformen des Verstehens durchzuführen sind:
- Festlegung des Materials: Welches liegt der Analyse zugrunde? Falls es eine Stichprobe ist: Ist sie repräsentativ? Für welche Grundgesamtheit gilt sie? Gibt es Notwendigkei-

ten, den Material-Corpus zu verändern, verringern, auszuweiten? Nach der begründeten Suche nach neuem Material muß von neuem in den hermeneutischen Zirkel des Auswertens eingetreten werden.
- Analyse der Entstehung: Beschreibung der am Zustandekommen des Texts beteiligten Personen und deren emotionaler, kognitiver und sozio-kultureller Hintergrund; der konkreten Situation; der Vorgehensweise, ob offener oder strukturierter Ablauf des Interviews. Dem entspricht Gadamers (1986/281) Begriff des ‚Vorurteils‘.
- Formale Charakteristika des Materials: Transkriptionsregeln benennen; sie bestimmen die Qualität des Materials, indem z.B. nonverbale Reaktionen notiert werden.
- Fragestellung der Analyse festlegen, ihre theoriegeleitete Differenzierung, Anknüpfung an bisherigen Forschungsstand. - Mit diesem Arbeitsschritt begibt sich Mayring der Möglichkeiten, eine Eigenstruktur des Textes wahrzunehmen, indem er die Art der Fragen kaum durch den Text modifizieren läßt.
- Festlegung der Analyseeinheiten: Welches sind die größten/ kleinsten Materialbestandteile des Textes, die unter eine Kategorie fallen dürfen? - Diese Festlegung von Analyseeinheiten kommt Schwemmers Beschreibung der Identifikation und Isolation konkreter Gegenstände am nächsten.

Allerdings findet man außerhalb dieser programmierten Einweisung in die Kunst der Interpretation Äußerungen, die diese rigide Haltung unterlaufen und dem Text eine Eigenstruktur und Widerständigkeit zugestehen. Im Zentrum der Inhaltsanalyse stehe
„fast immer die Anwendung eines Kategoriensystems auf das zu untersuchende Material. Diese Kategorien müssen aber erst erarbeitet werden, müssen am Material ausprobiert werden. Das ist ein Hauptbestandteil inhaltsanalytischer Art, ein Vorgehen, das eindeutig qualitativer Art ist.“ (Mayring 1983/17).
Er thematisiert solche Verstehensformen leider nicht näher.

b) Spezielle qualitative Techniken 1: Die Zusammenfassung
Er nennt als erste Technik qualitativen Interpretierens die regelgeleitete Textzusammenfassung; Aufgabe dieser Methode sei ein ‚Abbild‘ des Textes zu erhalten, und
„... das Material so zu reduzieren, daß die wesentlichen Inhalte erhalten bleiben, durch Abstraktion einen überschaubareren Corpus zu schaffen, der immer noch Abbild des Grundmaterials ist.“ (Mayring 1983/53)
Mit dieser Metapher des ‚Abbildes‘, die eine Kontinuität von Urtext und seiner Zusammenfassung suggeriert, unterschlägt er die aktive Rolle des Zusammenfassenden, der eine Reihe konstruktiver Leistungen vollbringt, indem er Textteile wegläßt, weitere auf ein anderes Sprachniveau bringt und neue Aussagen durch Bündelung konstruiert. Er unterteilt die Zusammenfassung in folgende Unterschritte:
- Paraphrasierung: Streichen von Ausschmückungen und Wiederholungen, Übersetzen des Textes auf einheitliche Sprachform;
- Generalisierung der Paraphrasen auf das geforderte Abstraktionsniveau, sowohl der Gegenstände wie der Satzaussagen;
- erste Reduktion auf dem erreichten Abstraktionsniveau durch Streichen von bedeutungsgleichen und nicht inhaltstragenden Paraphrasen;
- zweite Reduktion durch Bündelung ähnlicher Aussagen und ihre Integration zu neuen Zusammenfassungen.
Er gibt nicht weniger als 11 Regeln für die hier kondensierten Techniken an (ebd./57).

c) Spezielle qualitative Techniken 2: Die Explikation

Mayring nennt als Ziel der Explikation, zu

„einzelnen fraglichen Textteilen ... zusätzliches Material heranzutragen, das das Verständnis erweitert, das die Textstelle erläutert, erklärt, ausdeutet.“ (ders. 1983/53).

Auch diese Stelle belegt, daß Mayring dem Text kein Eigengewicht zugestehen mag: Er ist in der seiner Metaphorik nur ‚Material‘.[22] Ist die Explikation im hermeneutischen Vorgehen die Interpretation wichtiger und für den Gesamtsinn entscheidender Stellen des Textes, so handelt es sich hier nur um ‚fragliche‘ Textteile. Eine eigene Verteilung von Sinn und Wichtigkeit im Text ist mit seiner Vorgabe nicht zu erfassen. Er nennt nicht weniger als sechs Schritte der Explikation (ebd./71f.):

- genaue Definition der zu explizierenden Textstelle;
- überprüfen, ob mittels grammatikalischer oder lexikalischer Analyse allein diese Textstelle zu erklären ist[23];
- bestimmen, welches Material zusätzlich zur Analyse herangezogen werden soll;
- Materialsammlung für die Kontextanalyse, wobei ihre enge Form nur den Interviewtext, die weite Form alle möglichen Verstehenshinweise benötigt;
- Formulieren einer Paraphrase, welche die Textstelle verdeutlicht;
- Einsetzen der Paraphrase in den Text. Wird die Textstelle dadurch sinnvoll, ist dieser Schritt beendet, wenn nicht, muß der Interpret neues Analysematerial heranziehen und den Zirkel der Explikation erneut beginnen.

d) Spezielle qualitative Techniken 3: Die Strukturierung

Ziel der Strukturierung ist es,

„bestimmte Aspekte aus dem Material herauszufiltern (!, R.S.), *unter vorher festgelegten Ordnungskriterien einen Querschnitt durch das Material zu legen oder das Material aufgrund bestimmter Kriterien einzuschätzen.“* (Mayring 1983/53)

Auch hier nimmt er den Text nur als ‚Material‘, das er durch ein Sieb von vorher festgelegten Ordnungskriterien ‚filtert‘[24]; daß ein Subjekt (und sein Text) Aussagen formuliert, auf die sich ein Interpret direkt beziehen könnte, ist für ihn undenkbar. Nach der Beschreibung der Texte

„... ist der nächste Schritt, sich zu fragen, was man eigentlich daraus herausinterpretieren möchte (!, R.S.). *Ohne spezifische Fragestellung, ohne die Bestimmung der Richtung der Analyse ist keine Inhaltsanalyse denkbar. Man kann einen Text nicht ‚einfach so‘ interpretieren.“* (ebd./45).

Um eine ontologisch-hermeneutische Heiligsprechung der Texte sensu Gadamer abzuwehren, verfällt Mayring in das Gegenteil und gesteht dem Text (und damit dem Subjekt, das den Text produzierte), keine Eigenstruktur zu. Der Dialog zwischen Urheber und Interpreten und die Vermittlung zwischen Subjekt und Objekt als Kernpunkte hermeneutischen Verstehens sind im theoretischem Entwurf wie praktischem Procedere stillgestellt[25]. Er nennt acht Schritte der Strukturierung (ebd./75ff.):

---

[22] In der Metaphorik vom ‚Material‘ ist versteckt, daß es einen Handwerker oder Konstrukteur gibt, der damit etwas anderes ‚baut‘ - eine der wenigen Stellen, die bei Mayring auf die nicht reflektierte Eigenaktivität des Interpreten verweist.

[23] vgl. grammatische und lexikalische Erklärung als Urform der Hermeneutik, Kap. 2.2.1.

[24] Er wiederholt die Filter-Metapher (ebd./75); relevanter Inhalt wird ‚systematisch extrahiert‘.

[25] Dieser verhinderten Kommunikation zwischen Text und Interpret ist auch zuzuschreiben, daß Mayring seine eigene Konstruktionsleistung im Verstehen des Textes nicht mit der sachangemessenen Adäquatheit seiner Interpretationen rechtfertigen kann, sondern sich fast ausschließlich auf Außenkriterien verlassen muß, vgl. Abschnitt 2.3.4.

- Bestimmung der Analyseeinheiten;
- theoriegeleitete Festlegung der Strukturierungsdimensionen;
- theoriegeleitete Bestimmung ihrer Ausprägungen und Zusammenstellung des Kategoriensystems;
- Definitionen, Ankerbeispiele und Kodierregeln zu einzelnen Kategorien formulieren;
- Bezeichnung einzelner Fundstellen;
- Bearbeitung und Extraktion derselben;
- falls Kategorien nicht ‚greifen‘, werden sie revidiert und erneut ab Schritt 3 erprobt;
- Darstellung des Ergebnisses.

Mayring (1983/78ff.) nennt allerdings verschiedene Modelle der Strukturierung, die in diesem Ablaufschema nicht immer unterzubringen sind:
- Eine formale Strukturierung achtet auf im Material enthaltene Gebilde wie thematische Gliederung, Argumentationsstrukturen, Satzkonstruktionen etc. Dies ist eine der wenigen Möglichkeiten Mayrings, das Gefüge des Textes zu thematisieren.
- Eine inhaltliche Strukturierung sammelt Material zu bestimmten Themen.
- Die typisierende Strukturierung sucht nach markanten Ausprägungen im Material für vorher festgelegte Typisierungsdimensionen.
- Eine skalierende Strukturierung fahndet im Text nach verschiedenen Ausprägungsstufen zu einzelnen dieser Dimensionen.

2.3.3. Mayring und Schwemmer

Ich habe mehrfach angedeutet, wie sehr dieInhaltsanalyse den ‚sekundären Ordnungsleistungen‘ im Sinne Schwemmers entspricht. Sie isoliert, identifiziert und rekonstruiert ihren Gegenstand; bei Schwemmer (in der Betrachtung von Handlungstheorien) wie bei Mayring werden in alltäglichen Leistungen des Verstehens Muster und Strukturen gesehen, die für eine wissenschaftliche Analyse nur der weiteren Abstraktion bedürfen.
Das konkrete Procedere von Mayring mit den Elementen
- der Vorab-Festlegung der Analyseeinheiten und der Fragestellung,
- der mehrfachen Reduktion des Textes und seine Ersetzung durch Paraphrasen auf einem anderen Abstraktionsniveau und
- der ‚Filterung‘ des Textes durch ein Kategoriensystem
konkretisiert die Schwemmersche Beschreibung, daß ein so verstandenes wissenschaftliches Handeln immer eine Idealisierung ist. Ich habe daher die Mayringschen Regeln in einer modifizierten Form übernommen, um gerade deren Idealisierungstendenz und die Objektivierung von Sinnbezügen im Sinne Schwemmers zu nutzen.

2.3.4. Gütekriterien der Interpretation

Mayring legt explizit Wert auf Systematik der Interpretation und die Überprüfung derselben an Gütekriterien. Andere Wahrheitskriterien lehnt er ab, sonst müsse die Inhaltsanalyse „*sich Vorwürfe des Impressionistischen, des Beliebigen gefallen lassen*“ (ebd./25). Er ist sich allerdings der Problematik der Übertragung der klassischen Gütekriterien wie ‚Validität‘ und ‚Reliabilität‘ auf interpretatorisches Vorgehen bewußt und versucht einen Umbau derselben in spezifisch inhaltsanalytische Gütekriterien (ebd./93ff.). Ich habe mehrfach kritisiert, daß er dem Subjekt und seinem Text wenig Eigenstruktur läßt und dem Interpretierenden die ganze und nicht immer reflektierte Last der (Re-)Konstruktion

von Sinnstrukturen zumutet. Die hermeneutische Dialog-Struktur wird damit von ihm unterbunden, das Frage-Antwort-Spiel mit dem Text in starre Bahnen gezwängt[26], und so ist es nur konsequent, daß er sich nicht, wie Schwemmer (1989/71ff.) es nahelegt, auf Gestaltqualitäten der Interpretation verlassen kann. Weder eine bestimmte Balance von Vertrautheit und Fremdheit als Produkt der Interpretation noch eine ‚interne' Stimmigkeit der herausgearbeiteten Sinnstrukturen, die vom Ergebnis her beurteilt werden könnte und deren Basis die Kenntnis der Lebenswelt wäre, ist unter seinen Kriterien zu finden. Er nennt als spezielle inhaltsanalytische Gütekriterien (ebd./96ff.):
- Stichprobengültigkeit,
- Korrelative Gültigkeit der Ergebnisse mit anderen Methoden wie Test, Beobachtung oder Experiment,
- Vorhersagegültigkeit, wenn sich Prognosen aus der Interpretation ableiten lassen,
- Konstruktvalidität, wenn sich die Kategorien und Interpretationen in anderen Situation als erfolgreich gezeigt haben, im Kontext des Materials ähnliche Erfahrungen nahelegen und die Ergebnisse mit etablierten Theorien, Modellen und Interpretationen von ‚Experten' übereinstimmen,
- kommunikative Validierung der Ergebnisse durch Diskussion mit den ‚Beforschten',
- Stabilität, d.h. die Interpretation führt bei ihrer Wiederholung zum gleichen Ergebnis,
- und Reproduzierbarkeit: Auch andere als der beschäftigte Forscher kommen mit der gleichem Methode zum gleichen Ergebnis.

Allein die ‚semantische Gültigkeit' zielt auf die Richtigkeit der Bedeutungsrekonstruktion des Materials und der Angemessenheit der Kategorien (Mayring 1983/96), allerdings nicht auf das Ergebnis der Interpretation. Sie kann durch Vergleiche mit dem Urtext und Konstruktion von ähnlichen Textstellen, an der sich die Interpretation zu bewähren hat, zustande kommen. In der vorliegenden Untersuchung beantwortet sich die Frage nach der Gültigkeit der Interpretation nicht nur an ein Kriterium oder eine Methode; ich führe die Diskussion daher an dieser Stelle nur für den inhaltsanalytischen Teil; weitere Kriterien erörtere ich ebenfalls für
- die praktische Durchführung der Metaphernanalyse (Kap. 2.4.7 und 4.1.10),
- das Konzepts der Integration der Methoden (Triangulation, Kap. 2.5)
- die Vernetzung der beiden Methoden in der Falldarstellung (Kap. 3.1)
- und in der Gesamtanalyse (Kap. 4.3).

Welche Kriterien der Gültigkeit löst nun der inhaltsanalytische Teil dieser Arbeit ein?
- Konstruktvalidität. Im Kapitel 4.2.6. zeigt der Vergleich mit Studien zur gleichartigen Familienhilfe ähnliche Ergebnisse, auch Übereinstimmung mit Schlußfolgerungen, die andere theoretische Beschreibungen der Einzelfallhilfe nahelegten.
- Kommunikative Validierung. Ich legte den EinzelfallhelferInnen die Ergebnisse der Interviews in einem zweiten Gespräch vor, diskutierte, veränderte und ergänzte.
- Der inhaltsanalytische Teil der Arbeit kann aufgrund des ausformulierten Regelwerks Stabilität und Reproduzierbarkeit beanspruchen.

---

[26] Meine Kritik geht hier über Witzel 1989/242ff hinaus, der beklagt, daß eine Inhaltsanalyse die interaktiven Momente der Textproduktion vernachlässigt; Mayring thematisiert auch die Interaktion durch Interpretation (Produktion von Ordnungsgesichtspunkten etc.) nicht.

2.3.5. Konkretes Vorgehen in dieser Studie

Die methodologischen Grundlinien dieser Studie sind bereits in den Abschnitten 2.1.3.f. dargestellt worden, so daß ich an dieser Stelle die Begründungen für konkrete methodische Vorgehen nicht wiederhole.

2.3.5.1. Stichprobe und Fallauswahl

Wie in 2.1.8. beschrieben, griff ich statt auf die Repräsentativität der Interviews auf die Prinzipien der maximalen Variation der Perspektive und der theoretischen Sättigung nach Glaser und Strauß (s.d.) zurück. Mögliche Perspektiven-Unterschiede ergaben sich aus den Phänomenen Alter und Geschlecht der HelferInnen, primäre Ausbildung, therapeutische Zusatzausbildung, Problematik der Klienten und Dauer der Hilfe - darauf verweisen die in 1.1.1. geschilderten Forschungen zur Familienhilfe. Es ging nicht darum, die Unterschiede zwischen diesen Gruppen herauszufinden, sondern ein umfassendes Gruppenbild zu erzeugen; gesucht wurden daher InterviewpartnerInnen, die jeweils ergänzende Eigenschaften zu dem bisherigen Sample aufwiesen. Sie wurden angesprochen über eine kollegiale Supervision, ein allgemein gehaltenes Informationsblatt zur Studie in zwei Bezirksämtern für Jugend und Sport, den Sozialdienst einer psychiatrischen Klinik und durch Mund-zu-Mund-Propaganda.

a) Alter: Da anzunehmen ist, daß professionelles Helfen sich durch Lebens- wie auch Berufserfahrung veränderte, war es wichtig, an Interviewpartner jeden Alters heranzutreten. Zwischen 20 und 30 Jahren alt waren die HelferInnen der Interviews 1, 2, 9; zwischen 30 und 40 die der Interviews 3, 4, 5, 7 und über 40 Jahre die der Interviews 6 und 8.

b) Geschlecht: Geschlechtsspezifische Einflüsse auf das Helfen werden von Nielsen et al. ebenfalls diskutiert (ebd./65), sie verweisen auf die häufige Familiensituation alleinerziehender Mütter, in der männliche Helfer andere Versorgungswünsche ansprechen als weibliche. In der Studie befanden sich zum Schluß 6 HelferInnen (Interviews 1, 3, 4, 6, 7, 9) und 3 Helfer (Interviews 2, 5, 8).

c) Primäre Ausbildung: Die im ersten Kapitel gezeigten Dispute um den richtigen Ansatz in der Einzelfallhilfe legten nahe, sowohl (sozial-)pädagogisch wie psychologisch ausgebildete HelferInnen unbedingt zu berücksichtigen. Drei PsychologInnen (Interviews 1, 2, 8), zwei SoziologInnen (Interviews 3, 4), drei SozialpädagogInnen und Pädagogen (Interviews 5, 6, 9) und eine Germanistin mit einer Berufsausbildung (Interview 7) repräsentierten unterschiedliche primäre Ausbildungen.

d) therapeutische Zusatzausbildung: Das gleiche galt für die nicht unumstrittenen therapeutischen Zusatzausbildungen. Eine oder mehrere therapeutische Zusatzausbildung hatten die Interviewpartner der Interviews 1, 3, 4, 9, die anderen fünf Teilnehmer nicht. Gesprächspsychotherapie war zweimal vertreten, zweimal Familientherapie, einmal eine individualpsychologische Variante der Psychoanalyse. Verhaltenstherapie-ähnliche Ansätze ohne spezifischeAusbildung waren in zwei Interviews vertreten.

e) Problematik der Klienten: Naheliegend ist, daß unterschiedliche Problemkonstellationen unterschiedliche Muster des Helfens evozieren. Gesucht wurde zunächst im Kernbereich der Einzelfallhilfe, d.h. der Vermittlung über die Bezirksabteilungen Jugend und Sport. Bei den darüber betreuten Kindern und Jugendlichen fanden sich schulische Leistungsprobleme (Interviews 1, 2, 3, 5, 7), Verhaltensauffälligkeiten im sozialen Bereich

(Interviews 1, 2, 3, 4, 5), psychische und psychosomatische Symptome (Stottern, Einkoten, Hyperaktivität, Mutismus, Aggressivität; Interviews 2, 5, 7), sexueller Mißbrauch (Interview 2), familiäre und soziale Belastungen (Tod oder Abwesenheit eines Elternteils, Immigrantionsprobleme, zerrüttete Beziehungen, Sozialhilfe als Einkommensquelle; Interviews 1, 2, 3, 4, 5, 6, 7). Da Einzelfallhilfe zunehmend auch im Bereich psychisch kranker Erwachsener eingesetzt wird (Eichenbrenner 1992, ötv 1989/6), waren die Interviews 8 und 9 den HelferInnen gewidmet, die sich um chronisch psychisch kranke Menschen kümmerten.

f) Dauer der Hilfen: Abschließend konnte die Dauer, d.h. die Entwicklung der Fallarbeit, die Strukturen des Helfens verändern. Bis zu einem Jahr dauerten die Hilfen zum Zeitpunkt des Interviews vier mal (Interviews 2, 5, 8, 9), ebenso zwischen einem und zwei Jahren (Interviews 1, 3, 6, 7) und über zwei Jahre einmal (Interview 4).

Der Vergleich mit den statistischen Daten für die Familienhilfe zeigt, ohne daß eine Repräsentativität angestrebt wurde, daß die Daten für Alter, Geschlecht und primäre Ausbildung der HelferInnen, die den Einsatz auslösende Problematik und die Dauer des Einsatzes denen der besser erforschten Familienhilfe entsprechen (vgl. Kap. 1.1.1). Einzige Ausnahme bleibt, daß in dieser Studie nur HelferInnen mit abgeschlossener Ausbildung teilnahmen. Ich verzichtete auf Interviews mit studentischen HelferInnen, da ich die Sprach-, Denk- und Handlungsmuster professioneller Hilfen zu erheben versuchte.

Wann war die Suche nach weiteren Interviews abzubrechen? Das Kriterium der theoretischen Sättigung nach Glaser und Strauß (vgl. 2.1.8) ist erfüllt, wenn neue Fälle den bisherigen Einsichten, Mustern, Konstellationen nichts neues mehr hinzufügen. Ich werde in Kap. 4.1.10.1 beschreiben, daß bereits nach fünf Interviews die basalen Metaphern gefunden waren - die weiteren vier Interviews und die Wiederholung eines Interviews nach zwei Jahren erbrachten keine neuen Sprachmuster.

2.3.5.2. Interviewgestaltung

In einem offenen Interview fragte ich zunächst detailliert nach dem Verlauf der letzten Stunde, dann nach Unterschieden zu anderen Terminen mit den KlientInnen, um schließlich offene Fragen zu klären. So ging ich mit einer Zentrierung auf das Problem in das Gespräch hinein; das Vorwissen um den Gegenstand war Grundlage weiterer Nachfragens. Ich folgte damit Witzels ‚problemzentrierten Interview' (Witzel 1989/227-255), da Mayring die konkreten Interaktionsweisen im Interview nicht weiter thematisiert. Witzel gibt dafür klare Hinweise; er rät dazu,
- den Gesprächsanfang narrativ zu strukturieren, eine allgemeine Frage in dem problemzentriertem Rahmen zu stellen: Wie war ...? (ebd./245)
- nach dem Ablauf zu fragen, was als allgemeine Sondierung noch material-generierend wirkt, denn ein chronologischer Bericht erbringt viele Einzelheiten und fungiert als Gedächtnis-Stimulation. Entsprechende Fragen sind: Was passierte da im Einzelnen? Woran denkst Du im Besonderen? Woher weißt Du das? (ebd./246)
- Eine spezifische Sondierung ergibt sich aus Zurückspiegelung nach gesprächstherapeutischer Manier, aus Verständnisfragen nach Unklarem und aus der Konfrontation mit Widersprüchen (ebd./247).
- Die Frage nach der Zukunft dient als Projektionsraum, Überlegungen und Wünsche zu äußern: *„Was möchtest Du einmal erreicht haben, wenn ..?"* (ebd./250f.)

Das Gespräch begann mit der Frage nach dem Ablauf der ersten Stunde, um dann davon ausgehend weitere Zusammenhänge mit Hilfe dieser Techniken zu eruieren. Waren in dessen Verlauf einige "harte Daten" (Alter der HelferInnen, therapeutische Zusatzausbildungen, Dauer der Hilfen) noch nicht benannt worden, so wurden sie im Verlauf der zweiten Hälfte des Gespräches eingeflochten.

2.3.5.3. Transkription

Die Transkription richtete sich bei der Verschriftlichung des Interviews nach den Regeln der sog. ‚Literarischen Umschrift', die sich weder an der schriftlichen Standardsprache noch an der phonetischen (linguistischen) Notation orientiert (vgl. Ehlich, Switalla 1976/78-105). Folgende Regeln wurden übernommen:
- ehms, äh, ähm, mhms wurden nicht transkribiert,
- ‚ne', ‚nem' und andere mundartliche und umgangssprachliche Formulierungen wurden schriftsprachlich reformuliert,
- Wortwiederholungen blieben stehen.
- An paralinguistischen Phänomenen notierte ich: Pausen als Komma, Stimmsenkung und Pause als Punkt, Stimmhebung als Fragezeichen.

2.3.5.4. Inhaltsanalytische Kategoriengewinnung

Das Zentrum der Inhaltsanalyse ist die Gewinnung von Kategorien aus dem Material, in denen es sich beschreiben läßt. Im Mittelpunkt einer Inhaltsanalyse stehe
„fast immer die Anwendung eines Kategoriensystems auf das zu untersuchende Material. Diese Kategorien müssen aber erst erarbeitet werden, müssen am Material ausprobiert werden. Das ist ein Hauptbestandteil inhaltsanalytischer Art, ein Vorgehen, das eindeutig qualitativer Art ist." (Mayring 1983/17).
An den Probeauswertungen der Interviews ließ sich zeigen, daß sich dieselben in den Kategorien Arbeitsinhalte, Wahrnehmung des Kindes und Wahrnehmung der Familie gliedern ließen, während die erfragten vorherigen Ausbildungen, prägenden Erfahrungen, Reaktionsweisen, Supervision etc. sich in dem Bereich ‚Verhältnis zu sich selbst' bündeln ließen. Diese Bereiche geben dann eine vorgängige Gliederung der Untersuchungsrichtungen ab:
- Arbeitsinhalte,
- Wahrnehmung des Kindes,
- Wahrnehmung der Familie,
- Reflexion der Arbeit und Selbstverständnis der HelferInnen (Erfahrungen, Verarbeitung von stützender und behindernder Interaktion mit anderen HelferInnen).

Damit ließen sich alle Inhalte der Interviews fassen; diese Kategorien bilden das Grundgerüst der inhaltsanalytischen Gesamtauswertung (ausführlich Kap. 4.2).
Gegenstandsangemessen scheint mir diese Form des Vorgehens besonders bei den Bestandteilen der Interviews zu sein, in denen reale Inhalte der Arbeit beschrieben, Urteile über die Familie und das Kind abgegeben oder Belastungen und Erleichterungen aufgezählt werden, kurz: den denotativen Bestandteilen der Rede. Diese sind einer kommunikativen Validierung auch am ehesten zugänglich (Spöhring 1989/210).

Die drei genannten Interpretationsformen knüpfen an alltägliche Formen des Interpretierens an: Zusammenfassung, Explikation und Strukturierung (Mayring 1989/193). Die

Technik der Zusammenfassung ist seiner Einschätzung zufolge *„viel illustrativer, viel näher am Material"*, die Strukturierung
„ist viel formaler, eröffnet aber die Möglichkeit zur Bearbeitung größerer Materialmengen und ermöglicht interindividuelle Vergleiche" (ebd./207).
Der explizierenden Analyse weist er die Aufgabe zu, exemplarische Vieldeutigkeit von Texten genauer zu untersuchen (ebd.). In der vorliegenden Studie kommt es auf die zusammenfassende und die strukturierende Analyse an:
- Die Zusammenfassung bietet eine Nähe zum Kontext, der erst eine sinnhafte Interpretation ermöglicht. Es geht um eine inhaltliche Charakterisierung und ein Finden von Themen und Bezügen, wie es mit einer stärker abstrahierenden Methode nicht mehr möglich ist. Das vorliegende Interviewmaterial ist nicht so umfangreich, daß ich aus Kapazitätsgründen auf diese Herangehensweise verzichten müßte.
- Die oben genannten inhaltlichen Fragen implizieren eine Strukturierung der Themen auf das für die jeweilige Fragestellung relevante Material. Gerade die Strukturierung durch diese Fragen eröffnet die Möglichkeit der Entdeckung von interindividuellen Unterschieden in Handlungs- und Selbstregulationsweisen.

Es lag also nahe, eine Kombination von Zusammenfassung und Strukturierung zu versuchen. Ich bin so vorgegangen:
1. Zerlegung in Themen (‚Bestimmung der Kontexteinheit' bei Mayring 1983/48f.)).
   Als Grundlage der zusammenfassenden Texteinheiten wählte ich die jeweils kleinsten, semantisch eingrenzbaren Textteile, die eine abgeschlossene Erzählung, Argumentation, Einschätzung etc. boten; ich nenne sie ‚Themen'.
2. 1. Zusammenfassung
   Von vier Stufen der Zusammenfassung zu Themen (Paraphrasierung, Generalisierung auf gewähltes Abstraktionsniveau, erste und zweite Reduktion) war bei den qualitativ unterschiedlichen Fragen nur die Paraphrasierung möglich. Als Beispiel teile ich die Themen-Zusammenfassung des ersten Interviews mit (Kap. 2.3.6).
3. Strukturierung und Sammlung
   der zusammengefaßten Themen in den vier gewählten Schwerpunkten (Arbeitsinhalt, Beschreibung des/der Klient/in, Beschreibung des sozialen Umfelds, Selbstwahrnehmung) als ‚inhaltliche Strukturierung' im Sinne Mayrings (1989/82).
4. 2. Zusammenfassung
   Sie war nun nach der Strukturierung der Themen im Sinne der ersten Reduktion möglich und bestand im Streichen bedeutungsgleicher Paraphrasen und Generalisierung auf das Abstraktionsniveau der gestellten vier Schwerpunkte. Auch hier stelle ich die 2. Zusammenfassung des genannten Interviews vor (Kap. 2.3.7).
5. Zweites Interview mit den Befragten bei vorheriger schriftlicher Darstellung der Ergebnisse; Korrektur und Ergänzung.
6. Vergleich der themenzentrierten Interviewzusammenfassungen mit anderen Interviews im Hinblick auf Ähnlichkeiten und Unterschiede. Das Ergebnis dieses Vergleiches ist Thema des Kapitels 4.2., die Integration mit der Metaphernanalyse 4.3.

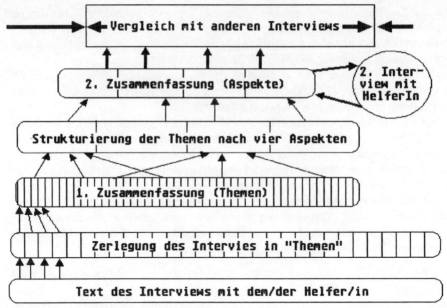

Abbildung: Struktur der Inhaltsanalyse

So verläuft der Weg der Inhaltsanalyse für die Gesamtanalyse (Kap. 4); in der Einzelauswertung der Interviews wurde bis zum Punkt 5 nach dem gleichen Schema vorgegangen. Diese verfährt nach anderen Grundsätzen, die ich in Kapitel 3.1 beschreibe.

2.3.6.   Beispiel für das inhaltsanalytische Vorgehen

Zunächst stelle ich einen kurzen Ausschnitt des Interviews 1, dann die aus dem ganzen Interview rekonstruierten Themen nach der Zusammenfassung 1 (s.o.), schließlich die zweite Zusammenfassung dieser Themen vor. Letztere ist die Grundlage für die Triangulation mit den metaphernanalytischen Ergebnissen (Kap. 3.2.1, 4.2 und 4.3).

2.3.6.1.   Interviewausschnitt des Interviews 1[27]

I: Wonach ich fragen möchte, ist die letzte Stunde mit einem Kind, einer Familie. Kannst Du sagen, was das war, was für eine Familie, was für ein Kind und was für ein Problem?

B: Also, ich habe heute nachmittag mit einem jordanischen Mädchen gearbeitet, die ist dreizehn Jahre alt, kommt aus, ja, sehr traditionsbewußten Familie, kommt hier dann auch so an mit Kopftuch, und, ja, hat, das Kind hat sehr viele Geschwister, die leben unter sehr, sozial sehr mißlichen Verhältnissen, wohnen zu sechst im, nein zu siebt in einer Zwei-Zimmer-Wohnung, das spielt sicherlich so in die Problematik rein, die so bei dem Kind zu dieser Einzelfallhilfe geführt haben. Das Kind kommt zu mir, um einen Schonraum zu haben, wo sie einerseits so diesen schulischen Dingen nachgehen kann, das ist dann die eine Seite, und dann eben auch einen Schonraum vor diesen, ja, traditionsbewußten Anforderungen, wie sie zu Hause sind, und vor allem auch vor den Anforderungen des Vaters, der, was seine älteste Tochter anbelangt, da, irgendwelche Größenphantasien so laufen hat. Also, er möchte da gerne, daß das Kind eben daß aus dem eben mal eben ein Doktor wird, was, was aber denn der Realität über-

---

[27] ca. 15% des gesamten ersten Interviews; vgl. die Gesamtinterpretation in Kapitel 3.2.1.

haupt nicht entspricht. Wenn die das Realschule-Probehalbjahr besteht, denn haben wir alle Glück gehabt. So, ich denk, das reißt so 'n bißchen die Problematik an. Ja, die Stunde,

I: ja, könntest du mal so die Stunde schildern: Wie ist die Stunde abgelaufen, so auch die einzelnen kleinen Tätigkeiten, das würde mich interessieren.

B: Ja, also so vorneab: Wir haben es im, so zweigeteilt, so eingerichtet, daß wir also so erst einen Teil uns so um die Pflichten kümmern und diesen schulischen Bereich, das heißt, das Mädchen kommt hier und berichtet mir aus der Schule, was es gab, so an Schwierigkeiten oder auch an Schönem, mit, mit Klassenkameraden, Lehrern und, dann gehen wir denn auch so zusammen den Stundenplan durch, was, was da angestanden ist, so, so erstmal an ganz konkreten schulischen Anforderungen, und dadrüber natürlich auch, was da so an Beziehungsanforderungen, so Klassenkameraden, Lehrer eben so auftaucht, und je nachdem, was, was da eben grad so akut ist, also, bei Klassenarbeiten ist das klar, dann lernen wir erstmal, aber wenn ein Problem mit Klassenlehrern oder mit Schulkameradinnen oder so ansteht, dann verwenden wir auch einige Zeit je nachdem was sie da auch so braucht dafür um, ja, so mal uns anzugucken, woran es denn hapert und woran 's denn hängt, warum es ihr damit nicht so gut geht und was sie auch für sich so anders machen kann. Ja, heut' war das so, daß erstmal nichts Konkretes anstand, was den schulischen Bereich anbelangt, wir haben also heut gottseidank keine Hausaufgaben zu machen gehabt, das ist für beide eine Entlastung, also weil das Mädchen also wirklich sehr, das sehr genießt, mal von diesen ganzen Pflichten abzusehen, so zuhause als älteste Tochter ist sie ja für ihre jüngsten Kinder immer quasi Ersatzmutter, ja, nach außen hin ist sie die, die, der Vertreter der Familie, der am besten Deutsch spricht, ja, also das sind einfach sehr viel Anforderungen, und wenn da mal eine Anforderung wegfällt, dann genießt es das Kind ungeheuer, wenn, wenn wir, wenn wir uns einfach anderen Dingen zuwenden können und, das braucht sie auch, das braucht sie ungeheuer stark, das man kann auch sagen, gut, das ist, das steht jetzt nicht an, wir gehen nach draußen. Da 's heut ja sehr warm war, wollte sie schwimmen gehen und dann haben wir das auch so geplant und eingerichtet und sind dann losgeradelt, standen dann allerdings dann eben vor einer verschlossenen Freibadtür, weil die anscheinend schon zu haben. Ja, aber, da biete ich ihr dann an, oder beziehungsweise, wenn sie auf eine Idee kommt, was sie denn ersatzweise gerne machen will, denn laß ich mich dadrauf ein und versuche sie, versuch das ihr auch so'n Stück weit zu überlassen, was sie dann gerne möchte, und sie dadrin zu unterstützen, das auch zu finden, was ihr Spaß macht, und ja auch so, ja, ja so ein Auge zu kriegen und ein Gespür zu kriegen, daß, eh, ja, daß das und das Schöne auch sein kann. Weil sie ist, also wirklich sehr, also wirklich sehr eingeflochten, also ganz klar in die Familie und wenn, häufig kommt es dann auch schon vor, daß wenn eh, wenn so eine Idee kommt, dann sind es eher so häusliche Dinge, Kuchen backen oder Kochen oder sowas und, ich denke, sie ist ja schon auch konfrontiert mit Klassenkameradinnen, die eh, da ein ganz anderes Leben führen. Das neidet sie denen ganz ungeheuer, gleichzeitig traut sie sich aber nicht diesen Schritt, weil immer dieses, dieses moslemische Über-ich da mit einem großen Zeigefinger daneben steht und sagt, Das darfst Du alles gar nicht, und wir versuchen da also einen Weg zu finden, daß ich ihr Dinge anbiete oder Dinge mit ihr mache, die sie einerseits zugestehen kann, so auch an Aktivitäten, die sonst nicht da in so einem moslemischen Haushalt, vorgesehen sind, wo, die dafür dann aber doch noch mit einem ja, daß aber doch von ihrem Gewissen auch zulassen kann. Das ist manchmal dann auch schon auch so eine Gratwanderung, ja. Wir waren dann eben ersatzweise Minigolf spielen. Das hat sie das zweite Mal in ihrem Leben gemacht, und, sie hat das dann sehr genossen, daß sie heute im/eben? .. besser war als ich und das ist also ganz unglaublich äh, wie wichtig ihr das ist, also so gut zu sein und besser zu sein, noch, besser noch als alle Erwachsenen zu sein und ja, und da hat sie heute auch eine Menge gekriegt, denk ich, und was, was auch so eine ganz wichtige Situation war, oder wo ich noch mal so dachte, na ist ja toll, daß du das so vor, für dich formulieren kannst, da saßen wir auf der Bank und haben also, bevor wir angefangen haben zu spielen, ein Eis gegessen, und da waren so einige Mütter, selbst mit ihren ganz kleinen Kindern,

Drei-, Vierjährige, die also da Minigolf gespielt haben, und, und die sagte so, ich ich wünsche mir, ich, ich hätte gerne auch solche Eltern, die mit mir das damals gemacht hätten. Also darin wird eigentlich so klar, daß ich in meiner Aufgabe auch so ein Stück weit Ersatz dafür bin, was die Familie nicht leisten kann, aus verschiedensten Gründen. Und so banal, oder, das, das manchmal für so, für so, so eine Kostenstelle erscheinen mag, mit dem Kind in den Zoo zu gehen oder mit dem Kind Minigolf zu spielen, ich glaub, daß das unglaublich wichtige Dinge sind, die solche Kinder, die das nicht gewohnt sind, daß das zum Familienalltag gehört, die aber dennoch in einer Gesellschaft leben, die, wo das einfach ganz einfach selbstverständlich dazugehört, daß die sich auch da so ein Stück weit üben können, und auch beweisen können, und auch lernen können da dran, welche Tiere, was, wie man einen Schläger hält, und welche Spielregeln, wo es da gibt. Ja, also von daher finde ich solche Außenaktivitäten eben sehr, sehr wichtig auch für die Kinder.

2.3.6.2. Exemplarische Themen-Zusammenfassung 1 des Interviews 1

T1: Die Probleme des Mädchens rühren daher, daß es aus einer traditionsbewußten islamischen Familie kommt, viele Geschwister hat und in beengten Verhältnissen lebt. (S. 1)

T2: Es kommt, um einen Schonraum sowohl für Schulisches und als auch gegen Anforderungen des Vaters und der Tradition zu haben, die es in der Schule nicht einlösen kann. (S. 1)

T3: Die Einzelfallhilfe ist in Schule und Freizeit aufgeteilt. (S. 1)

T4: Für schulischen Bereich werden sowohl an den Beziehungsanforderungen in der Schule wie an den aktuellen inhaltlichen Forderungen gearbeitet. (S. 1f.)

T5: Da das Mädchen in der Familie als Ersatzmutter für ihre Geschwister gebraucht wird, bedeuten hausaufgabenfreie Tage in der Einzelfallhilfe eine Befreiung für sie. (S. 2)

T6: An diesem Tage wollten sie ins Schwimmbad, das aber verschlossen war. (S. 2)

T7: In solchen Fällen möchte die Einzelfallhelferin das Mädchen unterstützen, etwas eigenes zu finden, was Spaß macht. (S. 2)

T8: Das Mädchen ist sehr eingeflochten in ihre Familie und hat daher in ihren Vorschlägen auch eher häusliche Tätigkeiten. (S. 2)

T9: Das Mädchen ist konfrontiert mit Kameradinnen, die ein westliches Leben führen, was sie denen neidet, kann sich von eigenen religiösen Vorstellungen nicht distanzieren (S. 2)

T10: In der Einzelfallhilfe kommt es dann darauf an, für das Mädchen neue Aktivitäten zu entwickeln, die noch von ihrer Moral toleriert werden. (S. 3)

T11: Sie spielten Minigolf, dabei hat sich das Mädchen sehr viel Bestätigung geholt. (S. 3)

T12: Das Mädchen formulierte, daß es gerne Eltern gehabt hätte, wie es andere Eltern sind, die mit ihren Kindern solche Unternehmungen machen; daraus wird für die Einzelfallhelferin deutlich, daß sie ein Ersatz ist für das, was die Familie nicht leisten kann. (S. 3)

T13: Die Einzelfallhelferin hält daher solche Unternehmungen, die für eine Kostenstelle nicht wichtig sind, für wichtig, wenn zwischen der Welt der Familie und der umgebenden Gesellschaft eine Differenz sozialer Anforderungen besteht. (S. 3)

T14: Dem Mädchen fehlen männliche Anteile, die in dieser Gesellschaft gefordert werden, in seiner Familie z.T. nicht, z.T. in unrealistischer Weise vom Vater gefordert werden. (S. 4)

T15: Der Nachmittag bestand darin, zum Minigolf zu radeln, auszuruhen und zu spielen, die Sachen bei der Einzelfallhelferin abzuholen und wieder nach Hause zu fahren. (S. 4)

T16: Am Anfang der Arbeit war die Einzelfallhelferin darauf bedacht, die Arbeit mit dem Kind sehr stark zu strukturieren. (S. 4)

T17: Das Mädchen verhält sich nach dem Muster von Rotkäppchen, es konzentriert sich nicht und verliert den Überblick über das Gegebene, was bei der Einzelfallhelferin dazu führte, das Mädchen sehr genau daran zu erinnern. (S. 4)

T18: Die Einzelfallhelferin läßt nun das Mädchen alleine sich daran erinnern und hilft bei den Hausaufgaben nur noch durch nachträgliches Korrigieren. (S. 4f.)

T19: Das Mädchen ist durch Hilfe leicht kränkbar, die Einzelfallhelferin hält sich deswegen zurück, auch wenn es ihr schwerfällt. Dies ist ein Problem für die Supervision. (S. 5)

T20: Das Mädchen macht auch eigene Übungsvorschläge für Klassenarbeiten, weil sie sehr viele Ängste davor hat; sie ist intelligent, aber durch Angst vergißt sie vieles. (S. 5)

T21: Der Einzelfallhelferin kommt ihre gesprächstherapeutische Ausbildung als Ruhe und Sicherheit zugute. (S. 6)

T22: Eine familientherapeutische Ausbildung wäre für die Arbeit in diesen Familien von Nutzen, da die Kinder oft sehr eng eingebunden sind. (S. 6)

T23: Man arbeitet alleine vor sich hin, außer der Supervision ist kein Austausch über nützliche Institutionen oder Hilfen da, man ist auf eigene Aktivitäten angewiesen. (S. 6)

T24: Damit wäre auch die Beratung der Familien kompetenter.

T25: Die Einzelfallhelferin hält Studium, Praktika und Diplomarbeit für die EH relevant. (S. 7)

T26: Die damit vermittelte psychoanalytische Orientierung hilft ihr, Dynamiken beim Einzelnen wahrzunehmen, im Familiensystem wird das aber schnell unübersichtlich. (S. 7)

T27: Die Einzelfallhelferin hat Erfahrungen in einem Praktikum in einer Therapeutengemeinschaft vorwiegend mit Kindertherapie gemacht; die Einzelfallhilfe ist schwerer, weil die Familien keinen solchen Kontakt nach außen halten würden. (S. 7)

T28: Weitere Erfahrungen waren ein Praktikum in einer psychiatrischen Rehabilitationsstation und eines im jugendpsychiatrischen Dienst, das mit einem sehr breiten Spektrum psychischer Störungen therapeutisch und diagnostisch sie vertraut machte. (S. 8)

2.3.6.3. Exemplarische Themen-Zusammenfassung 2 des Interviews 1

Zusammenfassung der Arbeitsinhalte:
Die Familienhelferin hat einen allgemeinen Begriff ihrer Arbeit: Sie will gesellschaftlich gegebene Möglichkeiten entwickeln, welche die Familie leisten sollte, aber nicht kann (12,13). Die so verstandene Arbeit gliedert sich in die Bereiche:
1) Schonraum vor Anforderungen von Familie und Schule, Freizeit (T2,3,6,11,15)
2) Schulische Leistungen (T3,4,18,19)
3) Arbeit an Beziehungsstrukturen (T4,22), Persönlichkeitsentwicklung und -Stützung (T7,10, 11,16,17,18,19), die einen therapeutischen Motivierungs-Hintergrund haben (21,22,26). Als wenig eingelöste Arbeitsansprüche gelten die Vernetzung mit hilfreichen Institutionen, die eine Beratung der Familien verbessern würden (T23,24).

Zusammenfassung der Wahrnehmung der Familie durch die Einzelfallhelferin.
In der Beschreibung der Familie dominiert deren enge familiäre, religiöse und soziale Einbindung (T1,2,5,8). Die Überforderung durch Leistungsideale des Vaters wird herausgestellt (T2,14). Damit verbunden ist ein Defizit an Fähigkeiten, die in einer rein inländischen Sozialisation erworben würden (T8,14).

Wahrnehmungen des Kindes durch die Einzelfallhelferin.
Die Problematik des Mädchens rührt aus einer engen religiösen (T1,9) und familiären Einbindung (T1,5,8) neben schwierigen sozialen Verhältnissen (T1). Schulische Anforderungen vor allem des Vaters dominieren (T2,14). Das Mädchen leidet unter der Sozialisationsdifferenz zu Mädchen, die nach westlichen Vorstellungen aufwachsen (T9,12,14). Es kann sich schlecht konzentrieren (T17), ist leicht kränkbar und durch Streß irritierbar (T19,20).

Kontakte mit anderen, Überlegungen und Gefühle zur Selbstregulation in der EH.
Es dominieren die Bezüge auf therapeutische Erfahrungen, die als nützlich für die Arbeit mit dem Mädchen eingeschätzt werden (T21,22,25,26,27,28). Sie nutzt gerne Supervision zur Korrektur eigenen Handelns (T19) und Austausch mit Kollegen (T23). Beklagt wird die mangelnde Verbundenheit mit anderen Institutionen (T23,24).

2.4.   Metaphernanalyse und primäre Ordnungsleistungen

Folgt man gängigen Definitionen der Rhetorik, dann ist die Wendung „*X. ist doch ein Gully, der alle Hilfe schluckt*"[28] eine Metapher, sie ist eine
„*Ersetzung einer primären semantischen Texteinheit durch eine sekundäre, die zu jener in eine Abbild- oder Ähnlichkeitsrelation gesetzt wird*" (Plett 1979/79)
In dem Fall war gemeint: Pat. X. braucht sehr viel Hilfe, ohne daß man einen Erfolg spürt. Die drastische Metapher fällt auf, sie transportiert Resignation der Helfer und das Bild von einem Menschen, der wie ein ‚Faß ohne Boden' Hilfe folgenlos konsumiert. Diese Metapher steht ganz im Gegensatz zur folgenden Redewendung aus der gleichen Sitzung, den gleichen Patienten betreffend: „*Nach der Entlassung muß er erst recht gestützt werden.*" Einen Menschen ‚stützen' oder ‚unterstützen' impliziert nicht die Drastik des ‚Gully'- Vergleichs - ‚stützen' fällt nicht mehr als Bild auf, das aus dem handwerklichen Bereich stammt. Es ist eine sog. ‚tote' oder ‚lexikalisierte' Metapher[29], sie hat „*im Lauf der Zeit ihre Erkenntnis-, Bild- und Gefühlsenergie verbraucht*" (Plett 1979/88). Ich will in dieser Studie den Stellenwert von auffälligen wie unauffälligen Metaphern in der Bewältigung psychosozialer Arbeit untersuchen.
Sie steht in Gegensatz zu einem Schwerpunkt des Forschens, dem es um ‚subjektive Theorien' geht: Damit sind Aussagen gemeint, mit denen eine Person ihre Handlungen und emotionalen Zustände erklärt, plant oder legitimiert (Paetsch, Birkhan 1987/71ff.) Die Forschung nach subjektiven Theorien nimmt an, daß diese, wenn auch mit Abstrichen an Präzision und Widerspruchsfreiheit, weitgehend struktur-parallel zu wissenschaftlichen Theorien sind. Für die Praxis der Forschung bedeutet dies, daß die Untersucher Erfüllungskriterien für Rationalität (ebd./74f.) aufstellen, nach denen sie Aussagen der Befragten filtern. Der hier vorzutragende Ansatz akzeptiert diese Praxis der rationalistischen Reduktion von Erzähltem auf Begriffliches nicht (vergl. Flick 1987/127ff.). Das Ausmaß und die Drastik der als aussichtslos empfundenen Hilfe im ‚Gully'- Beispiel ebenso wie die latente Bildlichkeit des Stützens fallen in solchen Ansätzen durch das Raster der Auswertung. Im Gegensatz dazu gehen Thommen, Amman und v.Cranach in einer neueren Untersuchung über den Zusammenhang von sozialem und individuellem Wissen und Handeln davon aus, daß soziale und individuelle Repräsentationen einen ‚Vorstellungskern' haben, der nicht nur konzeptuell, als Begriff, sondern auch als Bild und Figur ‚gespeichert' ist (dies. 1988/31f). Dieser Kern enthalte „*die allgemeinsten, zentralsten, stabilsten Vorstellungen*" (ebd./32) der sozialen Repräsentation, er äußere sich in bildhaften Vorstellungen bzw. Metaphern und sei in tieferen Schichten der Persönlichkeit verankert. V. Kleist 1987 leitete von einer vergleichbaren Auffassung[30] Konsequenzen für die psychologische Forschungspraxis ab, indem sie eine Analyse der ‚Logik von Bildern' in Erstgesprächen von Therapieklienten versuchte; ähnlich rekonstruierten Straub, Sichler 1989 Metaphern als Modi biographischer Selbst-Repräsentation. Bock 1981, 1983 untersuchte an lexikalisierten Metaphern ihre therapeutische Verwendbarkeit. Eine Würdigung als ‚empirische Geisteswissenschaft' erfahren Metaphernanalyse und verwandte Verfahren der kognitiven Linguistik bei Streeck 1991. V. Kleist grenzt Metaphernanalyse vom Forschungsprogramm ‚Subjektive Theorien' und deren Suche nach rationalen Strukturen der Handlungs- und Selbstregulation so ab:

---

[28] Bemerkung aus der Sitzung aller an Wohnproblemen im Bezirk Reinickendorf interessierten sozialpsychiatrischen Institutionen am 5.3.1993

[29] Zsf. der Diskussion um ‚tote' und ‚lebendige' Metaphern bei Wolff 1982/17

[30] Thommen et. al. fallen in praktischer Forschung , vgl. meine Rezension (Schmitt 1989b).

„Jenseits der Frage, ob die im Alltag als gültig akzeptierten Erklärungen kausalen oder finalen Charakter haben, geht es der Metaphernanalyse darum aufzuzeigen, wie unsere Denk- und Handlungsmöglichkeiten durch die innere Logik von ‚Bildern' bestimmt werden." (v. Kleist 1986/117)

Im folgenden versuche ich, den ‚bildhaften Kernen' von Denken und Fühlen in der Sprache auf die Spur zu kommen, eine Methode zu erarbeiten und in einem noch unklaren Feld auszuprobieren. Ich gehe nach den dargestellten Kontroversen um Inhalte und Strukturen der Einzelfallhilfe (vgl. Kap.1) davon aus, daß die theoretischen Interpretationsmuster der Therapieschulen und der (sozial-) pädagogischen Richtungen nicht ausreichen, um Einzelfallhilfe zu konzeptualisieren, und daß zwischen ihren Konzeptionen und der in der Einzelfallhilfe erlebten Praxis ein Graben klafft. V. Kleist (1984/7) geht davon aus, daß solche Lücken zwischen theoretischem Wissen und erlebter Praxis mit Bildern, Gleichnissen und Geschichten gefüllt werden, welche die Erfahrungen besser repräsentieren. Da wir kein allgemein akzeptiertes sozialwissenschaftliches Modell über Struktur und Funktion der Einzelfallhilfe haben, stellt sie ein ideales Forschungsobjekt dar, an dem untersucht werden kann, welche individuellen wie kollektiven Metaphern als alltagspraktische Konzepte wirken: Was sind die *„Hintergrundmetaphoriken"* (Blumenberg) der EH? Der Vergleich der in den sprachlichen Bildern gefundenen ‚impliziten Theorien' wird zeigen,

- ob Familienhilfe ein eigenständiges Handlungsfeld ist, das mit Psychotherapie oder Sozialarbeit nicht zu vergleichen ist,
- ob therapeutische und sozialpädagogische Theorien bestimmte Aspekte ihrer Wirksamkeit vernachlässigen, die in der Praxis der EH zu Tage sich offenbaren,
- ob es möglich ist, aus dem beschriebenen Ansatz heraus ‚fruchtbarere Metaphern' vorzuschlagen, die erfolgreicheres Handeln ermöglichen.

Das umfangreiche Kapitel gliedert sich in folgende Abschnitte: Metaphern beschäftigen Philosophen und Sprachforscher seit der Antike. Im Kap. 2.4.1 referiere ich in gedrängter Form deren Theorien der Metapher. Dem stelle ich im Kap. 2.4.2 gegenüber, daß es eine lange therapeutische und diagnostische Tradition der Verwendung von Metaphern gibt. Psychoanalytische Interpretationen des bildhaften Sprechens folgen im Abschnitt 2.4.3, in Kap. 2.4.4 referiere ich die empirische Forschung zur Metapher in anderen psychologischen Teildisziplinen. Wurden bisher Metaphern in der Alltagssprache behandelt, so zeige ich in 2.4.5, daß sie ihrerseits die Wissenschaftssprache durchsetzen. In 2.4.6 stelle ich den fruchtbarsten neueren Ansatz der Metaphernforschung aus der kognitiven Linguistik, die Arbeiten von G. Lakoff und M. Johnson, vor. Abschließend wird dieser Ansatz auf seine Tauglichkeit für eine empirische sozialwissenschaftliche Forschung geprüft und versucht, eine nachvollziehbare Methodik der Interpretation zu entwickeln (2.4.7).

2.4.1.   Philosophische, rhetorische und linguistische Metaphernkonzepte

Die Definition dessen, was eine Metapher ist, kommt dem Leser bei der Durchsicht durch philosophische und linguistische Forschungsliteratur zunächst abhanden. Es überwiegt ein Relativismus; Weinreich 1982 schlägt vor, *„ alle Arten des sprachlichen Bildes von der Alltagsmetapher bis zum poetischen Symbol"* (ebd./7) zuzulassen. Er verwischt Unterschiede, welche die klassischen Rhetorik entwickelte; Weinreich zählt Personifikation (‚Die Sonne lacht'), Allegorien (‚Freund Hein') und ähnliche Verkörperungen abstrakter Begriffe, Symbole, die für eine Idee hinter der Erscheinung stehen (z.B. Kruzifix) und

Synästhesien ('schreiende Farben') als Verschmelzung von verschiedenen Sinnesempfindungen zur Metapher. Auch Kallmeyer et al. 1974 teilen diesen Relativismus:

„Über das sprachliche Phänomen Metapher dürfte es so kontroverse Ansichten geben wie über die Sprache selbst. Lieb (1964) hat für den Zeitraum von der Antike bis zum Jahre 1963 nicht weniger als 125 voneinander abweichende Metapherndefinitionen nachgewiesen. Mittlerweile wird man von einer bedeutend höheren Anzahl ausgehen müssen, nachdem die linguistischen Diskussion in den vergangenen 10 Jahren zunehmend in Bewegung geraten ist." (dies. 1974/161).

Seit 1974 wurde die Diskussion eher lebhafter[31]. Ebenso läßt sich Black, der mit zwei Aufsätzen die Debatte um Wesen und Stellenwert der Metapher seit den 60ern bestimmte, nicht auf eine operationalisierbare Definition ein:

„Metapher ist bestenfalls ein unscharfer Begriff, und wir müssen uns davor hüten, ihn strengeren Verwendungsregeln zu unterwerfen als in der Praxis tatsächlich zu finden sind." (Black 1983/59)[32]

Auch im weiteren lesen wir hilflose Versuche, das Begreifen der Metapher zwischen Strukturalismus, Sprachanalyse, Hermeneutik und anderen unvereinbaren Paradigmen zu verorten (Haverkamp 1983/7). Zur unbefriedigenden theoretischen Situation trägt bei, daß linguistische, germanistische und philosophische Betrachtungen eine Handlungsrelevanz der Metapher nicht systematisch in Betracht ziehen, da sie Phänomene der gesprochenen alltäglichen Sprache nicht untersuchen. Ich will dennoch ihre Ergebnisse in einer Übersicht[33] präsentieren.

2.4.1.1. Das wortsemantische Morgengrauen der Metapherntheorie

'Morgengrauen', so könnte ich formulieren, ersetzt in diesem Fall ein Wort wie: 'Anfänge', Metaphern sind so gesehen ein Phänomen des Austausches. Solche Auffassungen faßt Wolf (1982/12) daher als 'Substitutions- oder Vergleichstheorie der Metapher' zusammen. Sie läßt sich auf Aristoteles zurückführen:

„Metapher ist die Übertragung eines fremden Nomens, entweder von der Gattung auf die Art oder von der Art auf die Gattung oder von einer Art auf eine andere oder gemäß der Analogie. ... So verhält sich der Becher zu Dionysos wie der Schild zu Ares. Dann wird man den Becher ‚Schild des Dionysos' nennen und den Schild ‚Becher des Ares'."[34]

Wolf 1982 weist darauf hin, daß diese Auffassung, die Metapher ersetze einen wörtlichen Ausdruck, von einem festgefügten lexikalischen System ausgeht:

„ein Wort ist die Benennung einer Sache, der Ordnung der Sprache korrespondiert die Ordnung der Dinge, folglich ist die Metapher eine Art Abweichung" (ebd./12f.).

Aristoteles gesteht der Metapher einen kognitiven Wert zu, daß sie ‚erleuchten' könne; aber er übernimmt die Platonsche Warnung vor den wortberauschten Dichtern, ihre von der Klarheit der Logik abweisenden und zum Trug verführenden Bilder. Die mittelalterliche Tradition, so auch Thomas von Aquin, folgt ihm in dieser Kritik sprachlicher Bilder, allerdings mit der praktischen Abwandlung, daß einige theologische Wahrheiten in meta-

---

[31] Die Bibliografien zur Metaphernforschung von Shibles 1971; Noppen 1981; Noppen, de Knop, Jongen 1985; Noppen, Hols 1990 umfassen nach meiner vorsichtigen Schätzung etwa 18000 Einträge über Bücher und Aufsätze zu dem Thema.

[32] Ähnlich relativistisch W. Abraham 1975/77f.

[33] In der Art der Einteilung folge ich zunächst Wolf 1982/12ff.; ein umfassender historischer Rückblick findet sich in Schöffel 1987.

[34] Aristoteles, Poetik, übers. von Olof Gigon, Stuttgart 1981/54f., zit. nach Wolf 1982/77f.

phorischem oder allegorischem Gewand besser unter das Volk gebracht werden könnten (nach Johnson 1981/4ff.).

In der philosophischen Diskussion der Metapher finden sich aus der Auffassung heraus, daß Metaphern und ähnliche Tropen keine ‚eigentliche‘ Sprache seien[35], Unterscheidungen zwischen einer ‚festen‘ begrifflichen Terminologie und einer ‚flüssigen‘ Sprache, der man Anspielung, Symbol, Metapher, Imagination, Mimesis und Teilhabe zuordnet (Weelwright 1983/106f.). Solche Versuche zeigen, daß Metaphern in einer hierarchischen Logik der Sprache und Begriffe nicht integrierbar waren.

In der Auseinandersetzung um die Definition der Metapher fallen (neben expliziten Gegenpositionen, s.u.) immer wieder zwei Gegenargumente: Es entstehe mit einer metaphorischen Bezeichnung etwas Neues; außerdem sei der Unterschied zwischen ‚eigentlicher‘ oder ‚uneigentlicher‘ Rede auch wegen der Vielzahl ‚toter‘ bzw. nicht mehr auffälliger und lexikalisierter Metaphern problematisch (Ingendahl 1971/22f.). In einer historischen Studie zeigt ferner Paul de Man (1983/435ff.), daß es auch Kritikern des Metapherngebrauches wie Locke, Condillac und Kant nicht gelingt, ohne Metaphern auszukommen und behauptet, die Funktionen der Metapher seien ununterscheidbar zwischen Rhetorik, Abstraktion und Symbol angesiedelt.

Der These, daß eine Metapher ein Ersatz für eine wörtliche Bezeichnung sei, nahe ist, daß sie ein verkürzter Vergleich sei: Das Morgengrau der Metapherntheorie ist als Anfang der Metapherndiskussion zu verstehen. Diese Auffassung findet sich bei modernen Sprachtheoretikern modifiziert wieder, so geht auch z.B. Henle (1983/82, 102f.) davon aus, daß Metaphern paraphrasiert werden könnten mit Ausnahme der Kürze und des emotionalen Gehaltes. Gängige empirische psychologische Forschung wie Reyna 1985 behauptet ebenfalls, daß Metaphern als Vergleich zwischen zwei Konzepten zu sehen sind; vom Vergleich unterschieden sie sich dadurch, daß sie wörtlich genommen, unwahr seien (ebd./146f.). Eine umfassende Kritik der Vergleichstheorie äußert Johnson (1981/26f.):

- Sie ist zu vage, die Ähnlichkeit zwischen zwei Konzepten (‚Löwe‘ und ‚Mut‘ in ‚mutig wie ein Löwe‘) lassen sich zu beliebig herstellen (tiger-, wolf-, adler-hafter Mut?). Sie erklärt nicht, warum bestimmte Metaphern sich bilden und andere nicht, klärt nicht, was die relevanten Ähnlichkeiten sind.
- Sie klärt nicht über die Natur der Differenzen zwischen zwei Konzepten auf, die uns zwingen, neu wahrzunehmen, ebensowenig, warum bestimmte Teile der Metapher ‚vergessen‘ werden: Wir nehmen z.B. von einem Menschen mit löwenhaftem Mut nicht unbedingt an, daß er eine Mähne und ein Fell hat.
- Dieser Ansatz ist problematisch, wenn das verglichene Objekt real nicht existiert; wenn z.B. ein psychiatrischer Patient seine Ehefrau als ‚Drachen‘ beschreibt.
- Ähnliches gilt für den Fall, daß das Objekt zwar existiert, aber nicht die Eigenschaften hat, die ihm zugeschrieben werden. Der ‚schlaue‘ Fuchs und der zornige Gorilla existieren nur in der Werbung für das Bausparen oder als filmischer Mythos.
- Die Vergleichstheorie kann nicht erklären, wie es sich mit den Fällen und Vergleichen verhält, in denen die objektiven Eigenschaften beider Gegenstände nichts miteinander zu tun haben: ‚Sally ist ein Eisblock‘. Diese Metapher drückt Korrelationen des Erlebens aus, nicht objektive Eigenschaften.

---

[35] Die dabei genutzte und undurchschaute Metapher, daß die Sprachstrukturen die Strukturen der Welt ‚abbilden‘, hält sich in der rationalistischen Sprachtheorie bis heute und produziert Schwierigkeiten beim Umgang mit dieser ‚semantischen Anomalie‘ (Hörmann 1973), vgl. die umfangreiche Kritik rationalistischer Sprachauffassungen bei Lakoff 1987/157-219.

Nehme ich mit Lakoff und Johnson (s.u.) an, daß Strukturen von Denken und Sprechen in weiten Bereichen auf der analogen Übertragung von Bedeutung aus einem Kontext in einen anderen basieren, so verliert die Trennung zwischen buchstäblichem und metaphorischem Sprechen ihren Sinn; ganz davon abgesehen, daß ‚buchstäblich' nicht buchstäblich ist. Zieht man das Grimmsche Wörterbuch mit den Einträgen zu ‚Buch..' zu Rate[36], so geht der ‚Buchstaben' auf ‚Buch' und Buche zurück, aus der das Holz für die Tafeln stammt, in die dann Runen geritzt wurden. ‚Stab' geht auf das althochdeutsche Wort für Zweig zurück; ‚puohstap' sind offenbar zunächst diese Bretter und ihre magischen Bedeutungen. Der ‚Buchstabe' transportiert darum das Bild kultischer Handlung, nicht die von jeder sinnlichen Vorstellbarkeit gereinigte ‚eigentliche' Sprache.

2.4.1.2. Textsemantische Auffassungen der Metapher

Anders als die Vergleichs- und Ersetzungstheorien verstehen Semantiker Metaphern vom Text her; Weinreich (1967/5ff.) begreift sie als Enttäuschung einer Erwartung. Er führt aus, daß Texte beim Lesen zu bestimmten Sinnerwartungen führen, die von Metaphern zunächst frustriert werden: Der Leser ‚stutzt'. Weinreich (1983/ 330f.) grenzt sich von der Vergleichstheorie ab, indem er behauptet, daß Metaphern Analogien nicht abbilden, wie es Aristoteles und Nachfolgern nahelegen, sondern Analogien erst stiften.

Kallmeyer et al. gehen darüber hinaus, wenn sie Metaphern als Verquickung zweier Textebenen begreifen (Kallmeyer et al. 1974/ 167f.); zwei verschiedene Bedeutungsebenen, wie z.B. eine kräftige Bewegung und die Lage auf dem Aktienmarkt, verknüpfen sich zu der Bemerkung, eine bestimmte Aktie sei ‚Zugpferd' gewesen[37]. Ähnlich begreift Ricoeur (1983/361) diese sprachliche Erscheinung: Die Metapher sei keine lexikalische, sondern eine kontextuelle Bedeutungsveränderung, von der aus man den Text erklären wie vom Text wiederum die Metapher verstehen müsse. Auch er beschreibt im Unterschied zu Vergleichs- oder Substitutionstheorien, daß eine Metapher einen neuen Zusammenhang aktiv herstelle (ebd./375, vgl. 1991).

Die Idee der Metapher als ‚Störung' lebt in der empirisch-psychologischen Forschung weiter; viele Untersuchungen beschäftigten sich damit, wieviel Zeit Probanden mehr brauchten beim Lesen von Metaphern im Unterschied zu ‚buchstäblichen' Texten (Übersichten bei Hörmann 1973, 1978/186[38]).

Dagegen verweisen die Untersuchungen von Pollio et al. (1984) darauf, daß Metaphern nicht mehr Zeit zum Verstehen brauchen, ein besonderer Suchprozeß nicht erforderlich sei - ein erklärungsbedürftiger Widerspruch. Die Erklärung findet sich, wenn von den jeweiligen Definitionen der Metapher ausgeht: Poetische, neue und ungewohnte Metaphern, die meistens das Forschungsobjekt auch der Sprach- und Literaturwissenschaftler sind, bilden in den Experimenten, die ergeben, daß Metaphern längere Zeit zum Verstehen brauchen, das Untersuchungsmaterial. Pollio et al gingen von ‚konventionalisierten', ‚lexikalisierten' oder ‚toten' Metaphern aus, die nicht unbedingt als neue sprachliche Wendung auffielen. Als Beispiel mag der eben genannte Satz genügen: „*Pollio et al gingen von ... aus*". Natürlich ‚gingen' sie nicht; die geistige ‚Bewegung' von Annahmen zu Hypothesen und Untersuchungen greift auf das Bild des ‚Gehens' zurück; dieser Gebrauch der Metapher ist häufiger als der von neuen und ungewohnten sprachlichen Bil-

---

[36] Jacob und Wilhelm Grimm 1860, 2. Band, S. 466, 479; ähnlich Kluge 1989.

[37] zit. nach Artikel in ZEIT Nr. 12/1981, S. 22, in Wolf 1982/46.

[38] Herrmann 1985/42f ist auch dieser Auffassung, nennt aber im gleichen Buch 127f. gegenteilige Belege, ohne auf diese Diskrepanz einzugehen.

dern. Pollio et al. (1977/96) schätzten, daß ein Durchschnittsamerikaner pro Woche etwa 3000 neuartige und 7000 ‚tote' Metaphern benutzt (vgl. auch v. Kleist 1984/25). Bei dem in dieser Arbeit verwendeten radikalen Metaphernbegriff von Lakoff und Johnson legen die Fallbeispiele nahe, daß dieses Verhältnis zugunsten der lexikalisierten Metaphern zu verschieben ist. In einer späteren empirischen Arbeit (Pollio et al. 1984) bestätigten sie diesen Zusammenhang: Der Kontext des Hörers ist entscheidend - empfängt er die Metapher auf einem Hintergrund, der ihnen Sinn gibt, dauert das Verstehen von Metaphern nicht länger. In experimentellen Versuchen, in denen Versuchspersonen ohne Sinnzusammenhänge Worte interpretieren sollten, konnte daher auch das Verstehen konventioneller Metaphorik Schwierigkeiten bereiten.

2.4.1.3. Der pragmasemantische Ansatz

Eine Fortentwicklung textsemantischer Theorien bilden pragmasemantische Ansätze, die Metaphern nicht als Textphänomen, sondern als alltagssprachliche Handlungsanweisung verstehen[39]. Nieraad nennt verschiedene pragmatische Funktionen von Metaphern, und legt dar, daß sie nicht nur aus einer Wort- oder Satzfunktion zu begreifen sind, wie es (psycho-)linguistische und textsemantische Ansätze meinen, sondern aus einer umfassender zu veranschlagenden Text- und Situationsfunktion erläutert werden müssen. Er skizziert vier Entstehungs- und Funktionsbedingungen:
- Metaphern entstanden als Umschreibung tabuisierter Sachverhalte in Glaube, Sexus und Mythos.
- Metaphern entstanden aus dem Bedürfnis der Mitteilung neuer Sachverhalte in Wissenschaft, Politik und Literatur.
- Metaphern dienen in pädagogischer Absicht der Veranschaulichung komplexer religiöser, politischer und wissenschaftlicher Zusammenhänge, und nehmen eine entsprechende Rolle in der öffentlichen Kommunikation ein.
- Metaphern haben die in der Vergleichstheorie allein betrachtete Funktion als stilistische Variation in literarischer Kommunikation (Nieraad 1980/149).[40]

Auf pragmatische Funktionen der Metapher verweist auch Beardsley (1983/129f.), wenn er formuliert, daß eine Metapher die Bedeutung eines Wortes von der denotativen, benennenden zur konnotativen, ‚mitschwingenden' Bedeutung verschiebt und andere Handlungsimplikationen nach sich zieht. Auch Genette deutet (1983/229f.) Metaphern als spezifische Form der Kommunikation: Der Versuch, mit analogischer, metaphorischer Spra-

---

[39] Wolff 1982/15, Nieraad 1977, 1980; Kurz 1976/58f. Eine früher empirisch-psychologischer Metaphernforscher im deutschsprachigen Raum, Stählin 1914, geht auch von einem pragmatischen Verständnis der Metapher aus; er ordnet sie einer unbewußten Analogietätigkeit zu.

[40] Eine ähnliche pragmatische Begründung der Metaphorik bei Plett 1979/88f. Seifert (in Wolff 1982/ 20) kommt aus linguistischer Sicht zu ähnlichen Funktionen; Metaphern haben eine
- innersprachliche Funktion bei der Neubildung von Worten;
- Prädikations- und Wahrnehmungsfunktion durch Modellbildung und Analogiebeziehung,
- heuristische Funktion: Sie erzielen einen auslegungsbedürftigen Sinnüberschuß,
- affektiv-emotionale Funktion, indem sie auf intuitive Erfahrung die Aufmerksamkeit lenken und die Formulierung von komplexen Gefühlszuständen ermöglichen,
- soziale Funktion, da sie die Bildung von kulturell tradierten Bildfeldern ermöglichen, die einen Sozialisationsrahmen darstellen,
- manipulativ-rhetorische Funktion in der öffentlichen Kommunikation (Politik, Werbung),
- ästhetische Funktion, sind Ausdruck gesteigerter Innovation und künstlerischer Funktion.

che auf die Welt einwirken zu wollen, ist für ihn eine Rückkehr zur ‚Magie‘. In der abwertenden Formulierung steckt, daß in der Metapher kultur- und individual-historisch frühe Interaktions- und Denkformen gemeint sind.

Ein pragmatisches Verständnis von Metaphern bietet auch der Symbol-Begriff von Boesch (1980/202ff.). Er trennt eine ‚Handlungsbedeutung‘ (Tuch: Waschen, falten) von einer Symbolbedeutung (Tuch als Fahne). Die Handlungsbedeutung sei von der Sachqualität abhängig; sie würde von der Symbolqualität erweitert (Strammstehen vor diesem Tuch) und auch verringert (kann dann nicht als Taschentuch benutzt werden). So lösen sich Symbole von den Handlungen ab (ebd./216f.), besitzen noch Konnotationen der Objekte, aber auch eine exemplarische Funktion; sie dienten der Nutzung von Handlungsschemata für das direkte Erleben und für die exemplarische Darstellung (ebd./221f). Ähnliche Funktionen werden auch Metapher zugeschrieben. Bei Boesch ist allerdings kein Begriff für die in der Sprache selbst liegende Systemhaftigkeit und ihre Abgelöstheit von konkreten Handlungsstrukturen.

2.4.1.4. Interaktionsauffassungen

Weder eine Fortentwicklung noch eine Kritik der bisherigen, sondern eine eigene Theorie beschreibt Bühler, der in der Metapher ein ubiquitäres Phänomen sieht:
„Wer die sprachliche Erscheinung, die man Metapher zu nennen pflegt, einmal anfängt zu beobachten, dem erscheint die menschliche Rede bald ebenso aufgebaut aus Metaphern wie der Schwarzwald aus Bäumen. “ (Bühler 1934/342).
Von ihm stammt die Auffassung, die Metapher sei ein Sehen des Gegenstandes durch einen anderen. Er ‚erklärt‘ seinen Begriff der Metapher durch die Metapher eines Projektionsapparates: Schickt man Licht durch zwei verschiedene Muster, die als Diapositive in einem solchen Apparat hintereinander stehen, so resultiert ein ‚Differenzbild‘. Wenn er einen Bekannten als ‚Salonlöwe‘ vorstelle, dann würden die ‚blutdürstenden‘ Anteile des Tieres ‚abgedeckt‘, um in dieser ‚Sphärenmischung‘ nur die Eigenschaften des Tieres übrig zu lassen, die im Kontext ‚Salon‘ einen Sinn machen (Bühler 1934/342-356). Diese Interpretation der Metapher als Projektion bzw. Interaktion zweier Sphären hat viele Theoretiker nach ihm beeinflußt. Bühler sieht vier sprachliche Funktionen der Metapher: Zum einen als Überwindung der ‚Ausdrucksnot‘, wenn für einen neuen Sachverhalt kein passendes Wort zu finden ist; dann die Gelegenheit zu ‚drastischer Charakterisierung‘ desselben. Ferner könne Interessefernes nur durch Interessenahes, und Unbekanntes durch Bekanntes dargestellt werden (ebd./342). In der Diskussion älterer Ansätze gesteht er den Metaphern auch eine ‚Tabufunktion‘ zu, sie erlaubten es, furchterregende Dinge auf eine verhüllende Weise auszusprechen[41] (ebd./352ff.).

Bühlers Projektionsauffassungen finden sich in der philosophischen Diskussion wieder: Aldrich (1983/155) nutzt diese Auffassung der Metapher als ‚Sehens als‘, beschränkt sich auf ästhetische Analyse und bleibt der visuellen Metapher Bühlers verhaftet. Er geht wie Richards (1983/33) auch davon aus, daß Metaphern unser Denken steuern, erzeugt aber mit seinem Interaktionsbegriff wenig substantielle Klarheit:
„Auf die einfachste Formulierung gebracht, bringen wir beim Gebrauch der Metapher zwei unterschiedliche Vorstellungen in einen gegenseitigen aktiven Zusammenhang, unterstützt von einem einzelnen Wort oder einer einzelnen Wendung, deren Bedeutung das Ergebnis der Interaktion ist. “ (Aldrich 1983/72)

---

[41] Innis 1980 übersieht letzteres in seiner Übersicht des Bühlerschen Metaphernverständnis.

Für Black kommt die Metapher dadurch zustande, daß auf den Hauptgegenstand ein System von ‚assoziierten Implikationen' angewandt wird, das für den untergeordneten Gegenstand kennzeichnend ist. Damit betont und unterdrückt die Metapher charakteristische Züge des Hauptgegenstands (Black 1983/75f.). Die kognitiven Funktion derselben beschreibt er in einem späteren Aufsatz mit einer eindrucksvollen Metapher; er meint,
„daß jeder ‚Implikationszusammenhang', der vom Sekundärgegenstand einer Metapher gestützt ist, ein Modell der dem Primärgegenstand unterstellten Zuschreibungen ist: Jede Metapher ist die Spitze eines untergetauchten Modells." (Black 1983/396, Hvhbg. R.S.)
‚Jede Metapher ist die Spitze eines untergetauchten Modells' - dieser ‚Modell'-Begriff taugt in der Erforschung der Sicht metaphernbenutzender Subjekte; z.B. bei dem oben genannten Beispiel: ‚Stützen' impliziert, daß eine ‚Last' auf einem Träger liegt, die vielleicht zu ‚schwer' ist. Dies fand sich in Interviews, in denen Helfer von ‚belasteten' Familien erzählten, die es so ‚schwer' haben oder ‚zusammenbrechen'. Solche Modelle kamen mehrfach vor (vgl. Kap. 3, 4). Interessant ist bei Black in diesem Zusammenhang, daß er die psychoanalytische ‚Übertragung' der frühen Beziehungserlebnisse auf jetzige Interaktionen als metaphorischen Prozeß der Übertragung denkt (ders. 1983/51).

2.4.1.5. Blumenberg: Metaphernanalyse als Philosophiegeschichte

Blumenbergs Ansatz ist der Versuch einer Philosophiegeschichte, die sich nicht in der Beschreibung von Gedanken- und Ideenverläufen erschöpft. Gegen die Auffassung, die Metapher könne ein noch nicht ins Begriffliche überführter Restbestand sein, formuliert er die Möglichkeit einer ‚absoluten' Metapher, die sich nicht mehr in Logik auflösen läßt (Blumenberg 1960/9). Er nimmt die Metapher als ‚Modell in pragmatischer Funktion', als ‚katalytische Sphäre', welche die Begriffswelt bereichert, aber nicht von ihr aufgezehrt werden kann (ebd./10). Begriffliche Definitionen schöpfen Erfahrungen nicht aus; als Beispiel macht er an dem Begriff der ‚Zeit' deutlich,
„daß diese Defizienz des Begriffs der Zeit in allen ihren versuchten Bestimmungen offenbar darin Ausdruck findet, daß die Metaphorik des Raums darin vorkommt und nicht zu eliminieren ist." (Blumenberg 1971/166).
In diesem Sinn ist seine Metaphorologie eine Suche nach der *„Substruktur des Denkens"* (ders. 1960/11). Er versucht dies zu präzisieren, indem er untersucht, worauf die Metapher antwortet: Sie ist eine Antwort auf Fragen *„präsystematischen Charakters"* (ebd./13), auf Fragen, die vor der Beschränkung der Begrifflichkeit und des Nachdenkens auf eine wissenschaftliche Disziplin entstehen: Die Frage nach der Wahrheit, die Frage nach dem Ganzen der Welt, Fragen nach der Zukunft. Damit sind Metaphern Orientierungen und Modellvorstellungen, deren Wahrheit in dreifachen Sinn pragmatisch ist:
- Sie bestimmen als ein Anhalt von Orientierungen ein Verhalten;
- sie geben der Welt Struktur;
- sie repräsentieren das nie übersehene Ganze der Realität.

Mit dieser Auffassung der Metaphern stimmt der von der kognitiv-linguistischen Seite entwickelte Begriff von Lakoff und Johnson überein. Gerade dieser pragmatische Begriff der Metapher enthält die Sicht des Subjekts vor der Einordnung seiner Äußerungen in Forschungstechnik und -disziplin. Im folgenden skizziere ich kurz Blumenbergs Hinweise auf metaphorische Konzepte in philosophischen Diskursen.
- ‚Licht' bestimmt als Metapher von ‚Wahrheit' von der griechischen Philosophie über das scholastische Mittelalter bis zur Farbenlehre Goethes die jeweiligen Theorien; das ‚finstere' Mittelalter und die ‚Aufklärung' (frz. ‚siècle des *lumières*; engl. ‚en*light*en-

ment') sind davon abgeleitete (retrospektive) Selbstdefinitionen (ebd./20-36).
- An der in philosophischen Texten aufkommenden Körpermetapher der ‚nackten Wahrheit' zeigt sich, wie in der Neuzeit das Verhältnis zur Erfahrung einer Wahrheit verschiebt auf die Beobachtung der Natur und ein gewaltsames ‚Herunterreißen' verhüllender Mystik; eine Entmystifizierung, die nicht ohne neue Metaphern auskommt (ebd./47-58). Das Bild der Welt wandelt sich dabei vom geschlossenen Kosmos zum ‚unvollendeten Universum', die räumliche Neu-Erfahrung (Columbus!) der Welt und das Bild des Entdeckers entwickelt sich zur Parabel für naturwissenschaftliches und philosophisches Argumentieren (ebd./59-68).
- Bei Platon sind nach Blumenberg organische und mechanische Metaphern nicht auseinanderzuhalten, der Mensch ist in die Mechanik der kosmischen Sphären eingegliedert, ohne sich fremd darin zu fühlen; Maschinerie ist als ‚großes Tier' noch eine Entwicklungsleistung des Natürlichen. Die Differenzierung von organischer und mechanischer Hintergrundmetaphorik führt in unsere Tage zum Auseinanderfallen der Wissenschaftskulturen; die eine liest interpretierend und verstehend im ‚Buch der Natur', die andere sieht im Welt-Uhrwerk ein Räderwerk von Motiven, Antrieben, Bedingungen und Folgen, welches ein anderes, operierendes und erklärendes Handwerk der Wissenschaft nach sich zieht (ebd./69-83).
- Auch unter dem heute als exakter Begriff funktionierenden Paradigma ‚Wahrscheinlichkeit' zeigt sich metaphorischer Grund: Für Platon ist das ‚Wahrscheinliche' ein Abglanz des Wahren, was der Mensch aufgrund seines beschränkten Vermögens nicht wahrnehmen kann; ebenso sind in der mittelalterlichen christlichen Überlieferung die Ergebnisse der Naturwissenschaft nur wahrscheinlich im Gegensatz zum wahren Göttlichen. Dieses Verhältnis kehrt sich im 18. Jahrhundert um: Durch die Logisierung der Wahrscheinlichkeit wird ‚Fortuna', der ‚blinde Zufall', zum neuen berechenbaren Gott, der den willkürlichen alten ersetzt. Dessen Unendlichkeit bewahrt das ‚Gesetz der großen Zahl', in dem der neue Gott in menschlichen Zahlenvorstellung geschätzt werden kann (ebd./89ff.).
- Besonders deutlich zeigt sich die kognitiv leitende Funktion der Metaphorik, wenn das Denken sich auf geometrische Figuren zurückführen läßt: Sind Kreis und Kugel in der griechischen Philosophie noch Symbole für unzerstückelte Einheit, für die Identität von Vollständigkeit und Begrenzung, die Angst vor unendlichen und barbarischen Fernen nach sich ziehen, so gewinnt das Unendliche erst bei Nicolaus von Kues eine positive Bedeutung, die eine den Kreis und die Kugel zerstörende ‚Spreng-Metaphorik' nach sich zieht. Zwar bieten noch Keplers und Newtons beruhigende Modelle der Ellipsen und Kreise der Gestirne ein Bild der aufgeklärten Gesellschaft mit Gewaltenteilung und zentraler Regierung. Aber Newtons weitere Folgerungen, die den Kreis zur Bahn nivellieren, bereiten die Geradlinigkeit und die auf Entwicklung zielende Fortschrittlichkeit des 19. Jahrhunderts vor. Blumenberg vermutet,
„wesentliche geistesgeschichtliche Vorgänge ließen sich in ihrer strukturellen Homogenität verstehen als Entmachtung der Kreismetaphorik." (ebd./140).
Blumenbergs präzisiert später seine Metapherntheorie: Er nimmt die Metaphorik nicht nur als einen „schmalen Spezialfall von Unbegrifflichkeit" (ders. 1983/438), nicht nur als Behelf noch nicht konsolidierter Fachsprachen, nicht nur als Erfassung von Zusammenhängen in ‚absoluten', begrifflich nicht weiter auszulotenden Metaphern, sondern auch als Erfassung von Zusammenhängen in der Lebenswelt im Sinne eines „Motivierungsrückhalts der Theorie" (ebd.). Eine ‚Theorie der Unbegrifflichkeit' soll sich nicht auf die Erforschung der Leistung der Metapher für die Begriffsbildung beschränken (ebd./443f.).
Ihn interessiert das, was in der Formulierung des Wittgensteinschen Traktatus als Diffe-

renz dessen, ‚was der Fall ist' und dem Unaussprechlichen, das sich zeige, konstruiert wird (ebd./444). Damit sind kinästhetische, akustische und andere nichtsprachliche Erfahrungen gemeint, wie sie in sakralen und anderen Texten (ebd./448) vorkommen.

2.4.2. Therapeutische und diagnostische Verwendung von Metaphern

Umfangreiche empirisch-psychologische Arbeiten zur Verwendung von Metaphern im therapeutischen Prozeß wie in öffentlicher Rede liegen von Pollio et al. 1977 vor. Sie trainierten Rater in verschiedenen Dimensionen figurativer Rede und ließen diese Interviews, Transkripte von Therapiesitzungen und politische Reden auf ihren Gehalt an lexikalisierter wie neuer Metaphorik untersuchen. Sie erreichten Übereinstimmungen zwischen den Ratern zwischen 73% und 97% bei neuen Metaphern und bildlichen Redewendungen, zwischen 55% und 95% bei lexikalisierten Metaphern (ebd./71f.) - für die vorliegende Studie ein Hinweis, auf genaue Operationalisierbarkeit zu achten, da die Möglichkeit, auf ein Team von mehreren Ratern zurückzugreifen, nicht bestand. Allerdings summieren Pollio et al. unter dem Begriff ‚figurative speech', den sie mit ‚metaphors' synonym gebrauchen, neben der Metapher im oben eingeführten Sinn auch andere rhetorische Muster. Ich werde in Kap. 2.4.7 zeigen, daß mit einer klarer gefaßten Definition der Metaphorik eine größere Eindeutigkeit ihrer Bestimmung möglich ist.

Aufgrund von theoretischen Überlegungen folgerten sie einen Zusammenhang von Metaphernverwendung und Persönlichkeitszügen bzw. kognitiven Stilen. Sie zitieren mehrere Untersuchungen, die mit Persönlichkeitsfragebogen, projektiven und Leistungstests persönliche Eigenschaften und kognitive Stile feststellten, um dann die Fähigkeit zum Verstehen und Benutzen von Metaphern zu testen (ebd./90ff.). Ein eindeutiger Zusammenhang zwischen neurotischen Merkmalen und Metaphernbenutzung ließ sich nur für die Personen belegen, die wenig Metaphern gebrauchten. Gleichzeitig stellte sich ein anderer Zusammenhang heraus: Es bestand eine signifikante Korrelation zwischen ‚Integrität' als Ergebnis des Persönlichkeitstests bzw. Flexibilität des kognitiven Stils und der Häufigkeit des Metapherngebrauchs; weniger integrierte oder ‚unreife' Studenten gebrauchten sichtlich weniger Metaphern. Sie folgerten daraus, daß Metaphernbenutzer effektivere Strategien besitzen, um mit persönlichen Problemen umzugehen (ebd./92f.). Ein Beleg für den Zusammenhang zwischen Reichtum an metaphorischen Wendungen und psychischer Gesundheit könnten die Beobachtungen der Psychoanalytikerin I. Grubrich-Simitis 1984 sein, die in den Analysen mit durch KZ-Haft traumatisierten Menschen, auch in den Therapien mit ihren Nachkommen, kaum bildliche Wendungen fand. Sie folgert, daß extreme Traumatisierungen die Fähigkeiten zur Metaphernbildung beeinträchtigen; sie fand bei ihren PatientInnen einen konkretistischen, ‚buchstäblichen' Umgang mit sich und ihrer Umwelt und wenig modulierbare Affekte.

In den Versuchen, zwischen einer ‚Einsicht' im therapeutischen Prozeß und der Metaphernverwendung einen Zusammenhang herzustellen, ließen Pollio et. al. von unabhängigen, trainierten Ratern ‚Einsicht' anhand von Videoaufzeichnungen von Therapien schätzen. Sie stellten ‚Einsicht' und einschneidende Reflexionstätigkeit der KlientInnen bei folgenden Sprechhandlungen fest (ebd./151-155):
- metaphorische Redeweisen, die Gegenwart und Vergangenheit verbinden,
- figurative Redeweisen, die einen allgemeinen Fall darstellten,
- nichtmetaphorische Beschreibungen eigener Gefühle,
- nichtmetaphorisches Ausformulieren der Implikationen einer metaphorischen Rede.

Bei aller möglicher Kritik an einem solchen Herangehen, ‚Einsicht' schätzen zu wollen, und trotz der Unklarheit des verwendeten Metaphernbegriffes, deutet sich an, daß Metaphern eine wesentliche Rolle in therapeutischen Prozessen spielen können.

Pollio et. al. untersuchten auch das Gesprächsverhalten von Psychotherapeuten. Beim Vergleich von Verhaltens-, Gestalt- und Gesprächstherapeuten stellten sie schulenunabhängig eine ähnliche Häufigkeit in der Benutzung von Metaphern im therapeutischen Prozeß fest (ebd./101f.). Besonders wichtig ist ihr Hinweis über das ‚Finden' einer passenden Metapher im therapeutischen Prozeß, der ebenso strukturierend das Gespräch beeinflußt wie das Ausfalten der Bedeutungen einer Metapher. Damit verbinden sie die therapeutischen Strategien von Ekstein, Wallerstein 1956 und ihr ‚Interpretieren innerhalb der Metaphern' bei jungen psychotischen oder Borderline-Patienten mit den Ansätzen von Bock 1983 und Gordon 1985, denen es um ein ‚Induzieren neuer Metaphern' geht. Pollio et al. weisen anhand ihrer Protokolle allerdings nach, es sei ertragreicher, die Metaphern von Patienten weiterzuverfolgen (Pollio et. al 1977/147f.).

Eine ähnliche Schulenunabhängigkeit in der Verwendung von Metaphern durch Therapeuten stellten jüngst im deutschen Sprachraum Kemmler et al. 1991 in ihrer Arbeit über Sprachgebrauch in der Psychotherapie fest; ihr Fokus war emotionales Geschehen in vier Therapieschulen (ebd./43). Ihr nicht ausgeführter Metaphernbegriff reduziert sich allerdings darauf, eine einzige Unterkategorie emotionaler Sprache zu sein. Sie kündigen eine weitere Arbeit zu diesem Thema an (ebd./162).

H. Bock hat in seiner Dissertation 1981 den empirischen Versuch unternommen, den Einfluß von Metaphern auf ein Problemlöseverhalten zu untersuchen. Er forderte die Probanden, nachdem er ihnen zwei Probleme aus dem beruflichen Kontext (Kündigung/Bewerbung) vorgab, auf, ihre Lösungsmöglichkeiten in einem telefonischen Rollenspiel zu besprechen, und bot ihnen dabei vier verschiedene Metaphern an[42]:
- Es sei eine Lawine von Problemen, die auf den Probanden zukomme;
- das Problem sei wie ein Berg vor dem Probanden;
- der Proband stehe quasi auf einem Skihang, der zu steil sei;
- der Proband rudere wie in einem kleinen Boot auf dem Ozean (ebd./96f.).

Die Versuchspersonen reagierten, wenn sie diese Metaphern nicht zurückwiesen, meist in wenigen und für das Szenario des Bildes typischen Vorschlägen. Die Wirkungsanalyse der so induzierten Metaphern erbrachte, daß das Bild der ‚Lawine' bei den Probanden passive und resignative Lösungsstrategien provozierte; der ‚Skihang' erzeugte die meisten aktiven Lösungen. ‚Berg' und ‚Meer' induzierten ein in der Mitte zwischen beiden genannten Bildern liegendes Antwortprofil (ebd./200ff.).

Aus der Analyse des Antwortverhaltens schlägt Bock für den Metapherngebrauch in Beratungs- und Therapiegesprächen folgendes vor (ebd./277ff.):
- Der Beratende sollte ein ausreichendes Repertoire möglicher Bilder haben, und
- sollte eine Passung zwischen Problemerleben des Klienten und Metapher suchen.
- Einfach strukturierte Sprachbilder mit mittlerem Anregungsniveau sind vorzuziehen.
- Der Berater sollte die Provokation von aktiven bzw. passiven Handlungsentwürfen vorher reflektieren, und
- respektieren, daß ein Klient vorgegebene Bilder in eigener Weise interpretiert.

---

[42] Bock referiert auf ein ‚klassisches' (Miß-)Verständnis der Metaphorik und bezieht sich auf die Vergleichstheorie der Metapher; dementsprechend sind seine Beispiele gewählt.

- Er sollte Metaphern erst dann einsetzen, wenn er eine ausreichende Kenntnis des Problems erlangt hat.

C. v. Kleist hat in Interviewanalysen (1987, vgl. 1984) versucht, den bei Black angesprochenen Modell-Charakter von Metaphern in der Selbstdarstellung von Psychotherapieklienten nachzuweisen. Sie geht von einem Konzept der metaphorischen Strukturierung aus und versucht, den prototypischen Gehalt bildlicher Wendungen herauszuarbeiten: *„Die Annahme, daß metaphorische Ausdrücke und Redewendungen auf zugrundeliegende Modellvorstellungen verweisen, ist nur dann sinnvoll, wenn solche Ausdrücke nicht beliebig kombiniert werden können und wenn gezeigt werden kann, daß verschiedene Möglichkeiten der sprachlichen Beschreibung eines Sachverhalts ein und dieselbe oder zumindest untereinander zusammenhängende Vorstellungen evozieren."* (ebd./117) Sie folgt in der Analyse der Therapiegespräche dem Vorgehen von Lakoff, Johnson 1980, die ,Wurzelmetaphern' aus geläufigen Redewendungen herauskristallisieren und sie zu einem vollständigen Modell ergänzen. Diese nehmen auch lexikalisierte Metaphern wörtlich und führen sie auf ihre sinnliche Erfahrungsgestalt zurück. In ihrem Beispiel (1987/ 119ff.) zeigt sie, daß eine junge Frau das metaphorische Selbstkonzept hat, ein ,Haus' zu sein: In Prüfungssituationen ,gehen die Rolläden runter', von Fragen fühlt sie sich ,gelöchert', sie kann dann nichts mehr sagen und möchte sich ,abschotten'. Der Kontakt mit der Herkunftsfamilie war auf den Streit um ,Standpunkte' begrenzt. Mit dieser Metaphorik, die Zu- und Abnahme von Nähe und Distanz nicht beschreiben kann, da Häuser nun einmal auf ihrem Platz stehen bleiben, läßt sich neben der Prüfungsangst die grundlegendere Problematik der Klientin verstehen: Nähe, Intimität, Körperkontakt waren und sind für sie schwer auszuhalten und zu erwidern; sie gerät in Panik, wenn ihr etwas zu ,nahe' kommt oder sie sich ,in die Enge getrieben' fühlt.
Metaphernanalyse in diesem Sinne erlaubt es also, auch die Grenzen der verwendeten metaphorischen Modelle zu betrachten. Auf ihre Interpretationserfahrung zurückgreifend, vermutet v. Kleist, daß diese (,verarmten') metaphorischen Modelle auf früheren Erfahrungen und Konfliktlösungen basieren (ebd./123). In ihrer Methodik des Findens von Metaphern, dem Rekurs auf den Modellbegriff Blacks und der fehlenden Gegenüberstellung konkurrierender Methoden unterscheidet sich die vorliegende Arbeit von diesem Ansatz, der gleichwohl die Initialzündung zu eigenem Forschen gab.

Eine besondere Beachtung verdient in diesem Zusammenhang Raeithel 1985: Er unterscheidet in seinem Bemühen, diagnostische Prozesse in Beratung und Therapie als gemeinsame Produktion von symbolischen Modellen zu verstehen, drei verschiedene Klassen derselben: dramatische, gegenständliche und diskursive. In einem Therapiebeispiel beschreibt er die Interaktion zwischen Therapeut und Klientin als dramatisches Modell; als diskursives nimmt er die Klage der Klientin, mit ihrem Freund und ihrem Sohn hätte sie ,zwei Kinder'. Das gegenständliche Modell ist der Versuch des Therapeuten, die Klientin aufzufordern, anhand von Münzen verschiedener Größe die häuslichen Beziehungen in ihrer Nähe und Distanz auf dem Tisch darzustellen. Es läßt sich zeigen, daß Metaphern immer auch
- dramatische Modelle sind: Sie repräsentieren auch unbewußt-gestische Interaktionen (z.B. die Metaphorik des ,Gebens und Nehmens': ,anbieten', ,versorgen'),
- Metaphern sind auch gegenständliche Modelle bzw. lassen sich davon direkt herleiten (vgl. das ,Gully'-Beispiel),
- daß Metaphern natürlich als diskursive Modelle taugen, die der sprachlichen Reflexion

zugänglich und veränderbar sind - wenn in seinem Beispiel die Klientin ihren Freund als ‚Kind' vorstellt, dann ist dies eine Metapher, die wesentliche Interaktionseigenschaften durch Übertragung darstellt und diskutierbar macht.

Raeithel selbst kann die von ihm dargelegten Modelle nicht als Metaphern verstehen, da er eine scharfe Trennung der Sprache von gestisch-szenischem und gegenständlichem Anteilen der Interaktion anhand des Therapiebeispiels vorführt. Obschon er in der Metapher von der ‚Landkarte' die Interaktionseigenschaften aller drei Klassen von Modellen integriert, ist seine Sprachauffassung sehr viel enger. Aber gerade an seinem Beispiel läßt sich die von Pollio genannte Wirkung von Einsicht durch Metaphorik beschreiben: Indem die Klientin anhand von Münzen, die sie als Abbild der häuslichen Beziehungen auf dem Tisch anordnen sollte, ihre Isolation erkennt, zeigt sich das nichtmetaphorische Ausformulieren der Implikationen der Münzen-Metapher als das therapeutische Agens.

Steiner, Hirsch 1988 versuchen, eine Typologie von Grundmetaphern als Orientierungshilfe für Therapien zu finden und stellen eine Systematik von Metaphern für (Familien)-Therapeuten vor, der Wert ihres Beitrags liegt in den Beispielen. Ihr Metaphernbegriff ist sehr weit, sie begreifen auch Therapie-Theorien als Metaphern (ebd./205f.). Therapie verstehen sie im systemischen Sinn als Konstruktion einer neuen Realität durch eine fruchtbare Metapher. Sie können dem familiären Chaos einen neuen Definitionsrahmen geben; dies funktioniere allerdings nur, wenn die benützte Metapher die Struktur der problematischen Situation der Klienten enthalte (ebd./209). Im gleichen Sinne entwickelt Gordon 1987 detailliert eine Strategie zur Konstruktion von passenden Metaphern; Schwerpunkt seiner Methodik ist das Abbilden der Struktur der Problembeschreibung des Klienten in einer neuen ‚Metapher', womit er eine ausführliche Allegorie meint.

2.4.3.   Psychoanalytische Zugänge

Psychoanalytiker haben sich in großen Umfang mit einzelnen Metaphern beschäftigt; die Darstellung dieser Einzeluntersuchungen ist in diesem Kontext nicht möglich, ich verweise auf die Literatursammlung von Buchholz 1993/321ff. Der psychoanalytische Beitrag zum Thema Metaphernanalyse soll sich hier auf den Rückgriff auf Freuds Symbolbegriff beschränken; ich vertiefe ihn, weil methodologisch wegweisend, mit Lorenzers Analyse des Verstehens. - Freud selbst hat die Metaphorik selten betrachtet, sie nur in der Beschreibung der Techniken des Witzes kurz gewürdigt (Freund 1905 bzw. III/38). Es stellt sich jedoch heraus, daß der psychoanalytische Begriff des Symbols starke Überschneidungen mit dem hier gezeigten Begriff der Metapher hat; es sei

„ein stellvertretender anschaulicher Ersatzausdruck für etwas verborgenes, mit dem es sinnfällige Merkmale gemeinsam hat oder durch innere Zusammenhänge assoziativ verbunden ist. Sein Wesen liegt in der Zwei- und Mehrdeutigkeit" (Rank, Sachs 1919/253, zitiert nach Nagera 1987/313).

Diese Definition zeigt Nähe und Distanz zum Metaphernbegriff: Der ‚anschauliche Ersatz' durch übertragung typischer Merkmale ist ein Kennzeichen der Metaphorik; der psychoanalytische Begriff der ‚Verschiebung' ist nur ein Spezialfall der Übertragung eines Wortes auf einen anderen Bedeutungsbereich. Der Charakter des Verborgenen, Anstößigen, gar Sexuellen haben Metaphern im Allgemeinen aber nicht[43]. Wie für die älte-

---

[43] Werner 1912 sieht dies anders, dagegen argumentiert Bühler 1934/352ff.; vgl. jedoch die pragmatischen Bedeutungstheorien Kap. 2.4.1.3.

ste Theorie der Metaphorik geht Freud davon aus, daß Symbole durch einen Vergleich gebildet werden (Freud 1916 bzw. I/161f., 174). Dieser Vergleich geschieht im wesentlichen auf dem Hintergrund der Analogie von Form, Größe, Funktion und Rhythmus (Laplanche, Pontalis 1973/485). Ebenso wie gängige Metaphern sind Symbole kollektiv: z.B. gibt es die Leiter und das den Frauen ‚Nachsteigen' eines Mannes als Sexualsymbolik bzw. -metaphorik nicht nur im Deutschen, sondern auch im Französischen (‚un vieux marcheur', Freud I/173, vgl. Laplanche, Pontalis 1973/485). Ähnlich den Metaphern in der Alltagspraxis gibt es in Traumdeutung Möglichkeiten, ein Symbol auch wörtlich und nichtsymbolisch zu verstehen: Eine eindeutige Zuordnung von Symbol und Symbolisiertem existiert also nicht (Freud 1900 bzw. 1982/346f.). Vorläufig lassen sich (psychoanalytisch begriffene) Symbole als Sonderfall der Metaphorik kennzeichnen.

Solche Verstehensproblematiken nimmt Lorenzers Neuinterpretation Freuds auf. Graumann et al. 1991 beziehen sich auf ihn bei ihrer Darstellung psychoanalytischer Reflexion des Verstehens:
„Die in theoretischer wie methodologisch-methodischer Hinsicht gegenwärtig wohl differenzierteste Reflexion zur Tiefenhermeneutik stammt von Lorenzer." (ebd./74).
Auch Habermas hat, nach den Grenzen des hermeneutischen Verstehens fragend, auf Lorenzers Neuinterpretation der Psychoanalyse als ‚Tiefenhermeneutik' hingewiesen; Habermas siedelt dieses Verstehen an den Grenzen alltäglich-unmethodischen Verstehens an, wo menschliche Kommunikation systematisch verzerrt sei:
„Wenn wir schließlich das System verzerrter Kommunikation insgesamt betrachten, dann fällt die eigentümliche Diskrepanz zwischen den Ebenen der Kommunikation auf: Die übliche Kongruenz zwischen sprachlicher Symbolik, Handlungen und begleitenden Expressionen ist zerfallen." (Habermas 1970/85)
In diesem Auseinanderfallen zwischen Reden, Tun und gestisch-mimischer Selbstdarstellung sagt Sprache das Gegenteil der Handlung aus; ihr ist nicht mehr zu trauen. Lorenzer begreift die tiefenhermeneutische Entschlüsselung des Sinnes unverständlicher Lebensäußerungen als ein Verstehen von analogen Szenen (Habermas 1970/85). Dieses sog. ‚szenische Verstehen' ist für Lorenzer konstitutiv für psychoanalytisches Verstehen überhaupt, er stellt es einem ‚logischen' und einem ‚psychologischen' Verstehen gegenüber:
- ‚Logisches Verstehen' ist nach Lorenzer ein Nachvollziehen eines Satzes in seiner logischen Stimmigkeit, als Rekonstruktion einer kognitiven Struktur. Hier geht es um den sachlichen Gehalt des Textes.
- ‚Psychologisches Verstehen' meint Nacherleben und Mitfühlen der Befindlichkeit des Textproduzenten und zielt auf den Beziehungsgehalt des Gesprochenen.
- ‚Szenisches Verstehen': Lorenzer begreift die tiefenhermeneutische Entschlüsselung des Sinnes unverständlicher Lebensäußerungen als ein Verstehen von analogen Szenen: In welchen Mustern wird über die Inhalte gesprochen? Was sind die darin mitgeteilten Handlungsentwürfe?[44] (Lorenzer 1976a/84ff.; 100ff., 148).

Er hat in seiner Neubestimmung der Psychoanalyse als ‚Tiefenhermeneutik' auf Wittgenstein zurückgegriffen. Sprache ist in ihrem Gebrauch verankert, Sprechen und Handeln bilden Einheiten, die Wittgenstein auf den Begriff der ‚Sprachspiele' bringt:
„Ich will diese Spiele Sprachspiele nennen... Ich werde auch das Ganze: der Sprache und ihrer Tätigkeiten, mit denen sie verwoben ist, das ‚Sprachspiel' nennen." (Wittgenstein, Schriften I, zit. nach Lorenzer 1976a/196)

---

[44] Vgl. auch Leithäuser 1989/281.

Damit ist Sprechen und Handeln in der Einheit einer Lebensform aufeinander bezogen, und aus der Praxis der Handlungsweise können wir auf die Sprache schließen. Wittgenstein verdeutlicht das am Beispiel fremder Sprachen:

„Denk dir, du kämst als Forscher in ein unbekanntes Land mit einer dir gänzlich fremden Sprache. Unter welchen Umständen würdest du sagen, daß die Leute dort z.B. Befehle geben, Befehle verstehen, befolgen, sich gegen Befehle auflehnen usw.? - Die gemeinsame menschliche Handlungsweise ist das Bezugssystem, mittels welcher wir unsere fremde Sprache deuten." (Wittgenstein, Philosophische Untersuchungen §206, zit. nach Lorenzer 1976a/196).

Über Wittgenstein hinausgehend versteht Lorenzer neurotische Kommunikation als ‚Exkommunikation' und Verdrängung ehemals gewußter Empfindungen, als ‚Aufspaltung des Sprachspiels'. Dementsprechend ist die zurückbleibende Sprache starr und zeichenhaft, ohne emotionale Konnotationen, das Subjekt kann partiell nicht, bzw. nur in falscher Sprache über sich befinden. Umgekehrt ist das Wiedereinholen ein Prozeß der Symbolbildung, der Gefühl und Reflexion, Handlung und Sprache wieder zusammenbringt.

Diese Auffassung setzt voraus, daß es neben Sprache und Logik auf der einen und Nachfühlen auf der anderen Seite eine Tiefenstruktur von (zumeist) gestischen Interaktionen gibt, die in frühestem Umgang mit prägenden Bezugspersonen in einem Wechselspiel aus organismischen Bedürfnissen und sozialer Formung entstanden sind, oder die in diese Unbewußtheit später wieder abgesunken sind. Analoges und szenisches Verstehen heißt, diese unbewußte Lebenspraxis wieder zu benennen. Sie stellt einen Grundvorrat primärer Interaktionen dar, der Grundlage der metaphorischen Fähigkeiten des Menschen ist[45].

2.4.3.1. Garnrolle und Szene

Im folgenden will ich zur Erläuterung der szenischen Hermeneutik und ihrer Nähe zur Metaphernanalyse auf die von Lorenzer zitierte Freudsche Darstellung des Spiels eines anderthalbjährigen Kindes zurückgreifen:

„Dieses brave Kind zeigte nun die gelegentlich störende Gewohnheit, alle kleinen Gegenstände, deren es habhaft wurde, weit weg von sich in eine Zimmerecke, unter ein Bett usw. zu schleudern, so daß das Zusammensuchen seines Spielzeuges oft keine leichte Arbeit war. Dabei brachte es mit dem Ausdruck von Interesse und Befriedigung ein lautes, langgezogenes o-o-o-o hervor, das nach dem übereinstimmenden Urteil der Mutter und des Beobachters keine Interjektion war, sondern <Fort> bedeutete. Ich merkte endlich, daß das ein Spiel sei, und daß das Kind alle seine Spielsachen nur dazu benützte, mit ihnen <Fortsein> zu spielen." (Freud 1920 bzw. IV/224)

Für sich allein ist die Szene ‚verständlich', in dem Sinne, daß der Leser versteht, daß Freud eine Deutung des kindlichen Spiels gibt: soweit das ‚logische Verstehen'. Vielleicht kann der Leser auch die Szene des Kindes ‚mitfühlen', vielleicht den Spaß am Wegwerfen von Gegenständen: soweit das ‚psychologische Verstehen'. Das ‚szenische Verstehen' benötigt noch andere analog verlaufende Geschichten; in diesem Beispiel ist es eine Variation des Spiels, die Freuds Deutung bestätigt:

„Eines Tages machte ich dann die Beobachtung, die meine Auffassung bestätigte. Das Kind hatte eine Holzspule, die mit einem Bindfaden umwickelt war. Es fiel ihm nie ein, sie zum Beispiel am Boden hinter sich herzuziehen, also Wagen mit ihr zu spielen, sondern es warf die am Faden gehaltene Spule mit großem Geschick über dem Rand seines verhängten Bettchens, so daß sie darin verschwand, sagte dazu sein bedeutungsvolles o-o-o-o

---

[45] vgl. Lakoffs Rekurs auf ‚basic level categories'; Kap. 2.4.6

und zog dann die Spule am Faden wieder aus dem Bett heraus, begrüßte aber deren Er-
scheinen jetzt mit einem freudigen <Da>. Das war also das komplette Spiel, Verschwin-
den und Wiederkommen, wovon man zumeist nur den ersten Akt zu sehen bekam, und die-
ser wurde für sich allein unermüdlich als Spiel wiederholt, obwohl die größere Lust un-
zweifelhaft dem zweiten Akt anhing." (ebd.)

Die Beobachtung erweitert die Szene, das Nacherleben der kindlichen Welt verständlicher. Eine weitere Aufklärung durch Freud war aber möglich, weil er *„einige Wochen mit*
dem Kinde und dessen Eltern unter einem Dach" lebte (Freud III/224) und damit die Lebenspraxis des Kindes kannte. Er bereitet den Leser durch die Betonung der etwas fremd
anmutenden Bravheit des Kindes darauf vor, daß es sich vielleicht durch das Garnrollen-
spiel für das Fortgehen der Mutter entschädigt. Es setzt sich aus der passiven, erduldeten
Rolle in die aktive und inszeniert das Spiel als Wiederholung und Verarbeitung seiner Erfahrung. Freud unterlegt den Szenen, in denen das Kind Spielsachen wegwirft und die
Spule hin- und herzieht, eine dritte: Die Mutter geht von dem Kind weg. In Lorenzers
Formulierung (ders. 1986/55):

„Die eine Szene bedeutet die andere; die eine Szene legt die andere aus. Es wird ein Sym-
bol gebildet, indem eine Szene mit einer anderen verknüpft wird."

Die Garnrolle ‚bedeutet' die Mutter, der das Kind antut, was ihm widerfährt - es findet eine Übertragung statt, und nichts kann uns hindern, dies als metaphorischen Prozeß der
analogen Übertragung von Eigenschaften und Fähigkeiten zu sehen. Ein Symbol bzw. eine Metapher von der Art der Garnrolle unterscheidet sich von einem Sprachsymbol durch
die reflexive Benennung der Szene[46]:

„Wenn die Mutter dem Kind einen Gegenstand zeigt und ihn beim Namen nennt, wird
dieselbe Szene vom Kind in zweifacher Weise mit verschiedenen Mitteln wahrgenom-
men." (Lorenzer 1986/56)

Benennen und Zeigen sind unterschiedliche Modi, die diese Szene ausdeuten und Kommunikation eröffnen. Vergleiche ich hingegen die Szene des mit der Garnrolle spielenden
Kindes mit jenen, die es mit seiner Mutter zusammen erlebt, finde ich ein einheitliches
‚Material' der Beziehungsverhältnisse und ihrer Symbolik; die dabei beobachtbare gestische Interaktion läßt sich durch ihre Strukturgleichheit vergleichen und verknüpfen.
Während sprachliche Symbole (Lorenzer: *„sprachlich-symbolische Interaktionsformen"*)
fast grenzenlos kommunizierbar sind, allerdings auf Grenzen von Grammatik und gesell-
schaftlicher Norm stoßen, verhalten sich die von Lorenzer sog. ‚sinnlich-symbolischen
Interaktionsformen' wie die Garnrolle ‚privater':

„Diejenigen Praxisfiguren, die mit Sprachfiguren verbunden werden, also sprachsymbo-
lische Interaktionsformen bilden, erhalten Zugang zur gleichsam unerschöpflichen In-
strumentalität der Sprache; gleichzeitig werden sie jenem Reglement unterworfen, das
sich aus dem Konsistenzzwang von Logik und Normbestimmtheit der Sprache ergibt. Die
Reichweite der sinnlich-symbolischen Interaktionsformen dagegen ist ungleich geringer;
sie greifen gerade so weit, wie die lebenspraktische Bedeutung der beiden Anteile reicht.
Im Falle der Garnrolle zeichnet sich der eine Pol des Symbols - die Mutter - durch eine
außerordentliche Bedeutungsfülle aus, während der andere, die Garnrolle, durch einen
eng begrenzten Bedeutungshof gekennzeichnet ist." (Lorenzer 1986/56)

Mit der Beschränkung auf ‚Privatheit' ergeben sich Vorteile: Nicht der Systematik der
Sprache angehörend, sind die sinnlich-symbolischen Interaktionsformen weniger schnell
vom Regelsystem von Sprache und Gesellschaft einzuholen. Sie ermöglichen andere Formen kollektiven und individuellen Ausdrucks (ebd.):

---

[46] sein Symbolbegriff s.u., seine Kritik des psychoanalytischen Symbolbegriffs ders. 1970.

„Die Bedeutung der sinnlich-symbolischen Interaktionsformen bleibt also auf den Umkreis der beide Male aktualisierten Lebenspraxis beschränkt. Dafür führen diese Symbole in den jeweiligen Praxisnischen ein viel ungestörteres Eigenleben als die vom soziokulturellen Konsenszwang betroffenen sprachsymbolischen Interaktionsformen. Die Traumbilder machen sich diesen erhöhten Spielraum zunutze - auch sie gehören ja zur Klasse der sinnlich-symbolischen Interaktionsformen; sie sind neben den Bildungen von Kunst, Literatur, Ritual, Mythos usw. eine besonders kennzeichnende Gruppe dieser Spezies.“

Zur freien Verfügbarkeit tritt die Möglichkeit, Unsagbares zu ‚sagen‘. Ähnlich den Traumbildern kommentiert die Szene mit der Garnrolle, was in der Bravheit des Kindes ohne Ausdruck bleibt (etwa als Verlustangst). So ist mittels des Spielzeugs eine *„Erschließung des Unsagbaren im Bild möglich“* (Lorenzer 1986/57). Diese Spannbreite zwischen individueller und kollektiver Symbolik läßt sich auch für die Metaphorik nachweisen: Während sich Literaturwissenschaftler für neue, originelle und auch ‚dunkle‘ Metaphern interessierten, erforschten psychologische Untersuchungen häufiger kollektive Symbolik. Ein Text ist durch die Verknüpfung beider Symbolformen nicht nur als Vermittlung kollektiver und individueller Symbolik, sondern auch als Interaktion bewußter und unbewußter Symbolik zu verstehen:

„Der Text ist als Symbolgefüge zu respektieren; er ist als Vermittlung einander widerstrebender Impulse aus zwei eigenständigen Ordnungssystemen zu lesen. Die eine Ordnung ist bewußtseinsfähig, sie ist Bewußtsein, sie bestimmt des manifesten Textsinn. Die andere Ordnung ist das Unbewußte, die im latenten Textsinn zum Vorschein kommt. Der Text ist die Einheit beider.“ (Lorenzer 1986/57f.)

Ich erinnere an Hörmanns Rekurs auf die These von Paivio (s.o), daß Sprache auf zwei Ebenen verarbeitet wird, in der Bedeutung einzelner Worte ebenso wie als Bild und Vorstellung. Die Psychoanalyse als therapeutische Methode ist auf die Unterschiede zwischen manifestem Sinn und latentem Sinn orientiert - beide Ansätze teilen also die Unterscheidung zwischen propositionaler Bedeutung bzw. manifestem Sinn und bildlich-unbewußter Ebene eines Textes. Die Unterschiede in der Bedeutung des ‚unbewußten‘ Verarbeitens, ob nun notwendigerweise durch Verdrängung entstanden oder als nichtbewußte Sprachverarbeitung, kann ich hier nicht weiter thematisieren. Festzuhalten bleibt, daß eine adäquate Methodik des Verstehens beide Ebenen eines Textes erfassen muß.

2.4.3.2.   Sinnlich-symbolische vs. sprachsymbolische Interaktionsformen

Sinnlich-symbolische Interaktionsformen sind nach Lorenzer ein Ergebnis der Auseinandersetzung von Mutter und Kind. Ist in dem Wechselspiel von kindlichem Bedürfnis und sozialer Formung durch eine Bezugsperson die Vermittlung mit gesellschaftlichen Handlungsdispositionen und Normen schon gegeben, so radikalisiert sich dies mit der Einführung in Sprache und der mit ihr einhergehenden Struktur von Grammatik, Logik und gesellschaftlichen Grenzen des Diskurses. Ein Kind integriert nur einen Teil der nonverbalen Interaktionsformen in Sprache, die dann als symbolische Interaktionsformen weiter existieren; ein anderer Teil bleibt sprachlos und daher unbewußt. Ein Teil der Interaktionsformen, die schon in Sprache aufgenommen waren, kann durch Verdrängung, Traumatisierung und andere äußere Zwänge ‚nicht gedacht werden wollen‘, weil ihre Aktualisierung Schmerz und Unlust hervorrufen würde. So trennt sich eine sprachsymbolische Interaktionsform wieder auf in unbewußte Verhaltensantriebe und in eine Sprache, die ihre Inhalte verloren hat und in pseudokommunikativer Weise reflexive Verfügbarkeit vortäuscht. Die Differenz zwischen Reden, Tun und Fühlen ist ein Verlust des sprachsymbolischen Zugangs. Lorenzer versucht in dieser Argumentation, psychoanalytische Theorie

mit der Wittgensteinschen Metapher des Sprachspiels zu verbinden:
- Als Symbol begreift er sprachliche Kommunikationsformen, in denen Mimik, Gestik und sprachlicher Inhalt übereinstimmen;
- ein Zeichen ist ein Symbol, das seinen emotionalen und historischen Hintergrund durch Verdrängung verloren hat und ohne diesen Inhalt benutzt wird;
- ein Klischee ist ein Symbol, das von verdrängten und verschobenen Emotionen und Komplexen beladen ist, die nicht zur Sprache gebracht werden.

Linguistisch formuliert: Ein Zeichen ist ein Symbol, das aus Denotat ohne Konnotation besteht; ein Klischee hat fast kein distinktes Denotat und wird von unkommunizierbaren emotionalen Konnotationen bestimmt[47].
In einer Sprache, die in zeichenhafter Weise ohne Inhalt daherspricht oder in emotionsgeladenen Klischees ihre Worte mit einer Aura unaussprechlicher Gefühle überlastet, ist ein logisches oder psychologisches Verstehen nicht mehr möglich. Das Verstehen muß zurückgehen auf die reale Interaktion, in der sich sprachliche und gestische gegenseitig kommentieren; diese „Teilhabe an der Lebenspraxis" (Lorenzer) ermöglicht es, aus der Reflexion von verschiedenen Szenen ein sprachlich-biographisches Ganzes, eine Resymbolisierung und damit eine Wiederverfügung des Subjekts über seine Antriebe zu ermöglichen. Er beschreibt das szenische Verstehen in der analytischen Therapie so:
„*Das szenische Verstehen wurzelt in der Identifizierung, es gründet darin, daß der Analytiker an der Szene des Patienten verstehend teilhat, und das heißt: sich ihr entsprechend der Interaktionsstruktur einfügt, und im Überwinden der Übertragungsposition den Prozeß der Aufklärung voranzutreiben, indem er sein Verhalten zur Sprache bringt.*" (Lorenzer 1976a/213)

2.4.3.3. Übertragung auf metaphernanalytisches Vorgehen

Resymbolisierung, d.h. die Gewinnung vielfältiger sprachsymbolischer Verfügung über frühe Erfahrungen ist das Ziel der psychoanalytischen Methode. Der Verstehensprozeß der Metaphernanalyse versucht, solche sprachsymbolischen Verfügungsmöglichkeiten zu erfassen, seien sie nun subjektiver oder kollektiver Natur.
Die Übertragung der therapeutischen Methode auf eine Analyse kultureller Phänomene ist schwierig, auch Freud hat diese Problematik nicht immer gesehen (Schmitt 1992). Lorenzer (1982/161ff.) benennt konkrete Stolpersteine bei der Anwendung des Freudschen Instrumentariums in der Literaturwissenschaft als Beispiel der Übertragungsprobleme, die sich bei einem solchen Versuch ergeben:
- Interpreten reflektierten den Wechsel des Untersuchungsgegenstandes nicht und setzten den (literarischen) Text unzulässigerweise mit freien Assoziationen im psychoanalytischen Setting gleich. Während literarische Texte oder Interviews ein öffentliches Bekennen einer Geschichte sind, zielen freie Assoziationen auf eine dem Individuum selbst verborgene Geschichte ab.
- Das Wechselspiel zwischen Analytiker und Analysand ist durch andere Regeln und Funktionen gekennzeichnet als das zwischen Text, Textproduzent und Leser. Die Präsentation eines Textes ist an eine historische Situation wenn nicht enger, so doch in anderer Weise gebunden als die Psychoanalyse eines Menschen.
- Dem (literarischen) Text liegen Strukturen und Probleme der Lebenswelt zugrunde, die nicht in Kindheitsgeschichte aufzulösen sind, während eine analytische Therapie von

---

[47] Äußerst verkürzt, vgl. Lorenzer 1970.

den realen Lebensverhältnissen zwar nicht absehen kann, aber den Fokus auf das Durcharbeiten früh angelegter Handlungs- und Gefühlsdispositionen richtet.

Diese Gründe gegen eine Gleichsetzung von Autor, Text und Patient zwingen zu einem genaueren Vergleich, was denn, bei allen Unterschieden, an gemeinsamen Strukturen vorhanden ist, die einen reflektierten Transfer der Methode - oder ihren Umbau - rechtfertigt. Für die Metaphernanalyse bleiben folgende Anregungen aus der Auseinandersetzung mit der szenischen Hermeneutik Lorenzers:

- Der rhetorisch-wortsemantische Metaphernbegriff vergißt, daß Metaphern sprachliche Kondensate für szenische Interaktionen und Handlungsentwürfe sind.
- Gegenüber der analytischen Empathie und Teilhabe am Sprachspiel mit der folgenden Benennung der unbewußten Interaktionen will ich auf empirisch-philologischem Weg die Wiederkehr der analogen Muster zeigen.
- Metaphern begreife ich doppelt als ‚sprachsymbolische‘ wie als ‚sinnlich-symbolische Interaktionsformen‘, die kollektiv und auch privatsprachlich die Weltdeutung und den Handlungsbezug der Subjekte leiten. Bestimmte Metaphern sind nur aus der privaten Bedeutungswelt der Interviewten zu verstehen (analog zu den frühen ‚sinnlich-symbolischen Interaktionsformen‘), andere sind kollektiv zugänglich.
- Psychologisch-nachvollziehendes und szenisch-rekonstruierendes Verstehen zeigen sich in der Metaphernanalyse als Einheit. Da ich dem logischen Verstehen die Inhaltsanalyse Mayrings und dem szenischen Verstehen die Metaphernanalyse zuweise, benötigt das Gesamtverständnis der Texte eine integrierende Interpretation.

2.4.4. Metaphernforschung in anderen psychologischen Disziplinen

Im Bereich der empirischen Psychologie dominiert, wie schon in der bisherigen Diskussion zu sehen ist, die Zerfächerung des Themas Metaphern in die Bereiche Entwicklungs-, Sprach- und Sozialpsychologie, qualitative sozialwissenschaftliche und kognitive Psychologie. So kritisiert schon Hudson 1984 dieses ‚polyglot array of specialists‘, das auch sonst die Psychologie beherrsche (ebd./75) und lobt den noch vorzustellenden Ansatz von Lakoff und Johnson, daß sie den Weg zu einer fächerübergreifenden anthropologischen Forschung frei machen. Ebenso sei der Gegensatz zwischen Hermeneutik und der empirisch-statistischen Wissenschaft falsch und entspreche der metaphorischen Trennung: weiche/freundliche vs. klinisch/ kalte Wissenschaft. Bevor ich Lakoff und Johnson, die meinen Metaphernbegriff geprägt haben, in 2.4.6. vorstelle, will ich zuerst die Ergebnisse der Metaphernforschung in anderen psychologischen Teildisziplinen darstellen.

2.4.4.1. Entwicklungspsychologie

Augst 1978 untersuchte auf dem Hintergrund der Piagetschen Entwicklungspsychologie die Entwicklung des Verständnisses von Metaphern. Er legte konventionelle und lexikalisierte Formen wie z.B. ‚Glühbirne‘ Kindern vor; Achtjährige konnten ein Viertel davon verstehen, elfjährige die Hälfte, fünfzehnjährige drei Viertel derselben. Er analysiert, daß Kinder Formen und Funktionen übertragen und eher Substantiv-Metaphern erkennen; Erwachsene erkennen häufiger Adjektiv-Metaphern und übertragen Sinn, Qualität, Relation (‚warmes Wasser‘ vs. ‚warme Begrüßung‘). Nach seiner Auffassung müssen Kinder die Periode der formal-logischen Denkperiode erreicht haben, um das Wissen um die Konventionalität der Bezeichnungen zu erwerben, damit sie Metaphern verstehen. Ohne dieses Wissen sei für sie der Name eines Objekts noch Teil desselben (pars pro toto), was ein Metaphernverständnis erschwere.

Reyna 1985 versuchte das gleiche mit anderem Untersuchungsdesign, nachdem sie konventionelle linguistische Methoden, die auf Intuition basierten, zugunsten empirischer Methoden ablehnt (ebd./144f., 154f.). Auch sie reformuliert Piaget[48], daß ein Kind ab zwei Jahren in symbolischen Spielen (z.B. einen Bauklotz für eine Eisenbahn zu halten) Bedeutungen übertragen könne. Im Alter ab drei Jahren produzierten Kinder aus ähnlicher Wahrnehmung heraus spontan solche ungewohnten Metaphern. Ab sechs Jahren würde phantasiert, was die Erwachsenen mit ihren Metaphern meinten: ‚Versteinert‘ sei jemand vielleicht durch den Spruch einer Hexe (ebd./149), Kinder realisierten die konventionelle Bedeutung des ‚Versteinerns‘ noch nicht. Solche Fähigkeiten verlieren sich mit neun Jahren in einer ‚buchstäblichen‘ Phase. In diesem Alter beinhalten die von den Kindern gebrauchten und verstandenen konventionellen Metaphern auch Eigenschaften, die sich auf nicht-wahrnehmbare Ähnlichkeiten beziehen. Ihre eigene Forschung untersucht ebenfalls das Verstehen von Metaphern. Sie legte Kindern Geschichten vor, die mit einer konventionellen Metapher enden: *„Der Donner erschütterte den Jungen“* für: Streit mit dem Vater. Aufgabe der Kinder ist es, die Geschichte weiterzuerzählen. Ihr Resultat ist, daß Kinder von 6-9 Jahren als Zwischenstufe vor dem ‚korrekten‘ Verstehen einer Metapher eine ‚magische‘ Zwischenphase haben. Sie erfinden szenische Komplettierungen (der Vater hätte in diesem Fall etwas umgestoßen, was den Donner erzeugt habe), bevor sie die Bedeutungsübertragung der Erwachsenen verstehen (ebd./176).

Solche Ergebnisse sind, wie bereits mehrfach gezeigt, von dem Metaphernbegriff der jeweiligen Untersuchung abhängig. Paprotté 1985, der seine Metapherndefinition von Blacks Interaktionsthese ableitet, wendet sich gegen Augst und andere Forschungen, welche die Piagetsche Hypothese, der Gebrauch von Metaphern sei erst mit 11 Jahren realisiert, bestätigen. Indem er Bedeutungsextension im kindlichen Sprachgebrauch (ebd./408) als metaphorisches Prinzip nimmt, auch Vygotskys Komplexdenken der Kinder hier integriert, ist für ihn metaphorisches Übertragen Anfang allen Denkens und Sprechens (ebd./418f.). Von Black ausgehend, ist er der Auffassung, daß es sich dabei um wahrgenommene, nicht von Kind hergestellte Strukturähnlichkeiten und Analogien handelt. Eine ähnliche Auffassung vertritt Leondar 1975, die sich ebenfalls auf Vygotsky stützt.

Winner 1988 kann im wesentlichen die Befunde von Augst 1985 und Reyna 1985 bestätigen, da sie den Metaphernbegriff von Lakoff, Johnson mit nicht ganz nachvollziehbarer Argumentation verwirft und nur konventionelle Metaphern erforscht. Sie läßt Kinder nach der Darbietung einer Geschichte, die wie bei Reyna 1985 mit einer Metapher endet, je nach Alter die Geschichte mit Puppen fortspielen, erzählend vervollständigen oder einen Multiple-Choice-Test mit Paraphrasierungen durcharbeiten. Im Unterschied zu Piaget geht sie davon aus, daß für das Verständnis von Metaphern nicht die Stufe der Denkoperationen, die das Kind erreicht hat, wichtig ist, sondern seine Kenntnis der Welt.

Pollio et al. (1977/161-194) nehmen in ihrer Übersicht älterer Forschungsergebnisse eine vermittelnde Stellung ein; entsprechend der unterschiedlichen Metaphernbegriffe in den jeweiligen Studien resümieren sie, daß

---

[48] Johnson, Lakoff 1981/215 reinterpretieren Piagets Schema der Kausalität als ‚image schema‘, das Gegenstands-Schema und die verschiedenen Formen von Konstanz (Masse-, Gewicht-, Volumen-) als Differenzierung des Container-Schemas; vgl. Kap. 2.4.6.

- Kinder unter elf Jahren konventionelle Metaphorik nicht erklären können (was eine Schwierigkeit vieler Untersuchungsdesigns aufdeckt), aber diese Metaphorik schon benutzen, zum Teil in abweichender, auch konkretistischer Form.
- Es gibt Hinweise, daß Vorschulkinder verglichen mit anderen Altersstufen die meisten unkonventionellen Metaphern produzieren.

2.4.4.2. Psychopathologie schizophrener Sprache

Die Psychopathologie schizophrener Sprachstörungen hat viele Studien inspiriert[49]. Übereinstimmend wird notiert (Hadulla et al. 1991/69, Lang 1991/91f., Blankenburg 1991/144f.), daß an einer Schizophrenie erkrankte Menschen

a) konkretistische Verwendungsweisen von geläufigen und konventionellen Metaphern zeigen (underinclusion). So reagierte eine Patientin, die eine Kollegin um Geld gebeten hatte, worauf diese gesagt hatte, sie sei völlig ‚abgebrannt‘, mit Panik und versuchte, die ‚verbrannte‘ Therapeutin zu löschen.

b) An einer Schizophrenie erkrankte Menschen bilden eigene Metaphern bzw. nutzen konventionelle Worte in einem übertragenen Sinn, der ohne eine genaue Kenntnis von Biographie und Lebenssituation nicht zu verstehen ist (overinclusion). Beispiel aus einem Gespräch in einer psychiatrischen Klinik:
Therapeut: „Wie geht es? Sie wollten kurz mit mir reden?"
Patient: „Thomas ist das gewesen, sag ich doch, also er ist kapputto, erledigt, shhhhjt, Hals ab (entsprechende Handbewegung am Hals), *und da in die Suppe damit* (zufriedenes Auflachen). *"*

Der Patient blieb nur kurz in der Klinik, da er verlegt wurde; ich konnte verstehen, daß er sich selbst mit dieser Vernichtung meinte (es ist sein eigener, hier geänderter Name); er hatte sich geweigert, seinen Namen anzugeben und sich mit einigen Adelstiteln wechselnder Natur belegt, ferner glaubt er viele ‚blutige‘ Kampfsportarten zu kennen. Was es mit der Suppe auf sich hat, entzog sich meinem Verständnis.

Interessant sind diese Befunde im Hinblick auf die oben ähnlich lautenden Ergebnisse aus der Entwicklungspsychologie. Gegen die naheliegende Vermutung, schizophrene Sprache sei eine Regression auf paläologisch-archaisches Denken, zitieren Hadulla et. al. eine italienische, mir nicht zugängliche Arbeit von S. Piro 1958 (vgl. Hadulla et al. 1991/67), der behauptete, es gebe keine deskriptiven Analogien zwischen kindlichem und schizophrenem Denken; mir scheint dies weitere Untersuchungen wert zu sein.

2.4.4.3. ‚Kognitive Sozialpsychologie‘

Mit ‚kognitiver Sozialpsychologie‘ fasse ich verschiedene Ansätze zusammen, die das Interaktionsverhalten von Menschen metaphernanalytisch untersuchen, um bildliche Muster der alltäglichen wie der Kommunikation über bestimmte Themen zu finden. Bis auf Bock, Krammel 1989 und Straub, Sichler 1989 folgen sie dem Ansatz von Lakoff und Johnson. Mir scheint der von Streeck 1991 vorgeschlagene Begriff der ‚kognitiven Linguistik‘ zu eng, da dies nur dem Selbstverständnis von Lakoff und Johnson entspräche; Sprache als soziales Verhalten mit individueller Verankerung ist in dieser Definition ebenfalls nicht enthalten. Der Titel einer ‚Sprachanalyse als empirische Geisteswissenschaft‘ ist zu unscharf gefaßt und würde unsystematische literaturwissenschaftliche Ansätze ebenfalls integrieren. Mit dem Titel ‚kognitive Sozialpsychologie‘ will ich eine Zu-

---

[49] vgl. den Sammelband von Kraus, Mundt 1991 und dort erfaßte Literatur

sammengehörigkeit der folgenden Untersuchungen stiften.

Bock, Krammel 1989 nennen ihre Studie eine ‚sprachpsychologische Analyse‘, sie untersuchten Presseberichte nach der Reaktorkatastrophe von Tschernobyl auf Metaphern, die das Ereignis, seine Folgen und die öffentliche Verarbeitung beschreiben.
Das Ereignis wird in Metaphern der Bewegung gezeigt, es ‚kommt‘ zum Unglück, die Katastrophe ‚nimmt ihren Lauf‘, der GAU ‚tritt ein‘, ‚findet statt‘ (ebd./44f.).
Es folgt die Beschreibung des technischen Unglücks als Naturkatastrophe: Der Reaktor wird als ‚Brand‘, bzw. als ‚Vulkan‘ aus dem Bereich menschlicher Verantwortung hinaus metaphorisiert: Der Reaktor ‚wütet‘, ‚bricht aus‘, seine ‚aktive Phase‘ dauert an, die ‚Kernschmelze‘ führt zu Explosionen. Es wird befürchtet, daß der Mantel ‚platzt‘, sich ‚durchschmilzt‘ oder wie eine Säure ‚durchfrißt‘, bevor er ‚zur Ruhe kommt‘ und ‚erlischt‘ (ebd./50ff.). Das Ereignisausmaß wird oft in der Metaphorik der Last beschrieben, es ist ein ‚schweres Unglück‘ bzw. ‚groß‘: Gewicht und räumliche Ausdehnung von Körpern dienen als Metaphern, in denen das Unfaßliche als Bürde begriffen wird. Radioaktivität wird stofflich und quantitativ als ‚Partikel‘, ‚Staub‘, als ‚verteilt‘ konzipiert, analog dazu ist eine quantitative Wahrnehmung ihrer Unsinnlichkeit über Zahlen und Meßgeräte öffentlich wirksam (ebd./52ff., 98ff.). Auch sie wird in der Metaphorik des Bürde beschrieben: es sind die radioaktiven ‚Belastungen‘, die man je nach Gebiet und seiner radioaktiven ‚Verteilung‘ zu ertragen hat (ebd./53, 106).
Die Metaphorik des Umgehens mit der Technik ist ‚beherrschen‘ und das korrespondierende ‚außer Kontrolle geraten‘, es dominieren in der öffentlichen Rhetorik nach einiger Zeit die Floskeln vom ‚Erhellen‘ und ‚Klären der Ursachen‘; man spricht über ‚Regeln‘, ‚Vorkehrungen‘, ‚Planung‘ bei Bau und Betrieb der Reaktoren; dies läßt sich als ‚administrative Bewältigungs-Rhetorik‘ benennen (ebd./58ff.). Radioaktivität inspiriert neben der quantitativen Teilchen- und Belastungsmetaphorik auch eine Krankheitsmetaphorik: ‚verseuchen‘ und ‚kontaminieren‘, es gibt ‚Symptome‘ einer ‚Strahlenkrankheit‘, die Metaphern von ‚Gift‘ und ‚Wirkung‘ bestimmen Bereiche der Diskussion (ebd./101ff.).
So spannend diese Untersuchung in ihrem empirischen Teil ist, so verwirrt ein nicht hinreichend nachvollziehbares System vorab vollzogener Klassifikationen. Bock, Krammel haben das Ereignis vorher in 9 ‚Hauptkategorien‘ eingeteilt (z.B. Ereignis, Reaktor, Radioaktivität), gliedern diese jeweils in semantische Teilaspekte (z.B. Genese, Ablauf, Erkennen etc.), die der Binnenstrukturierung der Kategorie dienen, und finden dann ‚Schlüsselwörter‘, die innerhalb der Binnenstrukturierung verschiedene Metaphern bezeichnen. Insgesamt ergeben sich dadurch zu viele Wiederholungen in der Darstellung der Metaphoriken quer durch die Hauptkategorien und ihre Schlüsselworte, zumal sie es mit Häufigkeitsanalysen der Schlüsselwörter und ‚qualitativen Betrachtungen‘ würzen, die auf Alltagserfahrungen abzielen, um danach die ‚Quelldomänen‘ der Bilder und die wichtigsten Metaphoriken noch einmal darzustellen. Mit der dadurch erzeugten Fülle an Kategorien stehen sie ein wenig in der Tradition von Stählin 1914, der ersten mir bekannten psychologischen Untersuchung von Metaphern im deutschsprachigen Raum, in der eine begrenzte Anzahl von Metaphoriken Anlaß zur Konstruktion einer Unzahl von Kategorien geben. Für die in der Tradition von Lakoff und Johnson stehenden Ansätze gilt dagegen, daß Metaphern inhaltlich die Gliederung vorgeben.

Dies führt Kövecses 1988 in seiner Untersuchung von Metaphern vor, die der Beschreibung der Liebe dienen (‚semantics of passion in conversational English‘). Als wichtigste Metaphorik findet er das Bild der Einheit (‚eins werden‘, ‚ein Herz und eine Seele‘) mit

seinen Variationen der Einverleibung (,ich könnte dich fressen'), der aufgehobenen Trennung (,meine bessere Hälfte') und der verschiedenen Formen von ,Nähe', in denen physikalische Entfernungsbeschreibung als Qualitätsbeschreibung der Beziehung dient: ,waren uns ganz nah'. Weitere immer wieder zu findende Metaphern sind: Liebe als
- (gemeinsamer) Weg: ,sich treffen', ,finden', ,auseinandergehen'
- (höhere) Gewalt: ,da konnte ich nichts dagegen tun',
- (seelische) Krankheit: ,er ist verrückt nach ihr',
- physikalische Erscheinung: es ,funkte' oder ,knisterte',
- als Krieg und Jagd: ,Schürzenjäger', ,erobern' und ,unbezwingbar'.

Das Problematische dieser Studie ist, daß sie als linguistische Arbeit sich ausschließlich auf Wörterbücher beschränkt und nur konventionelle Metaphern erfaßt[50]. Deshalb ist unklar, welche dieser Modelle im realen Beziehungsalltag funktionieren (ebd./85), und ob dort nicht neue Metaphern geprägt werden, die völlig andere Inhalte transportieren. So vermuten Beck, Beck-Gernsheim (1990/75f.) in modernen Beziehungen eine Bilder der Abgrenzung als neues Phänomen.

Mehr an der sozialen Realität orientiert ist die ebenfalls von Lakoff und Johnson inspirierte Studie von Beneke 1982 über sexuelle Gewalt. In Gesprächen mit wegen Vergewaltigung verurteilten Männern, aber auch dem ,Mann von der Straße' (keine repräsentative Befragung) findet er in ihrer Sprache eine Bildwelt, die sexuelle Gewalt in ihrer Sicht verständlich und notwendig macht[51]. Sexualität ist Erfolg, Leistung und Triumph, die oben bei Kövecses genannten Metaphern der Jagd (,Schürzenjäger') und des Krieges (,Eroberung', ,wehrte sich nicht mehr', ,ergab sich') kehren wieder. Männer metaphorisieren Frauen als Objekte bzw. als Nahrung (,What a piece of meat!'), Tiere (,chicken', ,Häschen') oder als Kinder, über die man Gewalt hat (,baby'). Gängig ist, daß sie nach ihren Geschlechtsteilen benannt werden (pars pro toto). Sexualität ist Verrücktheit (s.o), physikalische Gewalt (Blitz, Funken); das männliche Geschlechtsteil wird als Waffe metaphorisiert, Sperma als ,Ladung' und Munition. Lakoff (1987/409ff.) schließt aus der Überlappung der Bilder für Sexualität und für Ärger, der auch aus den Domänen Hitze, Krankheit, Tier, Krieg und physikalische Gewalt seine Bilder bezieht, und aus dem weitgehenden Fehlen von Bildern für eine nicht-gewalttätige Sexualität auf eine kulturelle Struktur und erklärt damit die Häufigkeit von Vergewaltigungen in Nordamerika (ebd.).

Straub, Sichler 1989 halten metaphorische Sprechweisen für *„Modi der interpretativen Repräsentation biographischer Erfahrungen"*. Sie gehen davon aus, daß Metaphern lebensgeschichtliche Erfahrungs- und Wissensbestände repräsentieren. Sie verneinen dabei einen statischen Begriff der Biographie und behaupten, daß biographische Selbstthematisierung ein sprachlich-kognitives Konstrukt ist. Eine neue Gegenwart konstituiere auch eine neue Vergangenheit; Biographie werde permanent modifiziert. Der Sinn, den ein Mensch seiner Biographie gebe, sei Produkt einer kommunikativen sozialen Praxis. Nach umfassender Kritik an rationalistischen Sprachkonzeptionen formulieren sie,

---

[50] Ähnlich Bamberg, Lindenberger 1984, die Metaphern für Kommunikation sammeln. Wie andere linguistischen Forscher sortieren sie vorhandene Metaphernbestände in Zusammenhänge ein, die sich keinem Sprecherkollektiv zuordnen lassen; der Griff zum Lexikon ersetzt die empirische Bezugnahme auf eine reale Kommunikation.

[51] Viele treffende Slang-Ausdrücke können nicht übersetzt werden, ich beschränke mich daher auf Ähnlichkeiten mit deutschen Sprachstrukturen.

„daß Metaphern sowohl in lebensweltlichen Zusammenhängen ... als auch in der Praxis der wissenschaftlichen Erkenntnisbildung ... als ,normale' und in jeweils bestimmter Hinsicht sogar unersetzbare Sprachform begriffen werden müssen." (ebd./226) Forschungstechnisch realisieren sie eine pragmatische Variante des Verständnisses von Metaphern sensu Black, ihre Absicht ist eine psychologisch-hermeneutische Konzeption des Verstehens von Metaphern (ebd./228):

„Die mit einer Metapher transportierten Bedeutungs- oder Sinngehalte sind somit nicht nur in tradierten Sprachformen und Sprachgewohnheiten einer sozialen Gemeinschaft begründet, sondern auch in der persönlichen Kreativität eines Subjekts, das metaphorisch über sich und seine Welt redet oder darum bemüht ist, Metaphern zu verstehen."

Im Gegensatz zu der hier vorgestellten Untersuchung gehen sie davon aus, daß sie nicht alle Metaphern interpretieren müßten; interpretationsbedürftig seien nur solche, die ein hohes Maß an implikativer Elaboration gestatten, deren hermeneutische Auslegung also einen reichhaltigen Komplex an assoziierten Implikationen generiere (ebd.). Dies erinnert an die Interpretationsvorschläge von Wiedemann 1986; ich gehe davon aus, daß sie damit ,unscheinbare', aber wirksame konventionelle Metaphorik zu wenig beachten und einige wenige unkonventionelle Metaphern in ihrem Gewicht überschätzen. Ich stimme jedoch mit folgenden Sätzen überein:

„Bestimmte metaphorische Äußerungen bringen also zum Ausdruck, wie der Sprecher (selbsterlebte) Erfahrungen interpretativ strukturiert, rekonstruiert und sich dabei als geschichtlich gewordenes Subjekt mit bestimmten Auffassungen und Orientierungen konstituiert." (ebd./230)

Sie nennen die Metaphern, die bestimmende Erfahrungsgehalte einer Lebensform zur Sprache bringen, ,Daseinsmetaphern' (ebd./232). Ihre These ist, daß sich biographische Entwicklungsprozesse als Transformation der Daseinsmetaphern rekonstruieren lassen. In ihrem Fallbeispiel nennen sie die Wandlungen eines Menschen, dessen Jugend sie mit der Metapher ,Das Leben ist ein Gerenne nach Geld' erläutern; dieses Motiv nehmen sie auch für sein Elternhaus an. Er opponiert dagegen; nach einer Adoleszenskrise kristallisiert sich die Metapher ,Das Leben ist eine Suche nach dem Ursprung' heraus. Beide Metaphern kommen aus dem Bereich der Fortbewegung, stehen aber im Gegensatz zueinander. Straub und Sichler deuten dies als Transformation der ursprünglichen Daseinsmetapher in eine andere (ebd./233-237).[52]

2.4.5.   Metaphern der Wissenschaftssprache

Metaphern waren bisher der Gegenstand von psychologischen, philosophischen oder linguistischen Untersuchungen. Nun erwähne ich einige Studien, die darauf verweisen, daß, wie es Blumenberg für verschiedene Phasen der Philosophiegeschichte bechrieben hat, Metaphern ihrerseits die Wissenschaftssprache und das damit verbundene Denken leiten.

Für die Linguistik analysiert Brünner 1987 Metaphern über Kommunikation sowohl in der Alltagssprache wie der Wissenschaft; der Wert ihres Beitrags liegt im Materialreichtum. Sie geht mit der zusammenfassenden Schreibweise *„Kommunikation ist ..."* über den Rahmen einer Auflistung von einzelnen Metaphern hinaus und weist auf metaphorische Konzepte hin. Auch sie geht davon aus, daß diese kognitiven Konzepte *(Kommuni-*

---

[52] Der Sammelband von Haskell 1987, der die angelsächsische empirisch-psychologische Forschungsliteratur zur Metapher, auch zu therapeutischen und psychopathologischen Schwerpunkten, bündelt, ist mir erst bei der Endredaktion aufgefallen.

kation ist Kampf; ... ist Bauen; ...), zu verschiedenen Wahrnehmungen und anders geprägten Handlungen führen (ebd./104ff.):

- *Kommunikation ist Kampf:* Da wird *verteidigt* und *angegriffen,* die *Stoßrichtung* eines Arguments vom *Verfechter* einer anderen Theorie als *verfehlter Angriff bekämpft,* wenn seine *Taktik* darin besteht, sich auf *unangreifbare Positionen zurückzuziehen.* Das *Ziel,* auf das sich sprachliches Handeln *richtet,* ist nicht immer die intersubjektive Anerkennung, wie Habermas *ins Feld führt.*
- *Kommunikation ist ein Bauwerk:* Beim *Aufbau* eines Wort*beitrags* kann die *Grundlage* eines Argumentes darin *bestehen,* zunächst zu *rekonstruieren,* mit welchem *Material* der Partner seine Behauptung *stützt, untermauert oder absichert,* um einen *bestimmten Zugang* zu wählen, von dem aus es möglich ist, *auf verschiedenen Ebenen* die *Fundamente* einer Theorie und ihre Struktur*bildungen* zu *begründen; Sprechwerkzeuge.*
- *Kommunikation ist Zeichnen:* Wenn er *in groben Umrissen skizzierte,* (ausmalte), wie seiner *Ansicht* nach die Position von Kracauer zu markieren war, so fehlte seinem Vortrag doch die *große Linie,* es war ihm nicht möglich, ein *klares Bild* des Kinos in den dreißiger Jahren *zu zeichnen.* Er *illustrierte* die von ihm analysierten *Muster* der Interaktionssequenzen, ohne das im *Vordergrund* stehende Thema nach der Relevanz für das Kino der achtziger Jahre *aus seiner Perspektive* beleuchten zu können.
- *Kommunikation ist Spinnen oder Weben:* Es ist kein *roter Faden* zu finden, wenn ich das hier mal *einflechten* darf, der *Gesprächsfaden reißt ab,* er *verheddert* sich in seinem Monolog, sie *strickt* die Argumente immer nach dem gleichen Muster; der *Text* (textum, lat: das Gewebte), eine Argumentation *entwickeln.*
- *Kommunikation ist Fortbewegung:* Ich *gehe von* Beispielen *aus, gehe* die Fragen *an,* und *gehe* Problemen *nach,* und *gehe in* die Tiefe. Man *kommt* vom Thema *ab, kommt zurück,* beginnt die Argumentation *schrittweise, übergeht* hoffentlich keine Einwände, *geht auf* Vorwissen ein, damit der Leser *folgen* kann. Um den heißen Brei *herumreden, sich wie ein Aal winden.*

Diese Sammlung von Metaphern betrifft neben der Alltagssprache zumindest die Darstellungsformen in den Wissenschaften; zunächst stelle ich die von Brünner genannten wissenschaftlichen Metaphern ohne Entsprechungen in der Alltagssprache vor, um dann ihre denkleitende Funktion an einem Beispiel zu erläutern (ebd./112ff.).

- *Kommunikation ist ein (Sprach-) Spiel:* Sprach*regeln,* Sprach*spiel* (Wittgenstein), Gesprächs*eröffnung,* Gesprächs*teilnehmer, Sprecherwechsel*
- *Kommunikation ist ein Lebewesen: ältere, jüngere, lebendige, tote, natürliche* (vs. künstliche) Sprachen, Sprache als *Organismus* (Humboldt, s. u.), *Evolution* der Sprache, *verwandte* Sprachen, Satz*glieder, Stammbaum* der indogermanischen Sprache.
- *Kommunikation ist ein ökonomisch-bürokratisches Geschäft: Verhandlung,* Bedingungen *aushandeln,* die *Organisation* des Textes, *turn-taken, Sprechplanung*
- *Kommunikation ist eine Maschine: Interaktionssteuerung, Sprachsystem, signalisieren, Funktionieren* von Sprache, *Sprachverarbeitung, interagierende Kommunikationssysteme,* den *Input* bewältigen, er hat einen gewaltigen *Output, Informationsverarbeitung.*

Die Conduit-Metapher, die nach einer Schätzung (Reddy bei Brünner 1987/105) siebzig Prozent des englischen Wortschatzes über Kommunikation bestimmen soll, ist eine komplexe, aus mehreren einzelnen Bildern zusammengesetzte Metapher (Conduit: Rohr, Rohrleitung, Röhre, Kanal). Sie besteht aus den folgenden Teilen:
- Gedanken, Gefühle, Bedeutungen sind (gegenständliche) Objekte.
- Sprecher und Hörer sind Behälter für Gedanken, Gefühle, etc.

- Sprachliche Ausdrücke (Texte, Wörter, Sätze, Bücher) sind ebenfalls Behälter für Gedanken-, Gefühls-, Bedeutungsobjekte.
- *Kommunikation ist das Versenden dieser Behälter.*

Brünner[53] hat Beispiele dieses metaphorischen Konzepts gesammelt (ebd./105):
- *heraus mit der Sprache!*
- *er ist offen, verschlossen, zu, macht dicht*
- *sie bringt kein Wort heraus, läßt nichts raus; spricht es aus*
- *etwas entfährt jemandem, rutscht ihm heraus*
- *seine Gedanken in Worte fassen, etwas begrifflich fassen*
- *etwas in einer bestimmten Form sagen*
- *Begriffe haben einen weiten, engen Umfang, berühren sich*
- *etwas in den Raum, zur Diskussion stellen, gegenüberstellen*
- *der Inhalt von Worten, Sätzen, der Gehalt von Texten*
- *leere, bedeutungsvolle Worte, hohle Phrasen*
- *jemand entnimmt den Worten etwas, hört etwas heraus*
- *jemand legt etwas hinein, was nicht drin ist*
- *die Bedeutung von Äußerungen aufdecken*
- *Gedankenaustausch, mit jemanden in Austausch treten*
- *etwas rüberbringen, übermitteln, von anderen übernehmen*
- *den Kontakt, jemandes Redefluß unterbrechen*
- *einen Draht zu jemandem haben*
- *jemand hat eine lange Leitung*

Diese metaphorische Konzeptualisierung betrifft nicht nur die Alltagssprache. Daß Bedeutungen ‚gegenständliche Teile‘ sind, die teilbar sind, ein Inneres (‚*einen Kern der Sache‘*) haben, das in äußeren Formen (‚*Worthülsen‘*) eingepackt ist und in denen es *versendet* wird, kennzeichnet einen großen Teil der Wissenschaftssprache und ihrer Substantivierungen. Brünner notiert:
- *Teile der Bedeutung, Bedeutungskomponenten*
- *Wortstellung, Gesprächsbeitrag, Gesprächsform*
- *Oberflächenstruktur, Tiefenstruktur, Textoberfläche*
- *Wortinhalt, konzeptueller Gehalt von Wörtern*
- *verdeckte Intentionen, Aufdecken von Kommunikationskonflikten*
- *den Gesprächsaustausch aufrechterhalten, Zeichenaustausch*
- *die Übermittlung von Zeichen*
- *elaborierter, restringierter Code, eine Relation einkodieren*
- *Transkodierung Bild-Sprache*
- *Kommunikations-, Sprachbarriere*
- *Turnübernahme, Perspektivenübernahme.*

Bevor ich die Geschichte und die Leistung dieser Metaphorik andeute, möchte ich kurz die toten Winkel derselben anreißen:
a) In dieser Auffassung sind Gedanken, Gefühle und Bedeutungen gegenständliche Entitäten, sie werden innerhalb dieser Metapher nur übermittelt, aber nicht entwickelt. Sie blendet aus, daß sie eine Geschichte haben und durch Kommunikation sich verändern.
b) Der Hörer ist nur Empfänger, er entnimmt den Worten nur, was drin ist. Wer das nicht kann, ist nicht aufnahmefähig oder hat sich dicht gemacht. Diese Metaphorik unter-

---

[53] vgl. Reddy 1979; ich folge Brünners gelungener Übersetzung, die zeigt, daß diese Metaphern sprachübergreifend wirken und auf sprachunabhängige Konzepte verweisen.

schlägt die Leistung des Hörers: Hörmann (1978/13, 500ff.) wendet sich mit seiner Definition des Sprechens und Verstehens als Anweisung zur Konstruktion eines Bildes, das aus der Steuerung durch den Sprecher ebenso wie aus der Aktivität des Hörers heraus entsteht, explizit gegen die Auffassung, Kommunikation sei Austausch von Information - eine Metapher, die den Datenstrom zwischen Diskettenlaufwerk und RAM treffend beleuchtet, aber die gestalterkennende und musterproduzierende Qualität menschlichen Verstehens unterschlägt.

c) Eine sprachliche Äußerung hat in dieser Metaphorik nur einen Sinn, Interpretation ist ein Hineinlegen von anderer Bedeutung.

d) Es gibt keinen das Verständnis beeinflussenden Kontext außer der Qualität der Leitung bzw. des Übertragungskanals. Empirische Versuche zeigen dagegen deutlich die Abhängigkeit des Verstehens vom Kontext (bei Hörmann 1978/485f.).

Die wissenschaftliche Begründung dieser Metapher ist das Sender-Empfänger-Modell der Kommunikation ist die Informationstheorie von Shannon (vgl. Legewie, Ehlers 1972/63f.), das sich in der Linguistik als völlig kompatibel zur Sprachtheorie von Saussure zeigte. Sprache ist danach ein System von Zeichen - nicht von Sprachhandlungen in lebenspraktischem Kontext; ein Zeichen ist ein Zeichen - nicht ausdeutbar; die Trennung von signifiant und signifié, Zeichen und Bezeichnetem läßt den entwicklungs- und sozialpsychologischen Zugang zu ihrem Zusammenhang nicht zu; die Trennung von langue und parole sichert der Wissenschaft vom Zeichen den reinen Bereich der langue zu (Semantik) und ist für den pragmatischen Bereich der parole nicht zuständig (Brünner 1987/114). Diese Forschungsrichtung verlor dadurch, so interpretiert Heeschen (1972/38), einen empirischen Zugang zur Sprache.

Das Modell von Saussure kann man leichter verstehen, wenn man die Metaphern sieht, gegen die es sich abgrenzt: Zum einen gegen die älteren Grammatiker, denen die Sprachen ein Organismus war, die ihre Jugend, Reifezeit und ihren Verfall hatten, welche Stammbäume der indogermanischen Sprache zeichneten und Mythologemen der Völkerpsychologie und des Volksgeistes nachhingen. Zum anderen gegen die ‚Junggrammatiker', die ihrerseits (um 1870) die Metaphorik positivistischer Beschreibung und exakter Beobachtung gegen die älteren Grammatiker hielten. Ihnen war das theoriefreie Registrieren wichtiger als Theorien über Strukturen. Saussure suchte jedoch ein System der Sprache als Basis einer Theorie der Grammatik und Phonetik (vgl. Stetter 1979/63ff.) Die Linguistik in der Folge Chomskys ist in ihrer Metaphorik so verschieden nicht von Saussure und unterliegt der gleichen Kritik der falschen Trennung von idealisierter Kompetenz und empirischer Performanz (Heeschen 1972/11-20, Hörmann 1978/479).

Sprache als Organismus, als positivistisch zu sammelnde Objektmenge, als System - mit diesen Metaphern sind jeweils völlig verschiedene Theorien der Sprachwissenschaft verbunden. Thomas Kuhn 1979 wie Richard Boyd 1979 gehen davon aus, daß Metaphern in der Wissenschaft mehr als nur eine heuristische Funktion haben, sondern auch theoriekonstituierend wirken, zumindest solange, bis ihre analogen Implikationen ausgeschöpft sind und neue Ereignisse nicht mehr zu integrieren sind, er nennt als Beispiele dafür das Bohrsche Atommodell mit seinem Bild von Sonne und Planeten (Atomkern/Elektronen), in der Psychologe das ‚mind as a machine'-Paradigma: Der menschliche Geist funktioniere wie die Informationsverarbeitung eines Computers[54].

---

[54] Zur Wirkung und Verbreitung dieser Metapher auch in der kognitiven Psychologie vergleiche Lakoff 1987/338ff., auch Winograd, Flores 1989/141f.

An Beispielen aus der Stadtentwicklung vertieft Schön 1979 die Rolle von Metaphern als Handlungsanweisungen: Sie generieren überhaupt erst das, was wir als Problem ansehen; er nennt solche Metaphern ‚generative metaphors‘. So beschreibt er Stadtplaner, die Slumgebiete als ‚Krankheit‘ oder ‚Geschwür‘ wahrnahmen und die ihre Handlungen auf Kongressen als ‚Operation‘ anpriesen. Dies waren Radikaloperationen, die mit der völligen Auslöschung der Slumsiedlung und dem Neubau von Hochhäusern gekennzeichnet waren. Andere Metaphern, die Slums als ‚natürliche Gemeinschaft‘ interpretierten, führten zu anderen städtebaulichen Eingriffen, die z.B. in den genannten Beispielen aus behutsamer Unterstützung der Eigenregie der Bewohner bei Modernisierungen bestanden. Schön beschreibt eine pragmatische Metaphorik des Problemlösens, in der ein Problem als gegeben angenommen und die Suche nach einer Lösung als ‚Aufgabe‘ begriffen wird, sowie Mittel, Wege und Werkzeuge als vorhanden angenommen werden. Er behauptet dagegen, daß Probleme nicht gegeben, sondern konstruiert seien; wir hätten es in der sozialen Realität nicht mit ‚Realität‘, sondern mit ‚conflicting stories‘ zu tun, hinter denen verschiedene generative Metaphern stünden. Solche Positionen rechtfertigen Ortonys These 1979, die Sensibilität für Metaphern sei besonders in konstruktivistischen Ansätzen der Human- und Geisteswissenschaften zu finden.

Weitere Funktionen der Metaphorik für die Wissenschaft nennt Brünner (1987/110f.):
- Metaphern spielen auch in der Wissenschaft immer eine Rolle, weil die Alltagssprache letzte Metasprache der Wissenschaft ist.
- Metaphern haben einen Nutzen als theoriekonstitutive Bilder mit heuristischer oder programmatischer Funktion.
- Auf die Neueinführung einer Metapher in einer Wissenschaft folgt ein Paradigmenwechsel, folgende Forschergenerationen werden auf diese Bilder eingeschworen; dann
- haben sie eine pädagogische Funktion, weil sie zusammenfassen und veranschaulichen.
- Metaphern haben eine hemmende Funktion, weil sie Klarheit vortäuschen, das Bild von der Welt für die Welt halten und so über ihre heuristische Funktion hinaus gegenständliche ‚Wahrheit‘ inszenieren.
- Was für die Wissenschaft gilt, müßte auch für Alltagssprache und professionelle Selbstreflexion in Beratung und Therapie gelten: Metaphern erschließen Welten, bilden kohärente Denksysteme und verdunkeln andere Zusammenhänge.

Zum Abschluß[55] will ich zwei philosophische Stellungnahmen erwähnen; beide gehen von einem fundamentalen Vorherrschen der Metapher in allen menschlichen Erkenntnisfähigkeiten aus. Nietzsche (in: Ueber Wahrheit und Lüge im aussermoralischen Sinne, 1980/873-890) mißtraut der bewußten Erkenntnis: Was weiß der Mensch schon über sich selbst? Er kann beim Blick aus dem ‚Bewusstseinszimmer‘ das Gierige, Unersättliche und Mörderische in sich nur ahnen, *„gleichsam auf dem Rücken eines Tigers in Träumen hängend“* (ebd./877). Auch die Sprache ist als Konvention alles andere als der adäquate Ausdruck aller Realitäten (ebd./ 878). Sein Metaphernbegriff nutzt das Kriterium der analogen Übertragung extensiv, er beschreibt menschliche Wahrnehmung als mehrfachen metaphorischen Vorgang:
„Ein Nervenreiz zuerst übertragen in ein Bild! erste Metapher. Das Bild wieder nachgeformt in einen Laut! Zweite Metapher. Und jedesmal vollständiges Überspringen der

---

[55] Bei der Endredaktion fand ich noch zwei wichtige Quellen: Der Sammelband von Leary (1990) beschreibt für die verschiedenen Teildisziplinen der Psychologie und ihre Gegenstände die wichtigsten Metaphern im angelsächsischen Sprachraum; die Untersuchung von Sternberg (1990) erforscht implizite metaphorische Konzepte von ‚Geist‘ und ‚Intelligenz‘.

Sphäre, mitten hinein in eine ganz andere und neue. ... Wir glauben etwas von den Dingen selbst zu wissen, wenn wir von den Bäumen, Farben, Schnee und Blumen reden und besitzen doch nichts als Metaphern der Dinge, die den ursprünglichen Wesenheiten ganz und gar nicht entsprechen. " (ebd./879)

Nietzsche polemisiert gegen die Vorstellung, es gebe eine ‚richtige Perception' zwischen Subjekt und Objekt; zwischen Subjekt und Objekt sei allenfalls ein

„ästhetisches Verhalten, ich meine eine andeutende Übertragung, eine nachstammelnde Übersetzung in eine ganz andere Sprache" (ebd./884)

möglich. Er mißtraut der begrifflichen Erkenntnis, da durch Abstraktion eine Pseudo-Wesenheit des Typischen konstruiert werde; durch ‚beliebiges Fallenlassen dieser individuellen Verschiedenheiten' werde phantasiert, es gäbe eine ‚Urform' (ebd./880):

„Das Übersehen des Individuellen und Wirklichen giebt uns den Begriff, wie es uns auch die Form giebt, wohingegen die Natur keine Formen und Begriffe, also auch keine Gattungen kennt, sondern nur ein für uns unzugängliches und undefinierbares X. Denn auch unser Gegensatz von Individuum und Gattung ist antropomorphisch und entstammt nicht dem Wesen der Dinge.. " (ebd./880)

Diese Fähigkeit zur Begriffsbildung, die ‚anschaulichen Metaphern zu einem Schema zu verflüchtigen'; ermögliche eine pyramidale Ordnung nach Kasten und Graden (ebd./ 881). Somit sind Begriffe Fortentwicklung im Sinne einer Verdünnung von Metaphern. Nietzsche geht davon aus, daß der *„Bau der Begriffe ... eine Nachahmung der Zeit-, Raum- und Zahlenverhältnisse auf dem Boden der Metaphern"* (ebd./886) ist. Die Möglichkeiten von Wissenschaft sind damit begrenzt:

„Also verweisen alle diese Relationen immer nur wieder auf einander und sind uns in ihrem Wesen nach unverständlich durch und durch; nur das, was wir hinzubringen, die Zeit, der Raum, also Successionsverhältnisse und Zahlen sind uns wirklich bekannt." (ebd./885)

Wahrheit ist in Sprache also nicht möglich, da sie erstens nur aus unsicheren Übertragungen besteht, zweitens durch Konventionalität korrumpiert ist. Wahrheit ist dann in der menschlichen Gesellschaft die Fähigkeit, die *„usuellen Metaphern zu brauchen"* und die *„Verpflichtung, nach einer festen Convention zu lügen"* (ebd./881f.):

„Was also ist Wahrheit? Ein bewegliches Heer von Metaphern, Metonymien, Anthropomorphismen, kurz eine Summe von menschlichen Relationen, die, poetisch und rhetorisch gesteigert, übertragen, geschmückt wurden, und die nach langem Gebrauche einem Volke fest, canonisch und verbindlich dünken: die Wahrheiten sind Illusionen, von denen man vergessen hat, dass sie welche sind, Metaphern, die abgenutzt und sinnlich kraftlos geworden sind, Münzen, die ihr Bild verloren haben und nun als Metall, nicht mehr als Münzen in Betracht kommen. " (ebd./880f.)

Derrida (1988/205-258) geht von einer ähnlichen Sprachauffassung aus und glaubt, daß Metaphorik und Philosophie untrennbar seien. Zustimmend zitiert er eine Bemerkung Anatole France (Le jardin d'Epicure, Paris 1900 o.S.), welche die Ansichten Derridas, von mir nicht zu übertreffen, präzise zusammenfaßt:

„Der ganze Ausdruck einer abstrakten Idee kann nur eine Allegorie sein. Durch ein denkwürdiges Schicksal sind diese Metaphysiker, die glauben, der Welt der Erscheinungen zu entkommen, gezwungen, fortlaufend in der Allegorie zu leben. Als traurige Poeten bleichen sie die uralten Fabeln und sind nur Sammler von Fabeln. Sie machen weiße Mythologie. " (ebd./209).

Theorien sind demnach ‚weiße Mythologie', nicht mehr als ein gebleichter Rest ursprünglich kräftiger Bilder - für die Sprachpsychologie hat Hörmann in seiner Kritik komplex-beliebigen Theoretisierens (ders. 1978/8f.) ähnliches geäußert.

2.4.6. Metaphernanalyse nach G. Lakoff und M. Johnson

Metaphern sind als Träger kognitiver und emotionaler Strukturen seit dem Buch ‚Metaphors we live by' von George Lakoff und Mark Johnson 1980 in den Blick geraten, und es gibt auch im deutschsprachigen Raum kaum noch eine Arbeit zu dem Thema, die sich nicht diesen Autoren auseinandersetzt[56]. Beide haben ihr Anliegen in Folgepublikationen vertieft und z.T. verändert[57]. Ihr Ansatz hat den Metaphernbegriff der vorliegenden Studie wesentlich geprägt; ich stelle zunächst die ‚Initialzündung' des genannten Buches vor (2.4.6.1), danach die Vertiefungen und Veränderungen der Folgestudien (2.4.6.2). Nach einer Zusammenfassung der wesentlichen Aussagen und einigen Kritikpunkten daran (2.4.6.3) möchte ich erläutern, daß der Ansatz von Schwemmer eine Anleitung bietet, die von Lakoff und Johnson inspirierte Metaphernanalyse in ein Gesamtkonzept qualitativer Forschung zu integrieren (2.4.6.4).

2.4.6.1. Lakoff, Johnson: „Metaphors we live by" (1980)

Lakoff und Johnson gehen davon aus, daß metaphorische Übertragungen aus einfachen und sinnlich wahrnehmbaren Erfahrungseinheiten (‚experiential gestalts') auf komplexe und abstraktere Begriffe ein Grundzug unseres Denken und Handelns ist; Metaphern bilden ‚concepts',[58] nach denen wir unser Leben strukturieren. Es ist nicht notwendig, eine inhärente Ähnlichkeit zwischen diesen einfachen Erfahrungsgestalten und den metaphorisierten Gegenständen zu postulieren, um dann eine Metapher zu bilden: Sie betonen, daß wir selbst eine systematische Ähnlichkeit sprechend und verstehend herstellen. Violi bestätigt, daß beide Autoren Metaphern nicht als Frage der Sprache, sondern des Denkens ansehen und daß sie eine Homologie zwischen Denken und Sprechen annehmen:
„ the analysis of metaphorical organisation in everyday language gives us a mapping of the metaphorical structure of our concepts" (Violi 1982/190).
Sie benennen drei unterschiedliche Typen von Metaphern: konzeptuelle (strukturierende), orientierende und ontologisierende (vergegenständlichende) Metaphern.

2.4.6.1.1. Konzeptuelle Metaphern

Die strukturierenden bzw. konzeptuellen Metaphern sind dem klassischen Begriff der Metapher am nächsten: Sie bilden einen neuen und abstrakten Begriff (z.B. Glühfadenlampe) in Worten eines anderen Erfahrungsbereiches (Obst) ab, um eine sinnfälligere Bezeichnung zu erreichen: Glühbirne. Die von Lakoff und Johnson ausgehende Arbeit von Brünner 1987, die ich oben (vgl. 2.4.5) ausführlich zitierte, nennt wesentliche Metaphern

---

[56] vgl. Bamberg 1982, 1984, Brünner 1987, Burckhardt 1987, Wiedemann 1986, 1989, Kleist 1984, 1987, Streeck 1991, Bock 1989, Rauh 1989, Radden 1989.

[57] Lakoff 1987; Johnson 1981, 1987; Lakoff und Johnson 1981.

[58] Die Übersetzung von ‚concept' als ‚logischer Begriff' würde Lakoffs Rationalismus-Kritik unverständlich erscheinen lassen, während die Übersetzung als ‚Gedanke' und ‚Auffassung' (Langenscheidts Großwörterbuch 1988/216) daran krankt, daß diese Worte im Deutschen einen großen und vagen Bedeutungshof haben. ‚Konzeption' kommt der Lakoffschen Intention am nächsten; Langacker (1988/385) vergleicht in diesem Sinne das später von Lakoff aus dem ‚concept' entwickelte ‚idealized cognitive modell' (ICM) mit seinem eigenen Begriff der ‚cognitive domain', mit ‚frame' nach Fillmore und ‚script' nach Abelson. Daher werde ich ‚concepts' mit ‚Konzept' und ‚kognitives Modell' übersetzen.

für den komplexen Begriff der Kommunikation: Sie ist Kampf (‚Positionen beziehen‘), ist ein Bauwerk (‚Argumentation aufbauen‘), Zeichnen (‚seine Ansicht illustrieren‘), Spinnen oder Weben (‚Gesprächsfaden‘, sich ‚verheddern‘), Fortbewegung (‚auf anderes Thema kommen‘), ein Lebewesen (‚tote‘ Sprachen‘), ein ökonomisch-bürokratisches Geschäft (‚verhandeln‘), eine Maschine/Computer (‚ich kann nichts mehr speichern‘), oder Kommunikation ist das Versenden von Ideen-Objekten in Sprachhüllen (Conduit-Metapher, eine ‚lange Leitung‘ haben, ‚hohle Phrasen‘, ‚schlecht verpackte Idee‘).

Lakoff und Johnson gehen davon aus, daß die sprachlichen Bilder aus einem Bereich von Erfahrung stammen, der eine prägnante Gestalt hat und leicht benennbar ist, während der zu strukturierende Bereich unscharf ist. Das trifft auf abstraktere Bereiche wie Gefühle, Handlungen, Wertungen zu: Die Metaphorik der Liebe, die ich oben (2.4.4) nach Kövecses zitierte, umfaßt viele Bilder der Einheit (‚eins werden‘, ‚ein Herz und eine Seele‘) mit den Variationen der Einverleibung (‚ich könnte dich fressen‘), der aufgehobenen Trennung (‚meine bessere Hälfte‘), der verschiedenen Formen von ‚Nähe‘, in denen die physikalische Qualität der Strecke für die Beziehung steht (‚waren uns ganz nah‘).

In dem Maße, in dem sich technische Errungenschaften soweit durchgesetzt haben, daß sie Alltagserfahrungen wurden, sind sie bildgebende Bereiche (Computer für Kommunikation; Elektrizität für Beziehung, s.o.). Je stärker eine bestimmte Metaphorik einen abstrakten Bereich dominiert, desto deutlicher sind ihre Folgen für Handlungen. Nieraad (1977/26) führt als Beispiel die der Biologie entlehnte Metaphorik des Faschismus an (Blut, Boden, Rasse etc.), um den Zusammenhang von Metaphorik und Handlung zu zeigen: Was an sozialer Wirklichkeit nicht in das ideologische Prokrustesbett paßte, d.h. nicht rassisch ‚gesund‘ war, wurde einer ‚biologischen Therapie‘ unterzogen, d.h. ‚ausgemerzt, ausgerottet, vertilgt‘. Eine konzeptuelle Metapher, die sich in der vorliegenden Studie sehr deutlich identifizieren ließ, lautete: Einzelfallhilfe ist Nachhilfe. Eine Helferin (vgl. Kap. 3.3 und 4.1.7) ging davon aus, *„daß wir üben und daß das Mädchen in der Schule stabiler würde“*. Die Arbeit strukturierte sich deswegen weitgehend als (schwierige) Nachhilfe: *„Ich bin also in erster Linie für die Nachhilfe zuständig.“* Sie richtete sich nach dem schulischen Erfolg: *„Sie arbeitet nicht immer gut mit, ... sie hat heute gut gearbeitet“*. Statt für das Kind ‚da zu sein‘ wie die Sozialarbeiterin vorgeschlagen hatte, formulierte sie: *„Ich stelle auch gar keine Ansprüche an sie außer daß sie ein bißchen mitübt“*. Da es nicht nur um Schulprobleme ging, sondern die Eigenarten der Mutter eine Verwahrlosung der Kinder nach sich zogen, kam es zu einer Heimeinweisung an der Helferin vorbei. Ihre dominierende Metaphorik hatte kaum andere familiäre Zusammenhänge und erst recht keine anderen Handlungsmöglichkeiten zugelassen. Lakoff und Johnson gehen in ihrer Behauptung eines solchen Zusammenhangs von Kognition und Handlung via Metaphorik soweit, daß sie behaupten:

„Our ordinary conceptual system, in terms of which we both think and act, is fundamentally metaphorical in nature. The concepts, that govern our thougt are not just matters of the intellect. They also govern our everyday functioning, down to the most mundane details. Our concepts structure what we perceive, how we get around in the world, and how we relate to other people.“ (dies. 1980/3)

Um diese weitreichende Behauptung zu stützen, reicht der dargestellte Begriff von Metaphorik nicht; die Betrachtung der orientierenden und der vergegenständlichenden Metaphern erlaubt es, die Reichweite dieser Behauptung einzuschätzen.

2.4.6.1.2. Orientierende Metaphern

Lakoff und Johnson zählen hierzu alle sprachlichen Hinweise, die auf eine meist räumliche Strukturierung von metaphorische Komplexen, Begriffen, Kognitionen und Emotionen schließen lassen; im Original sind dies: up-down, in-out, front-back, on-off, deep-shallow, central-peripheral (Lakoff, Johnson 1980/14). So verwenden wir Präpositionen wie ‚in‘, als ob wir ‚in‘ die Freiheit oder ‚in‘ das Leben ‚hinein‘ oder ‚aus‘ der Angst ‚herausgehen‘ könnten wie aus einem Raum, als ob in diese Räume etwas hinein- oder herausgetragen werden könnte. Die Orientierung am Gesichtsfeld verursacht, daß Zeit als Strecke, die ‚vor‘ oder ‚hinter‘ jemandem liegt, verräumlicht wird. Diese Ordnung der Erfahrung orientiert sich am Körper und zieht metaphorische Sprechweisen im engeren Sinne nach sich: auf sich zukommen lassen, auf ein Leben zurückblicken, das habe ich hinter mir. Ein anderes Beispiel: Die Erfahrung des Erhebens, Erwachens, Aufstehens bezeichnet die kulturelle Konnotation des ‚Happy is up‘, bzw. ‚More is up‘, nach der Freude erhebend, Depression niederdrückend, Erfolg steigend, Verlust als Abfallen erlebt wird, und auch die soziale Einteilung in ‚*Ober*‘- oder ‚*Unter*schicht‘ rekurriert auf persönliche wie kulturelle Raumerfahrung:
„*Most of our fundamental concepts are organized in terms of one or more spatialization metaphors.*" (Lakoff, Johnson 1980/17)
Die räumlich-körperliche Erfahrung erzeugt die schon erwähnte Oben-Unten-Dichotomie, die sich auf Diskussionen, soziale Strukturen und Streitigkeiten im Alltag metaphorisch übertragen läßt: Wer aus dem *Lager* der Commodore C64-Anwender in die Atari-*Welt aufsteigt*, hat nicht nur die Benutzung eines Acht-Bit-Rechengerätes zu einem Behälter-Schema projizierend bzw. vergegenständlichend verdichtet, ist nicht nur in einen weiteren, räumlich aufgefaßten *Kreis* von Benutzern, Geräten und Programmen *eingetreten*, sondern hat auch eine weitere räumliche Zuordnung unternommen: Daß die Atari-*Welt ‚höher‘* sein soll. Gerade die am wenigsten zu fassenden Werte und *hohen* Tugenden werden räumlich konzipiert und durch die metaphorisch vermittelte Körperlichkeit begriffen: *Kopf hoch!* Lakoff und Johnson gehen davon aus, daß die fundamentalen Werte einer Gesellschaft nur im Einklang mit diesen metaphorischen Schemata formuliert werden können (Lakoff, Johnson 1980/22f.).
Neben dem Oben-Unten-Schema sind es die metaphorischen Paare von ‚(da)vor‘ und ‚(da)hinter‘, ‚drinnen‘ und ‚draußen‘ (in, aus, hinein, hinaus); ‚tief‘ und ‚flach‘, ‚zentral‘ und ‚peripher‘. In der vorliegenden Studie läßt sich eine räumliche Metaphorik besonders für Gespräche beschreiben. Die Redewendung ‚wir waren im Gespräch‘ signalisiert durch die Verwendung der Präposition ‚im‘, daß es sich abgrenzen läßt von einem ‚draußen‘, der Zeit außerhalb des Gespräches, als wäre es ein eigener Raum (zu dieser Metaphorik s.u.). Innerhalb dieses Gesprächsraumes gibt es nun verschiedene räumliche Relation, die sehr gut die Beziehung Helfer-Klient in den jeweiligen Arbeitsphasen beschreiben. Das ‚Reden mit‘ signalisiert einen direkten Kontakt: ‚dann habe ich *mit* der Mutter gesprochen‘, bzw. das genau markierte Gegenteil davon: ‚es wird in der Familie überhaupt *nicht miteinander gesprochen*‘. Diesem läßt sich noch das ‚Reden über‘ ein abwesendes Drittes zur Seite stellen und zeigt ebenfalls noch einen gelingenden Rapport: ‚dann hatte ich *mit ihr über* diesen Schultag *gesprochen*‘ bzw. die Antithese: ‚auch jetzt *sprechen sie nicht drüber*‘. Das ‚An-sprechen‘ verdeutlicht dagegen eine andere Beziehungsqualität: Anders als beim ‚reden-über‘ geht es hier um einen ‚An-stoß‘ oder besser: ‚An-spruch‘ von einem der Sprechenden an den Anderen. Dies geht von positiv konnotierten Erlebnissen (‚das war sehr *ansprechendes* Praktikum‘) zu den Formen des Anspre-

chens, die für den in diesem Interaktionsfeld üblichen Diskurs über Probleme typisch sind: ‚wie schaffe ich es ... *anzusprechen'*. Die Metaphorisierung des Ansprechens zum ‚Anspruch' zeigt einen weiteren Bedeutungsbereich im Sinne weitergehender Erwartungen an sich und die Anderen: ‚er hat mich sofort *in Anspruch genommen'*, bzw. für die Helfer: ‚den *Anspruch* habe ich immer noch'. Die ähnliche benutzte Metaphorik des Ansagens im Sinne des Ankündigens behält die gleiche asymmetrische Rollenverteilung bei: ‚inzwischen ist etwas anderes *angesagt'*. Auf diese Weise lassen sich aus der räumlichen präpositionalen Metaphorik Grundzüge des Interaktionsverhältnisses (und ihre Probleme) beschreiben (vgl. Kap. 4.1.8).

2.4.6.1.3. Ontologisierende (vergegenständlichende) Metaphern

Lakoff und Johnson verstehen darunter die Fähigkeit, komplexe Teile unserer Erfahrung als einfache Objekte und Wesen zu identifizieren, daß wir z.B. die ‚Liebe', die ‚Zuwendung' als diskrete Entitäten behandeln, diese als Substantive analog den gegenständlichen Objekten funktionieren. Sie erklären dies damit, daß wir eine körperliche Grunderfahrung, hier die des abgeschlossenen Körperschemas, auf diese Begriffe projizieren, um sie handhaben zu können, ohne daß diesen Begriffen eine solche Abgeschlossenheit zukäme (Container-Schema; Lakoff, Johnson 1980/25):
„Human purposes typically require us to impose artificial boundaries that make physical phenomena discrete just as we are: entities bounded by a surface."
Die wichtigste verdinglichende Metapher ist die ‚container' -Metaphorik, die an den Präpositionen in/aus, drinnen/draußen, aber auch an bestimmten Verben zu erkennen ist. Sie markieren Innen- und Außenwelt einer Person: ‚Er kam *aus sich heraus'* heißt, daß jemand sich *‚öffnete'* und etwas *‚herausließ'* - die Idee des *‚Ausdrückens'* von Sorgen und Problemen ist nur mit der Behälter-Metaphorik zu beschreiben. Der Mensch ist in dieser Metapher nicht nur körperlich eine Einheit, sondern auch im psychischen Bereich ein Behälter, in dem sich vieles sammelt, staut (vgl. die Metaphorik des Berstens und Platzens für Wut und verwandte Emotionen, Lakoff 1987/380ff.) und wieder hinausströmt. Im Ergebnisteil beschreibe ich Familien, bei denen eine scharfe innerhalb/außerhalb - Dichotomie das eigentliche Problem darstellt: Die Familien oder ihre Mitglieder sind *‚in sich gekehrt'* und *‚verschlossen'*. Lakoff, Johnson beschreiben für unterschiedlichste Bereiche wie das Gesichtsfeld (*‚in* Sicht, *außer* Sichtweite') wie für Tätigkeiten (‚ich wurde *im* Gespräch gestört') das Vorkommen einer vergegenständlichenden Metaphorik.
Neben der Behälter-Struktur zählen Lakoff und Johnson noch die Konzepte von ‚Gegenstand' und ‚Substanz' zu den Schemata, die wir als verdinglichende Projektionsleistungen im Grundbestand unseres kognitiven Vermögens haben. Vergegenständlichende Metaphern erlauben uns, physische und psychische Erfahrungen zu benennen, zu quantifizieren, bestimmte Aspekte aus dem diffusen Bereich menschlicher Interaktion und Selbstwahrnehmung zu isolieren und hervorzuheben, sie als Ursachen und Gründe zu behandeln oder sie zu personifizieren. Wer *eine Menge* Geduld hat, scheint eine quantifizierbare Masse dieser Eigenschaft zu haben, die doch qualitativ sehr unterschiedlich sein kann. So sagen wir: *wegen der Inflation*, als wäre sie eine identifizierbare Person, die handelt, zufügt und verursacht. *Die Furcht vor Insekte*n fungiert so als handelndes und grammatisches Subjekt, welches Handlungen und Gefühle verursacht. Lakoff, Johnson (1980/27f.) nennen mehrere Metaphern für ‚Geist', die auf den metaphorischen Mechanismus der Verdinglichung aufsatteln und eine weitere strukturelle Metapher möglich machen (frei übersetzt):

- menschlicher Geist als Maschine:

bis der Kopf raucht, ich kann heute nichts mehr speichern, er dreht durch, sie rastet aus, er macht seine Arbeit mechanisch, bin etwas eingerostet, mein Kopf funktioniert nicht, bei dem ist wohl eine Sicherung durchgebrannt, ich komme heute nicht auf Touren, ich fühle mich wie abgeschaltet, es war eine Kurzschluß-Reaktion.

- menschlicher Geist als zerbrechlicher Gegenstand:

Du mußt vorsichtig mit ihm umgehen, er zerbrach unter den Anforderungen, sie wurde erschüttert, wir zerbrechen uns den Kopf, einen Sprung in der Schüssel haben, sie warf ihm ihre Vorwürfe an den Kopf, er war allerdings nicht auf den Kopf gefallen, der Kleine will mit dem Kopf durch die Wand, sie war wie vor den Kopf geschlagen.

Beiden Metaphern für ‚Geist' unterliegt jeweils, daß dieser ein konkreter Gegenstand ist; darauf sitzt die weitere Konzeptualisierung als Maschine, als zerbrechliches Objekt etc. auf. Ihnen gemeinsam ist der Rekurs auf körperliche Grunderfahrungen und ihre gestalthafte Qualität, eine strukturelle Einfachheit, dynamische Veränder- und Übertragbarkeit. Wir verstehen Aktionen, Geschehnisse und Objekte, weil sie sich auf eine Erfahrungsgestalt beziehen:

„The metaphorical meaning is based upon the projection of one common gestalt structure onto another. What emerges is a new gestalt that restructures aspects of our experience, thougt, and language." (Johnson 1981/30f.)

Den Rückgriff auf Gestaltqualitäten kommentiere ich in 2.4.6.1.5. - In dieser Arbeit ließ sich eine komplexe Metaphorik eruieren, die auf mehreren ‚Substantialisierungen' beruht: Die Familie ist ein ‚Behälter'; Klienten sind in ihr ‚*hängengeblieben*' oder haben sich dort ‚*verstrickt*', sie ‚*kommen nicht raus*'. Die Aufgabe der Helfer besteht in diesem Bild dann darin, die KlientInnen auf ihrem Weg, den sie oft als ‚*Gratwanderung*' metaphorisieren, zu ‚*begleiten*' oder sie ‚*in Bewegung zu bringen*' (= strukturelle Metaphorik, s.o.); als ‚*Ziel*' nennen sie ‚*Freiraum*' (vgl. Kap. 4.1.1). Wendungen wie: ‚*Sackgasse*', ‚die Familie ist ein *Gefängnis*', ‚*da komme ich nicht weiter*' zeigen ebenfalls abgeschlossene Räume und können hier die überraschende Fülle und Dominanz dieser Metaphorik nur andeuten (s.d.). Eine weitere Verdinglichung, auf der eine konzeptuelle Metaphorik aufsitzt, läßt sich im Bild des Gebens und Nehmens finden: Oft ist die Rede davon, daß die HelferInnen den KlientInnen und Kindern Hilfen und ‚*Dinge*' ‚*anbieten*' und ‚*überlassen*', während diese ‚*wenig haben*' vom Leben oder etwas ‚*ganz anderes wollen*', ‚*kriegen*' und ‚*bekommen*'. Ohne die Vergegenständlichung von Zuwendung und Aufmerksamkeit ließe sich dieser Teil der Arbeit nicht beschreiben.

2.4.6.1.4. Metaphorisches ‚highlighting' und ‚hiding'

Metaphern beleuchten - und verdunkeln - Zusammenhänge. So ist in dem erwähnten Bild ‚Kommunikation ist Kampf' die notwendige kooperative Haltung, mit der überhaupt erst das Streitgespräch beginnen kann, nicht in den Blick zu bekommen:

„The very systemacity that allows us to comprehend one aspect of a concept in terms of another (e.g. comprehending an aspect of arguing in terms of battle) will necessarily hide other aspects of the concept." (Lakoff, Johnson 1980/10).

Am Beispiel eines Interviews mit einem Einzelfallhelfer (Kap. 3.9) läßt sich zeigen, daß dieser ganz von der Metaphorik ‚Hilfe besteht darin, daß ich meinen Patienten in Bewegung bringe' bestimmt ist. Er versuchte also, ihn auf reale wie metaphorische Weise zu zu bewegen, ihm z.B. *„so einen kleinen Schubs"* zu versetzen, bis es gelang, ihn in den Bus zur Arbeitstherapie zu bringen. Wenn es auch noch glückte, daß er ohne Hilfe zurückfuhr, dann war es *„wieder so ein kleiner Schritt in Richtung selbständig sein"*. Die praktische

Tätigkeit war dementsprechend auf Motivation und Hilfe zum Besuch der Arbeitstherapie in der Klinik, zum Einkaufen und zum Spazierengehen ausgerichtet. Er kodierte auch Konsequenzen und Ziele eines solchen Arbeitens als Bewegung, und wollte z.B. „mehr Freiraum" mit dem Patienten erarbeiten. Es kam zu Krisen, und eben nicht zu ‚Fortschritten'. Der Patient kommentierte dies jedoch mit: „Es geht nicht". Seine Wahrnehmungsweise der Welt bestand im Reden ‚über' die Ängste, das der Helfer, in seiner Metaphorik lebend, abblockte: „Nicht reden, tun Sie einfach, machen Sie". Durch die Rückspiegelung dieser erdrückenden Dominanz einer einzigen Metapher und der in ihr liegenden Ausblendung anderer Herangehensweisen konnte der Helfer seine Einseitigkeit erkennen und korrigieren, indem er mit dem Klienten über seine Ängste mehr sprach und u.a. ein Buch mit ihm zusammen las. Es entstand zum ersten Mal ein tragfähiger Kontakt, der um so bemerkenswerter war, weil dieser Patient in der psychiatrischen Klinik als Problemfall galt und ein erster Einzelfallhelfer sehr bald aufgegeben hatte.

2.4.6.1.5. Zur Grundlegung metaphorischen Denkens und Sprechens

Wenn Metaphern bzw. metaphorische Konzepte Übertragungen von vertrauten Schemata auf unvertraute sind, dann stellt sich die Frage, wie die nicht-metaphorischen Schemata bzw. Begriffe zustande kommen und woraus sie bestehen. Ich habe mehrfach erwähnt, daß Lakoff und Johnson dazu auf Erfahrungen in der Lebenswelt zurückgreifen. Diesen Rückgriff will ich für die drei Typen der konzeptionellen, orientierenden und vergegenständlichenden Metaphern genauer beschreiben.

a) Orientierende Metaphern gliedern unsere Erfahrung räumlich; die präpositionalen Schemata oben-unten, vorne-hinten, drinnen-draußen etc. erlauben uns, Freude als ‚erhebend', Depression als ‚niederdrückend', die Vergangenheit als zurückgelegten Weg hinter mir, die Zukunft als Strecke vor mir, Gefühle als ‚in' mir und Wut als ‚außer mir sein' zu konzeptualisieren. Für die orientierenden Metaphern geben Lakoff und Johnson an, daß sie der Interaktion mit der Umwelt entstammen:
„... the structure of our spatial concepts emerge from our constant spatial experience, that is, our interaction with the physical environment." (dies. 1980/56f.).
Lakoff und Johnson leiten die Wichtigkeit räumlich-metaphorischer Konzepte von der nonverbalen Interaktion mit der physikalischen Umwelt ab; sie machen keinen entwicklungspsychologischen Rückgriff, der sich anbieten würde, z.B. die Entwicklung der Handlungs- und Wahrnehmungsschemata sensu Piaget auf ihr eigenes System anzuwenden. Auch in einer anderen Richtung argumentieren sie nicht weiter: Wir übernehmen schließlich die gesamte Sprache unserer Um- und Mitwelt, und diese könnte sich als kulturelles System bedeutsamer für die Prägung unserer Wahrnehmung erweisen. Lakoff und Johnson beeilen sich zwar zu behaupten, daß
„... all experience is cultural through and through, that we experience our ‚world' in such a way our culture ist already present in the very experience itself." (ebd./57)
Allerdings ist diese Vermittlung von Kultur und sensorischer Erfahrung hier nur behauptet und nicht weiter beschrieben. Rauh 1989 hat die Übertragung räumlicher Eigenschaften durch präpositionengesteuerte Metaphorik herausgearbeitet. Sie beschreibt aus linguistischer Sicht den Ausgangspunkt in typischen Erlebnissituationen:
„Inhärente und kontextuelle semantische Eigenschaften der ursprünglichen Präpositionen werden innerhalb der lokalen Domäne im Einklang mit ihrer Verwendung in typischen Situationen bestimmt." (Rauh 1989/252).

Präpositionen nehmen Bedeutungen aus typischen Situationen mit und stellen diese als Erfahrungsgestalt in neuen Kontexten zur Verfügung; dies ist für Rauh ein Beleg dafür, daß die begriffliche Kompetenz des Menschen generativ, d.h. unendlich ist[59].

b) Vergegenständlichende Metaphorik greift nach Lakoff und Johnson ebenfalls auf prä-verbale Erfahrung zurück. Die Konzepte von Substanz, Gegenstand und Behälter „emerge directly. We experience ourselves as entities, separate from the rest oft the world - as containers with an inside and an outside. We also experience things external to us as entities -often also as containers with insides and outsides. ... We experience many things, through sight and touch, as having distinct boundaries, and, when things have no boundaries, we often project boundaries upon them - conceptualizing them as entities and often as containers (for example, forests, clearings, clouds, etc.)." (Lakoff, Johnson 1980/58).
Die Substanz-Metapher, z.B. ‚viel Zuwendung', ‚wenig Aufmerksamkeit' ermöglicht zum Beispiel, die nicht greifbare Hinwendung eines Subjekts zu einem anderen als Sub-stanz zu behandeln (Lakoff, Johnson 1989/66). Diese imaginären Stoffe können
- verglichen und differenziert werden, als wären sie verschieden - aber lassen sich ‚Zu-wendung' und ‚Aufmerksamkeit' vollkommen trennen?
- in ihrer Menge verglichen werden wie Sand (‚viel', ‚wenig', ‚nichts'),
- mit einem Wert pro Einheit versehen werden (‚Streicheleinheiten', Menge an zugebil-ligten Therapiestunden),
- als Mittel einem Zweck zugeführt werden (‚mehr Zuwendung, damit sie sich öffnet'),
- zunehmend aufgebraucht werden (‚da ist bei mir *nichts* mehr da').
Dieses Substanzkonzept erinnert an die von Piaget beschriebenen Konzepte der Erhal-tung von Masse, Gewicht und Volumen, den die Autoren nicht zitieren.

c. Auch zur Erklärung der konzeptuellen Metaphorik greifen Lakoff und Johnson auf ‚un-mittelbare Erfahrung' zurück, hier jedoch bemühen sie sich, diese Annahme präziser zu fassen. Am Beispiel der bei Brünner oben erwähnten Metapher (Kap. 2.4.5), daß ‚Kom-munikation' als ‚Krieg' funktionieren kann, benennen sie das Modell eines Gespräches als ‚experiential gestalt', als Erfahrungsgestalt. Diese ist durch ihre unerläßliche Bestand-teile: Teilnehmer, Aktivitäten, Zustände, Verlauf, kausale Abläufe und Ergebnisse defi-niert (Lakoff, Johnson 1980/82). Diese Bestandteile sind in der Erfahrungsgestalt ‚Krieg' ebenfalls vorhanden; strukturelle Metaphern bestehen nun daraus, daß die Bestandteile einer Erfahrungsgestalt mehr oder minder teilweise die Bestandteile einer anderen über-lagern. In ihnen sehen sie jene ‚basic dimensions of experience', hinter die in einer Analy-se des Verhältnisses zwischen Sprache und Erfahrung nicht zu gehen ist (ebd.).
Alle drei Klassen von Metaphern bilden Szenen und Situationen ab: die konzeptuelle Me-tapher von der Kommunikation als Krieg, die verdinglichende Metaphorik z.B. des Men-schen als Behälter (‚X ist nicht ganz dicht') oder die räumlich-orientierende Metaphorik (‚ich habe heute ein Tief'). In diesem Sinne erweisen sich Metaphern als Abkürzungen und Hinweise auf jene ‚komplexen situativen Strukturen', die Hildebrand-Nilshon als analytische Einheit in onto- wie phylogenetischer Sprachentwicklung beschreibt (vgl. Kap. 2.2.3). In der Diskussion von Lorenzers Ansatz hatte ich auf die Eigenart der psy-

---

[59] Rauhs strenger, gleichzeitig einfacher Metaphernbegriff ist für notwendige Operationalisie-rungen nützlich: „In bezug auf die sprachlichen Kontexte von Präpositionen bedeutet dies, daß Metaphorik dann vorliegt, wenn in ihre Argumentpositionen sprachliche Einheiten ein-gesetzt werden, die nicht das Merkmal [konkret] aufweisen." (Rauh 1989/269)

choanalytischen Entschlüsselung von rational nicht zugänglichen Symptomen und Symboliken hingewiesen - die Analyse des szenischen Gehalts von Metaphern legt Muster frei, die ebenfalls als unbewußte Ikonen Handeln und Denken prägen[60] (vgl. Kap. 2.4.3).

2.4.6.1.6. Weitere Implikationen des frühen Ansatzes

Ich habe die Unterscheidung zwischen neuen bzw. kreativen und toten Metaphern in den Textwissenschaften erwähnt (vgl. Kap. 2.4.0). Im Rahmen eines so umfassenden Verständnisses vom Begriff und der Wirkung derselben sind natürlich viele der oben ‚tot' genannten immer noch wirksame Metaphern. Für Lakoff und Johnson ist eine Metapher aber erst dann ‚tot', wenn sie keine Verbindungen zu einem kognitiven Konzept mehr hat (vgl. Lakoff, Johnson 1980/55). ‚Glühbirne' ist in diesem Sinne eine tote Metapher, da sie keine weiteren Implikationen und Metaphern nach sich zieht; zu dem Bild, einen Menschen zu ‚stützen', lassen sich jedoch weitere semantisch verwandte Konzepte finden: Das Substantiv ‚Unterstützung' zeitigt einen Reichtum an Substanz-Metaphorik (‚mehr ...', ‚weniger...' etc.); die Wendung, einen Menschen ‚aufzurichten' vergleicht ihn mit einem Bauwerk oder Gegenstand, der aufgerichtet stehen könnte, aber der Unterstützung bedarf. Die Metaphorik des Stützens zieht die der Last nach sich: Der betroffene Mensch ist ‚belastet', ‚unter Druck', ‚hat viel auf dem Buckel' und könnte ‚zusammenbrechen' (zur Stütz-Metaphorik vgl. Kap. 4.1.2).

Das Projekt von Lakoff und Johnson läßt sich nicht auf eine Sammlung wirksamer Metaphern beschränken. Die Interpretation von Metaphern als kognitive Konzepte und als Kondensat von Erfahrungen führt sie zu einer phänomenologischen Theorie begrifflicher Strukturen (Lakoff, Johnson 1980/106ff.), die sich gegen rationalistische Sprachkonzeptionen in der Folge von Chomskys generativer Transformationsgrammatik und ihrer semantischen Ausläufer sensu Katz und Fodor richtet, eine eigene Definition von Wahrheit versucht (ebd./156ff.) und eine wissenschaftstheoretische Position installiert, die sie jenseits von Subjektivismus (sensu Feyerabend) und Rationalismus als ‚experientialism' bezeichnen. Im folgenden sollen nur jene Teile der theoretischen Weiterentwicklung beschrieben werden, die bei der Betrachtung des Instrumentes Metaphernanalyse weitere Blickwinkel eröffnen.

2.4.6.2. Veränderungen der Theorie in späteren Publikationen

Diese Veränderungen fallen besonders in den Publikationen von 1987 auf (Lakoff 1987, Johnson 1987). Sie geben die Aufteilung in ‚ontological', ‚orientational' oder ‚structural metaphors' auf. Das, was sie bisher den manchmal schwer zu unterscheidenden orientierenden und vergegenständlichenden Metaphern zuordneten, geht in großen Teilen in den ‚kinaesthetic image schemas' auf. Sie meinen damit vorbegriffliche Bildschemata, die im

---

[60] Ich kann meine Kritik des ‚neurolinguistischen Programmierens' sensu Bandler und Grinder (1987/21ff.) hier nur andeuten. Besonders die verblüffend einfache und zunächst überzeugende Analyse der Repräsentationsmodi in sinnlichen Kategorien (visuell, auditiv, kinästhetisch, olfaktorisch/gustativ) ähnelt metaphorischen Strukturierungen. Bei weiterer Suche ergibt sich allerdings, daß metaphorische Felder mehr als einen sinnlichen Repräsentationsmodus beinhalten, und so zeigt sich ihr Konzept als eine biologisierte Konstruktion der Wahrnehmung; sie übersehen, daß nach einer biologischen Ebene der Wahrnehmung Konzepte und Bilder im Kopf sind, die unser Wahrnehmen, Handeln und Denken inhaltlich bestimmen. - Ihr Metaphernbegriff ähnelt dem von Gordon 1985, der in 2.4.2. bereits kritisiert wurde.

körperlichen Erleben direkt verankert seien. Besser ausdifferenziert sind ‚basic-level categories', welche aus der Begriffsbildung im alltäglichen Funktionieren in einer Umwelt resultierten. Die Gestalt einer Giraffe z.B. ist auf diesem Niveau eine eindeutig zu identifizierende Struktur und somit eine basic-level-Kategorie. ‚Kinaesthetic image schemas' hingegen stellen nur *„the grossest outline of structure"* (Lakoff 1987/270) zur Verfügung. Lakoff behauptet, daß die ‚basic-level categories' den kinästhetischen Bildschemata korrespondieren und durch letztere hindurch verstanden würden[61]. Dazu gebe ich erst einige Beispiele dieser Bildschemata, bevor ich auf die Bedeutung der ‚basic level categories' und der darauf aufbauenden ‚idealized cognitive modells' eingehe.

2.4.6.2.1. ‚Kinaesthetic image schemas'

Der psychologische Status dieser Schemata, ihre Anzahl und ihre Verknüpfung ist wenig ausgearbeitet (Johnson 1987/126ff.) Johnson versucht, auf phänomenologischer Ebene nicht weiter hintergehbare einfachste Grundmuster der Wahrnehmung zu beschreiben. Lakoff und Johnson wollen in ihnen die Verankerung auch des abstrakten Denkens in körperlicher Erfahrung und visueller Gestaltperzeption zeigen; dabei greifen diese Schemata auf vorbegrifflicher Ebene in Wahrnehmungen und Denkprozesse ein. Ich stelle diese ‚Körperbilder' im Folgenden nach einem Muster dar (vgl. Lakoff 1987/271-275):
a) körperliche Erfahrung, auf die dieses Bild sich bezieht
b) notwendige Elemente der Struktur dieses Bildes
c) aus dieser Struktur sich ergebende Logik (‚basic logic')
d) Beispiele für davon abgeleitete Metaphern

Das Behälter-Schema (Container-Schema).
Dies ist das häufigste Schema. In der älteren Terminologie von Lakoff und Johnson 1980 war es ein Beispiel für ‚ontological' (vergegenständlichende) Metaphorik gewesen (s.o.), hier figuriert es als eigenes Schema.
a) körperliche Erfahrungen: Wir erfahren uns und unsere Körper als Behälter, ebenso wie wir uns in solchen Behältern, d.h. Räumen aufhalten.
b) Elemente dieser Struktur: Inneres, Äußeres, Grenze
c) Logik: Dinge sind entweder im Behälter oder außerhalb. Wenn Behälter A in Behälter B ist und X im Behälter A, dann ist X auch in B.
d) metaphorische Übertragungen: in sich gehen, aus sich herauskommen, in sich verkriechen, vor Wut platzen, es sprudelt aus ihm heraus, nimmt es zu sich, er schluckte die Kränkung, es kommt in Sicht, außer Sichtweite, in der Ehe, außerehelich; (Modelle der Mengenlehre).
Neben der Verräumlichung der Arbeit werden besonders ausweglose Familiensituationen als Behälter beschrieben (‚Gefängnis'), vgl. Kap. 4.1.1.

Das Teil-Ganzes-Schema (part-whole schema)
a) körperliche Erfahrungen: Wir bestehen aus Gliedern, die wir einzeln und unabhängig voneinander bewegen können, sind aber dennoch ein Ganzes, das mehr ist als eine Summe von Händen, Füßen, Kopf etc.
b) Elemente dieser Struktur: ein Ganzes, Teile, und eine Konfiguration.
c) Logik: Asymmetrie: Ein Teil ist Teil eines Ganzen, aber das Ganze nicht Teil des Tei-

---

[61] Lakoff 1987, insbes. Kap. 17, Cognitive Semantics, S. 269-303

les; Nicht-Reflexivität: Das Ganze ist nicht Teil seiner selbst; ferner: Teile können ohne ein Ganzes existieren, ein Ganzes kann aber nicht ohne seine Teile existieren. Nur wenn die Teile in der bestimmten Konfiguration existieren, gibt es ein Ganzes; Isomorphie: Zwei Ganzheiten haben dieselbe Konfiguration.

d) metaphorische Übertragungen: Familie und andere soziale Organisationen werden oft als solche Ganzheiten mit ihren Teilen verstanden. Hört ein Teil auf zu existieren (z.B. indische Parias im Kastensystem), so wird von denen, die in dieser Metapher des ‚Körpers der Gesellschaft' leben, angenommen, daß damit die ganze Gesellschaft zerstört wird (die Parias als Füße der indischen Gesellschaft, vgl. Lakoff 1987/273f.).

Dieses Schema taucht in der Arbeit nicht auf; die HelferInnen schildern die Familien meist als zu eng oder als auseinanderstrebend, was dazu beitragen mag, daß ich keine von diesem Schema abgeleitete Metaphern fand (vgl. Kap. 4.1.1).

Das Verbindungsschema (link-schema)

a) körperliche Erfahrungen: Nabelschnur, an den Händen halten, mit einem Seil oder einer Schnur Dinge verbinden oder hinter uns herziehen.

b) Elemente dieser Struktur: zwei Ganzheiten A und B, und ein Verbindungsglied.

c) Logik: Wenn A an B gebunden ist, ist A beeinflußt und abhängig von B; auch symmetrisch: Wenn A an B gebunden ist, ist B auch an A gebunden.

d) metaphorische Übertragungen: Verbindungen und Kontakte herstellen, das soziale Band, die Ketten eines Sklaven, bindungslos, bindungsunfähig.

Die zwei letzten Beispiele sind Grundmuster der Verbindungs- und Beziehungsmetaphorik der Einzelfallhilfe: ‚Kontakte knüpfen', ‚im Bezirk einbinden', ‚abhängig sein' etc., vgl. Kap. 4.1.3.

Das Kern-Rand-Schema (center-periphery schema)

a) körperliche Erfahrungen: Wir haben einen Körper mit einem Zentrum (Leib, Kopf) und seiner Peripherie: Haare, Fingernägel, Füße. Wir können unsere Haare verlieren und sind noch dieselben; ein Baum ist immer noch ein Baum, wenn er seine Blätter verliert. Die fehlende Gestaltqualität beschreibt den Unterschied zum Teil-Ganzheit-Schema (s.o.).

b) Elemente dieser Struktur: eine Ganzheit, ein Zentrum, die Peripherie

c) Logik: Die Peripherie ist vom Zentrum abhängig, aber nicht umgekehrt.

d) metaphorische Übertragungen: zentrale Teile seiner Theorie, der Kernpunkt seiner Argumentation, die Fußnoten, Randbemerkungen, Nebensache, Anmerkungen.

Auch dieses Schema war vereinzelt zu finden; in den typischen Metaphern des Helfens war es nicht repräsentiert.

Das Ursprung-Pfad-Ziel-Schema (source-path-goal schema)

a) körperliche Erfahrungen: Seit der ersten Bewegung bewegen wir uns von einem Platz zum anderen.

b) Elemente dieser Struktur: Einen Ursprung als Anfangspunkt, ein Ziel als Endpunkt, ein Pfad als Sequenz von jeweils anschließenden Räumlichkeiten zwischen Ursprung und Ziel, sowie eine Richtung zum Ziel hin.

c) Logik: Um vom Ursprung zum Ziel zu kommen, muß jeder Punkt des Pfades berührt werden; je länger der Pfad, desto länger die Zeit dafür.

d) *metaphorische Übertragungen*[62]: ein langer Weg bis zur Dissertation, vom Weg/Ziel abkommen, seinen Weg finden, ziellos umherlaufen, eine verfahrene Situation, die Spuren verliefen im Sand.
In der vorliegenden Arbeit ist dies eine zentrale Metaphorik: Die Helfer versuchen ‚in Bewegung zu bringen‘, machen ‚Gratwanderungen‘, ‚tappen im Dunkeln‘ und sind auf der Suche nach ‚Zielen‘ und ‚Freiräumen‘, vgl. Kap. 4.1.1.

Weitere Schemata sind die für force, paths, central-periphery, links, cycles, scales, verticality, up-down, front-back, linear order, end of path, force, reflexive (Lakoff 1987/275, Johnson 1987/101-138).

2.4.6.2.2. Begriffsbildung und ‚basic-level categories‘

Es können natürlich nicht alle Worte metaphorisch sein. Die Bereiche, aus denen der Bildspender (Kampf, Bauen, ...) stammt, beschreibt Lakoff 1987 als sog. ‚basic-level categories‘. Mit Hinweisen auf die Theorie der prototypischen Begriffsbildung von Rosch vertritt er die These, daß die kognitiv grundlegenden Kategorien in der Hierarchie der Begriffe die Mitte zwischen den spezifischen und den allgemeinen Begriffen einnehmen (ebd./13). Diese basic-level categories sind für ihn funktional und erkenntnistheoretisch ein zentraler Ausgangspunkt; er nennt als Gründe:
- Sie folgen den Regeln der Gestaltwahrnehmung, sie sind mehr als die Summe ihrer Teile, bilden ein Ganzes und haben eine Vordergrund-Hintergrund-Differenzierung.
- Sie ergeben ein Bildschema.
- Sie sind in ihrem Ablauf mit einer körperlichen Bewegung verbunden, und sind
- leicht zu erlernen, wiederzuerkennen und zu erinnern (‚ease of cognitive processing‘).
- Sie sind phonetisch einfach und in vielen Sprachen zu finden.

Er nennt ‚Baum‘ als Beispiel: Ein Kind lernt erst dieses Wort, bevor es die allgemeinere Kategorie ‚Pflanze‘ und die differenzierende Unterkategorie ‚Eiche‘ lernt; die Gestalt- und Bild-Qualität ist ergiebig genug, um in psychologischen Tests als Maßstab von Entwicklung benutzt zu werden; nach Lakoff ist aber auch die körperliche Erfahrung ‚Baum‘ (hochschauen, hochklettern) notwendig, um dieses Wort zu einer ‚basic-level category‘ zu machen. Lakoff zitiert keinen einzigen Entwicklungs- oder Sprachpsychologen, sondern entwickelt seine Position im Kontrast zu den Sprachtheorien seines Lehrers Chomsky; er besteht darauf, daß Begriffe nicht formal zu definieren seien, und nimmt folgende Formen sprachlicher Kategorisierung an:
- Die Elemente einer Kategorie sind miteinander nicht durch hinreichende und notwendige Bedingungen (z.B. gemeinsame Eigenschaften), sondern durch ‚Familienähnlichkeiten‘ verbunden. Er wiederholt Wittgensteins Beispiel gegen die formale Auffassung der Semantik, daß eine Kategorie durch mindestens eine gemeinsame Eigenschaft definiert sein muß: Gibt es eine Eigenschaft, die innerhalb der Kategorie ‚Spiele‘ von z.B. Schach, Monopoly und Ringelreihen geteilt wird? (Lakoff 1987/16)
- Daraus resultiert, daß die Elemente einer Kategorie nicht gleichwertig sind, sondern daß

---

[62] Eine Studie über das Bewegungskonzept, das mit den Verben ‚to come‘ und ‚to go‘ verbunden ist, bietet Radden 1989/228ff. Er zeigt, daß für diese oft gebrauchten Verben das source-path-goal-Schema das wichtigste Muster ist. Auch er versucht in Anlehnung an Lakoff und Johnson zu zeigen, *„daß die metaphorischen Bedeutungen aus Grundaspekten des Bewegungsschemas hergeleitet und motiviert sind."* (ebd./246)

es gute Beispiele für diese Kategorie („prototypes") und weniger gute gibt. Es existieren unterschiedliche ‚Grade der Mitgliedschaft' durch die Zugehörigkeit eines Elementes zu anderen Begriffen und durch metaphorische Strukturierung der Begriffe aus anderen Bedeutungsfeldern.

- Begriffe existieren abhängig von den Körpern ihrer DenkerInnen; sie verweisen nicht abstrakt durch ‚innere Entsprechungen' auf ‚wahre' Sachverhalte in der Welt. Wichtige Begriffe (basic level categories) sind in den biologischen Fähigkeiten des Menschen sowie in seinem Funktionieren in physischer und sozialer Umwelt verankert. Sie repräsentieren Erfahrungen, die metaphorisch und metonymisch neue Wahrnehmungen assimilierbar machen. Diese Begriffe werden nicht nur intellektuell verstanden, sondern auch automatisch und unbewußt gebraucht (ebd./12f.).

Boesch (1980/insbes. 202-221) trennt eine ‚Handlungsbedeutung', die allein von der Sachqualität der Objekte abhänge, von einer ‚Symbolbedeutung' ab, welche die ‚Konnotationen der Objekte' und ihre ‚exemplarische Funktion' in sich aufnehme. Der Lakoffsche Weg von den basic-level categories (in ihrer ‚exemplarischen Funktion') zu ihren metaphorischen Verwendungen macht statt dieser Trennung ein aktives Kontinuum zwischen Handlung und ihrer sprachlich-symbolischen Übertragung sichtbar. Ich kann Lakoffs weitere Theorie der Begriffsbildung nicht ausführen und deute nur noch zwei wichtige Begriffe im folgenden an.

2.4.6.2.3. ‚Idealized Cognitive Modell' und ‚Prototypical Scenario'

Ein ‚idealisiertes kognitives Modell' ist ein Konzept, das eine ganzheitlich strukturierte Aktivität repräsentiert, die körperlich verankert ist (Lakoff 1987/13, 21). Sie wurde von den Autoren früher als ‚experiential gestalt' beschrieben (ebd./489):
„The main thesis of this book is that we organize our knowledge by means of structures called ‚idealized cognitive models', or ICMs, and that category structures and prototype effects are by-products of that organization." (Lakoff 1987/68).
Als einfachstes Beispiel für ein ICM bezieht sich Lakoff (1987/68f.) auf Fillmores Begriff des Rahmens (‚frame'). Um zum Beispiel zu wissen, was das Wort ‚Mittwoch' bedeutet, bedarf es des Rekurses auf einen ‚Rahmen' bzw. auf das idealisierte Modell der Woche, die in unserem Kulturkreis in sieben Tage gegliedert ist, unterteilt in werktägliche Arbeitstage und ein Wochenende, und in welcher der Mittwoch immer der dritte Arbeitstag ist. Ein Beispiel für ein anderes ICM: ‚Zur Party kommen'; es steht für Anziehen, in das Auto Einsteigen, Fahren, Ankommen, Aussteigen, Begrüßung und bildet somit einen Raum von Möglichkeiten für Variationen des Grundschemas (Lakoff 1987/78). Für ICMs sind zeitliche Strukturen (z.B. Anfang-Ende) oft ein wichtiger Bestandteil; sie funktionieren dann nach dem genannten ‚source-path-goal' Schema. ‚Kommunikation ist Kampf' ist ein metaphorisches ICM, in dem für die beiden darin verknüpften kognitiven Modelle ‚Kommunikation' und ‚Kampf' ähnliche zeitliche Ablaufschemata nachzuweisen wären. Beispiele für ‚Cluster' aus mehreren ICMs sind die verschiedenen kognitiven Modelle für ‚Mutter', die zum einen durch das Gebären, zum anderen durch die Versorgung einer Familie jeweils eine ‚ganzheitlich strukturierte Aktivität' bilden. Sie sind sowohl auf der Ebene der ‚basic level categories' ein tief verankertes Konzept wie auch als Bildspender ein ‚Urbild', das vielfältiger metaphorischer Übertragungen fähig ist. Es handelt sich also um hermeneutische Sinneinheiten, die sich überlappen können.
Einen Sonderstatus nimmt das ‚prototypical scenario' als Variante eines ICM ein. Es ver-

einigt verschiedene Metaphern zum Ablaufschema einer Mustergeschichte. Wie man eine solche Mustergeschichte bzw. eine Urszene rekonstruieren kann, hat Lakoff in einer Fallstudie zum Wort ‚Ärger‘ herausgearbeitet (1987/380-415). An einer Sammlung nordamerikanischer Metaphern, die im Umkreis der Erfahrung von ‚Ärger‘ liegen, rekonstruiert er ein ‚prototypical scenario‘. Im folgenden gebe ich ein solches für die Erfahrung von Ärger in z.T. frei übersetzter Weise wieder:

Zu Beginn desselben steht ein verletzendes Ereignis, das die als Behälter gedachte Ganzheit einer Person einschränkt (auf die Füße treten, sticheln, eine reinwürgen, eine vor den Kopf knallen, reizen, verwunden, bedrücken, bedrängen, belästigen, auf die Nerven/ auf den Wecker gehen, den letzten Nerv rauben/töten, auf den Nerven herumtrampeln). Darauf folgt der Ärger, der gedacht wird als ‚Hitze in einem Gefäß‘ (vor Wut kochen, Blut in Wallung bringen, zur Weißglut bringen, rot vor Zorn werden, (dunkel-)rot anlaufen, gereizt). In diesem Stadium sind öfter Versuche zur Selbstkontrolle sprachlich nachweisbar, die gegen Hitze und expansiven Druck im Gefäß gerichtet sind (‚cool‘ bleiben, sich zusammenreißen, kein Wort darüber verlieren, zähneknirschend, den Kopf nicht verlieren, halt, die Luft an!, bändigen, beherrschen). Darauf folgt das vierte Stadium, der Kontrollverlust, in dem das Gefäß überkocht (vor Wut bersten/platzen, aus der Haut fahren, der Kragen platzt, rasen, explodieren, ausflippen, zum Stier werden, aufdrehen, aufbrausen, hochgehen, toben, sich entladen, in die Luft/ an die Decke gehen, ungehalten sein, wutentbrannt, wutschäumend, wutschnaubend, den Kopf/ die Beherrschung/ die Geduld verlieren, jemandem läuft die Galle über, Wutanfall, Dampf ablassen). Anschließend gibt es eine letzte Phase des Vergeltens und der Wiederherstellung, welche die Person wieder in ihre Hülle und das ungezügelte Element verschwinden läßt (einrenken, beruhigen, abflauen, die Wogen glätten, abregen (vs. aufregen).

Hier zeigt sich, wie verschiedene Bilder (eine Person ist ein Gefäß; ein Mensch ist ein Tier [zum Stier werden], ein Mensch ist eine Maschine [aufdrehen], Ärger ist Hitze und Druck in einem Gefäß, Ärger ist Feuer(-stoff), Ärger ist ein Gewitter etc.) zum prototypical scenario, dem Muster: Verletzen - Ärgern - Kontrollieren - Explodieren - Wiederherstellen zusammengehören. Alle anderen Formen des Ärgers (ohne Kontrollverlust, ohne Versöhnung etc.) stellen sich dann als Abwandlungen des Grundmusters dar, haben zum prototypischen Modell eine ‚Familienähnlichkeit‘. Lakoff resümiert:

„The point is that there is no single unified cognitive model of anger. Instead, there is a category of cognitive models with a protypical model in the center. This suggests that it is a mistake to try to find a single cognitive model for all instances of a concept. Kinds of anger are not all instances of the same model, instead they are variants on a prototypical model. There is no core that all kinds of anger have in common. Instead, the kinds of anger bear family resemblances to one another." (Lakoff 1987/405).

Im ‚prototypical scenario‘, das Lakoff aus initialer Verletzung, Wutstauen, Kontrollversuche, Kontrollverlust, Gegenaktion und Beruhigung rekonstruiert, bringt er verschiedene Metaphern in ein zeitliches Verhältnis zueinander (ebd./397) und konstruiert zugleich eine typische Verlaufsgeschichte. Der Begriff des ‚prototypical scenario‘ erscheint in der vorliegenden Studie brauchbar, die verschiedenen Metaphern des Helfens aufeinander zu beziehen; ich parallelisiere ihn in 2.4.6.4 mit Schwemmers ‚Mustergeschichten‘, bevor er in 4.1.10 die Interpretation der Ergebnisse leitet.

2.4.6.3. Kritik und Resümee des Ansatzes von Lakoff und Johnson

Die Kritik stützt sich auf Vorwegnahmen von Lakoff (1987/408f.) und auf Erfahrungen mit diesem Ansatz in sozialwissenschaftlicher Forschung:

a) Das Wahrheitskriterium von Lakoff und Johnson ist bloße linguistische Evidenz, das bloße Aufzeigen passender Beispiele zum jeweils durchgeführten Theorieteil. Obwohl sie lebenspraktischen Implikationen ihres Herangehens behaupten, fehlen andere methodische Zugänge, z.B. qualitative und hermeneutische Rekonstruktion der Alltagssprache (Kritik der linguistischen Empirie bei Reyna 1985/144f.,151f.)

b) Bei aller Emphase für die subjektive Wahrnehmung findet man keine Beteiligung von Subjekten bei der Herausarbeitung ihrer Metaphern im Forschungskontext, Lakoff untersucht die Unterschiede privater und öffentlicher Metaphern nicht, bzw. läßt sie mit emphatischen Hinweisen auf ,persönliche Kultur' im Dunkeln.

c) Lakoff (1987/408) gibt die Unklarheit über den psychologischen Stellenwert der metaphorischen Modelle bzw. der ICMs zu; Keller (1988/775f.) beklagt in ihrer Besprechung von Johnson 1987 die Ungenauigkeit des Zusammenhangs zwischen körperlichen und kategorialen Aspekten eines Image-Schema. Beiden fehlt eine empirische Entwicklungspsychologie, die die Forschungen von Piaget und Vygotzkij zur Schemata- und Begriffsentwicklung integrieren könnte. Mit Lorenzers Analyse von Szenen und Symbolstrukturen wäre Lakoff und Johnson ebenfalls zu kritisieren: Sie entwickeln ihre Vermittlung von Sprache und vorsprachlichem Handeln nicht am Individuum, sie könnten die Grundlagen der Metapher in der vorsprachlich-gestischen Ebene genauer fassen (,kinaesthetic image schemas'). Lorenzers ,Szenen' lassen sich als individuelle ,konzeptuelle Metaphern' betrachten; dies hebt den hermeneutischen Status der metaphorischen Modelle noch einmal hervor (vgl. Kap. 2.4.3).

d) Ebenso unklar ist der kulturelle, soziale und historische Stellenwert der metaphorischen Modelle als Vermittlung zwischen Subjekt und Gesellschaft. Das Ausmaß der Prägung durch die Sprache und Grammatik, in die wir hineinwachsen, im Verhältnis zur schöpferischen Neuproduktion ist mit dem Lakoffschen Ansatz nicht abzuschätzen. C. v. Kleist 1984/51 geht davon aus, der Ansatz tauge nur für die Erfassung des individuellen Hintergrundwissens. Ich versuche neben den individuellen auch kollektive Metaphoriken und damit auch kollektive Handlungsmuster zu elaborieren. Die Behauptung, daß Metaphern Ansätze subjektiver Konzepte enthalten, die individuell verschieden, situationsinvariant und sich dennoch vor dem kollektiven Hintergrund der Kommunikationsgemeinschaft aufeinander beziehen lassen, kann ich anhand der Untersuchung nahelegen, nicht aber beweisen[63].

e) Die Autoren vernachlässigen den kommunikativen Stellenwert von Metaphern gegenüber dem kognitiven (,highlighting' vs. ,hiding'); ich habe auf den Beziehungsaspekt metaphorischer Formulierungen in der Diskussion des Freudschen Garnrollenbeispiels (vgl. Kap. 2.4.3) hingewiesen. Bateson geht davon aus, daß tierische Ausdrucksbewegungen oft zu Ritualen kondensiert sind und dann als Metaphern in tierischer Kommunikation funktionieren (Unterlegenheitsgeste bei Wölfen etc.); er vermutet, daß Säugetiere auf der Basis dieser metaphorischen Beziehungsdefinitionen kommunizieren. Dieselbe strukturiere auch beim Menschen den digitalen Austausch

---

[63] Bamberg (1982/56) kündigt eine Systematik an, *„die sich aus dem Verhältnis ergibt, in dem die einzelnen Metaphern zueinander stehen, ... dies ist eine Ordnung, die dem metaphorischen Sprachgebrauch auf der einen Seite von der sozialen Realität aufgezwungen ist, und auf der anderen Seite ein Ergebnis des Versuches ist, diese Ordnung möglichst widerspruchslos zu einem konsistenten Weltbild zusammenzufügen, das intersubjektiv anerkannte sinnvolle Handlungsmöglichkeiten zuläßt."* Außer der Ankündigung dieses Projekts, das die große Lücke bei Lakoff und Johnson ausfüllen würde, war nicht mehr zu erfahren.

über Sachen (Bateson 1990/482, vgl. 470ff., 486, 530ff.).

f) Besonders Lakoff 1987, aber auch die anderen Veröffentlichungen sind nicht frei von Unklarheiten. Langacker 1988 weist in seiner Besprechung von Lakoff 1987 auf solche Inkonsistenzen hin, vermutet, daß es wohl in Eile geschrieben worden sei und verschiedene Teile, aus denen es zusammengesetzt wurde, nicht ganz passen (Langacker 1988/385). Er kritisiert die Definition der ICMs als unklar. Bei aller Übereinstimmung mit dem Projekt kommt er zu dem Schluß: *„Its vageness and programmatic character is obvious"* (ebd./390).

Ich fasse zusammen: Metaphern sind keine ,uneigentliche Sprache', sind keinesfalls nur schmückende literarische Bilder. Ich begreife Metaphorik als Konstruktionsprinzip unserer Erfahrungsorganisation. Metaphern dienen der natürlichen Kategorisierung von Welt und der Bezugsetzung zur Welt, sie organisieren Erfahrungen und verweisen auf Wahrnehmungs- und Denkstrukturen. Sie leiten die Aneignung von Welt, sie sind Interpretationsfolien, durch die wir assimilieren. Sie strukturieren Unvertrautes in Bezeichnung, Wahrnehmung und Handlung, indem sie Vertrautes übertragen. Die Dominanz der metaphorischen Modelle läßt sich aus der historischen, sozialen und individuellen Lebenspraxis ableiten, in ihnen sind physische und kulturelle Erfahrungen vermittelt. Sie sind ein Paradefall der ethnomethodologischen Reflexivitäts-Annahme: Sie schaffen erst das, was sie zu benennen vorgeben. Sie betonen bestimmte Erfahrungen und blenden andere aus; wir leben in einer Welt konkurrierender Bilder (Highlighting und Hiding). Metaphern sind Zugang zu individuellen wie zu kollektiven Erfahrungen einer Sprachgemeinschaft. Wir gehen von einem Grundbestand einfach strukturierter Erfahrungen aus, mit denen komplexere Wahrnehmungen strukturiert werden (Wiedemann 1986/153).
Ich gehe mit Lakoff und Johnson davon aus, daß gerade komplexe Bereiche der sozialen Interaktion, wie sie in Beratung, Therapie und Sozialarbeit auftauchen, nur via Metapher von den Subjekten begriffen werden, und daß die Metaphernanalyse die via regia zu den unbekannten Bereichen der öffentlichen helfenden Interaktion ist.

2.4.6.4. Kulturwissenschaft und Metaphernanalyse

2.4.6.4.1. Ähnlichkeiten zwischen Schwemmer, Lakoff und Johnson

Schwemmer, Lakoff und Johnson sind sich in der Annahme von wahrnehmungsprägenden Vorstrukturierungen durch Sprachmuster sehr nahe. Schwemmer nennt diese Vorstrukturierungen ,Sinnordnungen':
„Solche Sinnordnungen finden sich in den Strukturen unserer Sprache - in ihren Wortfeldern und Lautgestalten, ihren Metaphern und Bildern, ihren Textmustern und Redewendungen -, unserer Sach- und Handlungskultur, d.i. der kultivierten und konstruierten Umgebungen für unser Handeln und Leben." (Schwemmer 1987/278)
Mit ,Sinnordnungen' meint er Strukturen, die in besonderem Maße die Komplexität unserer Umwelt reduzierten und die für Handlungsorientierungen benötigten prägnanten Informationen bereithielten (ebd./273, vgl. Kap. 2.2.4). Auch für den wissenschaftlichen Bereich postuliert er eine hintergründige Präsenz dieser Sinnordnungen:
„... daß die Geradlinigkeit und Sicherheit vieler Argumentationsgänge sich gerade nicht der inneren ,Logik' der Argumentationen, sondern dem ,Wegenetz' verdanken, das durch die ursprüngliche Sprache der Argumentationen vorgegeben ist und auf dem diese Argumentationen überhaupt ihren Gang nehmen konnten." (ebd./280)
Lakoff und Johnson 1980 präzisieren die hier angedeutete Verknüpfung sprachlicher Ri-

tuale und Bilder mit Sinnordnungen, indem sie ihren Begriff des ‚concepts' und den der Metapher zu Beginn der Argumentation zusammenführen, um die Vorgängigkeit von Sprachmustern vor Denkstrukturen zu zeigen[64] (vgl. Kap. 2.4.6).

Die genannten Autoren sind sich auch ähnlich in ihrer Beschreibung von Handlungen und Geschichten. In der Abgrenzung von ‚technisch reproduzierbaren Elementen' unserer Erfahrungen, die einer konventionellen Wissenschaft zugänglich sind, greift Schwemmer auf Wittgensteins Wort von der ‚Familienähnlichkeit' von Beschreibungen zurück, um die Eigenart der ‚historischen' Elemente unseres Handelns zu fassen: Es gibt unendlich viele Variationen eines Vorgangs, den wir z.B. mit ‚Warten auf eine andere Person' einheitlich beschreiben und die dennoch kein einziges konkretes Merkmal gemeinsam haben (Schwemmer 1987/45- 48). Wir könnten allenfalls ‚Ur-Szenen' oder ‚Mustergeschichten' interpretativ erschließen.

Dieser Ausgang von Wittgenstein wird für Lakoff doppelt bedeutsam: Zum einen in seiner Auffassung der Begriffsbildung, zum anderen in seinem Begreifen von typischen Handlungsabläufen, das er jedoch nicht als hermeneutische Aktivität reflektiert. Indem er aber den Ähnlichkeiten der Bilder und ihrer Verzweigung nachgeht, sie als metaphorische Felder rekonstruiert und sie mit dem Muster des Quelle-Pfad-Ziel-Schemas verbindet, ergründet er den sich auffächernden Strauß von Handlungsmöglichkeiten, der sich von einem einzigen Konzept ableitet. Konzepte, die eine solche ‚Tiefe' an Implikationen haben, sieht Lakoff in elementaren Erfahrungen und deren sprachlicher Kondensierung (s.o.). Wie man eine solche Mustergeschichte rekonstruieren kann, hat er ungleich materialreicher als Schwemmer in der oben genannten Fallstudie zum Wort ‚Ärger' herausgearbeitet (ders. 1987/380ff., vgl. Kap. 2.4.6.2).

Solche Formen des ‚prototypical scenario' wären eine sinnlichere Version dessen, was Schwemmer als ‚Mustergeschichte' meint (ders. 1987/45ff.). Statt der Schwemmerschen Metapher vom ‚Wegenetz' der Sinnordnungen (s.o) präsentieren Lakoff und Johnson eine mit Material reichlich fundierte Theorie der sprachlich-kulturellen Muster der Beziehungs- und Handlungserfahrungen an.

2.4.6.4.2. Metaphernanalyse als Teil einer Forschungsstrategie

In Kap. 2.2.4. hatte ich auf die verschiedenen Dichotomien des Verstehens hingewiesen, die sich meistens als hermeneutische und alltagsnahe vs. regelgeleitete und wissenschaftskompatible Varianten des Verstehens beschreiben ließen. Im Rückgriff auf Schwemmer konnte ich diese unterschiedlichen Verstehensformen als Ausdruck primärer oder sekundärer Ordnungsleistungen beschreiben. Meine These lautet, daß Schwemmer in dieser Dichotomie zwischen ‚sekundärer' (kausaler und historischer) Handlungsforschung und der Forschung nach ‚primären' Strukturen genau den Spannungsbogen be-

---

[64] Die ‚objektive Hermeneutik' sensu Oevermann weist in ihrer theoretischen Grundannahme von ‚latenten Sinnstrukturen' eine Parallele zu diesen Gemeinsamkeiten von Schwemmer und Lakoff auf. Metaphern und ihre Anordnung zu Wegenetzen wie der ‚prototypical scenarios' können als kondensierte sprachliche Fassungen jener Sinnstrukturen der Interaktion gelten, welche die objektive Hermeneutik erfaßt. Die Metaphernanalyse teilt mit ihr ebenso die Annahme, daß latente Sinnstrukturen bzw. metaphorische Strukturierung einer Lebenswelt auf der Grundlage eines intuitiven, durch Teilnahme erworbenen Regelkenntnis versprachlicht und verstanden werden können, wenn der Interpretationsprozeß sich den Restriktionen unmittelbaren Reagieren-Müssens entziehen kann (vgl. Schneider 1987, 1989, Reichertz 1991, Spöhring 1989/23ff., Oevermann et. al. 1976, 1979, vgl. Kap. 4.3.2.1).

schrieb, zwischen dessen Enden sich die Frage nach der Sicht des Subjekts bewegt, um die Figur der subjektiven Rede auf dem Hintergrund prägender Strukturen zu suchen. Die Inhaltsanalyse isoliert, identifiziert, präzisiert und rekonstruiert ihren Gegenstand in objektivierender Weise (vgl. Kap. 2.3.3); sie erfüllt die Kriterien für kausale und historische Handlungsforschung. Die Metaphernanalyse entdeckt Beziehungen und Strukturen, die gleichzeitig für mehrere Gegenstandsbereiche erfüllt sind, da wir dieselben metaphorisch in die Welt hineinlegen. Diese Strukturen und Schemata, unter denen und durch die wir Gegenstände wahrnehmen, können erst durch ihr Erscheinen in mehreren Gegenstandsbereichen beschrieben werden und eine Identität gewinnen (Schwemmer 1987/170). Sie sind primäre Ordnungsleistungen, die wirken, ohne bemerkt zu werden. Nach ihnen richten wir auch unser Verständnis der internen Logik von Interpretationen fremden Geschehens (ebd./176), indem sie uns anweisen, ein kognitives ‚Bild‘ zu rekonstruieren (Hörmann 1978/506, Bergold, Breuer 1989/22f.). Beide Verstehensformen sind notwendig und angemessen, um den Gegenstand zu verstehen.

Ich hatte darauf hingewiesen, daß Schwemmer (Kap. 2.2.4) für das Verhältnis der beiden kulturwissenschaftlichen Richtungen, für historische Handlungsforschung und Strukturanalyse, keine genauen Hinweise formuliert; außer den Metaphern von der ‚Einbettung‘ der Handlungsschemata in ‚vagabundierende Strukturen‘ ist nichts zu erfahren (ebd./174). Die forschungspraktische Integration der beiden Methoden behalte ich einem eigenen Kapitel vor (Kap. 2.5); zuvor schildere ich die konkrete Durchführung der Metaphernanalyse in dieser Studie (Kap. 2.4.7).

2.4.7.   Metaphernbegriff und Forschungspraxis dieser Studie

Die Realisierung der Metaphernanalyse will ich in drei Abschnitten darlegen: Zunächst nenne ich bekannte methodische Probleme (2.4.7.1); dann versuche ich, den Metaphernbegriff im Hinblick auf die Interpretationspraxis zu definieren bzw. zu operationalisieren (2.4.7.2); eine kasuistische Demonstration schließt sich an. Als letztes beschreibe ich das konkrete Vorgehen (2.4.7.3).

2.4.7.1.   Methodische Probleme

Wiedemann (1986/154ff.) versucht, einige Voraussetzungen für das Zustandekommen einer aussagefähigen Metaphernanalyse zu formulieren:

a) Sie sei nur dort möglich, wo verschiedene Personen den Gegenstand der Analyse verschieden konzeptualisieren können. Das ist in dieser Studie realisiert.

b) Er setzt eine metaphorische Konzeption des Gegenstandsbereiches voraus, nicht jedoch explizit metaphorische Formulierungen. In dieser Studie kann ich davon ausgehen, daß die ungeklärte Lage des Gegenstandsbereiches zwischen Therapie, Pädagogik und Sozialarbeit eine kognitive Spannung zwischen Theorie und Praxis ergibt, welche die Verwendung von Bildern und Metaphern zur Schließung dieser Lücke begünstigt (Argument bei v. Kleist 1984/14). In diesem Sinne ist davon auszugehen, daß die Metaphernanalyse gegenstandsangemessen vorgeht.

c) Wiedemann fordert, eine Metaphernanalyse benötige bestimmte Fragestellungen, z.B. nach ausgewiesenen Erfahrungsbereichen oder Bildspendern. Diese Beschränkung, aus der Angst vor dem ‚Untergehen‘ des Interpreten im Material formuliert, riskiert nach meiner Auffassung, prägende Metaphern außerhalb der Erforschung zu belassen. Die Formulierung von Basismetaphern nach Lakoff und Johnson ist aber eine Möglichkeit, Metaphern ohne Einschränkungen zu erfassen und übersichtlich darzustellen. Damit widerspreche ich dem Vorschlag Wiedemanns, Metaphernanalyse auf enge Fragestellungen hin durchzuführen. Dies hätte bei dem heiklen und vieldeutigen Material unweigerlich Interpretationsartefakte zur Folge; außerdem würde die Metaphernanalyse ihrer Fähigkeit beraubt, kulturelle Hintergründe sensu Schwemmer darzustellen. Natürlich kann ich nicht alle Basismetaphern vorführen, die das Feld nur streifen. Es zeigen sich aber bei der Ausrichtung auf das Thema des Helfens prägnant darzustellende Wurzelmetaphern, die viele Erfahrungsbereiche tangieren.

Richtig ist jedoch sein Hinweis, Metaphernanalysen im Hinblick auf einen bestimmten Erfahrungsbereich durchzuführen. So scheitert z.B. Reger 1977, 1978 in seinen Versuchen, die Metaphorik der Presse zu analysieren; er muß aufgrund des unendlich ausgeweiteten Erfahrungsbereiches in beiden Fällen Zuflucht zu einer kategorialen Rubrifizierung unter ‚dynamisierende‘, ‚konkretisierende‘, ‚personifizierende‘ und ‚sensorische‘ Metaphern suchen, die nichts klärt. Eine erfahrungsnahe und erfolgreichere Suche nach Metaphern führen Bock, Krammel 1989 anläßlich der Presseberichterstattung zum Reaktorunglück in Tschernobyl durch[65].

d) Metaphorische Strukturierungen, die ganze Erfahrungsbereiche betreffen (‚Wurzelmetaphern‘ oder ‚conceptual metaphors‘), müssen explizit erschlossen werden, da sie nicht metakommunikativ formuliert sind:

„Die Entscheidung, welche Wurzelmetapher vorliegt, erfolgt nach den Beurteilungskriterien der Prägnanz, Kohärenz und der Reichweite. Prägnanz meint hier die ‚gute Gestalt‘, die sich unter Zugrundelegung einer bestimmten Metapher für das Gegenstandsgebiet ergibt; Kohärenz ist gegeben, wenn die Metaphern einander ‚unterstützen‘, d.h auf einen gemeinsamen Sinn verweisen; und Reichweite mißt sich an der Subsumtionskraft der Metapher.“ (Wiedemann 1986/154.)

Prägnanz, Kohärenz und Reichweite sind durch die in Kap. 4.1. beschriebenen Bedeutungsfelder der jeweiligen Wurzelmetaphern einfach zu identifizieren, indem sie ein Handlungsschema und seine Varianten eindeutig bezeichnen. Keller-Bauer 1983 schlägt den Rückgriff auf ältere Gebrauchsweisen vor, um den Sinn einer Metaphorik deutlich zu machen, was ich nur selten nutzte.

e) Metaphorischer Sprachgebrauch ist weitgehend unbewußt und in diesem Sinn kein direkt beobachtbarer Forschungsgegenstand, und muß daher aus der Selbstdarstellung erschlossen werden. Es ist deshalb möglich, vom Subjekt verdrängte bzw. verschwiegene Handlungsabläufe zu finden; bisherige Arbeiten zur Metaphernanalyse gehen davon aus, daß Metaphern nicht unbedingt bewußt, aber bewußtseinsfähig sind (v. Kleist 1984/4, Wiedemann 1986/154). Die Nachinterviews bestätigen diese Erfahrung: Die HelferInnen waren zunächst verwirrt von der verfremdeten Präsentation ihrer Sprache, konnten dies aber oft für sich nutzen (vgl. Interview Nr. 8, Kap. 3.9).

f) Wiedemann nennt ‚Teilschritte der Metaphernanalyse‘ (ders., 1986/154f.), die ich hier im Hinblick auf praktische Problempunkte noch einmal diskutiere:

- Beurteilung der Originalität des Textes: Wird fremde Metaphorik zitiert, z.B. die der Familie? - Dieses Problem ließ sich umgehen, da ich die Interviews auch führte und verbale und nonverbale ‚Marker‘ für Zitate somit erkennen konnte.

- Spezifikation der Textsorte: Bei dialogischer Textproduktion kann der Interviewer Metaphern induzieren. Ich beschränkte mich in der Art des Nachfragens und der Inter-

---

[65] Vgl. zur politischen Metaphorik Küster 1983, Peil 1983. Eine unfertige Metaphernanalyse liefert Susan Sontag 1989/72f., die die psychischen Implikationen der Krebsmetapher kritisiert, daber aber einer technologischen Metaphorik der Beherrschbarkeit des Krebses aufsitzt.

viewdurchführung strikt auf die Wortwahl der HelferInnen.

- Bestimmung der thematischen Schwerpunkte der Metaphernanalyse: Er schlägt die beiden sich ausschließenden Strategien der Top-down-Analyse (Rekonstruktion von strukturellen Metaphern) oder Bottom-up-Strategie (Suche nach Auffälligkeiten beim Lesen des Textes) vor. Ich kombinierte beide Techniken: Nach einer gründlichen Suche nach allen Metaphern des Textes und ihrer Isolierung extrahierte ich anschließend aus diesem Material alle strukturellen Metaphern (s.u.).
- Wiedemann schlägt eine ‚Ermittlung von Hypothesen' sowie die ‚Suche nach Evidenzen und Gegenevidenzen' vor. Dies kann ich hier nur getrennt vornehmen: In der Analyse der Interviews ist die Suche nach Evidenzen an der Stimmigkeit der Einzelinterpretation orientiert (Kap. 3); in der Gesamtanalyse entstehen Evidenzerfahrung in der Konstruktion voneinander abgrenzbarer Handlungs- und Denkschemata (Kap. 4).

C.v.Kleist (1984/89f.) nennt praktische Beispiele weiterer methodischer Probleme:

a) Foucault kann sich auf ein Vorverständnis des heutigen Lesers gegenüber ‚überwundenen' Metaphern, z.B. der ‚Besessenheit' für psychische Krankheit, stützen. Diese historische Distanz fehlt uns gegenüber unseren wirksamen Metaphern, z.B.: Ist ‚Krankheit' ‚nur' ein Bild für psychische Anomalien? Es bedarf daher operationaler Regeln, welche die Identifikation von Metaphern zweifelsfrei und intersubjektiv übereinstimmend ermöglichen.

b) Blumenberg kann sich ebenso auf diese historische Distanz stützen und geht zudem von einer begrenzten Anzahl von Hintergrundmetaphoriken aus; er nimmt eine Systematik unserer Alltagsvorstellungen an, die er nicht weiter begründet.

c) Lakoff und Johnson stützen sich auf eine bloße Evidenz durch Materialfülle (vgl. Kap. 2.4.6.3). Sie spezifizieren die Herkunft des Sprachmaterials nicht.

Weitere Probleme zeigen z.B. die Analyse individueller Metaphoriken zum Thema Sexualität von Beneke (1982, Kap. 2.4.4.3), bei der die Verallgemeinerungsschritte nicht deutlich werden. Kövecses 1988 kann man vorwerfen, daß er sich nicht auf gesprochene Sprache, sondern auf Wörterbücher verläßt (Kap. 2.4.4.3).[66]

2.4.7.2. Was ist eine Metapher? Wege der Operationalisierung

Was ist eine Metapher und wie läßt sie sich zweifelsfrei identifizieren? In der rhetorisch-philosophischen Tradition hat einer der gründlichsten Metaphernforscher eine präzise, auf textsemantischen Überlegungen basierende Definition versucht:

---

[66] Einige Beispiele haben mich inspiriert, wie eine Metaphernanalyse nicht zu machen ist. Zum einen wäre Burckhardt 1987 zu nennen, der nach einer nicht nachvollziehbaren Semantik-Konzeption ein Regelwerk für die Unterscheidung von Prädikations-, Verb-, Kompositions-, Genitiv- und phraseologischer Metapher sowie deren jeweilige Bildungsgesetze präsentiert, das der linguistischen Lust am Katalogisieren entsprungen scheint. Völlig frei vom Zwang methodischer Regeln fühlt sich Graf 1988, der immense kulturgeschichtliche Distanzen vom frühen Christentum bis zur Neuzeit metaphorisch überspringt, bei zu kurzen interpretatorischen Sprüngen mit einer nicht überprüfbaren Etymologie der Wörter nachhilft, um bei deutungsbedürftigen Resultaten zu enden: das Treiben und Halten von Tieren sei eine frühe Möglichkeit, sich zu verströmen (ebd./22). Offenbar stark von toskanischen Urlaubseinflüssen geprägt, bezeichnet der Autor seine ‚Methode' als ‚Aquarellieren', mischt heterogenste Lesefrüchte mit körpertherapeutischer Selbsterfahrung und lobt selbst seine Originalität, ohne einen einzigen wichtigen Metapherntheoretiker nennen zu können.

„Bei einer Textstelle liegt eine Metapher genau dann vor, wenn gilt:
a) Zwischen einzelnen Teilen der Stelle bestehen syntaktische und semantische Relationen derart, daß Unmögliches behauptet wird, falls die Wörter bedeuten, was sie in der Sprache gewöhnlich bedeuten.
b) Zwischen einer Stelle und ihrem Kontext bestehen syntaktische oder semantische Relationen derart, daß die Stelle mit ihrem Kontext unvereinbar ist, falls mit ihr Unmögliches behauptet wird (etwas, was bereits wegen der Bedeutung der Stelle unmöglich ist)."
(Lieb 1983/352f.).

Hier fällt auf, daß aufgrund der Eingeschränktheit textsemantischer Überlegungen (vgl. Kap. 2.4.1.2) der lebenspraktische Kontext nicht in die Definition mit eingeht. Konkret: *„Achill ist ein Vieh* - ist ‚Vieh' hier eine Metapher? Es kann einen Menschen mit dem Namen Achill betreffen, dann ist dies eine Metapher; handelt es sich um einen Schweinezuchtbetrieb, in dem es üblich ist, daß die Tiere im Herdbuch einen Namen haben, dann ist dies keine Metapher. Ohne Kontextkenntnisse läßt sich hier also nicht entscheiden, ob eine Metapher vorliegt. Dies ist eine Beschränkung der textsemantischen Definition; eine andere Einschränkung liegt in der Formulierung, eine Textstelle sei ‚unvereinbar' mit ihrem Kontext oder es werde ‚Unmögliches behauptet', wenn man die Worte wörtlich nähme. Damit droht der Bereich alltäglich strukturierender Metaphern aus dem Blick zu geraten; dies ist ja das zentrale Anliegen von Lakoff und Johnson, die nicht bewußte Metaphorik in ihrer Leistung für Wahrnehmung und Handlung zu beschreiben.

Die Problematik der Operationalisierung erörtert Johnson 1981/20ff. Er führt aus, daß eine syntaktische Abweichung eine Metapher nicht definieren kann; die semantische Abweichung bzw. der Bruch des semantischen Kontexts (Achill ist ein Schwein) gilt teilweise, aber nur für die Metaphern, welche die aristotelische Auffassung der Metaphern als Vergleich bestätigen. Für ‚orientational' oder ‚structural metaphors' gilt dies nicht: Das Wort ‚Auffassung' fällt z.B. nicht auf, strukturiert aber den ‚Zugriff' auf das zu ‚Begreifende' als scheinbar konkrete manuelle Operation. Eine konkurrierende Metapher wie z.B. ‚Sichtweise' hätte möglicherweise andere Implikationen, z.B. distanziertere ‚Einsichten' in die Möglichkeit verschiedener ‚Aspekte' (lat: aspectus: Blick) bzw. ‚Ansichten'. Ferner gilt, wie oben schon gezeigt, daß jeder Satz in Kontexte gestellt werden kann, in dem er einmal buchstäblich, ein anderes Mal metaphorisch gilt: Ohne ein Kontextwissen, das über ein lexikalisches Wissen hinausgeht, ist eine Entscheidung kaum möglich, ob es sich um eine Metapher handelt oder nicht. Ferner gibt es Ausdrücke, die sowohl wörtlich und metaphorisch gemeint sind: Man kann z.B. real und metaphorisch in einem Glashaus leben. Johnson verweist auf Black 1977, der auch darauf deutet, daß es im Grunde kein unumstößliches Kriterium für das Vorhandensein einer Metapher gebe, und als allgemeinstes Kriterium die Spannung zwischen dem wörtlichen Sinn und den nonverbalen wie verbalen Kontext nimmt.

Ein anderer Versuch einer Operationalisierung findet sich bei Pollio et al. 1977/66f.; sie dehnen den Begriff der Metapher auf andere rhetorische Sachverhalte aus. Sie fassen als ‚metaphor and figurative expression' zusammen (ebd./37ff.):
- Metaphern im engeren Sinn;
- Gleichnisse[67]

---

[67] *„Metaphors and similes can both be defined somewhat more formally as linguistic devices which make an explicit or implicit conjunction or comparison between two ideas; ideas that share some common, though often highly imaginativ, feature.",* Pollio et al. 1977/37

- Oxymora[68], Verbindung zweier widersprechender Begriffe in pointierender Absicht, z.B. ‚alter Knabe‘, ‚schwarze Milch‘.
- Personifikationen (‚Die Inflation verursachte ...‘
- Synekdoche (das Ganze steht für den Teil und umgekehrt, ‚die USA gewannen ...‘ für: ‚die Fußballer der USA gewannen‘; ‚die Füße unter den Tisch der Eltern zu strecken‘ für: ‚versorgt werden‘),
- Periphrase (Umschreibung, z.B. ‚entschlafen‘ statt ‚sterben‘)
- Hyperbel (Übertreibung, Vergrößerung, z.B. ‚fuchsteufelswild‘),
- Litotes (Verneinung des Gegenteils, Untertreibung, z.B. ‚nicht gerade ein Held‘),
- Ironie
- Wortspiele (‚Puns‘; Anaklasis: Wortwiederholung mit doppelter Bedeutung [Watch your watch], Paronomasie (Rheinstrom-Peinstrom), Syllepsis (Verbindung von Ungleichartigem (‚He lost his hat and his temper‘))
- und Onomatopoesie (Klangnachahmung, z.B. ‚grunzen‘, ‚winseln‘).

Wie in 2.4.2 vorgestellt, gingen Pollio et al. so vor, daß sie Rater im Erkennen dieser Dimensionen figurativer Rede trainierten und Interviews, Transkripte von Therapiesitzungen und politische Reden auf ihren Gehalt an lexikalisierter wie neuer Metaphorik untersuchen ließen. Sie erreichten Übereinstimmungen zwischen den Ratern von 73% bis 97% bei neuen Metaphern und bildlichen Redewendungen, sowie von 55% bis 95% bei lexikalisierten Metaphern (Pollio et al. 1977/71f.). Angesichts der Breite dieses Metaphernbegriffs ist eine Operationalisierung schwierig und ein einfacher zu handhabendes Kriterium notwendig.
Verschiedene ForscherInnen greifen auf ein empirisches Kriterium immer wieder zurück: Reyna 1985/146f., v. Kleist 1984/58, Rauh 1989/269 nehmen die strenge Nichtwörtlichkeit der Sprache als einzig mögliche und technisch brauchbare Operationalisierung. Anhand der Kasuistik will ich dieses Kriterium erläutern.

Kasuistik: Was ist eine Metapher?
Folgendes Beispiel[69]: „... *sind die Kinder sehr eng eingebunden in dieses Geflecht“*.
Wenden wir das Kriterium der Nichtwörtlichkeit auf das Beispiel an: Im wörtlichen Sinne kann eine Familie kein ‚Geflecht‘ aus Weidenruten, Binsen etc. sein; Geflecht ist hier eine Metapher für die Art der familiären Beziehungen. Wiederholt sich diese metaphorische Redeweise von Familie als einem Geflecht, in das man eingebunden ist, etwa in dem Sinn: ‚sie kommen aus dieser Verstricktheit nicht mehr heraus‘, dann kann ich ein bestimmtes metaphorisches Modell vermuten: Die familiären Beziehungen sind eng, lassen wenig Raum für die Individualität des Betroffenen, verhindern Selbständigkeit, sind eventuell widersprüchlich.
Auch Präpositionen können Metaphern sein: *‚also ganz klar in die Familie‘, „kommt aus einer sehr traditionsbewußten Familie“*. Lakoff und Johnson begreifen Präpositionen als Strukturierung eines mentalen Raums. ‚In‘ und ‚aus‘ in Zusammenhang mit ‚kommen‘ übertragen die räumliche Grunderfahrung, ‚in einem Raum‘ zu sein und ‚aus‘ einem herauszukommen auf die soziale Struktur ‚Familie‘. Diese Räumlichkeit kann als geschlossene erlebt werden; in diesem Fall erfolgt die Strukturierung dem sog. Behälter-Schema (vgl. 2.4.6.1.3): *„wenn ich da ... zuviel interveniere, dann macht die dicht“.* ‚Dicht‘ kann

---

[68] „*A different way of linking one thing to another is through oxymoron, or by pairing two terms that are ordinarily thought of as contradictory.“* Pollio et al.1977/38
[69] Alle Beispiele wurden den Interviews entnommen, vgl. Kap. 3.

nur gemacht werden, wenn man Personen nach dem Behälter-Schema begreift. Am Gegenteil läßt sich das gleiche Schema erkennen, wenn Personen als ‚offen' beschrieben werden oder formuliert wird: *„Er kommt aus sich heraus"*.

Auch andere alltägliche Redeweisen werden durch das Kriterium der Nichtwörtlichkeit auf ihre inneren Sinnzusammenhänge befragbar:

"was da angestanden ist, so erstmal an ganz konkreten schulischen Anforderungen"

„wenn da mal eine Anforderung wegfällt, dann genießt es das Kind ungeheuer"

Was ist das Gemeinsame? ‚Anstehende', ‚im Raum stehende' Anforderungen sind wörtlich zu nehmen: Wie könnten sie sonst ‚wegfallen'?

„weil dieses moslemische Über-Ich mit einem großen Zeigefinger daneben steht"

Da wird plastischer, warum Forderungen stehen. Oder fallen. Oder zu hoch sind:

"da kommen ja schon so Anforderungen von dem Vater, aber die sind dann gleich wiederum dermaßen überhöht"

Familienhilfe verwandelt das Stehen von Forderungen in um-, weg-, durch-Gehen:

„das steht jetzt nicht an, wir gehen nach draußen"

„dann gehen wir denn auch so zusammen den Stundenplan durch"

Das erste Beispiel: ‚wir gehen nach draußen', ist nicht nur metaphorisch, sondern auch wörtlich gemeint. In der Gegenüberstellung mit dem metaphorischen ‚das steht nicht an!' erscheint aber die bildliche Ebene des Beweglich-Machens von lähmenden Zwängen. Auf solche Interpretationen habe ich mich nur gestützt, wenn sie das metaphorische Modell bekräftigten. Das Auftreten einer ausgebauten Metapher (Allegorie) bestärkte z.B. solche Interpretationen:

„die verliert sich da, also das ist wie ein Mädchen auf einer grünen Wiese, das von einer schönen Blume zur nächsten geht und darüber so wie Rotkäppchen so den Weg verliert."

Der Vergleich (ist wie...) markiert auch sprachlich die folgende Nichtwörtlichkeit: Das Mädchen ist kein Rotkäppchen. Auf dem Hintergrund einer solchen Allegorie funktioniert das metaphorische Modell: ‚Einzelfallhilfe ist das In-Bewegung-bringen von Menschen, die hängen geblieben sind'.

Warum sind die folgenden Wendungen Metaphern?

"darin wird ... klar, daß ich in meiner Aufgabe auch so ein Stück weit Ersatz dafür bin, was die Familie nicht leisten kann"

„Ich wünschte mir, ich hätte gerne auch solche Eltern"

‚Ersatz' läßt sich noch als Metapher, d.h. als Übertragung einer handwerklichen Erfahrung des Ersetzens von einem Ding durch ein anderes begreifen. Aber der Konjunktiv ‚ich hätte gerne auch solche Eltern' läßt sich auf den ersten Blick nicht mehr als Metapher begreifen. Die Einfachheit des Verbums ‚haben' zieht aber eine komplexe Bildlichkeit nach sich: Die Metaphorik des Gebens und Nehmens, Austauschens, Anbietens und Verweigerns von ‚Dingen' wie Aufmerksamkeit weist dem einfachen ‚haben' Bildlichkeit zu. Zwei längere Zitate von Mutter und Kind zeigen dies:

„Denn Talah wollte ganz was anderes. Also sie wollte ... eigentlich sehr wenig von mir, sondern sie wollte die Liebe ihrer Mutter, ... die hat alle Angebote, die sich auf sie alleine bezogen haben, nicht eingehalten."

[Die Mutter] „möchte gerne Verantwortung abgeben, sie möchte gerne Austausch, ... sie möchte eigentlich ganz viel, sie möchte ganz viel Unterstützung, sie möchte, daß jemand ihr zuhört, sie möchte ... Verständnis, manchmal auch ganz praktische Dinge, die Hilfsbedürftigkeit trifft nicht nur auf die Kinder zu, sondern auch für sie."

Auch in der Beschreibung des Lebensgefühls der Mutter wiederholt sich die quantifizierende Sichtweise, die Helferin sah sie als Frau, die *„wenig gehabt hat von* ihrem Leben". Hier zeigen sich neben Bildern des Gebens und Nehmens der semantische Mechanismus der vergegenständlichenden Metaphern: Erfahrungen, Empfindungen, Interaktionen, Absichten und Zustände werden als Gegenstand und als Substantiv behandelt: Verantwortung wird ‚abgegeben‘ und ‚Zuwendung‘ gewünscht, als seien sie quantifizierbar: ‚ganz viel‘. Vom Leben hat man ‚viel‘ oder ‚wenig‘: Dieser semantische Mechanismus war deutlich in der Metaphorik des Gebens und Nehmens präsent (vgl. 2.4.6.1.3).

Ich fasse zusammen: Unter Metapher verstehe ich wie Johnson 1981/20f., Reyna 1985/146f., v. Kleist 1984/58, Rauh 1989/269 alle im strengen Sinne nicht-wörtlich gebrauchte Bestandteile der Rede, in denen Erfahrungen, Wahrnehmungen, Wissen und Handlungsdispositionen aus einem Bereich erlebter Wirklichkeit auf einen anderen übertragen werden. Produzieren mehrere Metaphern eine gleichsinnige Übertragung, so spreche ich von einer ‚Wurzelmetapher‘, synonym mit ‚Metaphernfeld‘, ‚metaphorisches Modell‘ und ‚metaphorisches Konzept‘.

2.4.7.3. Regeln und Vorgehensweisen der Metaphernanalyse

Der Versuch, für die Rekonstruktion zusammenhängender metaphorischer Felder Regeln anzugeben, ist von dem Bemühen geleitet, die Metaphernanalyse als überprüfbare Methode, nicht als interpretatorisches Kunsthandwerk zu etablieren. Die Gewinnung und Anwendung von klar formulierten Regeln der Rekonstruktion metaphorischer Redewendungen ermöglicht es, zwei Gütekriterien, die Mayring (Kap. 2.3.4) für die Inhaltsanalyse beschreibt, von dieser Metaphernanalyse einzulösen:
- Stabilität, d.h. die Interpretation führt bei ihrer Wiederholung zum gleichen Ergebnis,
- Reproduzierbarkeit: Auch andere als der beschäftigte Forscher kommen mit der gleichen Methode zum gleichen Ergebnis.

Nach den in Kap. 2.1. genannten allgemeinen Rahmenbedingungen einer qualitativen Untersuchung und den in diesem Kapitel 2.4. beschriebenen Eigenheiten der Metaphernanalyse kristallisierten sich folgende Schritte der Methode heraus:
1. Interview (Fallauswahl siehe Kap. 2.3.5.1, Interviewtechnik siehe Kap 2.3.5.2)
2. Transkription (Transkriptionsregeln siehe 2.3.5.3.)
3. Reduktion des Textes durch Kopieren aller bildhaften Wendungen und Metaphern samt ihrem unmittelbaren sprachlichen Kontext in eine neue Textdatei, um die anschließenden Sortierungsarbeiten bequem am Bildschirm vollziehen zu können.
4. Sortieren dieser Datei nach verbindenden Bildern und Zuordnung zu gemeinsamen Metaphernfeldern; Metaphern, die nur einmal und ohne weiteren Verweisungszusammenhang auftauchten, wurden weggelassen[70]; vgl. Abbildung ‚Metaphernanalyse‘.
5. Benennung der sich so ergebenden Bildfelder und der erste Versuch, ihre Beziehungen und Überschneidungen zu beschreiben.
6. Integration der Ergebnisse der Inhaltsanalyse und Fertigstellung einer ersten narrativen Interpretation (Einzelheiten siehe Kap. 3.1).
7. Verschickung von Interview und Interpretation an Teilnehmer.
8. Zweites Interview darüber, Korrektur und Erweiterung der Interpretation.
9. Einarbeitung der Korrekturen in die Studie. Folgende Veränderungen kamen vor:
   - Ergänzung von metaphorischen Zusammenhängen, die bei nochmaliger Lektüre des Interviewtextes im Vergleich mit anderen Interviews zu finden waren.
   - Ergänzen inhaltlicher Aspekte durch Kritik und differenzierende weitere Erzählung.
   - Korrekturen falsch verstandener Textstellen im Interview.

---

[70] d.h. Metaphern ohne Zusammenhang zu einem metaphorischen Konzept; vgl. 2.4.6.1.6.

Die Gesamtanalyse der kollektiven Metaphern verzichtete auf die Integration der konkreten Inhaltsanalysen; sie schloß sich Schritt 5 an und ergänzte die vorhandenen metaphorischen Konzepte durch Projektion der gesammelten Einzel-Metaphernfelder aufeinander.

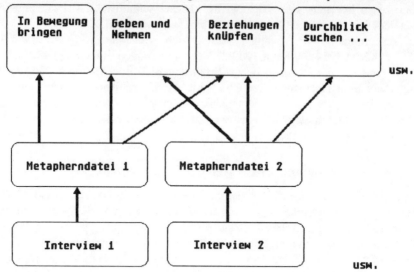

Abb.: Metaphernanalyse in der Gesamtanalyse (ohne Validierungsdialog)

2.4.7.4. Beispiel für das metaphernanalytische Vorgehen

Zunächst stelle ich das Interview 4 in einem kurzen Ausschnitt (ca 15% der Gesamtlänge), dann die unsortierte, schließlich die nach Metaphernfeldern sortierte Datei aller Metaphern des Interviews vor. Letztere ist die Grundlage für die Interpretation und Triangulation mit den inhaltsanalytischen Ergebnissen im Interview Kap. 3.5 bzw. 4.1 und 4.3.

2.4.7.4.1. Interviewausschnitt des Interviews 4

R: Das erste, was ich Dich fragen wollte, ist, kannst Du Dich jetzt an die letzte Stunde, die Du mit einem Kind, Einzelfallhilfe-Kind, Familienhilfe-Kind gehabt hast, erinnern?

I: Ja, die letzte Stunde war gestern, draußen, in der ja, nehmen wir die Stunde zu Hause da - ja.

R: Gut. Kannst Du ungefähr, weil es mir auch einfach um die Inhalte der Arbeit geht, chronologisch erzählen, was da abgelaufen ist, was Du gemacht hast?

I: Ja. Also bei uns, bei mir sieht das so aus, daß ich auch einen ganz guten Kontakt zu der Familie habe, und wenn ich ankomme, dann spreche ich eigentlich auch erst mal zuerst mit der Mutter, sofern sie da ist, sie macht eine Hauswartstelle, und ist dann auch häufig dann noch putzen, und dann wird das Ganze so eingeleitet, daß wir meistens erstmal Kaffee trinken zusammen und sie mir die Neuigkeiten erzählt aus der Nachbarschaft oder aus ihrer Familie, und es läuft leider immer der Fernseher. Und die Kinder hocken also, sobald sie von der Schule kommen, vor dem Fernseher, also, und deswegen halt ich mich da also auch nicht allzu lange aus (? 16) im Wohnzimmer, weil ich möchte, daß die ein bißchen wegkommen vom Fernseher, was wahrscheinlich sehr schwierig sein wird. Ja, und dann sieht es so aus, die haben eigenes Zimmer, was gottseidank ziemlich weit weg ist vom Wohnzimmer, also so ganz langer Flur ist da und das Zimmer ist am Ende des Flurs, und, naja, und da machen wir dann meistens Schulaufgaben oder irgendwelche Spiele zusammen. Und, und in der letzten Stunde mit dem Jungen haben wir, oder die letzten Stunden muß ich ja wohl sagen, haben wir eigentlich sehr intensiv Schularbeiten gemacht.

R: Das ist jetzt ein Junge, den Du betreust.

I: Ja. Es sind im Prinzip zwei Jungen, der eine ist fünfzehn Jahre alt, und der andere ist zwölf Jahre alt, aber mit dem fünfzehnjährigen habe ich nicht mehr allzuviel zu tun, weil der zur Gesamthochschule geht, und -, ach, was habe ich erzählt? Zur Gesamthochschule? Nein, zur Gesamtschule geht, und von daher also auch erst nachmittags um halb fünf zu Hause ist, dann hat er natürlich auch keine große Lust mehr, was zu machen, und

R: Da ist die Luft raus -

I: ja, genau, und mit dem habe ich eigentlich nur mittwochs was zu tun. Ich arbeite vier Tage in der Woche dort, ja, aber im Prinzip hauptsächlich habe ich mit Juan zu tun, also das ist der Jüngere, der Zwölfjährige. Ja, und wenn Du nach der letzten Stunde fragst, willst wahrscheinlich so ein Beispiel haben allgemein, wie die Arbeit aussieht jetzt

R: Nein, auch chronologisch jetzt anhand dieser Stunde

I: Also wie die letzte, also wie sich sowas dort gestaltet, ja? Also das sieht, also unser Schwerpunkt liegt, liegt auf Hausaufgaben, und überhaupt auf schulischen Belangen, muß ich sagen, weil mit Juan kann man nicht mehr sehr viel spielen, er ist aus dem Spielalter heraus. Also was wir öfter machen, sind halt so Gesellschaftsspiele, oder, oder wir gehen raus. Aber der Schwerpunkt liegt wirklich auf der Schule, und nun ist es auch so, daß Juan ein Junge ist, der, also der sich für alles sehr interessiert, deswegen ist das eigentlich auch immer ganz interessant, Schulaufgaben zu machen. Wir machen das auch ziemlich aufgelockert und naja, wir gehen, also es läuft fast immer dasselbe ab, ich hole mir den Stundenplan, wir gehen die einzelnen Stunden durch, was, was heute gelaufen ist, um zu sehen, wo er Hausaufgaben auf hat, er schreibt sich das halt auch auf zum Teil, zum Teil eben auch nicht, ja, und ja, und dann fängt er mit irgendwas an, wo er am meisten Lust dazu hat, oder was ihm am leichtesten oder auch am schwierigsten erscheint, also das ist immer unterschiedlich. Und, also er ist eigentlich ein, eigentlich schon ganz ein relativ guter Schüler, und braucht nicht im Prinzip, nur wenn er da in der Schule geschlafen hat und durch manche Sachen da nicht durchsteigt. Ja, ich weiß gar nicht, wie ich Dir das jetzt da so erzählen soll, wie das

R: Ja, das war jetzt grade das Spannende -

I: Ja, was ist da - ist da eigentlich nicht so interessant, was für Hausaufgaben wir jetzt. Also es ist, es ist halt so, daß wir bestimmte Fächer nacheinander dann durchgehen, wenn Arbeiten anstehen, wird halt auch für die Arbeiten geübt und so, und, ich mein, ich bin halt in der glücklichen Lage, daß Juan auch ganz gerne lernt, und von daher muß ich also nicht wie so ein ... Peitschen- , Peitsch-, mit der Peitsche dahinter stehen, und, und ihn antreiben.

R: Das kennt man.

I: Ja, ja, genau, das kenne ich ja halt auch aus anderen Familienverhältnissen, und dann sieht es halt so aus, daß wir den Stoff auch je nachdem, was da auftaucht, im Englischen, oder auch im Deutschen, daß, daß wir den auch besprechen, also wenn, also wenn er jetzt zum Beispiel eine Frage hat, und er hat eigentlich relativ viele Fragen, also dann gehen wir auch manchmal ein bißchen aus dem Stoff raus, und und kommen auf ein verwandtes Thema. Also die Schularbeiten sind nicht so streng jetzt, das und das muß jetzt fertig gemacht werden, sondern das ist halt ziemlich aufgelockert.

R: geht auch so in Richtung Allgemeinbildung

I: Ja, genau, so ist das eher. So ist das eher. Was war denn da noch letztens: Genau, da mußte er für die Erdkunde-Arbeit lernen, und, na, da haben sie halt so Sachen durchgenommen: Deiche und Wattenmeer und so, und da mußte er halt diese Begriffe nochmal aufarbeiten für die Arbeit, und dann sind wir halt auf Ebbe und Flut gekommen, und wie Ebbe und Flut entsteht, und so, und naja, und da tauchen halt auch viele Fragen auf von seiner Seite oder, oder auch von mir, ich finde das also auch zum Teil selber spannend, was die da machen, und vieles weiß ich auch echt nicht, und dann gucken wir eben nach und schlagen nach.

R: Gut, das sind ungefähr jetzt die Hausaufgaben. Aber jetzt: Was ist ungefähr sein Problem?

Warum hat er eine Einzelfallhilfe?

I: Also das war, das war, er hat eine Einzelfallhilfe gekriegt, weil er sehr große Schwierigkeiten mit der Lehrerin hatte, beziehungsweise kann man eigentlich fast sagen, die Lehrerin hatte Schwierigkeiten mit ihm. Er war immer ein relativ guter Schüler, aber sie hatte ihn auf dem Kieker, und, und er war ist eben halt ein relativ witziger, cleverer Kerl und sie fühlte sich im Unterricht durch ihn gestört. Weil er dann zum Beispiel irgendwelche Antworten gab, die, die sie, also die sie - für sie provokativ waren und worüber sie sich geärgert hat. Beispiel: Ganz blöde Sachen. Was müssen wir jetzt mitnehmen, wenn wir ins Schullandheim fahren? Was ist das wichtigste? Und dann hat er gesagt: Eine Tüte Bonbons. Und er wußte genau, er wußte natürlich genau, daß das blöd, also daß das ein Witz war, also es war auch von ihm absolut so gemeint, und naja, da hat sie sich natürlich total drüber aufgeregt, und hat, und hat also weiterhin Bewegungsunruhe diagnostiziert, er ist auch ein bißchen hippelig, das stimmt, aber nicht so krankhaft, wie sie das da beschrieben hat, und was war noch? Ach so ja, und dann waren die Kinder angeblich vorher schon vor der Schule, in der Vorschule aufgefallen, weil sie, weil sie nicht ordnungsgemäß, ordnungsgemäß-quatsch, weil sie, weil sie irgendwie schmutzige Sachen angehabt hätten oder so. Also Juan ist picobello gekleidet, ich weiß gar nicht, wie die darauf kam, vielleicht hat er mal irgendwo ein Loch gehabt, oder was weiß ich. Aber das wurde also alles unheimlich aufgebauscht, diese ganzen Kleinigkeiten, und der Familie wurde von der Lehrerin, also der Mutter wurde von der Lehrerin Verwahrlosung der Kinder unterstellt. Und das ist also eine wahnsinnige Unverschämtheit gewesen, und also die Kinder sind alles andere als verwahrlost. Das einzige Problem, was von ihr angegeben wurde und was ich auch bestätige, ist wirklich diese Fernseh-Sucht. Weshalb ich auch zu, also auch eben unter anderem eingesetzt worden bin. Also die kaufen sich pro, kaufen sich -die leihen sich pro Tag drei, drei Videos aus, und Eltern gucken wirklich Tag und Nacht fern, also jede freie Stunde, und dadurch natürlich die Kinder auch. Und ich habe also anfangs versucht, die vom Fernseher wegzuholen, und habe dann aber nach einiger Zeit also echt resigniert, weil, wenn jemand aufhören muß, Fernseh zu gucken, dann sind es die Eltern. Das heißt, ich müßte aber den Eltern wieder einen Ersatz anbieten, und da fühle ich mich also echt überfordert. Also der Vater, der arbeitet halt, öfter ist er auch krankgeschrieben, so gelegentlich und dann mal wieder nicht und so, naja, und jede freie Minute hockt er eben vor dem Fernseher. Die Eltern wissen auch selber, daß das nicht gut ist, und wenn ich komme und sage, so, jetzt machen wir den Fernsehen aus, also wenn ich zum Beispiel mich unterhalte mit den Kindern, verlange ich, daß der Fernseher ausgeschaltet wird. Ja, ja, ja, mach' den Fernseher aus, aber je mehr, also je strenger ich dort auftreten würde und um so, um so rigider ich jetzt Fernsehen als etwas Unmoralisches ihnen aufoktroyieren würde, um so mehr würden die heimlich gucken, das habe ich also auch am Anfang gemerkt und deswegen mache ich da nichts mehr. Das ist, das Ding ist für mich abgehakt, und ich spreche öfter zwar mit den Kinder darüber, über Fernsehen, und also versuche denen auch in der Zeit eben, wo ich da bin, alternativ was anzubieten und so und die sind eigentlich auch sehr interessiert. Komischerweise, typische Fernseh--Kinder, sehr interessiert, auch andere Sachen zu machen, leihen sich zum Beispiel auch oft Bücher aus der Bücherei und so. Naja, also wie gesagt, das war eben dieses einzige, die einzige Sache, weshalb ich, die, die ich da bestätigt habe von der Lehrerin, ansonsten ist Juan also für mich ein ganz normaler liebenswerter Junge. Und Manuel hatte auch sehr große Schwierigkeiten in der Schule.

2.4.7.4.2. Die unsortierte Sammlung der Metaphern des Interviews 4

bei mir sieht das so aus
daß ich auch einen ganz guten Kontakt zu der Familie habe
und es läuft leider immer der Fernseher
Und die Kinder hocken also, sobald sie von der Schule kommen, vor dem Fernseher

daß die ein bißchen wegkommen vom Fernseher und dann sieht es so aus
was gottseidank ziemlich weit weg ist vom Wohnzimmer
da machen wir dann meistens Schulaufgaben oder irgendwelche Spiele zusammen
haben wir eigentlich sehr intensiv Schularbeiten gemacht
aber mit dem fünfzehnjährigen habe ich nicht mehr allzuviel zu tun
Ich arbeite vier Tage in der Woche dort
wie die Arbeit aussieht jetzt
also unser Schwerpunkt liegt auf Hausaufgaben, und überhaupt auf schulischen Belangen
er ist aus dem Spielalter heraus
was wir öfter machen
Aber der Schwerpunkt liegt wirklich auf der Schule
Schulaufgaben zu machen. Wir machen das auch
Wir machen das auch ziemlich aufgelockert
also es läuft fast immer dasselbe ab
wir gehen die einzelnen Stunden durch
was heute gelaufen ist
um zu sehen, wo er Hausaufgaben auf hat
und durch manche Sachen da nicht durchsteigt
daß wir bestimmte Fächer nacheinander dann durchgehen
wenn Arbeiten anstehen
ich bin halt in der glücklichen Lage
und von daher muß ich also nicht wie so ein ... Peitschen-, Peitsch-, mit der Peitsche dahinter stehen, und, und ihn antreiben
und dann sieht es halt so aus
daß wir den Stoff auch je nachdem, was da auftaucht
also dann gehen wir auch manchmal ein bißchen aus dem Stoff raus
und kommen auf ein verwandtes Thema
Also die Schularbeiten sind nicht so streng jetzt
sondern das ist halt ziemlich aufgelockert
da haben sie halt so Sachen durchgenommen
da mußte er halt diese Begriffe noch mal aufarbeiten für die Arbeit
und dann sind wir halt auf Ebbe und Flut gekommen
und da tauchen halt auch viele Fragen auf von seiner Seite
und dann gucken wir eben nach und schlagen nach
er hat eine Einzelfallhilfe gekriegt
weil er sehr große Schwierigkeiten mit der Lehrerin hatte
die Lehrerin hatte Schwierigkeiten mit ihm
aber sie hatte ihn auf dem Kieker
aber nicht so krankhaft, wie sie das da beschrieben hat
Aber das wurde also alles unheimlich aufgebauscht, diese ganzen Kleinigkeiten
also der Mutter wurde von der Lehrerin Verwahrlosung der Kinder unterstellt
Und das ist also eine wahnsinnige Unverschämtheit gewesen
ist wirklich diese Fernseh-Sucht
Weshalb ich auch ... unter anderem eingesetzt worden bin
und Eltern gucken wirklich Tag und Nacht fern
Und ich habe also anfangs versucht, die vom Fernseher wegzuholen
ich müßte aber den Eltern wieder einen Ersatz anbieten
und da fühle ich mich also echt überfordert
und jede freie Minute hockt er eben vor dem Fernseher
jetzt machen wir den Fernsehen aus
ja, mach' den Fernseher aus

also je strenger ich dort auftreten würde und um so, um so rigider ich jetzt Fernsehen als etwas
Unmoralisches ihnen aufoktroyieren würde, um so mehr würden die heimlich gucken
deswegen mache ich da nichts mehr
das Ding ist für mich abgehakt
alternativ was anzubieten
Sebastian hatte auch sehr große Schwierigkeiten in der Schule
der war also mit seiner Lehrerin dermaßen in Konflikt geraten
das hatte sich wahnsinnig zugespitzt
der hat eine absolute Arbeitsverweigerung gemacht
Und das hat sich dann aber etwas beruhigt
Plötzlich sprangen die Noten nach oben
Und da sah man also auch
also von der Lehrerin eigentlich mehr Konfliktstoff noch war
die hat das nicht mehr aufgefangen
um die ich wirklich ... wahnsinnig gekämpft habe
ich bin nicht penetrant pedantisch oder so, also ein bißchen ordentlicher führt
und frage mich natürlich auch heute
ich bin ihm ja immer hinterhergelaufen
das hat ja nicht viel gefruchtet
also ist irgendwie doch noch ein Einfluß von mir
Also ich finde, ich finde daß
daß dieser Fernsehkonsum, den die Kinder da betreiben
daß dieser Fernsehkonsum ... unheimlich passiv macht
hängt er quasi vor der Glotze
anstatt eben seine Freizeit mit anderen zu nutzen
Und er hat auch noch ein anderes Problem
er ist eigentlich ziemlich kontaktarm
finde ich
also hat so Kontakte quasi fast nur zu seinem Bruder
Das hängt aber auch noch mit dem Ausländerstatus zusammen
.. hat Juan da mal so eine traumatische Erfahrung gemacht
er war wohl früher ein bißchen unbefangener
das hat ihn ziemlich mitgenommen
Sebastian verkehrt eigentlich auch sehr viel mit Aus-, also eigentlich fast nur Ausländerkindern
die schließen sich halt irgendwie zusammen
Juan hat in der Schule Kontakte und spielt auch mit
fand ich ganz toll
ich habe dann nachgefragt
er hat den Fernseher eingeschaltet
Und das finde ich
die ist tagelang oft überhaupt nicht an
Fernseher finde ich im Prinzip gut
wenn die Eltern den Fernsehkonsum nicht einstellen
Solange wie die Eltern immer gucken, gucken die Kinder
dieser Generationskonflikt oder so, der jetzt in den deutschen Familien oft herrscht
Eltern und Kinder haben eigentlich ein sehr gutes Verhältnis zueinander
die sind irgendwie immer alle ganz harmonisch zusammen
also das konzentriert sich eben alles da
habe auch Psychologie gemacht ein paar Semester
und habe Psychologie aber wieder an den Nagel ... gehängt
und habe dann Soziologie zu Ende gemacht

also bestimmte grundlegende Dinge
die ich im Sozialarbeiter-Studium vermittelt bekommen habe
da haben wir den Richter durchgearbeitet
ist natürlich schon alles eine Basis, also irgendwo sitzt das
aber das prägt, also prägt, hat ja mein Bewußtsein mitgeprägt
also ich war im Vertiefungsgebiet Kultur und Interaktion
von dem Studium her ... kann ich da keine Linien ziehen
Karl Marx und was weiß ich was wir da gemacht haben
ich habe mal eine Weile Therapie gemacht bei Josef Rattner
und der macht hier in Berlin so eine Art Großgruppen-Therapie
daß man da Therapie gemacht hat
da gab es dann jede Woche halt ein anderes Thema
und da ging es auch unheimlich viel um Pädagogik, Psychologie
was du eben auch wirklich in die Praxis umsetzen konntest
weil ja auch da dieser lebendige Therapieprozeß immer lief
Erkenntnisse, die immer aus der Arbeit heraus flossen und in die Arbeit eingeflossen sind
aber das gehört jetzt hier nicht zu
diese Therapie da von ihm sehr in Frage stelle
aber das ist jetzt ein anderer Punkt
sind jetzt so mehr oder weniger die intellektuellen Inhalte
also gerade für die Arbeit, ist eigentlich auch wichtig, was du halt so an persönlichen Erfahrungen hast, und, und, also wie deine Persönlichkeit ausgebildet ist
Also wenn ich mir manche Einzelfallhelfer angucke
dann frage ich mich wirklich, wie man, wie man die Leute auf die Kinder losjagen kann
weil die irgendwie so bis zum, also so verklemmt sind bis zum, bis zum Hals zugeschnürt
also manchen siehst du es wirklich an
da fragst du dich, da fragst du dich, wie, wie solche Neurotiker auf solche Familien
ich frage mich irgendwie, nach welchen Kriterien also da manche Leute eingestellt werden
Ja, also was ich gerne erreichen möchte, ist, daß Juan Kontakte knüpft
da habe ich eigentlich überhaupt keine Bedenken
Aber daß er eben Freunde findet
mit denen er eben auch seine Freizeit gestaltet
auch ein bißchen mehr vom Fernseh loskommt
und gucken Fernsehen zusammen
Also daß er ein bißchen aus dieser ethno-bezogenen Isolation herauskommt
daß ich bei Juan sehr wichtige Bezugsperson bin
wenn er mit seiner Mutter auf Konsumtrip geht
also ich muß das ja auch irgendwann bald abnabeln
Ja, das mit dem Fernsehen weiß ich nicht, also das, da bin ich hilflos
was die Mutter anbetrifft
also die Mutter ist völlig überlastet
hat also ziemlich dramatischen Verlauf
und natürlich ihre Arbeit in der Familie
behinderte Schwester, die auch da immer noch auftaucht
die Klingel geht den ganzen Tag
Und sie leidet da auch drunter
die hat keine Schwierigkeiten sich irgendwie abzugrenzen oder so
es ist halt immer was los und so
aber daß sie ein bißchen mehr auf sich achtet, daß sie ein bißchen mehr zur Ruhe kommt
daß sie sonst unheimlich schnell irgendwie so ihre Kräfte verliert
also du glaubst nicht was da los ist

wie soll ich das ausdrücken
weil in unserer Gesellschaft eben viele Dinge auch aufgebauscht werden
mir haben sich die Haare gesträubt
auch eine Gefahr in der Einzelfallhilfe
die dieser Videosucht anheimfallen
ein falscher Eindruck der dann entstehen könnte
daß das die fernsehsüchtigen Kinder sind
nicht nur die Kinder aus der Einzelfallhilfe
also wenn die da sind, läuft der Fernseher
es ist nur eben wahnsinnig verbreitet
ich bin halt manches Mal gefragt worden ..., wieso bist du überhaupt da
wenn man jetzt ganz streng urteilen würde, oder ganz strenge Kriterien suchen würde
dann bin ich im Prinzip irgendwo überflüssig
hat ein Kind mehr oder weniger Kontakte oder so
also ich finde, daß, daß, also daß diese Kinder
ich habe ja ganz andere, ganz andere Familienhilfen gemacht
sowas würde ich auch nicht mehr gerne annehmen wollen
die sind halt nicht so wahnsinnig schwer gestört
daß man damit ein bißchen lockerer umgeht
der sieht wirklich in jedem Tick gleich irgendwo eine ganz schwere Neurose
und ich finde, daß das zum Beispiel
die Arbeit der Einzelfallhelfer in so einen therapeutischen Rahmen ... rückt
der meiner Meinung nach eben da zum Teil nicht angemessen ist
ob dir das jetzt klar ist

2.4.7.4.3. Die nach Wurzelmetaphern sortierte Sammlung des Interviews 4

Die Einzelfallhilfe ist gemeinsames ‚Machen' und Arbeiten.
da *machen* wir dann meistens Schulaufgaben oder irgendwelche Spiele zusammen
haben wir eigentlich sehr intensiv Schularbeiten *gemacht*
Ich *arbeite* vier Tage in der Woche dort
wie die *Arbeit* aussieht jetzt
was wir öfter *machen*
Schulaufgaben zu machen. Wir *machen* das auch
da mußte er halt diese Begriffe noch mal *aufarbeiten* für die *Arbeit*
deswegen *mache* ich da nichts mehr
Auch das Gegenteil der Arbeit wird als Arbeit begriffen:
der hat eine absolute *Arbeitsverweigerung gemacht*

Die eigene Geschichte ist auch eine Geschichte des Machens: Geschichte wird gemacht.
habe auch Psychologie *gemacht* ein paar Semester
habe Psychologie aber wieder *an den Nagel ... gehängt*
und habe dann Soziologie *zu Ende gemacht*
Karl Marx und was weiß ich was wir *da gemacht haben*
habe mal eine Weile *Therapie gemacht* bei Josef Rattner
macht hier in Berlin so eine Art Großgruppen-Therapie
daß man da *Therapie gemacht* hat
und natürlich ihre *Arbeit* in der Familie
ich habe ja ... ganz andere Familienhilfen *gemacht*
Die Arbeit ist Anbieten von alternativen Dingen, Geben und Nehmen.
ich müßte aber den Eltern wieder einen *Ersatz anbieten*

alternativ was anzubieten
er hat eine Einzelfallhilfe *gekriegt*
da *gab* es dann jede Woche halt ein anderes Thema
würde ich auch nicht mehr gerne *annehmen* wollen

Zeitliche Verläufe sind durch Abläufe von Handlungen in Räumen gekennzeichnet. Dazu
müssen Zeiten als Räume erfahren werden:
er ist *aus* dem Spielalter *heraus*
die ich damals *im* Sozialarbeiter-Studium vermittelt bekommen habe
Diese Räume werden ,durchlaufen':
also es *läuft* fast immer dasselbe *ab*
wir *gehen* die einzelnen *Stunden durch*
was heute *gelaufen* ist
daß wir bestimmte Fächer nacheinander dann *durchgehen*
Das Gegenteil zu ,gehen' ist ,stehen': Anforderungen fügen sich nicht der Bewegung.
wenn Arbeiten *anstehen*

Erfahrungen sind Markierungen in der eigenen Geschichte:
Außerdem hat Juan da mal so *eine traumatische Erfahrung gemacht*
also gerade für die Arbeit, ist eigentlich auch wichtig, was du halt so an *persönlichen Erfahrun-*
gen hast, und, und, also wie deine *Persönlichkeit ausgebildet* ist

Themen und Wissensgebiete sind Räume und Tiefen, durch die man sich hindurcharbeitet
oder ,durchsteigt'.
ich bin halt in der glücklichen *Lage*
unser *Schwerpunkt liegt auf* Hausaufgaben, und überhaupt auf schulischen Belangen
Aber der *Schwerpunkt liegt* wirklich auf der Schule
und *kommen auf* ein verwandtes Thema
und dann sind wir halt *auf* Ebbe und Flut *gekommen*
also bestimmte *grundlegende* Dinge
ist natürlich schon alles eine *Basis,* also irgendwo *sitzt* das
und durch manche Sachen da nicht *durchsteigt*
dann *gehen wir* auch manchmal ein bißchen *aus dem Stoff raus*
da haben sie halt so *Sachen durchgenommen*
also bestimmte *grundlegende* Dinge
da haben wir den Richter *durchgearbeitet*
also ich war *im Vertiefungsgebiet* Kultur und Interaktion
und *da ging es* auch unheimlich viel *um* Pädagogik
aber das *gehört* jetzt *hier* nicht zu

Diese räumliche Auffassung: ,Lernen besteht aus Arbeit in Räumen' fällt auf, weil das
Sprechen als Wissensvermittlung nur dreimal und in verschiedenen Zusammensetzungen
auftaucht: z.B.: „ (Stoff) ... daß wir den auch besprechen"; dies wird eher in der gesti-
schen Dimension gefaßt:
und dann *gucken* wir eben nach und *schlagen nach*
Gute Arbeit ist in der Höhe des Raumes angesiedelt:
Plötzlich sprangen die Noten *nach oben*
Die Präpositionen ,in', ,aus' und die Verben der räumlichen Bewegung ,umsetzen',
,rücken' konstruieren Wissen, Arbeit etc. als verschiebbaren Inhalt eines Raumes:
was du eben auch wirklich *in* die Praxis *umsetzen* konntest
sind jetzt so mehr oder weniger die *intellektuellen Inhalte*

die Arbeit der Einzelfallhelfer *in* so einen *therapeutischen Rahmen* ... rückt
der meiner Meinung nach eben da zum Teil nicht *angemessen* ist
aber das ist jetzt ein *anderer Punkt* (im Wissensraum)

Passend zur räumlichen Orientierung ist die Wichtigkeit des Sehens.
bei mir *sieht das so aus*
wie die Arbeit *aussieht* jetzt
um zu sehen, wo er Hausaufgaben auf hat
und dann *sieht es halt so aus*
Und da *sah man also auch*
ob dir das jetzt *klar ist*

Überschneidung visueller und gestischer Repräsentation: Sehen - Finden
Also *ich finde, ich finde* daß
finde ich
fand ich ganz toll
Und das *finde* ich, Fernseher finde ich im Prinzip gut
also ich *finde,* daß, daß, also daß diese Kinder
und ich *finde,* daß das zum Beispiel
Aber daß er eben *Freunde findet*

Es gibt auch ein negatives Sehen: Der böse Blick.
aber sie hatte ihn *auf dem Kieker*
also wenn ich mir *manche Einzelfallhelfer angucke*
also manchen *siehst du es wirklich an*
der *sieht wirklich* in jedem Tick gleich irgendwo eine ganz schwere Neurose

Der Stoff (und das Leben) hat eine Tiefe, aus der Fragen, Personen und Ereignisse auf-
tauchen; Übergänge von Person zu Person wird als Fließen wahrgenommen.
daß wir den Stoff auch je nachdem, was da *auftaucht*
da *tauchen* halt auch viele Fragen *auf* von seiner Seite
behinderte Schwester, die auch da immer noch *auftaucht*
also ist irgendwie doch noch ein *Einfluß von mir*
Erkenntnisse, ... die immer *aus der Arbeit heraus flossen* und ... *wieder eingeflossen sind*
Behindertes Fließen wird zum Überquellen:
dann bin ich im Prinzip irgendwo *überflüssig*

Im Gegensatz zu oben betonten Machen und zur Erfahrung des Auftauchens aus der Zeit
steht die Erfahrung von passivem Mitgenommenwerden.
das hat ihn ziemlich *mitgenommen*
weil auch da dieser *lebendige Therapieprozeß immer lief*
hat also ziemlich *dramatischen Verlauf*
die *Klingel geht* den ganzen Tag
es ist halt *immer was los und so*
also du glaubst nicht *was da los* ist

Das Fernsehen ist eine solche fremdbestimmende Macht: Das Fernsehen ist ein Motor
bzw. eine Maschine.
und es *läuft* leider immer der Fernseher
jetzt *machen* wir den Fernsehen *aus*
ja, *mach* den Fernseher *aus*

er hat den Fernseher *eingeschaltet*
die *ist* tagelang oft überhaupt nicht *an*
Es kommt dazu, daß der Fernseher die Aktionen um sich herum räumlich zentriert. Der Fernseher ist räumliches Zentrum.
daß die ein bißchen *wegkommen vom* Fernseher
Und die Kinder hocken also, sobald sie von der Schule kommen, *vor dem Fernseher*
und jede freie Minute hockt er eben *vor* dem Fernseher
also das *konzentriert sich eben alles da*

Die Kombination aus heteronomen 'Mitgenommensein' durch den Fernsehen und räumlicher Zentrierung verdichtet sich zur Aussage: Fernsehen macht süchtig.
ist wirklich diese *Fernseh-Sucht*
und Eltern *gucken wirklich Tag und Nacht fern*
daß dieser *Fernsehkonsum,* den die Kinder da betreiben
daß dieser *Fernsehkonsum ... unheimlich passiv macht*
hängt er quasi vor der Glotze
wenn die Eltern den *Fernsehkonsum* nicht einstellen
Solange wie die Eltern *immer gucken, gucken die Kinder*
auch ein bißchen mehr *vom Fernseh loskommt*
und *gucken Fernsehen zusammen*
Ja, das mit dem Fernsehen weiß ich nicht, also das, *da bin ich hilflos*
die dieser *Videosucht anheimfallen*
also *wenn die da sind, läuft der Fernseher*
es ist nur eben wahnsinnig verbreitet
Daraus ergibt sich ein speziellerer Auftrag der Arbeit über das 'Machen' hinaus. Arbeit ist Wegholen vom Zentrum 'Fernsehen' und Anregung zu Eigengestaltung ('Frei'-zeit vs. Fremdbestimmung).
daß die ein bißchen *wegkommen vom* Fernseher
was gottseidank *ziemlich weit weg ist* vom Wohnzimmer
ich habe also anfangs versucht, die *vom Fernseher wegzuholen*
anstatt eben seine *Freizeit mit anderen zu nutzen*
mit denen er eben auch *seine Freizeit gestaltet*

Verbindung zu anderen Menschen ist eine Schnur, die 'geknüpft' wird oder als 'Nabelschnur' verbindet. Kontakt existiert als 'elektrische Schnur', d.h. als Kabel, das als elektrisch leitendes auch 'isoliert' und 'zusammengeschlossen' sein kann.
Ja, also was ich gerne erreichen möchte, ist daß Juan, daß Juan *Kontakte knüpft*
daß ich bei Juan sehr wichtige *Bezugsperson* bin (vgl. Draht oder Fäden 'ziehen')
also ich muß das ja auch irgendwann bald *abnabeln*
ich auch einen *ganz guten Kontakt* zu der Familie habe
also hat so *Kontakte* quasi fast nur zu seinem Bruder
die *schließen sich halt irgendwie zusammen*
Juan hat in der Schule *Kontakte* und spielt auch mit den Kindern
Also daß er ein bißchen aus dieser *ethno-bezogenen Isolation* herauskommt
hat ein Kind *mehr oder weniger Kontakte* oder so
Die Schnur ist auch das Bild für kognitive Zusammenhänge:
hängt aber auch noch mit dem Ausländerstatus *zusammen*
von dem Studium her ... *kann ich da keine Linien ziehen*

Es gibt zwei Pole des Umgehens mit sich und anderen, wohlwollend-locker-offen und mißgünstig-antreibend-verschlossen. Das Lockere:

Wir machen das auch ziemlich *aufgelockert*
Also die Schularbeiten sind *nicht so streng* jetzt
sondern das ist halt *ziemlich aufgelockert*
er war wohl früher ein bißchen *unbefangener*
daß man damit ein *bißchen lockerer umgeht*
Das Pedantische und Aufgebauschte:
von daher muß ich also nicht *mit der Peitsche dahinter stehen* und ihn *antreiben*
also *je strenger ich dort auftreten würde* und um so *rigider* ich jetzt Fernsehen als etwas *Unmoralisches* ihnen *aufoktroyieren* würde, um so mehr würden die heimlich gucken
ich bin nicht *penetrant pedantisch* oder so
weil die irgendwie so bis zum, *also so verklemmt sind, bis zum Hals zugeschnürt*
wenn man jetzt *ganz streng urteilen würde, oder ganz strenge Kriterien suchen* würde
aber nicht so krankhaft, wie sie das da beschrieben hat
das ist also eine *wahnsinnige Unverschämtheit* gewesen
Aber das wurde also alles *unheimlich aufgebauscht*, diese ganzen Kleinigkeiten
in unserer Gesellschaft eben viele Dinge auch *aufgebauscht* werden
mir haben sich *die Haare gesträubt*

Es gibt freilich Grenzen des los- und locker-Seins, eine Zentrierung auf sich darf nicht verloren gehen vor lauter Last: (vgl. oben los-sein als fremdbestimmter Ablauf.)
die hat *keine Schwierigkeiten sich irgendwie abzugrenzen*
aber daß sie ein *bißchen mehr auf sich achtet*, daß sie ein bißchen *mehr zur Ruhe kommt*
daß sie sonst *unheimlich schnell irgendwie so ihre Kräfte verliert*
und da fühle ich mich also *echt überfordert*
also die Mutter ist *völlig überlastet*
Und sie *leidet da auch drunter*

Schwierigkeiten werden als Substantiv und in der Form des Habens konzipiert.
weil er sehr große *Schwierigkeiten* mit der Lehrerin *hatte*
die Lehrerin *hatte Schwierigkeiten* mit ihm
Manuel *hatte* auch sehr große *Schwierigkeiten* in der Schule
Und er *hat* auch noch ein anderes *Problem*
Entwicklung ist, wenn man solche Dinge an den Haken hängt:
das Ding ist für mich *abgehakt*

Im Gegensatz zur Betonung der Arbeit als Machen und Sehen und weniger als Reden steht eine verbale Aktivität des sich- und Andere Infragestellens:
und *frage mich natürlich auch heute*
ich habe dann *nachgefragt*
diese Therapie da von ihm *sehr in Frage stelle*
dann frage ich mich wirklich, wie man die Leute auf die Kinder losjagen kann
da fragst du dich, wie, wie solche Neurotiker auf solche Familien
ich frage mich irgendwie, nach welchen Kriterien also da manche Leute eingestellt werden
ich *bin halt manches Mal gefragt* worden ..., wieso bist du überhaupt da

2.5. Triangulation der Methoden

Die Verwendung mehrerer Methoden zur Beschreibung eines Sachverhaltes ist in der Soziologie keine Neuigkeit. Flick et al. 1991/115-123 beschreiben einige beispielhafte ‚klassische‘ Studien, wie z.B. die von Thomas und Znaniecki 1927 veröffentlichte Arbeit über polnische Einwanderer in den USA oder die von Jahoda, Lazarsfeld und Zeisel 1933 publizierte Studie über ‚Die Arbeitslosen von Marienthal‘. Breuer (1989/57) betont eine *„erkenntnis- und praxisbezogene Produktivität differentieller Sehweisen der ‚Wirklichkeit‘"*; unterschiedliche Herangehensweisen aus verschiedenen methodischen Zugängen und heterogenen System- und Gruppenerfordernissen sowie die Erforschung der Verschränkung dieser Sichtweisen vertieften die Erkenntnis des untersuchten Gegenstands. Diese Erfahrung wiederholte auch ich in der konzeptionellen Phase meiner Studie. Zunächst hatte ich versucht, die Metaphernanalyse als alleinige Methode, quasi als Königsweg einer sozialwissenschaftlichen Forschung voranzutreiben, bis sich die vermeintliche via regia durch einige schlaglochartige Lücken des Verstehens und nach zeitraubenden Holz- und Umwegen unversehens in eine via dolorosa verwandelt hatte.

Nach dieser Erfahrung, auf dem Hintergrund der philosophischen und psychologischen Diskussion des Verstehens und nach dem Hinweis Schwemmers, zwei grundsätzlich verschiedene Leistungen der kulturwissenschaftlichen Rekonstruktion anzunehmen, arbeitete ich die Inhaltsanalyse und die Metaphernanalyse als Prototypen unterschiedlichen Verstehens heraus. Für ihre Integration hatte Schwemmer keine Hinweise gegeben (vgl. Kap. 2.2.4). Ich greife auf die Versuche Flicks zurück, die Integration von Methoden verschiedener Reichweite zu reflektieren.

2.5.1. Triangulation von Inhalts- und Metaphernanalyse

Flick hat über eine Verknüpfung mehrerer sozialwissenschaftlicher Methoden, die sog. ‚Triangulation‘, mehrfach veröffentlicht (vgl. Literaturverzeichnis). Er siedelt ihre Möglichkeiten im Kontext gegenstandsangemessener Forschung da an, wo es um
„die Entwicklung und Formulierung spezifischer Kriterien und Prüfverfahren zur Beurteilung qualitativer Daten und Interpretationen und die Formulierung von Strategien zur Fundierung ihrer Geltungsbegründung"
geht (Flick 1989/2f.). Er sieht innerhalb des Spektrums qualitativer Ansätze zwei Ausrichtungen: Zum einen Mayring u. a., die auch für qualitative Forschung sich an den Testgütekriterien Reliabilität, Objektivität und Validität orientieren. Auf der anderen Seite gruppieren sich ForscherInnen, die sich dem Ideal der ‚Gegenstandsangemessenheit‘ verpflichtet fühlen: Die Methoden sollen dem Gegenstand und seinem Kontext und die Kriterien zur Überprüfung diesen angepaßten Methoden entsprechen. Dies führt zu spezifischen Kriterien für jeden Gegenstand und zu eigenen Strategien zu ihrer Gewinnung. Für diese ist die Triangulation interessant; Flick unterscheidet verschiedene Formen der Triangulation nach der Nähe zu den erhobenen Daten:[71]

a) Daten-Triangulation: gezielte und systematische Auswahl und Kombinationen von befragten Personen, Zeiten, Fällen, etc.; dies entspricht dem ‚theoretical sampling‘ nach Glaser und Strauß.

b) Investigator-Triangulation: Um Verzerrungen durch die Person des Forschers zu vermeiden, werden verschiedene Forscher mit der gleichen Aufgabe betraut.

c) Theorien-Triangulation: Die Annäherung an das interessierende Phänomen geschieht gleichzeitig von verschiedenen theoretischen Perspektiven aus.

d) methodologische Triangulation: Vergleich der Ergebnisse innerhalb einer Methode, z.B. zwischen verschiedene Subskalen eines Fragebogens, und der Ergebnisse zwischen verschiedenen Methoden.

---

[71] nach Denzin 1978, vgl. Spöhring 1989/320f.

Im Kontext der mich bewegenden Frage nehme ich nur Bezug auf Daten- und methodologische Triangulation. Die Forscher-Triangulation schied aus forschungsökonomischen Gründen aus; innerhalb einer Dissertation, die neben einer anders gearteten Berufsarbeit stattfand, war es nicht möglich, andere Forscher zu integrieren. Eine Triangulation der Theorien kam nicht in Frage, da die Auseinandersetzung verschiedener theoretischer Standpunkte unter dem Mangel litt, daß die Einzelfallhilfe von konkurrierenden Schulen usurpiert wurde und ihre eigenständige Leistung nicht in den Blick geriet. Ich konnte die Daten-Triangulation zwar nicht so ausweiten, daß ich Datenquellen außer den Interviews, wie etwa Videobeobachtungen, hätte nutzen können. Ich werde aber in 4.1.10.1 beschreiben, wie ich unter den Berufsgruppen und Problemkonstellationen wählte, um ein sehr weites Spektrum an Hilfekonstellationen zu integrieren. Die methodologische Triangulation, d.h. die Integration heterogener Methoden, ist auf verschiedenen Wegen möglich:

a) Triangulation als Überprüfung einer Methode durch eine andere
Diese Konzeption (ebd./5ff.) setzt voraus, daß der Untersucher im Besitz zweier Methoden ist, von denen eine besser als die andere die Wahrheit einer Interpretation begründen kann und somit als Korrektur der datengewinnenden, vorbereitenden Methode dienen kann. Flick weist nach, daß dies z.B. im Kontext des Forschungsprogramms von Groeben und Scheele zu einem schlechten Zirkel führt: Wer bestimmt, daß die zweite Methode valider ist? Dies ist nur über weitere Interpretationen möglich, die ihrerseits abgesichert werden müßten (vgl. auch Flick 1989/147ff.).

b) Triangulation als konkurrierende Validierung
Aber auch eine *„konkurrierende Validierung"* (ders. Mskr./7), in der jede Methode einen gleichberechtigten Einfluß auf das Ergebnis hat, löst das Problem der Über- und Unterordnung der Methoden und Theorien nicht, wenn ein ‚objektives' Ergebnis festgestellt werden soll. Flick verweist darauf, daß eine Triangulation der Theorien nicht unbedingt alle Verzerrungen der Theorien korrigiert, und eine Triangulation der Methoden nicht unbedingt deren Validität erhöht. Die Kombination der Methoden kann allerdings zu mehr *„Reichweite und Tiefe"* (ebd./7) in der Wahrnehmung des Gegenstands führen, ein Erkenntnisgewinn, mit dem Flick die Notwendigkeit gegenstandsangemessener Kriterien der Geltungsbegründung gegenüber den gegenstandsneutralen Kriterien der quantitativen Sozialforschung (Reliabilität, Validität, Objektivität) verteidigt[72]. Die Aufgabe des strengen Validierungsanspruchs der Triangulation wäre allerdings auch wegen eines anderen Problems notwendig gewesen:

c) (Un-) Angemessene Methoden und ihre Gegenstände
Es beginnt innerhalb der Sozialwissenschaften zum Gemeinplatz zu werden, daß jede Methode ihren Gegenstand (zumindest mit-) konstituiert (vgl. Kap. 2.1). Dies führt dazu, daß eine Methode, die der Strukturforschung Schwemmerscher Prägung nachgeht, ein völlig anderes Objekt vor sich stellt als jenes, das eine idealisierende Handlungsforschung konstruiert. Fasse ich allerdings im Sinne Schwemmers die erste als ‚primäre', die folgende als ‚sekundäre Ordnungsleistung' der Subjekte, so verbindet der von mir gesuchte ‚Gegenstand', die subjektive Sicht der EinzelfallhelferInnen, beide Bereiche und

---

[72] Die Triangulation folgt unreflektiert hermeneutischen Grundsätzen: Gadamer kennt ebenfalls kein ‚Wahrheitskriterium', sondern nur der Versuch eines immer weitergehenden Verständnisses; die Flicksche Hermeneutik des Heterogenen und ihre Metaphern der ‚Reichweite' und ‚Tiefe' sind der Erfahrung der ‚Horizontverschmelzung' von Gadamer verwandt.

ergibt sich erst aus einer Zusammenschau beider Forschungen. Die Sicht der Subjekte ist ein Gegenstand, der sich auf dem strukturellen Hintergrund erst als verstehbar zu machende individuelle und professionsspezifische Wahrnehmungs- und Handlungsweise heraushebt. Flick besteht darauf, daß die angewandten Methoden sowohl sozial geprägte Interaktionsmuster als auch Strukturen im Subjekt aufnehmen sollten, um eine ‚reichere' Sicht auf den Gegenstand zu erhalten. Je verschiedener der Fokus der Methoden, desto fundierter sei die Behauptung von der Geltung und der Begründung der Interpretationen (ebd./14f., vgl. Spöhring 1989/322). Er versucht dies für seine eigene Arbeit mit der Kombination aus Rekonstruktion subjektiver Theorien und ethnomethodologischer Konversationsanalyse erreichen. Ich habe die Inhaltsanalyse Mayringscher Prägung, die einen ‚Nachvollzug subjektiv gemeinten Sinns' ermöglicht, und die Metaphernanalyse, die ‚deutungs- und handlungsgenerierende Tiefenstrukturen' rekonstruiert, gewählt (Gegenüberstellung nach Lüders, Reichertz 1986/92ff., Flick Mskr./12f.). Das Ziel dieser Triangulation war, um mit Flick zu sprechen, statt der Validierung gefundener Muster die Gewinnung eines kaleidoskopartigen Bildes (Flick 1989/152f.).

2.5.2.   Einzelfallstudien und Gesamtanalyse

Im Kapitel 1.1.8 hatte ich die die Untersuchungsziele so formuliert: Die Untersuchung
1. sollte nicht nur für beide Gesprächspartner plausibel und handlungsrelevant sein,
2. sondern auch der Prozeß der Herstellung des Wissens sollte für andere durchsichtig und nachvollziehbar gemacht werden;
3. die Untersuchung sollte für ähnliche Situationen einen Orientierungswert besitzen (Bergold/Flick 1987/2f.; Mayring 1983/14-21).
Die Inhaltsanalyse (Kap. 2.3) hatte weitere Fragekategorien ergeben:
4. Wie nehmen die HelferInnen die Familien und ihre Schwierigkeiten wahr ?
5. Wie werden die einzelnen KlientInnen und ihre Schwierigkeiten wahrgenommen?
6. Welche Handlungs- und Wahrnehmungsstrukturen bilden sich in der Arbeit auf dem Hintergrund dieser Wahrnehmungen?
7. Wie erleben sich die HelferInnen selbst, welche Selbstbilder entwerfen sie, welches Bewältigungsverhalten entwickeln sie?
Vor dem Hintergrund der berufspolitischen und fachlichen Diskussion berechtigten diese Ergebnisse dann zu einem Versuch, die folgenden Fragen zu beantworten:
8. Welche Konsequenzen ergeben sich daraus für
    a) eine Tätigkeitsbeschreibung und ein berufliches Selbstverständnis?
    b) Ausbildung, Qualifikation und Supervision?
    c) die materielle Ausgestaltung der Einzelfallhilfe?

Die Ziele 1-3 waren auf das beforschte Individuum zugeschnitten. Damit rückte die Arbeit auch in die Nähe einer Supervision der Befragten; es war intendiert, problematische Situationen der Hilfe durch das Gespräch auch besser zu begreifen und zu verändern. Die Reaktivität der Daten reduzierte sich im Sinne einer *„reflektierten Ankoppelung von Erhebungsprozeduren an alltagsweltlich vertraute Handlungsschemata"* (Bergold, Breuer 1987/34f.). Ferner sollte eine schwache Version der kommunikativen Validierung gelten: Die Diskussion der Interpretationen war auch als Validierungsdialog mit den befragten HelferInnen angelegt. So erfuhr ich bei Probeinterviews, daß die ursprünglich als einzige Methode verwendete Metaphernanalyse nicht ausreicht, da ihre Ergebnisse ohne die Vermittlung inhaltlicher Themen von den befragten PraktikerInnen nicht immer nachzuvoll-

die Vorurteile der Befragten, relativiert Flick (1987/252f.) und schlägt kommunikative Validierung nur in der Erhebungsphase als Überprüfung der Rekonstruktion vor.

Die Fragen 4-7 zielten nicht auf die unmittelbare Erfahrung der einzelnen HelferInnen, sondern auf ein kollektives Profil der Einzelfallhilfe und die in ihr herrschenden Wahrnehmungs- und Handlungsmuster. Auch für die aktuelle sozialpolitische Diskussion sind die Resultate der geplanten Studie relevant: Gibt es Argumente für die Abgrenzung eines eigenen Tätigkeitsbereiches der Einzelfallhilfe neben Sozialpädagogik und Therapie? Welche Tätigkeitsstrukturen sind gemeinsam?

Wie konnten aber die beiden Methoden aufeinander bezogen werden? Es gab zwei Möglichkeiten: In einer Interpretation der Einzelfälle konnte ich die Wahrnehmungs- und Interaktionsmuster der Helfer wie ihre Sprachmuster und Tätigkeiten metaphern- und inhaltsanalytisch aufeinander beziehen. Dafür bot sich ein narratives Vorgehen an, das Ansätze von Geertz (vgl. Kap. 3.1) aufnahm; hieraus resultierten essay-ähnliche interpretative Fallstudien. Sie folgten den Zielen 1-3, eine subjektgerechte und hilfreiche Auswertung zu liefern; Verallgemeinerungen waren von da aus in methodisch stringenter Weise allerdings nicht möglich. Wendete ich aber beide Analysen auf den Gesamtkorpus der Interviewtexte an und versuchte deren Ergebnisse zu triangulieren, so waren begründete Verallgemeinerungen möglich; ich hätte aber die Einzelfallstudien und den in ihr liegenden Erkenntniswert damit vernachlässigt. Es blieb somit nichts anderes übrig, zwei Formen der Triangulation zu betreiben: Die interpretativen Einzelfallstudien, die Eigenwelten der HelferInnen, folgen in Kap. 3, die Gesamtanalyse und damit der Blick in die Gemeinwelt in Kap. 4.

2.5.3.   Vorausschau auf Gütekriterien der Untersuchung

Wie finde ich gegenstandsangemessene Kriterien der Geltungsbegründung zur vorgelegten Interpretationen? In dem Maße, in dem die Untersuchungsmethode an den natürlichen Kontext als Supervision anschloß, und gerade dadurch die Ergebnisse dieser Studie mitkonstituierte, können die gegenstandsneutralen Kriterien qualitativer Sozialforschung wie von Objektivität, Reliabilität, Validität nicht die gewohnte Relevanz zur Kritik der von der Studie abgeleiteten Aussagen haben. Mayring versucht, diese Kriterien auf qualitative Forschungen zu übertragen, muß sie jedoch umformen und den andersartigen Objekten qualitativer Forschung anpassen (vgl. Kap. 2.2.4). Für Flick (1989/88f.) geht dies nicht weit genug; er zeigt eindringlich, daß komplexe Phänomene wie etwa ‚Vertrauen‘ einer gegenstandsangemessenen Behandlung bedürfen, standardisierte Methoden und deren Gütekriterien verzerren ihre Erfassung. Gegenstandsangemessen heißt hier (vgl. Bergold, Breuer 1989/31f.), daß

- die Datenerhebung den natürlichen Kontext der kollegialen Supervision nutzt,
- sich die Datenauswertung an den alltäglich geübten Verfahren des Verstehens (in reflektierter und rekonstruierbarer Form) orientiert,
- sich die Ergebnisse in den Kontext der HelferInnen zurückübersetzen lassen als supervisionsähnliche, praktische Hilfen, auch für Fortbildungen (vgl. Schmitt 1991),
- die Kriterien der Bewertung der Interpretation sich an diese Bedingungen des Phänomens anlehnen.

Die Frage nach den Gütekriterien wird getrennt in 3.1 (Einzelfallstudien) und 4.3. (Triangulation der Gesamtstudie) wieder aufgenommen.

3. Momentaufnahmen des Helfens

Die spezifizierende Analyse einzelner Interviews

Dieses Kapitel untersucht in Form von Fallstudien die Eigenwelt der einzelnen HelferInnen. Zunächst (3.1) beschreibe ich einen Ansatz zur erzählenden Synthese der verschiedenen Analysemethoden, dann folgen die einzelnen Fallstudien (3.2 bis 3.10).

3.1. Interpretierende Fallstudien und das Problem der Darstellung

3.1.1. Die Rekonstruktion der Eigenwelt der HelferInnen

Im Kapitel 1 hatte ich den ‚materiellen Möglichkeitenraum' der Einzelfallhilfe dargestellt, die rechtlichen, sozialen und ökonomischen Bedingungen derselben ebenso wie psychosoziale Konzeptionen, mit denen sich die Hilfe beschreiben läßt. Bevor ich im Kapitel 4 eine Rekonstruktion der ‚Gemeinwelt', d.h. der gemeinsamen Möglichkeitenräume der HelferInnen, versuche, analysiere ich nun ihre ‚Eigenwelt': Bergold und Breuer (1989/21f.) verstehen darunter die persönlichen Interessen und Befindlichkeiten, in denen sich die subjektive Wirklichkeit des Subjektes konstituiert. Auch Graumann et al. 1991 fordern, ebenso an die phänomenologische Tradition anknüpfend, für psychologische Forschung die vermehrte Einbeziehung einer ‚intentionalen Deskription' des Subjekts, die sich auf das bezieht,

„was Personen in ihrem Verhalten als den von ihnen erlebten/gesetzten Sinn eben dieses Verhaltens und Handelns - bildlich gesprochen - vor Augen haben. " (ebd./68).
Die Diskussion der Triangulation sensu Flick (Kap. 2.5) hatte verdeutlicht, daß nur Einzelfallstudien die Rekonstruktion individueller Bewältigungsmuster gewährleisten. Wie sollten aber in den Fallanalysen die Methoden miteinander vermittelt werden? Bei Probeanalysen hatte die fehlende Einbettung der gefundenen Metaphorik in den Kontext des Interviews ein Nachvollziehen erschwert; der Zusammenhang zwischen den Tätigkeiten und den durch die Metaphern erschlossenen Kognitionen ergab sich nicht aus der bloßen Sammlung metaphorischer Wortfelder[1]. So ließ sich allenfalls die Brauchbarkeit der Metaphernanalyse zur Erfassung kognitiver Eigenarten der HelferInnen belegen. Erst in der individuellen und beschreibenden Explikation der Metaphern im Kontext der helfenden Arbeit entwickelt sich das Verständnis für ihren Zusammenhang mit den Tätigkeiten. Die Lösung des Interpretations- wie Darstellungsproblems fand sich relativ spät; in den im folgenden vorgelegten Einzelfallanalysen projiziere ich die Methoden in der Form aufeinander, daß sie ähnlich einer ‚dichten Beschreibung' im Sinne von Geertz 1987 in einen Text münden, der Faktenwissen aus der Themenanalyse und sprachlich-bildliche Konstruktionsmethoden der HelferInnen zusammenzieht. Ich stelle seinen Ansatz vor.

3.1.2. Dichte Beschreibung und Einzelfallstudien

Der Ausgangspunkt von Geertz ist nicht die qualitative Sozialwissenschaft, sondern das methodische Dilemma der Ethnologie, fremde Kulturen so zu beschreiben, daß wir sie verstehen können. Die Betonung des ‚Verstehens' zeigt eine Abgrenzung vom positivistischen Ethnologen an: Wir hätten die Triftigkeit unserer Erklärungen danach zu beurtei-

---

[1] Eine solche Sammlung liegt als Beispiel in 2.4.7.4.2 vor.

len, inwieweit ihre wissenschaftliche Imagination uns mit dem Leben von Fremden in Berührung zu bringen vermag, und nicht nach gezählten Fakten:

„Es lohnt nicht, wie Thoreau sagt, um die ganze Welt zu reisen, bloß um die Katzen von Sansibar zu zählen." (Geertz 1987/24).

Sein Begriff der Kultur und der Bedeutung ist der ‚intentionalen Deskription‘ sensu Graumann und der ‚Eigenwelt‘ wie auch ‚Gemeinwelt‘ von Bergold, Breuer nahe, was meinen Rekurs auf ihn rechtfertigt:

„Ich meine mit Max Weber, daß der Mensch ein Wesen ist, das in selbstgesponnene Bedeutungsgewebe verstrickt ist, wobei ich Kultur als dieses Gewebe ansehe. Ihre Untersuchung ist daher keine experimentelle Wissenschaft, die nach Gesetzen sucht, sondern eine interpretierende, die nach Bedeutungen sucht." (ebd./9)

Es gehe ihm darum, die Erfahrungen anderer Leute im Kontext ihrer eigenen Ideen über Person und Selbst zu betrachten (ebd./294). Eine interpretierende, nach diesen Ideen suchende Wissenschaft benötigt andere Darstellungsmittel ihrer Ergebnisse. Für Geertz ist Verstehen und Beschreiben untrennbar verbunden:

„Als ineinandergreifende Systeme auslegbarer Zeichen (wie ich unter Nichtbeachtung landläufiger Verwendungen Symbole bezeichnen würde) ist Kultur keine Instanz, der gesellschaftliche Ereignisse, Verhaltensweisen, Institutionen oder Prozesse kausal zugeordnet werden könnten. Sie ist ein Kontext, ein Rahmen, in dem sie verständlich - nämlich dicht - beschreibbar sind." (ebd./21)

Diese ‚dichte Beschreibung‘ gründet auf der aneignenden Imagination des Fremden; dies bietet auch das Kriterium für ihre Qualität:

„Eine gute Interpretation von was auch immer - ... - versetzt uns mitten hinein in das, was interpretiert wird." (ebd./26)

Die Untersuchung bestehen für ihn darin, Vermutungen über Bedeutung anzustellen, diese zu vergleichen und aus den besseren Vermutungen erklärende Schlüsse zu ziehen (ebd./29f.). Alle großen ethnographischen Untersuchungen seien keine wissenschaftlich überprüften und anerkannten Hypothesen, sondern Interpretationen oder Fehlinterpretationen wie alle anderen auch, auf die gleiche Weise entstanden und in sich ebensowenig schlüssig wie diese (ebd./33).

Bedeutsam ist der Stellenwert, den Geertz der Untersuchung des Einzelfalles beimißt. Die Hauptaufgabe der Theoriebildung in der Ethnologie bestehe nicht darin, abstrakte Regelmäßigkeiten festzuschreiben. Es würden keine allgemeinen Aussagen angestrebt, die sich auf verschiedene Fälle beziehen, sondern nur Generalisierungen im Rahmen eines Einzelfalls und Bestandsaufnahmen der individuellen Möglichkeiten:

„Die eigentliche Aufgabe der deutenden Ethnologie ist es nicht, unsere tiefsten Fragen zu beantworten, sondern uns mit Antworten vertraut zu machen, die andere Menschen ... gefunden haben, und diese Antworten in das jedermann zugängliche Archiv menschlicher Äußerungen aufzunehmen." (ebd./43f.)

Gerade diese Absicht, die Antworten anderer Menschen in anderen Kulturen auf ‚tiefe‘ Fragen zu sammeln und zu vergleichen, berührt sich mit den Zielen der Metaphernanalyse; v. Kleist 1989/116 exploriert individuelle und Blumenberg (vgl. Kap. 2.4.1.5.) beschreibt kollektive Antworten auf Grundfragen der Existenz, Orientierungen und Modellvorstellungen, die in Metaphern niedergelegt sind. Die Sammlung von ‚Antworten‘ in einem ‚Archiv menschlicher Äußerungen‘ bereitet auf eine Metapher von Geertz vor, welche die Form der Darstellung solcher Antworten beschreibt: Allgemeine Aussagen seien als ‚klinische‘ Schlußfolgerungen möglich (ebd./37). Der Verweis auf klinische Fallstudien führt ihn zu dem adäquaten Darstellungsmittel: Alle diese genannten Umstände seien Gründe für den Essay als ‚natürliches Genre‘ für *„die Präsentation kultureller Inter-*

pretationen und der ihnen zugrundeliegenden Theorien" (ebd./36). Als Muster des Schreibens benennt er den hermeneutischen Zirkel des Verstehens:

"So springen wir ständig von einer Seite auf die andere, betrachten das Ganze aus der Perspektive seiner Teile, die ihm zu Lebendigkeit und Nähe verhelfen, und die Teile aus der Perspektive des Ganzen, aus dem sie verständlich werden." (ebd./307)

Der hermeneutische Zirkel vom Teil und dem Ganzen liege als Denkfigur allen ethnographischen ebenso wie literarischen, historischen, philologischen, psychoanalytischen oder biblischen Deutungen zugrunde. - Den literarischen Charakter dieser Gesellschaftsanalyse hat er später noch einmal betont: Ein anthropologischer Text müsse uns in die andere kulturelle Welt versetzen, die Autoren müßten uns überzeugen,

"daß das, was sie sagen, ein Resultat davon ist, daß sie eine andere Lebensform wirklich durchdrungen haben ..., davon, daß sie auf die eine oder andere Weise wahrhaft ,dort' gewesen sind." (Geertz 1990/14f.)

Kriterien für die Gültigkeit der Interpretation ergeben sich aus der Form der Darstellung und sind daher gegenstands- und methodenangemessen:

"Wenn wir entdecken, wie in dieser Monographie oder in jenem Artikel ein derartiger Eindruck erweckt wird, werden wir gleichzeitig die Kriterien entdecken, nach denen sie zu beurteilen sind." (ebd.).

Glaubwürdigkeit der Interpretationen kann also nicht anders als durch die Erfahrung des Verstehens des Fremden und seines Sinns erlangt werden. Die Ethnographen müßten nicht nur davon überzeugen, daß sie selbst wirklich ,dort gewesen' sind, sondern auch,

"daß wir, wenn wir dort gewesen wären, gesehen hätten, was sie sahen, empfunden hätten, was sie empfanden, gefolgert hätten, was sie empfanden". (ebd./23)

Dieser Rückgriff auf die Empfindung der Überzeugung ist für ein differenziertes Methodenverständnis wenig tragbar. Geertz fügt später ein Wahrheitskriterium hinzu, die Interpretation müsse sich gegenüber kommenden Realitäten behaupten und als intellektuell tragfähig erweisen (ebd./38). Diese Art eines historischen Falsifikationskriteriums erinnert an das Methoden- und Wahrheitsverständnis von Gadamer: Die Hermeneutik vermittle aus sich heraus kein Wahrheitskriterium, praktische Sinnfragen entscheide die Geschichte (Gadamer [1971]1986/263). Es gibt keine abgeschlossene Wahrheit, im Fortgang des Verstehens werden wir das erfahren, was uns in der Gegenwart fehlte; wir *"kommen gleichsam zu spät, wenn wir wissen wollen, was wir glauben sollen."* (Gadamer [1960]1986/494).

Geertz lehnt sich an Foucault und Barthes an und siedelt den anthropologischen Forschungstext zwischen Roman und Laborbericht, den anthropologischen Schriftsteller zwischen Romanschriftsteller und Zweckschreiber an (ebd./17, 25-27). Nehme ich Geertz als Vorbild für die Darstellung der Einzelfallanalysen, so heißt dies, die durch Metaphern- und Inhaltsanalyse gefundenen Sinnzusammenhänge in einem Text zu präsentieren, der die Wirklichkeit dieser konkreten Einsätze ,lebendig' und zugleich ihre kulturellen und mentalen Strukturen zugänglich macht. Die Darstellung bedient sich des hermeneutischen Zirkels vom Einzelnen zum Ganzen und vom Ganzen zum Einzelnen, von der einzelnen Handlung zur rekonstruierten Metapher und von der auffälligen Metapher zu den von ihr motivierten Handlungen fortschreitend.

3.1.3. Common sense und Metaphorik

Da Geertz eine Kultur und ihre Menschen im Lichte ihrer eigenen Ideen verstehen möchte (s.o), interessiert er sich besonders für real existierende Modelle von ,Wirklichkeit', die er in dem findet, was er ‚common sense' nennt. Dieser ‚gesunde Menschenverstand' hilft dem Menschen aus, sich zu versichern, daß er die Welt erklären kann; an den Grenzen der analytischen Fähigkeiten des Einzelnen, seiner Leidensfähigkeit und der ethischen Sicherheit widerspricht der common sense (und auch Religion) dem Einbruch des Chaos (Geertz 1987/63). Im Unterschied zur common-sense-Perspektive will Religion nicht die Einwirkung auf die umfassenderen Realitäten, sondern Glaube und Anerkennung; ein beständiger Wechsel zwischen religiöser und common-sense-Perspektive ist möglich (ebd./ 77-88). Common sense als kulturelles System berufe sich auf die Welt, auf die unmittelbare Erfahrung und lehne Begründungen ab (ebd./263f., Textstelle ebd./276):

„Als Rahmen wie als Denkweise erhebt der common sense einen ebenso umfassenden Anspruch wie alle anderen: es gibt keine Religion, die dogmatischer, keine Wissenschaft, die ambitionierter, und keine Philosophie, die generalisierender wäre. Er schlägt andere Töne an, gebraucht andere Argumente, doch wie jene - und wie Kunst und Ideologie - erhebt er den Anspruch, die Illusion zu überwinden, um zur Wahrheit zu gelangen, oder, wie man auch sagt, zu den Dingen, wie sie wirklich sind. "

Geertz (ebd./277-285) nennt fünf Merkmale des common sense als ‚allgemein verbreiteter kultureller Form': Natürlichkeit, Praktischheit, Dünnheit, Unmethodischheit, Zugänglichkeit. Diese Merkmale sehe ich auch für Metaphern erfüllt.

a) Natürlichkeit:

Die Natürlichkeit des common sense wird von Geertz so beschrieben:

„ein Hauch von >wie denn sonst<, eine Nuance von >versteht sich< wird den Dingen beigelegt ... Sie werden als der Situation innewohnend dargestellt, als von der Wirklichkeit nicht zu trennende Aspekte, so wie es sich nun einmal mit ihnen verhält. " (ebd./277) Als Beleg dient das Erstaunen der HelferInnen, wenn ich ihnen die Interpretationen vorlegte: Wieso sollte der Klient nicht ‚in Bewegung gebracht' werden, wieso war die Arbeit keine ‚Gratwanderung'? Die Selbstverständlichkeit bildlicher Redewendungen machte es ihnen schwer, das zugrunde gelegte metaphorische Modell (z.B.: Hilfe ist, die Klienten in Bewegung zu bringen) als solches zu erkennen.

b) Praktischheit:

Mit Praktischheit meint Geertz mit Lévi-Strauss alles, was den Verstand in der jeweiligen Umwelt reizen kann; der Begriffe zielt über das unmittelbare praktische Wissen hinaus auf eine differenzierte Kenntnis der Umwelt, auch wenn ein Anwendungsbezug nicht unbedingt gegeben ist. Als Beispiel nennt er die Kenntnis einiger philippinischer Stämme von über 600 verschiedenen Pflanzen, ohne daß sie eine direkte Verwendung finden würden. Dieses Wissen ist eine Ressource, auf die aber in besonderen Situationen zurückgegriffen wird. Dieses Kennzeichen des common sense korreliert der Eigenschaft der Metaphern, über das unmittelbare Wissen hinaus Kenntnisse bereitzustellen: Die Metaphorik ‚Zeit ist Geld' bereitet uns nicht nur auf die Kosten der Arbeitszeit bei Auto- oder Fahrradreparaturen und von Therapiegesprächen vor, sie läßt uns auch sofort vermuten, daß neue digitale Kommunikationsdienste je nach Übertragungsdauer die Telefonrechnung belasten. Ferner verdeutlicht sie das Interaktionsklima bei allen Beratungs- und Informationsgesprächen der zunehmend differenzierteren Welt: Wir versuchen, uns auf die Kostbarkeit der Zeit einzustellen, sei es, daß wir uns kurz fassen, sei es, daß wir versuchen, unser Gegenüber möglichst lange an uns zu fesseln.

c) Dünnheit:

Mit diesem Merkmal des common Sense meint Geertz eine Einfachheit und vorgebliche Buchstäblichkeit diesbezüglicher Äußerungen:

„Tendenz des common sense ..., alles so darzustellen, als sei es genau das, was es zu sein scheint, nicht mehr und nicht weniger. ... Die Welt ist das, was der aufmerksam schauende, unkomplizierte Mensch über sie denkt." (ebd./282)

‚Dünnheit' richtet sich gegen die Tendenz wissenschaftlicher, religiöser und philosophischer Hinterfragung eines jeweiligen Geschehens. Auch dies läßt sich übertragen: Der Widerstand, ein Ereignis unter neuen Metaphern zu sehen und die alten als solche zu erkennen, korrespondiert mit der Einschätzung von Geertz, der common sense würde durch Abwehrstrategien aufrechterhalten (ebd./270).

d) Unmethodischheit:

Hier faßt Geertz die ‚Lust an der Inkonsequenz' und den Rückgriff des common sense auf die ‚unerschöpfliche Vielfalt möglicher Erfahrungen':

„Die Weisheit des common sense ist schamloses und vorbehaltloses ad-hoc-Wissen. Sie zeigt sich in Epigrammen, Sprichwörtern, Spruchweisheiten, Witzen, Anekdoten, Fabeln, einer Flut von Aphorismen, nicht aber in formalen Doktrinen, axiomatisierten Theorien und dogmatischen Lehrgebäuden." (ebd./284)

Mit dieser Beschreibung ist Geertz dem Wesen der Metaphorik am nächsten: Sprache stellt ein Reservoir an Metaphern bereit, die sich z.T. auch völlig ausschließen, die dadurch aber für die verschiedensten Situationen und ihre Erklärung passen[2].

e) Zugänglichkeit:

Zugänglichkeit bedeutet nach Geertz die Annahme, daß jeder, dessen

„geistige Fähigkeiten einigermaßen intakt sind, common sense-Schlüsse begreifen kann und sie sich auch zu eigen macht, wenn sie nur eindeutig genug sind. ... Trotzdem gibt es keine wirklich anerkannten Autoritäten auf dem Gebiet des common sense; jedermann hält sich für einen Experten. Common sense ... definiert sich geradezu dadurch, daß er allgemeines Eigentum aller ist, zumindest aller ‚guten Bürger'." (ebd./285).

Zugänglichkeit ist Kennzeichen der Metaphorik: Es ist sofort nachvollziehbar, wenn ein Helfer von einer Familie redet, die sich ‚abschottet' und die ‚einen Panzer hat'. Erzählt er in einer Supervision, daß er ‚keinen Fuß in die Türe kriegt', werden diese erzählen, wie sie in ähnlichen Situationen in Familien ‚hinein' kamen - common sense und Metaphorik beinhalten jene selbstgestrickte Psychologie, mit der wir uns im Alltag orientieren.

Ich habe die nahe Berührung von Metaphorik und common sense hier angedeutet; es muß an dieser Stelle offen bleiben, ob sich mit Metaphernanalysen der common sense i. S. Geertz vollständig beschreiben ließe, ob nicht dieser nur einen Teil des metaphorischen Verhältnisses zur Welt bildet, welches ebenso Religion und Wissenschaft umfaßt. Gerade in der Einzelfallhilfe läßt sich die Funktion des ‚gesunden Menschenverstands' und seiner Metaphorik beschreiben - er nutzt, wenn besser differenzierte therapeutische oder pädagogische Ansätze nicht greifen: Common sense

„... erscheint uns als das, was übrigbleibt, wenn all jene besser gegliederten Symbolsysteme nicht mehr weiterhelfen; als das, was von der Vernunft bleibt, wenn all ihre an-

---

2 vgl. elf divergente Metaphern für ‚Ideen' bei Lakoff, Johnson 1980/46ff., bzw. neun ungleiche Metaphern des Helfens im Kap. 4. Bamberg, Lindenberger 1984/29 sind mit Lakoff der Meinung, daß die Heterogenität von Metaphoriken ein ‚patching of folk theories' ist.

spruchsvolleren Errungenschaften keine Rolle mehr spielen. " (ebd./287)

Damit ist gezeigt: Die Wahl von Geertz und seinen Thesen zur ethnologischen Beschreibung fremder kultureller Systeme ist nicht nur aus dem Problem der Darstellung der Einzelfallstudien entstanden[3]. Geertz zeigt eine nahe Verwandtschaft des common sense zur Metaphorik. Er selbst nimmt die Metapher als Beispiel, daß Analysen der Kultur ohne die Berücksichtigung symbolischer Ausdrucksformen zu kurz greifen; besonders Ideologien seien in figurativer Sprache ausgedrückt, und gerade die Metapher eigne sich dazu, indifferente oder der Ideologie widersprechende Realitäten umzuetikettieren und innerhalb des jeweiligen Systems der Überzeugungen sinnvoll zu machen (Geertz 1973/209ff.).

3.1.4. Unterschiede zur Auffassung von Geertz

Bei aller Nähe seiner Auffassung zur Metaphernanalyse, sei dies nun die symbolische Struktur der Kultur, sei dies das Resultat ihrer Erforschung als Beschreibung sinnhafter Zusammenhänge oder die kognitiven Funktionen von common sense bzw. Metaphorik - muß ich auf eine wesentliche Diskrepanz der folgenden Einzelfallstudien zu ,dichter Beschreibung' sensu Geertz hinweisen: Seine Interpretationen zielen auf die gemeinsame Kultur der beschriebenen Bevölkerung, auf die ,Gemeinwelt', d.h. die mit anderen Menschen geteilte Sicht auf die materiellen Möglichkeiten der Existenz. Zwar bezieht Geertz immer wieder auch subjektive Momente in seine Deutungen ein[4], aber er interpretiert sie nur als Ausdruck eines kulturellen Wandlungsprozesses. Eine dichte Beschreibung des Einzelfalls, welche die kognitive und emotionale Organisation des Einzelwesens expliziert, finde ich bei ihm nicht. Ich beziehe mich daher auf eine andere Metapher von Geertz, die ,klinischen Fallstudie', wenn ich ihn als Anreger meiner Form der Darstellung subjektiver Sinngebung zitiere:

„Eine solche [klinische, R. S.] Schlußfolgerung geht nicht so vor, daß sie eine Reihe von Beobachtungen anstellt und sie dann einem beherrschenden Gesetz unterordnet, sondern geht vielmehr von einer Reihe (mutmaßlicher) Signifikanten aus, die sie in einen verständlichen Zusammenhang zu bringen sucht. " (ders. 1987/37).

,Mutmaßliche Signifikanten', ,verständlicher Zusammenhang', ,Schlußfolgerung' - dies sind die Konstituenten der folgenden Berichte, in denen ich versuche, den selbsterlebten, wenn auch nicht immer selbst begriffenen Sinn der Subjekte zu ergründen. Auch Graumann et al. (1991/70) nehmen dem Subjekt zunächst nicht zugängliche, aber zugänglich machbare Prozesse an, die sich auf ungewußte metaphorische Formung von Kognition und Emotion beziehen[5].

---

[3] Geertz nutzt Metaphern für die Definition der eigenen Identität: *„Eine Behandlung des Themas in dieser Weise verlangt nach einer neuen Metaphorik zur Beschreibung der eigenen Tätigkeit. Die Untersuchung der Kulturformen findet ihre Parallelen nicht mehr im Sezieren eines Organismus, im Diagnostizieren eines Symptoms, in der Dechiffrierung eines Codes oder im Anordnen eines Systems - wie die vorherrschenden Analogien in der gegenwärtigen Ethnologie heißen, sondern gleicht eher dem Durchdringen eines literarischen Textes, ... wenn man Kultur als eine Montage von Texten auffaßt* " (ebd./253).

[4] vgl. der Bericht eines mißlungenen javanischen Begräbniszeremoniells: Geertz 1987/96ff.

[5] Graumann et al. 1991 zergliedern die intentionale Deskription in vier Dimensionen; meine Formulierung überspringt diese Zergliederung, die offenbar nur dazu dient, verschiedene Formen qualitativer Forschung zu kategorisieren.

3.1.5. Konkrete Vorgehensweise und Verifikation

Das Ziel der Einzelfallanalysen ist also nichts anderes als ein ‚klinischer' Bericht, der eine Reihe mutmaßlicher Bedeutungen der HelferInnen und die von ihnen berichteten Handlungen in einen verständlichen Zusammenhang zu bringen versucht. Ich habe auf die Nähe der Ideen von Geertz über den common sense zur Metaphernanalyse hingewiesen; nachzutragen bleibt, daß auch die Inhaltsanalyse, indem sie den subjektiv gemeinten Sinn der HelferInnen aufnimmt, einen wesentlichen Anteil zur (Re-) Konstruktion von Fallgeschichten beiträgt - denn die bloße Sammlung von metaphorischen Modellen bewies nicht, daß man, um mit Geertz zu sprechen, ‚dort' gewesen ist. Die Inhaltsanalyse lieferte die konkreten Geschichten, Absichten, Gefühle und Meinungen der Helfenden. Ich will die angedeuteten Diskrepanzen zwischen den beiden Methoden hier nicht besprechen, sie folgen an sinnvollerer Stelle in der Gegenüberstellung bei der Gesamtanalyse (vgl. Kap. 4.3.1., insbes. 4.3.1.2). Zur Fallauswahl, Interviewtechnik, Durchführung der Einzelmethoden verweise ich auf die Kapitel 2.3.5.f. und 3.4.7.f.; letzteres skizziert in Einzelschritten die Integration der Methoden für die Einzelfallanalyse.
Beide Methoden ersetzen das Feldtagebuch des Ethnologen - die methodische Verfremdung des Vertrauten steht für die Distanz zur fremden Kultur. Die Fallstudien beginnen nach einer kurzen Zusammenfassung mit den wichtigsten Metaphoriken und Themen; dann folgen rekonstruierte Zusammenhänge in linearer, aber auch kreisend-zurückkehrender Erzählung. Es sind Modellgeschichten aus der Einzelfallhilfe, die in ihrer Gänze jenes kaleidoskopartige Bild ergeben können, von dem Flick (vgl. Kap. 2.5.) sprach. Die Triangulation bzw. Perspektivenverschränkung durch zwei Methoden verbreiterte die Basis der Interpretation. Wie oben beschrieben, erzählte ich die dominierenden Geschichten und Themen aus der Inhaltsanalyse in der begleitenden Metaphorik nach, schloß von den bildlichen Mustern auf ähnlich strukturierte Themen.

Abschließend stellt sich die Frage nach den Gütekriterien dieser Interpretationen. Ich habe schon erwähnt, daß ich eine erste interpretative Rekonstruktion der Hilfe in einem zweiten Interview zur Diskussion stellte. Sie bestand in ihrer entwickelten Form aus einer Rohfassung der späteren Fallstudien. In diesen Gesprächen ergänzte ich das Material und korrigierte Fehler; insofern haben die Fallgeschichten das Kriterium einer kommunikativen Validierung erfüllt. - Einige HelferInnen berichteten von Denkanstößen durch diese Art der Interviewauswertung (Interviews 1,3,8,9) - insofern ist das historische Wahrheitskriterium, wie es Geertz formuliert, die Interpretation müsse sich gegenüber kommenden Realitäten behaupten und sich als intellektuell tragfähig erweisen, erfüllt. Spöhring nennt dies im Anschluß an Köckeis-Stangl 1982 ‚Validierung an der Praxis' (1989/32).

3.2. Interview 1a: Rotkäppchen wieder auf den Weg bringen

Zusammenfassung

Die Helferin betreute ein zehnjähriges Mädchen mit Schul- und Verhaltensproblemen. Es war die älteste Tochter einer islamischen Familie; sie hatte vier weitere Geschwister, mit denen sie räumlich sehr beengt lebte; die Familie verfügte über wenig Einkommen und war sozial isoliert.

Die Einzelfallhilfe wurde nach der Metapher: ‚Das Leben ist ein Weg‘ gestaltet, und jedes Stagnieren, Stehen- und Hängenbleiben erforderte ein ‚in Gang bringen‘. Die Helferin schilderte das Kind als sehr eingebunden in ein enges Familiengeflecht und als ‚verirrt‘, wenn das Mädchen sich im deutschen Sozialkontext und der Schule bewegte. Gegenüber der Familie als geschlossenem Raum war die Einzelfallhilfe ‚Schonraum‘, sie schloß eine gemeinsame ‚Suche nach Wegen‘ ein und versuchte (schwierige) Wege zwischen unvereinbaren ‚hohen‘ und ‚an-stehenden‘ Anforderungen zu gehen (‚Gratwanderung‘).

Weniger umfangreich belegt, aber dennoch deutlich war die Auffassung zu rekonstruieren, daß Einzelfallhilfe familienergänzende Qualitäten hat; hierbei hatte die Hilfe den Doppelcharakter von Versorgung und Forderung. Die ‚Versorgung‘ mit Sozialisationserfahrungen war ein Ziel der Helferin; ihre Forderung war, das Mädchen möge die ausprobierten Rollen und Handlungsmöglichkeiten einsetzen.

Es ließ sich zeigen, daß die berufliche Selbstwahrnehmung der Helferin den gleichen Mustern von Sich-Verirren und Gebundensein, von Förderung und Forderung folgte. Ihr war die Einzelfallhilfe zu wenig eingebunden in andere Strukturen der psychosozialen Versorgung. Die Metapher vom ‚Lebensweg‘ hielt sich auch hier durch; die Helferin beschrieb sich ähnlich wie das Kind als verwirrt im ‚Netz‘ des jugendpsychiatrischen Dienstes bzw. anderer Institutionen.

Metaphern im Kontext

1. Die Metaphorik der Räume und der Bewegung.

In der Antwort der Einzelfallhelferin auf die unspezifische Frage nach dem Ablauf der letzten Stunde finden sich Formulierungen, die Lakoff und Johnson 1980/14 ‚orientational metaphors‘ nennen: Das Mädchen *„kommt aus … einer sehr traditionsbewußten Familie, kommt hier dann auch so an mit Kopftuch"* (S.1)[6]. Das Mädchen ‚kommt aus‘ der Familie und ‚kommt an‘ bei der Helferin: Die Präpositionen ‚aus‘ und ‚an‘ rekonstruieren mehr als die reale räumliche Begebenheit. Es läßt sich im folgenden zeigen, daß mit diesen räumlichen Präpositionen und der Wahl des Verbums ‚kommen‘ schon die ersten Spuren zu dem Verständnis der Einzelfallhelferin gegeben waren: Ihre Wahrnehmung des Mädchens, der Hilfe und ihre Selbstwahrnehmung ordneten sich nach dem Muster: ‚Das Leben ist ein Weg‘; dieser Weg führte durch verschiedene Räume.

1a. Verstrickungen.

Der Ausgangsort des metaphorischen Weges zeichnete sich durch Enge und Behinderung von sozialer und mentaler Bewegung aus, das Kind schien sehr eng in die Familie eingebunden. Es entwickelte im Freizeitbereich kaum Ideen, die über den häuslichen Wirkungskreis hinausgingen. Die Helferin formulierte, das Mädchen wäre *„ sehr eingeflochten … in die Familie und … wenn so eine Idee kommt, dann sind es eher so häusliche Dinge, Kuchen backen oder Kochen"* (S.2). Dieses Bild wiederholte sich (S.6), die Helferin faßte die Gehemmtheit in die Metaphorik der stillgestellten Bewegung: ‚eingeflochten‘.

---

[6] Zur Erklärung dieser Metaphorik siehe Kap. 2.4.6.1.5.

Diese Metapher war mehr als nur ein Bild, denn sie bildete nicht nur n sozialer und psychischer Enge ab: Das Kind hatte fünf Geschwister und lebte mit ihnen in einer Zwei-Zimmer-Wohnung. Der ‚Freiraum' für das Mädchen war aber nicht nur räumlich, sondern auch von sozialen Pflichten eingeengt: *„als älteste Tochter ist sie für ihre jüngsten Kinder* [Versprecher für: Geschwister!!] *immer quasi Ersatzmutter, nach außen hin ist sie ... der Vertreter der Familie, der am besten Deutsch spricht"* (S.2). Durch diese Bedingungen war die Binnenstruktur auf den Kopf gestellt: Das Mädchen war ‚Ersatzmutter' und die Vertreterin der Familie nach außen.

1b. Hindernisse

Weitere Blockaden der freien Bewegung des Mädchens stellten ‚anstehende' und ‚hohe' Anforderungen dar; die des Vaters waren *„überhöht"* (S.4), und auch im schulischen Bereich ‚standen' sie an: *„was da angestanden ist an ganz konkreten schulischen Anforderungen"* (S.1). Die Helferin konzipierte schulische Ansprüche an das Kind in diesem Bild räumlicher und drängender Aufgerichtetheit: *„wenn eine Klassenarbeit ansteht"* (S.5). Im ihrem Verständnis hemmte dieses ‚An-stehen' von Forderungen ebenso wie ein ‚Hängenbleiben' die freie Entfaltung des Kindes. So versuchte sie das Mädchen immer wieder zu fragen, *„woran es denn hapert[7] und woran es denn hängt, warum es ihr damit nicht so gut geht"* (S.2). Das Mädchen traute sich dann *„keinen Schritt"* in die Welt der selbstverständlichen Vergnügungen ihrer Mitschülerinnen: *„Das neidet sie denen ganz ungeheuer, gleichzeitig traut sie sich aber nicht diesen Schritt, weil immer dieses moslemische Über-ich da mit einem großen Zeigefinger daneben steht und sagt: Das darfst Du alles gar nicht"* (S.2f.). Der aufgerichtete, verbietende Zeigefinger stellte ein plastisches Bild der Hemmnisse dar, die das Mädchen lähmten. Konsequent in der gleichen Bildlichkeit erlebt, mußte das Gegenteil zu einer ‚stehenden' Forderung eine ‚fallende' sein: *„wenn da mal eine Anforderung wegfällt, dann genießt es das Kind ungeheue*r" (S.2).

1c. Rotkäppchen

Dem Bild des Verflochten-Seins bzw. der familiären Abgeschlossenheit entgegengesetzt waren Bilder des Sich-Verlierens im freien Raum der Phantasie:
„die verliert sich, also das ist wie ein Mädchen auf einer grünen Wiese, das von einer schönen Blume zur nächsten geht und dadrüber wie Rotkäppchen den Weg verliert ... und sie hat dann auch gar keine Lust, auf diesen Weg zurückzukommen" (S.4).
Dies korrespondierte einer Eigenschaft *„des Vaters, der, was seine älteste Tochter anbelangt, irgendwelche Größenphantasien so laufen hat"* (S.1). Die Metaphern des Sich-verlierens im freien Raum und ‚laufender' Größenphantasien berührten den Anlaß der Einzelfallhilfe: Das Mädchen kapitulierte bei Klassenarbeiten und war unter Streß auffällig verwirrt.

1d. In Bewegung bringen

Aus dieser Konzeption der Probleme als Bewegungshemmung und Sich-Verlieren entwarf die Helferin die Arbeit als einen ‚geordneten Gang', als In-Gang-bringen (‚durchgehen') der ‚an-stehenden' Forderungen: *„dann gehen wir denn auch so zusammen den Stundenplan durch, was da angestanden ist"* (S.1). Dies galt nicht nur für den Umgang mit schulischen Problemen, auch ‚anstehende' soziale Schwierigkeiten betrachtete sie im Hinblick auf ‚Gangbarkeit': *„wenn ein Problem mit Klassenlehrern oder mit Schulkameradinnen ansteht, dann verwenden wir auch einige Zeit ... um ... uns anzugucken, ... war-*

---

[7] Duden: es hapert: es geht nicht vonstatten, es stockt [niederdeutsch].

um es ihr damit nicht so gut geht" (S.2). Konsequent in der gleichen Metaphorik gedacht, war Freizeitbeschäftigung mit dem Mädchen eine Negierung stehender Forderungen, verbunden mit realer Bewegung: *„das steht jetzt nicht an, wir gehen nach draußen"* (S.2). Die Arbeit bestand, so läßt sich dies zusammenfassen, in einem Auf-den-Weg-bringen des Kindes. Der Weg ging dabei von dem engen Familienraum in einen zweigeteilten Schonraum, die eine Seite enthielt noch Pflichten und entsprach dem schulischen ‚Bereich', der zweite war offen nach Außen und beinhaltete Freizeitaktivitäten: *„Wir haben es so zweigeteilt, daß wir erst einen Teil uns um die Pflichten kümmern und diesen schulischen Bereich. ... Das Kind kommt zu mir, um einen Schonraum zu haben, wo sie einerseits so diesen schulischen Dingen nachgehen kann, das ist dann die eine Seite, und dann eben auch einen Schonraum vor diesen traditionsbewußten Anforderungen, wie sie zu Hause sind"* (ebd.). Die Helferin berichtete, wie sie am Anfang der Hilfe noch sehr strukturierte, wenn das Kind abschweifte: *„sie hat dann auch gar keine Lust, auf diesen Weg zurückzukommen und ich dachte, ich müßte dann diesen Weg vorgeben"* (S.4). Dies bedeutete, daß die Helferin am Anfang sehr darauf bedacht war, *„zu strukturieren, zu organisieren, sehr viel zu denken, zu planen, weil das das Kind überhaupt nicht kann"* (ebd.). Diese Vorgaben waren ein Übergriff in die eigenen Wege des Mädchens, es verschloß sich: *„wenn ich da also so zuviel ... interveniere [lat.: dazwischengehen!], ... dann macht die dicht"* (S.5); sie empfand das Mädchen als leicht kränkbar. Die Helferin beschrieb die spätere Arbeit in Bildern von ‚Gratwanderung' und gemeinsamer Wegsuche: *„wir versuchen da also einen Weg zu finden, daß ich ihr Dinge anbiete oder Dinge mit ihr mache, ... die sonst nicht da in so einem moslemischen Haushalt vorgesehen sind, ... aber doch von ihrem Gewissen auch zulassen kann. Das ist manchmal dann auch schon so eine Gratwanderung"* (S.3). Es ging ihr darum, daß Kinder sich in den Möglichkeiten und Normen der Gesellschaft, von Spiel- bis zu sozialen Regeln *„so ein Stück weit üben können"* (S.3).

1e. Wege der Helferin
Ihre Selbst- und Fremdwahrnehmung waren geprägt durch die Metapher des Gehens im unsicheren Bereich: *„Denn wenn es hier darum geht, irgendeine Einrichtung oder ein Heim oder sonst irgendwas aufzufinden, dann ist man doch sehr angewiesen auf seine eigenen Aktivitäten, oder wer so da in der Ecke oder dort in der Ecke mal gehört hat"* (S.6). Diese Unsicherheit erinnerte an das Bild von Rotkäppchen; sie fühlt sich *„durch dieses alleine vor sich hin arbeiten ... wenig eingebettet in andere Strukturen"* (S.6). Ähnlich der Dichotomie des Mädchens zwischen Verirren und Geflecht der Familie existierte hier komplementär zur beruflichen Unsicherheit auch ein Netz: *„der JPD ist wie so eine Spinne im Netz, hat so die Fäden in der Hand, weiß über alle Institutionen Bescheid"* (S.8). Die Dichotomie in der Beschreibung des Mädchens, verflochten und doch ohne Halt zu sein, kehrte in der metaphorischen Selbstbeschreibung der Helferin wieder.

2. Geben und Nehmen
Eine zweite wichtige Metaphorik, die des Gebens und Nehmens, taucht in zwei verschiedenen Varianten auf. In der ersten Auffassung ist sie der Bildlichkeit des einfachen Austauschs nahe, in der zweiten als komplexe Verstrickung von Fördern und Fordern.

2a. Geben und Nehmen als einfacher Austausch
Ich hatte oben erwähnt, daß die Familie so „eng verflochten" war, daß ihre Binnendifferenzierung verloren ging: Das Mädchen war ‚Ersatzmutter' für ihre Geschwister und wegen ihrer Deutschkenntnisse der ‚Vertreter der Familie nach außen'. Der Einsatz der Hel-

ferin korrigierte die verfrühte Übernahme der Erwachsenen-Rolle durch das Mädchen. Die Helferin berichtete nach einem Gang auf den Minigolfplatz, daß das Mädchen „*sagte, ich wünsche mir, ich hätte gerne auch solche Eltern, die mit mir das damals gemacht hätten.*" Die Helferin schloß daraus: „*Also darin wird eigentlich so klar, daß ich in meiner Aufgabe auch so ein Stück weit Ersatz dafür bin, was die Familie nicht leisten kann*" (S.3). Das gemeinsame Minigolfspiel wie der Gang ins Schwimmbad „*gehört dazu*", das Mädchen hatte dabei „*eine Menge gekriegt*" (S.3) und die Helferin sagte von sich: „ *da biete ich ihr dann an, oder ... versuch das ihr auch so ein Stück weit zu überlassen, was sie dann gerne möchte*" (S.2). Die Metaphorik des Gebens und Nehmens allerdings stand nicht isoliert da. Mit ‚finden‘, ‚sammeln‘, ‚mitnehmen‘, ‚zu Hilfe kommen‘ etc. überschnitten sich die Bilder des Gebens und Nehmens mit dem Bild ‚einen (Lebens-)Weg gehen‘: Das Mädchen konnte auf diesem Weg ‚eine Menge mitnehmen‘, die Helferin begriff die Arbeit mit dem Mädchen als Sammeln von fehlenden Familien-Erfahrungen.

2b. Fördern und Fordern als komplexer Austausch
Die Metaphorik dessen, was in der Familie ersetzt werden mußte, war nicht mehr die des Weges und des Gehens: Erziehung als Aufgabe der Familie hatte den Doppelcharakter von ‚Forderung‘ an Übernahme von Rollen (‚was selbstverständlich dazugehört‘) und von ‚Versorgung‘ mit ‚wichtigen Dingen‘. Diese Katachrese (Bildbrechung), die nichts weniger verlangt als Forderung und Versorgung als eines zu sehen, äußerte sich so: Selbständige Rollen, „*... die sie so übernimmt, da ist sie in der Familie ganz und gar unterversorgt, also ... daß das gefordert wird, oder daß es realistisch gefordert wird*" (S.4). Die ungewohnte bildliche Verbindung von ‚Versorgen‘ und ‚Fordern‘ klärte sich im Vergleich mit anderen Metaphern: Es zeigte sich, daß die Helferin Erfahrungen und Fähigkeiten einer Person als Substanzen, als Dinge wahrnahm, mit denen man versorgt wurde, die man aber auch einfordern konnte: „*... mit dem Kind Minigolf zu spielen, ich glaube, daß das unglaublich wichtige Dinge sind, ... daß das zum Familienalltag gehört, die ... in einer Gesellschaft leben, wo das ganz einfach selbstverständlich dazugehört, daß die sich ein Stück weit üben können.*" (S.3).
Diese Verknüpfung von Hilfe und Forderung galt auch für die eigene Geschichte der Helferin; so berichtete sie von einem Praktikum beim jugendpsychiatrischen Dienst: „ *da war ich schon sehr vielseitig gefordert, ... und das war schon sehr hilfreich und auch eine Herausforderung*" (S. 8). Wiederum entsprach die metaphorische Selbstbeschreibung der Helferin ihrer Beschreibung der Arbeit mit dem Kind: „*da ist einfach sehr viel an Hintergrundwissen, an angelesenen Erfahrungen, die ich mir da geholt habe ... da habe ich mir da eine Menge während des Studiums und in den angeleiteten Praktikas eben so sammeln können*" (S.7). Wissen und ‚eine Menge‘ Erfahrungen wurden in dieser Metaphorik ‚geholt‘ und ‚gesammelt‘. Auch Therapieansätze, welche die Helferin kennengelernt hatte, fanden sich zwischen Metaphern des Proviants, sie ‚kamen ihr zu Hilfe‘ oder ‚fehlten‘: „*es sind verschiedene Dinge, ... was mir schon zu Hilfe kommt, ist meine gesprächstherapeutische Ausbildung ... was mir allerdings manchmal fehlt, ist eine familientherapeutische Ausbildung*" (S.6). Durch diese Verdinglichung psychischer Qualitäten wurde die Metaphorik des Gebens und Nehmens erst möglich.

3. Visuelle Metaphern.
Die visuelle Metaphorik beschrieb ein Nicht-Hinsehen des Kindes: „*sobald ein Streßfaktor ins Spiel kommt, dann sind die einfachsten Dinge vergessen, ausgeblendet, weg*" (S.5): Den stehend-mahnenden Forderungen korrespondierte diese Vermeidungsstrategie

des „Wegsehens" und „Ausblendens": *„... weil das Mädchen also wirklich das sehr genießt, mal von diesen ganzen Pflichten abzusehen"* (S.2), oder bei Schulaufgaben: *„ das geht bei ihr dann total außer Sicht"* (S.4).

Die visuelle Selbstwahrnehmung der Helferin dominierte in Reflexionen über sich und die Arbeit; sie ließ sich in die genannten Metaphoriken eingliedern: Wo es darum ging, einen Weg zu finden, auf dem man ‚Dinge' wie Wissen und Erfahrungen sammeln konnte, mußte man sich orientieren und genau hinschauen: So half ihr die psychoanalytische Vorbildung, *„Dinge zu sehen, Dynamik wahrzunehmen"*, allerdings erlebte sie die Arbeit in der Familie mit dieser auf das Individuum bezogenen Sichtweise *„sehr kompliziert und manchmal auch unübersichtlich"* (S.7). Mit einer familientherapeutischen Ausbildung hätte sie sich vorstellen können, *„den Blick doch etwas geschulter ... zu haben"* (S.6). Sie visualisierte Probleme und sprach auch davon, ihre Ungeduld mit dem Mädchen in der Supervision zu *„klären"* (S.5). Ihr Praktikum beim JPD faßte sie in einer optischen Metapher: Es sei *„sehr facettenreich"* gewesen und sie hätte viele Störungsbilder kennengelernt (S.7). Als Ziel für die Entwicklung des Mädchens wünschte sie, es möge *„so ein Auge zu kriegen ..., daß das Schöne auch sein kann"* und folglich *„verwenden wir auch einige Zeit ... dafür, um uns anzugucken"*, was es an Schönem, aber auch an Problemen gab (beides S. 2). Auch hier läßt sich zeigen: Die visuelle Metaphorik enthält sowohl Selbstbeschreibungen der Helferin wie ihre Beschreibung des Kindes; als Motto ihrer Arbeit mit dem Kind wie für sich selbst ließe sich formulieren: ‚Lerne zu sehen!'

‚Auf den Weg bringen', ‚eine Menge bekommen' und ‚Dinge sehen' waren die zentralen Metaphoriken der Arbeit dieser Helferin im ersten Interview.

3.2.1. Interview 1b: Da mußte ich eine Riesengrätsche machen

Zusammenfassung und Vergleich mit dem ersten Interview

Die oben analysierte Einzelfallhilfe wurde ein Dreivierteljahr nach den ersten beiden Interviews beendet; sie erstreckte sich über insgesamt zweieinhalb Jahre. Da sich bei der Durcharbeit durch die anderen Interviews zeigte, daß ich die Rolle der Familienfürsorge nicht erfragt hatte, nutzte ich die Gelegenheit für ein drittes (und korrigierendes viertes) Interview. Dahinter stand auch die Frage, ob die Metaphorik nach einer zeitlichen Distanz von zwei Jahren die gleiche sein würde, allerdings war zu erwarten, daß mit dem neuen Thema Familienfürsorge auch neue Metaphoriken auftauchen würden. Das Mädchen hatte die Helferin vor kurzer Zeit aus einer Krisen-WG für ausländische Jugendliche angerufen; dies war ebenfalls ein neues Thema.

Die bestimmende Metaphorik des ersten Interviews, daß die Helferin das Kind auf den Weg des Lebens mit allen seinen bildlichen Verbindungen des Stecken-, Hängen- und Stehenbleibens, des Fortkommens und der Aussicht versucht zu bringen, kehrte nur wenig verändert wieder. Das Bild der ‚Gratwanderung' zwischen den verschiedenen Forderungen des Kindes nach Freiheit und der Eltern nach schulischer Arbeit verwandelte sich in Bilder des auf-der-Stelle-Tretens und der ‚Grätsche' zwischen diesen Forderungen: Metaphern der Stagnation. Die Belastung der Helferin durch die verschiedenen Erwartungen von Eltern und Kind war deutlicher, die Metaphorik des Kräfte-‚Haushalts' tauchte auf. Die Helferin beschrieb ihre Arbeit stärker als im ersten Interview mit geometrischen Metaphern: ‚Punkte‘, ‚Rahmen‘. Die Vermutung, sie habe sich damit distanziert, kam auch bei der Schilderung der Arbeit als administrativer Ablauf auf; gegenüber der therapeutischen Sichtweise des ersten Interviews bedeutete dies eine deutliche Veränderung. Es fehlte ihre Identifikation mit dem Mädchen in der Metaphorik des Verstrickt- und Verlorenseins. Die Beschreibung der Selbständigkeit des Mädchens im Nützen amtlicher Wege bediente sich ebenfalls der administrativen Rhetorik, es ‚leitete in die Wege‘, daß es in ein Heim kam; an dieser Stelle waren die Metaphern von Helferin und Klientin sich (wieder) ähnlich. Das Mädchen war nun auch mit Intrigen und Kämpfen präsent.

Metaphern im Kontext
1. Einzelfallhilfe als Amtsmaßnahme
Die Helferin schilderte den Verlauf der Hilfe distanziert und als administrativer Ablauf; diese Metaphorik taucht im ersten Interview noch nicht auf. Sie erzählte, daß die Betreuer des Kindernotdienstes sich mit der Familienfürsorge *„in Verbindung gesetzt"* hatten, weil es *„zu körperlichen Mißhandlungen kam"*. Die Familienfürsorge hatte sich *„miteingeklinkt"* (alle S.9). Es *„war noch der JPD zwischengeschaltet"*, jedoch *„aus ging die Sache vom schulpsychologischen Dienst"* (alles S.1). Im Spannungsfeld von Amt, Eltern und Kind gab es sehr *„unterschiedliche Arbeitsaufträge"*. Nach dem Abbruch der Hilfe wurde *„keine weitere Einzelfallhilfe eingeleitet"* (S.4). Alle diese Formulierungen abstrahieren von einer subjektiven Betroffenheit und (re-)konstruieren eine bürokratische Struktur der eingreifenden Hilfe. Die Helferin verstand nun auch ihr Handeln in diesen distanzierteren Bildern des amtlichen Ablaufs: *„ich bin beim schulpsychologischen Dienst vorstellig geworden"*, und *„hatte einmal den ... verantwortlichen Psychologen gesprochen, ... der mich ... so ein Stück auf mein Tauglichkeit hin prüfte"*. Dieser *„hat das dann abgesegnet"*. Die Helferin hat die *„Einzelfallhilfe"* (S.3), die *„Aufgabe"* (S.7) und das *„Kind"* (S.9) jeweils *„übernommen"*; während der Hilfe *„trat eine Besserung ein"* (S.8), so das nüchterne und distanzierte Fazit.

2. Das Mädchen leitet alles in die Wege
Eine mittlerweile gewachsene Qualität des Mädchens lag darin, die Wege des administrativen Handelns für sich nutzen zu können. In der Erzählung der Helferin, *„warum das Kind überhaupt mit den Ämtern in Berührung kam"*, deutete sich die noch zu erläuternde Verknüpfung von ‚Amt‘ und ‚Weg‘, mit der bekannten Metaphorik des Raumes an: Es war aus Angst vor den Eltern wegen der Zeugnisse *„in den Kindernotdienst marschiert"* (S.9). Zum Ende der Hilfe konnte die Helferin sagen, daß das Mädchen *„eine ordentliche Kompetenz aufwies, wie sie mit Ämtern und diesen Einrichtungen zu verfahren hat"* (S.4), und daß es *„alles in die Wege geleitet hätte, um ins Heim gehen zu können"* (S.5). - Die administrativen Fähigkeiten der Eltern waren geringer, sie hatten ihre Vorstellungen, das Kind ins Heimatland zurückzuschicken, *„nicht bis zum Schluß durchgeführt und durchgesetzt"* (S.5). Das Mädchen hatte gewonnen; die Helferin stellt es als Beherrscherin administrativer Abläufe vor. Wie zuvor beschrieb die Helferin sich selbst und das Mädchen in einer ähnlichen Bildlichkeit.

3. Polaritäten
Ganz im Gegensatz zur administrativ-pragmatischen Metaphorik stand eine andere Beschreibung des Mädchens mit den Bildern des Kampfes: Es wäre mit seinen deutschen Freundinnen *„heftigst am Wetteifern"* und hätte *„gegen und mit Schulfreundinnen sich verbündet"* (S.1), ebenso versucht, *„die Lehrer für sich zu gewinnen so in der Abgren-*

145

zung gegenüber Mitschülern, ... mit denen sie im Konflikt stand" (alle S.1). Sie *„versuchte auch die Mitschülerinnen auszutricksen"* (S.2). Dies gilt nicht nur für den Umgang des Mädchens gegenüber den Gleichaltrigen, durch ihre Beziehung zu den Ämtern *„hatte sie sich ein Machtinstrument an Land gezogen"* (S.8), und da konnte sie *„sehr viel Druck auf ihre Eltern ausüben"* (S.8). Kampf, Position und Ausgrenzung in sozialer und psychischer Hinsicht waren die Dominanten, in denen die Helferin das Mädchen wahrnahm. Das Spinnen von Intrigen, um *„sich da eine Position und eine Rolle zu erkämpfen"*, führte nur dazu, daß *„sie sich im Grunde damit mehr Feinde geschaffen hat"*. In der Dichotomie zwischen Freund und Feind versuchte die Helferin auch innerpsychisch, *„gute und schlechte Seiten so ein bißchen verschmelzen zu lassen, die nicht abgespalten nebeneinander stehen zu lassen"* (S.8). Sie hatte mit dem Mädchen die Erfahrung gemacht, daß es *„nur entweder Mitspielen oder die Böse sein"* (S.8) gab.

4. Verstrickungen zwischen den Polen
Die Metaphorik des Kampfes war mit Bildern der ,Verstrickung' verbunden; dies erlebte die Helferin auf zweifache Weise: Emotional neutral war ihre Beschreibung, daß an der Familie *„noch mehr an Helfereinrichtungen mit dranhingen"* (S.3), bei der Familienfürsorge sprach sie davon, daß ihre Vorstellungen *„bei denen so hängengeblieben"* (S.4) waren, dem Mädchen hatte sie gesagt, daß das Ende der Hilfe mit der Aufnahme einer festen Stelle *„zusammenhängt"* (S.7). Eine andere Qualität des Zusammenhängens aber zeigte sich wie im ersten Interview: *„das ist so heillos verstrickt"* (S.6), und *„die Verstrickung bestand darin ..., daß ich da eine Riesen-Grätsche machen mußte, um so dieser Spannbreite von Anforderungen [der Eltern und des Kindes], ... die sich ja wirklich diametral gegenüberstanden"* (S.6), zu genügen. Die Helferin formulierte, daß sie *„in dieser Grätsche da verfangen war"* (S.7). In diesen Kontext gehört, daß das Mädchen *„Intrigen spann"* (S.1) und versuchte, die Helferin für ihre Interessen einzusetzen. Die Metaphorik der Gratwanderung und der Verstrickung im ersten Interview ließ sich mit den Beschreibungen der Intrigen des Mädchens und den Spannungen in der Familie aus dem zweiten Interview vertiefen. Die vorzeitige Beendigung der Einzelfallhilfe wegen anderweitiger Arbeitsaufnahme der Helferin konservierte einen ungelösten Zustand, der aus ihrer Sicht auch nicht mehr zu verändern war. Besonders in der nun folgenden Metaphorik des Raumes und der Bewegung war die pessimistische Wendung an ihrer Sprache gut abzulesen.

5. Metaphorik des Raumes und der Bewegung
Die ,Wege des administrativen Handelns' habe ich erwähnt: *„in die Wege leiten"* (S.1). Auch andere Beispiele der umfassenden Metaphorik der Bewegung in unterschiedlicher Funktion glichen denen im ersten Interview; auch hier strukturierten räumliche Präpositionen das soziale Drinnen und Draußen: Das Mädchen, das *„von zu Hause abgehauen"*, *„ausgerückt"*, *„wieder in der Krise, das heißt im Wohnheim"* war, um zu erzwingen, *„daß sie nun endlich in ein Heim kommt"* (S.3f): ,Ab' und ,ausrücken' und ,in' den nächsten sozialen Raum. Soziale Begegnung konzipierte die Helferin oft als körperliche Bewegung: Da *„kam die Sozialarbeiterin denn auf mich zu"* (S.2), oder die Helferin beschrieb die Einzelfallhilfe als eine Zeit, in der das Mädchen *„zu mir gekommen ist"* (S.8). Sie drückte ihre Arbeitsphilosophie in diesen Metaphern aus: Sie hatte *„ihr ... ein Experimentierfeld überlassen[8]"*, sie auch ermutigt, *„eigene Schritte zu tun, ganz losgelöst"* von den elterlichen Verboten (alles S.9). Diese Bilder lassen sich im ersten Interview wiederfinden.

---

[8] Hier taucht die seltener gewordene Metaphorik des Gebens und Nehmens noch einmal auf.

Der wohlwollenden Überlassung von Freiheit stand die Handlungsweise der Eltern gegenüber, die das Mädchen *„loslassen"* (S.5) und *„alleinlassen"* (S.8) nach Jahren der Gängelung: *„Dann zieh doch los, dann geh doch in ein Heim"* (S.5). Der Vater hatte sich ebenso wie der Einzelfallhelfer des Bruders *„zurückgezogen"* (S.4f.); und auch in der Formulierung, das Mädchen *„rückte erstmal gar nicht so genau raus, was Sache war"* (S.3), geschah die Wahrnehmung der familiären Kommunikation in der Bildlichkeit körperlicher Bewegung: nicht ‚heraus-rücken‘, sondern ‚zurück-ziehen‘. Die Bewegungsmetaphorik beschrieb ein unwegsames Gebiet: Die Konflikte seien *„Familiengeheimnis und habe ich nichts drin zu suchen, und auch nichts zu entdecken, ... alles andere geht mich nichts an"*, es war *„einiges schiefgelaufen"* (S.6).

6. Polarität und Bewegung
Für die Helferin war es schwierig, zwischen den Forderungen nach Freizeitbeschäftigung und nach Hausaufgabenhilfe einen *„Weg dazwischen zu finden"* (S.6). Die Vermittlungsbemühungen der Helferin spiegeln sich in einer ‚Metaphorik des unsicheren Stands‘, z.B. vernünftige Anforderungen *„ein Stück zu vertreten, also zwischen Über-Ich und Es da irgendwo so dazwischen zu stehen"* (S.6), oder die Position des Kindes zu stärken, indem sich die Helfer *„hinter das Kind stellten"* (S.7). Die Helferin vermißte klare Standpunkte in der Familie; wurde ein solcher geäußert, gab es *„heftigste Gegenbewegungen"* (S.7). Ihr Resümee lautete: *„ich vertrat die schwierigste Stelle, und auch die unsicherste Stelle in der Familie"* (S.7).

7. Standpunkt und Bewegung
Die räumliche Topologie vom ‚Stand der Dinge‘, ‚Grund‘ der Handlung und ‚Rahmen‘ der kognitiven Möglichkeiten gab der Helferin Struktur und Handlungsfähigkeit. Es *„stand an"* (S.9), die Hilfe einzurichten, sie berichtete den *„Stand der Dinge"* (S.5) - immer waren zeitliche und soziale Einschnitte in räumlicher Bildlichkeit ‚verortet‘; im ersten Interview hatten diese noch den Charakter von ‚anstehenden‘ Aufgaben. Das Nachdenken über Bedingungen der Hilfe und mögliche Veränderungen waren in extensiver Weise dieser Metaphorik verpflichtet: *„davon gehe ich ... aus"* (S.7), *„die Frage, wo man ansetzen kann"* (S.6). Selbst die Reflexion geschah in ähnlichen Metaphern: Die Einzelfallhilfe müsse *„in einem Rahmen sein, der mich nicht so wahnsinnige Kraft kostet"* (S.6). Das Wort ‚Rahmen‘ steckte den Fokus der Aufmerksamkeit ab. *„Auf der Beziehungsebene, denke ich, habe ich ihr viel Konstanz bewiesen"* (S.8) - mit dem Bild von der ‚Beziehungsebene‘ wurde Beziehung räumlich isoliert auf einer ‚Ebene‘ und (technisch) ‚greifbarer‘.[9]
Die deutliche Markierung von ‚Punkten‘ in der kognitiven und sozialen Landschaft fiel auf; sie deuteten explizit Einschnitte, Reibungen und Distanzen an. Daß das Mädchen Lehrer für sich gegen andere Schüler gewinnen wollte, *„war ein zentraler Punkt"* (S.1f.), der die Hilfe von schulischer Seite befürworten ließ; es waren *„verschiedene Punkte"* (S.5), welche die Helferin dann zum Abbruch der Hilfe bewogen haben; der belastendste *„Punkt"* (S.6) war der, daß sie eine *„Riesengrätsche"* (ebd). machen mußte, um allen An-

---

9 Präziser für den ‚Rahmen‘ der Kraft wurden Mengenwörter für Emotionen; die Metapher vom *„energetischen Haushalt"* (S.7) verband die Topologie des sozialen Ortes mit der in Mengen gedachten Haushaltung der Emotionen: *„Da ist eine Menge Enttäuschung"*, der Vater *„verliert .. mehr und mehr die Geduld"* (alles S.5), was die Familienmitglieder *„an Ich-Stärke ... mitgebracht haben, das war nicht viel"* (S.7). Diese Verdinglichung von Emotionen im Zusammenhang des Gebens und Nehmens war im ersten Interview ähnlich präsent.

forderungen zu genügen. Daß „*die Familie den Standpunkt vertreten hat*" (S.6), die Helferin solle nur Schulaufgaben machen, und andere „*heftige Konflikte und Reibungspunkte*" (S.7), führten dann zum Ende der Hilfe. Auch „*Standpunkt*" als neue Metapher in diesem zweiten Interview deutete die Veränderung der Helferin zu mehr Distanz an. Die Helferin war aus Resignation „*zum Ende gekommen*" (S.4), auch wenn einige emotionale Spannungen und Aufgaben „*nie zum Ende gekommen*" (S.6) waren. Die engagierte Bewegung der Helferin war zum Ende gekommen, die Familiendynamik nicht: So ließ sich das Fazit aus der Analyse der Bewegungsmetaphern ziehen.[10]

8. Unterstützen

Die Metaphorik des Aushaltens, Tragens und Stützens zeigte ebenfalls einen Ansatz, Schwierigkeiten gemeinsam zu bewältigen. Die Helferin beschrieb das Mädchen, daß es die Situation zu Hause „*einfach nicht mehr aushält*" (S.5); diese war auch für die Helferin „*schwer auszuhalten*" (S.7). Sie hat rückblickend „*mit ihr eine Menge Konflikte auch getragen*" (S.8), „*indem ich sie da unterstützt habe*" (S.9). Im Gegensatz zum Mit-Tragen hat die von der Helferin als „*überfürsorglich*" (S.4) eingeschätzte Sozialarbeiterin von der Familienfürsorge „*sich schon sehr ins Zeug gelegt*" (S.4) - so sehr ins ‚Zaumzeug' (bei Pferden!) gelegt, daß sie den Wagen allein zog und dann enttäuscht aufgab. Die Familienfürsorge „*unterstützte*" dann nicht mehr den Willen des Mädchens: „*das Amt weigert sich, das* [Weggehen ins Heim] *zu unterstützen*" (S.5).

9. Visuelle Metaphern

Die Helferin nahm wie im ersten Interview viele soziale Situationen ‚sehend' wahr; diese Visualisierung setzt die Verräumlichung des Sozialen voraus. Deutlich war dies in den Wendungen: „*Fangen wir mal mit dem .. offensichtlichsten an*" (S.8); oder die Schulproblematik stand für die Eltern „*im Vordergrund*" (S.1). Die schon erwähnte Verselbständigung des Kindes als Arbeitsziel kehrte im visuell-gestischen Doppelbild wieder: „*um so zu gucken, wo sie auf die Welt zugehen will*" (S.9). Sehen war auch Überprüfen: Der Schulpsychologe habe „*das Kind auch gesehen*" (S.1) und sie „*nie wieder gesehen*" nach dem als Probe empfundenen Gespräch (S.2). Häufig war von ‚(un-)klar' und ‚(Un-)Klarheit' die Rede: Von der „*Unklarheit über Bedürftigkeit*" (S.2) bis zu: „*es klärte sich dann aber recht schnell auf*" (S.3, S.5) und „*Es ist mir so klar geworden*" (S.6, zweimal) fanden sich immer wieder Variationen von ‚Klarheit' für den Ausdruck kognitiver Prozesse. Auch im negativen Sinne gebrauchte die Helferin die Metaphorik der ‚Klarheit'; sie ertappte sich dabei, in der Rückschau die Arbeit mit dem Mädchen „*recht verklärt zu sehen*" (S.6). Deutlich war auch die Visualisierung des Helfer-Szenarios: „*Es gibt eine Sichtweise des Amtes, es gibt eine Sichtweise der einzelnen Helferinnen*" (S.4). Sie beschrieb das Arbeitsziel auch visuell: Sie wollte das Agieren des Mädchens „*so mit ihr auch zu bearbeiten, oder sich anzugucken*" (S.8). Auch hier könnte wie im ersten Interview das Motto der visuellen Metaphorik lauten: ‚Lerne sehen!', auch hier gilt es für Helferin und Klientin gleichermaßen.

---

[10] An dieser ‚unsichersten Stelle' fand sich eine Charakterisierung des Mädchens, als sei es umgeben von Wind und Wellen: Es hatte sich mit der Sozialarbeiterin „*ein Machtinstrument an Land gezogen*", die Motivation zu Hausaufgaben „*flachte wieder ab*" (alles S.8), es hätte diese „*am liebsten in den Wind geschrieben*" (S.6); mit Blutergüssen war es beim Notdienst „*aufgetaucht*" (S.9). Von diesem Sturm wurde die Helferin „*heftigst gebeutelt*" (S.7).

10. Einige Körper-Metaphern

Einige im Zusammenhang mit dem Körper zu sehende Metaphern fallen auf; es gab Gespräche, *„die einfach so aus der Not heraus geboren wurden"* (S.2); Gespräche, *„die nicht unbedingt fruchtbar, aber intensiv"* (S.2f.) waren. Die Helferin glaubte vom Mädchen, daß sie an den Problemen *„ gewachsen"* (S.4) ist; auch wenn sie oft *„sehr viel auf die Tränendrüse gedrückt hat"* (S.1). Die Familie hat *„der Sozialarbeiterin das eine oder andere graue Haar gekostet"* (S.2). Es scheint, daß die Helferin ihre Kraft im Rahmen ihres *„energetischen Haushaltes"* (S.7) besser eingeteilt hat. Der Magen aber dominierte als Barometer der Empfindung: Die Familienfürsorge habe *„sehr säuerlich reagiert"* bzw. *„gemischt mit einer ordentlichen Portion Säuernis"*, auch der Vater war auf das Kind *„sauer"* (alles S.4). Beim Berichten des Verlaufs war es der Helferin, als ob die ganzen Konflikte mit der Familie, aber auch mit dem Kind *„wieder hoch kamen"* (S. 6): Erbrechen als drastischste Form des Erlebens.

Diese neu auftauchenden Metaphern körperlicher Selbstwahrnehmung drücken eine gewachsene Distanz der Helferin gegenüber der Klientin aus.

3.3. Interview 2: Der ist immer unterwegs

Zusammenfassung

Der Helfer betreute den zehnjährigen Jungen einer alleinerziehenden Mutter. Dieser besuchte eine Sonderschule, sein zwei Jahre älterer Bruder ein Gymnasium. Der Vater war ein Jahr vor dem Beginn der Hilfe verstorben; er hatte den Älteren bevorzugt und den Jüngeren abgelehnt. Dieser galt als ‚hyperaktiv', störte im Unterricht und mußte eine Klasse wiederholen. Zur Hilfe führte, daß er von einem Pädophilen mißbraucht wurde, worauf sich das Jugendamt einschaltete.

Der Helfer beschrieb die Schwierigkeiten des Kindes mit den Bildern: ‚der ist immer unterwegs', ‚... kennt keine Grenzen'. Von dem Jungen ging viel Unruhe aus, er dominierte soziale Beziehungen und war die ‚dunkle Seite' der Medaille, d.h. der Familie. Der Einzelfallhelfer wollte Grenzen setzen und begriff Erziehung auch als Erziehung zur Selbstabgrenzung und Zurückhaltung. Er konzipierte die Arbeit als Machtkampf darum, wer ‚Druckmittel in der Hand hat', und entsprechend einer starken gestischen Orientierung begriff sich der Einzelfallhelfer innerhalb der Familie als ‚Ringrichter'. Der Junge selbst in seinen Beweggründen gab ihm ‚Rätsel' auf; die Kommunikation war erschwert; sie pendelte zwischen vergeblichen Versuchen, eine ‚Brücke zu finden', und geglückter ‚Gratwanderung' zwischen Nähe und Distanz.

Metaphern im Kontext

1. Bewegung und Beziehung

Zu Beginn des Interviews schilderte der Helfer, daß der Junge bei dem letzten Besuch nach dem Öffnen der Türe wegrannte, er war *„ gleich wieder ins Zimmer reingerannt, da lief der Fernseher"* (S.1). Reale, psychische und soziale Bewegung war dann auch das Material der Metaphern des gesamten Interviews. Den Jungen kennzeichnete Bewegung: *„Er ist immer unterwegs"* (S.8), er war der bewegende Beweger und schwer festzuhalten; bei den Hausaufgaben nutzte er z.B. die Ankunft eines Handwerkers, um *„ abzuhauen"* (S. 3f.); diese waren nur selten zu erledigen. Er dominierte auch seine soziale Umwelt:

„schon am ersten Tag, als ich da war, hat er sozusagen durch das Programm geführt", *„er hat immer das Diktat des Handelns in der Hand"* (S.6f.). Er konnte Initiativen des Helfers nur akzeptieren, wenn er diese als seine eigenen definierte: *„ein Vorschlag von dir, das akzeptiert er nicht. Fünf Minuten später formuliert er es selber, wie wenn es sein Vorschlag wäre, dann können wir es vielleicht doch machen, muß von ihm kommen"* (S.9). Die Bewegung mußte von ihm ausgehen, und so oszillierte die Arbeitsbeziehung zwischen den räumlichen Bildern ‚Nähe' und ‚Distanz': *„er möchte wissen, wie weit er gehen kann und noch Zuwendung und Liebe kriegt"* (S.10). So wies er den Helfer verletzend zurück, um dann wieder zurückzukommen: *„Eine halbe Stunde später, nachdem er sagt: ‚Faß mich nicht an, du hast Aids!', da kommt er zu mir her und ist ziemlich anlehnungsbedürftig"* (S.5). Zur Zeit des Interviews war er so ‚fern', daß *„ kaum eine Brücke zu finden"* war (S.12, S.5). Die Art der zwischenmenschlichen Beziehung, die hier kaum noch mit der Metapher von der ‚Brücke' zu fassen war, beschrieb der Helfer mit der Formulierung: *„ der ist mit den Leuten immer nur so punktuell zusammen, so ganz kurzfristig"* (S.10). Die Beziehungsmetapher der ‚Brücke' schrumpfte so zu einem einzigen Brückenkopf, dem ‚Punkt', der nur punktuellen Kontaktfähigkeit des Jungen. Der Helfers nahm ihn also in Bildern der ungerichteten Bewegung und der willkürlichen Kontaktaufnahme wahr.

Diese Wahrnehmung des Kindes in den Bildern der Bewegung fand sich in der Reflexion des Helfers über die Arbeit wieder: *„nach vier Monaten sind schon Schritte zu sehen"* (S.11, ähnlich S.10,S.13), *„es muß zu Hause ablaufen"* (S.9)), oder als Gehen, kommen, laufen: *„Also wenn Du mit irgendwas daher kommst, ... wenn du ihm sagst, komm, laß uns mal da und da hinfahren"* (S.9). Der Helfer rekonstruierte den Jungen als ein Kind mit einem Übermaß an Bewegung; er ging auf die von ihm so wahrgenommene Eigenheit ein, indem er viele Freizeitangebote und Unternehmungen durchführte, die dem Jungen einen großen Bewegungsspielraum ließen.

2. Die Metaphorik der Grenze

Der Junge akzeptierte nicht nur räumliche Grenzen nicht, sondern übertrat auch soziale Grenzen. Der Helfer vermutete, *„daß er bei mir Grenzen ausloten möchte, aber daß er selber keine Grenzen kennt. Das heißt also, ich weiß nicht, wie weit er noch gehen will, um meine Grenzen auszuprobieren. Also er selber setzt sich die Grenzen garantiert nicht"* (S.10).

Keine Grenzen zu haben, hieß, offen und aufgeschlossen zu sein: *„so steigt er auf alles ein, und er kann also sehr aufgeschlossen allem gegenüber sein"* (S.9f.). Der Junge kam mit anderen schnell in Kontakt: *„der hat jeden angequatscht"* (S.11), wobei er in der Gefahr war, die Grenzen seiner Mitmenschen nicht zu akzeptieren; so beschimpfte er den Helfer: *„ dann sagt er, ich beleidige dich, wann ich will"* (S.2,5) und achtete auch physische Grenzen nicht: *„ den B. hat er letztes Mal auch so wahnsinnig an das Bein getreten"* (S.5). Inzwischen konnte der Helfer feststellen, *„daß er ruhiger ist, das ist ja ganz wichtig. Der hat sich ja früher permanent geprügelt"* (S.12).

Der Wechsel zwischen distanzlosem Beleidigen und unüberbrückbarer Ferne belastete den Helfer, die schulische und die soziale Umwelt; entsprechend organisierte sich der Helfer mit der gegenteiligen Metapher zur Bewegung: der Grenze. *„Der grenzt sich nirgendwo ab. Und deswegen finde ich es im Moment wichtig, daß er Grenzen erfährt"* (S.11). Das wichtigste Problem aller auf die Selbstregulation des Helfers bezogenen Äußerungen betraf die Beleidigungen als Grenzverletzung persönlicher Würde: *„ich möchte jetzt Grenzen setzen in Bezug auf unberechtigte Beleidigung"* (S.6) [dort wiederholt].

Der Begriff, den der Einzelfallhelfer vom ‚Grenzen haben‘ hat, bedeutete zum einen, nicht von anderen manipulierbar zu sein. So war der Bruder vor der Verführung durch den Pädophilen besser geschützt als der Jüngere, der sich mit Süßigkeiten und Computerspielen in die Mißbrauchssituation locken ließ: Der Bruder „hat nichts mit sich machen lassen, während der Kleine keine Grenzen kennt" (S.7). Die hinter der ‚Grenze‘ stehende Idee war die auf der Basis eines sozialen und ausgewogenen Kontraktes aufgebaute Beziehung: „Das magst du nicht, ich mache es bei dir nicht, also darfst du es bei mir auch nicht machen." (S.11).

Bei näherer Betrachtung der Metaphorik der Grenze zeigte sich zum anderen eine implizite Persönlichkeitstheorie: Persönlichkeit war die Fähigkeit, zwischen innerem Empfinden und äußerem Verhalten eine Grenze zu ziehen und Inneres zurückhalten zu können. Dieses Zurückhalten implizierte Selbstbeherrschung: „und versuche das noch im ruhigen Ton, obwohl ich schon ein bißchen angespannt war" (S.2f.). Zurückhaltung und Achtung der anderen Person war für den Helfer das implizite Ziel des Erwachsenseins. Wenn die berufstätige Mutter nach Hause kam, wollte der Helfer nicht wie die Kinder und der Freund der Mutter auf sie einstürmen: „da möchte ich nicht auch noch daherkommen und erzählen, also der A. hat heute wieder das und das gemacht" (S.13). Er kritisierte den Freund der Mutter unter der gleichen Prämisse, daß man vor den Kindern nicht über sie hinweg reden sollte: „er kommt also nicht auf den Gedanken, daß man sich hier zurückhalten sollte" (S.13). So beschrieb sich der Einzelfallhelfer mit der Metaphorik der Grenze selbst: Gegen die ‚Grenzenlosigkeit‘ wollte er ‚Grenzen ziehen‘, gegenüber der Offenheit des Jungen begriff er sich als Person, die sich situationsadäquat abgrenzen konnte.

3. Der Ringkampf

Die Metaphoriken der grenzenlosen Bewegung des Jungen und der Be- und Eingrenzung durch den Helfer verdeutlichten einen Konflikt zwischen den beiden. Eine weitere Bildlichkeit charakterisierte dies: Die Arbeit war ein Handgemenge, in welcher der Helfer sowohl die Position des Ringrichters wie die des Ringers innehatte. So schritt er in die Auseinandersetzungen zwischen den Brüdern ein: „wenn ich merke, jetzt tun sie sich wirklich ganz brutal weh, ... dann schreite ich ein ... dann muß ich immer den Ringrichter spielen" (S.3). Die Arbeit war ein Verhältnis von Druck und Gegendruck, von Machtmitteln, die jeder in der Hand hatte, von Tricks und Ablenkung: „weil ich ihm nicht das Gefühl vermitteln möchte, daß er jetzt ein Druckmittel in der Hand hat, also er muß nur den Fernseher einschalten, dann stehe ich mit leeren Händen da ...und ich hatte zum Glück die Fernbedienung in die Finger bekommen" (S.1). Der Helfer „drängte" (S.11) darauf, daß Grenzen eingehalten wurden, er mußte den Jungen „austricksen" (S.7), daß dieser Hausaufgaben machte; bei diesen Machtkämpfen „schob" der Junge Ausreden vor (S.5), während der Helfer versuchte, den Jungen „abzulenken" (S.22). Besonders die Verben (vorschieben, ablenken, austricksen, dringen) ließen sich innerhalb der Metaphorik der Handgreiflichkeit (in die Finger bekommen, Druckmittel in der Hand haben) als Hinweis auf die konflikthafte Atmosphäre begreifen[11].

---

11 Nahm man die Präpositionen, die sich mit ‚Sprechen‘ verbinden, so wurde wie beim ‚Ringrichter‘ ein Führungsanspruch und Machtkampf deutlich: Es dominierte das Sprechen ‚über‘ den Jungen; war er dabei, versuchte der Helfer, ihn ‚anzusprechen‘, wurde von ihm aber auch ‚in Anspruch‘ genommen: „Ich habe mit der Frau schon darüber gesprochen" (S. 13); „wir unterbrechen ein Gespräch auch sofort, wenn der A. ins Zimmer kommt und wir über ihn gesprochen haben" (ebd.), „ich habe ihn versucht zwar mal darauf anzusprechen" (S.7), aber auch: „also daß er sofort mich in Anspruch genommen hat" (S.8).

Beide Metaphoriken, die der körperlichen Auseinandersetzung bzw. des Konflikts und die der Arbeit als ‚Ab-Lauf‘, in dem (Fort-) ‚Schritte‘ zu sehen waren (S.11, s.o.), überlappten sich in dem Bild der ‚Gratwanderung‘, denn die Position des Helfers in der Familie zwischen den beiden Brüdern war schwierig: *„so war das ziemlich lange absolute Gratwanderung, weil der B. [älterer Bruder] hat sich dann zurückgestoßen gefühlt ... dann opponiert er dagegen, und macht mir das Leben schwer, weil er genau weiß, wie er den Kleinen sofort wieder in eine destruktive Sache reinkriegt ... es war eine absolute Gratwanderung"* (S.8). Später konnte er dem älteren Bruder ein wenig bei der Schule helfen, so viel, daß dieser sich akzeptiert, und so wenig, daß der jüngere sich nicht benachteiligt fühlte: Die Gratwanderung gelang.

4. Das Rätsel Seele

Das Gegenteil zur handgreiflichen Arbeit auf der Verhaltensebene bildete die Arbeit mit der Psyche. Der Helfer gebrauchte in diesem Kontext völlig andere Bilder: Das ‚Rätsel Seele‘ (*„man kann hin und her rätseln, was es ist"* (S.4)) konnte er nur schwer ‚interpretieren‘: *„Ich möchte mich nicht festlegen, ja, es könnte eine absolute Fehlinterpretation sein, ich kriege nur das eine mit, und einen anderen Punkt, einen anderen Auslöser sehe ich nicht"* (S.5) - so beschrieb er den Rückfall in sehr extremes Verhalten, dessen Ursache er im erneuten Aufkommen des Themas Mißbrauch sah; die Mutter hatte einen Brief von der Justizbehörde erhalten, was der Junge mitbekommen hatte. Ähnlich vorsichtig war der Helfer in der Formulierung, daß er Bedingungen der Arbeit und die weitere Entwicklung nicht *„einschätzen"* könne (S.7,9), und Einzelheiten, die das Verhalten psychisch erklären, waren nur *„beiläufig mitzubekommen"* (S.4,10); *„ich vermute, daß das Verhalten des Kleinen wirklich mit der anderen Sache zu tun hat"* (S.9) - deutlicher vermochte der Helfer nicht werden.

In den Kontext der Bildes ‚Die Seele ist ein Rätsel‘ gehörte die visuelle Metaphorik. Die Arbeit bestand auch im Hellwerden von etwas Dunklem; so erzählte er, daß das Thema des Mißbrauchs seine Arbeit im Moment *„überschattet"* (S.6,122 zweimal), dennoch sah er Ergebnisse: *„nach vier Monaten sind ... schon Schritte zu sehen"* (S.11, ähnlich S. 12). Der Helfer verstand seine Aufgabe als Aufhellen von Dunkelheiten; so versuchte er dem in die Prügeleien verstrickten älteren Bruder *„die Situation transparent zu machen"* (S.4). Das Sehen und Schauen konnte auch hinweisenden Charakter haben und leitete dann auf eine andere Interaktionsebene: *„bis letzte Woche habe ich immer darauf geschaut, daß er nicht ferngesehen hat"* (S.1); es war gleichbedeutend mit: *„Ich habe versucht, mit sanfter Gewalt dazu zu bringen, daß er die Kiste ausmacht"* (S.2). Hier verband sich die Bildlichkeit des ‚Ringrichters‘ mit der visuellen Kontrolle (‚darauf schauen‘).

Metaphorik kondensiert Geschichte in Bildern, die erläutert werden müssen. Wenn der Helfer sagte, der Bruder *„ist sozusagen das Helle, die helle Kehrseite der Medaille, und der Kleine die dunkle"* (S.7), dann war damit auch gemeint, daß der Junge von seinem verstorbenen Vater benachteiligt und von einem Pädophilen mißbraucht wurde, eine Sonderschule besuchte, während der ältere Bruder auf das Gymnasium ging. Die Metaphorik verdichtete die dahinter liegende Geschichte.

3.4. Interview 3: Die Frau hat so wenig gehabt von ihrem Leben

Zusammenfassung

Die Einzelfallhelferin betreute die neunjährige Tochter einer alleinstehenden persischen Mutter; das Kind hatte drei weitere Geschwister. Schulschwierigkeiten, die eine Sonderschulüberprüfung notwendig machten, eine chronisch schlechte körperliche Verfassung und Verhaltensprobleme in der Schule führten zur Hilfe. Bei der Interviewanalyse fielen viele Substantivierungen auf: ‚... hat Schwierigkeiten‘, oder ‚... hat Probleme‘. Die Helferin stellte die Arbeit oft nach dem Muster ‚haben + Substantiv‘ dar: Informationen, Austausch, Gespräche, Kontakte ‚haben‘ bzw. als gemeinsames ‚Machen‘ von Dingen: Schulaufgaben, Sachen, Unternehmungen. Diese Verdinglichung konnte als Abwehrstrategie gegenüber den großen, aber undifferenzierten Wünschen der Familie verstanden werden. Das ‚Angebot‘ der Helferin und die ‚Bedürftigkeit‘ der Familie paßten nicht zusammen; bei einer globalen Auffassung der schulischen und psychischen Probleme des Kindes traute sie sich nur ‚punktuell‘ Wirksamkeit zu. Die Kommunikation stellte sich dinglich (als ‚Austausch‘) oder visuell vermittelt dar (‚sie signalisierte‘). Sie formulierte, das Mädchen sei ‚herausgefallen aus der Familie‘, wobei sie diese als ‚Gefängnis‘ erlebte. Beim Nachinterview stellten sich unüberbrückbare Differenzen über die Arbeitsinhalte zwischen Familie und Helferin heraus, die Hilfe wurde inzwischen abgebrochen.

Metaphern im Kontext

1. Probleme haben und Dinge geben

Es fiel auf, daß die Helferin Wünsche des Kindes mit Mengen- und Zahlwörtern beschrieb; Gefühle und Handlungen faßte sie als ‚Ding‘, als seien sie gegenständliche Entitäten: Das Mädchen *„wollte ... eigentlich sehr wenig von mir, sondern sie wollte die Liebe ihrer Mutter."* Diese Substantivierung und Verdinglichung von Emotionen, Wünschen und Bedürfnissen bezeichnen Lakoff und Johnson als ‚ontological metaphor‘ (dies. 1980/25ff., vgl. Kap. 2.4.6.1.3.). Sie verstehen darunter die Fähigkeit, komplexe Teile unserer Erfahrung als einfache Objekte und Wesen zu identifizieren. Ontologisierende Metaphern erlauben uns, physische und psychische Erfahrungen zu benennen, zu quantifizieren, bestimmte Aspekte zu isolieren, sie als Ursachen und Gründe zu behandeln oder sie zu personifizieren. So benutzte die Helferin oft Redewendungen, daß z.B. die Familie *„ganz viel Zuwendung"* brauche, als sei dies eine nicht von Beziehungen abhängige, beliebig dosierbare Stoffmenge. Die Notwendigkeit, das Unklare und Verschwimmende in menschlicher Kommunikation zu beschreiben, es aber gleichzeitig ‚handhabbar‘ und abgegrenzt zu machen, führte dann zu solchen Formulierungen wie: *„da kann ich mich in vielen Sachen schwer abgrenzen"* (S.5): Auch wenn die Helferin viele Probleme der Familie und der Interaktion als separate ‚Sachen‘ analysiert und verdinglicht hatte, gelang es ihr dennoch nicht, sich *„abzugrenzen"*. Solche vergegenständlichenden Metaphern sind grundlegend für alltägliche Kommunikation; im Interview fiel aber ihre Dominanz auf.

1a. Probleme haben

Die Schwierigkeiten des Kindes stellten sich der Helferin ähnlich dinglich dar; das Kind ‚besaß‘ Probleme: Es *„hat große Probleme im Sozialverhalten, ... auch im kognitiven Bereich"*, *„hat so eine chronische Ohrenentzündung"* und *„sie hat ... Schwierigkeiten, zu hören"* (alles S.4). Sie formulierte nach dem gleichen Muster, daß das Mädchen als drittes von insgesamt vier Kindern der alleinstehenden Mutter mit seinen Geschwistern sich oft stritt: *„die haben eine sehr problematische Beziehung auch noch mal zueinander"* (S.6).

Das Mädchen wollte sich nicht auf Verabredungen einlassen; auch dies begriff die Helferin als gegenständliches Problem: *„also feste Termine waren das erste Problem"* (S.5). Ein Erzieher beschwerte sich über das Kind und seine Freundin; es war jedoch nichts genaueres zu erfahren als: *„die beiden zusammen, das war halt ein großes Problem für den Erzieher"* (S.1). Diese Formulierungen, in denen das Substantiv ‚Problem' undurchdringlich und unauflösbar im Raum steht, kennzeichnen das Erleben der Helferin in dieser Familiensituation.

1b. Dinge geben

Was die Arbeit betrifft, so wiederholte sich das ‚Geben' und ‚Nehmen' von negativen und positiven Dingen, Aufgaben, Gesprächen. Die Helferin stellte sich die Frage innerhalb dieser Metaphorik, *„ob das, was Einzelfallhelfer und -helferinnen bieten können, auch das ist, was die Familie annehmen kann, oder ob die vielleicht ganz andere Dinge ..."* (S.12). Dies scheint mir die zentrale Metapher zu sein: Ob das, was die Helferin *geben* konnte, auch das war, was die Familie *annehmen* konnte. Die Metaphorik des Gebens und Nehmens, Austauschens, Anbietens und Verweigerns zeigt sich sehr deutlich in zwei längeren Zitaten für Mutter und Kind:
„Denn Talah wollte ganz was anderes. Also sie wollte ... eigentlich sehr wenig von mir, sondern sie wollte die Liebe ihrer Mutter, ... die hat alle Angebote so, die sich auf sie alleine bezogen haben, nicht eingehalten" (S.4f.).
[Die Mutter] *„möchte gerne Verantwortung abgeben, sie möchte gerne Austausch, ... sie möchte eigentlich ganz viel, sie möchte ganz viel Unterstützung, sie möchte, daß jemand ihr zuhört, sie möchte ... Verständnis, manchmal auch ganz praktische Dinge, die Hilfsbedürftigkeit trifft nicht nur auf die Kinder zu, sondern auch für sie"* (S.8).
Auch in der Beschreibung des Lebensgefühls der Mutter wiederholte sich die quantifizierende Sichtweise, die Helferin beschrieb sie als eine Frau, die *„so wenig gehabt hat von ihrem Leben bisher"* (S.8). Allerdings galt diese Wahrnehmungsweise auch für die Helferin selbst: Sie hat ‚viel' oder ‚etwas' oder ‚eine ganze Menge' bekommen; wenn sie über ihre gesprächstherapeutische Ausbildung sprach: *„also ich habe darüber viel gelernt"*, *„wie kann ich auch einfach etwas erreichen"*, *„also das bringt mir eine ganze Menge"* (alles S.11).

1c. Unterstützen

Die Helferin benutzte oft ein körpernahes Bild des Umgangs mit den Dingen: Man ‚trägt' das Symptom; so entlehnte sie dem familientherapeutischen Vokabular das Wort vom *„Symptomträger"* (S.4). Ihre eigenen Probleme lud die Mutter auf den Kindern ab: *„das packt sie ja auch so auf ihre Kinder drauf"* (S.9). Diese Redeweise ging über das familientherapeutische Vokabular hinaus und griff auf die kinästhetische Konzeption des Umgangs mit Schwierigkeiten als ‚Tragen einer Last' zurück. Diese war so ‚schwer', daß die Helferin es ‚*manchmal auch nicht mehr aushalten'* (S.8) konnte. Entsprechend begriff sie ihre Arbeit als ‚Unterstützen': Die Mutter der Kinder suchte *„ganz viel Unterstützung"* (S.9), und die Helferin fragte sich, in welchem Bereich sich die Mutter *„am meisten von mir unterstützt gefühlt hat"* (S.12).

1d. Machen und Herstellen

Die bisher benannte Metaphorik enthielt auch Beschreibungen der realen Arbeit der Helferin; das (gemeinsame) Machen und Herstellen von Kontakten, Hausaufgaben und anderen ‚Dingen' wiederholte sich als Bild der Arbeit. Auf dem Nachhauseweg mit dem Mädchen „*hatten wir halt überlegt, was wir machen*" (S.2), die Helferin hatte „*Kontakte zu den ... Bezirksämtern hergestellt*" (S.10), und „*schon einmal so etwas wie Schularbeits-hilfe ... gemacht*" (ebd.). Verständnis für sich erlebte sie bei den HelferInnen der Supervi-sion, „*die ... genauso arbeiten wie ich*" (S.11).

1f. Zusammenfassung der Metaphorik der Dinge
Die Substantialisierung wichtiger Bereiche wie Beziehungen, Gespräche, Wünsche, Er-lebnisse spiegelte das Bedürfnis, diese durch ihre ‚Dingfestmachung‘ handhabbarer zu machen. Probleme beschrieb die Helferin als körperlich fühlbare Last, die Hilfe bestand dann in einem ‚Unterstützen‘. Die Redeweise, sich „*in dieser Sache ... schwer abgrenzen*" zu können, deutete einen ‚Sog‘ der Familie an, der sich auch darin äußerte, daß diese „*ganz viel*" will, und daß die Helferin „*diese Sachen ... nicht ignorieren*" konnte (S.5), weil sich sonst niemand um die Familie kümmere. Die Beziehungen waren sprachlich durch den ‚Austausch‘ von ‚Dingen‘ wie Zuwendung charakterisiert; der Austausch ge-lang nicht, weil ‚Angebot‘ und ‚Hilfsbedürftigkeit‘ kaum zueinander paßten.

2. Familie und Raum
Räumliche Metaphern zeigten sich fast ebenso häufig; sie berührten sich kaum mit der verdinglichenden Metaphorik, erläuterten aber die Familienverhältnisse genauer. Die Helferin beschrieb die Familie als abgeschlossenen Raum, denn nach ihrem Suizidver-such erzählte die älteste Schwester, „*sie fühlt sich im Gefängnis ... fühlt sich eingesperrt und nur auf Familie bezogen*" (S.7).
Metaphern haben reale Implikationen. In diesem Fall bedeuteten die Bilder, daß die Mut-ter die Kontaktmöglichkeiten der Mädchen mit Jungen beschränkte, sie bei harmlosen Treffen mit ihnen prügelte, und auch keine fremde Kinder in die Wohnung ließ (S.6f.). Die Mutter war mit 11 Jahren nach Deutschland gekommen, hatte die Schule nicht been-det, war verheiratet worden und hatte zwischen den Geburten der Kinder immer gearbei-tet. Aufgrund ihrer Religion und ihres Status als geschiedene Frau eines heroinabhängi-gen und im Gefängnis sitzenden Einbrechers wurde sie in ihrem religiös-kulturellen Mi-lieu abgelehnt und isoliert, obschon sie kontaktbedürftig war.
Die Helferin erlebte die Familie als beengten Raum, aus dem das zu betreuende Mädchen herausfiel. Besonders die Präpositionen ‚aus‘, ‚oben‘, ‚zwischen‘ strukturieren die Fami-lienwelt des Mädchens in der Wahrnehmung der Helferin: Es „*kommt aus einer persi-schen Familie*" (S.1) und war „*sehr herausgefallen ... aus der Familie*" (S.4), weil „*die beiden großen, pubertierenden Mädchen, die grenzen sich nach oben ab, und Mutter und der kleine zweijährige bilden so eine Einheit, und sie saß irgendwie dazwischen*" (S.4).
Die Helferin beschrieb ihre Beziehung zur Klientin mit Metaphern der Distanz; diese suchte den Abstand. Erst nach einem Jahr Betreuung erreichte es die Helferin, „*an ihre Schulsachen rangelassen*" (S.1) zu werden, das Mädchen wollte, daß sie sich „*da nicht einmische*" (S.2). Solche Verletzungen des Territoriums ließ es nicht zu, auch machte es Angebote einer größeren Nähe, „*sei es ins Kino zu gehen, ... sei es zu mir zu fahren, und zu kochen*" (S.5), zunichte.
Die Helferin nutzte die Metaphorik des Raumes nicht nur, um die Distanz des Mädchens auszudrücken, sondern auch, um seine Schwächen und damit ihre Aufgaben zu beschrei-ben. Die Schwächen des Kinds erfüllten metaphorisch einen unendlichen Raum, weil „*ih-re Defizite auf allen Ebenen liegen ... es war nichts, das man gezielt irgendwo mit ihr üben ... könnte ... war einfach auf der ganzen Ebene sehr schwierig*" (S.2). Die Probleme lagen „*auf allen Ebenen*" (auch S. 7), was deshalb auffiel, weil gegenüber der räumlich-

unendlichen Problembeschreibung die von der Helferin erlebten Erfolge ‚nur‘ konkrete ‚Punkte‘ erfaßten; so war es ihr *„punktuell gelungen“* (S.2), für die Schule etwas zu tun. Auch in der organischen Erkrankung des Kindes wurde *„nichts gefunden ... außer dann mal punktuell so Anfänge von einer chronischen Mittelohrentzündung“* (S.4), eine kausale Therapie fand nicht statt. Es gab einen weiteren *„Punkt“* (S.9), wo die Helferin überzeugt einschritt, als sie der Mutter weiteres Prügeln der Kinder untersagte und zum ersten Mal konfrontativ wurde. Ihre eigene Therapieausbildung bewertete sie dagegen mit mehr als einem ‚punktuellen‘ Erfolg, denn sie kam immerhin *„auf die Reihe“* (S.11) und war hilfreich.

Die Interpretation der Metaphorik des Raumes zeigte also drei Aspekte: Die zu betreuende Familie war nach außen abgeschlossen; das Mädchen fiel aus den Gruppierungen innerhalb der Familie ‚heraus‘; es hatte Probleme ‚auf allen Ebenen‘, während die Helferin sich nur ‚punktuell‘ Wirksamkeit zutraute.

3. Signal-Kommunikation

Eine dritte Metaphorik bezog sich ebenfalls auf das Verhältnis aller Beteiligten: Die Helferin begriff Beziehungen, wie oben gezeigt, averbal als ‚Austausch‘ von dinglicher Natur, sie faßte Kommunikation an entscheidenden Punkten nur visuell auf. Gerade die Botschaften des Kindes nahm sie als ‚Signale‘ wahr. So spielte das Mädchen mit Puppen eine Familienszene, *„die so die Problematik ihrer Herkunftsfamilie so gespiegelt hat“* (S.3). Die Helferin berichtete, das Mädchen habe *„deutlich signalisiert“* (S.5), daß sie nicht viel mit der Helferin machen wollte, *„diese Botschaften waren da recht deutlich, die sie da gesetzt hat“* (S.5). Informationen ergaben sich als Zeichen oder Signale, die ‚gesetzt‘ wurden oder die sich an den Dingen und Verhältnissen zeigen; diese Metaphorik ‚signalisiert‘ eine indirekte und distanzierte Interaktion, in der die Botschaften nicht offen kommuniziert wurden. Auch der Erfolg einer Wärmeflasche, die sie der älteren Schwester bei Schmerzen reichte, nahm sie visuell wahr: *„siehe da, es hat sich relativ erfolgreich gezeigt“* (S.3). Der Suizidversuch der ältesten Tochter war *‚eine Botschaft in der Richtung‘* (S.7), das Familiengefängnis zu verlassen. Die Helferin war nach der Erfahrung dieses Einsatzes skeptisch und meinte, daß man bei Einzelfallhilfe *„sehr genau darauf gucken muß“* (S.12), ob die Hilfe zur Familie paßt, fand aber dennoch, daß sie in diesem Fall *„als mögliche Interventionsmöglichkeit angezeigt“* (S.4) war. Die Undeutlichkeit dieser visuellen Kommunikation stand nicht im Gegensatz dazu, daß sich die Helferin als Sprechende oft zitierte: *„hatte ich mich aber mit Talah schon verabredet, außerdem wollte ich das auch nicht ohne Talah irgendwie entscheiden, ... und dann haben wir halt zu viert geredet“* (S.2), *„dann habe ich mit der Gruppenerzieherin gesprochen ... dann hatte ich auf dem Schulweg* mit ihr *über diesen Schultag gesprochen“* (S.1) *„dann habe ich* gesagt, *... laß uns doch zusammen zum Arzt gehen“* (S.3). Dieses Sprechen betraf die Regelung von alltäglichen Situationen; die Kommunikation über die Strukturen der Familie funktionierte jedoch eher als ‚Botschaft‘ und Symptom.

4. Eigenes Denken ...

Die Helferin markierte eigenes Denken explizit, es wiederholte sich oft die Formulierung: ‚Ich denke, ...‘, z.B: *„ich denke, sie kann es leistungsmäßig schaffen, und da war es, denke ich, auch sinnvoll, wenn sie den Hauptschulabschluß schafft“* (S.6, ähnlich S.9). Die Verben der Denk-Bewegung kommen aus dem gestisch-visuellen Übergangs-Bereich: finden, für etwas halten, vorstellen. Über den kleinsten Bruder sagt sie: *„ich halte ihn für ausgesprochen fit“* (S.7); über die Arbeit meinte sie: *„ich halte die Einzelfallhilfe* *inzwischen für eine nicht so glückliche Maßnahme"* (S.1). Ihre Ausbildung *"findet"* sie *"sehr sinnvoll"* oder *"findet"* sie *"ausgesprochen vorteilhaft"* (S.11). Sie *"stellt sich vor"*, daß die Mutter die Hilfe bei der Renovierung als die wichtigste Unterstützung empfand (mehrmals S.11,12).

5 ... und fließende Grenzen

Im Gegensatz zu dieser expliziten Anmerkung eigener Meinung in Metaphern des 'Vorstellens' und 'Findens' stand die Identifikation und nicht-abgegrenzte Übernahme von Interessen der betreuten Personen. Die entsprechenden sprachlichen Bilder hatten als Gemeinsamkeit, daß die Helferin ihre Abgrenzung aufgab. Nach dem Suizidversuch der ältesten Schwester sagte sie, *"da ist niemand außer mir, und ich kann doch so etwas nicht ignorieren"* (S.5). Bei der zweitältesten Schwester konnte sie sich *"in vielen Sachen schwer abgrenzen"*, und half auch ihr bei der Bewältigung des Wechsels von der Sonder- zur Regelschule, *"das ist natürlich etwas, was ich unheimlich begrüße"* (S.5); sie solle den Hauptschulabschluß machen, *"und ich wünsche ihr das. Aber sie braucht einfach Hilfe"* (S.6) - und diese kam von der Helferin, die eigentlich für die kleinere Schwester zuständig war. Sie ließ sich auch von der Neunjährigen instrumentalisieren: *"die [Familienszene, R.S.] hat sie spielen lassen, und mich in die Situation der Mutter gebracht, also ich habe dann die Mutter gespielt ... sie hat mich so ein Stück weit dafür eingesetzt, die Liebe ihrer Mutter zu bekommen"* (S.4f.). *"Sie wollte im Grunde genommen, daß ich ihre Position in der Familie verbessere ... daß ich ... irgendwie in ihrem Interesse dann inter- veniere"* (S.5). Die Helferin fand in dieser Identifikation und Übernahme von Rollenangeboten keinen eigenen Standpunkt und konnte sich nicht 'abgrenzen'.

Es dominierten visuelle Abgegrenztheit ('ich finde'), und nonverbales Agieren mit wenig Grenzen als 'Austausch' und 'viel wollen'. Die Kommunikation über die problematischen Strukturen der Familie geschah nur indirekt als 'Botschaft' und 'Signal': Neben den schlechten Deutschkenntnissen der Familie spielte auch eine Rolle, daß das Mädchen eine verwaschene Artikulation hatte (S.4). Für die Einzelfallhelferin geriet es zur Quadratur des Kreises, diese sprachlosen 'Dinge' und Probleme 'anzusprechen': *"wie schaffe ich es ... die Dinge, die mir wichtig sind, anzusprechen"* (S.11). Diese Diskrepanz zwischen Verdinglichung und Redebedürfnis kennzeichnete den Helfereinsatz über weite Strecken.

7. Anderes Herangehen

Eine andere Metaphorik der Beschreibung Arbeit war Um- und Heran-Gehen. Hier zeigte sich, wie sich die Verbindung von räumlicher Metaphorik der Abgeschlossenheit, eigener Zielbestimmung und nonverbalem Agieren in neuen Bildern ansatzweise aufheben ließ. Die Helferin reflektierte die kulturelle Differenz zur Familie, sie wollte *" anders herangehen"* und lehnte es ab, mit pädagogischen Konzepten *"an die Einzelfallhilfe heranzugehen, das ist zum Scheitern verurteilt. Das geht halt nicht"* (S.11) Mit Hilfe der Ausbildung überlegte sie, *"wie kann ich, trotzdem ich einfach entsetzt bin über die Mutter... es trotzdem schaffen, wieder auf sie zuzugehen ... mir auch wirklich zu überlegen, was will ich, und wie kann ich auch einfach etwas erreichen, wie kann ich, ja, Widerstände irgend- wie umgehen"* (S.11). Abgrenzung wäre in dieser Metaphorik gut zu denken gewesen, die Helferin erinnerte sich ihrer entschiedenen Konfrontation beim Prügeln, wo sie sagen konnte: *" das geht nicht"* (S.9). Dieses andere 'Herangehen' und auf die Familie 'zuge- hen' setzte sich allerdings nicht als neue Metaphorik eines besseren Handlungsstiles durch. Sie gab diese Familie ab, weil sie sich überlastet und ausgebrannt fühlte. Die Wünsche der Familie nach Versorgung und die Unmöglichkeit, eine eigene und deutliche Zielbestimmung zu finden, brachten die Helferin zu diesem Schritt (Nachinterview). Sie fand, daß das Kind sie *„niedergemacht"* und *„beschossen"* hatte. Die Dichte vieler Substantivierungen deutete sie in der Besprechung der ersten Metaphernanalyse als Ambivalenz, sie bestätigte ihr Schwanken zwischen großem Anspruch und Gefühlen der Überforderung. Das Gehen im endlosen Raum (‚auf allen Ebenen') fand sie eine treffende Selbstbeschreibung. Sie hätte zuviel gemacht; besonders das Versorgen, der Umgang mit Bedürfnissen sei geschlechtsspezifisch. Die Metaphernanalyse kann diese Aussage allerdings nicht belegen.

3.5.   Interview 4: Ich muß mich bald abnabeln

Zusammenfassung
Die Einzelfallhelferin betreute den zwölfjährigen Jungen einer südeuropäischen Familie. Anlaß der Hilfen waren Klagen über schlechte Schulleistungen, Verhaltensauffälligkeiten und Verwahrlosung. Die Helferin sah diese als Produkt der mißgünstigen Einstellung einer Lehrerin; für sie standen seine soziale Isolation und die Abhängigkeit vom Fernsehen im Vordergrund. Ein Schwerpunkt der Arbeit lag auf Wissensvermittlung schulischer und allgemeiner Art; sie konzipierte diese als gemeinsames ‚Durcharbeiten'. Ihre Arbeit bestand ferner aus der Reorganisation des sozialen Feldes hin zu eigener Tätigkeit und dem ‚Knüpfen' von ‚Kontakten'. Ihre Arbeitsphilosophie pendelte zwischen den Polen eines aufgelockerten und eines pedantisch-strengen Umgehens mit den Kindern; letzteres vermutete sie bei der genannten Lehrerin. - Bis auf die Metaphorik des Durcharbeitens waren die Bilder für das Kind, die Arbeit und die Selbstregulation ähnlich.

Metaphern im Kontext
1. Einzelfallhilfe ist Machen
Die Metaphorik dieser Hilfe wurde von den Verben ‚Machen' und ‚Arbeiten' dominiert: *„da machen wir dann meistens Schulaufgaben oder irgendwelche Spiele zusammen"* (S.1 zweimal, S.2 zweimal). Auch das Lernen für eine Klassenarbeit formulierte die Helferin als Arbeit; so mußte der Junge *„diese Begriffe nochmal aufarbeiten für die Arbeit"* (S.3). Als dieser sich der Lehrerin verweigerte, formulierte die Helferin dieses Gegenteil des Arbeitens auch als Tun: *„der hat eine absolute Arbeitsverweigerung gemacht"* (S.5).
Die Auffassung, daß die Hilfe ein ‚Machen' war, galt nicht nur für die Art und Weise, wie die Helferin den Jungen sah. Ihre eigene Geschichte schien auch unter der Metapher zu stehen: Geschichte wird gemacht. So hatte sie *„auch Psychologie gemacht ein paar Semester ... und habe dann Soziologie zu Ende gemacht"* (S.8), ... *„Karl Marx und was weiß ich was wir da gemacht haben"* (S.9); ebenso waren Therapien ein Machen, denn sie habe *„mal eine Weile Therapie gemacht"* (S.9). Selbstverständlich war ihre Arbeitserfahrung mit schwierigeren Familien für sie selbst ein Gemachtes: *„ich habe ja ... ganz andere Familienhilfen gemacht"* (S.13).

2. Einzelfallhilfe ist Geben und Nehmen
Dieser ersten Konzeption von Einzelfallhilfe und Biographie als *‚Machen'* ließ sich eine zweite gegenüberstellen: Die Arbeit war Anbieten von alternativen Dingen, war Geben und Nehmen. So wollte sie den Eltern nahelegen, den Fernsehkonsum einzuschränken, zögerte aber, weil sie fürchtete, daß sie *„den Eltern wieder einen Ersatz anbieten"* müßte (S.4). Bei den Kindern jedoch gelang es ihr, denen *„alternativ was anzubieten"* (S.5).

Auch die Hilfe war ein Angebot für den Jungen, er hatte *„eine Einzelfallhilfe gekriegt"* (S.3). Ebenso begriff sie Aufträge in der Geben-Nehmen-Metaphorik: Schwierige Familien würde sie *„nicht mehr gerne annehmen wollen"* (S.13), ähnlich beschrieb sie ihre Therapieerfahrung : *„da gab es dann jede Woche halt ein anderes Thema"* (S.9).

3. Die Metaphorik der Bewegung und des Raumes
Teil 1: Aktives Lernen
Diese Bildlichkeit von Geben und Nehmen bestimmte die Beziehungsbeschreibung, nicht die Tätigkeit; dafür fand sich eine komplexe Metaphorik der Bewegung: Leben und Arbeit waren ein (Ab)Lauf(en) in Räumen. Wie aus der Alltagssprache vertraut, konzipierte auch sie Zeiterfahrungen als Raumerfahrungen; die Markierung mit den räumlichen Präpositionen ‚aus' und ‚im' zeigte dies: *„er ist aus dem Spielalter heraus"* (S.2), oder, wenn sie von Kenntnissen sprach, *„die ich damals im Sozialarbeiter-Studium vermittelt bekommen habe"* (S.8). Diese Zeit-Räume wie die Schulaufgaben wurden in der Hilfe ‚durchlaufen': *„was heute gelaufen ist ... also es läuft fast immer dasselbe ab"*, *„wir gehen die einzelnen Stunden durch ... daß wir bestimmte Fächer nacheinander dann durchgehen"* (S.2). Diese Verben dominierten im Interview; auch dem älteren Bruder, den sie zuerst betreute, war sie *„immer hinterhergelaufen"* (S.5), bis sie erste Erfolge erreichte.

Das Gegenteil zu ‚gehen' und anderen Verben der Bewegung war ‚stehen': *„wenn Arbeiten anstehen"* (S.2). Diese ‚anstehenden' Anforderungen waren noch nicht dem ‚Ablauf' unterworfen; konsequent in der gleichen räumlichen Metaphorik gedacht, thematisierte die Helferin das Vorhandenseins eines ‚Bodens', auf dem diese Bewegungen stattfanden. So hatte sie *„bestimmte grundlegende Dinge"* (S.8) in ihrem ersten Studium kennengelernt, und *„das ist natürlich schon alles eine Basis, also irgendwo sitzt das"* (S.8). Sie meinte damit familientherapeutische und pädagogische Ansätze, und auch das Soziologie-Studium hatte eine Boden-Metapher beigesteuert, denn sie *„war im Vertiefungsgebiet Kultur und Interaktion"* (S.8). Auf dieser Basis aufbauend wurde neues Wissen *„durchgenommen"* (S.3) und *„durchgearbeitet"* (S.8), bis man *„durchsteigt"* (S.2). Diese Metaphorik der ‚schwierigeren Bewegung', die sie sowohl auf ihre eigene Lerngeschichte wie auf den Jungen anwendete, war dann Voraussetzung für die schon oben genannte ‚leichtere Bewegung' im ‚Wissensgebiet': Sie *„kamen auf ein verwandtes Thema"*, *„sind auf Ebbe und Flut gekommen"*, ohne sich nur an den gegebenen Hausaufgaben festzuhalten. Weil es sie beide interessierte, die Fragen weiterzutreiben, *„gingen wir auch manchmal ein bißchen aus dem Stoff raus"* (alle S.3); und in der angenehm empfundenen Therapie in der Großgruppe *„ging es auch unheimlich viel um Pädagogik"* (S.9).
Diese Auffassung: ‚Lernen besteht aus Bewegung in Räumen' fiel auf, weil das Sprechen als Wissensvermittlung nur allgemein und in heterogenen Zusammensetzungen auftauchte: *„ daß wir den* (Stoff) *auch besprechen"* (S.3); dies präzisierte sie meistens in der visuellen und gestischen Dimension: *„ dann gucken wir eben nach und schlagen nach"* (S.3). ‚Machen' und ‚Bewegen' war der Helferin wichtiger als Reden[12]. - Der selben Metapho-

---

[12] Im Gegensatz zur Betonung der Arbeit als Machen und Sehen und weniger als Reden stand eine verbale Aktivität, sich und andere in Frage zu stellen: Sie überlegte, daß sie sich *„noch heute frage"* (S.5), was dem älteren Bruder half (vgl. S. 13), und sie erzählte, daß sie ihre ehemalige Therapieausrichtung *„sehr in Frage stelle"* (S.9). Kritischer waren Bemerkungen über Kollegen: *„dann frage ich mich wirklich, wie man die Leute auf die Kinder losjagen kann"(S.13)*. Diese Metaphorik stand in einer nahen Beziehung zum ‚bösen Blick', s. u.

rik aus ‚grundlegender‘ Arbeit und anschließender freier Bewegung gehorchte die Wahrnehmung der Leistungen: *„Plötzlich sprangen die Noten nach oben"* (S.5). Das Wissen selbst, nicht nur die Arbeit, folgte der räumlichen Gliederung. Mit den Präpositionen ‚in‘, ‚aus‘ und den Verben der Bewegung ‚umsetzen‘ und ‚rücken‘ transportierte sie Wissen als Inhalt eines Raumes in andere Räume (‚Praxis‘, ‚Rahmen‘): So berichtete sie von ihrer Therapieerfahrung als von einem *„Wissen, ... was nicht so völlig abstrakt war ... was du ... in die Praxis umsetzen konntest"* (S.9) und stellte dies in einen Gegensatz zu den *„intellektuellen Inhalten"* (S.9) des Studiums. Hier metaphorisierte sie die Praxis als Rahmen und das Wissen als Inhalt. Ein anderer Rahmen war Therapie: So war sie gegen eine nur psychologische Betrachtung der Hilfe, weil dies *„die Arbeit der Einzelfallhelfer in so einen therapeutischen Rahmen rückt ... der ... nicht angemessen ist"* (S.13).

Soweit zunächst die räumliche und gestische Metaphorik des Lernens: Einzelfallhilfe im schulischen Rahmen und eigenes Wissen setzte auf einer ‚grundlegenden‘ ‚Basis‘ an Wissen an, ‚arbeitete‘ den Stoff durch, bis man ‚durchstieg‘, um anschließend darin frei von einem Thema auf das andere zu ‚kommen‘. Wissen war ‚Inhalt‘ in einem Raum und hat einen Rahmen, es konnte daher ‚umgesetzt‘ werden in den ‚Rahmen‘ der Praxis. Die Bildlichkeit von Raum (Rahmen) und Inhalt erlaubte der Helferin einen differenzierten Umgang mit dem Verhältnis von Theorie und Praxis, Kenntnissen und ihrer Anwendung.

4. Die Metaphorik der Bewegung und des Raumes
Teil 2: Passivität und Familie
Im Gegensatz zu dieser Auffassung von der klaren Gliederung des kognitiven Raums stand eine ungegliederte. Der Junge und die Familie hatten eine Tiefe, aus der Fragen, Personen und Ereignisse ‚auftauchten‘; so war sie offen für Fragen des Jungen *„je nachdem, was da auftaucht"*, und es *„tauchen halt auch viele Fragen auf von seiner Seite"* (S.3). In der Familie wohnte noch eine behinderte Schwester der Mutter, *„die auch da immer noch auftaucht"* (S.11). Diese Metaphorik fiel auf, weil sie eine ähnliche Bildlichkeit des *‚Fließens‘* für Erfahrungen und Wissen gebrauchte. Die Helferin fragte sich in Bezug auf den von ihr betreuten älteren Bruder, ob sich bei ihm *„irgendwie doch noch ein Einfluß von mir"* (S.5) feststellen ließ, da er nun in einer anderen Schule sehr gute Leistungen zeigte; und ihre Therapieerfahrung brachten ihr *„Erkenntnisse, ... die immer irgendwie aus der Arbeit heraus flossen und in die Arbeit wieder eingeflossen sind"* (S.9).

Diese Erfahrung des Auftauchens aus der Zeit oder aus dem Stoff bot einen Übergang von der oben betonten Erfahrung des Machens zu der von passivem Mitgenommenwerden. Dies galt in Sprache der Helferin für den Jungen wie für sich. So beschrieb sie, daß die falschen Beschuldigungen einer deutschen Mutter wegen eines vermeintlichen Diebstahls den Jungen *„ziemlich mitgenommen"* (S.6) hatten, ähnlich, wie sie gegenüber dem auf sie einprasselnden Trubel in der Großfamilie südeuropäischen Zuschnitts sprachlos gegenüberstand: *„die Klingel geht den ganzen Tag ... es ist halt immer was los"* (S.11, ähnlich S.12). Von den Geschehnissen und Dingen, die einen *„mitnahmen"* und sogar fremdbestimmten, gab es ein exemplarisches mächtiges Beispiel: Das TV war eine Maschine, die ‚lief‘ und alles ‚anzog‘: *„es läuft leider immer der Fernseher"* (S.1), *„also wenn die da sind, läuft der Fernseher"* (S.12). Dieser hatte Maschinenqualitäten: *„er hat den Fernseher eingeschaltet"* (S.7), *„jetzt machen wir den Fernsehen aus"* (S.4). Diese Verbindung der Metaphorik des Bewegens und Machens mit der Maschine stellte eine Konkurrenz zur Helferin dar, die selbst sich als ‚Macherin‘ begriff. Das TV zentrierte die

Aktionen räumlich um sich herum, das Familienleben „*konzentriert sich eben alles da*" (S.8), und so tat die Helferin vieles, „*daß die ein bißchen wegkommen vom Fernseher*" (S.1). „*Jede freie Minute hockt er eben vor dem Fernseher*", klagte sie (S.4, ähnlich S.1). Die Kombination aus heteronomen ‚Mitgenommensein' durch den Fernsehen und räumlicher Zentrierung verdichtete sich zur Aussage, daß das Problem des Jungen „*wirklich diese Fernseh-Sucht*" (S.4, ebenfalls S.12) war. In starken Worten über die „*wahnsinnige*" Verbreitung (S.13) des TV-konsums, der „*unheimlich passiv macht*" (S.6), beklagte sie sich über die Eltern, die „*Tag und Nacht fern*" (S.4) sahen. Die Helferin formulierte die Konkurrenz durch das Medium sehr deutlich: „*Also wenn ich nicht da bin, hängt er quasi vor der Glotze*" (S.6). Daraus ergab sich ein speziellerer Auftrag der Hilfe über das ‚Machen' hinaus. Hilfe war Wegholen vom Zentrum ‚Fernsehen' und Anregung zu Eigengestaltung; so hatte sie versucht, die Familie „*vom Fernseher wegzuholen*" (S.4), und arbeitete mit dem Jungen in einem Zimmer, „*was ziemlich weit weg*" (S.1) war vom Wohnzimmer mit dem Gerät, und versuchte den Jungen dazu zu bringen, seine Freizeit mit anderen Kindern zu nutzen (S.6,10), damit er „*ein bißchen mehr vom Fernseh loskommt*" (S.10). Der Kampf gegen dieses räumliche und motorische Zentrum mißlang: „*mit dem Fernsehen weiß ich nicht, da bin ich hilflos*" (S.11).

5. Nabelschnüre und andere Bindungen
Ein Ziel ihrer Arbeit und ihre Beziehung zu dem Jungen formulierte sie in einer anderen Bildlichkeit: Verbindung zu anderen Menschen sah sie als Schnur, die ‚geknüpft' wird oder als ‚Nabelschnur' verbindet. So wollte die Helferin erreichen, „*daß Juan Kontakte knüpft*" (S.10). Die nicht auffällige Rede davon, daß sie eine wichtige „*Bezugsperson*" (S.10) für ihn war, ließ vergessen, daß ‚Bezug' vom ‚Ziehen eines Fadens' kommt. Stärker wirkte diese Metaphorik der Beziehung durch das Urbild menschlicher Beziehung, die Nabelschnur: die Helferin wußte, daß sie den Jungen „*irgendwann bald abnabeln*" (S.10) mußte, da die Hilfe nicht unbegrenzt dauern konnte. Dieses Urbild der Bindung hat sich im Laufe der technischen Entwicklung teilweise in eine andere Metaphorik verwandelt: ‚Kontakt' ist die Verbindung zu Anderen, die sich der Bildlichkeit der Elektrizität bedient. Im konkreten Fall berichtete die Helferin, daß sie „*einen ganz guten Kontakt zu der Familie*" (S.1) hatte, der Junge „*ziemlich kontaktarm*" (S.6) war, „*Kontakte quasi fast nur zu seinem Bruder*" (S.6) und zu wenigen ausländischen Kindern in der Schule hatte. ‚Kontakt' fungierte dabei als ‚elektrische Schnur', die als elektrisch leitender Gegenstand auch ‚isoliert' sein konnte; vom ‚Stromkreis' läßt sich das Bild ableiten, daß Kontakt auch ‚geschlossen' werden kann. So berichtete die Helferin, die ausländischen Kinder „*schließen sich halt irgendwie zusammen*" (S.7), während sie versuchte, „*daß er ein bißchen aus dieser ethnobezogenen Isolation herauskommt*" (S.10). Die Metaphorik des ‚Knüpfens' von Kontakten' zeigte sich so als wesentlicher Teil der Arbeit.

6. Lockeres Umgehen und böser Blick
Eine räumliche Orientierung betont meist die Wichtigkeit des Sehens. Wendungen wie „*bei mir sieht das so aus*" (S.1), „*wie die Arbeit aussieht jetzt*" (S.2), „*um zu sehen, wo er Hausaufgaben auf hat*" (S.2) waren über das ganze Interview verteilt. Wenn die Helferin etwas ‚sah', dann hatte sie es auch gestisch ‚gefunden': „*das fand ich ganz toll*" (fünf Stellen!). Hier überschnitten sich visuelle und gestische Repräsentationen. Es gab allerdings auch ein negatives Sehen, einen ‚bösen Blick'. So sagte sie von der Lehrerin, daß jene den Jungen „*auf dem Kieker*" (S.3) hatte, und sie bemerkte bei Kollegen den mißgünstigen Blick: „*der sieht wirklich in jeden Tick eine ganz schwere Neurose*" (S.13). Aber auch sie

selbst hatte diesen Blick: *„wenn ich mir manche Einzelfallhelfer angucke"* (S.9), frage sie sich, wie man solche Leute *„auf die Kinder losjagen kann"* (S.9f.), und sie meinte, *„manchen siehst du es wirklich an"*, daß jene *„verklemmt"* und *„Neurotiker"* waren (S.10).

In dieser emotionalen Bandbreite zwischen ‚fand ich toll' und ‚die hatte ihn auf dem Kieker' ließ sich eine polare Metaphorik des Kontakts mit Kindern ahnen: wohlwollend-locker-offen und mißgünstig-antreibend-verschlossen. Das lockere Umgehen sah sie bei sich selbst: *„Wir machen das auch ziemlich aufgelockert"* (S.2, 3, 13), sie war bei Schularbeiten *„nicht so streng"* (S.3), und in einer Zeit vor dem Zwischenfall mit einer deutschen Mutter war der Junge *„ein bißchen unbefangener"* (S.6). Das Pedantische wies die Helferin von sich, sie muß *„nicht mit der Peitsche dahinter stehen und ihn antreiben"* (S.2), und sie wußte, daß *„je strenger ich dort auftreten würde und um so rigider ich jetzt Fernsehen als etwas Unmoralisches ihnen aufoktroyieren würde, um so mehr würden die heimlich gucken"* (S.4). Sie behauptete von sich, *„nicht penetrant pedantisch"* zu sein (S.5), und warf einigen Kollegen aus der Supervision vor, *„so verklemmt"* und *„bis zum Hals zugeschnürt"* zu sein (S.10). Solch ein ‚verklemmter' Mensch wie die Lehrerin hatte nun kleinere Unregelmäßigkeiten des Jungen *„unheimlich aufgebauscht"* (S.4). Die Helferin fand, das war alles *„nicht so krankhaft, wie sie das da beschrieben hat"* (S.4), sondern *„eine wahnsinnige Unverschämtheit"* dieser Lehrerin (S.4), ein Aufbauschen, daß dazu führte, daß sich bei ihr auch einiges aufbauschte: *„mir haben sich die Haare gesträubt"* (S.12). Für den Konflikt des Jungen, seiner Familie und der Helferin mit der Lehrerin galt die hier gezeigte Dichotomie: Die Eltern, der Junge und die Helferin waren auf der ‚lockeren' Seite, die Lehrerin auf der ‚strengen'. Aus der Sicht der Helferin rührten die Probleme des Jungen nicht daher, daß der Junge Lernschwierigkeiten oder ‚Fernseh-Sucht' hatte, sondern an seinem Konflikt mit der Schule.

‚Machen', ‚durchgehen', ‚Geben' und ‚Kontakte knüpfen' waren die zentralen Metaphern dieses Interviews.

3.6.   Interview 5: Die sind immer in alle Richtungen

Zusammenfassung

Die Helferin betreute ein zwölfjähriges Mädchen, das in der Schule durch aggressives Verhalten auffällig geworden war. Seine alleinerziehende Mutter war der Sozialarbeiterin des Bezirks seit längerem bekannt, das Mädchen und ein älterer Bruder hatten verschiedene Väter und wuchsen unehelich auf.

Die Helferin nahm eine starke räumliche Desorientierung der Familie wahr. Diese ‚flüchtete vor einander' und ‚paßte nicht zusammen'. Emotionale und materielle Versorgung schien fehlend und defizitär, ebenso die Kommunikation in der Familie. Sie beschrieb ein egozentrisches Verhalten der Mutter mit infantilen Bewältigungsstrategien ohne Problemwahrnehmung. Die Helferin begriff sich als Nachhilfelehrerin und war enttäuscht über die mangelnde Bereitschaft des Kindes zum Lernen; sie empfand den Auftrag des Amtes, für Mutter und Kind ‚da zu sein', als unklar und doppeldeutig. Im Nachinterview stellte sich heraus, daß das Kind aufgrund einer Entscheidung der Sozialarbeiterin in ein Heim kommen würde.

Metaphern im Kontext

1. Die sind in alle Richtungen

Die erste sprachliche Besonderheit, die bei der Durchsicht des Interview auffiel, war die häufige Verwendung der Bewegungsverben ‚kommen‘, ‚fahren‘ und ‚gehen‘ in wörtlichem wie metaphorischem Gebrauch; hinzu kamen viele Präpositionen wie ‚in‘, ‚aus‘, ‚zu‘, ‚hin‘, die eine Richtung angaben. Es drängte sich der Eindruck auf, daß alle in Bewegung waren und ein Ruhepunkt fehlte: *„der eine ist hier, und die eine ist da, die sind ja immer beschäftigt und unterwegs"* (S.5). Die Mutter hielt die Helferin oft zum Erzählen auf, so daß sie von dem Mädchen gebeten werden mußte: *„kommen Sie doch mal, kommen Sie doch mal, und ich will ja hier weg"* (S.7), denn auch die Tochter war *„viel und ständig alleine unterwegs"* (S.4). Die völlige Zerstreuung der Familie war zu befürchten: Die Mutter *„kommt jetzt vor Gericht Ende Januar, und wird wahrscheinlich ins Gefängnis kommen, insofern kommen die Kinder dann womöglich zur Tante nach Bayern"* (S.2). Die grundsätzliche Frage nach der Richtung der ganzen Familie stellte sich für die Helferin in der gleichen Metaphorik, also *„wie es überhaupt weiter geht"* (S.4).

Die Dynamik der auseinanderstrebenden Familie spitzte sich zu, als die Mutter beide Kinder einer Nachbarin anvertraute, mit der sie selbst eine lesbische Beziehung begann. Die Helferin empörte, daß *„sich diese Freundin an die Mutter herangemacht"* (S.12) und *„ins Bett geholt"* (S.13) hatte, daß es besser gewesen wäre, *„wenn es nicht so weit gekommen wäre zwischen den Frauen"* (S.13). Die Mutter hatte zu ihrer Entlastung das Mädchen *„einfach dahin geben"* (S.12) wollen, die Helferin registrierte mit Genugtuung, daß dort das Mädchen *„sich schnell aus dem Ehebett entfernt"* (S.13) hatte; zu einem intimen Kontakt kam es offenbar nicht. Die Redewendung, es sei alles *„in der Schwebe"* (S.10,11), kennzeichnete diesen unruhigen Zustand vor dem Gerichtstermin der Mutter und der von der Helferin nicht wahrgenommenen Möglichkeit des Jugendamtes, die Kinder in ein Heim zu bringen.

Diese unklare Bewegtheit war auch ein Folge der Struktur der Familie, die keine Mitte, keine Hierarchie und keine klaren Grenzen hatte. *„Die Familie hat eine Art, von einander zu flüchten ... die sind ja immer in allen Richtungen, und kaum zusammen ... sobald sie zusammen sind, so gibt es erhebliche Auseinandersetzungen"* (S.3). Die Helferin nahm wahr, daß *„zwischen Mutter und den Kindern überhaupt kein Generationsunterschied"* (S.4) im Verhalten existierte und sich die Kontrahentinnen im Streit nichts schenkten. Die Helferin antizipierte allerdings, daß eine Lösung dieses Zustandes die endgültige Trennung der Familie sein könnte, und formulierte dies in einer räumlichen Metapher: *„Vielleicht ist das auch eine Lösung, wenn die Mutter dann einfach so aus der Familie entfernt wird"* (S.15, vgl. S.11). Die Bewegungsmetaphorik beschrieb die diffuse und auseinanderstrebende Struktur der Familie.

2. Metaphorik der Mutter

Die Aussagen der Helferin über die Mutter ließen sich in drei Bildern ordnen: Sie hatte einen starken Hang zur Selbstdarstellung (Metapher: Die Mutter war eine Schauspielerin), sie nahm Probleme nicht wahr (Defizit-Rhetorik) und hatte unausgereifte Bewältigungsstrategien (Metapher: Die Mutter war ein Kind).

Die Helferin sah die Mutter als Schauspielerin an, denn sie *„erzählt ununterbrochen über ihre Probleme, ihre Belastungen ... und stellt das alles als sehr, sehr tragisch dar"* (S.2, ‚darstellen‘ auch S.3). Nicht nur der tragische Monolog war ihr Fach: *„Ob ihr selbst ein Musikstück was gebracht hat oder nicht gebracht hat und ein Gespräch mit jemand am Telefon was gebracht hat, da kann sie eine Viertelstunde ausholen"* (S.5), wobei sie *„sich* *total verausgabte"* bei solchen Erzählungen (S.9). Für kritische Dialoge über Vernachlässigung der Kinder hatte sie ihre Rolle gelernt, denn sie hatte sich die passenden Ausreden *„schon zurechtgelegt"* (S.6); *„und Zuhören tut sie überhaupt nicht"* (S.7), was eine Schauspielerin auch nicht muß.

Die Helferin beschrieb die fehlende Wahrnehmung von häuslichen Problemen in einer Defizit-Rhetorik des Nicht-Fühlens und Nicht-Begreifens. So sprach sie zweimal davon, die Mutter hatte *„absolut kein Gespür dafür, was das für die Kinder bedeutet"* (S.2, S.5), oder sie hatte es *„gar nicht begriffen"* (S.12), daß kein Kind zu der besagten Nachbarin gehen sollte, auch die Situation der Kinder *„belastete sie ... gar nicht so sehr"* (S.5), bzw. die *„die Mutter dachte ja gar nicht daran"* (S.7), daß Helferin mehr für das Kind als für sie da sein sollte.

Als drittes warf die Helferin der Mutter infantile und unausgereifte Bewältigungsstrategien vor, sie war in ihren Augen ein Kind: *„daß sie zum Großen Preis jetzt heute abend geht, das sind für sie Strohhalme, und da kriegt sie irgendwie so ganz euphorische Gefühle, also da klebt sie an diesen Sachen, aber die Tatsache, daß sie keine Arbeitsstelle hat, daß sie vor Gericht muß, daß sie ihr Leben ein bißchen packt"* (S.7) ... *„ob sie sich überhaupt einigermaßen zusammenreißt, sie ist ja dermaßen labil und egozentrisch, und teilweise auch ganz infantil"* (S.14) In dieses Panorama, in dem die Helferin ‚Strohhalme', ‚euphorische Gefühle' und ‚infantil' gegen ‚Gericht', ‚Arbeitsstelle' und ‚zusammenreißen' setzte, gehörte auch die weitere Charakterisierung der Mutter, daß die Helferin oder die Sozialarbeiterin keine Ansprüche an sie stellen sollten, sondern nur zuhören.

3. Leere: Die Defizit-Rhetorik

Ein besonderes Problem der Interpretation stellte die Defizit-Rhetorik dar: der Gebrauch von ‚nicht', ‚kein(e)', ‚fehlt'. Solche Wendungen müssen aus ihrem Gegenteil erschlossen werden. In der Beschreibung der Mutter fiel die Defizit-Rhetorik zunächst auf, ihr kam in der Schilderung der Situation der Familie ein wichtiger Stellenwert zu. Emotionale und materielle Versorgung des Mädchens sah die Helferin als größtes Problem: Es fehlten Zuwendung, Aufsicht, regelmäßige Verpflegung. Sie formulierte das in der Metapher, daß *„in den Kindern enorme leere Seelen sind, ... diese ganze Zuwendung fehlt"* (S.6). Sich in die Kinder versetzend und die Defizit-Metaphorik ausbauend, formulierte sie für diese das Gefühl der fehlenden Zuwendung: *„Und was ist mit mir? Ja wo bleibe ich? Dann bin ich ja nun rein gar nichts"* (S.7). Das Alleinsein der Kinder existierte real und bildlich: Das Mädchen war *„nachts manchmal allein in der Wohnung, und manchmal allein und krank"* (S.4), die Kinder wurden *„allein gelassen mit ihren Ängsten"* (S.5, 2). Die Kinder erlebten, daß ihnen die Bezugsperson *„weggenommen wird ... im Grunde genommen durch die Mutter"* (S.7), weil diese die Helferin in Beschlag nahm; und als die Mutter die oben genannte Freundin hatte, *„waren die Kinder vollkommen zurückgedrängt"* (S.13). Ein Zustand der emotionalen Sättigung war in dieser Familie allenfalls als negativer zu denken: *„die brüllen die Mutter an, die haben es auch satt"* (S.7). Das Erzählen von Erlebtem und ein sachbezogenes Gespräch schien unbekannt: *„es wird in der Familie überhaupt nicht miteinander gesprochen, ... noch nicht mal, daß man nach Hause kommt und berichtet, was man irgendwo gesehen hat und erlebt hat und schon gar nicht, daß man so nun das erzählt, was einem belastet"* (S.2, vgl. S.5). Es wurde auch nicht darüber geredet, daß der leibliche Vater des Kindes überraschend auftauchte; die Mutter zeigte ihn kurz ihrer Tochter, die ihn zum ersten Mal sah, und ging mit ihm in eine Kneipe. Das Mädchen war nicht darüber aufgeklärt worden, daß sie nicht den gleichen Vater wie ihr Bruder hatte, was sie der Helferin aber nur kurz erzählte. Für Mutter wie Tochter galt eine kommunikative Eigenart, welche die instabilen Beziehungen kennzeichnete: *„sie sagt etwas, das sie belastet, und wechselt sofort das Thema"* (S.2, ähnlich S.5) - eine andere Form der Nichtung, welche die Defizit-Rhetorik bestärkt. Daraus konnte das Gegenbild der ‚heilen Familie' erschlossen werden (s.u.).

Neben dem Problem der gestörten Kommunikation nahmen die Beobachtungen zur Leistungsproblematik einen breiten Raum ein, die Defizit-Rhetorik (‚fehlt', ‚keine', ‚nicht') fiel wiederum auf. Die Helferin war der Meinung, dem Mädchen *„fehlt alles, um in der Schule zu lernen"*, sie würde *„das gerade noch in der Schule schaffen"*, sie hätte *„absolut keine Ausdauer"* (S.3). Die Helferin war enttäuscht von der Unart des Mädchens, *„einfach überhaupt nicht zu erscheinen ...weil ihr das alles lästig ist, oder manchmal einfach ganz schnell alles abzubrechen und mache nicht mehr"* (S.3). Besonders enttäuscht war die Helferin, denn das Kind *„richtete nur zweimal in der Woche Zeit ein für die Nachhilfe"* (S.10). Auch diese Defizit-Rhetorik verwies auf eine implizite Metaphorik: Hilfe ist Nachhilfe (s.u.).

4. Anti-Defizit: Die Metaphorik der familiären Versorgung

Ein Gegenkonzept gegen die so wahrgenommenen Defizite war *„gut ... aufgehoben"* zu sein (S.4), ein *„behütetes Leben zu führen"* (S.11), und *„gut versorgt"* zu sein (S.2,14) und nicht wie das Kind ohne regelmäßige Mahlzeiten zu sein, sowie *„Aufsicht"* (S.4,5), die nach Auffassung der Helferin fehlte, obschon sie der Meinung war, daß das Mädchen mit seiner Freiheit erstaunlich gut zurechtkam (S.4,6,15). Das Gegenbild zur jetzigen Situation faßte die Helferin in dem Satz zusammen: *„Wenn sie in eine gute Familie käme, gut beaufsichtigt wäre, regelmäßig gegessen hätte, würde vielleicht ihr Leben anders aussehen"* (S.4). Die Helferin, soviel wurde deutlich, war an dem Leitbild einer intakten Familie orientiert. Da sie von sich sagen konnte, *„ich habe meinen Mann, ich habe meine Kinder"* (S.8) stand die zu betreuende Familie in völligem Gegensatz zu ihrer eigenen Lebensrealität; als ehemalige Lehrerin lag ihr das Wort von der ‚Aufsicht' nicht fern.

Jenseits dieser familiären Vorstellungen bewältigte das Mädchen selbstbestimmt und erwachsen ihr Leben: *„also wie die damit umgeht, finde ich bewundernswert"* (S.6), *„Sie bewältigt das aber, indem sie also einen großen Freundeskreis hat"* (S.4), *„sie ist noch so sensibel und so feinfühlig, und so korrekt, und so, wie sie ihr Leben bewältigt mit all den Freunden"* (S.15). Einigermaßen irritiert zeigte sich die Helferin bei der Formulierung, die Kinder *„teilen ihre Zeit einfach alleine ein"* (S.11). Das Mädchen ließ sich nicht in die Familie der Helferin einbinden: *„dann ißt sie mit, und das findet sie schön, aber mehr nicht. Das reicht ihr dann, die hat dann ihre kleine Freundin in ihrem Alter, sie hat mich nie in irgendeiner Form als Mutterersatz gesehen"* (S.8). Auch daß sie das Mädchen zu sich am Nikolaustag einlud, um ihm ein Geschenk zu machen, änderte nichts an der Distanz des Mädchens (S.1). Dieser vom Familienbild der Helferin geprägte Versuch, dem Mädchen näher zu kommen, gelang nicht; seine Selbständigkeit spielte bei der Arbeitsplanung der Helferin keine Rolle.

Diese Einzelfallhilfe war ein ‚Auftrag' der Sozialbehörde an die Helferin, *„für das Mädchen da zu sein, weil sie schwach war"* (S.6). Daß die Helferin, wie erwähnt, dieses in die eigene Familie zu integrieren suchte, ergab sich aus ihrer Auffassung des Auftrags der Sozialarbeiterin, *„irgendwo so das ein kleines bißchen zu ersetzen, was ... das Kind zuhause ... nicht hat"* (S.8), also familienergänzende Funktionen wahrzunehmen. Der zweite Teil des Auftrags bestand darin, *„daß sie [die Mutter] irgendwo ein Ventil hat"* (S.7), *„weil sie oft also ins Amt geht, und erzählt, also daß die Sozialarbeiterin das Gefühl hat, sie muß irgendjemand haben"* (S.8). Die Abschiebung des Zuhörens von der Sozialarbeiterin auf die Helferin, wobei diese Zuhören und Erzählen als ‚Ventil' und bloßes ‚da-sein' disqualifizierte, begünstigte ihre Auffassung der defizitären familiären Versorgung.

5. Einzelfallhilfe als Nachhilfe

Schwierigkeiten ergaben sich daraus, daß die Helferin den Auftrag, dem Kind etwas zu ersetzen, und der Mutter etwas zuzuhören, im wesentlichen als Schulaufgabenhilfe konzeptualisierte. Die anderen Ansprüche der Familie erlebte sie als Vereinnahmung und aufsaugend: *„aber es ging eigentlich mehr um die schulische Unterstützung für das Mädchen ..., und man wird trotzdem einfach so von der Familie aufgesaugt"* (S.9). Es befremdete sie, daß die Mutter sie *„absolut und voll in ihr Vertrauen hineingezogen hat"* (S.7, zweimal). Zu dieser Enttäuschung kam es auch deswegen, weil sie mit dem Setting der Einzelfallhilfe nicht viel anfangen mochte: *„ich suchte eigentlich diese Stelle als Einzelfallhelfer nicht, sondern einfach eine Nachhilfe"* (S.9). So formulierte sie den Auftrag auch um. In ihren Erwartungen war sie auf den schulischen Erfolg ihrer Bemühungen ausgerichtet, wie sie an der Erzählung und Metaphorik einer Nachhilfe deutlich machte. Es ging um einen Jungen, der *„ kam pünktlich, hat fleißig geübt, ging weg, immer dreimal in der Woche, ... drei Jahre lang ... als er eine Drei hatte und seinen Abschluß in Deutsch und Mathematik hatte, war damit auch meine Arbeit beendet ... Ich sah Ergebnisse von meiner Arbeit ... und so habe ich mir das auch vorgestellt mit diesem kleinen Mädchen. Daß wir üben und daß sie in der Schule stabiler würde"* (S.10). Diesen Erfolg verwehrte ihr das Mädchen. Die Helferin ging von der Theorie aus, daß die Persönlichkeitsentwicklung von der Leistung in der Schule abhängig sei: *„sobald die Leistungen besser sind, fallen natürlich auch viele ... negative Verhaltensweisen weg, weil man sich nicht immer dann dadurch profilieren muß"* (S.10). Die Helferin war vor ihrer Ehe Lehrerin, was diese Metaphorik des Leistungsdenkens biografisch verständlich machte. Die Arbeit strukturierte sich deswegen weitgehend als (schwierige) Nachhilfe: *„ich bin also in erster Linie für Nachhilfe zuständig"* (S.2, zweimal). Sie richtete sich nach dem schulischen Erfolg: *„Sie arbeitet nicht immer gut mit, ... sie hat gut gearbeitet ... aus diesem Grund ging die Stunde, also was vom Lernen her ging, ganz gut"* (S.2). Sie löste Konflikte in autoritärer Weise: *„Sie versucht dann immer wieder die Stunde von sich aus abzubrechen, dann erzwinge ich noch fünf oder zehn Minuten, damit sie erlebt, daß ich entscheide"* (S.2). Statt für das Kind ‚da zu sein', formulierte sie: *„ich stelle auch gar keine Ansprüche an sie außer daß sie ein bißchen mitübt"* (S.8).

Ebenso schwierig war der andere Teil des Auftrags, als Gesprächspartner der Mutter zur Verfügung zu stehen: *„das war für mich damals schwierig, weil ich das schlecht kann. Ich kann mich nicht hinsetzen ... und nun ja, und nun werden wir miteinander. Und insofern, ... ich habe einfach gar nichts gemacht, und ich habe einfach die Mutter kommen lassen"* (S.6). Der von der Helferin gelegte Schwerpunkt kollidierte mit den andersartigen Problemen der Familie.

6. Auflösung

Die Sozialarbeiterin vereinbarte bei der drohenden Zuspitzung der Lage der Mutter mit der Familie, die Kinder in ein Heim zu bringen, was von allen Beteiligten akzeptiert wurde; die Helferin war davon überrascht, sie war auch nicht einbezogen worden. Mit ihrer Zentrierung auf Schulaufgaben und Nachhilfe traf sie nicht die Probleme des Kindes und der Mutter, sie konnte auch keine entsprechende Arbeitsbeziehung herstellen; ihre Wahrnehmung von häuslichen Defiziten ließ bei dem Kind die Förderung der sozialen Kompetenz und die emotionale Bewältigung der häuslichen Situation nicht zu. Ursache mag auch der wenig präzisierte Auftrag der Sozialarbeiterin gewesen sein, die diffuse Struktur der Familie wurde mit dem diffusen Auftrag der Einzelfallhilfe nicht aufgefangen. Weitere Metaphoriken waren für das Verstehen dieser Dynamik nicht wesentlich relevant[13].

3.7. Interview 6: Da tappe ich im Dunkeln

Zusammenfassung

Der Einzelfallhelfer betreute in einer Familie zwei Jungen, 10 und 13 Jahre alt; der jüngere besuchte eine Sonderschule, dem älteren drohte die Versetzung dahin. Beide fielen neben den Schulschwierigkeiten durch ihre soziale Isolation auf und verletzten sich bei Streitigkeiten untereinander heftig; der jüngere kotete ein.

Die Familie hielt sich selbst für gut und die Außenwelt für böse, sie hatte sich hinter einem ‚Schutzpanzer' aus Bedrohungsgefühlen organisiert. Militärische und aggressive Phantasien war den entwicklungsverzögerten Kindern wie dem Vater eigen und frustrierte den Helfer, der mit Worten Einsicht erzielen wollte. Er fühlte sich von der Weltdeutung und den sehr verletzend empfundenen ‚Lügen' der Familie zum Narren gehalten. In den schulischen Belangen imponierte eine Defizit-Metaphorik. In seinen eigenen Arbeitsstrukturen hatte er sich am Bild des Lehrers orientiert, der Wissen durch Arbeit am Stoff vermittelt, ein Konzept und sein Pensum hat. Er war bestrebt, sich nicht in die Familie hineinziehen zu lassen, und erlebte die Distanz zwischen dem Selbstbild, ‚nett' sein zu wollen, und tatsächlichem strengem Kontrollieren als Spannung.

Metaphern im Kontext

1. Die Sicht des Einzelfallhelfers auf Familie und Kinder

Die Probleme ließen sich aus der Sicht des Helfers in drei Metaphernfelder gliedern: Die ‚Familie im Schutzpanzer', das ‚Defizit der Leistungen' und ‚Aggressivität'.

1a. Der Schutzpanzer und das Lügen-Chaos

Eine der Ausgangsbedingungen der Arbeit ließ sich nach dem Bild des ‚Schutzpanzers' vorstellen: Nach Ansicht des Helfers hielt die Familie die Außenwelt für ‚böse' und wehrte äußere Einflüsse ab: *„Also uns kann keiner was. Die sollen bloß kommen, ... wir schmettern alles ab"* (S.6). Der Einzelfallhelfer vermutete, daß aufgrund verschiedener Interventionen der Sozialbürokratie *„die Eltern so die Jungs gegen die böse Außenwelt ... immer schützen wollen ... daß sich die Familie so ein Schutzpanzer zugelegt hat im Laufe der Jahre"* (S.6). Der Helfer wußte, daß dies für beide Kinder die dritte Schule war; die Sozialarbeiterin wimmelte ihn ab, als er nach weiteren Eingriffen der Familienfürsorge fragte. Für den Fall, daß auch die Einzelfallhilfe als Maßnahme nicht glücken würde, befürchtete der Helfer, *„daß sich die Eltern völlig zurückziehen, sich noch mehr von der*

---

[13] Das Reden war nicht die wichtigste Erfahrungsweise der Helferin (im Gegensatz zur Mutter), ihre eigene Wahrnehmung richtete sich vor allem am Sehen aus: *„wie ich das sehen kann"* (S.2,4,11), *„ich kann mir nicht vorstellen"* (S.2,11) oder *„mit diesem Hintergrund ist es schwierig für das Kind"* (S.3,6). Probleme wurden als körperliche niederdrückende Last und als Hindernis auf einem (Lebens-)Weg gesehen: *„daß man das erzählt, was einem belastet"* (S.2), *„die ganze Niedergeschlagenheit der Mutter"* (S.3), *„das sind Hindernisse für ein Kind"* (S.4). Erzählen konnte im Kontext dieser Last-Metaphorik nicht als ‚Austausch', sondern nur als ‚Abladen' konzipiert werden: *„einfach alles bei den Leuten abladen"* (S.9).

Schule oder anderen Institutionen abschotten und glauben würden, unsere Jungs sind schon ganz in Ordnung, nur die anderen spinnen" (S.7). Aufgrund dieser *„Art und Weise, wie die Familie zusammenklebt und gegen die Außenwelt zusammenhält"* (S.12) befürchtete er, in die Freund-Feind-Weltsicht der Familie hineingezogen zu werden. Auch als er die Mutter auf den Körpergeruch der Kinder ansprach, erlebte er nur Ausreden und resümierte, *„daß sich die Eltern .. um vieles herumreden und herausreden. ... Da ist eben so eine Abwehrhaltung, ... dieser Panzer eigentlich: Wir sind eine ganz tolle Familie, und wir sind in Ordnung, uns kann keiner was, laß die mal bloß kommen"* (S.24).

Den Helfer belastete die Dichotomie zwischen großartiger Selbstdarstellung der Familie und ihrer sozialen Realität; besonders der Vater fiel ihm dabei auf. Nachdem ihm der Einzelfallhelfer mitgeteilt hatte, daß die Schulleitung darauf warte, daß die Kinder beim Jugendpsychiatrischen Dienst für eine Therapie vorgestellt würden, weil sonst die Schule selbst etwas unternähme, hatte der Vater *„sich da ziemlich ... aufgeblasen"* (S. 5) und angekündigt, *„die Rektorin könnte sich jetzt schon mal nach einer anderen Stelle umsehen"*. Das Aushalten dieser Aufwallung kostete den Helfer viel Kraft, er vermutete, *„der Mann überschätzt sich zunächst mal ..., daß der sich halt so zu Hause aufbläst, aber wenn er vor der Rektorin sitzt, dann klein beigibt"* (S.7)... *„Die Eltern tun zwar so, als hätten sie alles in der Hand, aber es ist eigentlich nicht so"* (S.21). Als Beispiel nannte der Helfer, daß die Wohnung in einem sehr unreinlichen Zustand war, der auch dadurch verursacht wurde, daß die vier Katzen und die zwei Hunde nicht stubenrein waren. Bei einem unangekündigten Besuch *„sah die Wohnung noch ein Stück chaotischer aus"* (S.22). Die Büchersammlung des Vaters zu seinem Lieblingsthema Weltkrieg II und sein Versuch, über Fragen dazu den Helfer zu beeindrucken, brachten letzteren zur Auffassung, *„daß die Eltern irgendwelche Minderwertigkeitsgefühle dadurch versuchen zu verdrängen, vertuschen"* (S.23), sie hätten *„nicht alles im Griff"* (S.21, 23). Dies zeigte sich insbesondere in der Erziehungssituation, denn die Großeltern redeten in die Aufgaben der Eltern hinein, *„insofern ist das doch eine in gewissen Sinn chaotische Erziehung ... Es ist ... ein Erziehungs-Wischiwaschi"*, *„eine Verstrickung in der Familie"* (S.21, ebenso S.22). Die Kinder pendelten zwischen Eltern und Großeltern je nach Laune. Er traute den Eltern nicht zu, sich adäquat um die Kinder zu kümmern; beide waren berufstätig.

Die erwähnte Differenz zwischen den verbalen Äußerungen und den realen Tatsachen zeigte sich auch bei den Kindern; so fabulierte der ältere die Namen von Panzern und Bombern bei der Betrachtung eines Bildbandes - diese Namensgebung der Kriegsgeräte *„stimmte objektiv gar nicht, also da stand unter dem jeweiligen Photo dann ganz was anderes"* (S.3). Auch der Kleinere erzählte nach einer Klassenreise davon, wie er mit einem Spielzeugauto durch eine Glasscheibe gefahren sei, oder von körperlich kräftigeren Kindern, die er *„verkloppt"*: *„also Sachen, die objektiv gar nicht stimmen"* (S.4). Die Kinder konstruierten die ihnen zusagende Wirklichkeit; sie erfanden dringende Besorgungen, drückten sich vor Schulaufgaben oder erzählten, daß sie keine Hausaufgaben hätten: *„die haben mich regelrecht angelogen"* (S.9). Dieses frustrierte den Helfer sehr, er wiederholte: *„es stellte sich halt später heraus, daß das glattweg gelogen war, das stimmte überhaupt also nicht ... daß die mich halt einfach angeschwindelt haben"* (S.10). Besonders fiel die wiederholte Betonung auf, daß dies ‚objektiv' nicht stimme: Der Helfer markierte deutlich seine Auffassung, gegenüber der Vorstellungswelt der Familie auf der „wahren" Seite zu sein. So kam in seinem Kontakt mit den Kindern wie mit den Eltern und deren realer wie vorgestellter Welt das Gefühl auf, daß sie ihn *„zum Narren halten wollen"* (S.8,9). Ähnliches befürchtete er bei der Mutter, sie hätte ihn *„wirklich dreist angelogen"*

(S.23) und entgegen ihrer Aussage noch gar keinen Termin bei dem JPD zur Einleitung einer Therapie vereinbart, weil er bei einem Anruf zur Kontrolle noch nichts beim JPD davon hörte. Er begann die Kinder über Mitteilungshefte der Lehrer u.ä. zu kontrollieren und wollte ihnen zeigen, *„daß ich nicht deren Popanz bin, deren Hampelmann bin, daß ich nicht nur das mache, was sie wollen"* (S.10) ... *„ oder aber die Marionette der Eltern werden, daß die mir nun hundertprozentig vorschreiben, was ich machen soll"* (S.12): Er bestand auf seiner eigenen und ‚objektiven' Sicht und Herangehensweise.

1b. Die Defizite

Weitere Probleme waren für den Helfer mangelnde Fähigkeiten der Familie in vielen Bereichen; er drückte dies in Wendungen einer Defizit-Rhetorik aus[14]: *„Lese-Rechtschreibstörungen ... also er hat extrem schlecht gelesen"* (S.2). Die Kinder stritten sich nicht nur, der Große fügte dem Kleineren einige Bißwunden zu, also *„ist mit dem Großen auch was nicht in Ordnung"* (S.17). Der Kleinere hatte anderthalb Jahre lang in der Grundschule *„überhaupt nicht gesprochen"* (S.21). Bei dem Pendeln der Kinder zwischen Eltern und Großeltern glaubte der Helfer, *„daß die Erziehungskompetenzen gar nicht klar gegeben"* (S.21) waren, und daß die *„Eltern an sich auch nicht in der Lage wären, ... sich adäquat um ihre Kinder zu kümmern"* (S.22). Er schilderte auch den Umgang mit den Tieren in der Metaphorik des Defizits: Es *„hatte einer der Hunde da im Flur hingepinkelt, also schaffen die es anscheinend noch nicht mal richtig, den Hund so hinzukriegen, daß er sich bemerkbar macht, wenn er runter will"* (S.22). Sein Fazit über die Familie lautete, daß sie lebt, *„ohne daß da sich offensichtlich Gedanken mal gemacht werden über die wirkliche Lage der Familie"* (S.24).

1c. Aggressive Phantasien

Der dritte Bereich von Auffälligkeiten nach der prahlenden Haltung der Familie und den Defiziten in Leistung und Verhalten war ‚*das Zeigen aggressiver Symptome'*. Auffällig war die substantivierende und distanzierende Redeweise, so sprach er beim Älteren davon, *„daß gewisse aggressive Phantasien, oder so Vorstellungen da sind, also der schwärmt quasi immer sehr vom zweiten Weltkrieg"* (S.3). Aber der Jüngere *„zeigt auch sehr aggressive Phantasien"* (S.4) der oben erwähnten Art, indem er davon erzählte, wieviele er noch ‚verkloppen' will. *„Die Aggressivität, die zwischen den Jungs herrscht"* (S.16), existierte nicht nur verbal, sie verletzten sich erheblich (schlecht abheilende Bißwunden), und der Helfer sorgte sich, *„inwiefern die Aggressivität noch weiter geht"* (S.16). Durch die Substantivierung der ‚*Aggressivität'* gewann diese im letzten Zitat eine eigenständige, handelnde Rolle.[15] Der Vater war ein stolzer Sammler von Militaria, und er versuchte dem Helfer zu imponieren; die beiden Jungen schwärmten in entsprechenden Spielen von *‚unseren Soldaten'* und lehnten Angebote des Helfers, die Kehrseite des Krieges zu sehen, ab.

2. Die Metaphorik des Weges: Festgefahren

Der Helfer stellte die Situation als Wegstelle dar: Festgefahren und kein Weiterkommen. Bei der Sozialarbeiterin war er mit seinen Fragen nach der Geschichte der Familie *„nicht*

---

[14] Die Defizit-Rhetorik umfaßt auch die Metaphern ‚nicht im Griff haben', ‚stimmt objektiv nicht' und alle Wendungen, die mit Verneinungen verbunden sind; ähnlich wie im Kap. 3.6. sind aus der Defizit-Rhetorik die jeweils gegenteiligen Bilder und Themen zu erschließen.

[15] Zur Erklärung dieser Metaphorik der Personifizierung vgl. 2.4.6.1.5.

viel weitergekommen", so daß *„ich ... im Dunkeln tappe"* (S.6). Die schon erwähnte Aktivität der Schule, selbst für eine Therapie für die Kinder zu sorgen, war *„auch eine ziemlich kritische Stelle für meine Arbeit"* (S.8). Er meinte, daß die Situation der Familie *„schon ziemlich festgefahren"* (S.25) war, und formulierte die Erfahrung: *„da kommt man mit Argumenten und praktischen Ratschlägen oft nicht weiter"* (S.25). Teilbereiche wie das Lesenlernen gelangen und wurden auch in der Wegmetaphorik formuliert: *„im Großen und Ganzen läuft das auch ganz gut so"* (S.12). Sein Bemühen, für die Kinder *„eine Therapie in Gang zu kriegen"* (S.4), zeigte Hoffnungen, die nach der gleichen Metapher funktionierten: *„da wird was in Gang gesetzt, mit so einer Therapie"* (S.8).

3. Metaphern der Hilfe I: Besorgen und machen

Zu den Arbeitsbedingungen gehörte, daß das Bezirksamt die Arbeit weder mit Informationen noch mit einem klaren Auftrag unterstützte. Er formulierte dies in der Metaphorik des (Nicht-)Gebens und Nehmens (klauben, besorgen) und sprach davon, daß er *„keinen klaren Auftrag vom Bezirksamt bekommen"* habe. *„Die Information über die Jungs ... waren spärlich ... versucht, noch mehr Informationen zu besorgen ... das einzige Ausführlichere, was ich dann noch bekommen hatte"* (alles S.2), war, daß es sich um zwei Jungen mit Lese-Rechtschreibschwäche handeln würde, und den Bericht einer Helferin, die für ein halbes Jahr in der Familie war. Sein Fazit drückte diese defizitäre Situation aus: *„ich mußte mir also selber zusammenklauben, was ich mache"* (S.2). Er versuchte durch einfache Tests den Leistungsstand der Kinder herauszubekommen, ließ sich beim schulpsychologischen Dienst beraten, und hatte sich dort *„Material geben lassen"* (S.2). Den Schwerpunkt seiner Arbeit setzte er sich selbst: Schulaufgaben und Freizeitaktivitäten; nach dem genannten ‚Nicht-weiter-kommen' und der mangelnden Unterstützung durch das Bezirksamt dominierte die Metaphorik selbständigen Machens: *„ich mache mit denen einzeln etwas, weil die beiden sind eigentlich doch zu verschieden, als daß man sinnvoll was mit denen zusammen machen könnte"* (S.1). Er nutzte das Material des schulpsychologischen Dienstes, *„das ich ... mit den Jungs bearbeite"* (S.2). Auch Freizeit wurde ‚gemacht', so erwähnte er, *„daß zum Beispiel ich auch nach Bedarf mal Ausflüge mit den Jungs mache, also ich will es auf jeden Fall in den Ferien so machen, daß ich da für die Schule eigentlich nichts mache, sondern auch mit den Kindern mal rausgehe"* (S.2f.).

4. Metaphern der Hilfe II: Klarheit in das Dunkle bringen

Die Metapher, daß *„ich ... teilweise jedenfalls im Dunkeln tappe"* (S.6), verwies auf die Visualisierung kognitiver Vorgänge; er hatte *„auch nicht so den Durchblick"*, was die Ursachen des Verhaltens der Kinder sein könnte (S.17). Orientierung gelang ihm nach dem Muster des Sehens: Er hatte *„zunächst mal Beobachtungen gemacht"* (S.18) und *„zuerst ein bißchen geguckt, getestet, was ist denn da eigentlich ... also Lese-Rechtschreibstörungen, klar, das ist ganz offensichtlich gewesen"* (S.2). Ferner war das Einkoten *„so das massivste Symptom, was man so sehen kann"* (S.4). Er visualisierte auch die Zukunft; ein *„wünschenswertes Ziel, also ein Wunschbild"* von ihm war (S.17), die Aggression zwischen den Kindern zu beheben. Diese Wichtigkeit der visuellen Metaphorik erklärte auch eine Herangehensweise des Helfers: Er wollte erreichen, daß es *„den Kindern auch klar sein"* (S.10) sollte, daß sie ihn nicht beschwindeln. Er verlangte Klarheit auch von sich; so bedauerte er, daß er *„leider nicht ganz klar gesagt"* hatte, daß er nicht geduzt werden mochte (S.11). Aus der Überschneidung der Metaphorik des *„Machens"* (s.o.) und dieser Visualisierung kognitiver Vorgänge ergab sich die Redeweise vom ‚Klar machen' für die Vermittlung von Einsicht. Zusammen mit der Lehrerin hatte er, *„den Eltern erstmal klar* *gemacht..., welche Probleme"* existierten (S.4). Er hoffte darauf, daß die Rektorin dem Vater *„klar machen"* (S.7, zweimal) würde, daß der Junge eine zusätzliche Therapie brauche. Sich selbst hatte er vor zu großen Erwartungen geschützt, indem er *„den Lehrern klipp und klar gesagt"* (S.15) hatte, daß Verbesserungen so schnell nicht zu erwarten waren. Die Metaphorik des *,Klar machens'* als Vermittlung von Einsicht implizierte ein Gefälle zwischen dem, der Einsicht hat, und den Noch-nicht- oder Uneinsichtigen; dieses Bild betonte einen autoritären Umgang von Helfenden und Klienten (,highlighting'); ein partnerschaftliches Umgehen miteinander, in welchem der Helfer auf die Strukturen der Familie einging, war damit nicht zu denken (,hiding').

5. Metaphern der Hilfe III: Das Schul-Amt
Eine weitere Orientierung des Helfens neben der Intervention des *,Klar-machens'* ergab sich daraus, daß der Helfer sein *„normales Programm"* (S.1) machen wollte. Er hatte sich die Arbeit *„so eingerichtet, daß ich ein bis zwei Stunden pro Kind und Tag dann mache"* (S.1) und nahm sich *„für jeden Tag ein bestimmtes Pensum vor"* (S.9). Seine Arbeit strukturierte er mit einem zu ,Programm' und ,Pensum' verwandten Bild: So bedauerte er, kein *„Konzept"* (S.7) für den Fall zu haben, daß das Gespräch der Rektorin mit dem Vater ohne Erfolg enden würde. Die so begriffene Einzelfallhilfe ,lief' dann nach ,Regeln' ,ab': *„So läuft es auch regelmäßig ... bei meinem regelmäßigen Vorgehen"* (S.9). ,Schule' war die generelle Metapher seiner Herangehensweisen, welche die hier genannten Bilder *,Programm'*, *,Pensum'* und *,Konzept'* umfaßt.

Viele Formulierungen ließen sich als ,administrativ-pragmatische Metaphorik' verstehen; bürokratische Handlungsabläufe lagen dem Helfer zur Strukturierung der sozialen Komplexität nahe. Die administrative Maßnahme bestand aus mehreren Teilen:
a) Als erstes kam eine ,Feststellung des Handlungsbedarfs' durch Sammlung von Vorgängen, die ,nicht in Ordnung' waren mit anschließendem Erwerb von Sachkunde: So war *„mit dem Großen also auch was nicht in Ordnung"* (S.17) und bei dem Kleinen war *„eine sehr auffällige Sache in seiner Vergangenheit"* (S.21); ferner waren *„die Erziehungskompetenzen gar nicht klar gegeben"* (S.21). Um die genaueren Defizite zu klären, hatte er sich *„zu dieser Frage auch noch einmal mit dem Schulpsychologen auseinandergesetzt"* (S.2). Er mußte sich *„auch erst sachkundig machen, wer da jetzt für eine Therapie überhaupt in Frage käme"* (S.13) und hatte beim JPD *„den Sachverhalt geschildert"* (S.13), um dann genauere Hilfen zu bekommen.
b) Darauf folgten Maßnahmen und Einflußnahmen:
Der Helfer und die Lehrerin hatten den Eltern *„nahegelegt"*, eine Therapie der Kinder zu bejahen (S.4), und er war *„mit der Lehrerin so verblieben"* (S.5). *„Es gab da anscheinend schon verschiedene andere Maßnahmen ... mit dieser Therapie, die da von der Schule eingeleitet werden sollte"* (S.6). Mit der Lehrerin war *„schon so abgesprochen"* (S.7), daß sich die Schule mit weiteren Maßnahmen zurückhielt, bis die Eltern die Therapie von sich aus in Gang gebracht hatten. *„Elterngespräche finden dann von Zeit zu Zeit statt"* (S.1), auch die Einschränkung der Hilfe zugunsten einer Therapie formuliert er ,administrativ': *„ich würde die Einzelfallhilfe auch zurückstellen zugunsten einer Therapie"* (S.8).
c) Feststellungen und Resultate zeigten sich im Nachhinein:
Die Formeln administrativen Erkenntnisgewinns und die Feststellung der *,Sachverhalte'* begleiteten auch die Erfahrung von Veränderungen. So hatte sich *„in der Zwischenzeit allerdings herausgestellt"* (S.5), daß die Schule mehr Druck in Richtung einer Therapie der

Kinder ausübte s.o.); auch war es „der Fall gewesen" [16](S. 13), daß er ohne Wissen der Eltern sich um Therapiemöglichkeiten kümmerte. Er fand „es auch in Ordnung" (S.11), wenn er mit den Kindern spielt. Die „Mutter sagte, daß der Kleine jetzt schon Fortschritte im Lesen gemacht hat, das stelle ich also auch fest" (S.12). Für ihn sollte sich an den Kindern „die Qualität der Arbeit zeigen" (S.13).

Soweit das ‚administrativ-pragmatische' Herangehen; diese Grundhaltung war einem anderen institutionellen Verhältnis, dem Lehrer-Schüler-Verhältnis, sehr ähnlich: Dies war die zweite wichtige Wurzelmetapher für die Einzelfallhilfe; so hatte der Helfer „versucht, ein bißchen strenger aufzutreten" (S.9) und das Lügen „nicht durchgehen lassen" (S.10); auch war er „dazu übergegangen, doch mehr so eine Kontrollfunktion auch auszuüben" (S.10). Seine Erwartung war die eines Lehrers: „Da müßte erstmal doch die Ehrlichkeit da sein, das halt diese Schwindelei nicht da ist, daß ich nicht mehr so zu kontrollieren brauche" (S.10), und sein Ethos davon abgeleitet: „Ich kann höchstens versuchen, Vorbild zu sein" (S.16). Er war „ursprünglich nur davon ausgegangen, das ist Nachhilfeunterricht", und hatte alles auf „die Schulleistungen konzentriert" (S.19). Die Überschneidung des pragmatisch-administrativen Bildfelds und dem des schulisch-pädagogischen Handelns zeigte sich in dem oben genannten Bildfeld: ‚Konzept' (Pensum, Programm, regelmäßiges Vorgehen); diese Metaphern waren beiden Handlungsfeldern zuzurechnen. Der Helfer versuchte eine klare Abgrenzung zur Schule zu ziehen; er formulierte dies allerdings in Metaphern des Wettkampfs, die im Kontext Schule geläufig sind: ‚aufholen', ‚Ziel', ‚Schritt halten', ‚Rückstand'. Er versuchte „nicht, mit der Schule wettzueifern" (S.14), sondern „alte Rückstände aufzuarbeiten" (S.14); beides, „einerseits alte Rückstände aufzuholen, andererseits mit der Schule Schritt zu halten" (S.14) war ihm nicht möglich. Er hatte sich „von vorneherein dieses Ziel nicht gesteckt ... ich mache langsam, so weit ich komme ... versuche gar nicht erst, ... aus den Jungs gute Schüler zu machen" (alles S.14). Eine „Verbesserung der Noten kann ich nicht garantieren und ist auch nicht mein unbedingtes Ziel" (S.15).

6. Grenzen der Arbeit

Er versuchte nicht, „herumzudoktern an solchen Symptomen" (S.17); Therapie sah er mit dieser Metapher als quasi-ärztliche Tätigkeit, und konzipierte sie als Tun jenseits eigener Grenzen: „da sind so viele Symptome, damit kann ich eigentlich auch nicht richtig umgehen" (S.17), so daß „ich das lieber in meiner Arbeit beiseite stelle und dann sage: Ich kann das nicht, es muß eigentlich eine Therapie für den Jungen" (S.17) sein. Er sah seine „Tätigkeit halt auch begrenzt. Ich würde mich schon sehr freuen, wenn das klappen würde mit der Therapie" (S.23); und stellte seine schulisch orientierte Einzelfallhilfe in Frage: Es „wären die Jungs sicherlich beim Therapeuten besser aufgehoben als beim Einzelfallhelfer" (S.17).

Die damit angedeutete resignative Haltung und Eingrenzung der eigenen Möglichkeiten kehrte wieder im Bild vom „vorletzten Glied der Kette", der Zwischenposition zwischen Amt und Familie: „man ist so ein Zwischenglied zwischen Amt, daß sich ja nun auch wieder aufgliedert in verschiedene Institutionen und Personen, und der Familie andererseits

---

[16] Auf dem Hintergrund administrativ-pragmatischen Herangehens konnte auch der extensive Gebrauch des Wortes ‚Fälle' verstanden werden: „es sind drei Fälle gleichzeitig" (S.8), „ich habe noch einen Fall zur Zeit zu laufen" (S.9), „es ist nicht nur mit den Fällen, auch in anderen Fällen mir öfter passiert" (S.10, S.14; S. 15 zweimal, S. 18, S. 19 dreimal, S.21).

... Also ich bin mir manchmal schon so vorgekommen wie das vorletzte Glied der Kette, das letzte sind dann vielleicht die Kinder" (S.13). Der Helfer sah sich wiederholt *„als vorletztes Glied der Kette"* (S.20) - diese Metapher der bürokratischen Hierarchie verdeutlichte ein Interaktionsproblem zwischen Familie und Helfer: Ihr Abwehren nach außen und das innere, hineinziehende Chaos zwang den Helfer zu einer neutralen, ‚amtlichen' Beziehung, die sich auf die von der Familie gegebene Innen-Außen-Dichotomie einließ: Er lehnte es ab, *„zu persönlich da in die Familie hineinzugehen"* (S.8), und seine Beziehung zu den Kindern war *„etwas unpersönlich gehalten"* (S.10). Er befürchtete, daß ihn die Eltern *„gern auf ihrer Seite hätten"* (S.13), und wollte sich *„nicht reinziehen lassen"* (S.12), und *„der Vater war schon einmal zum Beispiel nahe dran, mich zu duzen"* (S.11) - *„da bin ich also in persönlichen Dingen doch eher zurückhaltend"* (S.12). Die räumliche Metaphorik von ‚hineinziehens' konstruierte die Familie als unheilvollen Raum mit *„Fängen und Verwicklungen"*, gegen die er seinen *„eigenen Freiraum"* (S.12) setzte, den er in der Arbeit haben wollte.

Eine weitere emotionale Schwierigkeit in der Arbeit zeigte sich in der Spannung zwischen dem biographisch begründeten Selbstkonzept, eigentlich ‚lieb', ‚weich' und ‚nett' sein zu wollen, unter diesen Bedingungen[17] aber streng sein zu müssen: Er wollte *„der Freund der Kinder sein, lieb und nett sein, bin aber eigentlich ein bißchen davon abgekommen"* (S.8). Er war von sich ausgegangen und hatte sich vorgestellt, *„wie ich als Kind war, und ich war ein sehr braver, folgsamer Junge ... und dachte dementsprechend, so müßte das mit den anderen Kindern auch laufen"* (S. 10). Aber so war es *„eine Anstrengung, so streng zu sein ... Ich merke zwischendurch immer wieder, wie ich weich werde oder gerne weich werden würde ... Aber es ist .. wenn man .. mit den Spielen anfängt, .. schwierig, umzuschwenken und dann eines Tages doch Hausaufgaben oder andere Übungen machen zu wollen"* (S.11).

Es zeigte sich, daß die Metaphern der Selbstregulation und der Arbeitsorganisation (besonders institutionelles Regel-Handeln, Klarheit, Schule, Zurückhaltung) jeweils Gegenkonstruktionen zu den Bildern waren, in denen der Helfer die Familie und die Kinder beschrieb (Chaos, bewegt, Defizite, Schutzpanzer).

3.8. Interview 7: Ich habe mich gegen die Familie gestellt

Zusammenfassung
Die Helferin betreute einen siebzehnjährigen Jungen, der seit dem Tod seiner Eltern bei Pflegeeltern lebte. In der Schule war er sehr unmotiviert, stritt mit seinen Pflegeeltern. Sie hatten die Helferin zunächst privat bezahlt, sie dann als Einzelfallhilfe vom Bezirksamt

---

[17] Ein weiteres Bildfeld handelte von unruhigem Geschehen, das ‚ab geht', beunruhigend ‚nach geht', und ‚bewegter Geschichte' im Sinn unguter Erfahrung; damit beschrieb der Helfer die Familie und die von ihr ausgehende Beunruhigung. Die letzte Stunde *„ging ... mit einiger Aufregung ab"* (S.1), *„ das ging eigentlich mehr vom Vater aus, die Aufregung"* (S.5). Die Kinder hatten *„schon eine ziemlich bewegte Geschichte hinter sich"* (S.6,20). Es *„geht mir auch selber ziemlich nach, was wird, wenn es nicht so klappt"* (S.7). Dies war das Gegenteil zum selbstbewußten *„in die Wege leiten"* von Therapie (S.5).

bewilligt bekommen. Daneben unterzog sich der Junge einer analytischen Therapie.

Im Interview dominierten Metaphern der Raumerfahrung und der Bewegung. Damit verband sich eine für die Helferin spezifische Zweiteilung von selbstbestimmter Bewegung gegen die Interessen der Familie und der Erfahrung unsicherer Wege und unklarer Grenzen der Bewegung innerhalb dieses Raums. Im Gegensatz dazu stand der klar abgesteckte und selbstbehauptete Bereich der Therapeutin.

Die Beziehung zur Familie war von einem wachsenden Streit bestimmt. Die Helferin warf den Eltern falsche Vorstellungen über die Behandlung des Jungen vor, sie empfand den Umgang miteinander als ‚Affentheater‘, die Familie nahm sie als zwiespältig, vereinnahmend und abstoßend wahr. Der Junge pendelte ebenfalls zwischen Nähe und Distanz, Auszug aus der Wohnung der Pflegeeltern und Bleiben.

Metaphern im Kontext

1. Metaphorik der Räume und der Bewegung

In vertrauten räumlichen Metaphern, die sehr allgemein und nicht typisch für das vorliegende Interview waren, faßte die Helferin Erfahrungen der Zeit: Sie hatte sich „*im Laufe der Zeit*" (S.1) um WGs für den Jungen gekümmert, dieser hatte „*erst im Lauf der Jahre angefangen*" (S.8), gegen die Pflegeeltern aufzubegehren, nachdem er ein braves Kind gewesen war. Der „*bewilligte Zeitraum war ein Jahr*" (S.16) für diese Hilfe, und die Bewilligung hatte „*lange gedauert*" (S.17). Die Zeit wurde so als Strecke bzw. als mehr oder minder ausgedehnter Raum mit Grenzen empfunden. Innerhalb dieser Verräumlichung nahm die Helferin soziales Verhalten oft in Verben der Bewegung wahr; so, wie z.B. die Hilfe „*regelmäßig ablief*" (S.2), erzählte der Junge zunächst von der Schule, danach machten sie Hausaufgaben.

Die Verwendung räumlicher Metaphern betraf auch Schule und andere Institutionen. Metaphorisch war die Verwendung

- von räumlichen Präpositionen wie ‚in‘, ‚an‘, ‚außer-‘, ‚inner-‘ auch in zusammengesetzten Verben: ‚*raus*fliegen‘,
- von Bezeichnungen für Grenzen des Raums (‚*Rahmen der Einzelfallhilfe*‘) und die Überwindung der Grenzen dieses Raums (‚*runtergehen*‘).

Das Gymnasium war ein (hochgelegener) Raum, von dem sie sagte, „*von mir aus kann er auch runter gehen*" (S.7), bzw. als er unentschuldigt fehlte, suchte sie eine Lösung, „*wie du trotzdem nicht fliegst*" (S.7). Sie begriff Einzelfallhilfe wie Schule und Beruf als Raum und formulierte, daß Verliebtheiten „*innerhalb der Einzelfallhilfe immer ein Problem*" (S.11) sei; sie erfuhr auch von einer Ärztin des Gesundheitsdienstes, die sie um Supervision gebeten hatte, daß ihre Auffassung der Beziehungsgestaltung „*weit über den Rahmen ... einer Einzelfallhilfe hinausginge*" (S.12). Der Junge wie die Helferin hatten, so deutet sich in dieser Übersicht typischer Metaphern an, Schwierigkeiten, sich innerhalb vorgegebener sozialer Räume zu bewegen; sie formulierte dies im Gegensatz zu anderen Helfern, „*die halt nun mal beide Beine in den Ämtern drin*" (S.16) hatten und öfter Fälle angeboten bekamen. Ich komme darauf noch einmal zurück.

2. Schwierige Bewegung

Viele Metaphern der Bewegung drücken eine Unsicherheit, ein ‚Gegeneinanderlaufen‘, heftige Gefühle oder ein Mißlingen aus. Die Pflegeeltern hatten beabsichtigt, daß die Hilfe als Freundschaftsdienst zu geringem Lohn „*läuft, und da habe ich gleich gesagt, nein, so läuft das nicht*" (S.3). Die letzten Wochen vor dem Interview waren für die Helferin anstrengend, weil sie die Hilfe beenden wollte, der Junge jedoch nicht; als Komplikation hatte sich ergeben, daß zwischen ihm und ihr *„eine starke Übertragung läuft"* (S.4). Der Junge fing an zu flirten, es kam zu einem *„Dilemma, dem immer schlechter beizukommen war"* (S.5). Als sie es in der Supervision erzählte, *„kamen so naive Reaktionen"* (S.10), wie die, was es ihr ausmache, wenn der Junge sich in sie verliebe. Sie erfuhr nicht, *„wie ich damit umgehen kann"* bzw. *„wie ich das geschickterweise machen könnte, ohne Gefahr zu laufen"* (alle S.10), die einzige positive Beziehung des Jungen zu gefährden. Von einer Ärztin des Jugendpsychiatrischen Diensts, zu der sie sich *„geflüchtet"* und sich ausgesprochen hatte, *„kam dann die Empfehlung"* (S.11), aufzuhören. Sie fürchtete, daß ihr diese Offenheit schadete, da sie auf die Vergabe weiterer Hilfen vergeblich wartete: *„all die Zeit ist nichts gekommen"* (S.16). Deutlich waren in der Metaphorik unsichere ,Wege', schwierige Beziehungen und unklare Grenzen festzustellen: Ihr Versuch, die ambivalente Beziehung zwischen dem Jungen und seinen Pflegeeltern zu ändern, war ihrer Meinung nach *„aufgrund von zu großer Nähe"* (S.3) zur Familie gescheitert. Sie beklagte, daß in der Einzelfallhilfe *„die Grenzen viel weniger fest und klar"* (S.11) als in einer Therapie sind. Sie litt unter dem *„Problem, wo ich meine Grenzen setze ... gegenüber dieser Familie"* (S.14), und sie erfuhr wenigstens teilweise in der Supervision die Bestärkung *„zu sagen, bis dahin und weiter nicht"* (S.14).

Ein prägnantes Beispiel für klare räumliche Konturierung bot die Therapeutin: *„Sie war einfach sehr darauf bedacht, so ihr Terrain abzustecken"* (S.4). Auch wenn die Helferin für sich reklamierte, der Junge habe zu ihr die tiefere Beziehung (S.4ff.), so deutete sich an, daß sie in der Konkurrenz mit der Therapeutin am Ende ,ausstieg'.

Die Helferin zeigte sich aber auch in selbstbestimmter Bewegung mit all den Metaphern der ,Richtung', des ,Ziels', des ,Herauskommens': So hatte sie sich *„gegen die Familie auch gestellt"* (S. 6) und sie kritisiert; sie hatte *„immer ein Stückchen versucht"* (S.10), die Verliebtheit des Jungen zu klären; und *„das war immer mein Ziel"* (S.13), eine WG für den Jungen zu besorgen und dann *„noch eine Weile die Überleitung zu machen"* (S.13). Die Bemerkung, daß sie auf *„eine psychische Verselbständigung raus will"* (S.14), ebenso wie die Idee, daß der Junge aus der Bindung an sie *„wieder herauskommt auf eine gute Art"* (S.14) deuteten die Wichtigkeit des *„Herauskommens"* als zentralem Bild an. Sie wollte Therapeutin werden und las auch *„einiges in der Richtung"* (S.15).

3. Die Metaphorik des Hin und Her

Die Analyse der Bewegungsmetaphern der anderen Protagonisten im sozialen Feld ergab für die Familie, daß diese einerseits wollte, daß der Junge *„nur ja aus dem Haus kommt"* (S.7), und *„daß er zu Hause auszieht"* (S.12). Die Familie habe *„immer versucht, ihn an mich abzuschieben"* (S.3). Die Helferin befürchtete, daß der Junge *„irgendwohin verfrachtet"* (S.6) worden wäre; ein Internat stand zur Diskussion. Andererseits bestätigte sie der Familie *„diesen sehr vereinnahmenden Griff"* (S. 14); die Pflegemutter hätte gefordert, die Kinder müßten *„sie ins Herz schließen"* (S.8). Sie erlebte die Familie als widersprüchlich. Es ergab sich allerdings eine partielle Identität der Interessen der Familie mit denen der Einzelfallhelferin, die ihn ebenfalls ausziehen lassen wollte. Sie drohte damit, *„so mache ich mit ihm nicht weiter, entweder er zieht aus oder es ändert sich sonst irgendwas"* (S.1).

Die Stellung des Jungen zu dieser Forderung von Helferin und Pflegeeltern war widersprüchlich, er sagte, er wollte ausziehen, und tat nichts in der Richtung: *„er wollte im Prinzip auch ausziehen. Also und will es an sich immer noch, kriegt es aber nicht fertig ... dann hat er nochmal gesagt, er will ausziehen, und er kümmert sich drum, und es war halt wieder nichts"* (S.1). Oder er sucht die enge Beziehung zur Helferin, verliebte sich zwischenzeitlich in sie und zog sich doch wieder auf sich selbst zurück. So bemerkte sie, *„daß er ganz offensichtlich sehr an mir hing ... um sich dann wieder wochenlang völlig zu entziehen"* (S.5). Diese Metaphorik war heterogen und fiel durch ihre entgegengesetzte Bewegungsrichtung auf (zurückziehen vs. hängen an, abschieben vs. vereinnahmen). Die Einzelfallhelferin war diesen Zwiespalt der Familie und des Jungen leid; das Nicht-Weitermachen war ein wiederkehrendes Motiv beendeter bzw. letzter Bewegung: *„so mache ich mit ihm nicht weiter "*(S.1, viermal S. 1).

4. Zugemacht und aufgeschlossen: Der Mensch als Raum

Allgemein vertraut ist die Erfahrung der Person als Raum, sind die Redeweisen der ,aufgeschlossenen' Person und des ,Zu-' und ,Auf-machens': So bescheinigte sie dem Jungen, daß er *„immer wieder ein Stück aufgemacht hat"* (S.5), aber wenn sie ihn auf seine Gefühle ansprach, *„da hat er immer geblockt"* (S.10). Der Therapeutin warf sie vor, daß sie die Stundenreduktion zu seinen Ungunsten und zugunsten der Pflegemutter dem Jungen gegenüber *„nicht sehr offen gemacht"* (S.6) hatte. Die Sozialarbeiterin dagegen empfand sie *„sehr aufgeschlossen, sehr nett"* (S.16). Eine Besonderheit dieses Interviews lag in der Bedeutung der Nase als ,Pforte' der Innen-Außen-Vermittlung von Aggressionen. Der Hintergrund dieser individuellen Bildlichkeit mag die Metapher vom ,Würmer aus der Nase ziehen' sein; sie verdeutlichte die Schwierigkeit des Jungen, ,offen' zu sein. So hatte sie *„seine Wut versucht ihm aus der Nase zu ziehen, und es ist auch so ein kleines bißchen gekommen"* (S.2), auch bei ihrem eigenen Sohn versuchte sie *„seine Aggressionen aus der Nase zu ziehen"* (S.10). Der zu betreuende Junge hatte inzwischen *„die Nase gestrichen voll von Therapie"* (S.12). Der Zusammenhang von Aggressionen und ,aus der Nase ziehen' klärte sich bei einer anderen Redewendung, bei der ,wurmen' für ,ärgern' stand: Es hatte sie *,sehr gewurmt"* (S.13), daß der Auszug des Jungen nicht gelungen war.

Die Metaphorik des Raumes in der Beschreibung einer Person war auch über eine weitere bildliche Verbindung zu finden: Eine unspezifische Möglichkeit, auf einen Körper physikalisch einzuwirken, ist die Ausübung von ,Druck'; Druck kann auch von innen kommen, entsprechende Bilder wären ,Dampfkessel' oder ,Vulkan'. In dieser Metaphorik wird die Erfahrung der körperlichen Kraft als Mittel, auf Gegenstände einzuwirken, in soziale und psychische Interaktionen transponiert. Diese Bildlichkeiten tauchten im Interview auf; wobei der ,emotionale Druck' subjektiv als Panik, Angst oder Last empfunden werden konnte. ,Druck auszuüben' wurde von der Helferin als notwendig, aber auch als zwiespältig erlebt: *„ob ich da durch meinen Druck eher was schlimmer gemacht habe ... ohne Druck hätte er auch nichts gemacht"* (S.13). Gegenüber den Pflegeeltern hatte sie auch auf angemessene Bezahlung *„gedrungen"* (S.3). Sie selbst fühlte sich durch die Annäherung des Jungen *„immer mehr in Bedrängnis"* (S.5). In der Familie waren es die Emotionen, die Druck machten: *„die toben alle wild unterschwellig"* (S.2f.).

Die Bewegungs- und Raummetaphorik legt nahe, daß die Helferin die sozialen und psychischen ,Räume', in denen sich die Protagonisten bewegen, sehr unklar, widersprüchlich, zum Teil auch feindlich erlebte.

5. Durchblick, Liebäugeln und Klischees

Eine eigenständige Wahrnehmungsweise kognitiver Vorgänge beinhaltete die visuelle Metaphorik. Die Redeweise vom ,klar sein' und ,Klären' von Sachverhalten (S.3, 4,12 etc.) wiederholte sich oft; eines ihrer Arbeitsziele war, daß der Junge *„auch was anderes sieht und mitkriegt"* (S.9). Ebenso formulierte sie, daß irgendwann *„nicht mehr zu über-*

sehen war" (S.10), daß der Junge in sie verliebt war. Sie fragte sich, ob ihr die Offenbarung dieser Situation gegenüber der Ärztin *„im Hinblick auf weitere Einzelfallhilfen"* (S.16) geschadet haben könnte. Der (Durch-),Blick' auf den ,(Hinter)-Grund' überträgt die Wahrnehmung von verdeckten Gegenständen auf das Denken von Zusammenhängen und unterschied zwischen dem Eigentlichen und dem Uneigentliche. So war ihr Wille, die Hilfe zu beenden, *„der Hintergrund"* (S.1) für die dann im Interview erzählte Geschichte; von den Pflegeeltern behauptete sie, daß die *„im Grund ... einfach beleidigt"* (S.8) gewesen seien, weil die Pflegekinder nicht dankbar waren, ebenso wären sie *„im Grunde so stockkonservativ'* gewesen (S.8).

Das Sehen diente auch dem Ausdruck von Gefühlen; so stand ,Liebäugeln' für ,gerne tun': *„ich habe früher mal damit geliebäugelt, ... liebäugele auch jetzt"* (S.15) damit, eine Kindertherapieausbildung zu machen. Im Gegensatz zur klaren Sicht und dem ,Liebäugeln' stand das falsche Sehen: Die Adoptiveltern hatten *„die Vorstellung"* (S.3), daß die Hilfe ein Freundschaftsdienst sei, was sie energisch korrigierte; ebenso hatten sie *„die üblichen Klischees im Kopf"* (S.8), und glaubten, eine progressive Familie zu sein. Die Metapher, die Familie sei ein Theater, einte die ,Vorstellungen' vom falschen Sehen: Sie *„spielen ein Affentheater"* (S.8), und das *„Abschminken"* bedeutete eine Korrektur zur Klarheit: *„von ihnen irgendwas zu erwarten, das hatte ich mir abgeschminkt"* (S.5f.). Aber auch den Junge bedachte sie mit dieser Metaphorik, er hätte *„den starken, sorglosen tollen jungen Mann vorführen wollen"* (S.5). Mit der ,klaren Vorstellung' und den ,Klischees' deutete sich die Wichtigkeit visueller Metaphern zur kognitiven und inhaltlichen Organisation der Arbeit an, und das Klären von ,falschen' Sichtweisen mag dann auch der Grund sein, daß sie sich inzwischen mit der Familie völlig zerstritten hatte.

Eine Verbindung von räumlichen und visuellen Metaphorisierungen stellten die Redeweisen von den ,Seiten' einer Sache dar, mit der die Helferin widersprüchliche Sachverhalte räumlich und visuell ordnete. So gab sich der Junge nach den Sommerferien unverändert und deutete *„auf der anderen Seite"* an, es hätte sich etwas verändert (S.5). Er verwirrte sie damit, daß er einerseits Probleme negierend mit ihr flirtete, *„auf der anderen Seite"* wieder problembezogen mit ihr redete (S.5). Als sie ihm den Druck nahm, nicht unbedingt in die Schule zu müssen, hat es ihm *„auf der anderen Seite wieder einen Konflikt gemacht"* (S.7), weil er sich inkonsequent fühlte und die Schule weiter besuchte (ähnlich S.9,12,13,16). Die Ambivalenz des Einerseits-Andererseits, die schon für die Bewegungsmetaphern als ,Hin und Her' galt, lähmte alle Entwicklungsprozesse.

6. Stützen und Entlasten, Kriegen und Bekommen

Weitere für die Hilfe spezifischen Metaphoriken waren untereinander heterogen. ,Stützen' war ein Bild, das für die Beschreibung der Tätigkeit wie für die Selbstbeschreibung der Helferin zutraf. So formulierte sie, daß sie in der Supervision *„keine Unterstützung"* fand (S.12), allerdings eine Freundin hatte, *„die mich gestützt hat auch gegen die Supervision"* (S.14). Von ihrem Nachfolger erwartete sie, daß er den Jungen *„ihn in seinen favorisierteren Fächern stützt"* (S.12). Sie befreite den Jungen vom Druck der Schule, es hatte *„ihn eigentlich auch ziemlich entlastet"* (S.7), daß sie es ihm offen ließ, weiter auf der Schule zu bleiben. Eine zusätzliche ,Last' war, daß der Junge seit dem fünften Lebensjahr *„schwer"* stotterte (ebd).

Auch die Bilder des Gebens und Nehmens spielten sowohl für die Helferin wie für den Klient eine Rolle; so *„kriegt er doch immer wieder ziemlich viel Anregung"* (S.7) in der Schule; und auch sie selbst fand ihre Aufgabe darin, *„daß er auch was anderes mitkriegt"* (S.9). Von der Supervision hatte sie wenig an *„wirklich hilfreichen Reaktionen bekom-*

men. Von der Gruppe hatte ich da wenig, ... da hat mir nie jemand ... einen Rat gegeben"
(S.10). Sie empfand die Ärztin im Notdienst, die weitere Gespräche *"angeboten"* (S.12)
hatte, hilfreich, und formulierte auch andere Beziehungen in Metaphern des Gebens und
Nehmens: Das Mädchen, mit dem der Junge kurz befreundet gewesen war, meinte, eine
Beziehung *"bringt eben nichts"* und trennte sich, während die Helferin befand, daß dies
"ja schon mal was" (S.11) war.

Die Widersprüchlichkeit des Jungen und der Familie, die verlorene Konkurrenz gegen
die Therapeutin und der Kampf mit den Ansichten der Familie beschleunigten die Konsequenz, aufzuhören: Beim zweiten Interview war diese Einzelfallhilfe beendet. In diesem
Interview zu den Zwischenergebnissen der Untersuchung nannte die Helferin als Fehler
,zu geringe Distanz' zu dem Jungen, was für sie auch aus ihrer eigenen Biographie zu begründen war.

3.9. Interview 8: Das kommt bei ihm nicht an

Zusammenfassung
Der Helfer betreute einen zweiundvierzigjährigen Mann, der seit seinem dreiundzwan-
zigsten Lebensjahr, in welchem er mit der Diagnose einer ,Psychose aus dem schizophrenen Formenkreis' erstmalig in einer psychiatrischen Klinik stationär behandelt worden
war, in regelmäßigen Abständen sich immer wieder dort aufnehmen ließ. Zuletzt flüchtete er mit dem Taxi aus seiner Wohnung, in der er es nach eigenen Angaben vor Angst
nicht mehr aushielt, in die Klinik. Um seine Selbständigkeit außerhalb derselben zu fördern, war eine Einzelfallhilfe eingerichtet worden. Der zweite Helfer war ein halbes Jahr
bei diesem Patienten, als das Interview stattfand; der Interviewer und Interpret war Psychologe auf der geschlossenen Aufnahmestation der Klinik und betreute den Patienten.

Es fiel die eine starke Präsenz der Raum- und Bewegungsmetaphorik auf; der Helfer formulierte besonders seine Beziehungsarbeit im Sinne des Aufeinanderzukommens, Aus-
weichens und Erreichens. Er schilderte den Klienten als unbeweglich und ängstlich; weitere Metaphern des Helfers zeichneten ein festhaltendes Verhältnis des Klienten zu anderen Menschen. In der Begegnung ,wich er aus' oder er ,übersah' andere Menschen. Der
Helfer verstand die Hilfe im Sinn der Bewegungsmetaphorik als ,Begleitung' und ,in-Be-
wegung-bringen'. Er orientierte sich visuell, verschaffte sich ,Klarheit' über das ,Pro-
blemfeld' und erfuhr die Begleitung anderer Menschen auf ihrem ,Lebensweg' wurde als
Bereicherung. Für den Helfer war ferner das Durchbrechen verbaler Selbstbehinderung
des Patienten zugunsten realen Tuns wichtig: „Tun Sie einfach, machen Sie".

Metaphern im Kontext
1. Beziehung und Bewegung, Verharren und in Bewegung bringen
In der Antwort auf die erste und unspezifische Interviewfrage, der Einzelfallhelfer möge
den Verlauf der letzten Stunde erzählen, skizzierte dieser gleich die bestimmende Metaphorik: Der Klient habe *"Angst, sich überhaupt raus zu begeben, seine Wohnung zu ver-*
lassen ... enorme Angst, daß er nicht mehr in der Lage ist, alleine aus der Wohnung zu ge-
hen" (S.1). Diese eher buchstäblich als metaphorisch wirkende Redeweise wiederholte
sich. Daß sie ein allgemeines Modell der Beschreibung war, zeigte sich, wenn man sie auf

andere Situationen übertrug. So blieb der Klient auch in der als abstoßend geschilderten Aufnahmestation einer psychiatrischen Klinik *„hängen"* (S.4) und tat wenig dazu, sie wieder zu verlassen. Der Helfer verstand nicht, *„was ihn ... in der Klinik hielt, daß er nicht so sehr drängte, nun also rauszuwollen"* (S.10).

Der zweiundvierzigjährige Patient hatte nach mehr als fünfzehn Aufenthalten in der Klinik auf Antrag derselben einen Einzelfallhelfer zugeordnet bekommen. Nachdem der erste Helfer nach wenigen Monaten aufgegeben hatte, war der Nachfolger bemüht, die Unbeweglichkeit und das tatenlose Verharren in der Wohnung des Patienten zu verändern. Die letzten fünf Aufenthalte kamen zustande, nachdem der vereinsamte Patient lange alleine in der Wohnung blieb, bis er sich von einem Taxi in die Klinik bringen ließ, dort von Angstanfällen berichtete und aufgenommen werden mußte. Das einzige vom Helfer erzählte wörtliche Zitat des Klienten bestätigte die Unbeweglichkeit: *„ich schaffe das nicht, ich kann das nicht, und geht nicht"* (S.3).

‚Es geht nicht' - das Selbstverständnis des Helfers war jedoch von dem Modell ‚Leben ist Bewegung' geprägt, entsprechend hatte er ‚Entwicklung' mit Ziel ‚in Richtung' Selbständigkeit konzipiert. Er versuchte also, den Patienten auf reale wie metaphorische Weise in Bewegung zu bringen, ihm *„einen kleinen Schubs"* zu versetzen (S.2), bis es z.B. gelang, ihn in den Bus zur Arbeitstherapie zu bringen. Wenn es auch noch glückte, daß er ohne Hilfe zurückfuhr, dann war es *„wieder so ein kleiner Schritt in Richtung selbständig sein"* (S.6). Die praktische Tätigkeit war dementsprechend auf Motivation und Hilfe zum Besuch der Arbeitstherapie in der Klinik, zum Einkaufen und zum Spazierengehen ausgerichtet (S.5,6). Der Helfer kodierte auch Konsequenz und Ziel eines solchen Arbeitens räumlich: Er wollte *„mehr Freiraum"* mit dem Patienten erarbeiten (S.1). Das Scheitern anderer Bemühungen, z.B. die des Arztes, beschrieb er in der gleichen Erfahrungsdimension: Medikamente halfen *„nicht weiter"* (S.2). Seine Rückschläge, wenn z.B. der Patient wieder in die Klinik wollte, faßte er etwas milder als *„Ausrutscher"* (S.8) auf. Auch die Selbstbeschreibung vollzog sich in der Metaphorik der körperlichen Bewegung: So mißtraute der Helfer seiner eigenen Rechtfertigung, warum er keine Supervision mache, indem er seine Argumentation als *„Krücke"* (S.13) abwertete.

Die Metaphorik der Unbeweglichkeit des Klienten und die opponierende Bildlichkeit des In-Bewegung-Setzens stützte ein anderes Bild: Der Helfer beschrieb ihn als *„saugend"*, *„abhängig"* und *„festhaltend"* (S.7,8), und bescheinigte ihm ein *„saugendes ... Verhalten"* (S.10). Beim Hausbesuch erlebte der Helfer, daß der Patient ihn *„nicht mehr loslassen wollte"* (S.7). Die Beschreibung des Klienten als saugendes Kleinkind paßte jedoch nicht mit der Wahrnehmung als unbeweglicher Mensch in der Form zusammen, daß der Klient insgesamt als kleines Kind beschrieben worden wäre. Solche Bilder kamen nicht vor; im Gegenteil: In der Metaphorik der Kommunikation, die ebenfalls räumlich als ‚Begegnung', ‚Treffen' oder ‚Ausweichen' existierte, war der Kampf gleichstarker Partner deutlich. So formulierte der Helfer, er könne seinen Klienten *„nicht erreichen"* (S.3), wenn er sich auf verbale Auseinandersetzung einließ; das *„kommt bei ihm nicht an"* (S.3). Stellte der Helfer unangenehme Fragen, dann erlebte er, daß der Patient *„gar nicht drauf einging ... er weicht dann aus"* (S.4). Ein Kompromißangebot zur morgendlichen Begleitung zur Arbeitstherapie nahm der Patient an; *„das scheint bei ihm auch angekommen zu sein, daß das für mich ein ganz schmaler Pfad ist"* (S.5), was bedeutete, daß der Helfer ihn nicht jeden Morgen abholen konnte. Der Patient war kein willenloses Kind, sondern eine Person, die ihre emotionalen Zustände einzusetzen wußte. So lehnte das Klinikpersonal den Klienten ab als jemand, der sie *„einspannt"* (S. 11).

2. Sehen und Wegsehen

Die sehr stark ausgeprägte Dichotomie zwischen der Eingeschlossenheit des Klienten und den realen wie metaphorischen Bewegungsimpulsen des Helfers blieb in dieser Unaufgelöstheit bestehen. Sie wiederholte sich in der Spannung zwischen der visuellen Konzeption von ‚Denken‘ und ‚Überlegen‘ des Helfers und der Weigerung des Klienten, ‚hinzusehen‘. Der Helfer visualisierte seine Reflexion: *„daß man ... gucken kann, gut, Angst ist klar"* (S.2). Die Vergangenheit (*„aus meiner Sicht der letzten vierzehn Tage"* (S.5)) und die Zukunft (*„die Perspektive sieht aus, daß..."*) waren ebenso wie gegenwärtige Überlegungen (*„ich sehe es als Vorteil an",* ... (S.7)) als ein Hinsehen verfaßt. Auch Diskussionen mit dem Patienten metaphorisierte er visuell, *„indem ich ihm zum Beispiel widerspiegele"* (S.3), wie jener sich verhielt. Der Patient interagierte aber, indem er nicht hinsah: Er schien bei einer zufälligen Begegnung den Helfer *„gar nicht wahrzunehmen"* (S.3); als sie sich einmal verpaßten, kam es diesem vor, *„als ob er mich übersehen möchte"* (S.4). In diesen Wendungen konzipierte der Helfer die Vorstellung: ‚Denken ist Hinsehen‘[18] und begriff die Verweigerung der mit seiner Person verbundenen Möglichkeiten als ‚übersehen‘.

Nun drückte der Patient seine Angst und sein Erleben sehr wortreich aus, was den Helfer zur Auffassung ‚Reden ist Einreden von Angst‘ brachte. Er hatte den Eindruck, daß der Patient immer *„irgendeine Ausrede, eine Entschuldigung, ein Ausweichen verbal vorbringt"* und *„sich damit ja praktisch die Kraft nimmt und überhaupt jegliche Perspektive"* (S.3). Deutlich war, wie die Rede des Patienten sich für den Helfer in gestische (‚Kraft nehmen‘) und visuelle (‚Perspektive‘) Folgen auflöste. Entsprechend wollte er mit gestischer Gegenreaktionen das Reden unter Kontrolle bringen wollte: *„...daß ich seine sich immer wiederholenden und ähnlichen Reden, Einwände, Erklärungen und so weiter stoppe, indem ich ihm sage: Nicht reden, tun Sie einfach, machen Sie"* (S.3). Er sprach dem Patienten auf dem gestischen und visuellen ‚Kanal‘ wenig Fähigkeiten zu, und versuchte den verbalen ‚Kanal‘ verstopfen: *„das kann er nicht begreifen, da hat er keine Einsicht, das kann er auch nicht umsetzen. Und daher ... er soll erst gar nicht reden"* (S.3). Folgerichtig war es nicht der Inhalt der Rede, sondern ihr Beiwerk, das dem Helfer die ‚wahren‘ Botschaften verbarg: *„manchmal kann ich es bei ihm aus dem Klang der Stimme und aus dem, was da alles so mitschwingt, nicht erkennen"* (S.4).

Diese Dichotomien auf den Ebenen des kinästhetischen Begreifens von Leben als Weg, der visuellen Konzeption von Reflexion und der Konstruktion des Redens als Einreden von Angst wurden von keiner anderen Metapher wegweisend aufgebrochen. Der Helfer sprach mehrfach von *„unterstützen"* (S.2f., 5f., 8f., 12), was einer Metaphorik des Aufbauens folgen könnte (vgl. Brünner 1987/100f.), dies jedoch nur in Ausführungen allgemeinerer Art: *„der unterstützende menschliche Kontakt erscheint mir wichtig"* (S.5) oder bei Beschreibungen von Erfolglosigkeit (S.3). Dieses körperlich zu denkende Bild des Unterstützens implizierte ein Ab-Stützen eines ruhenden Gegenstands; es ließen sich keine weiteren Metaphern finden, die in einen Verweisungszusammenhang mit ‚unterstüt-

---

[18] Für den Helfer überlappten sich räumliche und visuelle Artikulation seines Reflektierens nahtlos: *„mal sehen, wie es so weiter geht"* (S.3); als der Patient einmal die Tür nicht öffnete, wollte er sich *„schon auf den Weg machen zur Klinik um zu gucken"* (S.4), ob der Patient sich etwa schon wieder hatte einliefern lassen. Er wollte den Patienten davon abbringen: *„die Perspektive ist nicht, in die Klinik zu kommen"* (S.8), ebenfalls: *„es ist schwer, damit umzugehen, also sich klar zu werden"* (S.10).

180

zen' zu bringen waren und dieser Redeweise tiefere Bedeutung geben konnten[19]. Auch die wiederholte Wendung, daß irgendeine Tatsache *„eine Rolle spielte"* (S.1, 2, 8, 10, 11) ließ sich nicht in weitere Zusammenhänge einbetten. Die Angst des Klienten blieb jenseits der Vorstellung als Unbeweglichkeit und Eingeschlossenheit ohne weiteres ‚Bild'.

Drei Monate nach dem ersten Interview hatte sich die sprachlich beschriebene ‚Ausweglosigkeit' bestätigt. Einmal brachte der Helfer den Patienten in die Klinik, da jener seit Wochen das Haus nicht mehr verlassen hatte und der Helfer sich zu ausgebrannt fühlte, um ihn noch einmal zu motivieren; ein anderes Mal hatte der Patient das Taxi zur Klinik schon bestellt und konnte erst im Gespräch mit dem Psychologen der Aufnahmestation dazu bewogen werden, sich nicht einzuliefern.
Zu diesem Zeitpunkt wurden mit dem Einzelfallhelfer die Situation des Patienten anhand der Ergebnisse des Interviews noch einmal besprochen. Wir kamen zu der Auffassung, daß es günstiger wäre, wenn das drängende ‚in-Bewegung-bringen' des Helfers reduziert werden würde, der Patient also nicht aufgefordert wäre, jeden Tag in die Arbeitstherapie der Klinik zu gehen. Die Interviewauswertung machte ihn auf die Diskrepanz zwischen seiner eigenen Art, die Welt gestisch und visuell wahrzunehmen, und der verbalen Interaktionsform des Patienten aufmerksam. Der Einzelfallhelfer versuchte nun, über dessen Interessen Kontakt aufzunehmen und schenkte ihm ein Buch über Hunde. Aus dem Vorlesen und schriftlichen Nacherzählen ergab sich der Wunsch des Patienten, seine Geschichte aufzuschreiben. Alltagspraktische Probleme hatten sich gelöst: Der Patient ging inzwischen selbständig einkaufen, um mit seinem Helfer Zeit zum Reden zu haben. Die im Interview noch sichtlich unterdrückte Verbalität des Patienten (‚Nicht reden, tun Sie einfach, machen Sie' (S.3)) hatte einen Platz in der Einzelfallhilfe gefunden.

3.10. Interview 9: Sie geht wieder auf Leute zu

Zusammenfassung
Die von der Helferin betreute Klientin war über 60 Jahre alt; nach zehn Aufenthalten in der Psychiatrie, die im Alter von etwa 50 Jahren nach der Scheidung von einem alkoholkranken Ehemann begannen, wurde die Einzelfallhilfe eingerichtet. Zur Zeit des Interviews war sie in einer psychiatrischen Klinik. Sie wohnte bei ihrer neunzigjährigen Halbschwester, die im wesentlichen den Haushalt besorgte; zwischen beiden bestanden erhebliche Spannungen. Zu ihrem Sohn hatte sie wenig Kontakt, sonst existierten keine weiteren Beziehungen.
Die Einzelfallhelferin besaß als bildliche Auffassung von psychischer Gesundheit eine Vielzahl von Metaphern sozialer und körperlicher Mobilität: *‚daß sie wieder auf Leute zugeht'*, war ihr ein Zeichen der Genesung von der Psychose. Im Gegensatz dazu erfuhr sie Phasen psychischer Erkrankung als Rückzug, als Einstellung körperlicher und sozialer Aktivität: *‚daß sie sich so hängen ließ'*. ‚Aus-sich-heraus-bewegen' bedeutete gutes Leben, schlechtes Leben war ‚In-sich-verkriechen'.
Die auf diesen Bildern psychischer Krankheit und Gesundheit basierende Arbeitsauffas-

---

[19] Die zweimal vorkommende Redeweise, es sei *„schwer'*, mit dem Verhalten des Patienten umzugehen, deutet jedoch auf schwache Reste einer Metaphorik der Last (vgl. Kap. 4.1.2.).

sung legte es nahe, die Patientin in soziale Bewegung zu bringen: ‚*gucken, wie kann es
weitergehen*‘. Die Ansprüche der Klientin verunsicherten die Helferin. Im Zusammenhang mit der Formulierung, daß ihr die Beziehung zur Klientin zu ‚*dicht*‘ war, ließ sich
herausarbeiten, daß die Metaphorik der Nähe immer auch ein Verlust des Ichs der Helferin oder der Patientin andeutete; diese Negation steigerte sich zur Furcht der Helferin,
‚*sich zum Spielball machen zu lassen*‘. Ihr Beziehungsangebot dagegen favorisierte ein
gleichberechtigtes ‚Miteinander-umgehen‘.

Metaphern im Kontext
1. Metaphorik der Bewegung I: Bilder für Gesundheit und Krankheit
Das Interview fand statt, während die Klientin sich in einer psychiatrischen Klinik befand; die Helferin begann das Interview mit der Schilderung des Besuches bei der sich er-
holenden Klientin. Dabei fiel auf, daß die Helferin für psychische Gesundheit eine bestimmte Metaphorik benutzte: *Gutes Leben ist Aus-sich-heraus-bewegen*. Dies drückte
sich in Verbindungen mit den Bewegungsverben aus: Sie lobte die Patientin bei ihrem
Besuch in der Psychiatrie, daß es „*ihr wieder so gut geht*“ (S.1). Die Wirkung der Psycho-
pharmaka sei, „*daß sie wieder auf Leute zugeht*“ (S.5). Sie wollte mit der Patientin als
Zeichen einer gesunden Perspektive „*in Angriff nehmen*“ (S.5), Treffpunkte im Bezirk zu
besuchen. Das Aus-sich-herauskommen übertrug sich auch auf verwandte Verben, Präpositionen und Adjektive, die alle das Herausgehen-aus-sich als Öffnung eines geschlossenen Körpers metaphorisierten. So hatte sie beim ersten Besuch in der Klinik „*gesprüht
vor Leben, ... da hat sie dann die ganze Zeit erzählt und gesprudelt*“ (S.1), und nach einigen Wochen dort konnte sie von ihr sagen: „*sie lebt wieder auf*“ (S.5) und war „*jetzt offener*“ (S.5), eine herzliche Geste von ihr „*kam ... aus einer Stimmung heraus*“ (S.9).
Aber auch in anderen Zusammenhängen dominierte diese Metaphorik. Ein Problemge-
spräch mit der älteren Halbschwester und der Patientin „*lief überraschend*“ gut (S.6), und
es „*kam total viel raus*“ (S.6). Die Halbschwester wünschte sich, so formulierte es die
Helferin, daß die Klientin „*auch mal mehr aufsteht*“ (S.7) und nicht nur im Bett lag. Vor
einem Arztbesuch zeigte sich die lebensbejahendere Wendung als reale und metaphorische Bewegung in der Anfrage der Klientin: „*sie geht jetzt zum Arzt, ob ich mitkommen
würde?*“ (S.3) - an diesem Punkt hatte sie sich entschieden, die Schmerzen im Unterleib
nicht weiter zu ignorieren, sondern etwas zu unternehmen. Die Bildlichkeit des ‚*Gehens*‘
erstreckte sich auch auf existentielle Betrachtungen, indem die Helferin das Leben der
Patientin als Weg sah: „*die hat schon ein hartes Leben hinter sich*“ (S.6) hieß, darauf wie
auf eine zurückgelegte Strecke zurückzuschauen; Wendungen wie: „*sie geht davon aus*“
(S.4) implizierten, daß die Helferin die Vorannahmen und Glaubenssätze der Klientin als
mentale Bewegung von einem Ausgangspunkt erfaßte.

Schlechtes Leben war In-sich-verkriechen, wie auch körpernahe Bilder dieser Unbeweglichkeit zeigten. Die mildeste Interpretation der Krankheit als „*einfach mal sich gehen
lassen zu können*“ (S.14) bot sich als Impression eines ‚guten Gehens‘ an; Unbeweglichkeit ergab sonst meist drastische Bilder: „*da ging es ihr ziemlich dreckig*“ (S.4). So beklagte die Helferin, „*daß sie sich so hängen ließ*“ (S.1); in solchen Situationen, „*wo sie
von sich aus ja kaum raus geht*“ (S.3), konnte sie nur noch auf Bewegung hoffen, die sich
auf sie zu bewegte, etwa in dem Sinn „*daß vielleicht jemand bei ihr einziehen könnte*“
(S.13). Diese Formulierungen benennen reale Sachverhalte, welche die Helferin als gülti-
ge Beschreibungen des psychischen Zustands gebrauchte, also von der realen Ebene auf
die psychische übertrug. Diese Übertragung machte es möglich, sie hier als Metaphern zu

behandeln. Nach Meinung der Helferin würde sich nichts ändern, *„solange sie in der Wohnung sitzt"* (S.3), da *„ist sie wieder voll in ihrem alten Ding drin"* (S.5). Solche Metaphern der kommunikativen Unbeweglichkeit griffen auch auf den körperlichen Ausdruck zurück; so *„versteifte sie sich"* (S.4) darauf, daß der bei ihr festgestellte Tumor ein bösartiger sein sollte; bei unangenehmen Themen hatte *„sie ständig abgeblockt"* (S.10) und *„wollte nicht weiter"* (S.3).

Die in den Metaphern enthaltene implizite Hintergrundtheorie ließ sich so reformulieren: Bewegte man sich, war man gesund; ‚versteifte' man sich auf sich selbst, würde man krank werden[20]. Diese Theorie galt jedoch nur eingeschränkt, denn die Bewegung konnte sich in wilde und unberechenbare Sprünge steigern. So provozierte die ältere Halbschwester in einer Mischung von Ärger auf ihre Verwandte und Eifersucht auf deren Betreuung *„einen Mords-Aufstand"* (S.6), eine heftige Bewegung, die der Helferin zunächst nur Flucht übrig ließ. Sie hatte sich dann *„ziemlich schnell davon gemacht"* (S.6). Spezifischer gebrauchte sie die Metaphorik der übersteigerten Bewegung allerdings in der Konzeptualisierung der Krankheit. So erzählte die Klientin der Helferin, *„daß die Krankheit sie immer wieder anfällt... sie nennt es ... der Tiger"* (S.15). Einzelne Phasen wurden als *„Schub"* (S.10,14), also als massive Bewegung aufgefaßt[21]. Auch die Verweigerung gegenüber den Angeboten der Helferin *„schaukelte sich auch so hoch"* (S.10). Die Helferin erlebte den psychotischen Rückzug als Bewegung nach innen: Die Klientin *„steigert sich halt wieder in ihre Krankheit rein"* (S.3).
Als Fazit blieb festzuhalten, daß es in der Metaphorik der Helferin ein Bild von ‚gemäßigter Bewegung' als psychischer und physischer Gesundheit gab; Bewegungslosigkeit oder heftige Bewegung zeigten ungesunde Zustände an.

2. Metaphorik der Bewegung II: Die Metaphorik der Beziehung

Die Metaphorik der Bewegung fand in einem sozialen Raum statt; so bewegte sich die Klientin in ihren gesunden Phasen auf andere zu. Es wunderte daher nicht, daß die Helferin die Arbeitsbeziehung in der räumlichen Metaphorik von Distanz und Nähe wahrnahm. Die Klientin hielt *„recht wenig ... Distanz"* (S.8). Der Helferin war es *„zu dicht"* (S.9), weil die Klientin *„die Distanz so wenig wahrte"* (S.10). Die Helferin fürchtete von den Launen und Wünschen der Klientin fremdbestimmt zu werden, sie wollte *„sich nicht zum Spielball machen lassen"* (S. 11). In dieser Wendung kehrte neben der Angst der Helferin vor den Launen der Klientin das Bild von der heftigen Bewegung wieder, die für ungesunde Verhältnisse steht. Vor dieser stürmischen Bewegung, die einer Person ihr Recht auf Persönlichkeit nicht läßt, war die betreute Frau allerdings selbst nicht gefeit: *„hat sie mich noch in den Arm genommen und war wieder ganz hin und weg"* (S.2). ‚Hin und weg': Dies war vielleicht die stärkste Metapher für die Turbulenz des Verlustes seiner selbst. Mildere Formen der ‚zerstörenden Bewegung' fand sich in der Wendung, daß

---

[20] In der Nachbesprechung dieser Analyse ihrer Arbeit bestätigte die Helferin, daß tatsächlich auch in ihrer Herkunftsfamilie Bewegung als ein Zeichen psychischer und körperlicher Gesundheit gegolten habe; die Übersteigerung von Bewegung in ihrer eigenen Familie kritisierte sie als oberflächliches Darüber-hinweg-gehen. Ihre Ausbildung im sozialen Bereich und ein Interesse an Psychologie sah sie als Gegengewicht dazu an und war überrascht, in ihrer eigenen Arbeit diesem Motiv wieder zu begegnen.

[21] Wie stichprobenartige Untersuchungen des Referenten zeigen, wird psychische Krankheit oft mit unberechenbar-animalischen Bildern belegt; die Tier-Metaphorik (‚wütend wie ein Stier') eignet sich ebenso dazu wie außer Kontrolle geratene Maschinen (‚... er dreht durch').

die Klientin *„etwas sehr vereinnahmendes"* (S.10) hatte. Angesprochen auf mögliche Übertragungsphänomene formulierte die Helferin: *„ich bin schon was in die Richtung. Vielleicht das bessere eigene Kind"* (S.9). Die Heftigkeit dieser Vereinnahmung als Kind zog eine körperliche Abwehr nach sich: Der Helferin *„sträubten sich die Nackenhaare"* (S.10), als sie mehr *‚Distanz'* brauchte. Es schien nicht nur ihr so ergangen zu sein, auch der Arzt in der Klinik versuchte offenbar, *„sich die Frau irgendwie vom Hals zu schaffen"* (S.14), indem er eine Einzelfallhilfe initiierte. Beide Wendungen deuteten auf heftige Gemüts-‚Bewegungen', um sich die verlorene Distanz wieder zu verschaffen.

Das Beziehungsangebot der Helferin bildete sich in einer anderen Metapher ab; es ging ihr darum, herauszufinden, *„wie wir miteinander umgehen können"* (S.9). Dies war eine Formulierung, die beiden Protagonistinnen Bewegung zugestand. Die Helferin befürwortete nicht unreflektiert eine große ‚Distanz' zur Klientin; würde sie die Nähe *„abblocken, wird auch sonst nicht viel passieren"* (S.9). Sie akzeptierte die Bedürfnisse der Klientin, und glaubte, daß *„das, was sie braucht, so was warmes"* (S.9), durchaus im Kontakt mit ihr möglich war. Die Helferin wollte jedoch *„nicht darauf verzichten, die eigenen Bedürfnisse* [nach Distanz, R.S.] *mit reinzubringen"* (S.11). Sie sah allerdings auch, daß diese Konfusion der Bedürfnisse settingspezifisch ist: *„in der Einzelfallhilfe kann ich mich nicht so raushalten"* (S.11), und da *„bringe ich mich, meine Person viel mehr ein"* (S.11). Aber insgesamt dominierte die Redewendung vom neutralen ‚Kennenlernen', die sich auf die Klientin wie auf Institutionen bezog. Sie erzählte davon, *„wo ich sie kennengelernt-"* (S.5), suchte Treffpunkte auf, an denen die Klientin *„jemand kennenlernt, mit dem sie sich auch mal so treffen kann"* (S.13). Im Studium habe sie *„verschiedene Einrichtungen kennengelernt"* (S.12) und mehrere therapeutische *„Ansätze kennengelernt"* (S.12): Auf dieser neutraleren Ebene des Kennenlernens waren für die Helferin Kontakte möglich, auch wenn sie sah, daß sie sonst die eigene Person viel mehr ‚einbringen' mußte.

3. Metaphern der Bewegung III: Konkrete Arbeit und Bewegung
Ich hatte oben Gesundheit mit sozialer Bewegung verknüpft, Auftrag und Arbeit konnte ich daher in der gleichen Bildlichkeit rekonstruieren: ‚In Bewegung bringen' war das Motiv der Helferin. Das ‚Rausgehen' hatte deswegen immer reale und übertragene Bedeutung. Der Auftrag des SPD lautete: *„ich soll mit ihr raus"* (S.13), und *„da waren wir viel draußen"* (S.3); *„ich hole die Frau A. meistens ab"* (S.6), *„nachdem ich mit der Frau A. unterwegs war"* (S.6): Immer war die Anleitung zur sozialen Bewegung an die räumliche gebunden. Die Helferin erzählte, *„daß wir so verschiedene Seniorenheime abklappern"* (S.5). Am Anfang *„ging es mir hauptsächlich darum"* (S.14), die Krankheit zu verstehen, sie war damit aber *„auf keinen grünen Zweig gekommen"* (S.14). Unsicherheit und Mißerfolg waren dem gleichen Bildfeld zu entnehmen: Die Patientin war sich unsicher, *„was da ablaufen soll"* (S.11); und an Konflikten zu arbeiten, das *„ging gestern überhaupt nicht"* (S.3).
Das räumliche Bild einer ‚Richtung' implizierte einen ‚Raum der Möglichkeiten': Ziele, Orte, Wege; so formulierte die Helferin, *„jetzt müßte es ... in die Richtung gehen, mich langsam überflüssig zu machen"* (S.9); am Anfang war es ihr wichtig, *„in Richtung Veränderung zu gehen"* (S.3) und an den Konflikten der Klientin zu arbeiten. Sie reflektierte über ihre neue Herangehensweise, mehr an der Verselbständigung der Patientin zu arbeiten, *„daß man vielleicht auch über den Weg nicht die Krankheit verstehen kann, das natürlich nicht, aber die Krankheit beeinflussen kann"* (S.14). Sie wollte dies *„konsequenter verfolgen"* (S.5) und mit der Klientin schauen, *„wie kann es weitergehen"* (S.9). Über das

Studium hatte sie erfahren, „wo man sich hinwenden kann" (S.12) und in welchem Amt Hilfsangebote „angesiedelt" (S.12) sind. Dieses Richtungs-Wissen stand im Gegenteil zur planlosen Handlungsweise des Arztes, „dem ging es auch nur darum, da jetzt irgendwas in die Wege zu leiten" (S.13)[22]. Die Einzelfallhilfe aber war für sie eine Landschaft, in der galt: „man hat nie einen festen Boden unter den Füßen" (S.11), bzw. die Materie war „so vielschichtig" (S.11). Die Metaphorik der Bewegung zeigte hier die Ansichten einer weniger optimistischen Gemütslage, die nicht die Klarheit eines ‚Ziels' und einer ‚Richtung' zeigte[23].

4. Die Metaphorik der Last, des Entlastens und des Stützens
Eine weitere Metaphorik, die in entferntem Zusammenhang mit den Bildern von gesunder Bewegung und krankem Stillstand steht, war in der Metapher des Tragens von Lasten zu finden. Die Situation zwischen der Klientin und ihrer Angehörigen begriff die Helferin als ‚Last': Es sei „belastend genug für beide" (S.5), die Klientin brauche „die Entlastung von der Halbschwester" (S.14), aber es sei ebenso klar, „daß die Halbschwester sich überlastet fühlt ... oder sehr drunter leidet" (S.7). Die Metapher hatte gegenständliche Implikationen, wenn diese Halbschwester forderte, die Klientin könne „auch mal was wegtragen könnte" (S.7) im Haushalt. Die Metaphorik der Last betraf auch andere Beziehungen. Die Klientin befürchtete, daß ihr Kind „viel abgekriegt" (S.9) habe von dem Streit mit dem alkoholkranken Ehemann.
Dieses Bild der Situation implizierte eine andere Auffassung der Arbeit: Die Helferin sah sich als „Stützer" (S.11) von der Klientin beansprucht. Dieser Teil der Arbeit, die ‚Betreuerinnen-Rolle', war für sie weniger befriedigend als die Rolle der „Beraterin" (S. 1,10). Sie wandte die Metaphorik der Last auch auf sich selbst an, sie „war selber so erleichtert" (S.3), daß die Klientin im psychiatrischen Krankenhaus sich wieder besser fühlte; auch sah sie, daß sie „da auch viel Entlastung für den Sohn" (S.8) bedeutete. Diese Arbeitsform des Stützens war für die Helferin nicht in ihrem dynamischen Bild des In-Bewegung-bringens unterzubringen, es war „für meine Begriffe kein Auftrag für eine Einzelfallhilfe" (S.14).

5. Zuversicht und Einsicht: Visuelle Metaphorik
Bisher hatte ich das Augenmerk auf die Metaphern der Bewegung und der Last gerichtet, die einen ‚Raum der Möglichkeiten' konstruieren. Viele Metaphern zeigten einen visuellen Zugang zur Welt und bestätigten das Konstrukt: Die Zukunft wurde als Gelände vor der Person gesehen. Das Sehen, „wo es lang geht", umschrieb oft eine Reflexion der Klientin über sich; „sie war sehr zuversichtlich" (S.1) in der Klinik, nachdem sie sich „in dem Zustand gesehen" (S.1) und erinnert hatte, wie sie vor der Einweisung sich verhielt; „also sie war total einsichtig" (S.1). Die Halbschwester wünschte, daß die Klientin „mehr

---

[22] In der Landschaft der Möglichkeiten bezeichnete die Metaphorik der Punkte deutlich Grenze und Übergang: Die Klientin wußte, „wann für sie der Zeitpunkt da ist"(S.2), wieder die Klinik zu verlassen. Die Frau hatte Schmerzen, die sie lange aushielt; „dann kam ja irgendwann der Punkt, wo sie dann sagte"(S.3), daß sie zum Arzt gehen wollte. Die Helferin suchte in der Nähe zur Klientin „den Punkt finden, über den ich nicht gehen will"(S.11).

[23] Die Rede vom ‚Arbeiten' tauchte in unspezifischen Zusammenhängen auf, ohne daß die Metaphorik des Machens und Herstellens wesentliche Züge der Arbeit kennzeichnete. Es ging der Helferin darum, „an Konflikten zu arbeiten" (S.3), „so ein bißchen konkreter und handfester mit ihr zu arbeiten" (S.15), sie wollte „nur noch einmal die Woche was mit ihr machen" (S.13). Es war ihr „wichtig, erstmal eine Beziehung herzustellen" (S.9).

sieht im Haushalt" (S.7), das hieß, daß sie auch mehr mitdenken sollte. Es sei der Klientin *„überhaupt nicht klar"* (S.11) gewesen, was eine Einzelfallhilfe sein solle. Auch die Frage, *„wie ihre Situation dann aussieht"* (S.12), wenn die Hilfe beendet sein würde, zeigte den visuellen Zugang der Helferin.

Diese Metaphorik galt auch für die Helferin selbst; im Studium gab es z.B. Seminare, die soziale *„Einrichtungen angeguckt haben"* (S.12), wobei sie einiges kennenlernte; sie benutzte die Metapher auch, um im Interview ihre Arbeit darzustellen. So sprach sie davon, *„zu gucken, ihr da ein bißchen Abwechslung zu schaffen"* (S.14) oder *„die Krankheit Krankheit sein lassen und mal wo anders gucken"* (S.15). Aber auch zur Beschreibung der Kommunikation bediente sich die Helferin der visuellen Metaphorik: Die Klientin *„zeigt mir das immer"* (S.10), daß sie die Helferin als Vertraute haben will; und je weniger sie den eigenen Status als Klientin *„sehen will, desto mehr will ich es ihr zeigen"* (S.10). Die Helferin interpretierte die psychotische Phase der Klientin als *„Zeichen"* (S. 10) der Klientin, sie solle nicht auf Veränderung und Selbständigkeit bestehen.

V. Die Metaphorik des Redens

Die häufige Redewendung von den *,Gesprächen über ...'* verwies auf eine anpackende Behandlung der Themen; die Helferin fragte detailliert bei der Klientin nach, *„ob mal darüber mit ihr gesprochen wurde"* (S.4), was für eine Art von Tumor sie hatte: *„Nein, darüber hätten sie nie gesprochen"* (S.4). Die Helferin hatte sich *„über Gespräche mit anderen"* (S.12) Hilfen geholt. Auch sonst deutete das ,Sprechen-über' und ,Wissen-wollen' einen ,An-spruch' auf Führung an: Weil die Helferin *„mehr über die Frau wissen wollte, über die Krankenakte"* (S.8), verabredete sie Termine mit dem Arzt. Die akustischen Halluzinationen (,Stimmen') der Frau *„reden ihr ja manchmal auch ein, Rabenmutter zu sein, und dann hat sie eben Gewissensbisse"* (S.9) - dies war die extremste Form des persönlichen ,Anspruchs', der eingreifenden Rede. Die Helferin hatte *„den Anspruch"* (S.3), die Krankheit zu verstehen; nachdem ihr dies nicht gelang, war *„etwas anderes angesagt"* (S.9), und zwar das Dringen auf Verselbständigung. Dies zeigte sich im Gegensatz zum gleichberechtigten *„miteinander umgehen"* als direktiver Zugang zur Patientin.

„Ich soll mit ihr raus" - dies war die knappste Formulierung, welche die Verquickung von Auftrag und freier Bewegung, Gesundheit und Krankheit in dieser Einzelfallhilfe zusammenfaßt.

4. Das Panorama des Helfens

Die zusammenfassende Analyse aller Interviews

Nachdem im zweiten Kapitel Metaphernanalyse und Inhaltsanalyse im Kontext sozial-wissenschaftlicher Forschungsreflexion dargestellt wurden, zeigte das dritte Kapitel die ausführlichen Interpretationen der einzelnen Interviews in der Verbindung beider Methoden. Das vierte Kapitel versucht, vom einzelnen Interview absehend, eine Analyse des Helfens in der Einzelfallhilfe, die auf dem Gesamtkorpus der Interviewtexte beruht. War das erste Kapitel eine Beschreibung des ‚materiellen Möglichkeitenraums‘, d.h. der ökonomischen und sozialen Bedingungen des Einzelfallhilfe und das dritte Kapitel die Beschreibung der ‚Eigenwelt‘, d.h. aller subjektiven und realen Beziehungen der HelferInnen in ihrem Tätigkeitsfeld, so stellt nun dieses Kapitel die ‚Gemeinwelt‘ dar, d.h. den subjektiven Möglichkeitenraum, der mit anderen geteilt und repräsentiert wird (Bergold, Breuer 1987/21f., vgl. Kap. 2.1.3).

Eine Integration der beiden Methoden kann, anders als in der narrativen Rekonstruktion der Einzelfälle, hier erst nach der ausführlichen Darstellung der Erträge der einzelnen Herangehensweisen geleistet werden. Es bietet sich folgende Gliederung an:

- Im Abschnitt 4.1 stelle ich die neun zentralen Metaphern des Helfens, die in fast jedem Interview zu finden waren, in ihrer Gesamtheit dar und untersuche sie auf ihre mögliche Funktionalität für die Helfenden.
- Es folgen im Abschnitt 4.2 die Ergebnisse der Inhaltsanalyse der gleichen Texte.
- In Kap. 4.3 beziehe ich die Ergebnisse der beiden Analysen aufeinander und stelle Gemeinsamkeiten und Differenzen der gewonnenen Aussagen dar. Die Gemeinwelt der HelferInnen läßt sich aus den Ergebnissen der beiden Verfahren rekonstruieren.

4.1.0.   Zentrale Metaphern des Helfens

4.1.0.1. Metapherndefinition und Gewinnung des Materials

Zusammenfassend möchte ich an das Kapitel 2.4.7 und an die dort erfolgte Beschreibung des hier verwendeten Metaphernbegriffs erinnern: Unter Metapher verstehe ich in Anlehnung an Lakoff und Johnson alle im strengen Sinne nicht-wörtlich gebrauchte Bestandteile der Rede, in denen Erfahrungen, Wahrnehmungen, Wissen und Handlungsdispositionen aus einem Bereich erlebter Wirklichkeit auf einen anderen übertragen werden. Verweisen mehrere Metaphern auf eine gleichsinnige Übertragung von einem Bereich auf einen anderen, spreche ich von einer ‚Wurzelmetapher‘, synonym mit ‚Metaphernfeld‘, ‚metaphorisches Konzept‘ und ‚metaphorisches Modell‘. Wie oben ausführlicher dargelegt, geschah die Sammlung und Typisierung der Metaphern auf folgende Weise:

1. Reduktion des Interviewtextes durch Kopieren aller bildhaften Wendungen und Metaphern samt ihrem unmittelbaren sprachlichen Kontext in eine neue Textdatei.
2. Sortieren dieser Datei nach verbindenden Bildern und Zuordnung zu gemeinsamen Metaphernfeldern.
4. Zusammenschau der gesammelten Metaphernfelder für alle Interviews; waren ähnliche konzeptuelle Metaphern zu finden, wurden sie ergänzt und differenziert; neue me-

taphorische Konzepte wurden komplett übernommen.

4.1.0.2. Vorschau: Zentrale metaphorische Modelle des Helfens

Ich skizziere die neun entdeckten Wurzelmetaphern des Helfens zuerst äußerst verkürzt:

a) räumlich-kinästhetische Metaphorik: Einzelfallhilfe ist ‚auf den Weg bringen‘, geht von einem ‚engen‘ oder ‚heimatlosen‘ Ort der Familie aus und über eine ‚Gratwanderung‘ in einen ‚Freiraum‘. Die Helfenden ‚begleiten‘ die KlientInnen, versuchen, bei ihnen ‚anzukommen‘ und mit ihnen ‚umzugehen‘.

b) Metaphorik der Last: Einzelfallhilfe ist ein ‚Unterstützen‘ von ‚belasteten‘ KlientInnen, die es ‚schwer‘ haben und deren Bedingungen ‚erleichtert‘ werden sollen.

c) Metaphorik der Bindung: EinzelfallhelferInnen knüpfen ‚Bindungen‘ und ‚Kontakte‘, versuchen, wichtige ‚Bezugspersonen‘ zu sein und ihre KlientInnen im Kiez ‚anzubinden‘, bevor sie sich ‚abnabeln‘.

d) Metaphorik der Behälter: Einzelfallhilfe ist ‚Einmischen‘ bei ‚verschlossenen‘ und ‚Grenzen ziehen‘ bei allzu ‚aufgeschlossenen‘ Klientinnen.

e) Metaphorik des Gebens und Nehmens: Einzelfallhilfe ist ‚Geben‘ von Zuwendung, Hilfen, Versorgung, Erfahrung, und ‚Nehmen‘ von Supervision und Beratung.

f) Visuelle Metaphorik: Einzelfallhilfe ist der Versuch, ‚durchzublicken‘, auch wenn man im ‚Dunkeln‘ tappt, hat als Aufgabe, zu ‚klären‘, welche ‚Sichtweisen‘ und ‚Vorstellungen‘ bei Eltern, Kind und Amt ‚deutlich‘ sind.

g) Einzelfallhilfe ist ‚Nachhilfe‘, es geht um ‚schulische Leistungen‘, ‚Erfolge‘ und um das tägliche ‚Pensum‘ der Hausaufgaben.

h) Räumlich-akustische Metaphorik: Einzelfallhilfe ist Reden ‚mit‘, ‚über‘ und ‚an‘ die Beteiligten, die sich manchmal ‚herum-‘ und ‚heraus-‘reden ‚im‘ Gespräch.

i) Einzelfallhilfe zeigt sich als ‚Herstellen‘ von Beziehungen, ‚Machen‘ von Hausaufgaben und ‚Aufarbeiten‘ von Defiziten: Hilfe als Produktionsprozeß.

4.1.0.3. Chancen und Grenzen einer Metaphernanalyse ohne Kontext

Der Versuch, Handlungsstrukturen und Selbstreflexionen der Helfenden[1] nach den Metaphern zu ordnen, in denen die sie ihre Arbeit erzählen, macht eine Eigenart der Metaphern deutlich: Ihre Prägnanz ergibt sich erst dadurch, daß sie die unterschiedlichen Aspekte und Ebenen der Fragestellungen überspringen und in einen Kontext stellen. Die gleichen Metaphern erzählen nicht nur die helfende Arbeit, sie beschreiben auch die KlientInnen und drücken lebensgeschichtliche Erfahrungen der Helfenden aus. Wwir es hier mit jenen ‚Vorstellungskernen‘ von sozialen und individuellen Repräsentationen zu tun, die kaum als Begriff, jedoch als Bild und Figur ‚gespeichert‘ sind. Ich habe erwähnt (Kap. 2.4.0), daß Thommen, Ammann und Cranach 1988 davon ausgehen, daß diese Vorstellungskerne *„die allgemeinsten, zentralsten, stabilsten Vorstellungen“* (ebd./32) der sozialen Repräsentation beinhalten. Ihre kontextübergreifende Qualität rechtfertigt, sie den vagabundierenden Strukturen im Sinne Schwemmers gleichzusetzen, die gleichzeitig für mehrere Gegenstandsbereiche erfüllt sind, die erst durch ihr Erscheinen in mehreren Gegenstandsbereichen eine Identität gewinnen, unter denen und durch die wir die Gegenstände wahr-

---

[1] Übrigens läßt sich für das Wort ‚helfen‘ ebensowenig ein sicher bezeugter metaphorischer Kontext rekonstruieren wie für ‚betreuen‘ für (Für-),Sorge‘. Vgl. Kluge 1989.

nehmen (Schwemmer 1987/169f., Kap. 2.2.4). Ich möchte dies an der Metapher ‚Das Leben ist ein (schwieriger) Weg‘ darstellen:[2]

- a) Wahrnehmung des Kindes und seines Problems
Die Helferin nimmt das zu betreuende Mädchen und seinen sozialen Kontext in der Metaphorik der räumlichen Enge und des Eingeflochtenseins wahr: Das Mädchen ist „*sehr eingeflochten ... in* die Familie" (S.2), sorgt um kleinere Geschwister, darf vieles nicht, was andere Mädchen tun; sie „*traut sich aber nicht diesen Schritt*", gegen die Enge des elterlichen Hauses zu opponieren. Damit ist die Familie, das Mädchen und der soziale Kontext des Helfens beschrieben. Ein eigener ‚Weg‘ für das Mädchen ist offenbar nicht möglich; im Gegensatz zur äußeren, auch realen räumlichen Enge verliert sie sich in Träumen und Phantasien in der Schule und bei den Hausaufgaben: „die *verliert* sich da so, also das ist wie ein *Mädchen auf einer grünen Wiese, das von einer schönen Blume zur nächsten geht* und darüber so *wie Rotkäppchen so den Weg verliert* ... und sie hat dann auch gar keine Lust, *auf diesen Weg zurückzukommen*" (S.4). Die Metapher vom ‚Weg‘ dient also auch dazu, gegenteilige Eigenschaften des Mädchens zu beschreiben.

- b) Arbeitsdefinition der Helferin
Die Einzelfallhelferin versucht nun, die ‚Auswegslosigkeit‘ von Schule und Elternhaus durch einen ‚Schonraum‘ und das ‚Finden von Wegen‘ aufzulösen: „Das Kind kommt zu mir, um einen *Schonraum* zu haben, wo sie *einerseits* so diesen schulischen Dingen *nachgehen* kann, ... und dann eben auch einen *Schonraum* vor diesen traditionsbewußten Anforderungen, wie sie zu Hause sind" (S.1). Die ‚Wege‘ zur Bewältigung der Schule werden gesucht, so „*gehen wir* denn auch so zusammen den Stundenplan *durch*, was da *angestanden* ist" (S.1): ‚Anstehende‘ Aufgaben werden ‚durchgegangen‘; und für die Lösung der kulturellen Widersprüche sucht die Helferin einen Weg, wenn er auch zur ‚Gratwanderung‘ wird: „wir versuchen da also *einen Weg zu finden*, daß ich ihr Dinge anbiete oder Dinge mit ihr mache, ... die sonst nicht da in so einem moslemischen Haushalt vorgesehen sind, ... aber doch von ihrem Gewissen auch zulassen kann. Das ist manchmal dann schon auch so eine *Gratwanderung*" (S.3). Die kognitive Organisation der Helferin und ihre Arbeitsstruktur ist also ebenfalls auf der Metaphorik des Weges aufgebaut.

- c) Selbstreflexion der Helferin
Diese gestisch-räumliche Metaphorik erweist sich auch als relevant für die Selbstreflexion der Helferin. Bei näherer Betrachtung erscheint ihre Selbstwahrnehmung wie die des Mädchens als ein Gehen im unsicheren Bereich: „Denn wenn es darum *geht*, irgendeine Einrichtung oder ein Heim oder sonst irgendwas *aufzufinden*, dann ist man doch sehr angewiesen auf seine eigenen Aktivitäten, oder wer *so da in der Ecke oder dort in der Ecke mal gehört hat*" (S.6). Auch ihren Ausbildungsgang formuliert die Helferin als ein Unterwegssein und ein ‚Sammeln‘ und ‚Finden‘ von Erfahrungen.

Die Metapher ‚Das Leben ist ein (schwieriger) Weg‘ umspannt alle hier relevanten Aspekte, von der Beschreibung des Kontextes, der Zielperson, der helfenden Interaktion bis zur Selbstdarstellung der Helferin. Diese Reichweite des von den Metaphern vorstrukturierten Sinngefüges konnte in den Einzelinterpretationen im Kapitel 3 verdeutlicht werden. Bei der Interpretation des gesamten Interviewmaterials wird dieser Zusammenhang, der nur aus der Erzählung des Kontextes erfahrbar ist, aufgegeben zugunsten einer kontext-übergreifenden Frage nach den kollektiven Mustern, die von diesen Metaphern gebildet werden. Hier muß ich anmerken, daß fast alle in der vorliegenden Literatur zu

---

[2] Vgl. Fallbeispiel Kap. 3.2.1; ich vernachlässige die Interaktionen mit anderen Metaphern.

findenden empirischen Abhandlungen über Metaphern[3]
- entweder kontextungebundene Interpretationen sind, die meistens von Linguisten anhand von Wörterbüchern oder großen Mengen heterogenen Textmaterials verfaßt und in denen subjektive Sinnbezüge nicht rekonstruiert wurden[4],
- oder kontextgebundene Interpretationen subjektiver Sinnzusammenhänge sind, die auf die kollektiven Bedeutungen einer bestimmten Metapher nicht eingehen[5].
Der subjektive Sinnbezug tritt nun zurück. An seine Stelle werden rekonstruierte Sprach- und Bildtypologien gestellt, die kollektive Denkmuster von Helfenden darstellen. Dieser Gewinn an Allgemeinheit geht mit dem Verlust von Interpretationsmöglichkeiten einher. Im folgenden Kapitel können bestimmte Fragen an den Gebrauch der Metaphern nicht mehr gestellt werden:
- Es geht verloren, was Lakoff und Johnson (1980/10) ‚highlighting‘ und ‚hiding‘ genannt haben: Die erkenntnisleitenden und erkenntnisverhindernden Funktionen der Metaphorik sind erst am konkreten Fall eindeutig zu beurteilen.
- Aus dem gleichen Grund kann hier die gegenseitige Beeinflussung der Metaphern nicht diskutiert werden, da kein Kontext besteht, der sie aufeinander verweist.
- Die hier vorgenommene Sammlung der Metaphern ist insofern abstrakt, als sie sich auf das sprachliche Material und die diesem inhärenten Verweisungszusammenhänge beschränkt; konkrete Handlungen sind davon kaum noch abzuleiten.
Ich will die grundlegenden Metaphern des Helfens in der Einzelfallhilfe darstellen, die ikonische Seite der Gemeinwelt der HelferInnen präsentieren. Daraus ergibt sich eine Bestimmung der folgenden Beispielsammlungen: Sie sind kollektive Vorstellungsräume, die in idealisierter Form ein weitgehend vollständiges Inventar üblicher Denkmuster präsentieren. Die kommentierten Beispielsammlungen gehen über die Möglichkeiten der metaphorischen Einzelfallanalyse hinaus, weil dort nur die individuelle Teilnutzung dieser Räume vorgeführt werden konnte. - Ich belasse es bei diesen Metaphern und verweise auf die Diskussion über den Charakter dieser ‚Räume‘, ‚idealized cognitive modells‘, ‚cognitive domains‘, ‚frames‘ und ‚scripts‘ auf Kap. 2.4.6. Die Bestimmung des Status der metaphorischen Modelle kann vermutlich erst dann gelingen, wenn die bisher spärliche empirische Fundierung breiter geworden ist und für verschiedene Lebensbereiche ausführlich dokumentierte Sammlungen vorliegen.

Nicht vermeiden läßt sich, daß manche Metaphern in der Darstellung von verschiedenen Sinnfeldern wiederkehren; dies betrifft vor allem konzeptuelle Metaphern. So nutzt das Konzept ‚Helfen ist Nachhelfen‘ die logisch einfacheren Bilder der Bewegung (‚zur Schule gehen‘, von der Schule fliegen‘) und des Gebens und Nehmens (‚viel gelernt‘, ‚wenig behalten‘). Sie werden in diesen komplexeren Konzepten daher nur kurz gestreift. Eine Zusammenfassung und Interpretation der Ergebnisse der Metaphernanalyse folgt im Abschnitt 4.1.10; es läßt sich ein Prototyp des Helfens rekonstruieren, der seinen Ursprung in der familialen Sozialisation hat.

---

[3] Ohne psycholinguistische Forschungen, in denen ausgesuchte Metaphern den Versuchspersonen vorgelegt, aber keine reale metaphorische Interaktionen analysiert wurden, s. Kap. 2.4.4.

[4] Neben den Publikationen von Lakoff, Johnson vgl. Bamberg 1982; Bamberg, Lindenberger 1984; Blumenberg 1960, 1971, 1983, 1988; Brünner 1987; Joerges 1988; Kövecses 1988; Pollio et al. 1977, Reddy 1979; Reger 1977, 1978. Auch Bock, Krammel 1989 lassen in ihrer Studie über Metaphern in der Verarbeitung des Reaktorunglücks in Tschernobyl subjektive Bedeutungen nur ansatzweise erkennbar werden, vgl. Kap. 2.4.4.3.

[5] vgl. therapeutische bzw. biografische Analysen: v. Kleist 1984, 1987; Straub, Sichler 1989.

4.1.1. Einzelfallhilfe ist ‚auf den Weg bringen‘

Eine in jeden Interview zu findende Metaphorik war die eines Raums, einer Landschaft oder einer Reise; Einzelfallhilfe findet in diesen Räumen oder auf diesen Wegen statt. Die Wichtigkeit der räumlichen Metaphorik ist bekannt[6], ihre Funktion ist unverzichtbar[7]. Zum Beispiel dominiert in der Analyse von Presseberichten über den GAU im Kernkraftwerk Tschernobyl die Metaphorik von Orten, Wegen, Begegnungen und Fortbewegung, die Katastrophe ‚nahm ihren Lauf‘, es ‚kam‘ zum Unglück und Folgen ‚traten ein‘ (Bock, Krammel 1989/52ff.). Kövecses (1988/21f.) weist detailliert für die englische Sprache nach, wie die gleiche Metaphorik wesentliche Anteile des alltäglichen Begreifens von Liebesbeziehungen beisteuert (‚so kommen wir nicht weiter‘, am ‚Scheidepunkt‘ sein, den (Lebens-)Weg ‚gemeinsam gehen‘, die Beziehung ist in einer ‚Sackgasse‘). Grawe 1988 entwickelte für Therapeuten eine solche Weg-Metapher. Um abstrakte Konzepte wie z.B. ‚Zeit‘ als ‚Zeitraum‘ erfahrbar und sinnlich zu machen[8], reden wir von einer ‚Zeitachse‘, von einem markierbaren Anfangs‚punkt‘ und einem End‚punkt‘, die Zeit ‚erstreckt‘ sich, und ohne die eine räumliche Verfassung vortäuschenden Präpositionen ‚in‘, ‚nach‘ und ‚vor‘ könnten wir uns nicht über Abläufe verständigen: ‚in‘ der Dienstzeit, ‚nach‘ dem Essen, ‚vor‘ der Chefarztvisite. Dennoch überraschte die Häufigkeit und Präsenz dieser Metaphorik: Es schien keinem der Helfenden möglich, auf diese Bildlichkeit zu verzichten. Einzelfallhilfe wurde als ein ‚Schonraum‘ vor den Anforderungen von Schule und Elternhaus bezeichnet, ein Raum, in dem nur manchmal ‚Fortschritte‘ zu sehen waren. Auch klar erfaßbare Tätigkeiten wie das Helfen bei den Hausaufgaben wurden als ein Gehen von einem Anfangspunkt zu einem Endpunkt konzipiert, indem z.B. Helferin und Kind Hausaufgaben ‚durchgehen‘. Es geschah auch, daß ein Helfer resigniert feststellte: „Da *kommt* man mit Argumenten und praktischen Ratschlägen *nicht weiter*“. Die umgangssprachliche Bezeichnung psychischer Krankheiten nutzt ebenfalls diese Bilder, in denen ein Mensch sich auf seinem Weg entweder zu langsam bewegt oder gar nicht auf dem richtigen Weg geht (weggetreten, Rückfall, irre(n), neben sich stehen, neben der Spur sein) oder zu schnell ist (dem geht der Gaul durch, sich in eine Sache verrennen, Schub, fahrig sein)[9]. Die Mächtigkeit dieser Metaphorik erklärt sich zum Teil aus dem dahinterstehenden ‚kinaesthetic image schema‘, dem ‚source-path-goal‘-Schema[10]. Hier sollen nur seine wichtigsten Strukturen wiederholt werden: Das ‚Ursprung-Pfad-Ziel-Schema‘ greift auf die körperlichen Erfahrungen seit der ersten Bewegung des einzelnen Menschen zurück und wiederholt sich fortwährend, indem wir uns von einem

---

[6] Zur Verbindung räumlicher Metaphorik und der Selbsterfahrung des Körpers vergl. Lakoff, Johnson 1980/ 14ff.; Bamberg, Lindenberger 1984/24ff., Radden 1989.

[7] Auch das zunächst unmetaphorisch klingende ‚Sinn‘ hat eine räumliche Komponente, wenn man damit verbundene Präpositionen untersucht: Wonach steht dir der Sinn? oder: Wider-Sinn. Das Grimmsche Wörterbuch vermutet, daß ‚Sinn‘ eine Nominalbildung zu dem Verbum ’sinan’ (althochdeutsch) sei, das ’Reisen’, ’Beistehen’, ’Senden’ bedeutet habe. Die ursprünglichere Bedeutung sei die Ortsbewegung gewesen, daneben fände sich eine Übertragung in das Bildliche (sich kümmern um, achten auf, später: die einzelnen Sinne und ‚Sinn‘ als Verstand), die auch für das gleichalte lateinische ‚sensus‘ gegolten habe; eine indogermanische Wurzel wird vermutet. Grimm 1905, Bd. 10, vgl. Kluge 1989.

[8] vgl. Blumenberg 1971/166, vgl. Kap. 2.4.1.5.

[9] Eine darüber hinausgehende Publikation der verschiedenen Metaphern für psychische Extremzustände und Krankheiten ist in Vorbereitung.

[10] Lakoff 1987, „Cognitive Semantics“, S. 269ff. Kritik und Reformulierung vgl. Kap 2.4.6.2.

Platz zum anderen bewegen. Die Elemente dieser Struktur sind ein Ursprung als Anfangspunkt, ein Ziel als Endpunkt, ein Pfad als Sequenz von sich jeweils anschließenden Räumlichkeiten zwischen Ursprung und Ziel, und eine Richtung zum Ziel hin. Die inhärenten Logiken des Schemas beinhalten, daß, um vom Ursprung zum Ziel zu kommen, jeder Punkt des Pfades berührt werden muß; je länger der Pfad ist, desto länger auch die dafür benötigte Zeit. Metaphorische Übertragungen allgemeiner Art z.B. sind: vom ‚Weg‘ abkommen, seinen ‚Weg finden‘, ‚ziellos‘ umherlaufen, eine ‚verfahrene‘ Situation. Die vier Elemente dieser Struktur (Ursprung, Pfad, Richtung und Ziel) kehren in den Interviews in charakteristischen Metaphern wieder: Es gibt einen schwer zu ertragenden Ausgangsort, in dem die KlientInnen verharren; über einen ‚schwierigen Weg‘ werden sie in einen angenehmeren ‚Freiraum‘ ‚begleitet‘. Damit stellt diese Metaphorik ein Idealmodell zur Verfügung, das als Richtschnur die Richtung des Hilfeprozesses angibt. Diese metaphorische Ausarbeitung des Schemas soll im folgenden besprochen werden.

4.1.1.1. Der unmögliche Ausgangsort

In der Analyse von Beschreibungen des Ausgangszustandes der KlientInnen wird dieser ‚Ort‘ durch drei verschiedene Metaphernfelder vertreten. Alle drei Bildkomplexe betonen eine subjektiv unangenehme Erfahrung dieses Ausgangsortes:
- Das Elternhaus wurde als bedrückend, eng und festhaltend beschrieben; oder
- die Familie stand sich in Fraktionen gespalten gegenüber; oder
- die Familie tendierte zur Auflösung, Gemeinsamkeiten bekamen den Charakter zufälliger Treffen. Bei Einzelpersonen drückte die gleiche Metaphorik ein Tagträumen und Phantasieren aus, in dem sich die KlientInnen ‚verloren‘.
Es ist verständlich, daß diese Orte nicht zum Bleiben auffordern; in der Wahrnehmung der Helfenden wurde der Ausgangspunkt der Hilfe als ‚schwierigste‘ oder ‚unsicherste‘ Stelle konstruiert. Es fiel auf, daß fast jede Familie mit mehr als einer räumlichen Metaphorik beschrieben wurde; ein enges und festhaltendes Elternhaus stand dann nicht im Gegensatz zu einer Spaltung der Familie oder zu Fluchttendenzen. Diese Metaphorik korreliert mit der Hypothese der strukturellen Familientherapie, diffuse Generationengrenzen seien eine Ursache familiärer Probleme[11]. Im folgenden werden diese drei Topoi kurz charakterisiert und mit einer Liste der entsprechenden Metaphern dargestellt.

4.1.1.1 a) KlientIn und Familie verharren in Enge und Unbeweglichkeit
In den Interviews wurde die Situation der KlientInnen in ihrem sozialen Umfeld als Ausgangspunkt der Hilfe meist durch ‚Unbeweglichkeit‘, ‚Enge‘ und ‚Verstrickung‘ umschrieben, z.B. sagte eine Helferin über eine Schwester des von ihr betreuten Mädchens, sie fühle sich wie im ‚Gefängnis‘, da ihr die Mutter Kontakte zu gleichaltrigen Jungen verboten hatte. Die Metaphorik besteht meistens darin, daß Fortbewegung behindert wird, es ‚geht nicht‘, die Klienten bleiben ‚hängen‘ oder trauen sich nicht den ‚Schritt‘ über die ‚Hindernisse‘. In diesen Bildern werden sowohl Kinder wie psychiatrische Patienten beschrieben.

woran es denn *hapert* und woran es denn *hängt,* warum es ihr damit *nicht* so gut *geht*
er hat sich *verrannt* in diese Vorstellung

---

[11] Nicht nur die Metaphernanalyse, auch die Inhaltsanalyse (vgl. 4.2.4) kommt zu diesem Befund, der in Kap. 4.3.1 noch einmal thematisiert wird; vgl. Amman 1980.

sie traut sich aber nicht diesen *Schritt*
Sie fühlt sich *eingesperrt* und nur auf Familie bezogen
das *geht* halt nicht
es sind zuviel *Hindernisse* im *Wege* für sie
daß sich die Eltern völlig *zurückziehen,* sich noch mehr von der Schule oder anderen Institutionen abschotten
Art und Weise, wie die Familie *zusammenklebt*
war mir nicht möglich ... aufgrund von zu *großer Nähe*
seine Angst, sich überhaupt *raus* zu *begeben,* seine Wohnung zu *verlassen*
er ist in der Klinik *hängengeblieben*
daß sie sich so *hängen* ließ
sie wollte dann auch *nicht weiter*
so *versteift* sie sich

4.1.1.1 b) Familien (und HelferInnen) stehen sich gespannt gegenüber

Oft wurde die Unbeweglichkeit durch eine spannungsreiche Widersprüchlichkeit in der Familie erzeugt, wenn sich z.B. die Positionen von Kind und Eltern ‚diametral gegenüberstanden‘ und in dieser Spannung verharrten. Die Metaphorik betont räumliche Gegenüberstellungen und Distanzen: ‚Auseinander‘-gehen, ‚gegen‘, ‚Aufstand‘. Die HelferInnen können dazwischen stehen oder eine Rolle in der familiären Spaltung übernehmen.

daß ich da eine *Riesen-Grätsche* machen mußte, um so dieser Spannbreite von Anforderungen zu genügen, die sich ... *diametral gegenüberstanden*
obwohl das dann auch *auseinanderging*
zwischen Über-Ich und Es da irgendwo so *dazwischen zu stehen*
Reibungspunkte in der Familie
ich *vertrat* die *schwierigste* Stelle, und auch die *unsicherste Stelle* in der Familie
die beiden großen, pubertierenden Mädchen grenzen sich nach oben ab, und Mutter und der kleine zweijährige bilden eine Einheit, und sie *saß* irgendwie *dazwischen*
sobald sie *zusammen* sind, gibt es erhebliche *Auseinandersetzungen*
habe mich *gegen* die Familie auch *gestellt*
da hat sie halt einen Mords-*Aufstand* gemacht auf der Straße

4.1.1.1 c) Klienten und Familien kommen auseinander und verlieren sich

Von der Familie als ‚Gefängnis‘ und als ‚Auseinandersetzung‘ unterscheiden sich diffuse Territorien, in denen alle Familienmitglieder auseinanderstrebten. Wieder sind es die Präpositionen ‚in‘, ‚ab-‘, ‚aus-‘, die unterschiedliche räumliche Verteilungen anzeigen, ohne noch zu einer ‚Gegenüberstellung‘ zu kommen. In diese Gruppe gehören auch Bilder unkontrollierbarer Bewegungen, von Chaos und tobenden Emotionen, die sowohl in Familien wie in der Einzelperson lokalisiert werden. In diese Ortlosigkeit ohne festen Grund fügt sich auch die Beschreibung einer Psychose ein (vgl. Interview 9, Kap. 3.10).

Die Familie hat eine Art, vor einander zu *flüchten* ... die sind ja immer *in allen Richtungen,* und kaum zusammen
von zu Hause *abgehauen* und *ausgerückt*
zieh doch los, dann *geh doch* in ein Heim
Vater *zieht* sich *zurück*
sie *verliert* sich, das ist wie ein *Mädchen auf einer grünen Wiese, das von einer schönen Blume zur nächsten geht* und darüber wie *Rotkäppchen* so den *Weg verliert*
er ist immer *unterwegs*
sie ist sehr *herausgefallen* aus der Familie

die Klingel *geht* den ganzen Tag, es ist halt immer was *los*
es *läuft* leider immer der Fernseher
von der Schule *fliegen*
daß die Krankheit sie immer wieder *anfällt,* sie nennt es der *Tiger* (für: Psychose!)
Schub (für: Psychose)
sie *schaukelt* sich auch so hoch
steigert sich halt wieder in ihre Krankheit rein
sie war wieder ganz *hin und weg*
die Emotionen *toben* da alle wild unterschwellig

4.1.1.2. Der Freiraum

Wenn der Ausgangsort als ‚unmöglicher‘ Ort konstruiert wird, kann das Ende der Arbeit als lebenswerter Ort geschildert werden; so sind ‚Ziel‘ und ‚Richtung‘ die räumlichen Metaphern, die häufig wiederkehren. Im Gegensatz zur konkreten Sinnlichkeit bedrückender Ausgangszustände sind die Zielbilder abstrakter. Sie gehören zu dem wenig aussagefähigen psychosozialen Jargon; der ‚Freiraum‘ opponiert der ‚Enge‘ und ‚Verselbständigung‘ (also: selbst stehen) steht im Gegensatz zu ‚anstehenden‘ Forderungen. Das Pathos selbstbestimmter Bewegung ist zu finden:

habe versucht, ihr ein Experimentier*feld* überlassen
sie ermutigt, *eigene Schritte* zu tun
Zugewinn an *Raumerweiterung,* Interessenser*weiterung*
versuche, ihn *in* so eine betreute WG zu *bringen*
das war immer mein *Ziel,* daß ich auf eine psychische Ver*selbständigung* raus will
daß er wieder *herauskommt* auf eine gute Art
einiges in der *Richtung* Therapie
was also auch so einen kleinen *Schubs* bedeutet
wieder so ein *kleiner Schritt in Richtung* eigen*ständig* sein
mehr *Freiraum*
jetzt müßte es ... in die *Richtung gehen,* mich langsam überflüssig zu machen
in Richtung Veränderung auch zu *gehen*

4.1.1.3. Einzelfallhilfe ist in Gang setzen, rausgehen, und Gratwanderung

Entsprechend der Unwegsamkeit der Ausgangsorte ist nicht zu erwarten, daß die Arbeit als Spaziergang metaphorisiert wird; es dominieren die Metaphern des schwierigen Weges: ‚Gratwanderung‘, ‚schieflaufen‘, ‚Ausrutscher‘. Der ‚Ablauf‘ der Hilfe und das ‚Wege finden‘ sind natürlich nicht immer nur negativ formuliert; es findet sich ein neutrales ‚es geht‘ und es werden auch Erfolge als ‚Fortschritte‘ berichtet. Mit dieser Strukturierung durch einen ‚engen Ausgangsort‘, einen schwierigen ‚Weg‘ und einem ‚weitem Freiraum‘ als Ziel geben die HelferInnen ihrer Arbeit einen normativen Hintergrund, dessen epistemologische Implikationen zunächst nicht auffallen. Es scheint nach der Logik der Bilder selbstverständlich, warum diese Reihenfolge zu wählen ist; welches Weltverständnis damit sich ausdrücken kann, wird in Kap. 4.1.10 untersucht.

das *ging gar nicht*
alles andere soll mich *nichts angehen*
was in der Schule war und was da *ansteht* und daß sie da bitte Fach für Fach *durchgehen* soll

ziemlich kritische *Stelle* für meine Arbeit
schon ziemlich *festgefahren*
ich dachte, ich müßte dann diesen Weg *vorgeben*
von Spielregeln bis zu sozialen Regeln so *ein Stück weit* üben können
einiges *schiefgelaufen*
nach vier Monaten sind schon *Schritte* zu sehen
es muß zu Hause *ablaufen*
wenn Du mit irgendwas *daher kommst,* wenn du ihm sagst, *komm*
es war eine absolute *Gratwanderung*
bin ja immer *hinterhergelaufen*
Aufgaben durchgenommen, .. bis man *durchsteigt*
daß die ein bißchen *wegkommen vom* Fernseher
die Familie *vom* Fernseher *wegholen*
bin ich nicht viel *weitergekommen*
da gab es vor einigen Wochen mal ein *Ausrutscher*
ob das jetzt eine *Krücke* ist oder ob das eine Illusion
scheint bei ihm *angekommen* zu sein, daß das für mich ein *ganz schmaler Pfad* ist
ich habe versucht, darauf *einzusteigen,* da wollte sie dann auch *nicht weiter*
berichtet, wie die restliche Woche *lief*
auf keinen *grünen Zweig gekommen*
ging gestern überhaupt nicht
jetzt irgendwas *in die Wege zu leiten*
es ist *schief gegangen*

4.1.1.4. Einzelfallhilfe ist Begleiten

Hier wird der Ausschnitt dieser Metaphorik betrachtet, der explizit ein Beziehungsge-
schehen zwischen HelferInnen und KlientInnen beschreibt. Wir erleben Versuche, ‚einen
gemeinsamen Weg zu finden‘; es wird geschildert, wie man bei den KlientInnen ‚an-
kommt‘, sie ‚erreicht‘, ‚miteinander umgeht‘ oder aber diese ‚ausweichen‘. Allerdings
wird auch formuliert, daß Nähe bedrohlich werden kann, wenn es ‚zu dicht‘ wird, weil
Klienten ‚wenig Distanz halten‘. Damit ist der Orientierungswert dieser Metaphorik für
die HelferInnen auch zu beschreiben: Es ist gut, ‚einen gemeinsamen Weg zu finden‘, bei
den KlientInnen ‚anzukommen‘, aber es darf nicht zu ‚nah‘ sein. Die Beziehungskalibrie-
rung geschieht als Einpendeln auf einem imaginären Metermaß, bei dem das Optimum
des Begleitens offenbar in einer ‚nicht zu großen Nähe‘ zu den KlientInnen markiert ist.
Bamberg (1982/51ff.) hat darauf hingewiesen, wie Beziehungen durch räumliche Relationen charakterisiert werden[12].

zur Zeit kaum eine *Brücke* zu ihm zu finden
nachdem ich mit der Frau *unterwegs* war
ich kann meinen Klienten *nicht erreichen*
das *kommt* bei ihm aber *nicht an*
das scheint bei ihm auch *angekommen* zu sein
daß er gar *nicht* drauf *einging* ... er *weicht* dann *aus*
wir sind so *verblieben*

---

12 Er nennt folgende Beispiele: ‚enge‘ Beziehungen; ‚nahe‘ Verwandte (vs. ‚entfernte‘), sie sind
    sich ‚nahe gekommen‘; aber: er ist mir ‚zu nahe gekommen‘; sie hat mich ‚verlassen‘, wir ha-
    ben uns ‚getrennt‘, ‚auseinandergelebt‘, ‚auf Distanz gehen‘, ‚aus dem Weg gehen‘.

wir wissen, wie wir miteinander *umgehen* können
sie hält halt recht wenig ... *Distanz*
mir ist es zu *dicht*
weil sie die *Distanz* so wenig wahrt

4.1.1.5. Reflexionen der Helfenden über Wege

Schaut man sich die Metaphern an, welche die HelferInnen für die Wegbeschreibung des Selbstverständnisses in ihrer Arbeit benutzen, so wird eine Metapher sehr deutlich: *„ man hat nie einen festen Boden unter den Füßen"* (9/11). Der soziale und psychische Bewegungsspielraum wird von den HelferInnen als unklar und unsicher beschrieben, als ‚bewandert' oder ‚erfahren' erlebt sich niemand.

wenn es *darum geht,* irgendeine Einrichtung oder sonst was *aufzufinden,* dann ist man sehr angewiesen, ... *wer da in der Ecke* oder *dort in der Ecke* mal gehört hat
Kollegen, die halt nun mal *beide Beine in den Ämtern* drin haben
bin im *Umgang* mit Ämtern auch nicht sehr *erfahren*
zu der Ärztin habe ich mich dann ... *geflüchtet*
ich habe mich dann ziemlich schnell *davon gemacht*
in Supervision, wie man halt naiv an so etwas *herangeht*
wie ich damit *umgehen* kann
wie ich das geschickterweise machen könnte, *ohne Gefahr zu laufen*
da *kommt* man mit Argumenten und praktischen Ratschlägen *nicht weiter*
das will ich konsequenter *verfolgen*
schauen, wie kann es *weitergehen*
erfahren, wo man sich *hinwenden* kann
unklar, in welchem Amt Hilfsangebote *angesiedelt* sind

Als Beispiele verweise ich auf die Interviews 1, 8 und 9 (Kap. 3.2, 3.9, 3.10).

4.1.2. Einzelfallhilfe ist Entlasten und Unterstützen

Die Wege-Metaphorik wird oft begleitet von der Bildern der ‚schweren' ‚Über' und ‚Belastung', welche die KlientInnen ‚tragen', ‚unter' der sie leiden, ‚Symptomträger' sind, weil ihnen die Angehörigen zuviel ‚draufpacken', bis sie es nicht mehr ‚aushalten' und ‚zusammenbrechen'. Die Metapher der Last bezieht ihre Einprägsamkeit von der ebenfalls räumlichen Oben-Unten-Dichotomie, dem up-down-Schema[13], was sich in den entsprechenden präpositionalen Komposita ‚auf', ‚über-', ‚nieder-' und ‚unter-' zeigt. Dieses Oben-Unten-Schema bildet den Hintergrund der Metaphorik von emotionalen ‚Hochs' und ‚Tiefs', sozialem ‚Auf-' und ‚Abstieg', moralischem ‚Hoch'-stehen und ‚Gefallensein'. Wer ‚abhebt' und dann ‚im siebten Himmel schwebt', hat den ‚Boden unter den Fü-

---

[13] siehe Lakoff/Johnson 1980/14ff, auch Kap. 2.4.6.2.1. Sie weisen den präpositionalen Strukturierungen der alltäglichen Erfahrung den Status einer ‚orientational metaphor' zu; vgl. zur metaphorischen Übertragung der Raum- auf soziale Wahrnehmung durch Präpositionen Bamberg 1982/52 und Bamberg, Lindenberger 1984/19f. Linguistische Feinanalysen der Rolle von Präpositionen im metaphorischen Prozeß bieten Radden 1989 und Rauh 1989.

ßen verloren'; das Gegenteil solcher euphorischen und/oder (sub)manischen Verfassungen sind depressive Zustände der ‚Schwermut' und ‚Bedrückung' oder das Gefühl, ‚am Boden' zu sein. Auch diese Metaphorik zeigt eine implizite Norm: Hilfe führt zur ‚Erleichterung' und holt Klienten aus der Tiefe (dem ‚Loch') heraus. Auch für die HelferInnen gilt, daß viele ‚Belastungen' und ‚Schwierigkeiten' die Hilfe ‚erschweren'.

die Mutter ist völlig *überlastet*
sie leidet da auch *drunter*
daß man so nun das erzählt, was einem *belastet*
die *Niedergeschlagenheit* der Mutter
das ist *belastend* genug für beide
daß die Halbschwester sich *überlastet* fühlt oder sehr *drunter* leidet
die hat es unheimlich *schwer*
viel davon *abgekriegt* hat von ihrem Frust
daß es ihr überhaupt *zu viel* ist
Symptomträger
das *packt* sie ja auch so auf ihre Kinder *drauf*

In dieser Bildlichkeit ist impliziert, daß die KlientInnen den ‚schweren' Seiten des Lebens ausweichen; manchmal trifft das auch für die Helfer zu:

dann fängt er mit irgendwas an, was ihm am *leichtesten* erscheint
was es den Jungs auch *leicht* macht, sich zurückzuziehen
ich mache es mir da ein bißchen *leicht* von meiner Seite dabei

Die Last, von der die Rede ist, wird in einer parallelen Bildlichkeit erfaßt: Es geht darum, das Leben ‚im Griff zu haben' und zu ‚packen':

daß sie da nun irgendwo ihr Leben ein bißchen *packt*
die Eltern hätten *nicht alles im Griff*
die Eltern tun zwar so, als *hätten sie alles in der Hand*
daß die Eltern ... ihr eigenes Leben auch *nicht so ganz im Griff* haben

Die entsprechenden Metaphoriken der Hilfe sind das (Mit-) Tragen von Last, (Unter-) Stützen und das Erleichtern[14]:

sie glaubt, da kann man einfach alles bei den Leuten *abladen* (für: Erzählen)
habe mit ihr eine Menge Konflikte auch *getragen*
indem ich sie da *unterstützt* habe
daß man da auch mal was *wegtragen* könnte
dann bin ich wieder *Stützer*
war selber so *erleichtert*
Sozialarbeiterin hat sich schon sehr *ins Zeug gelegt*
die mich *gestützt* hat auch gegen die Supervision
ihn in seinen favorisierteren Fächern *stützt*
sie braucht auch ... die *Entlastung* von der Halbschwester

Die Metaphorik der Last in der Klientenbeschreibung fällt auf die Helfer zurück; sie empfinden ihre Aufgabe als ‚schwer':

---

[14] Vgl. das Halten, Tragen, Stützen bei Winnicott, zsf. bei Ciompi 1993

er macht mir das Leben *schwer*
es war *schwer* auszuhalten
da fühle ich mich also echt *überfordert*
ich habe keine *Unterstützung* gefunden
kann ich manchmal auch nicht mehr *aushalten*
pädagogische Erfahrung ... wobei das *Schwergewicht* einfach ein ganz anderes ist
unser *Schwerpunkt* liegt auf Hausaufgaben und überhaupt auf schulischen Belangen
sind so *schwerwiegende* Sachen, daß die Einzelfallhilfe ein Tropfen auf den heißen Stein bloß ist

Ich habe die Last-Metaphorik zu Beginn dieser Abhandlung in den Kontext der Wege-Metaphorik gestellt: Belastung wird als Gepäck auf dem Lebensweg wahrgenommen. Diese Metaphorik hat allerdings noch andere Implikationen, die in den Verben ,stützen', ,tragen' und ,halten' angelegt sind: Sie übertragen körperliche Aktivität auf die Sprache von Architektur und Bauwesen, dort gibt es ,Stützen', ,Träger' und ,Halteseile'; in der Literatur wird auf die Metaphorik ,Sprechen ist Bauen' verwiesen.[15] Im Kontext des Helfens läßt sich nun zeigen, daß die Metaphorik der Architektur ebenfalls dazu dient, KlientInnen, die Arbeit und sich selbst zu beschreiben. Typisch ist die Redewendung vom Auf- und Ab-Bauen:

jetzt macht sie den zweiten, den *Aufbaukurs*
systematisch so ein Stück weit das *abbauen,* diese Angst

Zum Bauen, Planen, Tragen, Stützen des Gebauten braucht man einen Grund[16]:

klärte sich dann aber schnell auf, was der *Grund* des Anrufs war
das ist *kein Grund,* sie in ein Heim zu stecken
man hat nie einen *festen Boden* unter den Füßen
das ist natürlich schon alles eine *Basis,* also irgendwo *sitzt das*
ist die *Basis,* die *Grundlage* nun doch so die Angst

Die Metaphorik der Konstruktion geht aus der des Bauens hervor; zum Teil zeigen Formulierungen wie: ,... bin ich wenig eingebettet in andere Strukturen', die nur scheinbar eine Katachrese (Bildbruch) sind, daß sie durch die gleiche Metaphorik des Hauses motiviert sind. Weitere Beispiele der Konstruktionsmetaphorik:

auf der *Beziehungsebene* habe ich ihr viel Konstanz bewiesen
auf dieser *Eltern-Ebene* finde ich meine Ausbildung ausgesprochen vorteilhaft
sei eine Beziehung, die weit über den *Rahmen* einer Einzelfallhilfe hinausginge
Also es ist so *vielschichtig*

Die hier rekonstruierte Bildwelt des Haus(bau)es ist durch die der Last und Stützung und

---

[15] Diese Metaphorik verbildlicht das Ergebnis des Sprechens meist als Bauwerk, vgl. Brünner 1987/104; Bamberg, Lindenberger 1984/24f., Lakoff, Johnson 1980/46. Beispiele: ,Bauformen' des Erzählens, ,Satzbau', ,Aufbau' des Kapitels, das ,Elaborieren' heuristischer ,Konstrukte', das schwierige ,Rekonstruieren' einer Bedeutung, eine Behauptung ,abstützen' und eine These ,untermauern', einen bestimmten ,Zugang' zum Forschungsgegenstand wählen, auf ,verschiedenen Ebenen' diskutieren. Man kann an einem Aufsatz ,feilen', ihn ,zurecht zimmern', einigen Kanten ,den letzten Schliff' geben, ,polieren' und das Ganze an die Anforderungen des wissenschaftlichen Betriebes ,hinbiegen.
[16] Die Rede vom Grund hat vielfältige visuelle Formen des Gebrauchs, vgl. 4.1.6.

durch die noch zu beschreibende Bildlichkeit des Menschen als Behälters zusammengesetzt und zweifach determiniert. Durch diese Überlappung der Metaphern in der Bildlichkeit des Hauses eignen sie sich z.B. als Muster der Selbstbeschreibung, wie v. Kleist 1984 am Beispiel einer Psychotherapieklientin rekonstruiert hat. Das Interview 3, Kap. 3.4. gibt für die Belastungsmetaphorik viele Beispiele.

4.1.3. Vorbemerkung zur Metaphorik der helfenden Beziehung

Einzelfall- und Familienhilfe bedeutet gemeinsame Arbeit mit den KlientInnen, deren zeitliche Dauer andere therapeutische und pädagogische Interventionen überschreitet, deren Dichte und Umfang von bis zu 18 Stunden pro Woche von anderen Maßnahmen nicht erreicht wird: Einzelfallhilfe ist wie Familienhilfe durch eine ‚hohe Interaktionsdichte‘ (Hoffmann 1981/427) gekennzeichnet. Die Metaphern, durch die und in denen diese intensive Interaktion erlebt wird, lassen sich drei verschiedenen Schemata zuordnen:
- Eine Beziehungsmetaphorik ist in der ‚Verbindung‘, im Wortsinn als ‚Bindung‘ und ‚Schnur‘ enthalten, eb enso im ‚Knüpfen‘ von ‚Kontakten‘ (Kap. 4.1.3.2).
- Eine zweite Bildlichkeit greift auf das tief verwurzelte Schema der abgeschlossenen Körperganzheit zurück und läßt Beziehung als Form des ‚sich öffnens‘ oder ‚zu machens‘ begreifen, wird auch in ‚Verletzen‘ und ‚Grenzen ziehen‘ deutlich (Kap. 4.1.4).
- Oft ist die Rede davon, daß die HelferInnen den KlientInnen Hilfen und Zuwendung ‚anbieten‘ und Dinge ‚überlassen‘, während diese ‚wenig haben‘ vom Leben oder etwas ‚ganz anderes wollen‘, ‚kriegen‘ und ‚bekommen‘. Die HelferInnen selbst beschreiben sich oft als Bedürftige; sie suchen Hilfe und Informationen bei Ämtern, Schule, Klinik und Supervision. Einzelfallhilfe ist Geben und Nehmen (Kap. 4.1.5).

4.1.3.2. Beziehungsmetaphorik I: Einzelfallhilfe knüpft Bindungen

Beziehung wird oft als ‚Verbindung‘ im Wortsinn als ‚Bindung‘, ‚Band‘ und ‚Strick‘ gedacht, mit denen man eine Person an sich ‚binden‘, ‚fesseln‘, ‚umgarnen‘ oder ‚verstrikken‘ kann. Das Wort ‚Beziehung‘ schließlich hat als Verbstamm ‚ziehen‘; ‚hängen‘ beschreibt ebenfalls die durch ein Band verknüpfte Beziehung und hat den weiten Bildbereich von ‚abhängig‘ sein, an jemand ‚hängen‘, bis zum affektiv neutralen kognitiven ‚Zusammenhang‘. Sehr wertend fallen dagegen Bilder für psychische Auffälligkeiten aus: Jemand ist ‚versponnen‘, ‚hat einen Webfehler‘ oder ist ‚schief gewickelt‘. Die aus dem technischen Bereich auf menschliche Beziehungen zurückübertragene Bildlichkeit des Schließens von Kontakten[17] leitet sich von der im Umkreis der Elektrizität wirksamen Metaphorik der Verbindung als Kabel und Leitung ab. Das Verbindungs-(Schema, das hinter diesen Metaphern steht (vgl. Kap. 2.4.6.2.1), greift auf die frühesten körperlichen Erfahrungen zurück: auf die Verbundenheit mit einem anderen Körper durch die Nabelschnur, an den Händen gehalten werden, mit einem Seil oder einer Schnur Dinge verbinden, ein Haustier an einer Leine hinter uns herziehen.

---

[17] Kontakt von lat. 'contactus' = 'Berührung, Ansteckung, Einfluß', vgl. lat. 'tactus'='Tastsinn'.

Dieses Schema läßt sich auch formal fassen: Die Elemente dieser Struktur sind zwei Ganzheiten A, B und ein Verbindungsglied. Die dieser Struktur inhärente Logik impliziert: Wenn A an B gebunden ist, ist A beeinflußt und abhängig von B; dies gilt auch symmetrisch: Wenn A an B gebunden ist, ist B auch an A gebunden. Weitere metaphorische Übertragungen sind: das ‚soziale Band‘, die ‚Ketten eines Sklaven‘, ‚bindungslos‘. Die implizite Moral dieser Metaphorik lautet, daß das ‚Isolieren‘ nicht, aber das ‚Schließen von Kontakten‘ jedoch erwünscht wird; umgekehrt dürfen ‚Verbindungen‘ nicht zu ‚Verwicklungen‘ führen. Ähnlich der Begleit-Metaphorik (Kap.4.1.1.4) wird also auch hier für die helfende Beziehung ein Interaktionsmodell der ‚mittleren Nähe‘ sprachlich bereitgestellt. Zunächst einige metaphorische Beziehungsbeschreibungen:

ich habe einen ganz guten *Kontakt* zu der Familie
er ist ziemlich *kontaktarm*
ich bin eine wichtige *Bezugsperson* für ihn
die ausländischen Kinder *schließen* sich halt irgendwie *zusammen*
daß er aus dieser ethno-bezogenen *Isolation* herauskommt
daß er sehr an mir *hing* ... um sich dann wieder wochenlang völlig zu *entziehen*
sie ist sehr *eingeflochten* ... in die Familie
die Kinder sind sehr *eng eingebunden* in dieses Geflecht

Die entsprechende und positiv konnotierende Metaphorik der Arbeit wird dann formuliert als ‚Kontakte knüpfen‘, ‚in Verbindung setzen‘ und ‚einbinden‘. Linguistische Untersuchungen weisen daraufhin, daß die Metaphorik des Webens einen wesentlichen Anteil der Bilder darstellt, mit denen wir das Reden über Kommunikation konstruieren[18].

ich will, daß Juan *Kontakte knüpft*
ich muß das ja auch irgendwann bald *abnabeln*
mich mit dem schulpsychologischen Dienst *in Verbindung* gesetzt
daß ich sie woanders *einbinde*
daß sie vielleicht woanders *Anbindung* findet

Ein Zuviel an Bindung ist in dieser Metaphorik als Verstrickung und Verwicklung darstellbar, die entsprechend lähmend wahrgenommen wird. Die Angst vor den ‚Fängen und Verwicklungen‘ ähnelt der Metaphorik von ‚Enge und Unbeweglichkeit‘ (s.o. 4.1.1.1a):

der JPD ist wie so eine *Spinne im Netz,* hat so die *Fäden* in der Hand
das ist so *heillos verstrickt*
die *Verstrickung* bestand darin

---

[18] z.B.: Brünner 1987/104 und Bamberg, Lindenberger 1984/24: ein ‚Gesprächsfaden‘, der ‚abreißen‘, den man ‚aufnehmen‘, an den man ‚anknüpfen‘ kann, um noch etwas ‚einzuflechten‘; man ‚verhaspelt‘ und ‚verheddert‘ sich, ‚strickt‘ die Argumentationen nach dem gleichen ‚Muster‘ oder ‚entwickelt‘ eine These. In ein ‚Gedankenknäuel‘ ‚verstrickt‘ zu sein, läßt befürchten, ‚versponnen‘ oder ein ‚Spinner‘ zu sein. Die Metapher vom ‚roten Faden‘ einer Erzählung ist meines Wissens von Goethe in den ‚Wahlverwandtschaften‘ entwickelt worden: *„Wir hören von einer besonderen Einrichtung bei der englischen Marine. Sämtliche Tauwerke der königlichen Flotte ... sind dergestalt gesponnen, daß ein roter Faden durch das Ganze durchgeht, den man nicht herauswinden kann, ohne alles aufzulösen, und woran auch die kleinsten Stücke kenntlich sind, daß sie zur Krone gehören. Ebenso zieht sich durch Ottiliens Tagebuch ein Faden der Neigung und Anhänglichkeit, der alles verbindet und das Ganze bezeichnet."* Goethe 1809/1981, fünfter Band, S.297.

an der Familie *hingen* noch mehr an Helfereinrichtungen dran
wenn ich nicht da bin, *hängt* er quasi vor der Glotze
hat mich absolut und voll in ihr Vertrauen *hineingezogen*
daß ich mich nicht in die *Fänge* und die *Verwicklungen* dieser Familie hinein begebe
ich will mich da halt nicht *reinziehen* lassen
das ganze Verhalten von meinem Klienten ist sehr *abhängiges* Verhalten

Diese Bindungsmetaphorik läßt sich in fast allen Interviews finden; die Spannbreite vom ,abnabeln' bis zum ,Kontakte knüpfen' findet sich im Interview 4, Kap. 3.5.

4.1.4. Beziehungsmetaphorik II: Einmischen & Abgrenzen

Eine zweite Bildlichkeit greift auf das tief verwurzelte Schema der abgeschlossenen Körperganzheit, das ,container'-Schema zurück (vgl. Kap. 2.4.6.2.1). Der Mensch wird damit als relativ abgeschlossener Behälter aufgefaßt; so kann Interaktion als ,sich öffnen' oder ,sich verschließen' begriffen werden. Übertragene Formulierungen wie ,Verletzen' und ,Grenzen ziehen' machen deutlich, daß wir das Erlebnis des inneren Raums auf soziale Verhältnisse übertragen. Am drastischsten wirkt diese Metaphorik zur Bezeichnung psychischer Krisen, wenn formuliert wird, jemand sei ,nicht ganz dicht' oder habe ,einen Sprung in der Schüssel' oder gar einen ,Ausbruch' und ,platzt vor Wut': Das Behälterschema figuriert psychische Ganzheit als (relative) Abgeschlossenheit.
Formal gefaßt: Die drei Elemente dieser Struktur, die Lakoff benennt, sind ein Inneres, ein Äußeres und eine Grenze. Die Logik dieses Schemas gibt vor, daß Dinge entweder im Behälter oder außerhalb sind; wenn der Behälter A im Behälter B ist und X im Behälter A, dann ist X auch in B.
Metaphorische Übertragungen sind in der Alltagssprache vertraut: ,in sich gehen', ,aus sich herauskommen', ,sich in sich verkriechen', es ,sprudelt aus ihm heraus', ,vor Wut platzen', er nimmt es ,zu sich', er ,schluckte die Kröte'. Diese Abgeschlossenheit läßt sich übertragen auf nicht-räumlich verfaßte Objekte: Etwas kommt ,in Sicht', wobei die Präposition ,in' den geschlossenen Raum konstruiert, ähnlich wie: ,*außer* Sichtweite', ,*in* der Ehe', ,*außer*ehelich'; die Modelle der Mengenlehre des Vereinigens, Zuordnens und Überlappens von Mengenkreisen folgen ebenfalls diesem Schema. Das Behälter- und das ,link-'Schema, bezeichnen das primäre Erleben von Raum und Strecke; beide könnten daher Elemente des ,source-path-goal-Schemas' sein, eine Vermutung, die Lakoff und Johnson nicht aufgreifen[19].
Auch diese Metaphorik bietet eine Norm des Helfens an: Wer ,verschlossen' ist und ,zu', dem kann man helfen, ,offener' zu werden; wer aber ,keine Grenzen' kennt oder gar unter ,fließenden Ich-Grenzen' leidet, dem müssen Grenzen gezogen werden oder er braucht einen ,festen Rahmen'. Psychisch und sozial integriert ist damit eine Person, die als ,halboffener Raum' beschrieben werden kann.

4.1.4.1. Verschlossene und zu aufgeschlossene KlientInnen

Die Metaphern, in denen KlientInnen und ihr Umfeld wahrgenommen wurden, oszillie-

---

[19] Diese Überlegung widerspricht ihrer These, daß das source-path-goal-Schema eine gestalthafte Ganzheit repräsentiere und damit nicht mehr weiter zerlegt werden könne.

ren zwischen fehlender Grenze und Verschlossenheit. Zunächst die Bilder, mit denen ‚verschlossene' KlientInnen beschrieben wurden:

er *rückte* erstmal gar *nicht so genau raus,* was Sache ist
ist sie wieder voll *in ihrem alten Ding drin*
hat sie ja ständig *abgeblockt*
so *verklemmt*
bis zum Hals *zugeschnürt*
Johanna hat ganz schnell *die Schotten dicht* gemacht
daß die Eltern so die Jungs *gegen die böse Außenwelt* ... immer schützen wollen ... daß sich die Familie so ein *Schutzpanzer* zugelegt
sich von der Schule oder anderen Institutionen *abschotten*
Art und Weise, wie die Familie ... *gegen die Außenwelt zusammenhält*
das hat sie *nicht sehr offen* gemacht
er hat die *Nase gestrichen voll* von Therapie

Die gegenteiligen Metaphern haben eine positive Konnotation, wenn es darum geht, ‚aufgeschlossen' zu sein; eine negative Färbung bekommen sie, wenn die Person ‚keine Grenzen' hat, andere überfordert oder sich in psychotischer Weise nicht gegen Halluzinationen (‚Stimmen') abgrenzen kann:

der Bruder ließ nichts mit sich machen, während der Kleine *keine Grenzen* kennt
die Stimmen der Frau *reden ihr ja auch ein,* Rabenmutter zu sein
hat so *gesprüht* vor Leben
da hat sie dann die ganze Zeit erzählt und *gesprudelt*
ihre herzliche Geste kam ... *aus* einer Stimmung *heraus*
sie ist jetzt *offener*
im Gespräch mit der Halbschwester kam total viel *raus*
so steigt er auf alles ein, und er kann also sehr *aufgeschlossen* allem gegenüber sein
daß sie [die Mutter] ja irgendwo *so ein Ventil hat*
der Vater hat sich da ziemlich ... *aufgeblasen*
daß der immer wieder *ein Stück aufgemacht* hat
sie ist sehr *aufgeschlossen,* sehr nett
wobei sie sich total *verausgabt*

4.1.4.2. Helfen ist Einmischen und Grenzen ziehen

Helfende beschreiben ihre Arbeit selten als ‚offen sein', das gesprächstherapie-ähnliche abwartende Züge hätte. Sie nehmen stattdessen ihre Aktivität als ‚Einmischen' wahr, besonders dann, wenn KlientInnen als ‚verschlossen' beschrieben wurden.

wenn ich da also so zuviel ... interveniere, ... *dann macht die dicht*
sie *läßt* mich auch so an ihre Schulsachen *ran*
sie will, daß ich mich da *nicht einmische*
ich will nicht verzichten, die eigenen Bedürfnisse mit *reinzubringen*
in der Einzelfallhilfe kann ich mich *nicht so raushalten*
da *bringe ich mich,* meine Person viel mehr *ein*

Grenzen werden da gezogen, wo Helfenden sich zu sehr ‚hineingezogen' fühlen oder die Betroffenen ‚sich nicht abgrenzen können':

wenn ich von vorneherein das *abblocke*

.der *grenzt* sich nirgendwo ab, deswegen finde ich es wichtig, daß er *Grenzen* erfährt

ich möchte jetzt *Grenzen* setzen in Bezug auf unberechtigte Beleidigung

versuche eine *Linie zu halten,* und habe auch mit der Mutter gesprochen, daß sie ihm auch *Grenzen* setzt. Weil der sich einfach *nicht abgrenzen* kann

er kommt also nicht auf den Gedanken, daß man sich hier *zurückhalten* sollte

nicht zu persönlich da in die Familie *hineinzugehen*

kann ich mich auch in vielen Sachen *schwer abgrenzen*

Die körpernahen Bilder vermitteln die Heftigkeit der beteiligten Emotionen beim Überschreiten persönlicher Grenzen:

von daher *sträuben sich meine Nackenhaare* zum Teil

sich die Frau irgendwie *vom Hals zu schaffen*

habe versucht seine Wut ihm *aus der Nase zu ziehen*

man wird trotzdem einfach so von der Familie *aufgesaugt*

Eine abstrakte Variante der container-Metaphorik kommt da vor, wo die Arbeit als eine Beziehung von Druck und Gegendruck, als ein Verhältnis von Machtmitteln, die jeder in der Hand hat, um auf den geschlossenen Anderen einzuwirken, begriffen wird. Grenzen können so weniger gut, dafür ein Eingreifen deutlicher benannt werden:

weil ich ihm nicht das Gefühl vermitteln möchte, daß er jetzt ein *Druckmittel* in der Hand hat, also er muß nur den Fernseher einschalten, dann stehe ich *mit leeren Händen* da ...und ich hatte zum Glück die Fernbedienung *in die Finger bekommen*

sehr viel *Druck* auf ihre Eltern *ausüben*

ob ich da durch meinen *Druck* eher was schlimmer gemacht habe

ohne *Druck* hätte er auch nichts gemacht

Häufig wird diese Metaphorik auch in entsprechenden präpositionalen Verbindungen benutzt, um Wahrnehmungen in kinästhetischer Form zu beschreiben; sich ‚bedrückt‘ fühlen ist eine gängige Redewendung[20], es fanden sich aber häufiger:

das ist eben halt auch so was *Ausdruck* ihrer eigenen Situation

so habe ich den *Eindruck*

Die Metaphorik der Grenze ist besonders deutlich in den Interviews 2, Kap. 3.3. und 6, Kap. 3.7 aufzufinden.

4.1.5.   Beziehungsmetaphorik III: Geben und Nehmen

Eine Metaphorik, für die bei Lakoff und Johnson kein eigenes ‚kinaesthetic image schema‘ zu finden ist, die stattdessen den metaphorischen Mechanismus der Vergegenständlichung extensiv nutzt, ist die des ‚Gebens und Nehmens‘. Oft wollen HelferInnen den KlientInnen Hilfen ‚anbieten‘, während diese ‚wenig haben‘ vom Leben, Unterstützung

---

20 Wie die Metaphorik des Hauses ist die des Druckes doppelt determiniert; auch hier dienen Last (‚*bedrückt*‘) und Raum (‚*Ein-*‘, ‚*Ausdruck*‘) als primäre Metaphoriken (vgl. Kap. 4.1.2).

,fehlt' oder die KlientInnen etwas ,ganz anderes wollen', ,kriegen' und ,bekommen'. Das dabei gezeigt Defizit-Modell bestimmt den Diskurs über psychische Krankheiten ebenfalls: Wer ,nicht mehr alle Tassen im Schrank', nicht mehr ,seine Sinne beisammen' oder den Verstand ,verloren' hat, dem ist psychische Gesundheit offenbar wie ein zu besitzender Gegenstand abhanden gekommen. Diese Metaphorik dominiert die öffentliche Diskussion über psychosoziale ,Versorgung': Die Betroffenen ,fehlt' X, und die Helfer ,versorgen' sie mit diesen fehlenden X. Damit wird ein normierendes Ziel des Hilfeprozesses im ,Auffüllen des Defizits' durch das Bild vorgegeben; dies modifiziert sich in Hilfen, in denen die Beziehung als gegenseitiges konzipiert wird und ,Gleichgewicht' zwischen Geben und Nehmen als Ziel der Beziehungsentwicklung gedacht wird. Allerdings ist z.B. im Interview 3 zu beobachten, daß die Metaphorik des Gebens und Nehmens im Zusammenhang mit Defizitvorstellungen die Hilfe zu einem ,Faß ohne Boden' werden läßt; der in dieser Metaphorik angelegte ,Ausgleich' ist nicht erreichbar, wenn die Klientinnen als defizitär wahrgenommen werden, die HelferInnen fühlen sich bald ebenfalls ,leer' und verschlissen; zur Beschreibung des ,Helfersyndroms' nutzt Schmidbauer (1977) diese pathologische Entgleisung der Geben-Nehmen-Metaphorik. Einzelfallhilfe ist Geben:

da *biete* ich ihr dann *an*
versuch das ihr auch so ein Stück weit zu *überlassen*
die Mutter möchte gerne Verantwortung *abgeben,* sie möchte gerne *Austausch,* ... sie möchte eigentlich *ganz viel,* sie möchte *ganz viel* Unterstützung, ... sie möchte ... Verständnis, manchmal auch ganz praktische *Dinge*
daß er auch was anderes sieht und *mitkriegt*
es *bringt* eben *nichts*
daß er mich dann gar nicht mehr so *nötig hat*
das hat der Sozialarbeiterin das eine oder andere graue Haar *gekostet*
Der Junge hat eine Einzelfallhilfe *gekriegt*
ich versuche ihm *beizubringen*
in welchem Amt Hilfs*angebote* angesiedelt sind

Die erwähnte Substantialisierung besteht darin, daß komplexe Teile unserer Erfahrung als einfache Objekte und Wesen identifiziert werden, daß wir z.B. ,Zuwendung', ,Liebe' als diskrete Entitäten behandeln (vgl. Kap. 2.4.6.1.3). Ontologisierende Metaphern des Gebens und Nehmens erlauben uns, physische und psychische Erfahrungen des intersubjektiven Austausches zu benennen und bestimmte Aspekte aus diffusem Erleben zu isolieren. Wir finden Quantifizierung der Zuwendung (eine Menge, viel, wenig), substantivierte Beschreibung derselben (,sie wollte 'die Liebe' ihrer Mutter') und deren Abkürzung durch Pronomina als Statthalter (,das', was geboten wird). Einzelfallhilfe wird dadurch zum Versorgungs- und Tauschgeschäft:

das Mädchen hat heute auch *eine Menge gekriegt*
eine Frau, die so *wenig gehabt* hat von ihrem Leben bisher
ich müßte aber den Eltern wieder einen *Ersatz anbieten*
den Kindern alternativ was *anzubieten*
diese *ganze Zuwendung fehlt*
Talah *wollte* ganz was *anderes*. Also sie *wollte* ... eigentlich *sehr wenig* von mir, sondern sie wollte *die Liebe* ihrer Mutter, ... die hat alle *Angebote* nicht eingehalten
ob *das,* was Einzelfallhelfer und Helferinnen *bieten* können, auch *das* ist, was die Familie *annehmen* kann, oder ob die vielleicht ganz andere *Dinge*

HelferInnen beschreiben sich ebenfalls durch Geben und Nehmen, auch hier findet sich die Substantialisierung von Zuwendung, Interesse, Aufmerksamkeit zur Tauschware. Sie bekommen ‚keine konkreten Aufträge‘ und ‚müssen sich zusammenklauben‘, was sie machen, sind empfänglich für ‚Gesprächsangebote‘ und wollen Rat ‚bekommen‘. EinzelfallhelferInnen sind bedürftig, Einzelfallhilfe ist Nehmen:

also das *bringt mir eine ganze Menge*
solche Fälle würde ich auch nicht mehr gerne *annehmen* wollen
daß ich keinen klaren Auftrag vom Bezirksamt *bekommen* habe
kein konkreter *Auftrag* vom Bezirksamt dagewesen
Ich habe dann versucht, noch mehr Informationen zu *besorgen*
das einzige Ausführlichere, was ich dann noch *bekommen* hatte
ich mußte mir also selber *zusammenklauben,* was ich mache
habe mir da auch Material *geben* lassen
wenig an wirklich hilfreichen Reaktionen *bekommen*
Von der Gruppe *hatte* ich da *wenig,* ... da hat mir nie jemand ... einen Rat *gegeben*
die Ärztin hat weitere Gespräche *angeboten*

Die Metaphorik des Gebens und Nehmens bezieht ihre Spezifik daraus, daß sie oft im Zusammenhang mit Defiziten zu finden ist; die Helfenden begreifen sich als ‚Ersatz‘ für nicht geleistete Aufgaben der familialen Sozialisation. Dies geht soweit, daß sie die Rolle von Angehörigen wenigstens zeitweise übernehmen:

daß das unglaublich *wichtige Dinge* sind, die solche Kinder, die das nicht gewohnt sind, daß das zum Familienalltag gehört, die aber dennoch in einer Gesellschaft leben, wo das ganz einfach selbstverständlich *dazugehört,* daß die sich ein Stück weit üben können
daß ich in meiner Aufgabe ein Stück weit *Ersatz* dafür bin, was die Familie nicht leisten kann
diese männlichen Anteile, die hier so gang und *gäbe* sind, daß sie *zu einem gehören,* daß die sie so *übernimmt,* da ist sie also in der Familie ganz und gar *unterversorgt*
Wenn sie in eine gute Familie käme, gut *beaufsichtigt* wäre, regelmäßig *gegessen* hätte
so das ein kleines bißchen zu *ersetzen,* was ... das Kind zuhause ... *nicht hat*

In 4.1.1.1 wurden mit ‚Enge und Unbeweglichkeit‘, die in Fronten zerrissene und die auseinanderfallende Familie drei Bilder entworfen, die oft mit der Metaphorik des Defizits an Zuwendung und adäquater Anregung zusammen zu finden waren. Im Fallbeispiel 3 (Kap. 3.4) ist diese Verquickung besonders deutlich beschrieben.

4.1.6.　Visuelle Metaphorik, oder: Helfen als Durchblicken und Klären

Zu den Schemata zählt Johnson das Hell-Dunkel-Schema (Johnson 1987/125f.); es genügt den Ansprüchen, die an die Qualität eines ‚kinaesthetic image schema‘ zu stellen sind: Es handelt sich um nicht-propositionale, d.h. nicht-aussagende Muster, die nicht nach dem Subjekt-Prädikat-Objekt-Schema der Sprache funktionieren. Es sind Schemata, die vorbegrifflich unsere Wahrnehmung strukturieren (Johnson ebd./ 23f., Kap. 2.4.6.2). In der Alltagssprache nutzen Wendungen wie ‚Licht ins Dunkel bringen‘, ‚wir müssen das klären‘, ‚wir wollen sehen, wie es weitergeht‘ und ‚Klarheit schaffen‘ dieses

Schema. Licht gilt als traditionelle Metaphorik von Wahrheit[21] und ‚Einsicht‘, man spricht von einem ‚hellen Kopf‘ oder einer ‚Erleuchtung‘. Das Gegenteil stellen ‚dunkle‘, unerforschte oder rational nicht nachvollziehbare Geschehnisse dar: Man kann sich ‚dunkel erinnern‘, das Mittelalter gilt als ‚dunkel‘, man sprach von einem ‚umnachteten‘ (psychotischen oder dementen) Menschen, und Politiker haben unter bestimmten Umständen einen ‚black-out‘. Ob letztere regelmäßig ‚unterbelichtet‘ sind, eine ‚Mattscheibe‘ oder einen ‚Knick in der Optik‘ haben, kann hier nicht untersucht werden, verweist aber auf die Fülle visueller Metaphern für psychische Phänomene. In den Interviews wird die zu erwartende Polarisierung und die implizite Handlungsanweisung dieser Bilder deutlich: Die Geschichte eines Falls und die Motive sind meistens ‚dunkel‘, und die Helfenden wollen ‚klären‘. Die visuelle Metaphorik dient drei Funktionen:

- Sie strukturiert den kognitiven Raum[22], wenn z.B. von ‚offensichtlichen‘ oder ‚unübersichtlichen‘ Situationen, von ‚Unklarheit‘ und den ‚Licht- und Schattenseiten‘ eines Geschehens gesprochen wird.
- Die Entwicklung der Fallarbeit kann in der Metaphorik ebenfalls dargestellt werden, wenn sich eine ‚unübersichtliche‘ Lage ‚klärt‘ oder von anderen Geschehnissen ‚überschattet‘ wird; die zeitliche Dimension der Arbeit im kognitiven Raum wird mit Bildern von ‚Vordergrund‘ und ‚Hintergrund‘ angesprochen, in denen ‚Vordergrund‘ mit ‚gegenwärtiger und offensichtlicher Zustand‘ und ‚Hintergrund‘ als ‚Geschichte, die zu diesem Zustand geführt hat‘, zu übersetzen ist.
- Als dritte Funktion dient die Metaphorik zur Beschreibung der Arbeit, wenn z.B. Eltern ‚etwas klargemacht‘ werden soll.

Die Nähe zu räumlicher Beschreibung und die Mischung der Metaphern des Sehens und der des Weges (*„Sehen*, wie es *weitergeht‘*) ist oft zu beobachten.

4.1.6.1. Visuelle Metaphern des kognitiven Raums

Die Situation, ihre Protagonisten und deren Ab- und Einsichten wird in den Erzählungen von der Arbeit sehr oft in der Polarität von Hell bzw. Klar und Dunkel bzw. Unklar geschildert. Das Sehen wird intensiv metaphorisch genutzt, um eigene und fremde Auffassungen der Situation darzustellen:

ich fange mit dem *offensichtlichsten* an
es war alles *unklar*, von der *Unklarheit* über Bedürftigkeit bis ...
es gibt eine *Sichtweise* des Amtes
sehr kompliziert und manchmal auch *unübersichtlich*
den *Blick* doch etwas geschulter ... zu haben
der Bruder ist sozusagen das *Helle*, die *helle Kehrseite* der Medaille, und der Kleine die *dunkle*
Spiel, das die Problematik ihrer Herkunftsfamilie *gespiegelt* hat
daß sie den Jungen auf dem *Kieker* hat
der *sieht* wirklich in jedem Tick gleich eine ganz schwere Neurose
also wenn ich mir manche Einzelfallhelfer *angucke*
manchen *siehst* du es wirklich an
ich habe früher mal damit *geliebäugelt*
Adoptiveltern hatten halt die *Vorstellung* eben
hatten die üblichen *Klischees* im Kopf

---

[21] vgl. Blumenberg 1960/26f., vgl. Kap. 2.4.1.5.
[22] Lakoff bezieht den Begriff des ‚mental space‘ von Fauconnier, vgl. Lakoff 1987/68.

habe auch nicht so den *Durchblick*

das Einkoten ist das massivste Symptom, was man so *sehen* kann

Er schien mich gar nicht *wahrzunehmen*

als ob er mich *übersehen* möchte

sie war sehr *zuversichtlich*

also sie war total *einsichtig*

es war ihr überhaupt *nicht klar*

die Frage ist, wie ihre Situation dann *aussieht*

ich kann mir nicht *vorstellen*

4.1.6.2. Visuelle Metaphern zur Beschreibung des Verlaufs

Die zeitliche Dimension des kognitiven Raums, also die Entwicklung der Arbeit mit dem Kind oder der Familie erstreckt sich zwischen den Metaphern vom ‚Hintergrund' für die Vergangenheit, ‚Vordergrund' für eine (fast) gegenwärtige Situation und ‚Perspektive' (lat. perspicio: hindurchsehen, genau betrachten) für Zukunft. Auch die Verben ‚klären' und ‚überschatten' übertragen in der Veränderung der Helligkeit die Wandlungen der helfenden Arbeit.

weil die Schulproblematik für die Eltern im *Vordergrund* stand

es *klärte* sich dann aber recht schnell auf

Es ist mir so *klar* geworden

daß ich schon dabei war, das recht *verklärt* zu *sehen*

das Thema des Mißbrauchs *überschattet* im Moment die Arbeit

nach vier Monaten sind ... schon Schritte zu *sehen*

also aus meiner *Sicht* der letzten vierzehn Tage

die *Perspektive sieht* aus, daß...

im *Hinblick* auf weitere Einzelfallhilfen

nachdem sie sich in dem Zustand *gesehen*

daß es irgendwann nicht mehr zu *übersehen* war

4.1.6.3. Visuelle Metaphern zur inhaltlichen Beschreibung der Arbeit

Als dritte Funktion dienen diese Bilder der inhaltlichen Beschreibung der Arbeit: Den Eltern soll ‚etwas klargemacht' werden, die Helferin will mit dem Mädchen dessen Verhalten ‚angucken', und natürlich muß vieles ‚geklärt' werden. Diese Metaphern verdeutlichen die Kommunikation zwischen den Helfenden und ihren KlientInnen[23]. Zunächst fällt ein ‚Gucken' auf, das meistens gemeinsame Wahrnehmungsprozesse verschiedenster Phänomene beschreibt.

Seminare, die soziale Einrichtungen *angeguckt* haben

um so zu *gucken,* wo sie auf die Welt zugehen will

das Agieren des Mädchens mit ihr zu bearbeiten und *anzugucken*

daß man ... *gucken* kann, gut, Angst ist *klar*

um uns *anzugucken,* was es an Schönem gibt

die Krankheit Krankheit sein lassen und mal wo anders *gucken*

daß der Junge auch was anderes *sieht* und mitkriegt

---

[23] Brünner 1987/105 und Bamberg et al. 1984/24 stellen sie in dieser Form dar.

Es fällt auf, daß neben einem gelassenen ‚Gucken' sich das erwähnte autoritäre ‚klar-machen' oft finden läßt:

muß meine Ungeduld mit dem Mädchen in der Supervision *klären*
habe versucht, die Situation *transparent* zu machen
ich habe immer darauf *geschaut,* daß er nicht *ferngesehen* hat
daß ich sehr genau darauf *gucken* muß
um zu *sehen,* wo er Hausaufgaben auf hat
Klären von Sachverhalten
daß ich ... teilweise *im Dunkeln tappe* über diese Familie
zunächst mal *Beobachtungen* gemacht
also zuerst ein bißchen *geguckt,* getestet, was ist denn da also
Lese-Rechtschreibstörungen, *klar,* das ist ganz *offensichtlich* gewesen
Ein Ziel, also ein *Wunschbild* von mir wäre das schon
indem wir den Eltern erstmal *klar gemacht* haben
indem ich den Lehrern *klipp und klar* gesagt habe
indem ich ihm zum Beispiel *widerspiegele*

Eine ausführlichere Darstellung der visuellen Metaphorik findet sich im Fallbeispiel Nr. 6, Kap. 3.7.

4.1.7.   Einzelfallhilfe ist Nachhilfe

Ein komplex zusammengesetztes Metaphernfeld ordnet sich um das Verhältnis von Einzelfallhilfe und Schule. Bei der Bedeutung, die Schule für den Tagesablauf der betroffenen Kinder hat, und wenn man berücksichtigt, daß viele Kinder erst in der Schule auffallen oder so auffällig werden, daß die Familienfürsorge oder Behindertenfürsorge eingeschaltet wird, ist die umfassende Präsenz von Bildern, die dem Interaktionsfeld Schule entstammen, zu erwarten; es finden sich viele Metaphern wieder, die im größeren Zusammenhang oben herausgearbeitet wurden. Die Metapher ‚Einzelfallhilfe ist Nachhilfe' ist die konkreteste der bisher gefundenen und stellt am reinsten den in Kap. 2.4.6.1.1 beschriebenen Typus der konzeptuellen Metapher dar: Ein Begriff (hier: Einzelfallhilfe) wird in Bildern eines anderen (hier: Schule) beschrieben. Die in ihr enthaltene Idealvorstellung und Handlungsanleitung findet sie in denen der Schule: ‚Gute Noten', ‚brave Schüler' und ‚Leistungen'. ‚Aufgelockerte' oder ‚strengere' Handlungsstile finden sich, die Rede ist vom ‚Pensum', das man mit den Kindern ‚zu üben' hat. Darüber hinaus darf aber nicht übersehen werden, daß psychische Phänomene oft auch dadurch erklärt werden, daß man ‚lernen' muß, wie man z.B. mit Emotionen und Schicksalsschlägen umgehen kann; dies betrifft nicht nur naive umgangssprachliche Selbstkonzeptualisierungen von Psychotherapieklienten (vgl. v. Kleist 1987), sondern auch die Verhaltenstherapie als ‚Lerntheorie'.

4.1.7.1. Unspezifische Metaphern im schulischen Kontext

Die häufig vertretene räumliche Metaphorik kehrt in diesem speziellen Kontext wieder, Schule und die damit verbundenen Probleme werden als Raum, als Ebenen, Bereiche oder Punkte dargestellt:

wobei ihre Defizite *auf allen Ebenen* liegen ... es ist nichts, das man gezielt irgendwo mit ihr
üben ... könnte ... es ist einfach auf der *ganzen Ebene* sehr schwierig
es ist *punktuell* gelungen für die Schule etwas zu tun
daß wir erst einen Teil uns um die Pflichten kümmern und diesen schulischen *Bereich*

Dieser Metaphorik entsprechend ist die Arbeit in diesen Räumen als Bewegung gekennzeichnet; Arbeit ist ,in Bewegung bringen':

wir *gehen* die einzelnen Stunden *durch*
bis man durch den Stoff *durchsteigt*
kommen auf ein verwandtes Thema
gehen wir auch manchmal ein bißchen aus dem Stoff *raus*
gehen wir denn auch so zusammen den Stundenplan *durch*

Die Hemmungen dieser Bewegung werden als ,Hängenbleiben' oder sehr oft als ,an-ste-
hende' Aufgaben formuliert, die es gilt, ,in Gang' zu bringen:

wenn eine Klassenarbeit *ansteht*
wenn Arbeiten *anstehen*
was da *angestanden* ist an konkreten schulischen Anforderungen
was in der Schule war und was da *ansteht* und daß sie da bitte Fach für Fach *durchgehen* soll, und
so daß sie das nochmal *Revue passieren* lassen kann

Neben einigen schultypischen Bewegungsverben (,von der Schule runter gehen' bzw.
,fliegen') sind die Metaphern der Last (,in den Fächern stützen') sowie der visuellen Orientierung (,die Erziehungskompetenzen sind nicht klar') sowie des Redens (,wir besprechen den Stoff') ebenfalls zu finden. Auch die Quantifizierung der Defizite (vgl. Kap.
4.1.5) ist stark von schulischen Denkweisen bestimmt:

ihr fehlt *alles,* um irgendwo in der Schule zu lernen
sie wird ... das *gerade noch* in der Schule schaffen
Lese-Rechtschreibstörungen ... er hat *extrem schlecht* gelesen

4.1.7.2. Helfen ist Nachhelfen

Für das Feld der schulischen Erziehung sind aber andere Metaphern typischer. Da ist zunächst die polare Metaphorik eines ,strengen' und ,lockeren' Umgangs mit den Kindern
und ihre Beschreibung als ,brav' und ,verlogen':

Schularbeiten sind nicht so *streng* jetzt
Wir machen das auch ziemlich *aufgelockert*
nicht mit der *Peitsche dahinter stehen* und ihn *antreiben*
je *strenger* ich dort auftreten würde und um so *rigider* ich jetzt Fernsehen als etwas *Unmoralisches* ihnen aufoktroyieren würde, um so mehr würden die *heimlich* gucken
ich habe oft mir so vorgestellt, wie ich als Kind war, und ich war ein sehr *braver, folgsamer* Junge ... und dachte dementsprechend, so müßte das mit den anderen Kindern auch laufen
ist eine Anstrengung, so *streng* zu sein ... Ich merke zwischendurch immer wieder, wie ich weich
werde oder gerne weich werden würde ... Aber es ist dann .. wenn man .. mit den Spielen anfängt,
.. schwierig, umzuschwenken und dann eines Tages doch Hausaufgaben oder andere Übungen
machen zu wollen

die haben mich regelrecht *angelogen*
daß die mich halt einfach *angeschwindelt* haben

Das umfassendste Bild der Hilfen, die sich schulischer Metaphern bedienen, läßt sich mit ‚Einzelfallhilfe ist Nachhilfe' zusammenfassen, es dominieren Substantive wie: ‚Übung', ‚Pensum', ‚Aufgabe', ‚Programm', ‚Leistung'. In zwei Interviews läßt sich allerdings feststellen, daß ‚Nachhilfe' ohne Berücksichtigung der psychischen und sozialen Eigenarten der Kinder unerfreulich und frustrierend wird[24].

da machen wir dann meistens *Schulaufgaben* zusammen
Stoff durchgenommen
das ist jetzt ihre *Aufgabe,* mir zu berichten
Sie *arbeitet nicht immer gut mit*
sie richtete nur zweimal in der Woche Zeit ein für die *Nachhilfe*
er kam *pünktlich,* hat *fleißig geübt,* ging weg, immer dreimal in der Woche, ... drei Jahre lang ...
als er eine Drei und seinen Abschluß in Deutsch und Mathematik hatte, war damit auch meine Arbeit beendet ... Ich sah Ergebnisse von meiner Arbeit ... und so habe ich mir das auch vorgestellt mit diesem kleinen Mädchen, daß wir *üben* und daß sie *in der Schule stabiler* würde
sobald die *Leistungen* besser sind, fallen natürlich auch viele ... negative Verhaltensweisen dann weg, weil man sich nicht immer dann dadurch profilieren muß
ich bin also in erster Linie für *Nachhilfe* zuständig
Sie versucht dann immer wieder die Stunde von sich aus *abzubrechen,* dann *erzwinge* ich noch fünf oder zehn Minuten, damit sie erlebt, daß *ich entscheide*
ich stelle auch gar keine Ansprüche an sie außer daß sie ein bißchen *mitübt*
daß ich mit dem Kleinen *Leseübungen* mache
normales *Programm* ... das halt jetzt so *eingerichtet,* daß ich dann ein bis zwei Stunden pro Kind und Tag dann mache
nehme mir für jeden Tag ein bestimmtes *Pensum* vor
Konzept ein bißchen umgestellt
So läuft es auch regelmäßig ... bei meinem regelmäßigen *Vorgehen*
nicht, *mit der Schule wettzueifern*
auf die *Schulleistungen konzentriert*
einerseits alte *Rückstände* aufzuholen, andererseits *mit der Schule Schritt* zu halten
versuche gar nicht erst, .. aus den Jungs *gute Schüler* zu machen
Verbesserung der Noten kann ich nicht garantieren

Die Metaphorik der Schule nimmt einen breiten Raum in den Fallbeispielen Nr. 5 und 6 ein, vgl. Kap. 3.6, 3.7.

4.1.8.   Der Raum des Redens: Hilfe als Ansprechen und Reden über ...

Die Metaphorik des Redens herauszufinden heißt, sich auf die mit den Verben des Sagens und Sprechens verbundenen Präpositionen (mit, über, an-, von, aus-,) zu konzentrieren, um die damit verbundenen Schemata der Wahrnehmung (oder orientational metaphors) herauszufinden. Bamberg 1982 verweist im Anschluß an Habermas 1976 darauf, daß das ‚Reden mit' und das ‚Reden über' zusammengehörige, wenn auch analytisch trennbare

---

[24] Vgl. die Interviews 5 und 6 (Kap. 3.6f.) und die Diskussion dieser Problematik Kap. 4.2.5.2.

Bestandteile einer jeden Sprechhandlung sind. Analog zu Searles Trennung von illoku-tionärer und propositionaler Anteile derselben unterscheidet Habermas zwischen der

„a) Ebene der Intersubjektivität, auf der Sprecher und Hörer sich durch illokutive Akte die Beziehungen herstellen, die ihnen erlauben, sich miteinander zu verständigen, und b) der Ebene der Gegenstände in der Welt, über die sie sich in der durch a) festgelegten kommunikativen Funktion verständigen möchten.

Ein Sprechakt kann nur gelingen, wenn die Beteiligten die Doppelstruktur der Rede aus-füllen und ihre Kommunikation auf beiden Ebenen gleichzeitig führen: Sie müssen die Kommunikation eines Inhalts mit der Metakommunikation über den Verwendungssinn des kommunizierten Inhalts vereinigen." (Habermas 1976/334 in Bamberg 1982/62, Her-vorhebung im Original)

Diese Unterscheidung, sehr ähnlich derjenigen, die von Watzlawick et. al. (1982/53f.) zwischen Beziehungsaspekt und Inhaltsaspekt jeder Kommunikation vorgenommen wird, läßt sich anhand der genannten Präpositionen[25] belegen. Sie generieren räumliche Schemata, auf die sich Beziehungserfahrungen projizieren lassen.

Eine deutliche Idealvorstellung oder Norm des Handelns ist nicht zu finden; das Ziel des Redens scheint in sich selbst zu liegen, in der gelingenden Kommunikation, wenn es ge-lungen ist, ,über' etwas ,mit' den KlientInnen zu sprechen und schwierige Themen ,anzu-sprechen', ohne daß diese sich ,herausreden'.

4.1.8.1. Einzelfallhilfe ist gleichberechtigtes Reden mit den Beteiligten

Das ,Reden mit' impliziert eine Verbindung, die als line-Schema im Sinne der obigen Beispiele zu qualifizieren ist: Ich hatte dies als Beziehungsmetaphorik herausgearbeitet[26]. Am deutlichsten wird dies jedoch in der Redewendung, ein Gespräch ,anzuknüpfen' oder diese ,Verbindung' wieder zu ,unterbrechen'.

versucht der manchmal ein Gespräch mit mir *anzuknüpfen*
wir *unterbrechen* ein Gespräch auch sofort

Häufiger ist jedoch das unbestimmte ,mit':

er wollte *mit* der Rektorin *reden*
und haben *mit* irgendwelchen Jungens *geredet*
dann habe ich *mit* der Gruppenerzieherin *gesprochen*
es wird in der Familie überhaupt nicht *miteinander gesprochen*
dann *sprach* ich *mit* der Sozialarbeiterin
Wenn man *mit* dem Kind *sprach*

In diesem Sinne bezeichnet ,Reden mit' eine Arbeit an der Beziehung auf der gleichen räumlichen Ebene ohne Über- und Unterordnung.

4.1.8.2. Einzelfallhilfe ist Reden über Dinge und Personen

Das ,Reden über' stellt eine andere Situation her: Während das gemeinsame Interesse der

---

[25] Zum metaphorischen Gehalt von Präpositionen und Adverbien vgl. Kap. 2.4.6.1.2.f.
[26] Zur Erklärung des Verbindungs-Schemas vgl. Kap. 2.4.6.2.1.; zur Beschreibung der damit verbundenen Metaphorik vgl. Kap. 4.1.3.

Kommunizierenden hier implizit ist, stellt die Präposition ‚über‘ eine räumliche Ordnung her: Das Thema wird ‚unter-‘geordnet, was besonders deutlich wird, wenn ‚über‘ andere Menschen geredet wird. So ist im Reden ‚über etwas‘ eine Beziehung impliziert, in der ein/e SprecherIn mehr oder anderes weiß als der/die Zuhörende und die Rollen von ZuhörerIn und ErzählerIn klar strukturiert sind. Das ‚Reden-über‘ kennzeichnet einen Diskurs, in dem nicht erzählt, sondern unterschiedliche Standpunkte verhandelt werden. Die Distanzierung vom Objekt, ‚über‘ das geredet wird, ist deutlicher als in der Erzählung ‚von‘ dem Objekt. Diese Metaphorik strukturiert Interaktionen und macht deutlich, daß anders als in einer Therapie nicht ‚von‘ und nicht ‚viel‘ erzählt wird[27], sondern ‚über‘ praktische Probleme und den Umgang mit ihnen, wobei die EinzelfallhelferInnen meistens nicht therapeutisch-neutral sind:

dann hatte ich auf dem Schulweg mit ihr *über* diesen Schultag *gesprochen*
mit Suleika auch da noch mal *drüber gesprochen*
Wenn du mit mir nicht darüber redest, *redest* du dann mit deiner Therapeutin *darüber?*
ob man *darüber reden* könnte, eine Einzelsupervision zu bekommen
auch jetzt *sprechen* sie nicht *drüber*
er *spricht* in Anwesenheit von dem Kleinen *über* die Kleinen
Ich habe mit der Frau schon *darüber gesprochen*
wenn er kommt und wir *über ihn gesprochen* haben
Aber er hat mit der Mutter noch selten *drüber geredet*

4.1.8.3. Einzelfallhilfe ist Ansprechen

‚Ansprechen‘ verdeutlicht eine andere Beziehungsqualität: Zunächst ist eine deutlichere Unterscheidung der Sprechenden zu finden als beim gemeinsamen ‚Reden über‘; anders als beim ‚Reden von‘ und dem ‚Reden über‘ geht es hier weniger um ein Drittes, ‚von‘ dem oder ‚über‘ das erzählt wird, als um einen ‚An-spruch‘ von einem der Sprechenden an den Anderen. Dies geht von positiv konnotierten Erlebnissen (‚das war sehr ansprechendes Praktikum‘) zu den Formen des Ansprechens, die für den in diesem Interaktionsfeld herrschenden Diskurs über Probleme typisch sind:

wie schaffe ich es ... die *Dinge,* die mir wichtig sind *anzusprechen*
der hat mich dann *angesprochen*
Ich habe ihn versucht zwar mal darauf *anzusprechen*
er mich jetzt mehr oder weniger schon öfters drauf *angesprochen*

Die Metaphorisierung des Ansprechens zum ‚Anspruch‘ zeigt einen weiteren Bedeutungsbereich im Sinne weitergehender Erwartungen an sich und die Anderen:

also daß er sofort mich *in Anspruch* genommen hat
den *Anspruch* habe ich immer noch
ich stelle auch gar keine *Ansprüche* an sie außer daß sie ein bißchen mitübt
und nur den *Ansprüchen* der Mutter genügen

Die ähnliche benutzte Metaphorik des Ansagens im Sinne des Ankündigens behält die

---

[27] Das schließt quantifizierende Betrachtung des Erzählten nicht aus; Erzählen gehört auch in der Einzelfallhilfe dazu, ohne daß der Fokus darauf liegt: ‚dann hat sie eben ganz viel erzählt‘, ‚da hat sie dann die ganze Zeit erzählt und gesprudelt‘, ‚sie hatte viel zu erzählen‘.

gleiche Rollenverteilung bei:

inzwischen, denke ich, ist etwas anderes *angesagt*
war ... fast schon Meuchelmord *angesagt*

Diese Rollenverteilung des einseitigen Impulses ist bei der Metaphorik des ‚Gesprächeführens‘ ebenfalls zu finden:

daß sie mit dem Mädchen nie ein *Gespräch darüber geführt* hat
Gespräche führen wir kaum
wenn wir mal zu dritt ein *Gespräch führen könnten*

Eine Steigerung des ‚Anredens‘, das ‚an‘ die Grenzen des Anderen herangeht, ist ein Reden, das die Grenzen der anderen Person überschreitet und ‚ein-‘ oder ‚hinein-‘redet, eine Grenzüberschreitung, die bis ins Psychotische gehen kann:

die *Stimmen der Frau reden ihr* ja manchmal auch *ein*
die Eltern *reden mir* nicht so direkt da *hinein*
ich will nicht, daß sie mir da *hineinreden*

Die Metaphorik des ‚Ansprechens‘ kennzeichnet anders als das ‚Reden-Über‘ die Eingriffe in die persönliche Sphäre der Betroffenen.[28]

4.1.8.4. KlientInnen reden herum und sich heraus

Im ‚Reden über‘ war ein weiteres Objekt neben den Kommunizierenden aufgetreten, ‚über‘ das (hinweg) geredet wurde. Eine davon völlig verschiedene, aber ebenso räumliche Kennzeichnung erhalten Objekte, ‚um‘ die ‚herumgeredet‘ wird, oder, wenn es sich um adversive soziale Kontexte handelt, aus denen man sich ‚herausredet‘. Die Sprechenden werden räumlich auf die gleiche Ebene geholt und stehen nicht mehr ‚darüber‘. Dem ‚Ansprechen‘ der Helfenden begegnen die KlientInnen mit ausweichendem verbalen Verhalten:

daß sich die Eltern .. um vieles *herumreden* und *herausreden*
daß der Patient irgendeine *Ausrede*, eine *Entschuldigung*, ein *Ausweichen* verbal vorbringt
daß ich seine sich immer wiederholenden und ähnlichen Reden, *Einwände, Erklärungen* und so weiter stoppe, indem ich ihm sage: Nicht reden, tun Sie einfach, machen Sie
die haben mich regelrecht *angelogen*
daß die mich halt einfach *angeschwindelt* haben
daß sie mich wirklich dreist *angelogen* hat (vgl. auch Schule, 4.1.7)

Das ‚Herum-‘ und ‚Heraus-reden‘ ist so das ausweichende komplementäre Beziehungsverhalten zum eingreifenderen ‚An-sprechen‘. - Im Vergleich mit den von Linguisten gesammelten Metaphernfeldern fällt auf, daß bestimmte Metaphoriken hier nicht auftauchen. So kommt die Metapher ‚Sprechen ist Kampf‘ in den Interviews nicht vor; offenbar ist in den unten zitierten Beispielen des An-sprechens und des Ein-, Herum- und Ausredens eine für den psychosozialen Bereich adäquatere Rhetorik der Auseinandersetzung

---

[28] Siehe die Behälter-Metaphorik Kap. 4.1.4; die gegenteilige Metaphorik zum ‚Ein-reden‘ ist das betonte (Her-)Aus-sprechen: „da finde ich meine Ausbildung <u>ausgesprochen</u> vorteilhaft“.

zu finden[29]. Es wundert ein wenig, daß nur einzelne Anteile der in der Literatur immer
wieder beschriebenen ‚Conduit‘-Metapher auftauchen. Diese basiert auf der ‚Container‘-
Metapher in dem Sinn, daß Personen als Empfänger und Sender einer Botschaft ‚Behälter‘ sind, die ‚hohl‘ sind oder ‚ein reiches Innenleben‘ haben, ‚zu‘ und ‚offen‘ sind, die etwas ‚aussprechen‘ oder ‚aufnehmen‘, denen Worte ‚herausrutschen‘ oder an denen Vorwürfe ‚abprallen‘. Zwischen beiden existiert nun ein ‚Kanal‘, auf dem man etwas ‚rüber-
bringt‘, wenn man einen ‚Draht‘ zu demjenigen hat, falls der andere keine ‚lange Leitung‘
hat, die den ‚Informationsfluß‘ behindert. Brünner 1987 gibt den Hinweis, daß es sich
hier um eine im technischen und linguistischen Bereich entwickelte Metapher handelt;
sie konnte sich offenbar in dem von mir untersuchten Texten nicht durchsetzen[30].

4.1.8.5. Das Gespräch als Punkt in der Zeit und als Gabe

Das Wort ‚Gespräch‘ läßt sich in zwei metaphorischen Kontexten finden. Zum einen
funktioniert es nach der ‚container‘-Metaphorik, die deutlich wird, wenn man die Präpositionen ‚im‘ oder ‚in‘ in seinem Zusammenhang findet; ‚Gespräch‘ ist dann ein Behälter
für Zeit, Ideen und Einfälle, für die Gesprächs-‚inhalte‘:

in einem Gespräch von einer Stunde kommt mal so
weil sie dann gleich *ins Reden* kommt
und dann war mal *im Gespräch*
das hat dann auch *in diesen Gesprächen* mit Shirin nach ihrem Suizidversuch
ich habe versucht *in einem Gespräch* mit den Eltern
ob mit ihr darüber gesprochen wurde *in den Gesprächen* mit den Psychiatern

Diese Art von Behälter strukturiert auch den Zeit-‚Raum‘ außerhalb des eigentlichen Gespräches, ‚Termine‘ unterbrechen den ‚Fluß‘ der Zeit, lassen Ereignisse ‚stattfinden‘ und
helfen, die Arbeit zu gliedern. Sie bieten den ‚Raum‘, in dem die oben beschriebene Beziehungsarbeit des Miteinander-Redens und die eingreifendere Arbeit des Ansprechens
und Darüber-Redens stattfindet.

daß man *Zeit einräumt für Gespräche* mit der Mutter
es ist bis jetzt zwar beim JPD noch kein *Gesprächstermin* zustande gekommen
es finden Elterngespräche *von Zeit zu Zeit* statt
diese sogenannten Elterngespräche, die da *stattfinden* sollen

Eine zweite Metaphorik ist die der Gabe: Gespräche ‚bringen‘ etwas, werden ‚angebo-
ten‘, können etwas sein, was man ‚gehabt‘ hat, zu denen ‚eingeladen‘ wird, es ‚gibt‘ sie.
Sie folgen daher der Metaphorik des Gebens, die oben als ein zentrales metaphorisches
Konzept des Helfens herausgearbeitet worden war.

---

[29] z.B. Brünner 1987/103ff.; Bamberg, Lindenberger 1984/28f.; Lakoff, Johnson 1980/4. Beispiele: wir ‚bauen eine Position‘ auf, ‚verteidigen uns effektiv‘, ‚wehren den Angriff‘ der
quantitativen Forscher ab, ‚kontern‘ mit einer Gegenfrage, ‚verfechten‘ die qualitative ‚Ausrichtung‘ dieser Studie, ‚verfolgen eine Taktik‘ und ‚zielen darauf ab‘, die Metaphernanalyse
in den sozialwissenschaftlichen Bereich ‚vorstoßen‘ zu lassen. Allenfalls das ‚Bekämpfen‘
von Symptomen oder das ‚Konfrontieren‘ eines Patienten deuten die Möglichkeit der Kampf-
metaphorik im psychosozialen Diskurs an.
[30] vgl. Brünner 1987, Reddy 1979, Johnson, Lakoff 1982, Kap. 2.4.5

ob ihr ein *Gespräch* mit jemand am Telefon *was gebracht* hat
daß die Ärztin im Notdienst weitere *Gespräche angeboten* hat
habe ein *kurzes Gespräch* mit einem der Erzieher *gehabt*
mich nochmal *einzuladen zum Gespräch*
da *gab* es *Helfer-Besprechungen,* und dann aber auch Gespräche aller Helfer mit der Familie

Eine ausführliche Falldarstellung, in der die unterschiedlichen Beziehungsdefinitionen von Helferin und Klientin zu verschiedenen Präpositionen und Metaphern der Kommunikation führen, stellt Interview Nr. 9, Kap. 3.10 dar.

4.1.9.   Einzelfallhilfe als Produktion

Eine Metaphorik, die zunächst so sehr ,tot' zu sein scheint, daß sie nicht auffällt, findet sich in Redeweisen vom ,arbeiten', ,machen', ,tun': ,ich habe im Kinderladen gearbeitet', ,was die Arbeit anbelangt', ,wir haben keine Hausaufgaben zu machen gehabt'. Diese Worte scheinen so neutral, daß sie kaum als Bilder zu begreifen sind: Wie sollte man diese ,Arbeit' sprachlich anders fassen? Auffälliger wird der Bildcharakter erst in folgenden Formulierungen:

auch *Kontakte* zu den Bezirksämtern *hergestellt*
es ist wichtig, erstmal eine *Beziehung herzustellen*
was für meine *Arbeit* eher *kontraproduktiv* ist
das so mit ihr auch zu *bearbeiten,* das ging gar nicht

Kontakte und Beziehungen werden ,hergestellt', bestimmte Bedingungen sind ,produktiv' oder ihr Gegenteil, Konflikte sind ,bearbeitet' - an diesen Formulierungen wird dann deutlich, daß ein handwerklicher Produktionsprozeß als Wahrnehmungsfolie über die helfende soziale Interaktion gelegt wird. Gehe ich von dieser Interpretation aus, so verliert das ,Machen' von Hausaufgaben und das ,an Konflikten arbeiten' seinen buchstäblich-realen Schein und wird als bestimmtes Wahrnehmungsmuster deutlich: Einzelfallhilfe stellt sich auch als (gemeinsames) Herstellen von Objekten dar. Es ist gar nicht alles aufzählbar, was ,gemacht' wird: Spaß, Psychologie, Erfahrungen, Studium, Einzelfallhilfe, Hausaufgaben, die Schotten dicht und eine Krise durch, eine Situation klar und eine Auseinandersetzung transparent, Therapie und traumatische Erfahrungen, das Leben schwer oder die Arbeit leicht, das Fernsehen aus und die Geschwister fertig, Supervision und Sinn: Alles wird ,gemacht'. ,Arbeiten' zeigt mit einer Fülle präpositionaler Komposita die Reichweite dieses Musters: nacharbeiten, aufarbeiten, bearbeiten, hinarbeiten auf, zusammenarbeiten, durcharbeiten, Konflikte verarbeiten und sich an Einstellungen abarbeiten. Ist der Blick so für das Handwerk geschärft, erinnert man sich auch an Bilder für Verrücktheiten, die den Menschen einer defekten Maschine gleichsetzen: Jemand ,tickt nicht richtig', ,rastet aus', hat ,ein Rad ab', vielleicht ist auch nur ,eine Schraube locker', auf jeden Fall hat er eine ,Panne'. Selbstverständlich kleidet sich der Helfer in Gestalt des ,Seelen-' oder ,Psychoklempners' in diese handfeste Metaphorik der ,Behandlung'.
Die implizite Handlungslogik dieser Metaphorik ist einfach und klar: Vom ,unbearbeiteten' zum ,durchgearbeiteten' Problem, vom Material zum Endprodukt, was immer das sei: Hausaufgaben, Schwierigkeiten, Unternehmungen; von der vorhandenen Arbeit zum Ende der Arbeit: ,Rückstände aufarbeiten'. Die folgende unvollständige Sammlung von

Beispielen betont die alltäglichen Varianten dieser Metaphorik:

ich *mache* das jetzt ein Jahr
mit ihr für die Schule etwas zu *machen*
die genauso *arbeiten* wie ich
ich *mache* eine *Fortbildung*
ich habe heute mit einem jordanischen Mädchen *gearbeitet*
Es gibt so unterschiedliche *Arbeitsaufträge*
da gab es keine weitere *Zusammenarbeit*
nachdem ich die *Arbeit* beendet habe
was du eben auch wirklich in die *Praxis* umsetzen konntest
da haben wir den Richter *durchgearbeitet*
da mußte er diese Begriffe nochmal *aufarbeiten* für die Arbeit
habe mir Material geben lassen, das ich mit den Jungs *bearbeite*
was ich mit ihnen mache, ist hauptsächlich, *nacharbeiten*
ich versuche wirklich, alte Rückstände *aufzuarbeiten*
hätte mir gewünscht, daß ich mehr mit ihr *zusammenarbeiten* kann
daß ich darauf *hinarbeite,* daß er zu Hause auszieht
auch wenn es schwer ist, vom *Arbeitsanfall* her
Da kannst du *machen* was du willst
ich habe mal eine Weile *Therapie gemacht*
außerdem hat Juan da mal so eine traumatische *Erfahrung gemacht*
der hat eine absolute *Arbeitsverweigerung gemacht*
Vielleicht *macht* sie sich *Gedanken* darüber
die hat mir auch viel *Freude gemacht*
Ich wünsche daß sie nun *Fortschritte* in der Schule *macht*
Johanna hat ganz schnell die *Schotten dicht gemacht*
da hat man keine Vorstellung davon, was sie *durchmacht*
ich *mache* sie sicherlich auf Sachen *aufmerksam*
zum Beispiel mußte ich mich ja auch erst *sachkundig* machen
daß ich sie damit auch nicht *fertig machen* will
versuche gar nicht erst aus den Jungs *gute Schüler zu machen*
die *machen* ja auch *Supervision*
dann noch eine Weile die *Überleitung zu machen*
sonst würde Einzelfallhilfe keinen *Sinn machen*
mich langsam *überflüssig zu machen*
ob er die Schule *schafft* oder nicht
das *schaffe* ich alles gar nicht
ihr da ein bißchen Abwechslung zu *schaffen*
Und das macht ihm schon zu *schaffen*
ich denke, sie kann es leistungsmäßig *schaffen*
versucht habe, dem B. die Situation transparent zu *machen*
Wobei ich ihm versucht habe *klarzumachen*
und auch das *macht* sie deutlich
also zunächst mal *Beobachtungen gemacht*

In den Fallstudien zu den Interviews Nr. 3, 4 und 6, d.h. in den Kapiteln 3.4, 3.5 und 3.7 spielt diese Metaphorik eine wichtige Rolle.

4.1.10. Metaphernanalyse: Zusammenfassung und Interpretation

Bisher wurden die gefundenen neun grundlegenden Metaphern des Helfens in der Einzelfallhilfe in ihrer Vielfalt und Breite dargestellt; ich fasse sie hier noch einmal zusammen und diskutiere dann Ergebnisse und weiterführende Interpretationen.

4.1.10.1. Neun Metaphern des Helfens

Eine Aufgabe dieser Untersuchung war, die wesentlichen Metaphern des Helfens in der Einzelfallhilfe systematisch zu sammeln und zu untersuchen. Darüber hinaus gehe ich davon aus, daß möglicherweise alle wesentlichen Metaphern des psychosozialen Helfens erfaßt wurden. Diese Vermutung soll hier begründet werden:

a) Die Einzelfallhilfe enthält in ihrer Tätigkeitsstruktur, die sowohl pädagogische wie therapeutische als auch sozialfürsorgerische Elemente integriert, ein großes Spektrum möglicher Sprach- und Denkweisen in den Berufen des psychosozialen Helfens. Es ist anzunehmen, daß Einzelfallhilfe prototypische Elemente aller Hilfsformen enthält und die genannten Disziplinen als Ausdifferenzierungen eines in der Alltagswelt ungegliederten Helfens betrachtet werden können.

b) In dieser Untersuchung waren drei PsychologInnen, zwei SoziologInnen z.T. mit Erfahrungen in der Sozialarbeit, zwei PädagogInnen, eine medizinisch-technische Assistentin mit anschließendem Germanistikstudium und eine Sozialpädagogin befragt worden, so daß verschiedene Sprachwelten ausgeschöpft werden konnten. Die HelferInnen hatten sich z.T. mit psychoanalytischen, gesprächs- und familientherapeutischen Ansätzen vertraut gemacht oder befanden sich in einer entsprechenden Ausbildung. Die Erfahrung in der Einzelfallhilfe reichte von einem Fall bis zu mehrjähriger Tätigkeit. Mögliche Perspektiven-Unterschiede, die sich aus den Phänomenen Alter und Geschlecht der HelferInnen, primäre Ausbildung, therapeutische Zusatzausbildung, Problematik der Klienten und Dauer der Hilfe hätten ergeben können, waren bei der Fallauswahl (vgl. Kap. 2.3.5) berücksichtigt worden.

c) Am naheliegendsten war, daß die Problematik, die zur Einrichtung einer Einzelfallhilfe führte, die Reflexionsmuster beeinflußt; so waren Kinder mit den unterschiedlichsten psychischen, sozialen und medizinischen Problemen in den Interviews präsent, ferner Menschen mit einer psychiatrischen Diagnose (vgl. Fallauswahl Kap. 2.3.5). Keine Problematik war ausschließlich mit einer Metaphorik assoziiert worden, dagegen fanden sich verblüffend ähnliche Formulierungen und Bilder trotz unterschiedlichster Symptomatik (vgl. die Interviews in Kap. 3).

d) Alle neun Metaphernfelder waren nach fünf Interviews bereits gefunden; die anschließenden fünf erbrachten außer einer Vertiefung der Bildfelder keine neue Wurzelmetaphorik. Auch die ursprünglich nicht geplante Ausweitung der Untersuchung auf die Betreuung psychiatrisch diagnostizierter Menschen ergab keine neuen Bilder. Hier konnte die Untersuchung nach dem Abbruchkriterium der theoretischen Sättigung beendet werden, das im Kap. 2.1.8 erläutert wurde.

Die Metaphern des Helfens lauten:
1. Einzelfallhilfe ist ,auf den Weg bringen'
Die häufigste Nennung von Metaphern des Helfens lautete: Einzelfallhilfe ist das ,auf den Weg bringen' von Menschen, die ,hängen' geblieben sind, ,unbeweglich' zwischen (fa-

miliären) Fronten sitzen oder sich in der sozialen und psychischen Landschaft ,verirrt‘ haben. Das Ziel dieses Weges wurde als ,Freiraum‘ oder Möglichkeit, ,eigene Schritte‘ zu tun, ausgedrückt. Die HelferInnen beschrieben ihre Arbeit als ,schmalen Pfad‘, ,Gratwanderung‘ und als Versuch, einen richtigen ,Weg‘ gemeinsam zu finden und Veränderungen ,in Gang zu setzen‘. Oft beschrieben sie, daß sie ,auf keinen grünen Zweig‘ kamen oder Unternehmungen mit den Betreuten ,schiefliefen‘. Diese Metaphorik galt für die Helfenden selbst: Sie ,tappten im Dunkeln‘ oder hatten in schwierigen Situationen ,keinen festen Boden unter den Füßen‘.

Von der Metaphorik des Lebensweges ließ sich die des Begleitens ableiten. Die HelferInnen versuchten, ,Brücken‘ zu den KlientInnen zu finden, Aufgaben ,gemeinsam durchzugehen‘ und mit ihnen auch im praktischen Sinn ,unterwegs‘ zu sein. Die Beziehung im eigentlichen Sinn wurde als ,aufeinander eingehen‘, ,ankommen‘ bei den KlientInnen, ,umgehen‘ miteinander oder als ,Ausweichen‘ vor dem Kontakt begriffen. Die Helfenden formulierten auch, daß für sie manche Klientenkontakte ,zu dicht‘ waren und zuviel ,Nähe‘ und zu wenig ,Distanz‘ von ihnen erlebt wurden (vgl. Kap. 4.1.1)

2. Einzelfallhilfe ist Erleichtern, Entlasten und Stützen

Eine andere Metapher, die ebenfalls von einer Körpererfahrung ausging, fand sich in den Feststellungen, die KlientInnen hätten es ,schwer‘ und zuviel ,Last‘ zu ,tragen‘, wenn sie versuchten, ihr Leben ,in den Griff‘ zu bekommen; die Reaktion der HelferInnen bestand darin, ,Erleichterung‘ und ,Unterstützung‘ anzubieten. Auch hier waren sich die Selbstbeschreibung der Helfenden und ihre Beschreibungen der KlientInnen ähnlich: Sie sprachen davon, es nur noch ,schwer auszuhalten‘ und keine ,Unterstützung‘ durch die Institutionen zu finden (vgl. Kap. 4.1.2).

3. Einzelfallhilfe ist der Versuch, durchzublicken, auch wenn man im Dunkeln tappt

Die Versuche der Helfenden, die Arbeit zu strukturieren und zu begreifen, wurden oft in einer visuellen Metaphorik formuliert. Die Situation der Familien und KlientInnen war oft ,unklar‘, man wünschte den ,Blick geschulter‘ zu haben, versuchte zu überlegen, wie das Leben der KlientInnen anders ,aussehen‘ könnte. Man mußte ,darauf schauen‘, daß alle Hausaufgaben erledigt wurden, und man versuchte, schwierige Situationen gemeinsam ,anzugucken‘. Der ,Hintergrund‘ als Vergangenheit der Familie, der ,Vordergrund‘ als Gegenwart und die ,Perspektive‘ als Zukunft waren Substantive, die zeigten, daß es für die Helfenden nützlich war, die Arbeitssituation zu visualisieren. Die Arbeit selbst wurde als ,Klären‘ und als ,transparent‘ bzw. ,klar machen‘ verstanden (vgl. Kap. 4.1.6).

4. Einzelfallhilfe ist Nachhilfe

Die Helfenden, die mit schulpflichtigen Kindern arbeiteten, drückten sich sehr oft in Bildern aus, die schulische Vorgehens-und Denkweisen zum Vorbild hatten. Man ,ging den Stundenplan durch‘ und orientierte sich an ,Nachhilfe‘. Manchmal drohte, daß das Kind ,von der Schule flog‘, und man machte mehr ,Übungen‘. Die Quantifizierung von ,Defiziten‘ (,auf allen Ebenen‘, es ,fehlt alles‘) wiederholte von der Institution Schule geprägte Wahrnehmungsweisen. So ging es um ,Pensum‘, ,Rückstand‘ und ,regelmäßiges Vorgehen‘, man war ,auf die Schulleistungen konzentriert‘ und die Ergebnisse las man an den Noten ab. Die HelferInnen waren ,streng‘ oder ,locker‘, die Kinder ,brav‘ oder sie ,schwindelten‘ (vgl. Kap. 4.1.7).

5. Einzelfallhilfe ist Reden

Die Metaphorik des Redens konnte im Rückgriff auf die begleitenden Präpositionen ,an‘, ,über‘, ,mit‘ etc. als eine eigenständige Metaphorik erschlossen werden. Die Beschreibung der Kommunikation streifte sowohl die Beziehungsmetaphorik eines gleichberechtigten Kontaktes (,Gespräche anknüpfen', ,reden mit') ebenso wie die sich einmischende Rede- und Handlungsweise der Helfenden (,Reden über', ,Gespräch führen'). Sie sahen sich damit konfrontiert, daß ihnen ,hineingeredet' wurde in ihre Arbeit. Demgegenüber stand das ,Sich-heraus-reden' oder das ,Sich-um-ein-Problem-herumreden' der KlientInnen, die sich auf diese Weise dem ,Anspruch' der Helfenden entzogen. ,Ansprechen' zeigte sich als zentrale Wendung dieser eingreifenden Metaphorik. Das Vereinbaren von Gesprächen diente der Strukturierung der Zeit (,Termine'). Ferner wurde das Gespräch als ,Gabe' und ,Angebot' begriffen, das etwas ,bringen' kann (vgl. Kap. 4.1.8).

6. Einzelfallhilfe ist Produktion
Anhand von Formulierungen wie ,Beziehungen herstellen', etwas sei ,produktiv' oder dem ,Bearbeiten' von Problemen zeigte sich, daß ein handwerklicher Produktionsprozeß als Muster für die Wahrnehmung von helfender sozialer Interaktion dienen kann. Auf diesem Hintergrund werden die alltäglich-neutral scheinenden Wendungen vom ,Machen' von Hausaufgaben und das ,an Konflikten arbeiten' als bestimmtes Metaphern deutlich: Einzelfallhilfe stellt sich auch als (gemeinsames) Machen und Herstellen von Objekten dar. Die Menge der Gegenstände, die ,gemacht' wird, reicht von Spaß, Psychologie, Studium, Einzelfallhilfe, Hausaufgaben bis zu Therapie und traumatischen Erfahrungen, und ,Arbeiten' zeigt mit einer Fülle präpositionaler Komposita die Reichweite dieses Musters: nacharbeiten, aufarbeiten, bearbeiten, hinarbeiten auf, zusammenarbeiten, durcharbeiten etc. (vgl. Kap. 4.1.9).

Es ließen sich drei Sprachbilder herausarbeiten, die besonders die Beziehung und den Umgang mit den KlientInnen beschrieben:

7. Einzelfallhilfe knüpft Bindungen
,Band' und ,Bindung' stellten die ursprünglichste Metaphorik der helfenden Beziehung dar. Die Helfenden versuchten, ihre KlientInnen in neue soziale Bezüge ,einzubinden', stellten fest, daß diese an ihnen ,hingen', und überlegten sich, wie sie diese wieder ,abnabeln' konnten. Es ging darum, soziale ,Isolation' durch das ,Knüpfen von Kontakten' zu überwinden; sie hofften, die KlientInnen möchten sich anderen Menschen ,anschließen'. Zu enge Bindungen waren mit dem Bild präsent, die KlientInnen seien ,eingeflochten' in die Familie. Wirre und unklare Beziehungen wurden als ,Verstrickung' erlebt, die Helfer fühlten sich in manche Familien ,hineingezogen' (vgl. Kap. 4.1.3).

8. Einzelfallhilfe ist Einmischen und Grenzen ziehen
Die zweite Beziehungsmetaphorik nutzte das Körperschema des abgeschlossenen Ganzen, der sog. ,container'-Metaphorik: Die KlientInnen waren entweder ,bis zum Hals zugeschnürt', ,verklemmt' und ,versteiften' sich; oder sie waren ,aufgeschlossen', ,sprudelten' aus sich heraus und ,verausgabten' sich im Gespräch. Es gab also neben dem ,Dicht--machen' und ,Abblocken' als Metaphern der Verschlossenheit in der Beziehung das Bild der Kinder, die ,keine Grenzen kannten' und in hyperaktiver Weise die Helfenden dazu brachten, ,Grenzen zu ziehen' und eine ,Linie' zu halten. Der Schwerpunkt der Arbeit lag darauf, ,Würmer aus der Nase zu ziehen', sich ,einzumischen' und ,einzubringen', da man sich in der Einzelfallhilfe nicht ,raushalten' könne aus den Problemen der Familie; ,Druck ausüben' war eine kinästhetische Variante dieser Metaphorik der Körpergrenzen und ihrer Überschreitungen. Manche HelferInnen fühlten sich allerdings ,aufgesaugt' und zu sehr vereinnahmt (vgl. Kap. 4.1.4).

9. Einzelfallhilfe ist Geben und Nehmen

Eine Bildlichkeit, die in den weiteren Rahmen der Metaphorik der helfenden Beziehung zu stellen ist, stellt die Rhetorik des Gebens und Nehmens dar. Die HelferInnen erlebten Menschen, die ‚bisher so wenig gehabt haben von ihrem Leben‘ oder ‚unterversorgt‘ sind. Einzelfallhilfe ist dann ‚Anbieten‘ von Unterstützung und Zuwendung; die Helfenden können manchmal zufrieden feststellen, daß ihre KlientInnen von ihnen ‚eine Menge gekriegt‘ haben. Diese Metaphorik wird auch verwendet, wenn sich die Helfenden selbst beschreiben: Sie hatten meistens das Gefühl, vom Bezirksamt keinen klaren Auftrag und keine Hilfen ‚bekommen‘ zu haben, und ‚klaubten‘ sich ihre Informationen selbst zusammen; für Gesprächs-‚angebote‘ waren sie dankbar. Es fiel auf, daß die Helfenden ihr Geben oft als ‚Ersatz‘ für die in der familiären Sozialisation wahrgenommenen ‚Defizite‘ begriffen; viele Substantivierungen (‚Unterstützung‘, ‚Austausch‘, ‚Zuwendung‘ etc.) und die Verben ‚kriegen‘, ‚haben‘, ‚fehlen‘ und ‚bekommen‘ deuteten darauf hin. Oft wurde diese Metaphorik auf dem Hintergrund einer alle Bedürfnisse eines Kindes erfüllenden Familie formuliert (‚gut versorgt‘, ‚behütet‘) (vgl. Kap. 4.1.5).

4.1.10.2. Konsequenzen und mögliche Deutung

Helfen in der Einzelfallhilfe und in anderen psychosozialen Berufen ‚funktioniert‘ auf dem Hintergrund dieser Bilder. Es fallen zwei Phänomene auf:

a) Es findet sich eine bedeutende Abgrenzung des psychosozialen Helfens von einer bestimmten psychotherapeutischen Szene, denn es gibt bei sehr weiten Übereinstimmungen der Bildlichkeit tatsächlich eine Metaphorik, die in einer Therapieform, kennzeichnenderweise aber nicht in der Einzelfallhilfe vorkommt: Ich meine die vor allem in der gesprächstherapeutischen Szene gebräuchlichen biologischen Metaphern des Wachstums, der Reifung, der Betonung des Organismus bzw. des Leibes und seiner Erfahrungen, aber auch seiner Eigengesetzlichkeit. Diese organische Metaphorik überläßt dem Klienten sehr viel Eigendynamik, und gibt den Therapeuten längst nicht das aktive Potential, das in allen Metaphern des psychosozialen Helfens bereitgestellt wird. Einzelfallhilfe ist sehr viel deutlicher ein ‚Machen‘ als ein ‚Gewährenlassen‘.

b) Es fällt auf, daß mit diesen zentralen Metaphern die Beziehungsmuster einer Eltern-Kind-Beziehung wiederholt werden. Sie konvergieren im ‚prototypical scenario‘ der familiären Erziehung:

- Die Bindungsmetaphorik (‚abnabeln‘) entspricht der frühen Mutter-Kindbeziehung,
- die Begleit-Metaphorik der Phase des Laufenlernens und der Welterkundung.
- ‚Geben und Nehmen‘ geschieht vom völligen Versorgen des Neugeborenen bis zur ausge‚wogenen‘ (!!) Verteilung desselben in einer ‚erwachsenen‘ Beziehung.
- ‚Einmischen und Grenzen ziehen‘ zeigt unterschiedliche Möglichkeiten elterlichen Einflusses auf unterschiedlich selbstbestimmte Kinder;
- ‚Einzelfallhilfe ist Nachhilfe‘ korrespondiert der verbreitetsten und allgemeinsten institutionellen Sozialisationsagentur Schule;
- die Metaphorik des ‚im Dunkeln tappen‘ und ‚Klären‘ läßt HelferInnen und KlientInnen auf einsamen Wegen erscheinen, ein Bild, das Erwachsensein und Kindheit gleichermaßen umschließt.
- Schließlich korrespondieren die Bilder des Auf-den-Weg-bringens mit denen der Pubertät und der Entlassung in eine Welt, in der die Epistemologie des Einzelnen und seines individuellen Lebensweges grundlegend sind. Als gegenteilige Metaphorik hätten die Bilder der Bindung und des Kontaktes fungieren können; aber außer der Wendung,

daß man die KlientInnen im Bezirk ‚einbinden‘ könnte, fanden sich wenige positiv bestimmte Metaphern, dafür viele Bilder der ‚Verstrickung‘. Eine andere Metaphorik, die der individuellen Epistemologie entgegengesetzt ist, könnte man sich nur phantasieren; statt des einsamen Wegs könnte man eine Metaphorik der Wechselbeziehung und Eingebundenheit in die Welt (vgl. Bateson 1990/593) und andere, eher religiös bestimmte Bilder denken; solche ließen sich nicht nachweisen.

- Als Abschluß der familialen Sozialisation erweist sich die Integration in das Berufsleben. Die Metaphorik des ‚Machen‘ und ‚Arbeiten‘ zeigt viele Anklänge an handwerkliche oder industrielle Produktionsprozesse, das ‚Machen‘ von Schulaufgaben, das ‚Bearbeiten‘ von Problemen sozialisiert auf Werthaltungen und Bewältigungsstrategien von erwachsenen Menschen in den entwickelten Industrieländern hin.

Die heterogenen Metaphern zeigen so einen inneren Zusammenhang, indem sie sich zu einem ‚prototypical scenario‘ nach Lakoff zusammensetzen lassen (vgl. Kap. 2.4.6.4.2). Es bündelt mehrere Metaphern nach dem in ihrer Mitte rekonstruierbaren prototypischen kognitiven Modell: Es verdeutlicht ein implizites metaphorisches Sozialisationsmuster nach dem Vorbild der in unserer abendländischen Tradition entstandenen Familie und der mit ihr verbundenen Sozialisationspraxis. Vom ‚Abnabeln‘ und ‚Entwickeln‘ über ‚Begleiten‘ bis zum ‚Geben und Nehmen‘ zum selbständigen ‚Arbeiten‘ sind damit die wesentlichen Elemente dieses lebensweltlich-ikonischen Musters der Entwicklung beschrieben. Was fügt diese Gruppierung der Metaphern des Helfens zu einem prototypical scenario unserem bisherigen Wissen hinzu?

1. Die Gegenüberstellung von ‚Beziehungen knüpfen‘, ‚Geben und Nehmen‘, ‚Begleiten‘, ‚Arbeiten‘ etc. macht noch einmal deutlich, daß es sich bei diesen metaphorischen Modellen des Helfens um ‚Erfahrungsgestalten‘ handelt, Elemente, die einfach strukturiert, bildkräftig und differenziert genug sind, um komplexe Bereiche des Helfens zu strukturieren. Ihnen kommt Gestaltcharakter zu (vgl. die Zusammenfassung der Thesen von Lakoff, Johnson in Kap. 2.4.6.1.5).

2. Die Gruppierung der Metaphern des Helfens zu einem prototypical scenario ordnet diese in einer zeitlichen Struktur an. Zwar können sich die von den Metaphern beschriebenen Zeiträume überlappen; idealerweise wird jedoch ‚Kontakt knüpfen‘ als ursprünglicherer Beziehungsmodus wahrgenommen als ‚Begleiten‘ oder gar selbständiges ‚Arbeiten‘. Die Ordnung der Metaphern nach dem Muster der familiären Sozialisation fügt den Zielen, die von den einzelnen Metaphern formuliert werden (z.B. Geben und Nehmen: Ausgleich des Defizits), eine normierend wirkende Richtung des Hilfeprozesses hinzu, markiert Beginn, Strecke und Ziel.

3. Es gibt kein einziges metaphorisches Modell, welches alleine die Komplexität der psychosozialen Hilfe angemessen abbildet. Stattdessen bezeichnen die einzelnen metaphorischen Modelle Stadien der Interventionsentwicklung in einer zeitlich geordneten Struktur. Es wäre falsch, ein einziges metaphorisches Modell als kennzeichnend für den Hilfeprozeß suchen zu wollen[31].

4. Das prototypical scenario vereinigt heterogene Handlungsansätze und Denkmuster in der Praxis, die sich sonst nicht auf einen Nenner bringen lassen; hinter dem ‚Abnabeln‘ und ‚Unterstützen‘ wird der gemeinsame Hintergrund familiärer Sozialisation deutlich. Individuelle oder auch kollektive Abweichungen werden als Varianten und

---

[31] So die Metaphorik des ‚Entlasten, Kräftigen, Befähigen‘, die Nielsen et. al.1986/188f für die Familienhilfe vorschlagen.

Bruchstücke eines einzigen Modells sichtbar; so wird zum Beispiel im Interview 6 die Unzufriedenheit des Helfers, der um eine zusätzliche Therapie für die Kinder nach-sucht, vor dem Hintergrund eines impliziten Musters weitergehender Sozialisation verständlicher, da er Nachhilfe als zu wenig umfassend empfindet. Die Abweichungen bestätigen so die oben schon formulierte normative Kraft des gefundenen prototypical scenario. Umgekehrt wird ein Hilfeprozeß, der die wesentlichen Stadien und metapho-rischen Modelle durchlaufen hat, sicherlich nicht als ‚unnormal' gelten.

5. Dieses Modell betont als Ziel des Hilfeprozesses die Integration in den Arbeitsprozeß und die dazu notwendige Selbständigkeit, einen eigenen Weg gehen zu könnnen; die Entwicklung von ‚Verbundenheit' mit dem ‚Netz' psychosozialer Kontaktmöglichkei-ten wird nur wenig thematisiert (‚Einbinden').

6. Schließlich fügt die Gruppierung der Metaphern dem prototypical scenario die Ein-sicht hinzu, daß psychosoziales Helfen in einer engen Beziehung zu der in unserer Kultur üblichen Form der Sozialisation steht. Insbesondere unterscheidet sich diese Form des Helfens nicht von den Interaktionsformen, die von Eltern typischerweise bei der Erziehung ihrer Kinder erwartet werden; dies gilt auch für die Arbeit mit psychia-trischen Patienten, welche keine andere Metaphorik anbietet[32].

7. Diese Aussage, daß psychosoziales Helfen in der Einzelfallhilfe in einer engen Bezie-hung zu der in unserer Kultur üblichen Form der Sozialisation steht, ist keine Bevorzu-gung der Pädagogik, sondern spricht eine ‚tiefere' kulturelle Schicht an und verlangt den Bezug zu einem umfassenderen Begriff der Sozialisation (vgl. Kap. 4.3.2). Schließlich wird auch in der Psychotherapieforschung immer wieder darauf hingewie-sen, daß die psychotherapeutische Beziehung auch Elemente einer Eltern-Kind-Bezie-hung enthält (Brockmann 1982/204ff, zusammenfassend zuletzt Tscheulin 1991/15). ‚Korrigierende emotionale Erfahrung' und ‚verständnisvolles Angenommensein' (Brockmann/ebd.) deuten die Wichtigkeit elterlicher Beziehungsformen auch im the-rapeutischen Prozeß an.

Die Bedeutung der gefundenen Metaphern wird im Kapitel 4.3 weiter untersucht; sie werden dort zur Hypothese ausgebaut: Einzelfallhilfe ist generelle Sozialisations-, Ent-wicklungs- und Integrationshilfe nach dem Muster der Elternschaft, welche die indivi-dualisierenden Strukturen unserer Kultur reproduziert und zu reproduzieren hilft.

Die Frage, welche Metaphorik die beste für die HelferInnen sei, kann nach dem Verweis auf das umfassende Muster des prototypical scenario dahingehend beantwortet werden, daß jede Metaphorik einen Aspekt des komplexen Geschehens einer psychosozialen Hil-fe abbildet und keiner der Vorzug gegeben werden kann. Ob eine bestimmte Metaphorik eine ‚Sackgasse' im Umgang mit KlientInnen bedeutet, läßt sich nur am konkreten Fall erarbeiten. Die Metaphorik des In-Bewegung-Bringens zeigte sich z.B. in jedem Inter-view; sie hatte jeweils verschiedene Ausprägungen, ob dies nun der unsichere Gang im Raum der Familie (Interview 7) oder eine Bewegung aus sich heraus im Sinne psychi-scher Gesundung (Interview 9) waren. Die Frage, in welcher Weise die Metaphorik der HelferInnen mit derjenigen der KlientInnen interagiert, ist nur in Interaktionsanalysen zu beantworten. Solche Untersuchungen sind mir nur im experimentalpsychologischen De-

---

[32] Dies gilt nicht nur für die verschiedenen Metaphern; vgl. die Unterscheidung zwischen Ein-zelfallhilfe als Schulhilfe vs. Einzelfallhilfe als Lebenshilfe als Ergebnis der Inhaltsanalyse in Kap. 4.2.2; beide konvergieren in diesem Muster familiärer Sozialisation.

sign von Bock 1981 bekannt (vgl. Kap. 2.4.2); dort werden die Metaphern jedoch vorgegeben. C. v. Kleist 1984 und Pollio et al. 1977 streifen diese Fragen mehr im Sinne der Passung von TherapeutInnen- und KlientInnenmetaphern, sie beschreiben einzelne Metaphernfelder nicht weiter. Hier können nur zwei Vermutungen wiederholt werden:

a) Im Kap. 4.1.5. hatte ich beschrieben, daß die Metaphorik des Gebens und Nehmens im Zusammenhang mit Defizitvorstellungen die Hilfe zu einem ‚Faß ohne Boden‘ werden läßt; der in dieser Metaphorik angelegte ‚Ausgleich‘ ist nicht erreichbar, wenn die Klientinnen als defizitär wahrgenommen werden, die HelferInnen fühlen sich bald ebenfalls ‚leer‘ und verschlissen.

b) In den Analyse der Einzelinterviews wurde deutlich, daß eine Übereinstimmung der Metaphern der Selbst- und der KlientInnenbeschreibung keine Gewährleistung für eine gelingende Hilfe bietet (Interview 1a,1b,3,7); umgekehrt deutet ein Auseinanderfallen dieser Metaphoriken (Interview 5,6,8) auf Diskrepanzen der Weltsicht und auf fundamentale Schwierigkeiten in der Interaktion hin. Eine direkte Analyse der Gespräche zwischen HelferInnen und KlientInnen könnte die Vermutung erhärten, daß ein ‚produktiver Abstand‘ der Metaphoriken, zwischen identischer und oppositioneller Konstruktion von HelferInnen und KlientInnen angesiedelt, eine hilfreiche Voraussetzung in dieser schwierigen Arbeit bedeutet (vgl. Interviews 2,4,9).

4.2. Ergebnisse der Inhaltsanalyse

4.2.1. Einleitende Erinnerungen zur Methode

Ansatzpunkte der Inhaltsanalyse und Formen der Durchführung sind schon im Kapitel 2.3 dargelegt worden. An dieser Stelle möchte ich nur als Lese- und Gliederungshilfe die relevanten Auswertungskategorien wiederholen. Die für die Handlungs- und Selbstregulation von den HelferInnen berichteten thematischen Schwerpunkte ließen sich, wie bereits im ersten Kapitel beschrieben, in folgende Fragen überführen:
a) Welche Arbeitsinhalte berichten die Helfenden?
b) Wie nehmen die Helfenden die KlientInnen wahr?
c) Wie nehmen die Helfenden das soziale Umfeld der KlientInnen wahr?
d) Wie nehmen sich die Helfenden selbst wahr, wie verarbeiten sie ihre Situation?

Die Interpretationen werden hier den Materialsammlungen vorangestellt, die das Ergebnis der Zusammenfassung der Interviewtexte nach den Regeln der Inhaltsanalyse sind. Das Resümee der Interpretationen ist im Kapitel 4.2.6. zu finden.

4.2.2. Welche Arbeitsinhalte berichten die Helfenden?

Die von den HelferInnen genannten Arbeitsinhalte ließen sich nach der Durchsicht der Themenzusammenfassungen zu vier Schwerpunkten der Arbeit bündeln:
1. Schule und Organisation des Schulischen im Leben des Kindes
2. Soziale Integration und Sozialisation
3. Auseinandersetzung im therapeutischen Raum der Beziehung zu den Helfenden
4. Alltagspraktische Stützung

Die Zahl der Nennungen und der Umfang der jeweiligen Textstellen differiert nicht genug, um einen Schwerpunkt zu bevorzugen. Bei dem durch die Inhaltsanalyse erreichten Abstraktionsniveau ließen sich alle ausführlicher erwähnten Tätigkeiten und Reflexionen einordnen. Wie es sich zeigt und wie es auch zu erwarten war, lassen sich in fast jedem Interview mindestens zwei dieser Arbeitsschwerpunkte feststellen; jedes Interview wird darum unter mehreren Aspekten mit den relevanten Inhalten zitiert. Somit deutet sich für die untersuchten HelferInnen an, daß die von ihnen beschriebenen Arbeitsinhalte sich nicht auf die Fähigkeiten reduzieren lassen, die in einer bestimmten Ausbildung gewonnen werden: Es finden sich explizit Formen
- pädagogischer Arbeit, die durch den Stellenwert der Schule im Leben der Kinder gefordert wird (Abschnitt 4.2.2.1);
- sozialpädagogischer/sozialarbeiterischer Tätigkeiten, welche die Lebensbedingungen der KlientInnen versuchten zu verändern (Abschnitt 4.2.2.2);
- psychologischer Reflexion des Umgangs mit Beziehungs- und Verhaltensproblemen und entsprechende Handlungsansätze, die sich nicht auf bestimmte Vorgaben von Therapieschulen reduzieren ließen (Abschnitt 4.2.2.3);
- einer ‚alltäglichen Arbeit‘, deren Inhalte zwischen Hausaufgabenhilfe und psychiatrischer Hauskrankenpflege, Familienersatz, Nachbarschafts- und Freundschaftshilfe beschreibbar waren (Abschnitt 4.2.2.4).

4.2.2.1. Schule und Organisation des Schulischen im Leben des Kindes

Wie zu erwarten und wie durch Metaphern belegt, spielten bei der Arbeit mit Kindern vorhandene schulische Probleme eine Rolle, deren Wichtigkeit zwar schwankte, die aber immer aufzuspüren war. Hausaufgabenhilfe und Kontaktaufnahme mit den Lehrern wurden gleichrangig genannt. Für einige HelferInnen repräsentierte pädagogische und schulbezogene Arbeit einen Kernpunkt ihres Selbstverständnisses (vgl. 4.2.5.2), bei anderen blieben diese Anteile der Arbeit einer weiteren Aufgabendefinition (‚Einzelfallhilfe als Lebenshilfe', vgl. 4.2.5.1) untergeordnet.

- Die Arbeit an schulischen Leistungen (Hausaufgaben, Vorbereitung von Klassenarbeiten, soziale Konflikte in der Schule) spielt eine größere Rolle innerhalb der Arbeit; die Helferin versucht das Mädchen zu einer rationaleren und planenderen Herangehensweise an die Schularbeiten anzuleiten (Interview 1A,1B).
- Der Helfer versucht, das hyperaktive Verhalten des Jungen einzugrenzen und für die Schule zu arbeiten (2).
- Die Helferin kümmert sich um die Schule vor dem Hintergrund praktischer Lebenshilfe (über Schule sprechen, Hausaufgaben planen und machen) und setzt sich für das Kind innerhalb der Schule ein, spricht auf Elternabenden mit Lehrkräften über Verhaltensauffälligkeiten des Kindes und versucht, eine Sonderschulüberweisung zu verhindern (3).
- Der Schwerpunkt liegt auf dem gemeinsamen Machen von Schulaufgaben; die von der Schule genannten Verwahrlosungstendenzen kann die Helferin nicht bestätigen (4).
- Die schulische Nachhilfe wird auch sprachlich (‚mitarbeiten, üben') als wichtigstes Feld der Arbeit bestätigt; die Helferin betrachtet Einzelfallhilfe nach dem Muster der Nachhilfe (5).
- Die Nachhilfe ist thematisch stark repräsentiert, auch wenn der Helfer nicht die Hoffnung hat, die Jungen an den Leistungsstand der Klasse heranzuführen. Bei dem jüngeren der beiden Jungen dominieren Leseübungen, beim älteren Rechtschreibübungen (6).
- Die Hilfe bei Hausaufgaben und der schulischen Organisation (der Junge will den Schulbesuch abbrechen) nimmt den größten Raum der Arbeitszeit ein (7).

4.2.2.2. Soziale Integration und Sozialisation

Gleichrangig in Umfang und Qualität der Interviewanteile fanden sich Beschreibungen, die Einzelfallhilfe als Sozialisations-Arbeit auffassen. Dazu gehören
- die Übernahme von Erziehungsaufgaben, die von den betroffenen Familien nicht wahrgenommen wurden,
- die Vermittlung von Erfahrungen im sozialen Bereich, die den KlientInnen bisher nicht möglich waren, dazu gehört auch eine sinnvollere Nutzung der Freizeit;
- ferner die Kontaktaufnahme zu den jeweils relevanten Institutionen Schule, Sozialamt, Behindertenfürsorge, sozial- und jugendpsychiatrischer sowie schulpsychologischer Dienst, um die KlientInnen und ihre Familie zu vertreten und einen Austausch über deren Bedürfnisse zu ermöglichen.
- HelferInnen versuchen darüber hinaus, Treffpunkte und Verabredungen der Betroffenen zu initiieren und zu unterstützen. In diesem Sinne ist Einzelfallhilfe ‚Vernetzung' der meist isolierten Betroffenen und Vertretung bei Behörden.
Einige HelferInnen formulierten diesen Arbeitsansatz auf dem Hintergrund des Selbstverständnisses von Einzelfallhilfe als ‚Lebenshilfe' (vgl. 4.2.5.1).

- Für die Helferin ist Einzelfallhilfe ‚Familien-Ersatz', für gesellschaftlich gebotene, von der islamischen Familie nicht realisierte Erfahrungen im sozialen Kontakt und im Freizeitbereich. Sie versucht das Kind gleichermaßen für die Ausdauer in der Schule wie im Freizeitbereich zu neuen Beschäftigungen zu motivieren, die dem Kind neue Erfahrungen ermöglichen und stellt Kontakte zu mehreren Dienststellen her (1A,1B).

- Die Kontakte zum Bruder des Klienten, der Mutter, ihrem Freund und dem Lehrer sind für die Abstimmung des Einzelfallhelfers wichtig, auch, um Verständnis für das hyperaktive Kind zu werben. Er unterstützt die Mutter bei Amtskontakten und Gerichtsterminen nach der Entdeckung des sexuellen Mißbrauchs des Jungen (2).
- Die Helferin versucht, dem Kind und seinen Geschwistern soziale Erfahrungen zu ermöglichen, da die arabische Mutter die Kinder unter dem Druck ihrer Herkunftsfamilie stark eingrenzt. Die Helferin hat die Ziele, den Status des Kindes in der Familie zu verbessern und das Umfeld in die Arbeit einzubeziehen (3).
- Der Arbeit an den Beziehungen zwischen der Familie und ihrer Umwelt ist der Helferin sehr wichtig. Sie versucht vieles, um den Jungen aus der Isolation vor dem Fernseher und in seiner ethnischen Gruppe herauszuholen und verteidigt die Familie gegen die als mißgünstig empfundene Klassenlehrerin des Jungen (4).
- Die Helferin hatte den Auftrag, dem Mädchen familiäre Zuwendung zu ersetzen, da die Mutter sich nicht um das Kind kümmert. Neben dem Schwerpunkt Nachhilfe lädt sie das Mädchen zu sich in die eigene Familie ein, kocht und backt mit ihm (5).
- Der Helfer konzentriert sich auf die Schule und bemüht sich, beim jugendpsychiatrischen Dienst eine Therapie ‚in Gang zu setzen‘, da er sich von den psychischen Besonderheiten und dem desolaten Umfeld der Familie überfordert fühlt. Er stellt Kontakte zu Bezirksamt, Schule und schulpsychologischen Dienst her (6).
- Die Kontaktaufnahmen zur Therapeutin und Sozialarbeiterin des Jungen sind wesentlicher Bestandteil der Arbeit der Helferin, sie ersetzt häusliche Wärme, kocht zeitweise nach der Schule für ihn. Sie hilft dem Jungen, aus der als schwierig empfundenen Pflegefamilie herauszukommen und eine therapeutisch betreute WG zu suchen (7).
- Der Helfer möchte den Klienten in einer therapeutischen Wohngemeinschaft eingliedern, koordiniert die Besuche beim Arzt, in der Arbeitstherapie und beim Pfleger (8).
- Die Helferin macht Arztbesuche mit der Klientin, sucht den Kontakt zum sozialpsychiatrischen Dienst und möchte jene in Seniorenheimen und Freizeiteinrichtungen ‚anbinden‘. Es geht ihr darum, das Bedürfnis nach Nähe der auf die engsten Angehörigen isolierten psychisch kranken Klientin im Bezirk und dort möglichen Kontakten einzugliedern (9).

4.2.2.3. Auseinandersetzung im therapeutischen Raum der Beziehung

Einen ähnlichen Umfang wie die bisherigen Schwerpunkte bot die Themen-Sammlung, die sich als ‚Auseinandersetzung im therapeutischen Raum einer Beziehung‘ zusammenfassen ließ. Diese Formulierung wurde gewählt, um einerseits die spezifische Qualität der Auseinandersetzung zu betonen, die zeitlich, emotional und inhaltlich über z.B. sozialpädagogische Interventionen hinausging; andererseits wurde immer wieder deutlich, daß die Helfer diese Arbeit nicht als Therapie im engen Sinne begriffen. Es handelte sich um schwierige Beziehungsaufnahmen zu KlientInnen, die mit dem festen Setting einer außerhalb der eigenen Wohnung stattfindenden Therapie wenig anfangen konnten. Gerade HelferInnen mit Therapieerfahrungen oder -ausbildungen betonten die Differenz zu Therapieformen im Sinne einer speziellen Therapieschule.

- Die Helferin betrachtet Einzelfallhilfe als ‚Schonraum‘ gegenüber den Anforderungen von Schule und Familie, die Hilfe ist für sie begleitende Hilfe zur Persönlichkeitsentwicklung. Das Klären von Konflikten innerhalb der Familie, das Aushalten von Spannungen und der Zuge-

winn an eigenen Erfahrungen wird betont. Die Helferin glaubt erreicht zu haben, daß das Kind Konstanz in einer Beziehung erfahren hat, daß das Kind ein wenig lernen konnte, gute und schlechte Seiten nicht zu spalten, sondern zu integrieren; darin fühlt sie sich dem psychoanalytischen Ansatz verpflichtet (1A,1B).
- Der Helfer ist sehr darum bemüht, eine Beziehung zu dem quirligen, sich nur punktuell auf Menschen einlassenden und sexuell mißbrauchten Jungen aufzubauen, gibt Zuwendung und versucht, kommunikative und sozialen Grenzen für dessen Aggressionen und Beleidigungen durchzusetzen. Eine andere Art der Hilfe konnte sich der Helfer nicht vorstellen, die Hilfe muß seiner Meinung nach den Jungen zu Hause antreffen (2).
- Die (gesprächs-)therapeutische Begleitung von Mutter und Kind ist für die Helferin der Mittelpunkt der Arbeit; in therapeutisch orientiertem freien Spiel drückt das Mädchen seine Sehnsucht nach der heilen Familie aus. Die Helferin spricht mit der ältesten Schwester nach deren Suizidversuchen, ist Gesprächspartnerin der Mutter, arbeitet aber auch konfrontativ mit ihr, als sie die Kinder verprügelt (3).
- Die Helferin legt Wert auf den guten Kontakt zur Familie und führt Gespräche mit der Mutter über ihre Belastungen; sie möchte den Jungen aus seiner Isolation herausholen und schätzt sich als wichtige Beziehung für ihn ein. Sie unterstützt bei Auseinandersetzungen mit den Lehrern. Sie lehnt die Vermischung von Einzelfallhilfe und Therapie ab; bestätigt aber den Wert therapeutischer Selbsterfahrung für sich selbst (4).
- Die Helferin führt Gespräche mit dem Kind über häusliche Probleme, ohne ein Mutterersatz sein zu wollen; einen großen Raum nehmen Gespräche mit der Mutter über deren Probleme ein; sie macht jene auf die schlechte Versorgung der Kinder aufmerksam (5).
- Die Helferin fördert psychische Selbständigkeit durch Vorbereitung des Auszugs des Jungen aus seiner Pflegefamilie, sie begleitet seine emotionalen Krisen. Im Bereich der Entscheidung für die Schule konnte seine Ambivalenz herausgearbeitet werden, bei seinem Auszug nicht. Der Junge verliebt sich in die Einzelfallhelferin, deren Arbeitsziel Verselbständigung damit blockiert wird; sie versucht dies als ‚Übertragungsbeziehung' zu bearbeiten (7).
- Der Helfer bietet Betreuung und Anleitung zur emotionalen Alltagsbewältigung; die Beziehung zum Klienten ist ihm sehr wichtig. Er unternimmt verhaltensändernde Interventionen zur Animierung zu selbständigen Handeln, und versucht einen therapeutischen Umgang mit dem jammernden Klagen des Patienten über seine Unfähigkeit und Angst (8).
- Die Rolle der Helferin ist die einer zuhörenden Betreuerin, sie lobt die Patientin für ihre Fähigkeiten, bot zu Anfang eine Beziehung mit viel Nähe an und bemüht sich, die Dynamik der Erkrankung zu verstehen. Sie versucht, an häuslichen Konflikten zu arbeiten, verdeutlicht die begrenzte Dauer der Einzelfallhilfe und wehrt sich gegen privatisierende Vereinnahmung; sie interessiert sich für systemische Therapieansätze (9).

4.2.2.4. Alltagspraktische Stützung

Die vierte Gruppe von Tätigkeiten wirkt bei einem ersten Blick auf die Textabschnitte sehr heterogen: Es geht um die Begleitung zum Arzt oder darum, einer Mutter gut zuzureden, daß sie die Expansion ihres Kindes begrenzt. Kinder werden von HelferInnen aus der Schule abgeholt, Mütter zu Elternabenden und zum Gericht begleitet. HelferInnen bieten Hilfe im Haushalt an und organisieren das Waschen der Wäsche: Dort, wo der Alltag aus den Fugen geraten ist, greifen die HelferInnen in einer Weise ein, die als gemeinsames Merkmal die Sicherung des täglichen Lebensvollzugs hat.

- Das Eingreifen in körperliche Auseinandersetzungen zwischen den beiden Kindern gehört zur Arbeit des Helfers wie aufklärende Gespräche über dieses Interaktionsmuster, das vorsichtige Einbeziehen des Bruders und die Unterstützung der Mutter in der Erziehung (Ermutigung zum

Grenzenziehen) und bei Amtskontakten (2).
- Die Helferin holt das Mädchen von der Schule ab, spricht mit Erziehern und Klassenlehrern sowie mit dem Mädchen über seine Schulprobleme, geht auf die Schwestern bei schulischen und
körperlichen Problemen ein, sorgt für Zeitaufteilung zwischen den Schwestern und bietet praktische Hilfen für die Mutter beim Renovieren und bei Amtsgängen (3).
- Die Helferin führt Gespräche mit der Mutter, um deren Überlastung einzugrenzen (4).
- Die Helferin versucht, dem Mädchen auch familiäre und materielle Zuwendung zu geben,
hauswirtschaftliche und kulturelle Unternehmungen mit dem Kind zu machen und über die
häuslichen Probleme zu reden. Sie wirkt auf die Mutter und deren Defizite ein, damit diese
mehr für ihre Kinder sorgt (5).
- Betreuung und Anleitung zur emotionalen und praktischen Alltagsbewältigung (Aufstehen,
Fahrt zur Arbeitstherapie, Einkaufen) sowie Verabredung von und Animierung zu selbständigen Handeln sind mehrfach belegt. Der Helfer geht mit dem Klienten zum Arzt, um die Depot-
spritze abzuholen und um mit dem Arzt zu reden. Er sorgt auch für das Waschen der Wäsche.
Die Vorbereitung auf das Leben in einer Wohngemeinschaft ist ein Ziel der Hilfe (8).
- Die Helferin unternimmt mit der Klientin viel außerhalb der Wohnung, will der Patientin helfen, den Tag besser zu strukturieren, und versucht, die häuslichen Konflikten zu entschärfen.
Sie gibt Hinweise und Aufforderungen zu Entscheidungsschwierigkeiten der Patientin (Arztbesuche), wollte ursprünglich auf die Umsiedlung in eine Wohngruppe hinarbeiten. Sie besuchte
die Patientin im Krankenhaus (9).

4.2.3.   Die Wahrnehmung der KlientInnen durch die HelferInnen

Faßt man die Interviewaussagen zur Einschätzung der betreuten Kinder und psychiatri-
schen Patienten zusammen, so lassen sich die Aussagen unabhängig von der Klientel zu
vier auf verschiedenen Ebenen angesiedelten Gesichtspunkten bündeln:
- Psychosoziale Behinderung durch soziale und materielle Umstände (Kap. 4.2.3.1)
- Psychische Behinderung und persönliche Eigenarten der KlientInnen (Kap. 4.2.3.2).
- Fähigkeiten der KlientInnen (Kap. 4.2.3.3).
- Konflikte zwischen Helfenden und KlientInnen (Kap. 4.2.3.4).

Die beiden ersten Punkte, Behinderung durch soziale Bedingungen bzw. durch persönliche, psychische Eigenarten, stehen sich hier nur formal gegenüber: Bis auf ein Interview
fanden sich in jeden Gespräch Anhaltspunkte für die soziale Defizite wie für persönliche
und psychische Eigenarten, die es den Betroffenen erschwerten, ein subjektiv zufriedeneres Leben zu führen. Ein Interview mit dem Helfer eines psychiatrischen Patienten fällt
nur deshalb aus dem Rahmen, weil durch lange Hospitalisation der ursprüngliche familiäre Kontext für die Einzelfallhilfe ohne Relevanz ist, ein soziales Netz nicht mehr existiert
und der Patient sich selbst so sehr einschränkt, daß soziale Behinderungen zunächst überhaupt nicht sichtbar werden. Im Umfang wie in der Qualität der inhaltlichen Schilderung
läßt sich keine Priorität für eine der beiden Sichtweisen begründen, so daß gefolgert werden kann: Die HelferInnen dieser Stichprobe sind in ihrer Wahrnehmung gleichermaßen
mit deutlichen sozialen und psychischen Problemen konfrontiert; Einzelfallhilfe findet
weder ausschließlich als Sozialarbeit bzw. -pädagogik noch als Psychotherapie statt.

Ein weiterer Teil der berichteten Erfahrungen läßt sich als die Zuschreibung und Wahrnehmung von Fähigkeiten der Betroffenen zusammenfassen, die einen unterschiedlichen

Grad der Befähigung zu selbständigem Leben anzeigen. Ein größeres Gewicht haben jedoch Wahrnehmungen von Konflikten zwischen HelferInnen und Betroffenen. Die Beziehungserfahrungen schwanken zwischen dem Gefühl, zwischen die Fronten zu geraten, belogen zu werden, resignieren zu müssen und der Angst vor der heftigen Vereinnahmung in die Privatsphäre der KlientInnen.

Dieses Bild der Klientel ist konsistent mit dem, was EinzelfallhelferInnen oben als Inhalte der Arbeit benannten. Den vielfältigen Behinderungen psychischer und sozialer Natur korrespondieren Arbeitsformen und Tätigkeitsmerkmale pädagogischer, sozialpädagogischer und sozialarbeiterischer Natur; die Häufung von Interaktionskonflikten betont noch einmal die Rolle notwendiger Supervision und psychotherapeutischer Reflexion.

4.2.3.1. Behinderung durch soziale und materielle Bedingungen

Die HelferInnen nehmen bei ihren Schutzbefohlenen Mißhandlungen, beengten Wohnraum, die Konfrontationen der Normen verschiedener Kulturen, den Verlust von Generationengrenzen, psychische Vernachlässigung, Verwahrlosung, Außenseiterrollen, mißgünstige Lehrer, Beziehungsabbrüche, ethnische Isolation, Tod und Scheidung wahr. Die ganze Bandbreite sozialer Krisen und Konflikte ist in der Stichprobe vertreten. Dies ist die eine Seite der Einzelfallhilfe, die deutlich macht, daß z.B. eine ausschließlich psychotherapeutische Auffassung dieser Interventionsmöglichkeit völlig an den Handlungsnotwendigkeiten der Betroffenen vorbei zielt.

- Die Helferin erinnert sich, daß das Kind zum ersten Mal im Kindernotdienst war, als es aus Angst vor der Reaktion ihrer Eltern auf ihr Zeugnis nicht nach Hause ging; ein zweites Mal erschien es mit Blutergüssen in der Schule. Die Problematik des Mädchens rührt aus einer engen religiösen und familiären Einbindung neben schwierigen sozialen Verhältnissen, die Familie wohnt beengt. Das Kind wird von Anforderungen des Vaters, der Schule und der Religion überfordert, es hat sich um jüngere Geschwister zu kümmern. Es ist ‚unterversorgt' mit adäquaten Anregungen, die die Familie nicht bieten kann, und leidet unter der Sozialisationsdifferenz zu Mädchen, die nach westlichen Vorstellungen aufwachsen (1A,1B).
- Der Junge wurde vom verstorbenen Vater gegenüber dem älteren benachteiligt; dieser reagiert eifersüchtig auf den Einsatz des Einzelfallhelfers. Der Junge wurde von einem Päderasten mißbraucht; die Erinnerung daran durch den bevorstehenden Gerichtstermin könnte die Verschlimmerung seines Verhaltens verursacht haben (2).
- In der Familie hat das Mädchen eine Außenseiterrolle zwischen den älteren Geschwistern auf der einen und der Mutter mit dem jüngsten Kind auf der anderen Seite (3).
- Der Junge ist vielseitig interessiert und muß zu den Hausaufgaben nicht angetrieben werden; er paßt allenfalls in der Schule nicht auf. Mit seiner Lehrerin war er in einen Konflikt verstrickt, die von ihr unterstellte Verwahrlosung weist die Helferin zurück. Sein Problem sei der übermäßige, von den Eltern gebilligte Fernsehkonsum und seine dadurch geförderte ethnische Isolation, was durch ein traumatisches Erlebnis einer falschen Bezichtigung durch Deutsche begünstigt worden ist (4).
- Das Mädchen ist emotional und von der familiären Versorgung vernachlässigt und wird z.B. mit dem plötzlich auftauchenden leiblichen Vater, von dem es nichts wußte, alleingelassen. Der Mutter ist die Entwicklung des Kindes egal. Die Kinder passen in ihrer körperlichen und sozialen Art und Weise, sich darzustellen, nach Meinung der Helferin nicht zur Mutter (5).
- Die Kinder pendeln auch in der Erziehung zwischen den Eltern und den Großeltern und sind ungepflegt genauso wie die verwahrloste Wohnung (6).

- Die Geschichte des Jungen ist von Beziehungsabbrüchen gekennzeichnet, so vom Tod von seiner Eltern wie von der Ablehnung in der Pflegefamilie, nachdem er diese selbst immer weniger
akzeptieren kann (7).
- Die Psychosen der Klientin fingen im Alter von etwa 50 Jahren nach der Scheidung von einem
alkoholkranken Ehemann an. Sie hat einen Sohn von 35 Jahren, den sie in diese Ehe brachte.
Aus der Zeit vor der Ehe berichtet sie eine suizidale Episode, in der sie das kleine Kind vor dem
Suizid zurückhielt (9).

4.2.3.2. Psychische Behinderungen und persönliche Eigenarten

Daß es in den Augen der Helfenden nicht mit der sozialarbeiterischen Bewältigung von
sozialen Krisen getan ist, zeigt die Liste von Verhaltens- und Charakterauffälligkeiten.
Borderline-ähnliche Intrigen und Verleumdungen als Ausdrucksmöglichkeiten eines
Mädchens, die aggressive und distanzlos-hyperaktive Haltung eines Jungen, kognitive
Überforderung, Psychosomatik, Verhaltensauffälligkeiten nicht nur in der Schule, Einkoten, passiver Fernsehkonsum und Kontaktscheu, schulischer Leistungsabfall, Ambivalenzen in lähmenden Ausmaß, multiple Angstzustände und rezidivierende Psychosen
kennzeichnen den Bereich psychischer Besonderheiten, mit denen sich Einzelfallhelfer-
Innen auseinandersetzen.

- Die Auffälligkeiten des Mädchens in der Schule bestanden in der Verbreitung von Verleumdungen gegen Klassenkameradinnen, Versuchen, sich mit Lehrern gegen andere Kinder zu ver-
bünden, inadäquat empfundenem emotionalen Einsatz (,auf die Tränendrüse drücken') und einer darauf folgenden sozialen Ausgrenzung. Das Mädchen konnte sich schlecht konzentrieren
und war leicht ablenkbar. Die Hilfe wurde über den schulpsychologischen Dienst wegen Lei-
stungsstörungen und sozialen Auffälligkeiten initiiert (1A,1B).
- Es dominiert die Beobachtung des Agierens des Jungen auf einer Verhaltensebene: Dieser ist
aggressiv, hält sich nicht an Abmachungen, beschimpft den Einzelfallhelfer und andere, ist von
spontanen Einfällen beherrscht, z.T. unzugänglich und kann sich nicht abgrenzen. Vorschläge
des Einzelfallhelfers kann er akzeptieren, wenn er sie als eigene Vorschläge umdeuten kann. Er
hat keine Freunde, ließ sich von einem Päderasten in die Wohnung locken und wurde mißbraucht; der Prozeß hat noch nicht stattgefunden und läßt den Jungen noch mehr ,aufdrehen'.
Er hat viele aggressiv getönte Konflikte mit seiner Umwelt (2).
- Die emotionale Bedürftigkeit aller Familienmitglieder und insbesondere des Kindes kehren in
der Metaphorik des Dinge-haben-wollens wieder, bzw. als Negativum im ,Probleme haben,
bzw. als ,Defizite auf allen Ebenen'. Seine Schulschwierigkeiten sind groß und in mehreren Fächern vorhanden, so daß eine Sonderschulüberprüfung bevorsteht. Es hat eine chronische Ohrenentzündung vielleicht auf psychosomatischer Basis (3).
- Der Junge muß zwar nicht von außen ,angetrieben' werden, er nimmt aber an den dynamischen
Abläufen der südeuropäischen Großfamilie, dessen Zentrum der Fernseher markiert, nur passiv
teil; er hat keine Freunde (4).
- Es handelt sich um ein Mädchen in der sechsten Klasse mit Schul- und Verhaltensschwierig-
keiten, das wegen Hunger oder Verabredungen mit Freundinnen nicht immer gut mitarbeitet
und den schulischen Schwerpunkt der Einzelfallhilfe nur begrenzt mitmacht (5).
- Ein Junge geht in die vierte Klasse der Sonderschule, der andere in die siebte Klasse der Haupt-
schule, wo er aus pädagogischen Gründen noch gehalten wird; beide haben Schwierigkeiten in
Deutsch und die Schule zum dritten Mal gewechselt. Die Geschwister haben sehr aggressive
Phantasien, der Ältere schwärmt sehr für Kriegsgeschehen, der Jüngere fabuliert sich als Prü-
gelnden und ist von seinen Phantasiegeschichten kaum zu lösen. Untereinander verletzen sie
sich heftig. Das Einkoten und der inzwischen überwundene Mutismus des Jüngeren gehören

bezeichnet weitere psychische Probleme (6).

- Deutlich werden von der Einzelfallhelferin die Ambivalenzen des Jungen wahrgenommen. Das betrifft zum einen die Schule: Einerseits verweigert er sich derselben, andererseits geht er gerne hin. Zum anderen betrifft es seinen Auszug aus der Familie, den er wünscht und nicht schafft. Er äußert seine Aggressionen nur sehr begrenzt (7).
- Der Klient hat nach Überwindung psychotischer Phasen eine starke Angst, die es ihm schwer macht, das Haus zu verlassen; er verlangt Begleitung und Hilfe und zeigt ein festhaltendes bzw. ‚saugendes' Verhältnis zu anderen Menschen. Er wohnt allein und geht vormittags in die Arbeitstherapie der Klinik. Momentan helfen weitere Medikamente nicht, im Kontakt mit anderen fühlt er sich abgelehnt und raucht manchmal zuviel (8).
- Die Klientin ist jetzt über 60 Jahre alt und hat zehn psychiatrische Aufenthalte hinter sich. Sie bleibt, wenn sie ohne Hilfe ist, zu Hause und ‚steigert' sich in ihre Krankheit hinein. Arztbesuche fielen ihr schwer; bei einem Krebsverdacht ‚versteifte' sie sich auf die schlimmste Möglichkeit, fragte aber nicht weiter bei den Ärzten nach. Die Klientin hat vor einer Veränderung in Richtung Selbständigkeit und soziale Integration Angst und wehrt dieses Thema ab (9).

4.2.3.3. Fähigkeiten der KlientInnen

In Quantität und Qualität deutlich geringer als jeder einzelne der beiden genannten Aspekte fallen die Interviewstellen aus, in denen Fähigkeiten der KlientInnen geschildert werden. Es läßt sich kaum eine weitergehende Gemeinsamkeit finden: Die Spannbreite reicht vom Lob in einem Unterrichtsfach bis zur Fähigkeit einzelner Kinder, sich auf Behörden für ihre Interessen einzusetzen.

- Durch ihr Ausreißen von zu Hause will das Mädchen das nicht einverstandene Amt zwingen, eine Aufnahme in einem Heim zu befürworten. Die Helferin bemerkte eine gewachsene Kompetenz des Mädchens, mit Ämtern umzugehen. Sie glaubt erreicht zu haben, daß das Kind in der Schule sich verbessert hat und daß das Kind einen Zugewinn von Fähigkeiten hat, um seine Neugier und Selbständigkeit befriedigen zu können (1A,1B).
- Der Junge ist spontan und für Unternehmungen zu begeistern, wenn man ihm die Möglichkeit gibt, die Idee dazu als die eigene zu sehen (2).
- Der Junge ist vielseitig interessiert und geht auf viele Angebote der Helferin begeistert ein (4).
- Das Mädchen wird für sensibel, intelligent und kultiviert gehalten, Charakterzüge, die die Helferin in Bildern der Autonomie schildert. Es bewältigt seine Situation durch seine Beliebtheit in einem großen Bekanntenkreis (5).
- Die Jungen verkraften zusätzliches Üben, auch wenn es wegen ihrer Rückstände nicht an den Stand der Klasse heranführt (6).
- Der Junge ist in den naturwissenschaftlichen Fächern gut (7).
- Die Patientin ist bei ihrem Aufenthalt in einem psychiatrischen Krankenhaus lebhaft und erzählt viel von sich, der Medikation, der Therapie durch Schlafentzug, von ihren Versuchen, das Rauchen unter Kontrolle zu bekommen, der Beschäftigungstherapie und von der voraussichtlichen Dauer, bis ihre Wahngedanken abgeklungen sind (9).

4.2.3.4. Konflikte zwischen Helfenden und KlientInnen

Eine große Rolle spielen Konflikte zwischen HelferInnen und Betroffenen. Die Erfahrungen der HelferInnen reichen von dem Gefühl, sich innerhalb von Fronten zu bewegen; heftig beschimpft, abgelehnt oder belogen zu werden; zu resignieren oder sich der heftigen Vereinnahmung ins Private der KlientInnen zu widersetzen. Ein Junge verliebt sich in seine Helferin, eine Klientin will sich die Helferin als ideale Tochter erhalten. Die besondere Brisanz dieser Beziehungsentwicklungen und der damit verbundenen heftigen ablehnenden und besitzergreifenden Impulse ergibt sich aus der Tatsache, daß kein ritualisiertes Therapiesetting zur Verfügung steht, obschon eine therapie-ähnliche persönliche Nähe durch die Arbeit in der Wohnung oder der Lebenswelt der KlientInnen entsteht. Die wirtschaftliche Abhängigkeit der HelferInnen von der Zustimmung der Betroffenen zur Hilfe erschwert es, gelassen mit diesen Komplikationen umzugehen. Arbeit im Bereich der Einzelfallhilfe heißt, heftigen Emotionen gewachsen sein zu müssen.

Untersucht man die kritischen Situationen genauer, so lassen sich die Konfliktmöglichkeiten in vier Bereichen lokalisieren:
- unterschiedliche Auftragsdefinition zwischen HelferInnen, KlientInnen und Behörde,
- konflikthafte Beziehung zu den KlientInnen,
- konflikthafte Beziehung zum Umfeld und
- Überforderung der HelferInnen durch Situation und Bedürfnisse der KlientInnen.

Die besonderen Schwierigkeiten der einzelnen HelferInnen lagen fast immer in der lähmenden Verknüpfung mehrerer problemerzeugender Situationen[33].

- Der wichtigste Konflikt bestand für die Helferin im Versuch des Kindes, sie für ihre Interessen einzusetzen, vornehmlich nur Freizeitgestaltung zu machen, während die Eltern auf Schularbeiten drangen. Der Helferin kam der Vorwurf des Kindes, geschlagen worden zu sein, als Machtinstrument vor; es war nicht möglich, dieses Verhalten zu reflektieren, es gab in dem Machtkampf in der Familie nur ein Mitspielen oder die Rolle, die Böse zu sein (1A,1B).
- Der Einzelfallhelfer ist von den verbal aggressiven und beleidigenden Ausfällen des Jungen dazu gebracht worden, mehr Grenzen zu ziehen (2).
- Das Mädchen wollte mehr Nähe zur Mutter als die Hilfe der Einzelfallhelferin. Seine Phantasiespiele kreisen um die heile Familie, es läßt die Helferin nicht ,nahe‘ an sich heran (3).
- Die Helferin resigniert bei der Aufgabe, den Jungen von der ,Fernseh-Sucht‘ zu ,heilen‘(4).
- Der Helfer fühlt sich von den Jungen zum Narren gehalten, weil sie ihn belügen, beispielsweise über die Menge der Hausaufgaben, oder mit einer Ausrede die Einzelfallhilfe umgehen wollen, und sieht sich zu strengerem und unpersönlicherem Vorgehen genötigt (6).
- Der betreute Junge verliebt sich in die Einzelfallhelferin, die sich davon überfordert fühlt. Diese emotionale Nähe des Jungen stellt sich weder zur Pflegemutter noch Therapeutin her, die auf Seiten der Familie stehend wahrgenommen wird (7).
- Der Klient ist im Kontakt mit dem Helfer oft abweisend, weicht aus und übersieht ihn (8).
- Die Klientin hält sehr wenig Distanz zur Helferin. Weil sie sich eine Enkelin wünscht und in ihrem psychotischen Erleben Stimmen hört, die sie als Rabenmutter bezeichnen, vermutet die Helferin, daß sie als Kind der Klientin wahrgenommen wird, was sie belastend empfindet (9).

4.2.4. Die Wahrnehmung des sozialen Umfelds durch die HelferInnen

Die Wahrnehmungen der Familie bzw. des sozialen Umfeldes der KlientInnen lassen sich in vier Schwerpunkten gruppieren:
- Enge des Familiensystems (Abschnitt 4.2.4.1)
- Diffuse und zerfallende Familiensysteme (Abschnitt 4.2.4.2)
- Psychosoziale Defizite und Probleme des sozialen Umfelds (Abschnitt 4.2.4.3)

---

[33] Eine differenziertere Analyse von Konfliktmöglichkeiten siehe Schmitt 1991.

- Konflikte zwischen Helfenden und Familie bzw. sozialem Umfeld (Abschnitt 4.2.4.4).

Diese Schwerpunkte waren von Quantität und Qualität etwa gleich stark vertreten; wie bei den vorangegangenen Untersuchungen zur Darstellung der helfenden Arbeit und zur Wahrnehmung des/der Klientin/en ergaben sich in jeden Interview Belegstellen zu mehreren dieser Schwerpunkte. Interessant ist, daß sowohl in den Interviews 1 und 6 Belegstellen für die gegensätzlichen Betrachtungen ‚enges‘ versus ‚zerfallendes/diffuses Familiensystem‘ zu finden waren. Die psychosozialen Defizite und Lebenskrisen der Familie bilden den dritten Abschnitt; von Verwahrlosungstendenzen bis zum Tod eines Familienangehörigen wird notiert, was den Hintergrund des Helfereinsatzes bildet. Der vierte Abschnitt fokussiert Konflikte zwischen HelferInnen und Familie.

Die Struktur, die in der Beschreibung der Arbeitsinhalte und der betroffenen Klientel deutlich wurde, zeigt sich auch hier, die sozialen Behinderungen vielfältigster Natur kehren im Umfeld wieder. Das, was bei den KlientInnen als ‚persönliche und psychische Eigenschaften‘ beschrieben wurde und dessen Bandbreite vom völligen Rückzug in die eigene Wohnung bis zum permanenten Unterwegssein reichte, kehrt in der Polarität zwischen ‚engen‘ und ‚diffus-zerfallenden‘ Familiensystemen wieder. Auch hier spielen Konflikte zwischen Helferin und Umwelt eine große Rolle; die Beziehungsaufnahme und -gestaltung ist nicht einfacher als mit den KlientInnen selbst.

4.2.4.1. Enge des Familiensystems

In vielen Einzelfallhilfen spielt die Isolation und die Abgrenzung der Familien gegenüber Nachbarn, Bekannten und involvierten Behörden (Sozialamt, Schule) eine Rolle. Andere religiöse bzw. kulturelle Hintergründe implizieren andere (‚engere‘) Normen von dem, was eine ‚Familie‘ zu sein habe; in einem Fall kam es zur Ausgrenzung einer Frau aus ihrer ethnischen Gruppe, nachdem sie sich von ihrem drogenabhängigen und kriminellen Mann hatte scheiden lassen. Ausländerfeindlichkeit ist im Fall 4 zu finden, die den Rückzug eines Jungen auf die eigene Familie bewirkt; eine deutsche Familie mit Verwahrlosungstendenzen zeichnet sich durch eine Abschottung von der Umwelt aus, die paranoide Anklänge zeigt; im letzten Fall handelt es sich um im hohen Alter stehende Angehörige einer psychisch kranken Frau mit großen Konflikten im engen Zusammenwohnen. Spannungen lassen sich fast immer finden, sie werden jedoch meist überdeckt und überspielt.

- Das Mädchen ist stark eingebunden in enge familiäre Bezüge, es kümmert sich um jüngere Geschwister, ist ‚Ersatzmutter‘ und die Vertreterin der Familie (schlechte Deutschkenntnisse der Eltern), sie wohnt auch räumlich beengt. Der Vater erwartet viel von der schulischen Laufbahn des Kindes, das außerdem Vorstellungen des Islams genügen muß (1A).
- Die Mutter ist nach der Scheidung ihrer islamischen Kultur entfremdet, sie isoliert ihre Töchter und sich selbst und läßt niemand in die Wohnung. Sie verprügelt sie, wenn sie z.B. in der Schule oder auf dem Spielplatz mit Jungen sprechen, und ist mit der Situation überfordert (3).
- Die südeuropäische Familie, insbesondere der Vater, konsumiert zuviel Fernsehen. Die Einzelfallhelferin befürchtet bei den Kindern eine ethnische Isolation, die begünstigt wird durch Videos und ein für deutsche Verhältnisse ungewohnt intensives Leben in einer Großfamilie; in ihm findet die Mutter keine Ruhe. Die Familie kreist um sich selbst (4).
- Die Familie zieht sich nach Ansicht des Helfers hinter einem ‚Schutzpanzer‘ zurück, indem sie sich als wertvoll definiert und die Umwelt verteufelt. Die Schwere der Problematik der Kinder wird bagatellisiert. Die Familie, insbesondere der Vater, fühlt sich von institutionellen Eingriffen bedroht und hintergangen. Der Vater deutet beziehungslose Geschehnisse als gegen

sich gerichtete um und versucht den Beginn einer Therapie seines Sohnes zu verhindern (6).
- Der Konflikt und das enge Zusammenleben mit der 90jährigen Halbschwester ist belastend für die Klientin, diese fühlt sich im häuslichen Bereich zu wenig unterstützt (9).

4.2.4.2. Diffuse und zerfallende Familiensysteme

Ein Gegenteil bilden diffuse und zerfallende Familiensysteme mit zum Teil heftigen inneren Spannungen, die offen ausgetragen werden. Dies geht so weit, daß ein Kind wieder in den vorderen Orient zurückgeschickt wird, weil es den Erwartungen des Vaters nicht entspricht; zum Teil handelt es sich um über das bekannte Maß hinausgehende Spannungen zwischen den Kindern. In zwei weiteren Fällen sind die Beziehungen zwischen den Angehörigen zerbrochen, es besteht kein Kontakt mehr: Dies trifft für die Klienten mit einer psychiatrischen Diagnose zu. Interessant ist, daß in den Interviews 1A, 1B und 6 beide Pole des Familienlebens, Enge und Auseinanderfallen, geschildert werden. Das Interview 1B geschah mit der zeitlichen Distanz von einem Jahr nach Interview 1A mit derselben Helferin und derselben Familie; beim ersten Interview hatte die ,Verstricktheit' dominiert, im zweiten Gespräch sind die zentrifugalen Kräfte deutlich, die den Familienzusammenhalt zumindest stark auflockern. Interview 6 zeigt eine sich sonst isolierende Familie, bei der die außerhalb lebenden Großeltern die Erziehung als ihre Aufgabe sehen.

- Der Vater hatte große Pläne mit dieser Tochter und zieht sich enttäuscht zurück. Er schickte das Kind in sein Herkunftsland; von dort kam es nach einer Intervention der hiesigen Schule zurück. Er ist bereit, sein Kind nun auch in ein Heim ziehen zu lassen, inzwischen ist die Familienfürsorge dagegen (1B).
- Der ältere Bruder ist kräftiger, sozial und schulisch im Ggs. zu seinem jüngeren Bruder gut integriert. Er verprügelt diesen, wenn dieser die nach einem sich wiederholenden Muster ablaufenden Streitigkeiten begonnen hat. Der verstorbene Vater hatte den Älteren bevorzugt; dies führt nun dazu, daß beide Kinder eifersüchtig auf die Zuwendung des Einzelfallhelfers reagieren. Problematisch für den Helfer ist der sich einmischende Freund der Mutter. Er kritisiert ihn, daß man vor den Kindern nicht über sie reden sollte (2).
- Die Familie zerfällt in drei Teile: die älteren Geschwister, die Mutter mit dem jüngsten, und das zu betreuende Kind (3).
- Die Familie ist selten zusammen, die Kinder sind fast immer bei Freundinnen; wenn die beiden Kinder und die Mutter zusammentreffen, streiten sie sich heftig. Die Einzelfallhelferin kann sich eine Trennung gut vorstellen (5).
- Die Großeltern sind die eigentlichen Erzieher, die Eltern beide berufstätig, die zwei Jungen verletzen sich im Streit stark und pendeln zwischen den Erwachsenen (6).
- Die Familie zeigt einen Doppelcharakter, ist gleichzeitig vereinnahmend und abstoßend. Auch fällt deutlich auf, daß der Pflegesohn herausgedrängt und abgewertet wird, wobei die Pflegefamilie als nicht stabil angesehen wird (7).
- Ein Kontakt des psychiatrischen Patienten zu den Angehörigen besteht nicht mehr (8).
- Mit dem 35jährigen Sohn und dessen Frau hat die Helferin keinen Kontakt, sie hört nur, daß diese sich durch die Betreuung ihrer Mutter entlastet fühlt (9).

4.2.4.3. Soziale Defizite und Probleme des familiären Umfeldes

Die psychosozialen Defizite und Lebenskrisen der Familien als lebensweltlicher Hintergrund von KlientInnen lassen sich als weiterer Schwerpunkt der Beschreibung bündeln; von Verwahrlosungstendenzen, sozialer Isolation und Entwicklungsdefiziten, Gefängnisstrafen und Scheidung bis zum Tod eines Familienangehörigen wird hier geschildert, was den Hintergrund des Helfereinsatzes bildet und in den Beschreibung der Klientinnen selbst (s.o) schon erwähnt wurde. In der Zusammenfassung finden sich auch die Konflikte zwischen KlientIn und Familie bzw. Umfeld, die nicht von den beiden ersten Abschnitten über ‚enges/zerfallendes‘ Familiensystem, abgedeckt waren. Es handelt sich um Konflikte der Familien, die über die engere Familie hinausgingen und die Helfenden oder die Behörden miteinbezogen.

Deutlich wird, daß die Familien meist mehrfach belastet sind; an dieser Stelle müßte ergänzend berücksichtigt werden, was im Kapitel 4.2.3. als Belastungen der KlientInnen beschrieben wurde, sowie das in den beiden vorangegangenen Abschnitten gesagte, um den ganzen Umfang psychosozialer Stressoren abzuschätzen.

- Es gab in der Familie einen weiteren Helfer für den jüngeren Bruder, ein weiterer Bruder war in einer Integretionskita wegen Sprach- und Entwicklungsverzögerungen. Die Familie wohnt mit sieben Mitgliedern in einer Zweieinhalb-Zimmerwohnung. Das Mädchen ist ‚unterversorgt‘ mit adäquaten Anregungen, die die Familie nicht bieten kann; das Mädchen vertritt aufgrund seiner Deutschkenntnisse die Familie vor der Umwelt (1A,1B).
- Der Vater des Jungen ist vor einem Jahr verstorben, seitdem spitzt sich die Problematik zu. Der hyperaktive Junge wurde von seinem Vater gegenüber dem Bruder benachteiligt, wahrscheinlich auch oft verprügelt (2).
- Im Zentrum steht die emotionale und soziale Bedürftigkeit der ganzen Familie der alleinstehenden iranischen Mutter mit drei problematischen Töchtern: Neben der von der Einzelfallhelferin betreuten Tochter hat eine weitere auch Schulprobleme, die älteste körperliche, schulische und psychische Probleme, u. a. ein Suizidversuch. Die Eltern sind selbst mit psychosozialen Problemen behaftet: Der Vater ist drogenabhängig, kriminell und in Haft, die Ehe ist geschieden. Die Mutter hat kaum Schulbildung, nachdem sie mit elf Jahren in die BRD kam; als Geschiedene ist sie in ihrem kulturellen Umfeld nicht akzeptiert (3).
- Die Familie isoliert sich durch einen starken Videokonsum. Der Junge wird von seiner Klassenlehrerin abgelehnt, die dieses und Verwahrlosung kritisiert, und provoziert seinerseits (4).
- Die Mutter erzählt nur über sie betreffende Themen und Probleme: Sie ist alleinerziehend, hat ihre Arbeit verloren, ihr droht Gefängnis wegen einer Unterschlagung, sie kümmert sich wenig um wichtige Probleme und erwartet ein Gegenüber, das keine Forderungen an sie stellt und nur zuhört. Die Kinder werden von ihr schlecht versorgt und alleingelassen. Sie behandelt ihre Kinder wie erwachsene Gesprächspartner, nimmt ihnen die Zuwendung der Einzelfallhelferin und steuert ihr eigenes Leben nicht (5).
- Die Wohnung ist verwahrlost, der Vater verschafft sich Selbstvertrauen durch Sammlung von Militaria. Im familiären Raum braust er lautstark auf, in der realen Auseinandersetzung mit der Umwelt versagt er; einer rationalen Argumentation ist er nicht zugänglich. Es gibt viele mögliche Begründungen für das Verhalten der Familie: Isolation, Schulwechsel nach Streit mit Schulen, Frühgeburten der beiden Kinder, behördliche Eingriffe (6).
- Die Pflegekinder sind nicht wirklich in die Familie integriert und werden unterschiedlich behandelt. Die Pflegefamilie wirkt pseudo-offen und unecht, und hält den Jungen für dumm; sie möchte ihn an die Helferin abschieben (7).
- Der Patient wird bis auf den sehr bemühten Amtspfleger auch von weiteren mit ihm befaßten Menschen wegen seines ängstlich-klammernden Verhaltens von dem Pflegepersonal der psychiatrischen Station, dem Arbeitstherapeuten und dem ersten Nervenarzt abgelehnt (8).

4.2.4.4. Konflikte zwischen Helfenden und sozialem Umfeld

Die Konflikte und Schwierigkeiten der Kommunikation zwischen Helfenden und Familie bzw. sozialem Umfeld bilden oft den Hintergrund der oben referierten Wahrnehmungen. Ausgangspunkte der Konflikte sind Widersprüche zwischen dem Auftrag der EinzelfallhelferInnen, seiner eigenen Auffassung der Hilfe und den Bedürfnissen und Erwartungen der Familie, ferner kulturelle Unterschiede und Rivalitäten um das zu betreuende Kind. Eine Familie fühlte sich durch den Helfereinsatz bedroht, hinterging den Helfer oder sorgte dafür, daß er sich durch verbale Ausbrüche ebenfalls bedroht fühlte; oder eine von rezidivierenden Psychosen leidenden Klientin suchte die Helferin als Tochter zu adoptieren, eine Rolle, die von dem sich distanzierenden Sohn und seiner Familie akzeptiert wurde, da dies ihre Entlastung bewirkte.

- Die Eltern wollten die Arbeit der Helferin auf Nachhilfe beschränken und familiäre Konflikte als Familiengeheimnisse behandeln, aus denen sich die Helferin herauszuhalten habe. Das Kind versuchte, die Helferin für seine Interessen (nur Freizeitgestaltung) einzusetzen, während die Eltern auf Schularbeiten drangen und Freizeitgestaltung ablehnten (1A,1B).
- Der Freund der Mutter versucht sich vor dem Helfer und den Kindern auf eine Weise darzustellen, die der Helfer als sehr kontraproduktiv empfindet (2).
- Die persische Mutter hat Hilfeerwartungen praktischer und privater Natur, die die Helferin nicht befriedigen kann. Die (kulturelle) Distanz der Helferin zu den Überzeugungen der Mutter (Kontakte der Töchter zu Jungen) führt zu Konfrontationen (3).
- Die Helferin fühlt sich überfordert, die Familie vom ständig laufenden Fernseher und Videoapparat zu trennen (4).
- Die Helferin versucht vergeblich, der Mutter ihre Rolle gegenüber den eigenen Kindern als Versorgende deutlich zu machen (5).
- Die Mutter versucht den Helfer zu täuschen, der Helfer fühlt sich von dem lautstarken Vater bedroht, von der Familie vereinnahmt und latent kontrolliert (6).
- Die Helferin bezieht Stellung für die Interessen des Jungen und gegen die Familie. Ihre Konkurrenz zur Mutter und zur Therapeutin ist deutlich; die Helferin ist befriedigt, daß der Junge weder zur Pflegemutter noch zur Therapeutin eine Nähe herstellt, sondern zu ihr (7).
- Helfer und Patient fühlen sich von dem ersten Nervenarzt des Patienten nicht akzeptiert, eine Kooperation kommt nicht zustande, so daß sie den Arzt wechseln (8).
- Die Klientin bringt die Helferin in die Rolle der Tochter. Die Familienangehörigen sind zufrieden mit einer solchen Form der Betreuung und reduzieren ihre geringen Kontakte zur Mutter noch stärker (9).

4.2.5. Themen der Selbsterfahrung als EinzelfallhelferIn

Die bisherigen drei Themenblöcke beschrieben die Wahrnehmung der helfenden Arbeit, der KlientInnen und deren unmittelbares soziales Umfeld. In diesem Abschnitt werden alle Interviews auf Aussagen untersucht, die Momente einer Selbsterfahrung und Selbstorganisation der Helfenden wiedergeben: Welche Rolle und Aufgabe geben sie sich? Welche Zustände und Situationen belasten sie am meisten? Welche Angebote zur Hilfe können sie annehmen, welche Hilfen suchen sie selbst? Die Antworten auf die Frage nach der beruflichen Selbstwahrnehmung ließen sich in vier Abschnitten gruppieren:
- Selbstbild Lebenshilfe (Abschnitt 4.2.5.1)
- Selbstbild Schulhilfe (Abschnitt 4.2.5.2)
- Kampf um Selbsterhaltung, Grenzen und Strukturen (Abschnitt 4.2.5.3)
- Stützen und Hilfen (Abschnitt 4.2.5.4).

Aus der Gegenüberstellung zweier Orientierungen, ‚Einzelfallhilfe ist Schulhilfe' und ‚Einzelfallhilfe ist Lebenshilfe', lassen sich wichtige Aufschlüsse über die Herangehensweise an die Arbeit und über das Selbstbild der HelferInnen herausarbeiten. Von den sieben HelferInnen, die mit Kindern arbeiten, beschäftigen sich zwar alle auch mit Schulaufgaben und weiteren schulischen Problemen; aber zwei HelferInnen betonen aufgrund ihrer pädagogischen Ausbildung explizit diesen Bereich. Beide sprechen die vielfältigen psychosozialen Schwierigkeiten der von ihnen betreuten Kinder und Familien an, schließen sich aber von ihrer Bearbeitung aus.

Der dritte Abschnitt sammelt alle Aussagen zum Kampf um Selbsterhaltung, Grenzen und Strukturen im komplexen Feld; dies schien in den vorliegenden Interviews das zentrale Problem der Handlungs-und Selbstregulation zu sein. Aussagen zur Unsicherheit in der Rolle als Einzelfallhelfer im Kontext der eigenen beruflichen Biografie und in der Auseinandersetzung mit Institutionen sind hier zusammengefaßt; Unsicherheit ist das beherrschende Thema.

Der vierte Abschnitt sammelt die Stellungnahmen bezüglich der Ressourcen der HelferInnen; es werden Supervision, sonstige Kontakte mit anderen HelferInnen, private Kontakte aus ihrem Alltagsbereich, therapeutische Ausbildungen, nebenbei betriebene Tätigkeiten und Reduktion der Probleme auf das Bewältigbare.

4.2.5.1. Selbstbild Lebenshilfe

Wie oben erwähnt, lassen sich die fünf HelferInnen, die mit Kindern arbeiten, und die beiden, die sich um psychiatrische Patienten bemühen, unter dem Selbstbild ‚Einzelfallhilfe ist Lebenshilfe' sammeln. Es handelt sich um SozialarbeiterInnen, Sozialarbeiterinnen und PsychologInnen; unabhängig davon haben fast alle therapeutische Selbsterfahrung oder therapeutische Ausbildungen. Dennoch betonen sie die Differenz zu therapeutischem Handeln und den Unterschied des Settings der Einzelfallhilfe zu dem einer Therapie; und sind wiederum von dem Wert der therapeutischen Selbsterfahrung für die eigene Haltung überzeugt. Sie betonen den Wert der Beziehung zu den KlientInnen als Grundlage der Betreuung (vgl. Abschnitt 4.2.2.3). Während das Konzept ‚Einzelfallhilfe ist Schulhilfe' den pädagogischen Aufgabenbereich abdeckt, zeigen sich in dem Konzept ‚Einzelfallhilfe ist Lebenshilfe' andere Tätigkeitsformen. Lebenshilfe heißt,
- bei Hausaufgaben zu helfen, auch Kontakt mit den Lehrern zu suchen und sich auch mit ihnen zu streiten, die Rolle der Schule für die Kinder auch zu begrenzen;
- die Kinder bzw. die psychisch Kranken in ihrer Lebenswelt heimisch zu machen und dort Fähigkeiten zu erlernen;
- die Beziehung zu den HelferInnen als Modell-Beziehung erleben zu lassen, in der sich emotionale Geborgenheit, aber auch Impulse zur psychischen Verselbständigung erleben lassen.

Die Interpretation, daß gerade dieses Konzept der Einzelfallhilfe als Lebenshilfe darauf deutet, daß es sich hier um eine umfassende Hilfe zur Sozialisation handelt, ist in anderen Resultaten schon deutlich geworden. Die ganzheitliche Vielfalt von sozialisatorischen Tätigkeitsformen liegt quer zur akademischen Arbeitsteilung von Pädagogik, Sozialpädagogik/Sozialarbeit und Psychologie.

- Die explizite Orientierung an therapeutischen Erfahrungen verschiedener Richtung und ein auf klinische Erfahrungen orientiertes Psychologiestudium ist für die Helferin eine hilfreiche Basis. Sie glaubt erreicht zu haben, daß das Kind in der Schule sich verbessert hat, daß es das ge-

meinsame Tragen von Konflikten in einer Beziehung erfahren hat und ein wenig lernen konnte,
, gute und schlechte Seiten zu integrieren. Es habe einen Zugewinn an Raum und Interessen gewonnen, um seine Neugier und Selbständigkeit befriedigen zu können (1A,1B).
- Der Helfer hat eine tragfähige Beziehung zu dem hyperaktiven Jungen entwickelt, die ihn die
Beleidigungen überstehen läßt. Der Junge prügelt sich nicht mehr so oft, hat sich in der Schule
etwas verbessert und läßt sich nach Aussagen der Mutter zum ersten Mal auf einen anderen
Menschen ein (2).
- Von ihren bisherigen praktischen Erfahrungen im Erziehungsbereich sind konzeptuelle Übertragungen nicht möglich, das Studium der Soziologie gab ein vages Wissen um Sozialisa-
tionsdifferenzen mit. Wichtiger zur Handlungs- und Selbstregulierung sind ihr die Supervision
mit Kollegen, die ähnliche Probleme haben, und eine Ausbildung in klientenzentrierter Beratung, um Probleme besser ansprechen zu können (3).
- Die Helferin betont die Wichtigkeit der Arbeit an Beziehungen und fühlt sich durch das gute
Verhältnis zur Familie bestätigt. Die Beschäftigung mit Hausaufgaben und die Suche nach
Freundschaften für den Jungen entspricht der Betonung der Nützlichkeit praxisnaher Ansätze
gegenüber ‚abgehobenen‘ sozialwissenschaftlichen Theorien. Hilfreich sind familientherapeutische und pädagogische Kenntnisse aus dem Studium der Sozialarbeit. Am wichtigsten
schätzt sie therapeutische Selbsterfahrung für das Gelingen der Arbeit ein (4).
- Die Helferin hat sich zum Ziel gesetzt, den Jungen emotional selbständig werden zu lassen, und
ihn in seinem Wunsch, eine eigene WG zu finden, zu unterstützen (7).
- Der menschliche Kontakt scheint dem Helfer wichtiger als Medikamente, praktische Erfah-
rungsbildung ist ihm wichtiger als formale Ausbildungen wie Studium oder Therapieausbildung. Die Details der patientenbezogenen Selbstwahrnehmung ergeben, daß der Helfer die gesamte Entwicklung des Patienten als Aufgabe sieht: Der Helfer befürchtet eine Stagnation,
wenn er das klammernde Verhalten nicht eingrenzt, er fühlt, daß er die Gemeinschaft dem Klienten nicht ersetzen kann und sucht einen WG-Platz; er traut dem Patienten zur Zeit Selbständigkeit noch nicht zu und nimmt ihm mit schlechtem Gewissen das Waschen ab (8).
- Die Helferin möchte ihre Klientin in Seniorenheimen und Freizeiteinrichtungen ‚anbinden‘, um
sie von dem belastenden Leben mit der Halbschwester zu lösen. Das Studium der Sozialarbeit
bringt der Helferin für diese Aufgabe ‚nichts profundes‘; allenfalls der Überblick über verwaltungstechnische Belange und über Praxiserkundungen das Kennenlernen verschiedener Einrichtungen. Über Praktika hat die Helferin den familientherapeutischen Ansatz kennengelernt.
Die Helferin versuchte zu Beginn der Hilfe, die Krankheit auf dem Hintergrund des Systems
Familie zu verstehen; sie versteht die Schübe nun als notwendige Episoden, in denen die Klientin sich gehen lassen kann. Ihr kommt es nun darauf an, der Klientin die Krankheit nicht zu
nehmen, aber praktisch den Tagesablauf besser zu strukturieren. Ein the-
rapeutisch-verändernder Auftrag des beantragenden Arztes war nicht dabei; die Helferin denkt,
daß ohne einen solchen die Einzelfallhilfe als reine Betreuung keinen Sinn macht (9).

4.2.5.2. Selbstbild Schulhilfe

Die HelferInnen, die mit Kindern arbeiten und mit dem Selbstbild ‚Einzelfallhilfe ist
Schulhilfe‘ beschrieben werden können, sind PädagogInnen ohne weitere Zusatzausbildungen. Der verschiedene Umgang mit den psychosozialen Problemkonstellationen (von
einer Mutter, die sich nicht um ihre Kinder kümmert und der Gefängnis droht, bis zu Verwahrlosungstendenzen und mehrfachen psychischen Auffälligkeiten) wurde oben schon
geschildert; beide sind sich der Probleme bewußt, ohne daß sie sich die Kompetenz zu-
trauen, bei diesen Problemen verändernd einzugreifen. Die Beziehung ist an dem Muster
des Lehrer-Schüler-Verhältnisses orientiert und wird in dieser Form auch durchgesetzt.

Ein Helfer formuliert, daß er für die Bearbeitung psychischer Probleme nicht kompetent sei und versucht über den jugendpsychiatrischen Dienst eine Therapie für die betreuten Jungen zu organisieren; eine Helferin vertritt die Theorie, daß Verhaltensauffälligkeiten zurückgehen, wenn die schulischen Leistungen des Kindes sich verbessern, weil es sich dann nicht mit störendem Verhalten in den Vordergrund stellen müsse. Das Problem geht in ihrem Fall allerdings über Verhaltensauffälligkeiten hinaus; die Einweisung des Mädchens in ein Heim wird durch die Sozialarbeiterin an der Helferin vorbei organisiert. Der Helfer reflektiert explizit, daß er in dieser Familie ‚streng' mit den Kindern umgeht. Die Unzufriedenheit mit der Arbeit ist bei beiden deutlich, kann hier aber aufgrund der geringen Fallzahlen nicht verallgemeinert werden. Es liegt aber nahe, daß auch andere HelferInnen, sofern sie erst einmal andere als pädagogische Schwierigkeiten wahrnehmen, Unzufriedenheit mit der eigenen Rolle als Nachhilfelehrer entwickeln.

- Das Modell Schule ist sowohl thematisch, historisch wie bildlich für Arbeitsauffassung und Bewertung der Ergebnisse dominierend; entsprechend ist die Helferin enttäuscht, denn das Kind ist nicht an der Schule interessiert. Die Einzelfallhelferin schwankt zwischen dem Kampf um die Durchsetzung der Nachhilfe und Mitleid mit dem Mädchen. Die Orientierung an den von Schule und schulischer Nachhilfe vorgegebenen Mustern ist auch aus der beruflichen Laufbahn der Helferin als Lehrerin verständlich; sie vertritt die Theorie, daß bessere Schulleistungen Verhaltensauffälligkeiten erübrigen. Sie erwartet in der Arbeit keine tiefere emotionale Beziehung; in der Unterstützung von Mutter und Kind auf Gesprächsebene fühlt sich die Helferin weniger kompetent (5).
- Die Information des Helfers durch das Bezirksamt war dürftig und nur auf die Schule bezogen. Von der Vorgängerin war nur ein Bericht vorhanden, so daß der Helfer selbst versuchen mußte, einen Schwerpunkt der Arbeit zu finden. Er konzentrierte sich auf den Bereich Schule, ohne den Erwartungen der Lehrkräfte und der Eltern entsprechen zu wollen. Weil er die Lernschwierigkeiten als Ausdruck weitergehender Probleme sieht, fühlt er sich auch aufgrund seiner pädagogisch orientierten Ausbildung für deren Bearbeitung nicht kompetent und hält eine Therapie für angemessener. Durch Supervision konnte er zwar sein Arbeitsfeld über das schulische hinaus erweitern; eine Entlastung bedeutet es für ihn, sich von der Bearbeitung psychosozialer Probleme zu distanzieren und eine Therapie vorzuschlagen (6).

4.2.5.3. Der Kampf um Selbsterhaltung, Grenzen und Strukturen

Der etwas martialisch klingende Titel dieses Abschnitts faßt die belastendsten Erfahrungen zusammen; es schien in den vorliegenden Interviews das zentrale Problem der Handlungs- und Selbstregulation zu sein, sich in den Spannungen und Ausweglosigkeiten der sozialen Situation der KlientInnen und ihrer Familien zu behaupten. Die Spannungen erklären sich aus unterschiedlichen Auffassungen, Erwartungen und Definitionen der Hilfe zwischen Eltern, Kindern, HelferInnen und Amt, aus der Vereinnahmung der Helfenden in privat anmutende Beziehungskonstellationen und aus der Überforderung mit Problemen der Familie. Dieser Abschnitt bündelt ebenfalls Aussagen zur Unsicherheit in der Rolle als Einzelfallhelfer im Kontext der eigenen beruflichen Biografie und in der Auseinandersetzung mit Institutionen. EinzelfallhelferInnen fühlen sich von anderen Institutionen begutachtet und deshalb teilweise unsicher, sind auf sich allein angewiesen, stoßen an Grenzen ihrer Kompetenz, fühlen sich zwischen Amt und Familie in einer unglücklichen Zwischenposition. Manche hätten gern eine angemessen dotierte Stelle.

Hier finden sich die belastendsten Situationen, und alle in dieser Untersuchung erfaßten Aussagen zum vorzeitigen Ende von Einzelfallhilfen begründen dies mit einer unlösbar erscheinenden Konfliktsituation. Einzelfallhilfe fordert von denjenigen, die sie ausüben, eine große Toleranz gegenüber der Unsicherheit jenseits der Einbindungen in die festen Strukturen einer Institution.

- Die Helferin hatte aufgehört, da sie eine feste 30-Stunden-Stelle bekam und keine Familie bzw. Kinder weiter betreuen wollte, die sie so beanspruchten. Das Anstrengende bestand darin, daß das Kind versuchte, die Helferin für ihre Interessen an Freizeitaktivitäten einzusetzen, während die Eltern auf Schularbeiten drangen, Freizeitgestaltung ablehnten und die familiären Konflikte als Familiengeheimnis behandelten, die die Helferin nichts angehen würden. Sie empfand dies als ,Verstrickung' und ,Riesengrätsche'. Die Helferin kam sich als Machtmittel zwischen den Parteien vor. Vom schulpsychologischen Dienst fühlte sich die Helferin begutachtet. Beklagt wird die mangelnde Verbundenheit mit anderen Institutionen, EinzelfallhelferInnen sind völlig auf sich selbst angewiesen (1A,1B).
- Der Hauptanteil der Selbstregulationsleistungen des Helfers liegt im Versuch, mit der aggressiven, ablehnenden und sprunghaften Art des Jungen umzugehen. Die Versuche, das dominierende und expansive Verhalten des Jungen einzugrenzen und sich nicht mehr beleidigen zu lassen, kehren in dem oft wiederholten Thema, ,Grenzen setzen' zu müssen, wieder. Eine Möglichkeit ist die Distanzierung von ihm, eine andere das offensive Erkämpfen und Setzen von Grenzen durch Verweigerung von Ausflügen etc. Für den Einzelfallhelfer war es schwierig, mit dem sich einmischenden Freund der Mutter umzugehen, da auch eine Rücksprache mit der Mutter keine Änderung ergab (2).
- Die Helferin stellt eine Diskrepanz zwischen Wünschen und Erwartungen der Familie und ihrem ,Angebot' fest, die kaum zu überbrücken ist; so erlebte die Mutter das gemeinsame Tapezieren als Hilfe, während die Helferin versucht, bei allen psychischen und sozialen Problemen der Familie (Sonderschule, Suizidversuche etc.) Hilfe zu leisten. Sie gibt die Hilfe auf, weil sie keine tragfähige Beziehung mit dem Kind erreicht. Den Auftrag der Hilfe, nur das Kind zu betreuen, empfand sie als nicht angemessen (3).
- Die Helferin strukturiert ihre Hilfe durch die Konzentration auf die Schule; der Auftrag der Sozialarbeiterin hatte gelautet, dem Mädchen ein wenig die Mutter zu ersetzen und für die Mutter eine Zuhörerin zu sein. Ihre Arbeit ist davon mitgeprägt, daß die Trennung der Familie die beste Perspektive ist, ohne daß sie daran aktiv mitwirkt. Der Konflikt, daß die Mutter die Einzelfallhelferin in Beschlag nimmt, so daß diese die Kinder warten lassen muß, wird erst durch die Heimeinweisung und das Ende der Einzelfallhilfe beendet (5).
- Der Einzelfallhelfer fühlt sich durch Schwindeleien der Familie und der Kinder zum Narren gehalten. Er nimmt dies als Anlaß, ,strenger' und unpersönlicher aufzutreten. Es fällt ihm schwer, strenger zu sein; lieber würde er Spiele machen. Dieser strenge Stil ist für ihn ein Neuanfang, auch gegenüber der Familie, in die er sich hineingezogen und verwickelt fühlt und von der er sich distanzieren will. Die Unterstützung durch das Bezirksamt ist spärlich, der Auftrag diffus. Der Helfer findet seine Rolle als ,Zwischenglied' zwischen Amt und Familie unglücklich (6).
- Deutlich werden Gefühle von Bedrängnis und Überforderung durch die Verantwortung für den Jungen und die Nähe zu ihm genannt, da die Pflegeeltern ihn an die Helferin abschieben. Der Junge verliebt sich in sie, sie fühlt sich unsicher und ratlos, wie sie den Zustand ansprechen soll. Der Kontakt mit einer Ärztin des Kindernotdiensts bestätigte die subjektive Wahrnehmung des überfordernden Settings und die Beendigung der Hilfe als notwendig. Die inadäquat reagierende Supervisionsgruppe ,bringt nichts' (7).
- Der Klient äußert ein umfassendes Hilfe- und Kontaktbedürfnis, der Helfer versucht, in Gesprächen die Grenzen seines Angebots klarzumachen, daß er z.B. den Klienten nicht jeden Morgen zur Arbeitstherapie bringen kann (8).
- Für die Helferin ist es problematisch, daß die Klientin wenig Distanz hält; die Umarmungen bei den Abschieden sind ihr zu dramatisch und zu familiär. Sie will ,nicht weiter ins Persönliche'. Die Helferin ließ sich auf diese Nähe am Anfang ein, weil sie dachte, es tue der Frau gut und er-

mögliche eine Basis für Veränderung. Inzwischen erschwert die familiäre Nähe den verändernden Auftrag der Helferin. Die Helferin empfindet die Situation so, als habe sie keinen festen Boden unter den Füßen. Es ist unbefriedigend, sich für die Bedürfnisse der Klientin zu ‚gebrauchen' lassen, ohne eigene Akzente zu setzen. Die Motivation für eine Einzelfallhilfe kam nicht von der Klientin, es ist unklar, was sie für sich erwartet. Der Auftrag des sozialpsychiatrischen Dienstes war von einem Arzt mit den Worten formuliert worden, sie solle mit der Frau Kaffee trinken gehen, was die Helferin als inadäquat vor dem Hintergrund ihres Anspruchs auf verändernde Tätigkeit empfindet. Supervision fehlt der Helferin (9).

4.2.5.4. Stützen und Hilfen

Untersucht man die Interviewtexte daraufhin, was von den HelferInnen als unterstützend für ihre Arbeit genannt wird, so findet man kollegialen Austausch, Supervision, sich positiv entwickelnde Beziehung zu den KlientInnen, therapeutische Selbsterfahrung und/oder eine entsprechende Ausbildung. Praxisnahe Ausbildungsanteile und Erfahrungen, zum Teil schon vor dem Studium absolviert, werden fast ebenso oft genannt. Einig sind sich die HelferInnen fast alle, daß ihre jeweilige akademische Ausbildung für die Arbeit nicht qualifiziert. Einmal ist eine Sozialarbeiterin der Familienfürsorge eine Ressource; Supervision und Kontakt zum jugend- oder sozialpsychiatrischen Dienst wird ebenso wie private Hilfe im Freundeskreis lobend erwähnt, und die Absicherung durch eine halbe feste Stelle ist einem Helfer wichtig.

- Mit dem JPD gab es über die von dort angebotene Supervisionsgruppe Kontakte, am engsten war der Kontakt zur betreuenden Sozialarbeiterin von der Familienfürsorge. Diese Gespräche mit ihr ergaben sich aus Krisensituationen; am Schluß fanden mehrere Helfer-Besprechungen statt. Supervision zur Korrektur eigenen Handelns und zum Austausch mit Kollegen wird als hilfreich, wenn auch zu wenig stützend, angenommen (1A,1B).
- Der Einzelfallhelfer hat eine Sympathie für den Jungen entwickelt; er hält ihn für intelligenter als es die Schulzeugnisse erscheinen lassen. Gestützt fühlt sich der Helfer von Erklärungen des Verhaltens auf dem Hintergrund familiärer Beziehungen. Eine weitere Stütze sind den Einzelfallhelfer bestärkende verhaltensbezogene Mitteilungen weiterer mit dem Jungen befaßter Erziehungsinstanzen. Die Supervision war ebenfalls eine Unterstützung dadurch, daß sie viele Anregungen auf Verhaltensebene gab (2).
- Hilfreich werden die Kontakte mit anderen Erziehungsinstanzen und mit anderen Helfern in Supervision und Therapieausbildung erlebt: Erzieher, Lehrer, KollegInnen. Die Vorerfahrungen und insbesondere das Soziologie-Studium sind wenig nützlich, allerdings bieten sie ein Wissen um kulturelle Differenzen. Der Helferin stützt sich auf Reflexionen über die Struktur der Familie, die ihr erlauben, Ablehnung zu ertragen und die Grenzen der Hilfe zu sehen. Nachfühlend kann sie die Mutter in ihrer schwierigen Rolle als Frau verstehen (3).
- Eine gute Beziehung zu dem Jungen und seiner Familie stützt die Helferin. Sie betont die Nützlichkeit von praxisnahen pädagogischen und therapeutischen Ansätzen aus dem Studium der Sozialarbeit gegenüber ‚abgehobenen' sozialwissenschaftlichen Theorien. Für wichtig hält sie therapeutische Selbsterfahrung und Supervision für das Gelingen der Arbeit (4).
- Die Helferin hält Mitgefühl für eine allgemeine Voraussetzung des Helfens, eine Voraussetzung, die sie glaubt in ausreichendem Maße zu erfüllen (5).
- Durch Supervision konnte der Helfer sein Arbeitsfeld über das Schulische erweitern. Eine Entlastung ist es für ihn, sich von der Bearbeitung aller psychosozialen Probleme zu distanzieren und eine Therapie vorzuschlagen (6).
- Eine Freundin und eigene Therapieerfahrungen stützen die Helferin. Die Sozialarbeiterin trägt weder positiv noch negativ zum Verlauf der Hilfe bei (7).

- Der Helfer fühlt sich dadurch gestützt, daß er zwanzig Stunden seiner Wochenarbeitszeit in der Klinik arbeitet. Als er nur Einzelfallhilfe machte, hätte er Supervision genutzt; mit dieser nichtpsychologischen Klinikstelle ist die Arbeit für ihn zufriedenstellender als seine bisherigen Anstellungen. Seine Erfahrungen sind ihm wichtiger als akademische Ausbildungen, dazu zählen Einzelfallhilfe mit Jugendlichen schon während des Studiums, klinische Arbeit mit Abhängigkeitspatienten und geistig Behinderten (8).
- Das Studium der Sozialarbeit bietet der Helferin keine Grundlage für diese Aufgabe, allenfalls den Überblick über verwaltungstechnische Belange und das Wissen um verschiedene Einrichtungen. Beratungsansätze kamen im Studium zu kurz, medizinische Grundkenntnisse wurden ein wenig vermittelt. Über Praktika hat die Helferin den familientherapeutischen Ansatz kennengelernt, der für sie eine Grundlage der Fallbearbeitung darstellt (9).

4.2.6.   Zusammenfassende Interpretation der Resultate der Inhaltsanalyse

Die Antworten auf die im Kapitel 1 gestellten vier Ausgangsfragen wurden in den Kapiteln 4.2.2. - 4.2.5. anhand des Materials beschrieben; ich wiederhole die Ergebnisse und Interpretation als Thesen:

1. Die von den HelferInnen genannten Arbeitsinhalte umfassen pädagogische, sozialpädagogische, psychologische und nicht-fachgebundene ‚alltägliche' Tätigkeiten.
2. In der Wahrnehmung der HelferInnen finden sich bei den KlientInnen jeweils mehrere Belastungsfaktoren schulischer, psychischer und/oder sozialer Genese; die Interaktion zwischen KlientInnen und HelferInnen wird oft durch Konflikte belastet.
3. Das gleiche gilt für Wahrnehmung und Interaktion der HelferInnen mit dem sozialen Umfeld der KlientInnen.
4. Die HelferInnen handelten meistens auf dem Hintergrund eines umfassenden Begriffes von ‚Lebenshilfe', weniger oft als ‚Schulhilfe'. Sie litten unter der emotionalen Belastung durch die Verstrickung in die Lebenswelt der KlientInnen. Als Unterstützung nannten sie therapeutische Selbsterfahrung und Supervision.

Im Eingangskapitel fragte ich, welche Folge diese Antworten haben für eine Tätigkeitsbeschreibung und ein berufliches Selbstverständnis (Kap. 4.2.6.1), Ausbildung, Qualifikation und Supervision (Kap 4.2.6.2), die materielle Ausgestaltung der Einzelfallhilfe (Kap. 4.2.6.3).

4.2.6.1. Tätigkeitsbeschreibung und berufliches Selbstverständnis

Anhand der Rekonstruktionen der Wahrnehmung von Arbeitsinhalte, von KlientInnen, ihren Familien und des beruflichen Selbstverständnisses ließ sich folgende Tätigkeitsbeschreibung erstellen:

a) Fähigkeiten zur Problem- und Aufgabendefinition

Wie die verschiedenen Beschreibungen der Arbeit und der Konflikte mit KlientInnen und ihrem Umfeld zeigen (Kap. 4.2f.), ist der heikelste Punkt die Aushandlung einer Problem- und damit Aufgabendefinition. Dabei spielen eine Rolle:

- Die Wünsche von KlientInnen nach Versorgung und ihre Angst vor Veränderung, ihre psychischen Eigenarten und psychosozialen Abhängigkeiten, ihre Fähigkeit, Probleme zu tabuisieren und zu bagatellisieren: Dies kann den Zweck des Arbeitsbündnisses aus

der Sicht der KlientInnen auf z.B. Freizeitaktivitäten eingrenzen (vgl. Interview 1b) oder die Arbeitsbeziehung in Frage stellen: Ständig beschimpft zu werden (Interview 2) schränkt gemeinsame Problembearbeitung stark ein.
- Das soziale Umfeld, das oft in Konflikten mit den KlientInnen steht und meistens gegensätzliche Erwartungen an die Helfenden hat (vgl. wiederum Interview 1b).
- Das die Hilfe ermöglichende Amt, welches entweder eine diffuse Aufgabenstellung formuliert (Interview 6,9) oder sehr viel Engagement zeigt und damit im Konflikt mit der Familie steht (Interview 1b). Die von ihm ausgehenden Aufträge haben zum Ziel, psychosoziale Auffälligkeiten zu normalisieren, und stehen damit im tendenziellen Widerspruch zu einem Familiensystem, das seine Homöostase mit Hilfe der Auffälligkeiten erhält. Dieser Konflikt wird durch weitere involvierte Institutionen wie Schule oder psychiatrische Klinik oft verstärkt.
- Die Qualifikationen der HelferInnen und ihre emotionale Belastbarkeit haben ebenfalls einen Einfluß auf die Problemdefinition: Die berufliche Qualifikation modifiziert die Problemkonstellation auf den von den jeweils erworbenen Fähigkeiten bearbeitbaren Anteil der Problematik (insbes. Interview 5,6; vgl. Schmitt 1990a, 1990b).

Die möglichst gemeinsame Aushandlung einer Problemdefinition erweist sich als unumgänglich - die Schwierigkeit derselben, daß sie unter diesen Umständen nicht zustandekommt oder auf Nebensächlichkeiten zunächst reduziert werden muß, zeigt sich als unvermeidbar. Die Begrenztheit der Ressourcen der HelferInnen verlangt auch, z.B. zeitliche Reihenfolgen in der Bearbeitung der Probleme aufzustellen (Interview 2) und unlösbar erscheinende Aufgaben delegieren zu können (Interview 6).

b. die Entwicklung einer klientInnengerechten Hilfsform
Eine klientInnengerechte Hilfsform bildet den Kernpunkt des Selbstverständnisses der Einzelfallhilfe. Sie
a) umfaßt, wie beschrieben, Elemente von Tätigkeiten, die genuin den verschiedenen Disziplinen Sozialarbeit, Sozialpädagogik, Psychologie zugeordnet werden. Dazu kommen Tätigkeiten aus dem nicht-institutionalisierten Sozialisationsbereich, die vom zeitweisen Wäschewaschen (Interview 8) bis zum Besuch des Minigolfplatzes reichen[34] (Interview 1a). Sie lassen sich nicht, wie Hofmann 1981/426 meint, auf klar umrissene (verhaltenstherapeutische) Strategien eingrenzen.
b) Eine klientInnengerechte Hilfsform gibt den Beteiligten eine zuverlässige Struktur, Beziehung und Unterstützung; Helfende bieten klare Grenzen (vgl. Interview 2).
c) Eine klientInnengerechte Hilfsform ermöglicht den Betroffenen soziale Integration, Selbständigkeit sowie den zukünftigen Verzicht auf Helfende (vgl. Interview 4,9).
d) Diese Hilfsform entwickelt einen Prozeß, der nicht einem klaren Ablaufschema unterworfen ist, sondern sich aus regulierender und permanenter Rückkoppelung von Problemdefinition und Tätigkeitsstruktur zwischen den Beteiligten ergibt[35]. Einzelfallhilfe ist bei der Vielzahl von Problemen und bei ihrer langen Dauer nicht durch einmalige

---

[34] Die Familienhilfe-Untersuchung des Ministeriums ... NRW betont, die Qualifikation müsse besonders eine „pädagogische Dimension" (1985/131) aufweisen, um dann in Nebenartikeln die komplexen Anforderungen der Tätigkeit festzustellen, die alltagspraktische Fertigkeiten voraussetze, aber auch der Erwerb von „Basisqualifikationen" wie Gesprächsführung und Familiendynamik sei wichtig (ebd./132): So wird die berufspolitische Akzentuierung vom Katalog der Qualifikationen ad absurdum geführt.

[35] Ähnlicher Schluß von anderer theoretischer Position bei Hildebrand-Nilshon et al. 1990/28.

Diagnostik mit anschließender Intervention zu konzeptualisieren. Solche Prozeß-Korrekturen (vgl. Interview 1) entsprechen den Entwicklungsmöglichkeiten der komplexen Systeme Familie, HelferInnen und Amt, die in der Einzelfallhilfe aufeinanderstoßen (Prozeßkorrektur mit der Folge einer Beendigung: Interview 7).

e) Eine solche Hilfsform entwickelt zwischen einer engen und auf Teilaspekte der Lebenswelt der KlientInnen begrenzten Hilfe (Interview 5) und einer globalen Lebenshilfe (Interview 3) eine für die HelferInnen bewältigbare Aufgabenstellung.

4.2.6.2. Folgen für Ausbildung, Qualifikation und Supervision

In jedem Themenkomplex wurde der Umfang der Tätigkeiten wie der psychosozialen Probleme deutlich. Ich greife daher auf Forschungsergebnisse zur Auswirkung solcher Belastungen auf HelferInnen zurück, um entsprechende Schlüsse für Ausbildung, Qualifikation und Supervision zu ziehen. Enzmann 1989 hat die Probleme beruflicher Identitäten von HelferInnen in der psychosozialen Praxis am Beispiel des Burnout-Phänomens beschrieben. In einer Untersuchung mit ErzieherInnen, SozialarbeiterInnen, Krankenschwestern, PsychologInnen und ÄrztInnen entwickelt er zunächst eine praktische Phänomenologie des Burnout (ebd./36), die Unfähigkeitserleben, Ohnmacht und Distanzbedürfnisse zu den Patienten schildert - dies ist mit der Inhalts- und Metaphernanalyse auch für viele EinzelfallhelferInnen belegt. Sein durch empirische Untersuchungen gestütztes Modell des Burnouts nennt viele Aspekte, die für die Einzelfallhilfe relevant sind:

„Entscheidende Faktoren für das Auftreten von Burnout nach unserem Modell sind: das Anspruchsniveau der HelferInnen, hoher Verantwortungsdruck, die Bedeutsamkeit und die Komplexität von Zielen, die zur Verfügung stehenden Ressourcen, der Grad an Unsicherheit über die Situation, die Erreichbarkeit von Zielen und eigenem Erfolg und das Vorliegen von Konflikten." (ebd./38)

Das ‚Anspruchsniveau der HelferInnen' lag hoch - besonders bei denen, welche die Einzelfallhilfe als globale Lebenshilfe verstehen. Ein ‚hoher Verantwortungsdruck' ließ sich an den Stellen ablesen, in denen sich die Helfer als einziges Glied zwischen Familie und Außenwelt begriffen (Interview 4,6). Die ‚Komplexität von Zielen' ist in 4.2.6.1. mit der Interaktion mehrerer Systeme (Amt, Familie, Klinik, Schule) beschrieben worden. Die ‚zur Verfügung stehenden Ressourcen' sind meistens nur in der eigenen Person als Lebens- und/oder Therapieerfahrung genannt worden, von einigen auch Supervision. Der ‚Grad an Unsicherheit über die Situation' ist durch die unklare finanzielle und berufliche Situation wie durch gespannte Familienverhältnisse und Konflikte mit den KlientInnen sehr hoch anzusiedeln. Die ‚Erreichbarkeit von Zielen' ist angesichts der fast immer aus mehreren Problemen zusammengesetzten Situation der KlientInnen sehr vorsichtig zu beurteilen. Rückmeldung über Erfolge und Anerkennung gibt es in dieser Hilfeform kaum durch Kolleginnen, da die Arbeit allein durchgeführt wird - EinzelfallhelferInnen sind nach diesem Modell potentielle Burnout-Kandidaten. Dieser Eindruck verstärkt sich durch ein bestimmtes Problemprofil:

„Die Mittelwertvergleiche für das Burnout bei der Arbeit mit den unterschiedlichen KlientInnengruppen zeigen jedoch, daß weniger diejenigen ausgebrannt waren, die mit eng umgrenzten und schweren KlientInnenproblemen zu tun haben, als diejenigen, die sich mit komplex strukturierten oder unklar definierten, alltagsnahen Problemen auseinandersetzen müssen." (ebd./41)

Enzmann hat für dieses Phänomen zwei Erklärungen (ebd./42ff.):

a) Eine Abgrenzung von Klienten fällt in alltagsnahen Situationen schwerer, eine Identifikation mit ihnen um so leichter - dies verführt zu Übernahme ihrer (als ausweglos wahrgenommenen) Sicht (ansatzweise Interview 3).

b) Es ist um so schwieriger, ein zutreffendes Abbild der Realität sich zu verschaffen, je alltagsnäher und damit komplexer die Situation ist. Entscheidungssituationen werden dann ‚intransparent' und ‚polytelisch'. Dies kann zu einem ‚Handeln nach dem Reparaturdienstprinzip' führen, welches ohne Orientierungskriterien und nach reduktiver Hypothesenbildung vor sich hin arbeitet. Eine andere Variante, die Komplexität zu bewältigen, ist ein diktatorisches Operieren. Enzmann folgert daraus:

„Helfer stehen vor der Alternative identitätsstiftender Zentralreduktion (Dörner) oder identitätsdeformierenden Alltagsweltbezugs" (ebd./44).

Diese reduktiven Umgangsweisen mit alltagsweltlicher Komplexität hat Kleiber (1988/ 74) als typische Handlungsfehler in psychosozialer Praxis benannt, auch er notiert
- die Komplexität und Vernetztheit der interagierenden Systeme,
- ständige System-Veränderungen, an die sich die Helfenden anpassen müssen,
- Polytelie, d.h. die gleichzeitige und widersprüchliche Präsenz mehrerer Ziele,
- und unklar definierte Ziele
als typische Bestandteile alltagsweltlicher Komplexität. Er analysiert analog dazu mehrere Fehlertypen (ebd./84), die sich in den Interviews wiederfinden lassen:
- mangelnde Zielkonkretisierung (Interview 3,9),
- Ignorieren der Polytelie und zu einfache Hypothesen (ansatzweise Interview 5),
- mangelnde Verfügbarkeit über allgemeine Strukturideen (Interview 5),
- Ausweichen in kompetent bearbeitbare Details und Einkapselung in erfolgreich gehandhabte Bereiche (ansatzweise Interview 6),
- Schwerpunktbildung nach ‚Lautstärke' und Verhaftetsein im Ad-hoc-Operieren (teilweise in Interview 3),
- Über- oder Unterstimulation der Klientinnen mit Interventionen (Interview 8),
- Diktatorisches Handeln statt Ermöglichung einer Selbststeuerung der KlientInnen (ansatzweise Interview 5).

Die Orientierung an diesen Schwierigkeiten, die ein alltagsnahes Arbeiten mit sich bringt, stellt sich daher als größtes Problem für Ausbildung und Supervision dar. Eine Empfehlung für bestimmte Ausbildung, die einer Tätigkeit als EinzelfallhelferIn vorausgehen sollte, kann nicht gegeben werden, da, wie bereits mehrfach wiederholt, Sozialarbeit, Pädagogik und Psychologie jeweils nützliche, aber nicht ausreichende Wissensbestände und Handlungsanleitungen beisteuern. Es läßt sich daher nur formulieren, Ausbildung und Erfahrungsgrundlage der HelferInnen sollte ‚breit' sein. Nielsen et. al. (1985/ 194f.) nennen für die Familienhilfe Basiskompetenzen wie: Vor- und Lebenserfahrungen, Kenntnisse der Regelsysteme benachteiligter Familien, Sensibilität gegenüber der eigenen Definitionsmacht, Belastbarkeit, Kooperations-, Dialog- und Konfrontationsfähigkeit, Zuverlässigkeit, Selbstreflexion und -kritik, Durchsetzungsfähigkeit und die Fähigkeit, alleine in der Familie zu arbeiten. Es scheint mir aber zweifelhaft, ob eine einzige Person die genannten Kompetenzen alle aufweisen kann; manchmal scheint es ratsamer, zwei oder mehrere HelferInnen unterschiedlicher Ausbildung mit den KlientInnen und ihrem Umfeld arbeiten zu lassen, wenn damit nicht die Beziehungsfähigkeit vieler KlientInnen und die brüchigen Fähigkeiten mancher Familien, neue Personen und damit Veränderungen in der Familie zuzulassen, überfordert wären. Auch ist nicht abzusehen, wie der organisatorische Aufwand und Schwierigkeiten solcher Hilfen (doppelte Abrechnungen, weniger Verdienst für die einzelnen HelferInnen) geregelt werden könnten.

Um so wichtiger erscheint es, heterogene Kompetenzen im Hintergrund der HelferInnen aufzubauen: Gerade angesichts der von Enzmann beschriebenen Burnout-Probleme ist Supervision obligatorisch; sie scheint aber oft die HelferInnen nicht erreicht und/oder in zu großen Gruppen stattgefunden zu haben, ferner gab es Supervisionen, in denen die emotionalen Konflikte der Helfenden weiter eskalierten als daß dieselben entlastet worden wären (vgl. Interview 4, 7).

Neben der Supervision müßten durch materielle Anreize begleitende Fortbildungen praxisnahen Charakters ermöglicht werden, in denen fallbezogen Information, Handlungsanleitung und handlungsrelevante Theoriebestandteile kontinuierlich vermittelt werden. Solche Ansätze sind z.T. in dem Fortbildungsangebot von IBEF e.V. (Interessenverband Berliner Einzelfall- und Familienhelfer) und einigen vom Senat geförderten Fortbildungen vorhanden; sie sind dort kostenpflichtig und damit nicht wie z.B. bei der Tätigkeit in einer psychiatrischen Klinik Bestandteil der bezahlten Arbeit.

Diese als Verpflichtung gedachte Zusatzausstattung von Supervision und Ausbildung würde auch die beklagte Vereinzelung der HelferInnen zumindest teilweise auflösen. Praxisgemeinschaften von EinzelfallhelferInnen sind nur bei Glücksfällen der Gewerbemiete eine Alternative (vgl. Nielsen et. al. 1986/197).

4.2.6.3. Konsequenzen für die materielle Ausstattung der Einzelfallhilfe

Auch wenn zur Zeit eine Verbesserung der materiellen Ausstattung der Einzelfallhilfe nicht zu erhoffen ist (vgl. Kap. 1), können und müssen aus den vorhergehenden Überlegungen Konsequenzen für eine verbesserte Praxis gezogen werden.

a) Die nach Enzmann zu fordernde Reduzierung von Unsicherheit betrifft zunächst direkt das Anstellungsverhältnis: Solange Einzelfallhilfe als jederzeit beendbare ‚Sachleistung‘ geführt wird, ist eine hohe Abbruchquote durch ein Abwandern von HelferInnen in feste Anstellungen weiter zu erwarten (vgl. Kapitel 1). In welcher Form auch immer diese Anstellungsverhältnisse geregelt werden können: Der wichtigste Aspekt derselben beträfe die Berechenbarkeit der längerfristigen Arbeitsplanung (ähnlich Nielsen et. al. 1986/213).

b) Eine davon abgeleitete Form der Stabilisierung betrifft die weitergehende soziale Absicherung im Fall von Arbeitslosigkeit und Krankheit und der Beitragsmöglichkeit zu einer Rentenkasse (vgl. ötv 1989).

c) Eine emotionale Absicherung bestünde in einer angepaßten Form der Supervision, wie sie im vorhergehenden Kapitel beschrieben worden ist. Daß Supervisionszeit materiell vergütet wird, wäre ein Beitrag zu a) (vgl. Nielsen et. al. 1986/213).

d) Eine fachliche Absicherung der Kompetenz bestünde in der Konzeption einer Fortbildungsreihe oder einer ähnlichen Form der Fortbildung, die den in 4.2.6.2 beschriebenen Kriterien genügen müßte (vgl. Ministerium ... NRW, 1985/131f.)

e) Die Qualität der Aufträge an die Einzelfallhelfer ließ deutliche Schwächen erkennen, ob nun ein überforderter Arzt des Sozialpsychiatrischen Dienstes bei einer psychosekranken Frau die Helferin auffordert, mit ihr Kaffee trinken zu gehen (Interview 9), bei einer drohenden Heimeinweisung die Helferin ‚halt für die Mutter da sein‘ soll (Interview 5) oder die Zusammenarbeit verweigert wird (Interview 6). Allerdings hat sich gezeigt, daß die Formulierung des tatsächlich durchgeführten Auftrags und damit der relevanten Problemdefinition ein komplexer Aushandlungsprozeß zwischen den Beteiligten ist. Nützlicher als ein diffuser oder zu eng begrenzter Auftrag ist daher die Beschreibung einer Problementwicklung, anhand derer sich in der Praxis eine klientInnengerechte Hilfsform entwickeln kann.

f) Die immer wieder beklagte Vereinzelung (Interview 1,3,7,9) und das damit fehlende Feedback mit den entsprechenden Folgen für die Qualität der Identifikation mit der Arbeit und der Reflexion derselben verlangt die Suche nach Formen weiterer Zusammenarbeit über Supervision und Fortbildung hinaus. Für die Familienhilfe schlagen Nielsen et. al. 1986/215 vor, Helferteams zu bilden, die mit eigenen Räumen ausgestattet wären und deren Mitglieder sich gegenseitig vertreten könnten. Das Ministerium für Arbeit ... NRW rät, ebenfalls die Familienhilfe in die Gemeinwesen- und Stadtteilarbeit zu integrieren, familienübergreifende Gesprächs- und Aktivitätsgruppen anzubieten. Nutt 1992/10 schwebt eine Integration der Einzelfallhilfe in eine gemeindepsychologische Konzeption psychosozialer Hilfen vor; Hildebrand-Nilshon et al. 1990/28 plädieren für Mischarbeitsplätze, die BSHG-Therapie und Einzelfallhilfe umfassen.

4.3. Zwischen und hinter den Methoden: Was ist Einzelfallhilfe?

Die Ergebnisse der Metaphernanalyse (Kap. 4.1.10) und der Inhaltsanalyse (Kap. 4.2.6) sind bisher nicht aufeinander bezogen worden. Dies ist die Aufgabe dieses letzten Kapitels; es schließt mit Überlegungen, die von den hier beschriebenen Ergebnissen zu allgemeinen Theorien der Sozialisation überleiten.

4.3.1. Kongruenz und Divergenz von Inhalts- und Metaphernanalyse

Im folgenden wird versucht, die Ergebnisse der beiden Methoden aufeinander zu beziehen, eine Zusammenschau, die von dem in Kapitel 2.5 explizierten Ansatz Flicks ausgeht. In den oben dargestellten Einzelfallanalysen waren die Methoden in der Form aufeinander projiziert worden, daß sie ähnlich einer ‚dichten Beschreibung' im Sinne Geertz in einen Text mündeten, in dem die Erzählung von Fakten nach der Inhaltsanalyse und die metaphorischen ‚Denkmethoden' der HelferInnen verdichtet wurden. Anschließend soll nun nicht mehr die ‚Tiefe' des Einzelfalls nacherzählend und rekonstruierend dargestellt, sondern explizit Übereinstimmungen und Einzelbefunde in den Ergebnissen der beiden Methoden rekonstruiert werden. Die Zusammenführung hat auch den Vorteil, die Methoden deutlicher gegeneinander abzuheben und ihre analytische Brauchbarkeit konzentrierter verdeutlichen zu können. Dies ermöglicht ein Profil der Metaphernanalyse, die in dieser Arbeit als Instrument sozialwissenschaftlicher Forschung etabliert werden soll.
Zur Erinnerung und Verdeutlichung ist hier noch einmal zu betonen, daß es nicht darum geht, diese sog. ‚Triangulation' als Überprüfung der Metaphernanalyse durch die Inhaltsanalyse oder umgekehrt zu versuchen: Diese Auffassung würde voraussetzen, einer Methode die bessere Begründung des Wahrheitsanspruchs der Interpretation zuzutrauen. Es geht ebenfalls nicht darum, die Triangulation als ‚konkurrierende Validierung' zu begreifen: Flick verweist darauf, daß eine Triangulation der Theorien nicht unbedingt alle Verzerrungen derselben korrigiert, und eine Triangulation der Methoden nicht unbedingt deren Validität erhöht. Die Kombination der Methoden ermöglicht es aber, die „Reichweite und Tiefe" (Flick/Mskr./7) der vorgelegten Interpretation zu vergrößern und die Eigenart der Metaphernanalyse vor dem Hintergrund des bewährten Instruments der Inhaltsanalyse herauszuarbeiten. Die Gütekriterien für die einzelnen Methoden wurden bei ihrer Darstellung (Inhaltsanalyse: Kap. 2.3.4, Metaphernanalyse Kap. 2.4.7.3) beschrieben.

Flick verweist, um eine ‚reichere' Sicht auf den Gegenstand zu erhalten und um die Behauptung von der Geltung und die Begründung von Interpretationen auf eine breite Basis zu stellen, darauf, daß die angewandten Methoden systematisch unterschiedliche Perspektiven thematisieren sollten. Er wählt für seine Forschung die Spanne zwischen der Erfassung sozial geprägter Interaktionsmuster und der Rekonstruktion von Strukturen im Subjekt (ebd./14f.) und versucht dieses mit der Kombination aus der Rekonstruktion subjektiver Theorien und einer ethnomethodologischen Konversationsanalyse zu erreichen. Ich habe als grundlegend für meinen Ansatz die Inhaltsanalyse nach Mayring und die Metaphernanalyse nach Lakoff/Johnson vorgestellt und die Wahl folgendermaßen begründet: Der Spannungsbogen der Methoden und der Untersuchungsfrage erstreckt sich hier nicht zwischen den Polen subjektiver Struktur und sozialer Interaktionsmechanismen, sondern zwischen den rational begründbaren und diskursiv zugänglichen Inhalten der Erzählungen und Argumentationen auf der einen und jenen ‚Sinnordnungen'

(Schwemmer 1987/278), den kulturell geprägten Mustern auf der anderen Seite, welche die Umgebung für unser Handeln und Leben bilden. Ich gehe also in dieser Untersuchung nicht wie Flick von einer Spannung zwischen Subjekt und Gesellschaft aus, sondern von der Spannung zwischen der diskursiven und der ikonischen Seite unseres sprachlich verfügbaren Wissens[36]. Mit beidem bin ich in meiner Analyse der Sicht von Einzelfallhelfern konfrontiert: In den Interviews mischen sich untrennbar bewußte und unbewußte Rückgriffe auf ‚selbstverständliche‘ Gemeinsamkeiten und Muster der Erfahrung mit differenzierten Aussagen und aufgabenspezifischen Reflexionen zum Setting dieser Hilfe. Der Rückgriff auf das Kontinuum der Alltagssprache in den Interviews erfordert zum einen, sich der sprachlich kodierten metaphorischen Sinnordnung der HelferInnen zu vergewissern. Die kontextspezifischen Besonderheiten der Hilfe verlangen jedoch nach einer Forschung, welche die Aussagen der HelferInnen als Wissen und Erfahrung von aktiv handelnden und reflektierenden Subjekten (Bergold/Flick 1987/1) ernst nimmt. Eine Analyse der Sicht dieser Subjekte, die sich nur auf eine der beiden Zugangsweisen zuspitzte, verlöre viel. Wenn im folgenden Unterschiede zwischen den Methoden herausgearbeitet werden, dann ist dies nicht so zu verstehen, als seien es nicht valide Ergebnisse - wie der Vergleich der Methoden anhand einzelner Interviews zeigen wird, stehen sie in einem komplementären Verhältnis zueinander, die Unterschiede ergänzen sich.

Die Unterscheidung zwischen sozialer und individueller Form der Erfahrungs-, Handlungs- und Interpretationsmuster wurde durch die notwendige Trennung der Einzelfall- und der Gesamtanalyse nachvollzogen. Die kontext- und individuumsbezogene Analyse in Kapitel 3. beschäftigte sich ausführlich mit der subjektiven Sicht der HelferInnen. Es bietet sich an, die Darstellung der Triangulation auf dieser Ebene des kollektiven Wissens in fünf Teile zu gliedern:
a) Welche Sachverhalte werden durch die beiden Analysen identisch konstruiert?
b) Welche Unterschiede sind zwischen Metaphern- und Inhaltsanalyse anhand der einzelnen Interviews feststellbar?

Nach der Analyse dieser Beispiele ist für die Gesamtanalyse zu fragen:
c) Welche Aussagen können nur von der Inhaltsanalyse abgeleitet werden?
d) Welche Aussagen können nur von der Metaphernanalyse abgeleitet werden?
e) Methodologisches Fazit (Abschnitt 4.3.1.5)

In diesen von methodischen Fragen ausgehenden Unterkapiteln wird das durch Metaphern- und Inhaltsanalyse gewonnene Wissen über Einzelfallhilfe gegenübergestellt. Weitergehende Resultate dieser Projektion der Ergebnisse aufeinander werden im Kapitel 4.3.2. formuliert, in dem anhand theoretischer Modelle eine weitere Bestimmung dessen folgt, was Einzelfallhilfe sein kann.

4.3.1.1. Kongruenz von Metaphern- und Inhaltsanalyse

Die wesentlichen Aussagen lassen sich durch beide Analysen bestätigen:
- Es finden sich zwei unterschiedliche Typen der Einzelfallhilfe, deren Schwerpunkt ent-

---

[36] Die Trennung der zwei Methoden als Konsequenz aus Schwemmers Thesen über die Möglichkeiten der Kulturanalyse Kap. 2.2.4; die Trennung als Konsequenz von Gadamers Theorie des Verstehens Kap. 2.2.2; als Konsequenz psychologischer Reflexion des Verstehens bei Hörmann Kap. 2.2.3; als Konsequenz methodologischer Reflexion bei Flick Kap. 2.5.

weder auf Nachhilfe oder auf globaler Entwicklungs- und Lebenshilfe liegt, obschon die Problematiken der KlientInnen die gleichen sind.

- Die emotionale Belastung der HelferInnen innerhalb des Spannungsfeldes der Familie und durch Konflikte mit den KlientInnen ist sehr hoch, Entlastung durch Supervision und therapeutische Selbsterfahrung werden als nicht ausreichend erfahren.
- Es handelt sich bei den KlientInnen durch mehrfache soziale und psychische Benachteiligungen, Behinderungen oder schwierige Lebensereignisse geprägte Menschen; die Zusammensetzung der Problematiken sprengt den Kanon von Schwierigkeiten, der von jeweils einer der Disziplinen Sozialarbeit, Psychologie oder Pädagogik kompetent bearbeitet werden könnte.

a) Einzelfallhilfe ist Nachhilfe

Sowohl an den Metaphern von ‚braven‘ und ‚schwindelnden‘ Kindern, bei ‚Pensum‘ und ‚Rückstand‘ wie an den Themenfeldern ‚Schule als Arbeitsinhalt‘ und ‚Selbstbild Schulhilfe‘ wurde deutlich, daß der Umgang mit der Institution Schule und ihren sozialen wie kognitiven Anforderungen für alle, die mit Kindern arbeiten, eine große Rolle spielt; einige legten den Schwerpunkt der Hilfe darauf, verstanden sich als NachhilfelehrerInnen und grenzten sich von anderen Handlungsformen ab.

b) Einzelfallhilfe ist Sozialisationshilfe

Soziale Integration und Sozialisation im Sinne einer Übernahme von Erziehungsaufgaben, Vermittlung von Erfahrungen im sozialen Bereich und Kontaktaufnahme zu den betroffenen Institutionen konstituieren diesen Ansatz in der Einzelfallhilfe. Dazu gehören auch die Auseinandersetzung im therapeutischen Raum der Beziehung zu einem/einer Helfenden und die vielfältigen alltagspraktische Stützungen (Begleitung zum Arzt, zu Elternabenden und zum Gericht, die Organisation des Wäschewaschens etc.).

Hier finden sich die meisten Metaphernfelder wieder: Einzelfallhilfe ist ‚auf den Weg bringen‘ von Menschen, die ‚hängen‘ geblieben sind, ‚unbeweglich‘ zwischen (familiären) Fronten sitzen oder sich in der sozialen oder psychischen Landschaft ‚verirrt‘ haben. Das Ziel dieses Weges wurde als ‚Freiraum‘ oder neue Möglichkeit, eigene Schritte zu tun, umschrieben. Die Metaphoriken der helfenden Beziehung (Einzelfallhilfe knüpft Bindungen, ist Begleiten, ist Einmischen und Grenzen ziehen, ist Geben und Nehmen) untermauern ebenfalls die Auffassung der Einzelfallhilfe als Sozialisationshilfe. Sie steht als Sozialisationsagentur zwischen familiärer Erziehung, Alltagsbewältigung, schulischer Pädagogik und psychologischer Therapie.

c) Einzelfallhilfe ist Aushalten von schwierigen Situationen

Die Beziehungsprobleme und Konflikte zwischen Helfenden und KlientInnen belasten die Helfertätigkeit schwer. Die Erfahrungen schwanken zwischen dem Gefühl, ‚zwischen die Fronten‘ zu geraten; heftig beschimpft, abgelehnt oder belogen zu werden; resignieren zu müssen oder sich der emotionalen Vereinnahmung ins Private der KlientInnen zu widersetzen (‚zu dicht‘, zuviel ‚Nähe‘ und zu wenig ‚Distanz‘). Ähnlich zeigten sich die Probleme der Beziehung zwischen Helfenden und Familie bzw. sozialem Umfeld; die Metaphern ‚Einmischen und Grenzen ziehen‘ verweisen im Kampf um Selbsterhaltung auf das zentrale Problem der Handlungs- und Selbstregulation, sich in den Spannungen und Ausweglosigkeiten der sozialen Situation der KlientInnen und ihrer Familien zu behaupten. Verschiedene Auffassungen zwischen KlientInnen und HelferInnen über den Umgang mit Problemen, die meistens die Kinder betrafen, fanden sich in fast jedem Interview. Die Rollen-Unsicherheiten der Helfenden in der Familie und gegenüber den Institutionen war thematisch wie metaphorisch zu belegen: Sie ‚tappten im Dunkeln‘ oder hatten in schwierigen Situationen ‚keinen festen Boden unter den Füßen'; und hatten vom Bezirksamt keinen ‚klaren' Auftrag und keine Hilfen ‚bekommen', und in Auseinandersetzung mit oder bei der Suche nach Kontakt zu Institutionen spürten sie, daß sie ‚wenig eingebettet in andere Strukturen' waren. Supervision und therapeutische Selbsterfahrung wurden als hilfreiche, aber nicht ausreichende Stützungsmöglichkeiten erfahren.

Gerade unter dieser Provokation durch Komplexität wird Sinnstiftung schwierig und auf vortheoretische Annahmen zurückgeworfen. In diesem Sinne mögen auch die oben genannten Metaphernfelder ‚identitätsstiftende Zentralreduktionen' (Dörner nach Enzmann, siehe Kap. 4.2.6) sein, die es den HelferInnen ermöglichen, unter schwierigen Umständen sich an einem (inneren) Bild zu orientieren.

d) KlientInnen der Einzelfallhilfe sind in ihrer Entwicklung und Selbstverwirklichung durch äußere Lebensumstände und psychische Strukturen gehemmt.

Die KlientInnen werden durch soziale Bedingungen gehemmt (Todesfälle, Mißhandlungen, beengter Wohnraum, Sozialhilfe als Einkommensgrundlage etc.) und zeigen viele psychosoziale Behinderungen durch persönliche und psychische Eigenarten. Die Liste von Verhaltens- und Charakterauffälligkeiten ist dabei lang und reicht von aggressiver Hyperaktivität über Psychosomatik und multiple Angstzustände bis zu rezidivierende Psychosen. Es fanden sich in fast jedem Gespräch Anhaltspunkte für die soziale Deprivierung wie auch für persönliche und psychische Eigenarten, die es den Betroffenen erschwerten, ein (subjektiv) zufriedeneres Leben zu führen. Neben den schon genannten Metaphern der Verirrung und der Verstrickung fanden sich bildliche Formulierungen, daß die Klientinnen zuviel ‚Last' zu ‚tragen' hätten, wenn sie versuchten, ihr Leben ‚in den Griff' zu bekommen. Es ging darum, soziale ‚Isolation' durch das ‚Knüpfen von Kontakten' zu überwinden. Neben vielen Metaphern der Verschlossenheit wie ‚Versteifen' und ‚Abblocken' gab es aber auch Erfahrungen mit KlientInnen, die ‚keine Grenzen kannten'. Die HelferInnen nehmen Menschen war, die ‚bisher so wenig gehabt haben von ihrem Leben', vieles an der Situation der Familien oder KlientInnen war ‚unklar', und in der Schule bestand meistens ein ‚Rückstand'. Die Belastungen waren immer auf mehreren Ebenen anzutreffen.

Demgegenüber stand das ‚Sich-heraus-reden' oder das ‚Sich-um-ein-Problem-herumreden' der KlientInnen, die sich auf diese Weise den Helfenden entzogen.

e) Fazit:

Den durch die Inhaltsanalyse kondensierten Thesen entsprechen metaphorische Konzepte, und den denotativen Aussagen folgen zwanglos konnotative Bestätigungen. Die Zusammenfassung dieser Gemeinsamkeiten und ihre inhaltliche Auswertung erscheint unproblematisch[37]. Deutlich werden allerdings methodische und inhaltliche Fragen: Worin bestehen die Unterschiede in den Ergebnissen der beiden Methoden und wie beziehe ich die Nicht-Gemeinsamkeiten von Metaphern- und Inhaltsanalyse aufeinander?

4.3.1.2. Divergenz von Metaphern- und Inhaltsanalyse in Einzelanalysen

Zögernder verliefen die Gespräche zur Validierung der Interviewergebnisse bei den Probeinterviews oft an den Punkten, die sich durch die Inhaltsanalyse als Nichtübereinstimmung bzw. Nichtberührung von Inhalts- und Metaphernanalyse herausstellten. So war fast allen Interviewteilnehmern ein wenig Enttäuschung gemeinsam, daß ihnen wichtige Aussagen und ‚Kernsätze' in der Metaphernanalyse nicht oder nur verfremdet vorkamen.

---

[37] Die Ergebnisse wurden auf dem Kongreß der DGVT 1990 vorgetragen, vgl. Schmitt 1990.

Im folgenden gehe ich einige Interviewanalysen auf diese Nichtübereinstimmungen hindurch, um plastischer die Unterschiede der beiden Methoden herauszuarbeiten[38].

Im zweiten Interview sind die vielfältigen Kontakte des Helfers, seine Schwierigkeiten mit dem Freund der Mutter, Details der Auseinandersetzung mit dem Bruder des Klienten und der sexuelle Mißbrauch des Kindes nur in der Inhaltsanalyse präsent. Dagegen wird die Metaphorik einer körperlichen Auseinandersetzung ('Ringrichter') dem Machtkampf und der berichteten Dynamik in der Beziehung zwischen Helfer und Kind gerecht. Auch wird die Position des Jungen in der Familie durch die visuelle Metaphorik ('dunkle Seite der Medaille') deutlicher als durch die Inhaltsanalyse. Bilder der 'Grenze' sind in der Arbeit mit dem quirligen Jungen wichtig und werden von beiden Analysen bestätigt.

Das dritte Interview zeigt, daß Statements allgemein-theoretischer Natur (Wichtigkeit der Einbeziehung des Umfelds, Reflexion der psychosozialen Belastung und mangelnde Verwendbarkeit akademischen Wissens) nur inhaltsanalytisch abgebildet werden. Auch die Vielfalt der Tätigkeiten, von häuslicher Versorgung bis Krisenintervention bei Suizidalität, ist in der Inhaltsanalyse enthalten. Die Metaphernanalyse verdeutlicht dagegen, warum die Hilfe abgebrochen wurde: Den Problemen des Kindes 'auf allen Ebenen' glaubte die Helferin nur 'punktuell' begegnen zu können; und die extreme Substantivierung sowie die Bilder einer auf das visuelle reduzierten Kommunikation ('signalisieren') zeigen eine große Distanz zwischen Familie und Helferin.

Im fünften Interview geht die Inhaltsanalyse nicht über die Metaphernanalyse hinaus: 'Einzelfallhilfe ist Nachhilfe', erstere ergibt sehr detailliert die Kritikpunkte der Helferin und den Konflikt mit der Mutter der Klientin. Die Metaphernanalyse macht allerdings deutlich, daß in der starken Extension der Metapher 'Familie' (versorgen, behüten) die des betreuten Mädchens als extrem defizitär wahrgenommen wird.

Das siebte Interview zeigt wieder die Überlegenheit der Inhaltsanalyse, konkrete Details aus der Arbeit, der Vorgeschichte und über Kontakte der Helferin zu beteiligten Institutionen zu erfahren. Sie rekonstruiert, daß der betreute Junge viele Beziehungsabbrüche erlebt hat und sich die Helferin in einem Konkurrenzverhältnis zur Mutter wie zur Therapeutin um die bessere Beziehung zu dem Jungen befindet. Dies ist metaphorisch nur mit den zahlreichen Bildern mit der Behauptung von 'Positionen' im Raum zu ahnen; die Unsicherheit in diesem Raum ist bildlich deutlicher. Der Doppelcharakter der Familie und des Jungen und die Ambivalenz der Beziehungen, anziehend und abstoßend zu sein, ist durch Metaphern besser zu belegen; der Versuch der Helferin, therapeutisch zu arbeiten, ist ebenfalls an den Metaphern abzulesen ('Aggressionen aus der Nase ziehen').

Die Lebensgeschichte der sechzigjährigen Patientin, das Ende der Ehe und die häusliche Situation sind im neunten Interview der Inhaltsanalyse zu entnehmen. Ihre Interpretation der Psychose als 'Tiger', der sie 'anspringt', und die komplementäre Bewegungsmetaphorik der Helferin zeigen die Stärken der Metaphernanalyse in der Rekonstruktion der Konfliktdynamik: Die Patientin 'versteift sich' und 'blockiert' zu Hause, während die Helferin 'in Angriff nehmen' will, daß sie 'raus geht'. Auch die aktuelle Interaktion mit der Klientin, die der Helferin 'zu dicht' ist, zeigen die Metaphern.

---

[38] Dies impliziert einen Bruch der bisher durchgeführten Trennung von Einzelfall- und Gesamtanalyse. In ersten Vorstudien ergab sich jedoch, daß sich Konvergenzen und Divergenzen der beiden Methoden bei Einzelfall- und Gesamtanalyse gleichen.

4.3.1.3. Spezifische Aussagen der Inhaltsanalyse

Das Spezifikum der Inhaltsanalyse vor dem Hintergrund der Metaphernanalyse ist
- die konkrete Beschreibung sozialer und psychischer Belastungen der KlientInnen,
- die Benennung bewußter Konflikte und Konfliktinhalte,
- die genauere Beschreibung der Vielfalt der konkreten Tätigkeiten mit der Möglichkeit, ein praktisches Modell zu entwickeln,
- und die explizite Benennung des rational nachvollziehbaren subjektiven Sinns auf dem Hintergrund biographischer Daten.

a) Konkrete soziale und psychische Behinderungen der KlientInnen werden inhaltsanalytisch genauer erfaßt.
Die Inhaltsanalyse läßt die materiellen Lebensbedingungen der KlientInnen und ihre psychische Disposition in der Zusammenfassung der Interviews stehen: körperliche Mißhandlungen, sexueller Mißbrauch, beengter Wohnraum, Konfrontation zweier Kulturen, Verlust von Generationengrenzen, psychische Vernachlässigung, Verwahrlosung, Außenseiterrollen, mißgünstige Lehrer, Beziehungsabbrüche, ethnische Isolation, Gefängnisstrafen, Tod von Familienangehörigen und Scheidungen. Die Liste von Verhaltens- und Charakterauffälligkeiten ist ebenso beeindruckend: Intrigen und Verleumdungen als dominierende Ausdrucksmöglichkeiten eines Mädchens, aggressive, beschimpfende und distanzlos-hyperaktive Haltung eines Jungen, kognitive Überforderung, Psychosomatik, Verhaltensauffälligkeiten, Einkoten, Verwahrlosung, extensiver Fernsehkonsum und Kontaktscheu, Leistungsabfall in der Schule, Ambivalenzen in lähmenden Ausmaß, multiple Angstzustände und rezidivierende Psychosen kennzeichnen den Bereich psychischer Besonderheiten, mit denen sich EinzelfallhelferInnen auseinandersetzen. Deutlich wird, daß die Familien meist mehrfach belastet sind.

b) Einzelfallhilfe ist aufgrund des komplexen Settings vieler interagierender Systeme voller Konflikte; bewußte Konflikte und Konfliktinhalte zwischen HelferInnen, KlientInnen und ihrem sozialem Umfeld werden inhaltsanalytisch detailliert beschrieben.
Die Wahrnehmungen von Konflikten zwischen HelferInnen und Betroffenen werden, soweit sie bewußt sind, inhaltsanalytisch ‚aufgehoben‘[39]: die Erfahrung, zwischen die Fronten der Familie zu geraten; heftig beschimpft, abgelehnt oder belogen, für Zwecke der KlientInnen instrumentalisiert zu werden; sich vor anderen Familienmitgliedern rechtfertigen zu müssen; zu resignieren angesichts der Fülle dringender Bedürfnisse und Wünsche, Auseinandersetzungen mit Lehrern, Streit um den Umgang mit den Kindern. Eine Familie fühlte sich durch den Helfereinsatz bedroht, hinterging den Helfer oder sorgte dafür, daß er sich durch verbale Ausbrüche bedroht fühlte; in weiteren Fällen wollten die KlientInnen die Nähe einer privaten Beziehungen zu den Helfenden, was die Fortdauer der Hilfe gefährdete. Die wirtschaftliche Abhängigkeit von der Zustimmung der Betroffenen macht es schwierig, gelassen mit diesen Komplikationen umzugehen. Mangelnde Unterstützung und diffuse Aufträge des Bezirksamtes, für eine Klientin einfach ‚da zu sein‘, können als weitere Schwierigkeiten benannt werden. Ausgangspunkte der Konflikte sind Widersprüche zwischen den amtlichen Aufträgen der EinzelfallhelferInnen, ihrer eigenen Auffassung von den Möglichkeiten der Hilfe und den Bedürfnissen und Erwartungen der Familie, kulturelle Unterschiede und Rivalitäten um das zu betreuende Kind.

---

[39] vgl. die verdeckten Konflikte, die von der Metaphernanalyse beschrieben werden (s.u.).

c) Die Inhaltsanalyse belegt, daß die Vielfalt der konkreten Tätigkeiten sich nicht einer einzigen beruflichen Disziplin zuordnen läßt.

Hausaufgabenhilfe und Kontaktaufnahme mit den Lehrern werden genannt, Kinder werden von HelferInnen aus der Schule abgeholt, Mütter in der Wahrnehmung der Erziehungsaufgaben bestärkt und zu Elternabenden begleitet. Das Gegenteil wird auch berichtet, daß HelferInnen beispielsweise bei körperlichen Züchtigungen der Kinder einschreiten. Sie übernehmen Erziehungsaufgaben und die Vermittlung von Erfahrungen im sozialen Bereich, regen sinnvollere Nutzung der Freizeit an und sorgen für die Kontaktaufnahme mit den Institutionen Schule, Schulpsychologischer sowie Sozial- und Jugendpsychiatrischer Dienst, Sozialamt, Behindertenfürsorge, um die Familie zu vertreten und einen Austausch über deren Bedürfnisse zu ermöglichen. Es wird eine Fülle alltäglicher Hilfen erwähnt. Sie versuchen Beziehungsaufnahmen zu schwierigen KlientInnen und werden zu Vertrauten und/oder zum Objekt vieler Wünsche und Hoffnungen, wenn KlientInnen über ihre Geschichte, Sorgen und Erfahrungen sprechen. Hier überschneiden sich die Felder von Sozialarbeit, Pädagogik und Therapie, diese berufspezifischen Handlungsformen mischen sich mit Aufgaben, die von Angehörigen der Betroffenen virtuell übernommen werden könnten.

Das in 4.2.6. entwickelte Modell der Tätigkeit (Fähigkeit einer systemübergreifenden Problemdefinition, Entwicklung einer klientInnengerechten Hilfsform) und seine Folgen für Qualifikation, Ausbildung, Supervision sowie für die materielle Ausgestaltung der Einzelfallhilfe ist ohne die Ergebnisse der Inhaltsanalyse nicht zu denken.

d) Einzelfallhilfe bedeutet, Lebensgeschichten nachzuvollziehen, die den Hintergrund für abweichendes und selbstschädigendes Verhalten bilden; biographische Details und darauf aufbauende Begründungen werden in der Inhaltsanalyse rekonstruiert.

Wie oben in 4.3.1.2 verdeutlicht werden konnte, sind historische Begründungen selten, allenfalls ihre kondensierten Resultate, metaphernanalytisch rekonstruierbar. Besonders rechtfertigende biografische Exkurse sowohl über die Familie der KlientInnen wie der Helfenden sind nur inhaltsanalytisch zu erfassen. Die Metaphernanalyse ist blind für historische (Selbst-) Begründungen; Zeit wird oft als Raum und als Strecke metaphorisiert, als Weg, auf dem Verschiedenes erlebt wird und bleibt in dieser Verräumlichung vage und allgemein. Eine Ausnahme scheint es in Interview Nr. 2 zu geben, in dem sich die visuellen Metaphern verändern: Der betroffene Junge ist die ‚dunkle Seite der Medaille‘ und der Familie, der Einzelfallhelfer versucht daraufhin, ‚transparent zu machen‘, was los ist, und kann nach vier Monaten ‚schon Schritte sehen‘, auch wenn ein identifizierbares Trauma die Arbeit noch ‚überschattet‘. Dies ist das einzige Beispiel in dieser Untersuchung, anhand dessen sich die Veränderung der Metaphern als Auswirkung einer historischen Veränderung begreifen läßt; allerdings verstecken die Metaphern hier mehr als sie beleuchten. Die Geschichte der Benachteiligung dieses Jungen durch seinen inzwischen verstorbenen Vater im Vergleich zu seinem Bruder ist der Hintergrund, den der Helfer aufzuarbeiten versucht, was ohne Inhaltsanalyse nicht adäquat begriffen werden könnte.

e) Fazit:

Ich fasse zusammen: Soziale und psychische Behinderungen der KlientInnen werden inhaltsanalytisch genauer erfaßt und bewußte Konflikte und Konfliktinhalte zwischen HelferInnen, KlientInnen, ihrem sozialem Umfeld und dem Bezirksamtdamit detailliert beschrieben. Die Inhaltsanalyse elaboriert die Vielfalt der konkreten Tätigkeiten, die sich keiner Einordnung fügt, und rekonstruiert Einzelheiten aus konfliktreichen Biographien.

4.3.1.4. Spezifische Aussagen der Metaphernanalyse

Spezifische, nur von der Metaphernanalyse rekonstruierbare Erkenntnisse sind
- Reflexions- und Wahrnehmungsmodelle der HelferInnen,
- die Wahrnehmung eines ‚Klimas' der Einzelfallhilfe,
- die Orientierung an einer auf das Individuum zentrierten Epistemologie,
- die Beschreibung von sprachlichen und kulturellen Grundmustern des Helfens und des Lebens unseres Kulturkreises,
- und damit ein neues Verständnis dessen, was Einzelfallhilfe leistet.

Indem die Metaphernanalyse die Breite der Grundmuster der Herstellung und Wahrnehmung von ‚Helfen' in der Einzelfallhilfe aufdeckt, gibt sie einen Hinweis auf den Begriff der Einzelfallhilfe als generelle Sozialisationshilfe. Diese Muster des Helfens und ihre Zusammengehörigkeit wurden in Kapitel 4.1.10 schon dargestellt; an dieser Stelle sollen nun weitere Besonderheiten der Metaphernanalyse notiert werden.

a) Reflexions- und Wahrnehmungsmodelle der HelferInnen
Die neun verschiedenen Wurzelmetaphern des Helfens wurden bisher ausführlicher (Kap. 4.1.1 bis 4.1.9), zusammenfassend (Kap. 4.1.10) und verkürzt als Orientierung (Kap. 4.1.0.2) dargestellt, so daß ich an dieser Stelle darauf verweise. Im folgenden werden inhaltliche Konsequenzen aus diesen genannten Metaphernfeldern gezogen.

b) Die Metaphernanalyse erfaßt Bilder von Verwirrung und Ungewißheit (und weniger spezifische Konflikte); deutlich wird ein Klima der Unsicherheit.
Die Arbeit selbst wird als ‚Gratwanderung' und ‚schmaler Pfad' gesehen, die Helfenden kommen ‚auf keinen grünen Zweig' oder Unternehmungen ‚laufen schief', sie ‚tappen im Dunkeln' oder haben ‚keinen festen Boden unter den Füßen' in schwierigen Situationen mit den KlientInnen. Diese ‚weichen aus' vor dem Kontakt, oder es ist den HelferInnen zu ‚dicht', sie erleben zuviel ‚Nähe' und zu wenig ‚Distanz'. Wirre und unklare Beziehungsangebote werden als ‚Verstrickung' erlebt, die Helfer fühlen sich in manche Familien ‚hineingezogen', ‚aufgesaugt' oder es ‚sträuben' sich ihnen die Haare, weil sie zu sehr vereinnahmt werden. Sie erhalten vom Bezirksamt keinen ‚klaren' Auftrag und ‚bekommen' keine Hilfe, und ‚klauben' sich ihre Informationen selbst zusammen; es kommt vor, daß Supervision ‚nichts bringt'. Fazit: Sowohl die Metaphorik des Raums wie die des Behälter-Schemas, die Geben-Nehmen-Metaphorik wie die visuelle Metaphorik drücken Unsicherheit aus.

c) Deutlich wird in der Metaphernanalyse eine auf das Individuum von KlientIn und HelferIn orientierte Arbeit; die Einbeziehung des Kontexts und der sozialen Systeme ist in den basalen Metaphern nicht angelegt und nicht präsent.
Die dominierende Metapher vom ‚auf den Weg bringen' impliziert die kulturellen Norm einer individuellen Lebensbewältigung: Die Entscheidung, welche Strecke an der Weggabelung gewählt wird, ist üblicherweise eine einsame; wenn sich die Wege zweier Individuen ‚kreuzen', wird immer impliziert, daß sie auch ‚auseinandergehen'. ‚Begleiten' und ‚miteinander (Um-) Gehen' sind Bilder, welche die Beziehung eines Individuums zu einem anderen spiegeln, aber nicht komplexe soziale Interaktion. Auch die Metaphorik des ‚Knüpfens' von ‚Kontakten' und ‚Bindungen' repräsentiert nur lineare Beziehungen zwischen einzelnen Individuen. Fast einzig im Negativen wird soziale ‚Eingebundenheit' in den untersuchten Interviews thematisiert als ‚Verstrickung' und ‚eingeflochten sein'.

Zwar sind in der Inhaltsanalyse immer wieder die vielfältigen Kontakte der HelferInnen mit anderen Institutionen präsent; dabei geht es aber, und darauf macht die Metaphernanalyse aufmerksam, nur um individuelle Absprachen, um Beruhigung von Lehrern, um Versuche, für die KlientInnen etwas zu erreichen; die jeweilige Institution wird meist nicht als eigenständiger Lebensraum der KlientInnen wahrgenommen, sondern nur unter dem Nützlichkeitsaspekt für das eigene Handeln. Innerhalb der Bildlichkeit des Container-Schemas ist mit dem ‚Einmischen‘ und ‚Einbringen‘ eine vage Bildlichkeit der Integration und Wahrnehmung sozialer Interdependenz möglich, die sich in den Interviews aber meistens auf die HelferIn-KlientIn-Dyade beschränkt. Ebenso verhält es sich mit der Metaphorik des Gebens und Nehmens, das sich auf den ‚Austausch‘ zwischen Einzelpersonen begrenzt; auch die visuelle Metaphorik impliziert die Bemühung des einzelnen Helfers, ‚Klarheit‘ für sich zu bekommen.

Allenfalls außerhalb dieser Metaphorik stehende Einzelfunde, daß z.B. eine Helferin sich ‚wenig eingebettet‘ in institutionelle Strukturen findet, daß eine andere beobachtet, daß sich ausländische Kinder einander ‚anschließen‘, und daß eine dritte ihre Klientin im Bezirk ‚einbinden‘ will, deuten auf die Möglichkeit einer systemischen Perspektive hin. Eine erklärende Hypothese ist auf zwei Ebenen möglich:

- Einzelfallhilfe ist von ihrem institutionellen Setting so angelegt, daß soziale Interdependenz nicht in den Blick, in die Sprache und in die Handlungskompetenz der Helfenden kommt.
- Das vertiefte Studium der Interviews legt nahe, daß in unserer Kultur Sozialisation als Individuation gelebt und gedacht wird, daß auch eine ‚Breitspektrum-Hilfe‘ wie die Einzelfallhilfe unter den vielen möglichen Beziehungsmustern individuelle und individualisierende bevorzugt.

Der letzte Satz deutet auf eine grundsätzliche Erfahrung hin: *Die Metaphernanalyse verdeutlicht kulturelle Grundmuster und die Art und Weise, wie in der Einzelfallhilfe gesellschaftliche Strukturen hergestellt werden.*

Die Rückbindung der Einzelfallhilfe an das kulturelle Muster des individuellen ‚Lebenswegs‘, den jeder und jede ‚vor sich‘ haben, ist im vorigen Absatz schon deutlich geworden; ‚Fortschritt‘ und ‚Rückschritt‘ sind dominierende Muster der Betrachtung von ‚Entwicklung‘: Diese zentrale Metapher impliziert die Individuation in selten reiner Form: Nicht die ‚Bindung‘ und das ‚Band‘, sondern die Loslösung von Wicklungen eines nicht ‚verstrickten‘ Kerns bestimmt die in der Sprache aufgehobenen Handlungs- und Denkmuster als zunehmende Freisetzung des Individuums von familiären Bindungen in der modernen Welt[40]. Im Kapitel 4.1.10 hatte ich gezeigt, wie die verschiedenen Metaphoriken der Hilfe zu dem Muster (prototypical scenario) der elterlichen Erziehung konvergieren. Das Endprodukt dieser Erziehungs-Hilfe zeigt sich in den gängigen Metaphern für Persönlichkeit, die sich um das Bildschema des Behälters (vgl. 4.1.4) gruppieren; es ist eine Persönlichkeit, die ihre ‚Grenzen zieht‘, in der Emotionen allenfalls ‚unterschwellig kochen‘, die kontrolliert ‚aus sich herausgeht‘, dabei andere nicht ‚aufsaugt‘, und sich dennoch nicht auf sich ‚versteift‘ oder ‚blockiert‘ ist. Das Vorbild dieses Weges zu einer

---

[40] Einzelfallhilfe ist damit Teil eines „kollektiven Modernisierungsproblems“ (Beck 1986): Sie ist eine der Prothesen, die die immer fragilere Kleinfamilie braucht, da Individualisierung die traditionelle Rollenverteilung und ihre biographischen Aufgaben (z.B. Kinder zu bekommen) erschwert (ebd. 1986/119); ihre dominierende Metaphorik zielt nach dem Zerfall bisheriger Wertordnungen und Sinnbezüge auf eine permanente ‚Suche nach neuen Wegen‘, die eine Identität vielleicht nur als ‚Patchwork-Identität‘ zuläßt. Vgl. Keupp 1988, Schmitt 1991b.

kontrollierten ‚Offenheit' des Individuums ist der einer familialen Sozialisation, die von der engen Verbindung zwischen zwei Menschen über verschiedene Formen des Austauschs (Geben und Nehmen) und des Begleitens zum ‚auf den Weg bringen' des Einzelnen führt (vgl. 4.1.10). EinzelfallhelferInnen sind offenbar, auch wenn sie sich auf das Modell ‚Nachhilfe' konzentrieren, in ihren basalen Orientierungen auf das Muster der familiären Entwicklung in ihren jeweiligen Phasen orientiert. Wenn die Familie diese gesellschaftlich zugewiesene Aufgabe, Kinder gemäß den im- und expliziten Normen psychischer Stabilität und sozialer Kompetenz zu individuieren, nicht ‚nachkommt', sondern ‚verstrickt' ist, gilt: ‚daß ich in meiner Aufgabe auch ein Stück weit Ersatz dafür bin, was die Familie nicht leisten kann' (Int. 1). Die Metaphorik des ‚Defizits' an familiären Leistungen, es fehle an Zuwendung, Anregung, Förderung, Zuhören etc. (vgl. 4.1.5) drückt diesen ‚tieferen Kern' des Selbstbewußtseins der EinzelfallhelferInnen ebenso aus wie die Metaphorik der Bewegung: ‚jetzt müßte es ... in die Richtung gehen, mich langsam überflüssig zu machen' (Int. 9). Dieses Zitat entstammt aus der Arbeit mit einem psychiatrisch auffälligen Menschen, der, nach dieser Metaphorik zu schließen, die letzte Verselbständigung aus dem Raum der Familie hinaus noch nicht endgültig unternommen hat. Damit ist eine Definition und ein inhaltliches Fazit dessen, was Einzelfallhilfe ist, möglich: *Einzelfallhilfe ist generelle Sozialisations-, Entwicklungs- und Integrationshilfe nach dem Vorbild der Elternschaft, welche die individualisierenden Muster unserer Kultur reproduziert und zu reproduzieren hilft.*

4.3.1.5. Methodologisches Fazit

Die Inhaltsanalyse erfaßt konkretes Tun, abstrakte Aussagen und Geschichten, die zur Illustration oder Begründung des eigenen und des fremden Handelns erzählt wurden; der Detailreichtum der Tätigkeiten ist nur über die Inhaltsanalyse zu erfahren. Die Metaphernanalyse bezeichnet ein ‚Klima', atmosphärische Polaritäten, emotionale Befindlichkeiten, Grundmuster der Beziehung zu den KlientInnen sowie Wahrnehmungs- und Reflexionsmodelle der HelferInnen. Die Gesamtanalyse der Metaphern zeichnete ein kollektives Muster der Hilfen nach dem Vorbild familiärer Sozialisation und Individuation. Die Schwäche der Metaphernanalyse zeigt sich, wie zu erwarten, in der Beschreibung der konkreten Details sozialer und biographischer Ereignisse. Wirkliche Widersprüche waren nicht zu finden. *Die beiden Methoden stehen daher in einem komplementären, nicht in einem konträren Verhältnis zueinander.*

4.3.2. Einzelfallhilfe und Sozialisationstheorien

Die Beschreibung der Einzelfallhilfe litt darunter, daß die berufspolitische Aneignung des Themas die theoretische Durchdringung blockierte (vgl. Kap.1). Zu selten wurde Einzelfallhilfe mit weitergehenden Theorien der Sozialisation in einen Zusammenhang gebracht. Bei diesen Versuchen handelt es sich um Zugänge zum Thema vom tätigkeitstheoretischen Standpunkt (Nutt 1992; Hildebrand-Nilshon et al. 1990) und vom Sozialisationsbegriff der objektiven Hermeneutik aus (Schmitt 1988). Das Ergebnis der Metaphernanalyse, daß die von den HelferInnen benutzte Metaphorik den ganzen Bereich kindlicher Sozialisation abdeckt, und das Ergebnis der Inhaltsanalyse, daß ein großer Teil der HelferInnen ihre Arbeit global als Entwicklungs- und Lebenshilfe sehen, legt nahe, das Thema Sozialisation noch einmal aufzugreifen. Ich beginne mit dem älteren Versuch.

4.3.2.1. Einzelfallhilfe und objektive Hermeneutik

Aus der Not der Einzelfallhilfe, eine Restkategorie zu sein, versuchte ich (Schmitt 1988) eine Tugend zu machen: Diese vielfältigen Handlungsansätze, die in den Berufssparten der Sozialarbeit, der Pädagogik und der Psychotherapie nicht aufgehen (vgl. Kap. 4.2.2, 4.2.6, 4.3.1.3), können als Realisation dessen gesehen werden, was Ulrich Oevermann et al. als ,stellvertretende Deutung der latenten Sinnstrukturen durch sozialisierte Bezugspersonen' (Oevermann et al. 1979/384) für ihre Sozialisationstheorie beschrieben[41]. Diese Formulierung verdichtet einige Annahmen, die im folgenden kurz erläutert werden sollen. Oevermann et al. gehen davon aus,

„ daß aus der Sicht einer soziologischen Sozialisationstheorie die latenten Sinnstrukturen der sozialisatorischen Interaktion für die ontogenetische Strukturbildung den außerhalb des Subjekts liegenden sozialen Gegenstand abgeben ... "(ebd.)

,Latente Sinnstrukturen' werden von Oevermann et al. als komplementäre soziale Phänomene zu jenen Strukturen gedacht, wie sie von Piaget, Freud und anderen im Inneren des Individuums angenommen wurden. Es sind Sinnzusammenhänge, Regeln der Interaktion, kontextvariate Vorschriften der Selbstdarstellung, Rollenzuweisungen, Situationsdefinitionen, die unabhängig von den jeweiligen Personen existieren. Oevermann et al. gehen davon aus, daß diese Sinnstrukturen nicht bewußt sind, aber auf dem Wege hermeneutischer Durchdringung rekonstruiert werden können[42]. Sie sind daher kaum der Gegenstand bewußten Lernens, sie werden stattdessen in der Interaktion verdeutlicht. Oevermann et al. formulieren,

„ daß für die humane Ontogenese die stellvertretende Deutung der latenten Sinnstrukturen durch sozialisierte Bezugspersonen (Eltern und Lehrer) konstitutiv ist. Auf diese Weise wird die Umwandlung von objektiven Verhaltensantrieben in subjektiv verfügbare Intentionen des Handelns mediatisiert. " (ebd.)

Diese ,stellvertretende Deutung' von alltäglichen Sinnstrukturen durch die Helfenden zeigt eine quasi-elterliche Eingriffs- und Veränderungsmöglichkeit: Während es in der Praxis darum geht, ein Kind bei einem nicht ganz ungefährlichen Weg von der Schule abzuholen und bei einem psychisch kranken Menschen dafür zu sorgen, daß er wieder die Wohnung verläßt, finden immer auch Gespräche und damit die Vermittlung allgemeiner Sinndeutungen statt. Einzelfallhilfe heißt auch, kulturell-allgemeine Lebensregeln in der konkreten Welt der Betroffenen zu entdecken und zu vermitteln. Besonders die ,Breite' und Vielfalt der Metaphorik, vom ,Klären' über das ,Begleiten', ,Geben und Nehmen' und ,Grenzen ziehen' bis zum ,Kontakte knüpfen' zeigen diesen umfassenden Anspruch jenseits der spezialisierteren Wirkungssphäre der oben genannten Einzeldisziplinen. Das Handlungs- und Interpretationswissen, das der stellvertretenden und handlungsermächtigenden Deutung der sozialen Umwelt durch die HelferInnen zugrundeliegt, geht offenbar über ,common sense' nicht in spezifischer, akademisch-fachgebundener Weise hinaus.

---

[41] Zur Methodologie der ,Objektiven Hermeneutik' vgl. Oevermann et al. 1976, 1979, Schneider 1987, 1989, Spöhring 1989, Reichertz 1991 und Kap. 2.4.6.4.3.

[42] Nur eine Vermutung zur Ähnlichkeit der Schwemmerschen ,Sinnordnungen' (Kap. 2.2.4) zu Oevermanns ,latenten Sinnstrukturen': Mir scheint, daß Oevermann im Begriff der latenten Sinnstrukturen jene Sinnordnungen i.S. Schwemmers einholt, sie in seinen Beispielen (bes. 1976) jedoch durch eine soziologisch eingeengte Interpretation übersieht. Schwemmers kulturanalytische und ethnologische Exkurse könnten daher eine Bereicherung des Begriffs der latenten Sinnstruktur darstellen. - Zur Nähe der metaphorisch geprägten Wahrnehmungs- und Handlungsmuster zu den latenten Sinnstrukturen i.S. Oevermanns vgl. Kap. 2.4.6.4.3.

Beklagt wurden von den HelferInnen immer wieder Defizite in den Bereichen, die man gerade nicht studiert hatte, - das betraf sowohl PsychologInnen wie SozialpädagogInnen und jede andere Berufssparte -; vom erworbenen Wissen wurde oft gesagt, es habe nicht viel gebracht (vgl. Kap. 4.2.5). Dieses Wissen, das den HelferInnen fehlte, versuchten sie oft durch Kontaktaufnahmen mit den jeweiligen kompetenteren (kompetenter scheinenden) Institutionen sich zu erschließen. In diesem Sinne wurde von den Helfenden eine doppelte Hermeneutik verlangt: Die Erarbeitung eines Verständnisses der jeweiligen KlientInnen und die Gewinnung von Handlungswissen, das für die konkrete Problematik notwendig zu deren Veränderung war. Die Gewinnung von Handlungswissen fand stellvertretend für ‚verstrickte‘, ‚zurückgezogene‘ oder ‚verirrte‘ KlientInnen in ‚unklaren‘ Situationen statt. Oevermann et al. gehen davon aus, daß Sozialisation eine zunehmende Differenzierung der Interpretationsfähigkeit des Kindes bedeutet, es immer besser in der Lage ist, Interaktionen und Szenen differenziert wahrzunehmen und daran teilzunehmen. In dem Maß, in dem diese Entwicklung

„ systematisch behindert und restringiert wird, können frühere Szenen traumatische Qualität annehmen... Die Pathologie von Sozialisationsprozessen wäre demnach nicht in der Ausformung der latenten Sinnstrukturen selbst, sondern im besonderen Verhältnis der beteiligten Personen zu ihnen zu sehen.“ (Oevermann et al. 1976/389) Pathologie besteht für Oevermann in einem eingeschränkten bis völlig verhinderten Vermögen, Situationen und die in ihr angelegten Sinnstrukturen, die ja immer auch *„überschüssig strukturiertes Erfahrungsmaterial“* (ebd/372) zur Verfügung stellen, wahrzunehmen und danach zu handeln.

In diesem Sinn könnte Oevermanns Formel hier ergänzt werden: Es geht in der Einzelfallhilfe neben den genannten konkreten Tätigkeiten um das stellvertretende Verstehen und Deuten der latenten Sinnstrukturen der Lebenswelt der Betroffen, wobei die Mittel des Verstehens und der Veränderung am konkreten Fall erworben werden.

Oevermanns Formulierung der ‚stellvertretenden Deutung‘ latenter Sinnstrukturen ist allerdings unglücklich gewählt, sie unterschlägt die unbewußte Qualität der latenten Sinnstrukturen und läßt aktive Deutung und Interpretation vermuten, eine Vermutung, zu denen die Oevermannschen Beispiele sinnvollerweise keinen Grund geben (z.B. 1976/ 375f.). Er spricht dort auch von einem „nicht-intendiertem Lernparadigma“ (ebd. /376). Gerade die Ergebnisse der Metaphernanalyse legen aber nahe, daß der Umgang eines Kindes oder psychisch Kranken mit Einzelfallhelfern auch der Kontakt zu allgemein-ungewußten Deutungsstrategien ist. So wird die implizite Metapher, das Leben sei ein Weg und Gesundheit bedeute, auf Leute ‚zuzugehen‘ und ein ‚Ziel‘ zu haben (Interview 9), sicher die Deutungsstrategien der Klientin affizieren, ohne daß ein systematisches Lernen stattgefunden hat. (Wie allerdings diese Interaktion zwischen den Deutungssystemen der Helferin und der Klientin verläuft, welche Metaphern und Deutungsmuster sich verändern, könnte nur in einer Langzeit-Metaphernanalyse von Gesprächen zwischen HelferInnen und KlientInnen beschrieben werden.) Es bietet sich also an, statt der Formulierung einer ‚stellvertretenden Deutung latenter Sinnstrukturen‘ die der ‚beiläufigen Einübung in den Umgang mit latenten Sinnstrukturen‘ zu wählen.

Oevermanns Rückgriff auf ‚sozialisierte Bezugspersonen‘, mit denen er Eltern und Lehrer meint, bietet für die Einzelfallhilfe noch eine weitere inhaltliche Bestimmung an: Da es sich bei den KlientInnen fast immer um Menschen handelt, die in sozialen Konflikten mit der gesellschaftlichen Umwelt stehen, legt dies im Oevermannschen Sinn nahe, daß bestimmte Szenen, Erlebnisse, soziale Zusammenhänge von ihnen nicht bzw. eingeschränkt interpretiert werden können, und daß die üblichen Sozialisationsagenten Eltern und LehrerInnen damit überfordert waren. EinzelfallhelferInnen werden, wie Metaphern- und Inhaltsanalyse herausarbeiten, so zu Spezialisten für bisher mißlungene Interpretation und Aneignung von Sinnstrukturen. Diese Definition berührt allerdings schon den therapeutischen Bereich und bestätigt die Position der Einzelfallhilfe, sich nicht auf Pädagogik oder Therapie festlegen zu können.

4.3.2.2. Einzelfallhilfe und Tätigkeitstheorie

Zuletzt hat Nutt 1992 auf die Schwierigkeiten der Einzelfallhilfe hingewiesen, sich nicht einer bestimmten Disziplin zuordnen zu können; auch er verweist darauf, daß der Kernbereich der Tätigkeiten nur unter dem umfassenderen Stichwort ‚Sozialisation‘ adäquat zu beschreiben ist. Er bezieht sich dabei auf die Tätigkeitstheorie Leontjews. Dieser begreift Sozialisation als ‚Aneignung‘ des gesellschaftlichen Erbes, als Aufgabe des Individuums, die in der jeweiligen Gesellschaft entwickelten Erfahrungen und deren Vergegenständlichungen sich zu eigen zu machen. Wie bei Oevermann wird die Notwendigkeit ‚vermittelnder Personen‘ (Jantzen 1980/121 nach Nutt 1992/8) beschrieben. Defizite und Probleme der KlientInnen werden begriffen mit Hilfe der Kategorie der ‚Isolation‘ und als ‚Behinderung von Aneignung‘ in Anlehnung an Jantzen (vgl. Nutt 1992, Jantzen 1979). Sie können zustandekommen durch Mangel an materiellen Ressourcen, Entzug von bzw. diskontinuierliche Zuwendung, Beziehungsabbrüche, widersprüchliche Verhaltens- und Rollenerwartungen in der Familie, verunsichernde Umwelt, organische Beeinträchtigungen (Nutt 1992). Mit der heuristisch außerordentlich brauchbaren Kategorie der ‚Zone der nächsten Entwicklung‘ gibt dieser Theorieansatz auch ein allgemeines diagnostisches Instrument den HelferInnen an die Hand, mit dem Interventionen geplant werden können: Entwicklungshilfen müssen so eingesetzt werden, in dem sie weder eine Unter- noch eine Überforderung darstellen und an bereits entwickelte Fähigkeiten unmittelbar anschließen. Ziel eines so begriffenen Einzelfallhilfeeinsatzes ist dann die *„Organisation und Strukturierung von Aneignungsprozessen"* (ebd./8).

Soweit dieser auf das äußerste verkürzte Ansatz. Ich halte ihn für brauchbar, um die Vielfalt der konkreten Tätigkeiten in der Einzelfallhilfe zu analysieren und auf einen gemeinsamen Begriff zu bringen, und verweise auf Nutt 1992. Mehrere, in ihrer Bedeutung unterschiedlich starke Hinweise auf ein Defizit der Tätigkeitstheorie[43] haben mich abgehalten, diese als umfassendes Gerüst einer Analyse der Einzelfallhilfe zu nutzen:

1. Daß Einzelfallhilfe fachübergreifend arbeitet, von einem Leitbild der ‚Lebens- und Sozialisationshilfe‘ getragen wird und sich auf zentrale Metaphern der familiären Sozialisation stützt, war in dieser Konkretheit nur bedingt vorherzusehen. Die Absicht, forschend-deskriptiv vorzugehen, wäre mit der präskriptiv wirkenden Übernahme tätigkeitstheoretischer Annahmen nicht zu verwirklichen gewesen.
2. Implizite Annahmen der tätigkeitstheoretischen Analyse der Einzelfallhilfe sind, daß Defizite der Aneignung rational analysiert und benennbar, Interventionen bewußt und das Ziel explizit, wenn auch allgemein vorgegeben ist: die adäquate Aneignung gesellschaftlicher Erfahrungen und ihrer Vergegenständlichungen, bzw. die *„individuelle Reproduktion gesellschaftlichen Erbes"* (Nutt 1992/8). Die Metaphernanalyse hat je-

---

[43] Hildebrand-Nilshon et al. skizzieren die therapeutischen Implikationen dieses Ansatzes umfassender als Nutt 1992; beide verweisen auf das unvollständige Werk von Jantzen, der jedoch bereits 1979 Grundannahmen und zentrale Schlußfolgerungen darlegte.

doch ergeben, daß zentrale Muster der Wahrnehmung, Handlung und Reflexion der HelferInnen weder diesen Grad der Bewußtheit haben noch das Pathos dieses rationalen Optimismus verdienen[44], sondern sich ‚hinterrücks‘ in einer Art ‚hidden curriculum‘ kondensieren. Die Metaphernanalyse macht auf ein ‚nicht-intendiertes Lernparadigma‘ der Einübung in die Kultur (Oevermann, s.o.) aufmerksam, welches mit den begrifflichen Mitteln der Tätigkeitstheorie nicht zu erschließen gewesen wäre[45].

3. Mir scheint, daß dieses Defizit einer tätigkeitstheoretischen Analyse der Einzelfallhilfe auch anders ausgedrückt werden kann: Die Metaphern tätigkeitstheoretischer Reflexion[46] umfassen
   - viele Metaphern des Lernens, wie sie im Kap. 4.1.7 beschrieben wurden (‚*Lernen* in der Zone der ...‘, ‚*aufgabengemäßes* Niveau der Persönlichkeitsentwicklung‘),
   - Metaphern der Arbeit (Kap. 4.1.9, hier: ‚*Bearbeiten* einer verfestigten Struktur‘, ‚*reproduzieren*‘, ‚äußere .. innere *Tätigkeit*‘ und
   - viele Metaphern des Gebens und Nehmens (Kap. 4.1.5., hier: ‚*Teilhabe*‘, ‚*Defizite*‘, ‚*Aneignung*‘).

Die in dieser Arbeit beschriebenen kulturell vorgeprägten metaphorischen Muster umfassen jedoch einen größeren Bereich. Die Metaphorik des ‚Stützens‘ wird zwar von Nutt 1992 häufig benutzt, ist jedoch von den theoretischen Termini nicht abzuleiten. Schwerer wiegt, daß die Metaphorik des Einmischens und Grenzenziehens dort ebenfalls nicht präsent ist, auch nicht die wichtige Bindungsmetaphorik. Besonders die Metaphorik des Lebensweges, den jeder zu ‚gehen‘ hat, beschreibt einen Sinnüberschuß an existentieller Erfahrung, der in einer tätigkeitstheoretischen Analyse nicht zu fassen ist.

---

[44] vgl. Jantzen 1980/146 nach Nutt 1992/8): „... *zielen Psychologie und Pädagogik auf die Organisation adäquater Adaptionsprozesse, d.h. prinzipiell immer auf adäquate Aneignung, adäquate Realitätskontrolle des Menschen als individueller gesellschaftlicher Mensch*“.

[45] Natürlich gehen auch tätigkeitstheoretische Überlegungen zur Therapie nicht am Begriff eines Unbewußten bzw. eines unbewußten Sinns vorbei, vgl. Hildebrand-Nilshon 1990/16. Ich fokussiere hier allerdings auf die Anteile des helfenden Handelns, die nicht-bewußt Einfluß auf Wahrnehmung und Reflexion von KlientInnen ausüben.

[46] Alle Metaphern werden nach dem Text von Nutt 1992 zitiert.

ANDREA: Ich geh schon. Kann ich den Apfel mithaben?

GALILEO: Ja.

(Bertold Brecht: Leben des Galilei)

Literaturverzeichnis

Abraham, Werner. Zur Linguistik der Metapher. In: Linguistische Probleme der Textanalyse. Sprache der Gegenwart. Schriften des Instituts für deutsche Sprache in Mannheim, Band XXXV, Düsseldorf 1975.

Ahlefelder, Hans Peter; Reuter, Doris. Auseinandersetzungen mit theoretischen Grundlagen als Vorraussetzung zur Entwicklung von Rahmenbedingungen für eine Beratung 'unterer sozialer Schichten'. Unveröffentlichte Diplomarbeit am Psychologischen Institut im Fachbereich Philosophie und Sozialwissenschaften I der Freien Universität Berlin, 1985.

Aichhorn, August: Verwahrloste Jugend. Bern 1974[8].

Aldrich, Virgil C. Visuelle Metapher (1968). In: Haverkamp 1983, S. 142-162

Altenhofer, Norbert. Chiffre, Hieroglyphe, Palimpsest. Vorformen tiefenhermeneutischer und intertextueller Interpretation im Werk Heines. In: Nassen, Ulrich (Hrsg.) Texthermeneutik. Aktualität, Geschichte, Kritik. München 1979, S. 149 -195.

Amman, Alex. Familientherapie. Ein Überblick. In: Neue Formen der Psychotherapie. Hrsg. von der Redaktion der Psychologie Heute. Weinheim 1980.

Argelander, Hermann. Die szenische Funktion des Ichs und ihr Anteil an der Symptom- und Charakterbildung. In: Psyche, Mai 1970, S. 325-345.

Aschenbach, Günter; Billmann-Mahecha, Elfriede; Zitterbarth, Walter. Kulturwissenschaftliche Aspekte qualitativer psychologischer Forschung. In: Jüttemann 1989a, S.25-45.

Augst, Gerhard. Zur Ontogenese des Metaphernerwerbs. In: Augst, Gerhard. (Hrsg.). Spracherwerb von 6-16, Düsseldorf 1978, S.220-232.

Ausführungsvorschriften über die Hilfe zur Erziehung in der Familie (Familienhelfervorschriften -FHV) vom 31.3.1981. Dienstblatt IV (Berlin). In: Kreft, Müller 1986, S.107.

Baade, F.W., Borck, J., Koebe, S., Zumvenne, G.: Theorien und Methoden der Verhaltenstherapie. Tübingen 1984[10].

Bamberg, Michael. Metapher, Sprache, Intersubjektivität. In: Muttersprache, 92. Jahrgang, 1982, S. 49-62.

Bamberg, Michael; Lindenberger, Ulman. Zur Metaphorik des Sprechens. Mit der Metapher zu einer Alltagstheorie der Sprache. In: Sprache und Literatur in Wissenschaft und Unterricht. 15. Jahrgang, Band 53, 1984, S. 18-33.

Bandler, Richard; Grinder, John. Neue Wege der Kurzzeit-Therapie. Neurolinguistische Programme. Paderborn 1987.

Bang, Ruth. Autorität, Gewissensbildung, Toleranz. Drei Grundprobleme der Einzelfallhilfe, München 1967.

Barthes, Roland. Mythen des Alltags. Frankfurt am Main 1964.

Beardsley, Monroe C. Die metaphorische Verdrehung (1962). In: Haverkamp 1983, S. 120-142.

Beck, Ulrich. Risikogesellschaft. Auf dem Weg in eine andere Moderne. Frankfurt am Main 1986.

Beck, Ulrich; Beck-Gernsheim, Elisabeth. Das ganz normale Chaos der Liebe. Frankfurt am Main 1990.

Beckmann, Dieter. Metaphern der medizinischen Psychologie. In: Zeitschrift für Psychotherapie, Psychosomatik, Medizinische Psychologie. Heft 8, 37. Jahrgang, 1987, S. 266-271.

Beerlage, Irmtraud; Fehre, Eva-Maria. (Hrsg.). Praxisforschung zwischen Intuition und Institution. Tübingen 1989.

Beerlage, Irmtraud. Ja - aber ... Zur Herstellung unlösbarer Probleme im Theorie-Praxis-Dialog. In: Beerlage, Fehre 1989, S. 173-191.

Belgrad, Jürgen; Görlich, Bernard; König, Hans-Dieter; Schmid-Noerr, Gunzelin. (Hrsg.). Zur Idee einer psychoanalytischen Sozialforschung. Dimensionen szenischen Verstehens. Frankfurt am Main1987.

Beneke, Tim. Men on Rape. New York 1982.

Bergold, Jarg. B., Breuer, Franz: Methodologische und methodische Probleme bei der Erforschung der Sicht des Subjekts. In: Bergold, Flick 1987, S. 20-52.

Bergold, Jarg. B., Flick, Uwe. (Hrsg.). Einsichten. Zugänge zur Sicht des Subjekts mittels qualitativer Forschung. Tübingen 1987.

Bergold, Jarg B., Flick, Uwe. Die Sicht des Subjekts verstehen: Eine Einleitung und Standortbestimmung. In: Bergold, Flick 1987, S. 1-18.

Bergold, J., Raeithel A.: Psychologische Handlungstheorien und ihr möglicher Nutzen für die Praxis. In: Verhaltenstherapie und psychosoziale Praxis, Heft 1/85, S. 7 - 26.

Bernhardt, Thomas. Familienhilfe im Spannungsfeld zwischen skandal-orientierter Sozialarbeit und therapeutischen Ansätzen. Unveröffentlichte Diplomarbeit am Psychologischen Institut im Fachbereich Philosophie und Sozialwissenschaften I der Freien Universität Berlin.

Beyer, Wilhelm Raimund. Hermeneutik. In: Klaus, Georg; Buhr, Manfred. Philosophisches Wörterbuch, Leipzig 1975[11], S. 517-520.

Black, Max. Die Metapher (1954). In: Haverkamp 1983, S. 55-79.

Black, Max. Mehr über die Metapher (1977). In: Haverkamp 1983, S. 379-413.

Blankenburg, Wolfgang. Über das Verhältnis Schizophrener zur Sprache - sprachlicher und vorsprachlicher Realitätsbezug. In Kraus, Mundt 1991, S. 140-141.

Blätter der Wohlfahrtspflege, Jahrgang 133, 1986, Heft 1, Sonderteil Familienhilfe S. 1 - 24.

Blumenberg, Hans. Paradigmen zu einer Metaphorologie. In: Archiv für Begriffsgeschichte, Band 6, Bonn 1960, S.7-142.

Blumenberg, Hans. Beobachtungen an Metaphern. In: Archiv für Begriffsgeschichte, Band 15, 1971, S. 161-214.

Blumenberg, Hans. Ausblick auf eine Theorie der Unbegrifflichkeit (1979). In: Haverkamp 1983, S.438-454. Auch in: Blumenberg 1988, S. 75-93.

Blumenberg, Hans. Schiffbruch mit Zuschauer. Paradigma einer Daseinsmetapher. Frankfurt am Main 1988[3].

Bock, Herbert. Argumentationswert bildhafter Sprache im Dialog. Eine denkpsychologische Untersuchung der Wirkung von auf Analogien beruhenden Sprachbildern als Problemlöseheuristiken in argumentativen Dialogen. Dissertation Universität Regensburg, Frankfurt 1981.

Bock, Herbert. Metaphorik: Bildersprache als therapeutisches Werkzeug? In: Psychologische Beiträge, Band 25, 1983, S. 94-111.

Bock, Herbert; Krammel, Anton. Die Reaktorkatastrophe von Tschernobyl. Eine sprachpsychologische Analyse von Presseberichten. Regensburg 1989.

Boesch, Ernst, E. Zwischen zwei Wirklichkeiten. Prolegemona zu einer ökologischen Psychologie. Bern 1971.

Boesch, Ernst, E. Kultur und Handlung. Einführung in die Kulturpsychologie. Bern 1980.

Boyd, Richard. Metaphor and Theory Change: What is "Metaphor" a Metaphor for? In: Ortony 1979, S. 356-408.

Braak, Ivo. Poetik in Stichworten. Literaturwissenschaftliche Grundbegriffe. Kiel 1972[4].

Breuer, Franz; van Quekelberghe, Renaud. Studien zur Handlungstheorie und Psychotherapie. Landauer Studien zur klinischen Psychologie, Band 2, Landau 1984.

Breuer, Franz. Die Relativität der Realität. Zur erkenntnis- und praxisbezogenen Produktivität differentieller Sehweisen der "Wirklichkeit". In: Beerlage, Fehre 1989, S. 57-69.

Brenner, Helmut; Kretzschmar, Renate. Gedanken zur therapeutischen Arbeit mit Unterschichtklienten vor dem Hintergrund langjähriger Erfahrung in der Familienhilfe. Unveröffentlichte Diplomarbeit am Psychologischen Institut im Fachbereich Philosophie und Sozialwissenschaften I der Freien Universität Berlin, 1985.

Brockmann, Rainer. Schülersorgen - Analyse eines Kummerkastens. Dissertation Berlin 1982.

Bromme, Rainer. Aufgaben und Problemanalyse bei der Untersuchung des problemlösenden Denkens. In: Jüttemann 1989a, S. 259-281.

Brünner, Gisela: Metaphern für Sprache und Kommunikation in Alltag und Wissenschaft. In: Diskussion Deutsch, 1987, 18. Jahrgang, S. 100-119.

Buchholz, Michael B. (Hrsg.). Metaphernanalyse. Göttingen 1993.

Bühler, Sprachtheorie. Die Darstellungsfunktion der Sprache. Jena 1934.

Burckhardt, Armin. Wie die 'wahre Welt' endlich zur Metapher wurde. Zur Konstitution, Leistung und Typologie der Metapher. In: Conceptus, Zeitschrift für Philosophie, 21, Wien 1987, Nr. 52, S. 39-67.

Caritas. Empfehlungen zur Gestaltung und Durchführung der Sozialpädagogischen Familienhilfe im Deutschen Caritasverband. In: Jugendwohl 1987, 68. Jahrgang, Heft 7, S.322-327.

Carroll, John B. Die linguistische Relativitätshypothese. In: Halbe, Helli. Psycholinguistik. Darmstadt 1976, S. 392-400.

Christmann, Christine. Elger, Wolfgang. Sozialpädagogische Familienhilfe im Überblick. In: Neue Praxis, Heft 2, 1986, S.113-124.

Ciompi, Luc. Auf dem Weg zu einer freundlicheren Schizophreniebehandlung. In: Aebi, Elisabeth; Ciompi, Luc; Hansen, Hartwig. Soteria im Gespräch. Bonn 1993, S. 172-181.

Conen, Marie-Luise. Systemische Aspekte der Kooperation in der sozialpädagogischen Familienhilfe. In: Kontext, Zeitschrift der Deutschen Arbeitsgemeinschaft für Familientherapie. Heft 18, 1990, S. 47-53 (=1990a).

Conen, Marie-Luise. Sozialpädagogische Familienhilfe zwischen Helfen und Helfen, sich zu verändern. In: Theorie und Praxis der sozialen Arbeit, 1990, 4, S. 259-265 (=1990b).

Conen, Marie-Luise. Eine systemische Sichtweise der Familienarbeit in der Heimerziehung und in der sozialpädagogischen Familienhilfe. In: Evangelische Jugendhilfe, 1991, 4, S. 11-16.

Conen, Marie-Luise. Supervision in der sozialpädagogischen Familienhilfe. In: Supervision, 1992, Heft 21, S. 51-63.

Csordas, Thomas J. Embodiment als a Paradigm für Anthropology. In: Ethos, Journal of the Society for Psychological Anthropology, Volume 18, Number 1, March 1990, S. 5 - 47.

Dahm, Michael. "Setzen Sie sich dahin!?" Gesprächsanalyse vom Beginn einer Beratung. Unveröffentlichte Diplomarbeit am Psychologischen Institut der FU Berlin, Wintersemester 1986/87.

Debelius, Horst. Familie in Not, Helfer in Not. Reflexionen zu einer neuen Konzeption der Familienhilfe unter Einbeziehung familientherapeutischer Ansätze. Unveröffentlichte Diplomarbeit am Psychologischen Institut im Fachbereich Philosophie und Sozialwissenschaften I der Freien Universität Berlin, 1984.

Derrida, Jacques. Die weiße Mythologie. Die Metapher im philosophischen Text. In: Randgänge der Philosophie, (Paris 1972), Wien 1988, S. 205 - 258.

Deutsche Gesellschaft für Verhaltenstherapie (DGVT) (Hrsg.). Verhaltenstherapie, Theorien und Methoden. Mit Beiträgen von Heyden, Thomas; Reinecker, Hans; Schulte, Dietmar; Sorgatz, Hardo. Tübingen 1986.

Devereux, Georges. Angst und Methode in den Verhaltenswissenschaften. Frankfurt a. M. 1984.

Dilthey, Wilhelm. Ideen zu einer beschreibenden und zergliedernden Psychologie (1894). In: Gesammelte Werke, Band 5., S. 139-241.

Dörner, Dieter. Die kleinen grünen Schildkröten und die Methoden der experimentellen Psychologie. In: Sprache und Kognition 1989, Heft 2, 86ff.

Eckhardt, Claudia; Faltermeier, Josef; Knauf, Dieter; Müller, Heike; Nielsen, Heidi; Nielsen, Karl; Schürmann, Ilona; Twardon, Annegret; Westermann, Lisa. Sozialpädagogische Familienhilfe heute. In: Blätter der Wohlfahrtspflege, 1986, Heft 1, S. 3-12.

Ehlich, Konrad; Switalla, Bernd. Transkriptionssysteme - Eine exemplarische Übersicht. In: Studium Linguistik 1976, Heft 2, S. 78-105.

Eichenbrenner, Ilse. Helfer für viele, viele Jahre. In: Sozial extra, Heft 11/1992, S. 3f.

Ekstein, R., Wallerstein, J. Observation on the Psychotherapy of Borderlin and Psychotic children. In: Psychoanalytic Study of the Child, 1956, 11, S. 303-311.

Engelkamp, Johannes. (Hrsg.). Psychologische Aspekte des Verstehens. Heidelberg 1984.

Enzmann, Dirk. Probleme beruflicher Identitäten von HelferInnen und psychosoziale Praxis: Burnout. In: Beerlage, Fehre 1989, S. 35-44.

Ericsson, Anders K.; Simon, Herbert A. Protocol Analysis. Verbal Reports as Data. Cambridge, Massachusetts, 1984.

Fabian, Thomas; Wetzels, Peter. Arbeitsfeld Familienhilfe. Eine Untersuchung des Familienhelferprogramms in Bremen. Forschungsbericht im Auftrag des Amtes für soziale Dienste in Bremen, 1988.

Fiedler, Ira; Pieper, Anke; Teegen, Frauke. Wie werden wir das nur los? Ein Anleitungsprogramm zur Selbstmodifikation für Kinder. Tübingen 1977.

Fiedler, Peter A.; Hörmann, Georg. (Hrsg.). Therapeutische Sozialarbeit. Münster 1976.

Flader, Dieter; Grodzicki, Wolf-Dietrich. Hypothesen zur Wirkungsweise der psychoanalytischen Grundregel. In: Flader, Dieter; Grodzicki, Wolf-Dietrich; Schröter, Klaus. (Hrsg.). Psychoanalyse als Gespräch, Frankfurt am Main 1982, S. 41 - 95.

Flick, Uwe. Methodenangemessene Gütekriterien in der qualitativ-interpretativen Forschung. In: Bergold, Flick 1987, S. 247-262.

Flick, Uwe. Vertrauen, Verwalten, Einweisen. Subjektive Vertrauenstheorien in sozialpsychiatrischer Beratung. Wiesbaden 1989.

Flick, Uwe; Kardorff, Ernst von; Keupp, Heiner; Rosenstiel, Lutz von; Wolff, Stephan. Handbuch qualitative Sozialforschung. Grundlagen, Konzepte, Methoden und Anwendungen. München 1991.

Flick, Uwe. Triangulation. In: Flick et al. 1991, S. 432-435.

Flick, Uwe. Entzauberung der Intuition. Systematische Perspektiventriangulation als Strategie der Geltungsbegründung qualitativer Daten und Interpretationen. Manuskript, erscheint in: Hoffmeyer-Zlotnik, Jürgen H. P. Analyse verbaler Daten. Über den Umgang mit qualitativen Daten. Im Text zitiert als: Flick/Mskr.

Foucault, Michel. Die Ordnung des Diskurses. München 1974. In: Brackert, Helmut; Lämmert, Eberhard. Literatur. Reader zum Funkkolleg, Band 2, Frankfurt am Main 1977.

Freud, Anna. Das Ich und Abwehrformen (1936). Frankfurt am Main 1984.

Freud, Sigmund. Gesammelte Werke, Frankfurt am Main 1960 (zit. als: Freud Ges. Bandangabe/Seitenangabe).

Freud, Sigmund. Studienausgabe, Frankfurt am Main 1982 (zit. als: Freud: Bandangabe/Seitenangabe).

Friczewski, Franz. Ganzheitlich-qualitative Methoden in der Stressforschung. In: Jüttemann 1989a, 282-296.

Fritzsche, Brigitte; Imbruck, Wolfgang. Einzelfallhilfe: präventiv und alltagsnah. In: Sozial extra, Heft 11/1992, S. 2f.

Gadamer, Hans Georg. Wahrheit und Methode. Grundzüge einer philosophischen Hermeneutik. (1960). In: Gesammelte Werke Band 1, Tübingen 1986.

Gadamer, Hans Georg. Rhetorik, Hermeneutik und Ideologiekritik. Metakritische Erörterungen zu Wahrheit und Methode (1967). In: Gesammelte Werke Band 2, Tübingen 1986, S. 232-251.

Gadamer, Hans Georg. Replik zu Hermeneutik und Ideologiekritik. (1971). In: Gesammelte Werke Band 2, Tübingen 1986, S. 251-276.

Geertz, Clifford. The Interpretation of Cultures. Ney York 1973.

Geertz, Clifford. Dichte Beschreibung. Beiträge zum Verstehen kultureller Systeme. Frankfurt am Main 1987.

Geertz, Clifford. Die künstlichen Wilden. Der Anthropologe als Schriftsteller. München 1990

Genette, Gérard. Die restringierte Rhetorik (1970). In: Haverkamp 1983, S.229-252.

Goebel, Peter. Symbol und Metapher. Zeitschrift für psychosomatische Medizin und Psychoanalyse, Jahrgang 32, Heft 1, 1986.

Goethe, von, Johann Wolfgang. Goethes Werke in zwölf Bänden, Berlin und Weimar 1981.

Gordon, D. Therapeutische Metaphern. Paderborn 1985.

Graf, Dietrich. Eingefleischte Metaphern. Die Vergesellschaftung des Individuums an der Nahtstelle von Sprache und Realität. München 1988.

Graumann, Carl F.; Métraux, Alexandre; Schneider, Gert. Ansätze des Sinnverstehens. In: Flick et al. 1991, S. 67 - 77.

Grawe, Klaus. Der Weg entsteht beim Gehen. Ein heuristisches Verständnis von Psychotherapie. In: Verhaltenstherapie und Psychosoziale Praxis, Heft 1/1988, S. 39-50.

Grimm, Jacob; Grimm, Wilhelm. Deutsches Wörterbuch. Band 2, Leipzig 1860; Band 10, 1. Abteilung Leipzig 1905.

Groeben, Norbert. Handeln, Tun, Verhalten. Tübingen 1986.

Grubrich-Simitis, Ilse. Vom Konkretismus zur Metaphorik, Gedanken zur psychoanalytischen Arbeit mit Nachkommen der Holocaust-Generation. In: Psyche 1984, Nr 1, S. 1-28.

Habel, Christopher; Herweg, Michael; Rehkämper, Klaus. (Hrsg.). Raumkonzepte in Verstehensprozessen. Interdisziplinäre Beiträge zu Sprache und Raum. Tübingen 1989.

Habermas, Jürgen. Erkenntnis und Interesse. Frankfurt am Main 1968.

Habermas, Jürgen. Der Universalitätsanspruch der Hermeneutik. In: R. Bubner, K. Cramer, R. Wiehl. (Hrsg.). Hermeneutik und Dialektik I, Tübingen 1970.

Habermas, Jürgen. Zur Logik der Sozialwissenschaft, Philosophische Rundschau Beiheft 5, Tübingen 1967.

Habermas, Jürgen. Universalpragmatische Hinweise auf das System der Ich-Abgrenzungen. In: M. Auwärter, E. Kirsch, M. Schröter. (Hrsg.). Seminar: Kommunikation, Interaktion, Identität. Frankfurt am Main 1976.

Haller, R.: Die klassische Methode. In: Sozial extra, Heft 11/86, S. 34 - 37.

Haller, R. Sozialpädagogische Familienhilfe - Zur Inflation eines Begriffes. In: Unsere Jugend 1987, Heft 6, S.226 - 229.

Haskell, Robert E. (editor). Cognition and Symbolic Structures. The Psychology of Metaphoric Transformation. Norwood 1987.

Haverkamp, Anselm. (Hrsg.). Theorie der Metapher. Darmstadt 1983.

Haverkamp, Anselm. Einleitung in die Theorie der Metapher. In: Haverkamp 1983, S. 1-30.

Heeschen, Claus. Grundfragen der Linguistik. Stuttgart 1974².

Henle, Paul. Die Metapher (1958). In: Haverkamp 1983, S. 80-105.

Henn-Memmesheimer, Beate. Metapher. Der Deutschunterricht, Jahrgang 43, 1991, Heft 5, S. 21-39.

Heyden, Thomas. Verhaltenstherapie in der psychosozialen Versorgung. In: Deutsche Gesellschaft für Verhaltenstherapie 1986, S. 232-246.

Herrmann, Theo. Allgemeine Sprachpsychologie. Grundlagen und Probleme. München 1985.

Herrmann, Theo. Diesmal diskursiv - schon wieder eine Erneuerung der Psychologie. In: Report Psychologie 2/1991, S. 21-27.

Hildebrand-Nilshon, Martin. Intersubjektivität und die Semantisierung des Motivsystems. Psychologische Überlegungen zur Sprachevolution. In: Gessinger, Joachim; Rahden, Wolfert von. (Hrsg.). Theorien vom Ursprung der Sprache, Band 2, Berlin 1989, S. 249-319.

Hildebrand-Nilshon, Martin; Borchert, Wolfgang; Nölle, Tom. Intervention zwischen Betreuung und Therapie. Entwicklungspsychologische Fragen. Unveröffentlichter und überarbeiteter Beitrag zum Kongreß für Klinische Psychologie und Psychotherapie der DGVT 2/1990.

Hoff, Ernst H. Datenerhebung als Kommunikation: Intensivbefragungen mit zwei Interviewern. In: Jüttemann 1989a, S. 161-186.

Hoffmann, Nicolas; Linden, Michael. Erhöhter therapeutischer Anspruch und verschenkte therapeutische Chance: Kausale, kompensierende und korsettierende Therapie. In: Fiedler, Hörmann 1976.

Hoffmann, Nicolas. Ein verhaltenstherapeutischer Ansatz im sozial-psychiatrischen Dienst. In: Fiedler, Hörmann 1976.

Hoffmann, Nicolas. Anspruch und Wirklichkeit der Familienhilfe in Berlin. In: Soziale Arbeit 1981, Heft 10, S. 425 - 432.

Holm-Hadulla, Rainer; Benzenhöfer, U.; Roschmann, R. Zur Struktur schizophrenen Denkens und Sprechens. In: Kraus, Mundt 1991, S. 61-71.

Hörmann, Hans. Semantische Anomalie, Metapher und Witz. Oder: Schlafen farblose grüne Ideen wirklich wütend? In: Folia Linguistica V, 1972, Heft 3/4, S. 310-330.

Hörmann, Hans. Psychologie der Sprache. Zweite, überarbeitete Auflage Berlin 1977.

Hörmann, Hans. Meinen und Verstehen. Grundzüge einer psychologischen Semantik. Frankfurt a. Main 1978.

Hubig, Christoph. Rationalitätskriterien inhaltlicher Analyse. In: Jütteman 1989, S. 327-350.

Hudson, Liam. The Role of Metaphor in Psychological Research. In: Taylor 1984, S. 68-97.

Hühn, Lore. Die Unaussprechlichkeit des Absoluten. Eine Grundfigur der Fichteschen Spätphilosophie im Lichte ihrer Hegelschen Kritik. In: Hattstein, Markus; Kupke, Christian; Kurth, Christoph; Oser, Thomas; Pocai, Roman. (Hrsg.). Erfahrungen der Negativität. Festschrift für Michael Theunissen zum 60. Geburtstag. Hildesheim 1992, S. 177-205.

Ingendahl, Werner. Der metaphorische Prozeß. Methodologie zu seiner Erforschung und Systematisierung. Düsseldorf 1971.

Innis, Robert E. Bühler und Gardiner: Von der Indikation zur Prädikation. In: Eschbach, Achim. (Hrsg.) . Bühler-Studien Band 2, 1980, S. 117-158.

Interessengemeinschaft Berliner Einzelfallhelfer IBEF e.V., Heft 1, 1988.

Jäger, Ludwig. Erkenntnistheoretische Grundfragen der Linguistik. Stuttgart 1979.

Jakobson, Roman. Der Doppelcharakter der Sprache und die Polarität zwischen Metaphorik und Metonymik (1956). In: Haverkamp 1983, S. 163-174.

Jantzen, Wolfgang. Grundriß einer allgemeinen Psychopathologie und Psychotherapie. Köln 1979.

Joerges, Bernard. Computer als Schmetterling und Fledermaus. Über Technikbilder von Techniksoziologen. In: Soziale Welt, Jahrgang 39, 1988, Heft 2, S. 188-204.

Johnson, Mark. (Hrsg.). Philosophical Perspectives on Metaphor. University of Minnesota, Minneapolis 1981.

Johnson, Mark. Metaphor in the Philosophical Tradition. In: Johnson 1981, S. 3-47.

Johnson, Mark. The Body in the Mind. The Bodily Basis of Meaning, Imagination, and Reason. The University of Chikago Press 1987.

Jüttemann, Gerd. (Hrsg.). Qualitative Forschung in der Psychologie. Heidelberg 1989^2 (zit. als 1989a).

Jüttemann, Gerd. Vorbemerkungen des Herausgebers. In: Jüttemann 1989a, S. 7-23 (zit. als 1989b).

Jüttemann, Gerd. Induktive Diagnostik als gegenstandsangemessene psychologische Grundlagenforschung. In: Jüttemann 1989a, S.45-70 (zit. als 1989c).

Jüttemann, Gerd. Psychologie ohne Identität. In: Report Psychologie 4/1991, S. 19-24.

Kallmeyer, Werner; Klein, Meyer-Herrmann, Netzer, Siebert. Lektürekolleg Textlinguistik. Band 1: Einführung. Frankfurt a. Main 1974.

Kardorff, Ernst von. Qualitative Sozialforschung - Versuch einer Standortbestimmung. In: Flick et al. 1991, S. 3-8.

Keller, Janet. Review Article: Johnson, Mark. The Body in the Mind. The Bodily Basis of Meaning, Imagination, and Reason. The University of Chikago Press 1987. In: Language. Journal of the Linguistic Society of America. Volume 64, Number 4, December 1988, S. 775-778.

Keller- Bauer, F. Metaphorische Präzedenzen. In: Sprache und Literatur in Wissenschaft und Unterricht, Jahrgang 14, 1983, Heft 51, S. 46ff.

Kemmler, Lilly; Schelp, Theo; Mecheril, Paul. (Hrsg.). Sprachgebrauch in der Psychotherapie. Emotionales Geschehen in vier Therapieschulen. Bern 1991.

Keupp, Heiner. Auf dem Weg zur Patchwork-Identität? In: Verhaltenstherapie und psychosoziale Praxis, 1988, Heft 4, S. 425-439.

Kleiber, Dieter. Forschungsstrategien für die psychosoziale Praxis. Strategien einer praxisdienlichen Forschung. In: Beerlage, Fehre 1989, S. 193-203.

Kleiber, Dieter; Kuhr, Armin. Handlungsfehler und Mißerfolge in der Psychotherapie. Tübingen 1988.

Kleiber, Dieter. Handlungsfehler und Mißerfolge in der psychosozialen Praxis: Probleme im Umgang mit komplexen Systemen. In: Kleiber, Kuhr 1988, S. 73-93.

Kleining, Gerhard. Methodologie und Geschichte qualitativer Sozialforschung. In: Flick et al. 1991, S. 11-22.

Kleist, Cornelia von. Zur Metaphorik psychischen Leidens. Eine Analyse therapeutischer Erstgespräche. Unveröffentlichte Diplomarbeit am Psychologischen Institut im Fachbereich Philosophie und Sozialwissenschaften I der Freien Universität Berlin, 1984.

Kleist, Cornelia von. Zur Verwendung von Metaphern in den Selbstdarstellungen von Psychotherapieklienten. In: Bergold, Flick 1987, S. 115-124.

Kluge, Friedrich. Etymologisches Wörterbuch der deutschen Sprache. 22. Auflage Berlin 1989.

Krambeck, Jürgen; Lorenzer, Alfred. Verstehen, Hermeneutik und "falsches Verständigtsein". In: Schraml, W.J.; Baumann, U.: Klinische Psychologie, Band 3, 1975[3], S. 147-166.

Kraus, Alfred; Mundt, Christoph. Schizophrenie und Sprache. Stuttgart 1991.

Kreft, Dieter; Müller, C. Wolfgang. Sozialpädagogische Familienhilfe. Ein neues Jugendhilfeangebot zwischen Einführung und Bewährung. In: Neue Praxis 2/86., S. 107-113.

Krois, John Michael. Ernst Cassirers Semiotik der symbolischen Formen. In: Zeitschrift für Semiotik, Band 6, Heft 4, S. 433-444.

Kövecses, Zoltàn: The Language of Love. The Semantics of Passion in Conversational English. London 1988.

Kuhn, Thomas S. Metaphor in Science. In: Ortony 1979, S. 409-419.

Künzel, Rainer. Praxisschock. Der Sprung ins Wasser des Berufslebens. In: Beerlage, Fehre 1989, S. 23-33.

Küster, Rainer. Politische Metaphorik. In: Sprache und Literatur in Wissenschaft und Unterricht, Jahrgang 14, 1983, Heft 51, S. 30 - 45.

Kurz, Gerhard. Metapher, Allegorie, Symbol. Göttingen 1988.

Kurz, Gerhard. Die Rhetorik der Metapher. In: Wolff 1982/94f.

Kutschera, Franz von. Sprachphilosophie. München 1975.

Lacan, Jacques. Das Drängen des Buchstabens im Unbewußten oder die Vernunft seit Freud (1957). In: Haverkamp 1983, S.175-215.

Lang, Hermann. Verdrängung und Spaltung. Überlegungen zur Grenzziehung zwischen Neurose und Psychose im Ausgang von einem linguistisch-strukturalen Ansatz. In: Kraus, Mundt 1991, S. 84-90.

Langacker, Ronald W. Review Article: Lakoff, George. Woman, Fire and Dangerous Things. What Categories Reveal about the Mind. Chikago 1987. In: Language. Journal of the Linguistic Society of America. Volume 64, Number 2, June 1988, S. 384-395.

Lakoff, George; Johnson, Mark. Metaphors we live by. Chikago 1980.

Lakoff, George. Woman, Fire and Dangerous Things. What Categories Reveal about the Mind. Chikago 1987.

Lakoff, George; Johnson, Mark. Conceptual Metaphor in Everyday Language. In Johnson 1981, S. 286-325.

Leary, David E. (Hrsg.). Metaphors in the History of Psychology. Cambridge 1990.

Legewie, Heiner. Argumente für eine Erneuerung der Psychologie. In: Report Psychologie, Heft 4/1991, S. 11-20.

Lehrke, Dirk. Konkretismus und übergestülpte Zusammenhangsannahmen als Versuche der Konfliktklärung. Ein Fallbeispiel aus der kollegialen Supervision. In: Forum Kritische Psychologie 24, 1989, S.85-96.

Leithäuser, Thomas; Volmerg, Birgit. Anleitung zur empirischen Hermeneutik. Psychoanalytische Textinterpretation als sozialwissenschaftliches Verfahren. Frankfurt am Main 1979.

Leithäuser, Thomas. Psychoanalytische Methoden in der Sozialforschung. In: Flick et al, 278-281.

Leondar, B. Metaphor and Infant Cognition. In: Poetics 4, 1975, Heft 2/3, S. 273ff.

Leroi-Gourhan, André. Hand und Wort. Die Evolution von Technik, Sprache und Kunst. Frankfurt am Main 1980.

Lieb, Hans-Heinrich. Der Umfang des historischen Metaphernbegriffs. Dissertation Köln 1964.

Lieb, Hans-Heinrich. Was bezeichnet der herkömmliche Begriff 'Metapher'? (1967). In: Haverkamp 1983, S.340-355.

Linke, Jürgen. Der Familienhelfer - ein Alltagstherapeut. In: Sozialpädagogik, Heft 4, 1987, S. 156ff.

Lischke, Nikolaus; Melcop, Gabriele. Die Bedeutung sozialer Beziehungen für Menschen mit einer schizophrenen Verletzlichkeit. Unveröffentlichte Diplomarbeit am Psychologischen Institut der FU Berlin, Wintersemester 1988.

Lorenzer, Alfred. Kritik des psychoanalytischen Symbolbegriffes. Frankfurt am Main 1970.

Lorenzer, Alfred. Über den Gegenstand der Psychoanalyse, oder: Sprache und Interaktion. Frankfurt am Main 1973².

Lorenzer, Alfred. Sprachzerstörung und Rekonstruktion, Frankfurt am Main 1976².

Lorenzer, Alfred. Die Wahrheit der psychoanalytischen Erkenntnis. Ein historisch-materialistischer Entwurf. Frankfurt am Main 1976.

Lorenzer, Alfred. Die Funktion der Literatur und der "ästhetische Genuß". In: Krauß, Henning; Wolff, Reinhold. (Hrsg.). Psychoanalytische Literaturwissenschaft und Literatursoziologie. Frankfurt am Main 1982, S. 161-176.

Lorenzer, Alfred. Das Konzil der Buchhalter. Die Zerstörung der Sinnlichkeit. Eine Religionskritik. Frankfurt am Main 1984.

Lorenzer, Alfred. Tiefenhermeneutische Kulturanalyse. In: Lorenzer 1986.

Lorenzer, Alfred. (Hrsg.). Kulturanalysen. Psychoanalytische Studien zur Kultur. Frankfurt am Main 1986.

Männich, Roland. Ist die Einzelfallhilfe eine Feuerwehr? In: Sozial extra, Heft 11/1992, S. 5 - 8.

Man, Paul de. Zur Epistemologie der Metapher. In: Haverkamp 1983, S. 414-437.

Mantek, M.: Fallbeschreibung einer Claustro- und Agoraphobie. In: Mitteilungen der deutschen Gesellschaft für Verhaltenstherapie, 1977, Heft 2, S. 169.

Marquard, Odo. Frage nach der Frage, auf die die Hermeneutik eine Antwort ist. In: ders., Abschied vom Prinzipiellen. Stuttgart 1984, S.117-164.

Martin-Ballof, Arnhild. Situation beim Einsatz eines Familienhelfers. In: Sozialpädagogische Familienhilfe 1985, S.87 - 90.

Mayring, Philipp. Qualitative Inhaltsanalyse. Grundlagen und Techniken. Weinheim 1983.

Mayring, Philipp. Qualitative Inhaltsanalyse. In: Jüttemann 1989a, S. 187-212.

Mayring, Philipp. Psychologie. In: Flick et al. 1991.

Mees-Jacobi, J. Zur Bedeutung psychologischer Beratungskonzepte für die Einzelfallhilfe. In: Lukas, H.; Mees-Jacobi, J.; Schmitz, I; Skiba, G. Sozialpädagogik/Sozialarbeit. Eine Einführung. Berlin 1977.

Ministerium für Arbeit, Gesundheit und Soziales des Landes Nordrhein-Westfalen: Sozialpädagogische Familienhilfe in NRW. Mai 1985.

Müller, C. Wolfgang. Einige historische Vorläufer der Familienhilfe. In: Sozialpädagogisches Institut Berlin 1985.

Neidhart, Nuna. "Casework" und "Einzelhilfe". In: Fachlexikon der sozialen Arbeit, herausgegeben vom Deutschen Verein für öffentliche und private Fürsorge, Frankfurt am Main 1980.

Neue Praxis, Zeitschrift für Sozialarbeit, Sozialpädagogik und Sozialpolitik. Sonderdruck Familienhilfe, Heft 2/86.

Nielsen, Heidi; Nielsen, Karl. Familienhelfer als Familienanwalt. Frankfurt 1984.

Nielsen, Heidi; Nielsen, Karl. Langzeitwirkungen in der sozialpädagogischen Familienhilfe. In: Neue Praxis, Heft 2, 1986.

Nielsen, Heidi; Nielsen, Karl; Müller, C. Wolfgang.: Sozialpädagogische Familienhilfe. Probleme, Prozesse und Langzeitwirkungen. Weinheim 1986.

Nieraad, Jürgen. Bildgesegnet und bildverflucht. Forschungen zur sprachlichen Metaphorik. Darmstadt 1977.

Nieraad, Jürgen. Kommunikation in Bildern. In: Diskussion Deutsch, Jahrgang 11, 1980, Heft 52, S. 146-163.

Nietzsche, Friedrich. Ueber Wahrheit und Lüege im aussermoralischen Sinne. In: Sämtliche Werke. Kritische Studienausgabe, Band 1, München 1980. S. 873-890.

Noppen, Jean-Pierre. Publications on Metaphor after 1970. A Preliminary Bibliography: Linguistic Approaches and Issues. Brüssel 1981.

Noppen, Jean-Pierre; de Knop, Sabine; Jongen, René. Metaphor: A bibliography of post-1970 publications. Amsterdam 1985.

Noppen, Jean-Pierre; Hols, Edith. Metaphor II. A classified biblography of Publications 1985-1990. Amsterdam 1990.

Nutt, Wolfgang. Kein Fall für Phil Marlowe. Über die psychosozialen Grundlagen der Einzelfallhilfe. In: Sozial extra, Heft 11/1992, S. 8f.

Ötv: Einzeln ist (nicht) unser Fall. Familien- und Einzelfallhilfe in Berlin. Arbeitsbedingungen, Forderungen, Perspektiven. Berlin 1989.

Oevermann, Ulrich; Gripp, Helga; Allert, Tilman; Konau, Elisabeth; Krambeck, Jürgen; Schroeder-Caesar, Erna; Schütze, Yvonne. Beobachtungen zur Struktur der sozialisatorischen Interaktion. In: Auwärter, Manfred; Kirsch, Edit; Schröter, Klaus. (Hrsg.). Seminar: Kommunikation, Interaktion, Identität. Frankfurt am Main 1976.

Oevermann, Ulrich; Allert, Tilman; Konau, Elisabeth; Krambeck, Jürgen: Die Methodologie einer "objektiven Hermeneutik" und ihre allgemeine forschungslogische Bedeutung in den Sozialwissenschaften. In: Soeffner, Hans Georg. (Hrsg.). Interpretative Verfahren in den Sozial- und Textwissenschaften. Stuttgart 1979, S. 352 - 434.

Ortony, Andrew. (Hrsg.). Metaphor and Thought. Cambridge 1979.

Ortony, Andrew. Metaphor: A Multidemsional Problem. In: Ortony 1979, S. 1-19.

Ortony, Andrew. Metaphor. In: Gregory, Richard L. The Oxford Companion to the Mind. Oxford 1987.

Paetsch, Gert Holger; Birkhan, Georg. Das subjektive Konstrukt "Verantwortung" in der Therapeut-Klient-Beziehung - untersucht mit Hilfe der Struktur-Lege-Technik (SLT). In: Bergold, Flick 1987, S. 71-84.

Paprotté, Wolf. metaphorein - Ein Prinzip kindlicher Bedeutungen? In: Pallmer, Thomas T.; Posner, Roland. Nach-Chomskysche Linguistik. Berlin 1985, S. 401-423.

Peil, Dietmar. Untersuchungen zu Staats- und Herrschaftsmetaphorik in literarischen Zeugnissen von der Antike hin bis zur Gegenwart. München 1983.

Perrig, J. Rezension von: Engelkamp, Johannes: Psychologische Aspekte des Verstehens. In: Sprache und Kognition 1986, Heft 1, S. 49-52.

Piwowar, Siegfried. Aus dem Bauch der Familie. In: Psychologie und Gesellschaftskritik, Nr. 39/40, 1986, S. 65 - 75.

Plänkers, Tom. Anmerkungen zu Integrationsversuchen von Psychoanalyse und Verhaltenstherapie. In Verhaltenstherapie und psychosoziale Praxis, Heft 2/86, S.199.

Plett, Heinrich F. Einführung in die rhetorische Textanalyse. Hamburg 1979.

Pollio, Howard R.; Barlow, Jack M.; Fine, Harold J.; Pollio, Marilyn R. Psychology and the Poetics of Growth. Figurative Language in Psychology, Psychotherapie, and Education. Hilsdale 1977.

Pollio, Howard R. Need Metaphoric Comprehension take longer than literal comprehension? In: Journal of Psycholinguistic Research, 13/3, 1984.

Pongs, Herrmann. Das Bild in der Dichtung. 1. Band: Versuch einer Morphologie der metaphorischen Formen. 2. verbesserte Auflage. Marburg 1980.

Radden, Günter. Das Bewegungskonzept: to come und to go. In: Habel et al. 1989, S. 228-248.

Raeithel, Arne. Neues aus der Handlungstheorie: Die Metapher von den Intentionen, die im Körper konkurrieren. In: Breuer, Quekelberghe 1984, S. 26-55.

Raeithel, Arne. Symbolische Modelle der Probleme von Klienten. Ein Vorschlag zur Klassifikation und das Beispiel der Kelly-Grids. In: Fischer, Peter. (Hrsg.). Therapiebezogene Diagnostik. Ansätze für ein neues Selbstverständnis. Tübingen 1985, S. 57-81.

Rauh, Gisa. Präpositionengesteuerte Metaphorik. In: Habel et al. 1989, S. 249-282.

Reddy, Michael J. The Conduit Metaphor - A Case of Frame Conflict in Our Language about Language. In: Ortony 1979, S. 284-324.

Reger, Harald. Die Metaphorik in der konventionellen Tagespresse. In: Muttersprache, Jahrgang 87, 1977, Heft 4, S. 259-279.

Reger, Harald. Die Metaphorik der Illustriertenpresse. In: Muttersprache, Jahrgang 88, 1978, Heft 2, S. 106-131.

Reichertz, Jo. Objektive Hermeneutik. In: Flick et al., 1991. S. 223-225.

Rexilius, Günter; Grubitzsch, Siegfried. Handbuch psychologischer Grundbegriffe. Hamburg 1981.

Reyna, Valerie F. Figure and Fantasy in Childrens Language. In: Pressley, Michael; Brainerd, J. Charles. (Hrsg.). Cognitive Learning and Memory in Children. New York 1985, S. 143-176.

Richards, Ivor Armstrong. Die Metapher (1936). In: Haverkamp 1983, S. 31-54.

Ricoeur, Paul. Die Metapher und das Hauptproblem der Hermeneutik (1972). In: Haverkamp 1983, S. 356-375.

Ricoeur, Paul. Die lebendige Metapher. München 1991².

Rusterholz, Peter. Hermeneutik. In: Arnold, Heinz Ludwig; Sinemus, Volker. (Hrsg.). Grundzüge der Literatur- und Sprachwissenschaft. München 1976, S. 89-105.

Ruwet, Nicolas. Synekdochen und Metonymien (1975). In: Haverkamp 1983, S.253-283.

Sander, E. Einzelfallarbeit bei Schulschwierigkeiten: Ein Rahmenplan. In: Psychologie in Erziehung und Unterricht, 1980, S.243-251.

Schlesier, Renate. Der bittersüße Eros. Ein Beitrag zur Geschichte und Kritik des Metaphernbegriffs. Habilitationsvortrag für das Fach Religionswissenschaft im FB Philosophie und Sozialwissenschaften II vom 27. April 1988, unveröffentlichtes Manuskript.

Schlieben-Lange, Brigitte. Linguistische Pragmatik. Stuttgart 1975.

Schmidbauer, Wolfgang. Die hilflosen Helfer. Hamburg 1977.

Schmitt, Rudolf. Geschlecht und Sprache. Versuch einer empirischen Annäherung. Unveröffentlichte Vordiplomsarbeit am Psychologischen Institut der FU Berlin WS 1982/83.

Schmitt, Rudolf. Hermeneutik und Psychotherapie. Unveröffentlichte Diplomarbeit am Psychologischen Institut im Fachbereich Philosophie und Sozialwissenschaften I der Freien Universität Berlin, 1985.

Schmitt, Rudolf. Literaturwissenschaft und Psychoanalyse. In: Wecker, Zeitschrift am Fachbereich Germanistik der FU Berlin, Heft 14, Februar 1987, S.40-48.

Schmitt, Rudolf. Das steinerne und das abenteuerliche Herz. Szenische Untersuchungen an Ernst Jüngers "Das abenteuerliche Herz." Unveröffentlichte Magisterarbeit am Fachbereich Germanistik der Freien Universität Berlin, 1988.

Schmitt, Rudolf. Psychosoziale Verhaltenstherapie? Einzelfallhilfe und Familienhilfe als praktischer Versuch. In: Verhaltenstherapie und psychosoziale Praxis, 1988, Heft 2, S. 176-187.

Schmitt, Rudolf. Verhaltenstherapie und Einzelfallhilfe - Ein Fallbeispiel. In: Verhaltenstherapie und psychosoziale Praxis, 1989, Heft 1, S. 95-111.

Schmitt, Rudolf. Rezension zu: B. Thommen, R. Amman und M.v. Cranach. Handlungsorganisation durch soziale Repräsentation. Welchen Einfluß haben therapeutische Schulen auf das Handeln ihrer Mitglieder? Verlag Hans Huber, Bern 1988. In: Verhaltenstherapie und psychosoziale Praxis, Heft 4/1989, S. 564-568 (= Schmitt 1989b).

Schmitt, Rudolf. Über Familien mit Schutzpanzern, Minigolf, aggressive Phantasien und andere "Sachen, die ich nicht ignorieren kann". Zur Handlungs- und Selbstregulation von Einzelfall- und FamilienhelferInnen. Vortrag auf dem Kongreß für klinische Psychologie und Psychotherapie Berlin vom 18.-23.2.1990 (= Schmitt 1990a).

Schmitt, Rudolf. Was ist Einzelfallhilfe? Inhalte der Arbeit und Identität der HelferInnen. In: Rundschau, Initiative für Berliner Einzelfall- und Familienhilfe (IBEF), Heft 8/1990, S. 6-11 (= Schmitt 1990b).

Schmitt, Rudolf. "Da tappe ich im Dunklen" und andere Sackgassen. Ein Beitrag zur vergleichenden Verhaltens- und Sprachforschung am Beispiel hilfloser Helfer in ausweglosen Situationen. Vortrag auf dem 1. Berliner Kongreß für Einzelfall- und Familienhilfe 6/1991.

Schmitt, Rudolf. Freiheit und Psychologie, oder: Wieviel Enttäuschung verträgt der Mensch? Freud und der Begriff der Freiheit. In: Helmut Hühn. (Hrsg.). Solidarische Freiheit. Berlin 1992.

Schmitz, I.; Skiba, G. Sozialpädagogik/Sozialarbeit. Eine Einführung. Berlin 1977, S.183 - 202.

Schneider, Gerald. "Objektive" Handlungsbedeutung und "subjektiver" Sinn -Anmerkungen zur Erforschung der Sicht des Subjekts aus der Perspektive der objektiven Hermeneutik am Beispiel der Analyse einer Interaktion im Krankenhaus. In: Bergold, Flick 1987, S. 200-207.

Schneider, Gerald. Strukturkonzept und Interpretationspraxis der objektiven Hermeneutik. In: Jüttemann 1989a, S.71-91.

Schöffel, Georg. Denken in Metaphern. Zur Logik sprachlicher Bilder. Opladen 1987.

Schöffel, Georg. In Metaphern verstrickt. Zeitschrift für Didaktik der Philosophie, Jahrgang 10, 1988, Heft 3, S. 143-149.

Schön, Donald A. Generative Metaphor: A Perspektive on Problem-Setting in Social Policy. In: Ortony 1979, S. 254-283.

Schulte, Dietmar. Der diagnostisch-therapeutische Prozeß in der Verhaltenstherapie. In: Schulte, Dietmar. (Hrsg.). Diagnostik in der Verhaltenstherapie, München 1976².

Schwemmer, Oswald. Handlung und Struktur. Zur Wissenschaftstheorie der Kulturwissenschaften. Frankfurt 1987.

Semin, Gün R.; Gergen, Kenneth J. (Editors). Everyday Understanding - Social and Scientific Implications. London, Newbury Park, New Delhi 1990.

Semin, Gün R.; Gergen, Kenneth J. Everyday Understanding in Science and Daily Life. In: Semin et al. 1990, S. 1-18.

Shibles, Warren A. Metaphor: An anotated bibliography and history, Whitewater, Wisc. 1971

Slagle, Uhlan V. The Relationship of the Structure of Meaning to the Structure of Experienced Reality. In: Linguistics. An International Review. Jahrgang 138, 1974, S. 81-96.

Sojcher, Jacques. Die generalisierte Metapher (1969). In: Haverkamp 1983, S. 216-228.

Sommer, Jörg. Hermeneutik. In: Rexilius et al. 1981, S. 443-445.

Sozialpädagogisches Institut Berlin. (Hrsg.). Sozialpädagogische Familienhilfe 1985. Berlin 1985.

Spöhring, Walter. Qualitative Sozialforschung. Stuttgart 1989.

Speckmann, H.: Überlegungen zum Handlungsmodell des Sozialarbeiters. In: Fiedler, Hörmann 1976, S.35 - 46.

Staeuble, Irmingard. Von der Perfektibilität zur Antiquiertheit des Menschen - Konzepte der historischen Subjektkonstitution. In: Jüttemann, Gerd. (Hrsg.). Die Geschichtlichkeit des Seelischen, Weinheim 1986.

Stählin, W. Zur Psychologie und Statistik der Metaphern. In: Archiv für die ges. Psychologie, 31, 1914, S. 297-425.

Steiner, Egbert; Hinsch, Joachim. Therapie: Ordnungskunst zwischen Finden und Erfinden. Zur Verwendung von Metaphern. In: Familiendynamik, Jahrgang 13, 1988, Heft 3, S. 204-219.

Sternberg, Robert J. Metaphors of Mind. Conceptions of the Nature of Intelligence. Cambridge 1990.

Stetter, Christian. Grundfragen eines transzendental-hermeneutischen Sprachbegriffs. Zur Konzeption einer historisch-pragmatischen Linguistik. In: Jäger 1979, S. 45-73.

Straub, Jürgen; Sichler, Ralf. Metaphorische Sprechweisen als Modi der interpretativen Repräsentation biographischer Erfahrungen. In: Alheit, Peter; Hoerning, Erika M. (Hrsg.). Biographisches Wissen. Beiträge zu einer Theorie lebensgeschichtlicher Erfahrung. Frankfurt am Main 1989, S.221-237.

Streeck, Jürgen. Sprachanalyse als empirische Geisteswissenschaft: Von der "philosophy of mind" zur "kognitiven Linguistik". In: Flick et al. 1991, S. 90-110.

Taylor, Wiliam (editor). Metaphors of Education. London 1984.

Terhart,E. Intuition, Interpretation, Argumentation. In: Zeitschrift für Pädagogik, 27, 1981, S. 769-793.

Tharp, R.G., Wetzel, R.J.: Verhaltensänderungen im gegebenen Sozialfeld. München 1975.

Thomae, Hans. Zur Relation von qualitativen und quantitativen Strategien psychologischer Forschung. In: Jüttemann 1989a, S.92-107.

Thommen, Beat; Amman, Rolf; Cranach, Mario von. Handlungsorganisation durch soziale Repräsentationen. Welchen Einfluß haben therapeutische Schulen auf das Handeln ihrer Mitglieder? Bern 1988.

Tscheulin, Dieter. Wirkfaktoren psychotherapeutischer Intervention. Göttingen 1991.

Ulmann, Gisela. Psycho-Slang deckt Probleme zu. Welche Sprache ist der Einzelfallhilfe angemessen? In: Sozial extra, Heft 11/1992, S. 9.

Villwock, J. Metaphern und Bewegung. Frankfurt am Main 1983.

Violi, Patrizia. Review: George Lakoff and Mark Johnson, Metaphors we live by. In: Journal of Pragmatics. An Interdisciplinary Bi-Monthly of Language Studies, Nr. 6, Amsterdam 1982, S. 189-195.

Waller-Kächele, Irmgard. Sozialpädagogische Familienhilfe - Ein Praxisbeispiel. In: Unsere Jugend, Heft 6, 1987, S.222ff.

Watzlawick, Paul; Beavin, Janet H.; Jackson, Don D. Menschliche Kommunikation. Formen, Störungen, Paradoxien. Bern 1982[6].

Weelwright, Philip. Die metaphorische Verdrehung (1962). In: Haverkamp 1983, S. 106-119.

Weinreich, Harald. Semantik der kühnen Metapher (1963). In: Haverkamp 1983, S. 317-339.

Weinreich, Harald. Semantik der Metapher. In: Folia Linguistica 1, 1967.

Weingarten, Elmar. Die Methoden der Konstruktion sozialer Wirklichkeit: Grundpositionen der Ethnomethodologie. In: Jüttemann 1989a, S. 108-124.

Wiedemann, Peter Michael. Erzählte Wirklichkeit. Zur Theorie und Auswertung narrativer Interviews. Weinheim und München 1986.

Wiedemann, Peter Michael. Deutungsmusteranalyse. In: Jüttemann 1989a, S. 212-223.

Winner, Ellen. The point of words. Children's Understanding of Metaphor and Irony. London 1988.

Winograd, Terry; Flores, Fernando. Erkenntnis Maschinen Verstehen. Zur Neugestaltung von Computersystemen. Berlin 1989.

Wittmann, Lothar. Verhaltenstherapie und Psychodynamik. Therapeutisches Handeln jenseits der Schulengrenzen. Weinheim 1981.

Witzel, Andreas. Das problemzentrierte Interview. In: Jüttemann 1989a, S. 227-255.

Wolff, Gerhart. (Hrsg.). Metaphorischer Sprachgebrauch. Stuttgart 1982.

Wondra, Werner. Aus der Grauzone psychosozialer Praxis, oder: Einzelfallhilfe als permanente Durchgangsstation. In: Forum Kritische Psychologie 24, 1989, S.96-111.

Wondra, Werner. Experten empfehlen - Politiker verdrängen. Über den Expertenbericht der Bundesregierung. In: Sozial extra, Heft 11/1992, S. 12f.

Zill, Rüdiger. Vom Ornament zum Ereignis. Philosophische Metapherntheorien und ihre Geschichte. Unveröffentlichtes Manuskript.

Fortschritte
der psychologischen Forschung

Herausgegeben von W. Bungard, D. Frey,
E.-D. Lantermann, R.K. Silbereisen,
B. Weidenmann, H.-U. Wittchen

Band 1: Pekrun, Reinhard
Emotion, Motivation und Persönlichkeit
1988. X, 326 Seiten. Broschiert.
ISBN 3-621-27052-3

Band 2: Walper, Sabine
Familiäre Konsequenzen
1988. 332 Seiten. Broschiert.
ISBN 3-621-27058-2

Band 3: Bruhn, Herbert
Harmonielehre als Grammatik der Musik
Propositionale Schemata in Musik und Sprache
1988. X, 242 Seiten. Broschiert.
ISBN 3-621-27066-3

Band 4: Spies, Marcus
Syllogistic Inference under Uncertainty
1989. 175 Seiten. Broschiert.
ISBN 3-621-27082-5

Band 5: Köhnken, Günter
Glaubwürdigkeit
Untersuchungen zu einem psychologischen Konstrukt
1990. IX, 197 Seiten. Broschiert.
ISBN 3-621-27100-7

Band 6: Noack, Peter
Jugendentwicklung im Kontext
Zum aktiven Umgang mit sozialen Entwicklungsaufgaben in der Freizeit
1990. VII, 214 Seiten. Broschiert.
ISBN 3-621-27113-9

Band 7: von Eye, Alexander (Hrsg.)
Prädiktionsanalyse
Vorhersagen mit kategorialen Variablen
1991. 228 Seiten. Broschiert.
ISBN 3-621-27115-5

Band 8: Hesse, Friedrich W.
Analoges Problemlösen
Eine Analyse kognitiver Prozesse beim analogen Problemlösen
1991. 242 Seiten. Broschiert.
ISBN 3-6221-27124-4

Band 9: Gehm, Theo
Emotionale Verhaltensregulierung
Ein Versuch über eine einfache Form der Informationsverarbeitung in einer komplexen Umwelt
1991. X, 277 Seiten. Broschiert.
ISBN 3-621-27122-8

Band 10: Thüring, Manfred
Probabilistisches Denken in kausalen Modellen
1991. VII, 343 Seiten. Broschiert.
ISBN 3-621-27179-1

Band 11: Mecklinger, Axel
Gedächtnissuchprozesse
Eine Analyse ereigniskorrelierter Potentiale und der EEG-Spontanaktivität
1992. 218 Seiten Broschiert.
ISBN 3-621-27131-7

Band 12: Lösche, Gisela
Entwicklung autistischer Kinder in den ersten dreieinhalb Lebensjahren
1992. 228 Seiten. Broschiert.
ISBN 3-621-27130-9

Band 13: Leutner, Detlev
Adaptive Lehrsysteme
Instruktionspsychologische Grundlagen und experimentelle Analysen
1992. 228 Seiten. Broschiert.
ISBN 3-621-27130-9

Band 14: Kallus, Konrad W.
Beanspruchung und Ausgangszustand
1992. 229 Seiten. Broschiert.
ISBN 3-621-27139-2

Band 15: Sporer, Siegfried
Das Wiedererkennen von Gesichtern
1992. XII, 316 Seiten. Broschiert.
ISBN 3-621-27150-3

Band 16: Greuel, Luise
Polizeiliche Vernehmung vergewaltigter Frauen
1993. 252 Seiten. Broschiert.
ISBN 3-621-27162-7

Band 17: Buchner, Axel
Implizites Lernen
Probleme und Perspektiven
1993. X, 232 Seiten. Broschiert.
ISBN 3-621-27165-1

Band 18: Tischer, Bernd
Die vokale Kommunikation von Gefühlen
1993. VII, 343 Seiten. Broschiert.
ISBN 3-621-27179-1

Band 19: Kracke, Bärbel
Pubertät und Problemverhalten bei Jungen
1993. 263 Seiten. Broschiert.
ISBN 3-621-27190-2

Band 20: Schnotz, Wolfgang
Aufbau von Wissensstrukturen
Untersuchungen zur Kohärenzbildung beim Wissenserwerb mit Texten
1994. XII, 384 Seiten. Broschiert
ISBN 3-621-27193-7

Band 21: Wortmann, Klaus
Psychologische Determinanten des Energiesparens
1994. XIV, 237 Seiten. Broschiert.
ISBN 3-621-27207-0

Band 22: Schürer-Necker, Elisabeth
Gedächtnis und Emotion
Zum Einfluß von Emotionen auf das Behalten von Texten
1994. 221 Seiten. Broschiert.
ISBN 3-621-27214-3

Band 23: Weber, Gerhard
Fallbasiertes Lernen und Analogien
Unterstützung von Problemlöse- und Lernprozessen in einem adaptiven Lernsystem
1994. X, 322 Seiten. Broschiert.
ISBN 3-621-27236-4

Band 24: Hofmann, Karsten
Führungsspanne und organisationale Effizienz
Eine Fallstudie bei Industriemeistern
1995. 263 Seiten. Broschiert.
ISBN 3-621-27255-0

Band 25: Wentura, Dirk
Verfügbarkeit entlastender Kognitionen
Zur Verarbeitung negativer Lebenssituationen
1995. 210 Seiten. Broschiert.
ISBN 3-621-27300-X

Band 26: Schmitt, Rudolf
Methaphern des Helfens
1995. 275 Seiten. Broschiert.
ISBN 3-621-27294-1

Band 27: Eid, Michael
Modelle der Messung von Personen in Situationen
1995. 232 Seiten. Broschiert.
ISBN 3-621-27279-8

Band 28: Buske-Kirschbaum, Angelika
Klassische Konditionierung von Immunfunktionen beim Menschen
1995. Ca. 180 Seiten. Broschiert.
ISBN 3-621-27304-2